Lothar Schröder/Hans-Jürgen Urban (Hrsg.)
Gute Arbeit

Lothar Schröder/
Hans-Jürgen Urban (Hrsg.)

# Gute Arbeit

Digitale Arbeitswelt –
Trends und Anforderungen

Redaktion:
Nadine Müller/Klaus Pickshaus/Jürgen Reusch

Ausgabe 2016

**BUND**
VERLAG

Zum Titelbild:
Das Bild »Erschaffung II« wurde von dem in Berlin lebenden persischen
Maler Akbar Behkalam in den 1990er Jahren gemalt. Es ist die inhaltliche und
thematische Neuschaffung des Gemäldes »Erschaffung«, das Akbar Behkalam
für eine große Ausstellung zum Thema »Kunst und Rationalisierung« Mitte
der 1980er Jahre gemalt hat.

**Bibliografische Information der Deutschen Nationalbibliothek**
Die Deutsche Nationalbibliothek verzeichnet diese Publikation in der
Deutschen Nationalbibliografie; detaillierte bibliografische Daten
sind im Internet über http://dnb.d-nb.de abrufbar.

© 2016 by Bund-Verlag GmbH, Frankfurt am Main
Herstellung: Kerstin Wilke
Umschlaggestaltung: Neil McBeath, Stuttgart; Frank Walensky, Hamburg
Satz: Dörlemann Satz, Lemförde
Druck und Bindung: Druckerei C.H. Beck, Nördlingen
Printed in Germany 2016
ISBN 978-3-7663-6459-3

**www.bund-verlag.de**

# Vorwort

Erste Umrisse der Arbeitswelt 4.0 werden erkennbar, auch wenn es bis dahin noch ein weiter Weg sein mag. In welche Richtung dieser Weg aber führt – dafür werden die Weichen jetzt gestellt. Aus gewerkschaftlicher Sicht ist es deswegen allerhöchste Zeit, sich mit den möglichen Folgen für die Arbeitsbedingungen der Beschäftigten auseinanderzusetzen und Elemente einer gewerkschaftlichen Strategie zu entwickeln. Geht der Trend zu schrankenloser Rationalisierung und Flexibilisierung auf dem Rücken der Erwerbstätigen? Oder können Pflöcke eingeschlagen werden für mehr Humanisierung der Arbeitswelt? Zwischen diesen beiden Extremen bewegte sich die Debatte. Das bestimmt auch die Themen dieses Buches.

Die Arbeitswelt ist natürlich auch heute schon längst digitalisiert. Wenn hier von Arbeit 4.0 gesprochen wird, meinen wir aber eine völlig neue Qualität der Nutzung von Informations- und Kommunikationstechnologien. In der Industrie besteht diese im Kern in der Einführung cyber-physischer Systeme, durch die sich »intelligente« Maschinen, Betriebsmittel und Lagersysteme in der Produktion eigenständig per Softwarealgorithmen steuern. Was ansteht, ist nicht nur weitere Automatisierung, sondern die autonome Kommunikation auch räumlich entfernter Produktionsanlagen miteinander sowie deren Verknüpfung mit neuen Dienstleistungsangeboten. Arbeit 4.0 besteht also auch in der Digitalisierung des expandierenden Dienstleistungsbereichs. Auch hier haben wir es heute schon zu tun mit Robotisierung und neuer Sensorik, Vernetzung, Big und Smart Data usw. Die Dinge bewegen sich hin zu einer Smart Service Welt. Und die Grenzen zwischen Industrie und Dienstleistung verflüssigen sich.

Ein Blick zurück zeigt, dass gewerkschaftliche Anstrengungen, den langen Prozess der Digitalisierung im Sinne guter und humaner Arbeit zu beeinflussen, keineswegs neu sind, wie der Beitrag von Lothar Schröder deutlich macht. Dieser Erfahrung lohnt es sich zu vergewissern, um Konzepte auf der Höhe der Zeit für Arbeit 4.0 zu entwickeln. Das wird kein Spaziergang, denn was jetzt herannaht, so Schröder, ist ein radikaler Umbruch, der die errungenen regulatorischen Eckpfeiler der Beschäftigung untergräbt. Die Digitalisierung wird daher kaum, so warnt Hans-Jürgen Urban, eine sozialpartnerschaftliche Konsensmaschine sein. Gewerkschaftliche Positionsbestimmungen erfolgen vor dem Hintergrund eines Finanzmarktkapitalismus, der wenig Hoffnung macht auf Humanisierung der Arbeit. Das bestätigen auch die Erfahrungen der Arbeitswelt 3.0 mit ihrer Deregulierung und ihrem arbeitspolitischen Rollback. Urban warnt deshalb vor einer allzu optimistischen Gestaltungsrhetorik, wie sie auch in manchen gewerkschaftlichen Debatten anklingt.

Die in diesem Band versammelten Beiträge der Politik bewegen sich zwischen den erwarteten Chancen und den Risiken der Digitalisierung. EU-Kommissar Günther Oettinger benennt beide und plädiert für eine »Große Koalition« für gute digitale Arbeitsplätze – im Sinne einer Stärkung der Wettbewerbsfähigkeit des EU-Wirtschaftsraums. Bundesarbeitsministerin Andrea Nahles drängt darauf, die absehbaren Risiken der Digitalisierung für das »Arbeiten 4.0« ernst zu nehmen, weil die möglichen Chancen nur so genutzt werden können. Sie plädiert deshalb für eine Zusammenarbeit von Politik, Gewerkschaften, Unternehmen, Wissenschaft und Zivilgesellschaft. Dazu hat ihr Ministerium mit dem – in diesem Band vielfach erwähnten – »Grünbuch Arbeiten 4.0« einen Dialogprozess initiiert.

Als konstruktive Kritik verstehen sich auch die Beiträge der politischen Opposition. Um die Chancen der Digitalisierung für die Beschäftigten überhaupt wirksam werden zu lassen, bedarf es sehr viel weiter gehender Beteiligungs- und Mitbestimmungsrechte der Beschäftigten als heute, insistieren Simone Peter und Beate Müller-Gemmeke. Die Wirtschaft müsse demokratisiert werden. Bernd Riexinger unterstreicht die Gefahr, dass Digitalisierung zu mehr Prekarisierung und gesellschaftlicher Spaltung führen könnte – wenn die Beschäftigten und ihre Organisationen sich nicht stärker Gehör verschaffen können. Was gebraucht werde, sei kein »neuer sozialer Kompromiss«, sondern ein neues gesellschaftliches Demokratieprojekt.

Eine schöne neue digitale Arbeitswelt wird sich nicht einstellen, warnen Jörg Hofmann und Constanze Kurz. Die Risiken für die Beschäftigten sind groß und auch hinreichend identifizierbar. Die Entwicklungsperspektive sehr viel stärker auf Arbeit und Beschäftigung auszuweiten erfordert eine klare arbeitspolitische Strategie. Gewerkschaften und Betriebsräte sind keine Akzeptanzbeschaffer. Vielmehr müssen sie ihren humanen Gestaltungsansprüchen nachdrücklich Geltung verschaffen. Vor allem, so die Warnung von Frank Bsirske, darf nicht zugelassen werden, dass die Arbeitswelt 4.0 durch massenhaften Arbeitsplatzverlust geprägt ist. Stattdessen schlägt er eine politische Agenda für Beschäftigung vor. Unter anderem sollen die Rationalisierungsgewinne für soziale Innovationen, für Arbeitsplätze und Gute Arbeit insbesondere in Bedarfsfeldern wie Mobilität, Integration, Gesundheit, Bildung, Qualifizierung usw. genutzt werden. Die Angst um die Arbeitsplätze – die

»einfachen« wie die »qualifizierten« – dürfe nicht zum prägenden Merkmal der neuen Arbeitswelt werden.

Die Auswirkungen der Digitalisierung auf die Arbeitswelt spielten zunächst in der ganzen Debatte keine Rolle. Das hat sich geändert, so unterstreicht Annelie Buntenbach, weil die Gewerkschaften es geschafft haben, das Thema auf die politische Agenda zu heben. In diesem Zusammenhang sei es begrüßenswert, dass sich mit dem »Grünbuch Arbeiten 4.0« der Bundesregierung deren Fokus erstmals ausdrücklich auf die Beschäftigten- und Beschäftigungsperspektive richtet. Hier muss aus gewerkschaftlicher Sicht aber noch viel gestritten werden.

In alledem zeigen sich viele offene Fragen, die weiterer Diskussion und Klärung bedürfen und zu denen das vorliegende Buch unterschiedliche Denkanstöße gibt, die den derzeit offenen Charakter der Debatten widerspiegeln: Wie groß sind jeweils die Risiken und die Chancen der Digitalisierung, und was genau müssen die Gewerkschaften leisten, um den erhofften Chancen zum Durchbruch zu verhelfen? Kann humane digitale Arbeit eine Zukunft haben als gemeinsames Projekt von Unternehmen, Gewerkschaften, Politik und Wissenschaft? Wie wäre in diesem Ansatz eine autonome arbeitspolitische Durchsetzungsstrategie der Gewerkschaften zu verorten? Haben die Gewerkschaften überhaupt schon eine überzeugende Strategie, die der Konfrontationsagenda der Arbeitgeberseite wirksam begegnen kann? Wie kann verhindert werden, dass im sozialen Dialogprozess die »Wirtschaft« den Ton angibt und die Gewerkschaften auf die soziale Anpassungsleistung verwiesen werden? Darf die Politik sich bequem auf die Rolle des »Moderators« zurückziehen? Und wo und wie können Gewerkschaften eigene Akzente setzen, damit die Politik ihre Verantwortung annimmt für notwendige Ansätze in Richtung auf Demokratisierung und soziale Regulierung?

So viel lässt sich sicherlich sagen: Ob dem Rationalisierungs-, Prekarisierungs- und Flexibilisierungs-Tsunami Elemente der Humanisierung wirksam entgegen gesetzt werden können, hängt stark davon ab, welche Entwicklungsvariante der Digitalisierung sich in den gesellschaftlichen Auseinandersetzungen durchsetzen wird. Das könnte eine technikzentrierte Entwicklung sein, die alles das macht, was technisch möglich ist, ohne die sozialen Folgen zu berücksichtigen. Es könnte auch eine marktzentrierte Digitalisierung sein, die alles an Wettbewerbsfähigkeit und Renditesteigerung ausrichtet. Oder eine Mischung aus beidem. Die Konfrontationsagenda der Arbeitgeberseite – die in etlichen Beiträgen dieses Buches kritisiert wird –, die weitere soziale Deregulierung, schrankenlose Arbeitszeitflexibilisierung und Verfügbarkeit sowie Demontage der Mitbestimmung vorsieht, nimmt beide Elemente auf. Aus gewerkschaftlicher Sicht käme es stattdessen darauf an, sich für eine arbeitskraftzentrierte Entwicklung zu engagieren, auf mehr Nachhaltigkeit, die die Erwerbstätigen in den Mittelpunkt stellt. Bei alledem lassen sich Konfliktfelder identifizieren, die mit Blick auf die Gestaltung der Arbeitswelt 4.0 in den Fokus rücken. Sie sind auch – in unterschiedlicher Gewichtung – die Themen dieses Buches. Das zeigt sich in den Beiträgen von Hartmut Hirsch-Kreinsen/Peter Ittermann, Lars Adolph, Menez/Oestreicher/Pfeiffer/Suphan, Ulrich Dolata, Andreas Boes u.a., Jeremy Bowles, Nadine Müller/Ines Roth, die die Trends der Digitalisierung analysieren. Wie das in der Praxis aussieht, illustrieren die Ortsbesichtigungen von Michaela Böhm.

Für eine Strategie der Humanisierung digitaler Arbeit muss um die soziale Absicherung der Beschäftigten gestritten werden. Das schließt auch alle Formen prekärer Selbstständigkeit, insbesondere des Crowdsourcings als die radikalste Form der Digitalisierung von Arbeit ein – wie die Beiträge von Christiane Benner und Gunter Haake zeigen. Christoph Ehlscheid/Stefanie Janczyk formulieren die enormen Anforderungen an eine neue Sozialpolitik im Kontext digitaler Arbeit.

Wie groß die Risiken radikaler Entgrenzung und Flexibilisierung von Arbeitszeit sowie schrankenloser Verfügbarkeit von Arbeitskraft sind und welche Anforderung hier an humane Gestaltung und Zeitsouveränität für die Beschäftigten zu stellen sind, zeigen insbesondere die Beiträge von Michael Halberstadt und Kalle Kunkel. Einen hohen Stellenwert bekommen Konflikte um Arbeit und Gesundheit, auch mit Blick auf die Zunahme von Arbeitsdruck und Arbeitsintensität. Die Beiträge von Eva Welskop-Deffaa, Andrea Fergen und Detlef Gerst thematisieren die Aufgaben einer Regel und Grenzen setzenden Humanisierungspolitik wie auch einer überfälligen Modernisierung des Arbeitsschutzrechts. Dass Digitalisierung ganz neue Anforderungen an Qualifizierung und Berufliche Bildung stellt, ist ein weiteres Themenfeld, dem sich die Beiträge von Andrea Baukrowitz u.a. und von Bernd Kaßebaum u.a. widmen. Schließlich müssen noch das neue Problem der möglichen totalen Überwachung und Kontrolle der Beschäftigten in der digitalen Arbeitswelt genannt werden, das »Daten-Problem« (Urban). Lothar Schröder warnt vor einer »entwürdigenden Transparenz« der Beschäftigten.

Die in diesem Buch entwickelten gewerkschaftlichen Handlungsansätze und Konzepte sind auch als kritischer Beitrag zum Dialogprozess »Arbeiten 4.0« des Bundesarbeitsministeriums gedacht, vor allem zu den Perspektiven der Arbeitsgesellschaft und des Sozialstaats. Sie werden, so hoffen Herausgeber und Redaktion, in der Debatte um die Humanisierungspotenziale in der Arbeitswelt 4.0 konstruktive Akzente setzen.

*Herausgeber und Redaktion*

# Inhalt

9

# Inhalt

# Inhalt

**Anhang**
**Die Arbeitswelt von heute:**
**Daten, Schwerpunkt, Trends**

*Joseph Kuhn/André Leisewitz/Uwe Lenhardt/Benjamin Moritz/*
*Jürgen Reusch*

Grafiken und Tabellen können auch von der Internetseite
**www.gute-arbeit-praxis.de** herunter geladen werden.

# Die Autorinnen und Autoren

**Dr. Lars Adolph**
Direktor und Professor, Bundesanstalt für Arbeitsschutz und Arbeitsmedizin, wissenschaftlicher Leiter des Fachbereichs 2 Produkte und Arbeitssysteme. Kontakt: adolph.lars@baua.bund.de

**Andrea Baukrowitz**
Dipl. Volkswirtin, Wissenschaftlerin im Projekt »IWP-IT Innovations- und Weiterbildungspartnerschaft zur Förderung der Qualifizierung von Beschäftigten in der IT-Dienstleistungsbranche« am ISF München. Kontakt: A.Baukrowitz@online.de

**Christiane Benner**
Soziologin, Gewerkschaftssekretärin, seit Oktober 2015 Zweite Vorsitzende der IG Metall. Kontakt: christiane.benner@igmetall.de

**Michaela Böhm**
Freie Journalistin, Frankfurt/Main. Kontakt: www.michaela-boehm.de; info@michaela-boehm.de

**PD Dr. Andreas Boes**
Lehrtätigkeit an der TU Darmstadt; Wissenschaftler und Vorstandsmitglied am Institut für Sozialwissenschaftliche Forschung (ISF) München. Forschungsschwerpunkte: Informatisierung und die Zukunft der Arbeit. Kontakt: Andreas.Boes@isf-muenchen.de

**Jeremy Bowles**
Ökonom an der London School of Economics, Doktorand an der Harvard University/USA. Kontakt: jbowles@g.harvard.edu

**Frank Bsirske**
Vorsitzender der Vereinten Dienstleistungsgewerkschaft ver.di. Kontakt: frank.bsirske@verdi.de

## Die Autorinnen und Autoren

### Anja Bultemeier
Politikwissenschaftlerin, Lehrstuhl für Soziologie an der Universität Erlangen-Nürnberg. Kontakt: anja.bultemeier@fau.de

### Annelie Buntenbach
Seit 2006 Mitglied des geschäftsführenden DGB-Bundesvorstands, verantwortlich für die Bereiche Arbeitsmarkt- und Sozialpolitik, Migration und Anti-Rassismus, DGB-Index Gute Arbeit. Kontakt: annelie.buntenbach@dgb.de

### Prof. Dr. Ulrich Dolata
Professor für Organisations- und Innovationssoziologie an der Universität Stuttgart; Geschäftsführender Direktor des Instituts für Sozialwissenschaften. Kontakt: ulrich.dolata@sowi.uni-stuttgart.de

### Christoph Ehlscheid
Funktionsbereichsleiter Sozialpolitik beim Vorstand der IG Metall. Kontakt: christoph.ehlscheid@igmetall.de

### Andrea Fergen
Leiterin des Ressorts Arbeitsgestaltung und Gesundheitsschutz beim Vorstand der IG Metall, stellv. Vorsitzende des Ausschusses für Arbeitsstätten beim BMAS. Kontakt: andrea.fergen@igmetall.de

### Beate Müller-Gemmeke
Seit 2009 Mitglied des Deutschen Bundestages (Bündnis 90/Die Grünen), Sprecherin für Arbeitnehmerrechte. Kontakt: www.mueller-gemmeke.de

### Dr. Detlef Gerst
Arbeitswissenschaftler, Gewerkschaftssekretär im Ressort Arbeitsgestaltung und Gesundheitsschutz beim Vorstand der IG Metall, Mitglied im Vorstand der Gesellschaft für Arbeitswissenschaft. Kontakt: detlef.gerst@igmetall.de

### Gunter Haake
Referat Selbstständige in der ver.di-Bundesverwaltung, Berlin. Kontakt: Gunter.Haake@verdi.de

### Michael Halberstadt
Leiter des Bereichs Tarifpolitik Grundsatz des ver.di-Bundesfachbereichs Telekommunikation/Informationstechnologie. Kontakt: michael.halberstadt@verdi.de

**Prof. Dr. Hartmut Hirsch-Kreinsen**
Professor i.R. für Wirtschafts- und Industriesoziologie sowie Leiter des Forschungsgebiets Industrie- und Arbeitsforschung an der TU Dortmund. Kontakt: hartmut.hirsch-kreinsen@tu-dortmund.de

**Jörg Hofmann**
Ökonom; seit Oktober 2015 Erster Vorsitzender der IG Metall. Kontakt: joerg.hofmann@igmetall.de

**Dr. Peter Ittermann**
Wissenschaftlicher Mitarbeiter an der Professur Wirtschafts- und Industriesoziologie sowie am Forschungsgebiet Industrie- und Arbeitsforschung der TU Dortmund. Kontakt: peter.ittermann@tu-dortmund.de

**Dr. Stefanie Janczyk**
Politikwissenschaftlerin, Leiterin des Ressorts Allgemeine Sozial- und Arbeitsmarktpolitik beim Vorstand der IG Metall. Kontakt: stefanie.janczyk@igmetall.de

**Dr. Tobias Kämpf**
Lehrtätigkeit an der FAU Erlangen-Nürnberg; Wissenschaftler am ISF München. Forschungsschwerpunkte: Globalisierung; Gesundheit und Prävention; Angestelltensoziologie. Kontakt: Tobias.Kaempf@isf-muenchen.de

**Dr. Bernd Kaßebaum**
Gewerkschaftssekretär im Ressort Bildungs- und Qualifizierungspolitik beim Vorstand der IG Metall. Kontakt: bernd.kassebaum@igmetall.de

**Dr. Joseph Kuhn**
Arbeitspsychologe, Bayerisches Landesamt für Gesundheit und Lebensmittelsicherheit. Kontakt: joseph.kuhn@lgl.bayern.de; www.josephkuhn.de

**Kalle Kunkel**
Gewerkschaftssekretär in Fachbereich 3 beim ver.di-Bezirk Berlin. Kontakt: kalle.kunkel@verdi.de

**Constanze Kurz**
Arbeits- und Techniksoziologin, Leiterin des Ressorts Zukunft der Arbeit beim Vorstand der IG Metall. Kontakt: constanze.kurz@igmetall.de

**Dr. André Leisewitz**
Dipl.-Biologe, freier Autor. Kontakt: a.leisewitz@t-online.de

**Dr. Uwe Lenhardt**
Gesundheitswissenschaftler, Bundesanstalt für Arbeitsschutz und Arbeitsmedizin, FuE-Management. Kontakt: lenhardt.uwe@baua.bund.de

**Thomas Lühr**
Dipl. Pol., Wissenschaftler am ISF München. Forschungsschwerpunkte: Arbeit und Unsicherheit von hochqualifizierten Beschäftigten; Karriere in modernen Unternehmen. Kontakt: thomas.luehr@isf-muenchen.de

**Dr. Kira Marrs**
Wissenschaftlerin am ISF München. Forschungsschwerpunkte: Frauen und Karriere; Arbeit und Kontrolle; Globalisierung. Kontakt: Kira.Marrs@isf-muenchen.de

**Dr. Raphael Menez**
Soziologe, wissenschaftlicher Mitarbeiter am Lehrstuhl für Soziologie an der Universität Hohenheim. Kontakt: raphael.menez@uni-hohenheim.de

**Benjamin Moritz**
B.A., Bayerisches Landesamt für Gesundheit und Lebensmittelsicherheit. Kontakt: benjamin.moritz@lgl.bayern.de

**Dr. Nadine Müller**
Referentin im Bereich Innovation und Gute Arbeit bei der ver.di-Bundesverwaltung in Berlin, Redaktion des Jahrbuchs Gute Arbeit. Kontakt: nadine.mueller@verdi.de

**Beate Müller-Gemmeke**
Seit 2009 Mitglied des Deutschen Bundestages (Bündnis 90/Die Grünen), Sprecherin für Arbeitnehmerrechte. Kontakt: www.mueller-gemmeke.de

**Andrea Nahles**
Seit 2005 Mitglied des Deutschen Bundestages, seit 2013 Bundesministerin für Arbeit und Soziales. Kontakt: www.andrea-nahles.de

**Dr. Elke Oestreicher**
Soziologin, wissenschaftliche Mitarbeiterin am Lehrstuhl für Soziologie an der Universität Hohenheim. Kontakt: elke.oestreicher@uni-hohenheim.de

**Günter Oettinger**
Seit 2009 Mitglied der EU-Kommission; seit 2014 EU-Kommissar für Digitale Wirtschaft und Gesellschaft. Kontakt: guenther-oettinger-contact@ec.europa.eu

**Simone Peter**
War von 2009 bis 2012 Landesministerin für Umwelt, Energie und Verkehr im Saarland. Seit 2013 Bundesvorsitzende von Bündnis 90/Die Grünen. Kontakt: buero.peter@gruene.de

**Prof. Dr. Sabine Pfeiffer**
Soziologin, Inhaberin des Lehrstuhls für Soziologie an der Universität Hohenheim. Kontakt: prof.sabine.pfeiffer@uni-hohenheim.de

**Thomas Ressel**
Leiter des Ressorts Bildungs- und Qualifizierungspolitik beim Vorstand der IG Metall. Kontakt: thomas.ressel@igmetall.den

**Dr. Jürgen Reusch**
Politikwissenschaftler, Redakteur des Jahrbuches Gute Arbeit, langjähriger verantwortlicher Redakteur der Zeitschrift »Gute Arbeit. Gesundheitsschutz und Arbeitsgestaltung«. Kontakt: juergen.reusch@bund-verlag.de

**Bernd Riexinger**
Bundesvorsitzender der Partei Die Linke; war langjähriger Geschäftsführer des ver.di-Bezirkes Stuttgart. Kontakt: bernd.riexinger@die-linke.de

**Ines Roth**
Soziologin und Politikwissenschaftlerin (M.A.), wissenschaftliche Beraterin bei der Input Consulting GmbH Stuttgart. Kontakt: roth@input-consulting.com

**Hanna Schrankel**
Gewerkschaftssekretärin im Ressort Bildungs- und Qualifizierungspolitik beim Vorstand der IG Metall. Kontakt: hanna.schrankel@igmetall.de

## Lothar Schröder

Mitglied des Vorstands der Gewerkschaft ver.di, Leiter des Fachbereichs 9 Telekommunikation, Informationstechnologie, Datenverarbeitung; zuständig für die Bereiche Innovation und Gute Arbeit, Meister/-innen, Techniker/-innen, Ingenieur/-innen (mti); Mitglied des Institutsbeirats des Instituts DGB-Index Gute Arbeit. Kontakt: lothar.schroeder@verdi.de

## Dr. Anne Suphan

Soziologin, wissenschaftliche Mitarbeiterin am Lehrstuhl für Soziologie an der Universität Hohenheim. Kontakt: anne.suphan@uni-hohenheim.de

## Dr. Hans-Jürgen Urban

Politik- und Wirtschaftswissenschaftler, geschäftsführendes Vorstandsmitglied der IG Metall, zuständig für die Funktionsbereiche Sozialpolitik sowie Arbeitsgestaltung und Qualifizierungspolitik. Mitglied des Institutsbeirats des Instituts DGB-Index Gute Arbeit. Kontakt: hans-juergen.urban@igmetall; www.hans-juergen-urban.de

## Frank Walensky

Hamburg, freier Journalist, Grafiker, Bildredakteur. Kontakt: frank@walensky.de

## Eva M. Welskop-Deffaa

Seit 2013 Mitglied des ver.di-Bundesvorstands, zuständig für die Bereiche Sozialpolitik, Gesundheitspolitik, Arbeitsmarkt- und Beschäftigungspolitik, Erwerbslose, Teilhabepolitik und Schwerbehindertenvertretung, Migrantinnen und Migranten. Kontakt: eva.welskop-deffaa@ver.di.de

## Claus Zanker

Geschäftsführer Input Consulting GmbH, Leitung ver.di – ESF-Projekt »IWP-IT Innovations- und Weiterbildungspartnerschaft zur Förderung der Qualifizierung von Beschäftigten in der IT-Dienstleistungsbranche«. Kontakt: zanker@input-consulting.com

# Digitalisierung –
# eine Sondierung des Terrains

Hans-Jürgen Urban

# Arbeiten in der Wirtschaft 4.0
## Über kapitalistische Rationalisierung und digitale Humanisierung

Der anhaltende Hype um die Industrie 4.0 ist beeindruckend und verstörend zugleich. Begriffe wie digitale Arbeit, Cyper-Physical-Systems, Smart Factory, Big Data, Cloudworking und Crowdsourcing sind in aller Munde. In Fach- und Boulevards-Medien, in politischen und wissenschaftlichen Diskursen sowie auf Konferenzen von Wirtschaft und Gewerkschaften vermag man den Phantasien über die vernetzte, sich selbst steuernde und Kundenwünsche intelligent erfüllende Industriewelt kaum zu entkommen (Avent 2014, Hirsch-Kreinsen 2014, Hirsch-Kreinsen/Ittermann/Hiehaus 2015, Botthof/Hartmann 2015, Pfeiffer 2015). Doch Debattenintensität und Erkenntnisfortschritt verlaufen nicht synchron. Selbst der Kernbegriff Industrie 4.0 bleibt seltsam unpräzise, von Wissen über Entwicklungspfade und Folgewirkungen ganz zu schweigen (Ittermann/Niehaus 2015). Wird die Industrie 4.0 den »Industriestandort Deutschland upgraden« (Heng 2014) und als »wesentlicher Treiber für den Erhalt und Ausbau der Konkurrenzfähigkeit Deutschlands« (Bauer u. a. 2014: 6) wirken? Stehen wir gar am Beginn eines »neuen Maschinen-Zeitalters« (Brynjoylfsson/McFee 2014), das Produzenten und Konsumente gleichermaßen neue Horizonte öffnet und Branchen wie dem Maschinen- und Anlagenbau insgesamt eine zusätzliches Wertschöpfungspotenzial von 78 Milliarden Euro und Wachstumschancen von bis zu 30 Prozent bietet? (Bauer u. a. 2014) Oder wird die Digitalisierung der Industrie riesige Produktivitätssprünge realisieren, die in den USA bis zu 50 Prozente der Arbeitsplätze vernichten (Frey/Osborne 2013) und in Deutschland fast 60 Prozent, also 18,3 Millionen Arbeitsplätze, durch Roboterisierung bedrohen? (Brzeski/Burk 2015) Oder handelt es sich bei der Debatte um einen emotional aufgeladenen Diskurs über Technologien, die in den Betrieben seit Jahre existieren und die Rede von der neuen industriellen Revolution fragwürdig macht? Nichts Genaues weiß man nicht.

Auch wenn die Industrie 4.0-Szenarien bedeutsam daherkommen, der Hype »ist nicht die kausale Folge eines realen Standes technischer Entwicklungen, sondern diskursanalytisch betrachtet ein Fall professionellen *agendabuildings.*« (Pfeiffer 2015: 9; Herv. im Orig.) Hinter ihm stehen interessengeleitete Ambitionen und Hoffnungen, sind infolge der gesellschaftlichen Aufregung doch beachtliche Forschungsprojekte, Beratungsaufträge und neue

Märkte zu erwarten. In einem eigentümlichen Gegensatz dazu steht die Vorstellung eines klassen- und interessenübergreifenden, quasi nationalen Interesses an der Digitalisierung der Wirtschaft, die die Debatten vielfach transportiert. Infrastrukturelle Restriktionen, unternehmenspolitische Risiken und soziale Interessengegensätze drohen »im langen Schatten des Modewortes« zu verschwinden (Heng 2014: 2). Die Faszination technischer Zukunftsszenarien verdrängt die Erfahrungen mit den Folgen kapitalistischer Rationalisierung. Wenig spricht aber dafür, dass sich die Digitalisierung als eine sozialpartnerschaftliche Konsensmaschine erweisen wird. Auch bei der Industrie 4.0. handelt es sich zunächst und im Kern um eine Rationalisierungsstrategie bzw. -vision. Sie zielt auf die Erschließung umfassender Effizienzpotenziale, die durch neue Technologien sichtbar werden – mit entsprechenden Risiken für Beschäftigung, Entgelte und Arbeitsbedingungen. Den Rationalisierungscharakter der Digitalisierung anzuerkennen erfordert jedoch keineswegs, die Logik der Humanisierung zu leugnen, die den neuen Technologien ebenfalls innewohnt. Zweifelsohne tragen sie auch die Möglichkeit von weniger Arbeitsbelastungen und Gesundheitsverschleiß in sich, sind Arbeitserleichterungen und inhaltsreichere Arbeitsaufgaben denkbar. Doch ob sich die Humanisierungspotenziale gegen die kapitalistische Rationalisierungsdynamik behaupten können, ist keineswegs ausgemacht.

Kein Zweifel: Hinweise auf kapitalistische Dynamiken und soziale Risiken sind gegenwärtig weniger en vogue als eine ungetrübte Gestaltungsrhetorik, die schon mal mit Zukunftskompetenz und Weltgewandtheit verwechselt wird. Dennoch erinnern die folgenden Ausführungen daran, dass sich auch die Bedingungen der digitalen Arbeitswelt über interessen- und machtbasierte Verhandlungskompromisse herausbilden werden. Dabei wird in Übereinstimmung mit der neueren soziologischen Innovationstheorie betont, dass technologische Entwicklungspfade durch Kräfteverhältnisse und Rollenverständnisse der beteiligten Akteure in sozioökonomischen Innovationssystemen geprägt werden. Ob Technikeinsatz und Arbeitsorganisation im digitalisierten Unternehmen »gute Arbeit« ermöglichen, wird nicht zuletzt davon abhängen, ob es Betriebsräten und Gewerkschaften gelingt, sich als Humanisierungsaktivisten im Digitalisierungsprozess durchzusetzen – mit eigenen Konzepten und hinreichender Verhandlungsmacht. Denn, so die These, als sozialpartnerschaftliches Konsensprojekt jenseits sozialer Interessenkonflikte wird der Übergang zur smarten Fabrik nicht ablaufen. Gründe genug, der aufblitzenden Macht- und Interessenvergessenheit in der Debatte vorzubeugen und sich an der Erarbeitung eines angemessenen gewerkschaftlichen Rollenverständnisses zu beteiligen.

## Umbrüche im Gegenwartskapitalismus als Kontext

Dass Wirtschaft, Gesellschaft und Politik sich im Umbruch befinden, ist eine weitgehend geteilte Zeitdiagnose. Die folgenden Ausführungen verstehen ihn als Formationswechsel des Gegenwartskapitalismus, dessen Charakter in Politik und Wissenschaft kontrovers diskutiert wird.[1] In einem Debattenstrang wird er als Übergang vom nationalstaatlichen Wohlfahrts-Kapitalismus zum globalen Finanzmarkt-Kapitalismus analysiert. Im neuen Kapitalismus werden Veränderungsrichtung und -geschwindigkeit nicht nur, aber maßgeblich durch die Schlüsselakteure und Spielregeln der globalen Finanzmärkte mitgeprägt. Grundlegende Veränderungen vollziehen sich in der Unternehmensführung und -kontrolle, der Arbeits- und Sozialverfassung sowie Sozialpolitik (Urban 2013: 17ff.).

Der Bedeutungszuwachs der Finanzmärkte erhöhte den externen Renditedruck in den Unternehmen und beförderte eine Neuausrichtung von Unternehmensstrukturen, Arbeitsorganisation und Personalstrategien. Begriffe wie »Finanzialisierung« von Unternehmensführung und -kontrolle, »Vermarktlichung« von Arbeits- und Sozialbeziehungen und indirekte Formen der Personalsteuerung beschreiben den Wandel. Über diese Prozesse zog bei Arbeitszeiten und Leistungsanforderungen eine neue Maßlosigkeit in die Betriebe ein. Dabei geriet die Restrukturierung zunehmend in Konflikt mit Arbeitsrechten und der Mitbestimmung. Parallel zu verstärkten Anstrengungen zu Union Busting und Blockaden von Betriebsratshandeln (Rügemer/Wigand 2014) orientieren zusätzlich neue Formen der Arbeitsorganisation auf die Integration der Beschäftigten in die betrieblichen Transformationsprozesse, ohne ihnen hinreichende Spielräume der Einflussnahme auf diese Prozesse zu eröffnen. Damit werden Beteiligungschancen gleichsam unterhalb der Schwelle der Infragestellung institutioneller Mitbestimmungsrechte blockiert. Ergänzt wurden diese Entwicklungen schließlich durch den Um- und Rückbau des Wohlfahrtsstaates, der mit Leistungskürzungen und verschärften Anspruchsvoraussetzungen einherging; zugleich beförderte die Deregulierung des traditionellen Normalarbeitsverhältnisses die Prekarisierung der Arbeit. Die Rede von der »Rückkehr von Unsicherheit« (R. Castel) brachte die Auswirkungen von Deregulierung und Sozialabbau auf die Lebenslagen der Arbeitenden auf den Begriff.

Die Veränderungen markieren nicht nur eine »organisatorische Revolution« in der Arbeit, sondern einen sozioökonomischen Umbruch, »der – weit über Unternehmen und Arbeit hinaus – die Transformation des europäischen

---

1  Als einen plural-diskursiven Analyseansatz, der zunehmend auch international Aufmerksamkeit findet, vgl. Dörre/Lessenich/Rosa 2015.

und des spezifisch deutschen Produktions- und Sozialmodells zum Gegenstand hat.« (Sauer 2013: 8) Dabei spricht es für die Wettbewerbsstärke der deutschen Industrie, dass ihr Anteil an der Bruttowertschöpfung seit Beginn des Jahrhunderts konstant blieb, während er in anderen EU-Kernländern wie Italien, Frankreich und Großbritannien sank (Heymann/Vetter 2013, Heng 2014). Bisher profitierte vor allem die deutsche Wirtschaft von diesem Strukturwandel und die Hoffnung, ihn durch die Digitalisierung weiter dynamisieren zu können, ist der Kern des beschworenen »nationalen Interesses« an der Industrie 4.0.

*Zwischen Technikdeterminismus und Ökonomismus*
Die kapitalismustheoretische Rahmung legt analytische Schlussfolgerungen nahe. Sie fordert, die Digitalisierung als Bestandteile eines kapitalistischen Restrukturierungsprozesses und daher als Rationalisierungsinitiative von Unternehmen zu begreifen, die sich auf Wettbewerbsmärkten zu behaupten haben. Sie fordert zugleich dazu auf, sich bei der Analyse von Technikentwicklung und Interventionsmöglichkeiten vor »Technikdeterminismus« (Lutz 1987) wie vor »Ökonomismus« gleichermaßen zu hüten. Der technologische Fortschritt liefert die Basis für mögliche Entwicklungspfade in Arbeit und Unternehmen. Welche Möglichkeit jedoch Wirklichkeit wird, ist nicht primär durch die Technik bestimmt. Nicht ohne Grund analysiert die Innovationsforschung das Zusammenspiel von Technik mit organisatorischen und personellen Faktoren in »sozio-technischen Systemen«. Und gerade die Komplexität der Digitalisierung generiert einen Innovationstyp, der umfassende soziale, organisatorische und geschäftspolitische Voraussetzungen hat (Botthof/Hartmann 2015, Hirsch-Kreinsen/Ittermann/Niehaus 2015). Im kapitalistischen Betrieb kommen zusätzliche Fragen der Rentabilität und der betrieblichen Macht- und Herrschaftsbeziehungen ins Spiel. Denkbare Techniklösungen werden auf ihre »Wirtschaftlichkeit« geprüft. Investitions- und Opportunitätskosten sowie Kapitalrücklaufzeiten werden hart kalkuliert und die Produktions- und Logistik-Vorstände müssen sich gegenüber den »Finanzern« oder die Geschäftsführer in Personengesellschaften gegenüber Geldgebern aus der Sparkasse durchsetzen. Fehlt dem Vorhaben der Nachweis einer hinreichenden Profitabilitätsperspektive, bedeutet dies das Aus. Nicht minder wichtig sind die vermuteten Auswirkungen auf das betriebliche Macht- und Herrschaftsgefüge. Ausschlaggebend ist, wie sich Kräfteverhältnisse zwischen Kapital und Arbeit verschieben und wie Betriebshierarchien und Machtpositionen der Interessenvertretung tangiert werden. Mit anderen Worten: Profitprüfung und Machtkalküle wirken als Innovationsfilter, die Entwicklungswege versperren oder öffnen.

24

Ohne Technikdeterminismus und Ökonomismus öffnet sich der Blick auf Spielräume bei Technik- und Arbeitsgestaltung. Zweifelsohne wirkt die Rationalisierungslogik als Treiber der Digitalisierung. Doch allmächtig ist sie nicht. Ebenso wohnt der Digitalisierung eine Logik der Humanisierung inne, jedenfalls als Potenzial.»Die *Smart Factory* enthält Gelegenheitsstrukturen für eine neue Arbeitskultur, die sich an den Interessen der Beschäftigten orientiert.« (Kagermann u. a. 2013: 57; Herv. i. Orig.) Die Beseitigung repetitiver, monotoner und gesundheitsverschleißender Arbeit durch neue Automatisierungsoptionen ist denkbare Möglichkeit. Zugleich entstehen neue Kompetenzanforderungen an die Belegschaften, die nicht nur die berufliche Erst-, Fort- und Weiterbildung herausfordern, sondern auch eine inhaltsreichere, kommunikativere und gestaltbarere Arbeit ermöglichen. Und schließlich sollten die Potenziale der digitalen Kommunikationsformen nicht unerkannt bleiben, die neue Modelle innerbetrieblicher Kooperation, individueller Partizipation und kollektiver Mitbestimmung ermöglichen.

**Industrie 4.0 und Digitale Industriearbeit**
Die Frage, was den Kern der Industrie 4.0 ausmacht, wird in Medien und Wissenschaft vielfältig beantwortet, eine konsensfähige Definition existiert nicht. Im einflussreichen Abschlussbericht des Arbeitskreises von Forschungsunion und Deutscher Akademie der Technikwissenschaften (acatech) findet sich folgende Beschreibung:
»Nach Mechanisierung, Elektrifizierung und Informatisierung der Industrie läutet der Einzug des Internets der Dinge und Dienste in die Fabrik eine 4. industrielle Revolution ein. Unternehmen werden zukünftig ihre Maschinen, Lagersysteme und Betriebsmittel als *Cyber-Physical Systems* (CPS) weltweit vernetzen. Diese umfassen in der Produktion intelligente Maschinen, Lagersysteme und Betriebsmittel, die eigenständig Informationen austauschen, Aktionen auslösen und sich gegenseitig selbstständig steuern. So lassen sich industrielle Prozesse in der Produktion, dem Engineering, der Materialverwendung sowie des Lieferketten- und Lebenszyklusmanagements grundlegend verbessern. In der neu entstehenden *Smart Factory* herrscht eine völlig neue Produktionslogik: Die intelligenten Produkte sind eindeutig identifizierbar, jederzeit lokalisierbar und kennen ihre Historie, ihren aktuellen Zustand sowie alternative Wege zum Zielzustand. Die eingebetteten Produktionssysteme sind vertikal mit betriebswirtschaftlichen Prozessen innerhalb von Fabriken und Unternehmen vernetzt und horizontal zu verteilten, in Echtzeit steuerbaren Wertschöpfungsnetzwerken verknüpft – von der Bestellung bis zur Ausgangslogistik.« (Kagermann/Wahster/Helbig 2013: 5; Herv. im Orig.)

Es sind solche Kombinationen aus Techniktrends und Zukunftsvermutungen, die die Phantasien über die neue Industriewelt beflügeln. Eine faktenbasierte Annäherung an den Gegenstand hätte zunächst zu konstatieren: Industrie 4.0 ist keine Realität, sondern eine Vision. Als Soll-Konzept zielt sie vor allem auf komplexe Produktions- und Wertschöpfungsnetze rund um die industrielle Produktion. Diese Netze versuchen, »möglichst alle Elemente von Produktionsprozessen, die sie flankierenden Dienstleistungen und die verbindende Logistikprozesse durchgängig digital miteinander zu vernetzten; das Stoffliche soll mit dem Digitalen verschmelzen.« (Pfeiffer 2015: 7) Dabei verweisen Analysen nicht nur auf enorme Produktivitätspotenziale, sondern auch auf vielfältige Realisierungsprobleme. Diese begründen die verhaltene Resonanz in weiten Teilen vor allem der mittelständischen Industrie (so auch Howaldt/Kopp/Schultze 2015: 252).

Als Probleme erweisen sich vor allem:

- Die Auswertung der in der Wertschöpfungskette anfallenden Datenmengen in Echtzeit (Datentechnik-Problem).
- Die Sicherstellung der informationstechnischen Bindung in der Wertschöpfungskette (Logistik-Problem).
- Die Sicherstellung einer hinreichenden Kapazitätsauslastung in der sich selbst steuernden und äußerst kapitalintensiven Produktion (Auslastungs-Problem).
- Probleme des Datenschutzes und Datensicherheit bei Arbeitnehmern, im eigenen Betrieb sowie gegenüber dem Kunden (Daten-Problem).
- Die verlässliche und nachhaltige Kalkulation von Kosten und Erträgen (Rentabilitäts-Problem).
- Die Beherrschung der Komplexitäten in der Produktion, gegenüber dem Produkt, gegenüber dem Kunden (Komplexitäts-Problem).
- Die Gefahr des Technikdeterminismus und Vernachlässigung der sozialen, organisatorischen und geschäftspolitischen Voraussetzungen für erfolgreiche Innovationen (Innovationsverständnis-Problem).

Angesichts dieser hügeligen Problemlandschaft ist die Erwartung auf eine schnelle Ausbreitung der digitalen Fabrik eher gewagt.[2] Empirische Studien weisen zudem darauf hin, dass sich etwa Ausbreitung und Nutzungsintensität von Computern in der Arbeitswelt nach den institutionellen Settings der jeweiligen Kapitalismusvariante (mit Blick auf den Arbeitsmarkt, das Ausbildungssystems sowie die industriellen Beziehungen) signifikant unterscheiden (Kirchner/Wolf 2015). Offensichtlich wird über Erfolg und Misserfolg der Di-

---

2 In diese Richtung weist auch der empirische Blick auf die aktuelle Verbreitung und Nutzung digitaler Arbeitsmittel, vgl. Leisewitz 2015.

gitalisierung nicht nur in den Betrieben entschieden. Erfolgsvoraussetzungen sind auch förderliche Rahmenbedingungen, ist ein gesellschaftliches »Betriebssystem«, das die Politik zur Verfügung zu stellen hat. »Dabei geht es z. b. um einen Ausbau der Infrastruktur, um Normsetzungen, um Datensicherheit, um das System von Bildung und Ausbildung sowie nicht zuletzt um den Ausbau einer funktionierenden Sozialpartnerschaft im Sinne einer gemeinsamen Gestaltung der Arbeitswelt 4.0.« (Möller 2015: 10) Gleichwohl verfehlt bereits die gesellschaftliche Debatte ihre Wirkung nicht. Durch sie ist die industrielle Produktion ins Zentrum der öffentlichen Aufmerksamkeit gerückt. Gestern noch als »old economy« geschmäht, wird sie heute »als Nukleus IT-basierten Fortschritts in disruptiver Qualität gefeiert.« (Pfeiffer 2015: 6) Ob die neue Aufmerksamkeit die gesellschaftliche Anerkennung für Wirtschaftsmodelle fördert, die ihre wertschöpfende Basis nicht einer fiktiven Finanz-Ökonomie opfern; oder ob sie in einen »digitalisierten Neo-Industrialismus« (Dörre 2015: 283) mündet, der die sozialen und ökologischen Anforderungen an ein nachhaltiges Wachstumsmodells verfehlt, ist offen.

*Technikfixierte, markthörige oder arbeitskraftzentrierte Digitalisierung*
Wird über die Digitalisierung in konfliktträchtigen Aushandlungsprozessen entschieden, dann sollte Interessen und Strategien der Digitalakteure (Staat, Wirtschaft und Gewerkschaften) höhere Aufmerksamkeit zuteilwerden, als dies gegenwärtig der Fall ist. Zuvor werden jedoch drei idealtypische Entwicklungsmuster der Digitalisierung skizziert, in denen unterschiedliche Leitbilder und Humanisierungsambitionen zum Ausdruck kommen und das Konfliktterrain abstecken:

* Ein passiver Gestaltungsanspruch liegt den technikzentrierten Digitalisierungsvarianten zugrunde (Brödner 2015). Offensichtlich wurde das »Ende des Technikdeterminismus« (Lutz 1987) zu früh ausgerufen. Jedenfalls wird in der Forschung mitunter ein »Technologischer Determinismus 4.0« konstatiert, der an die Vorläuferdebatten der 1980er Jahre (z. B. die sogenannte CIM-Debatte) erinnert (Howaldt/Kopp/Schutze 2015: 254ff.). Offenbar, so die These, schwingen in der Industrie 4.0-Debatte neue Hoffnungen auf vollautomatisierte Produktionsprozesse und menschenleere Fabriken mit. Und dies, trotz »kümmerlicher historischer Erfahrungen mit Konzepten ›künstlicher Intelligenz‹« (Brödner 2015: 217). Statt der umfassenden Automatisierungshoffnungen realisierten sich nämlich eher »neue Produktionskonzepte«, in denen systemische Zugriffe auf die Arbeitskraft bisher ungenutzte Leistungsreserven zu erschließen suchten. Und dennoch sind Phantasien einer Produktion ohne Menschen und Konzepte mit erstaunlicher Technikgläubigkeit in der gegenwärtigen Debatte durchaus präsent.

- Als defensiv sind auch Gestaltungsansätze zu werten, die Wettbewerbszwänge und betriebswirtschaftlichen Renditevorgaben konstant setzen und Anpassungsbedarf ausschließlich den abhängig Arbeitenden und ihrer Lebensführung zuweisen. Sie ersetzen den Zwang der Technik durch den des Marktes. Markthörige Digitalisierungsstrategien dieser Art akzeptieren externe Zwänge als Gestaltungsparameter und entwerten vorhandene unternehmensinterne Entscheidungsspielräume. Da möglichst kurze Kapitalrücklauffristen die Investitionsentscheidungen dominieren, unterbleiben nicht nur strategische Investitionen mit langfristigen Produktivitäts- und Rentabilitätsperspektiven. Auch technische Spielräume bleiben ungenutzt und Chancen auf eine humane Regulierung digitaler Arbeit werden vertan.

- Aus gewerkschaftlicher Sicht wäre technikzentrierten und markthörigen Strategien die Arbeitskraftperspektive entgegen zu setzen. Nicht die Wettbewerbsfähigkeit durch Kostensenkung oder Produktivitätssteigerungen, sondern Sicherheit und Autonomie in der Arbeit sind Ziele dieses Ansatzes. Wettbewerbsfähigkeit wird als Überlebensbedingung auf kapitalistischen Märkten anerkannt, verdrängt aber nicht die Arbeitskraft- und Subjektinteressen und Humanisierungsstandards als Gestaltungsparameter. Digitale Technologien zielen nicht auf die Substitution lebendiger Arbeit, sondern auf deren»›Intelligenzverstärkung‹. In ihr werden menschliche Reflexions- und Anpassungsfähigkeit mit maschineller Präzision und Geschwindigkeit verknüpft (Brödner 2015: 247). Eine arbeitskraftzentrierte Digitalisierungsstrategie würde Technikvorgaben oder Marktzwänge nicht ignorieren, aber nicht ihnen, sondern den Arbeitskraft- und Subjektinteressen der Beschäftigten den Primat einräumen.

## Zwischen Sozialkompromiss und Regulierungsverweigerung: der steinige Weg zu einer politischen Digitalisierungs-Agenda

Die Digitalisierung ist ein fortlaufender Prozess. Staat, Wirtschaftsverbände und Gewerkschaften befinden sich dabei in einem Suchprozess mit noch unabgeschlossenen Strategieentwürfen. Daher wird die Suche nach Akteursstrategien nur Vorläufiges finden, das sich im Zeitablauf wandeln kann. Dennoch ist die Sichtung gegenwärtiger Strategiestände unter den Schlüsselakteuren wichtig, schon um Konsens- und Konfliktpotenziale abzuschätzen zu können. Die soll im Folgenden geschehen.

### Der Staat als Risikoträger im kapitalistischen Innovationsprozess

Dass dem Staat bei der Generierung und Implementierung ökonomischer und technologischer Innovationen eine wichtige Funktion zukommt, wird eigentlich nur von der neoliberalen Markt-Orthodoxie infrage gestellt. Dort hängt man der Vorstellung einer vor allem marktvermittelten »schöpferischen Zerstörung« (J. A. Schumpeter) nach. Der Staat als Innovationsakteur steht unter Verdacht, private Investitionen zu verdrängen und öffentliche Gelder zu verschwenden. Doch selbst in der Tradition des deutschen Ordo-Liberalismus wird dem Staat eine aktivere Rolle zugewiesen. Dies gilt vor allem für die Bereitstellung eines Ordnungsrahmens an Eigentumsrechten und Anreizen, der innovatives Handelns befördert und dem »first mover« temporär Vorsprungsgewinne sichert. Weiterreichende Aufgaben weisen die Vertreter einer aktiven Industriepolitik dem Staat zu. Sie betonen notwendige Vorleistungen durch die staatlichen Forschungs- und Bildungspolitik zur Sicherung unternehmerischer Innovationsfähigkeit.

Einen entscheidenden Schritt weiter geht Marianna Mazzucato mit ihrer These von der »zentrale(n) Rolle des Staates als Risikoträger im modernen Kapitalismus«, die in der ökonomischen Innovationsforschung heftig Staub aufgewirbelt hat (Mazzucato 2014). In seiner Pionierrolle, so Mazzucato, fällt dem Staat vor allem die Aufgabe zu, mit (durchaus riskanten) öffentlichen Investitionen neue Felder zu erschließen, in die dann private, renditeorientierte Unternehmen einwandern können. Nicht minder bedeutsam ist ihre Schlussfolgerung, dass es weniger auf freie Märkte oder subventionierte Forschungsinvestitionen, sondern dass es »auf die Institutionen ankommt, zu ermöglichen, dass neues Wissen die Volkswirtschaft durchdringt.« (Mazzucato 2014: 244) Innovationsförderlich sind Institutionen vor allem dann, wenn sie Ausstrahlungseffekte staatlicher Aktivitäten in die Wirtschaft befördern und eine funktionale Arbeitsteilung in den sozialen Innovationssystemen garantieren. Vorrausetzung dabei ist, den »›kollektiven‹ Charakter von Innovationen anzuerkennen.« (Mazzucato 2014: 243) Dies erfordert eine Rollenklärung unter den Innovationsakteuren, in der die komparativen Kompetenzvorteile zum Tragen kommen. Kurzum: Mazzucato beschreibt nicht nur das innovationsförderliche Setting und die Aufgabe der Innovationsakteure. Mit den Thesen von der staatlichen Pionierrolle im Innovationsprozess und dem kollektiven Charakter von Innovationen entzaubert sie zugleich den Silicon-Valley- und Garagenbastler-Mythos, der als wohl wirkungsmächtigster unter den neoliberalen Wirtschaftsdogmen auch in Deutschland zur Leitidee der Innovationspolitik avancierte.

*Wettbewerbsfähigkeit durch Kompromiss: die Dialog-Agenda des Staates*
Ob die Bundesregierung den Anforderungen eines staatlichen Innovationstreibers gerecht wird, kann bezweifelt werden. Um die positive Wirkung der Digitalisierung zur Entfaltung zu bringen und Deutschlands Rolle als innovative und leistungsstarke Volkswirtschaft in der Europäischen Union und der

Welt auszubauen, hat sie unter dem Titel »Digitale Agenda 2014–17« netz-politische Grundsätze, Vorhaben und Absichtserklärungen formuliert, die als Leitlinien der netzpolitischen Steuerungsversuche der Bundesregierung fungieren sollen (BMWI 2014).[3] Die Digital-Agenda fasst Grundorientierung, Zielsetzungen sowie Programme und Maßnahmen staatlicher Digitalpolitik in einer Initiative zusammen.[4] An ihr sind diverse Ministerien mit je eigenen Zuständigkeiten und Schwerpunkten beteiligt. Struktur und Aufgabenverteilung sowie politische Verantwortlichkeiten sind mitunter nicht klar zugeordnet und Initiativen wirken eher unkoordiniert.

Der arbeits- und sozialpolitische Strategieentwurf ist im »Grünbuch Arbeit 4.0« des Bundesministeriums für Arbeit und Soziales formuliert (BMAS 2015). Sein Credo lautet: Wettbewerbsfähigkeit durch Kompromiss, will sagen: Implementierung durch Konzertierung. Die Diskursinitiative des BMAS zielt dezidiert darauf, den neuen Technologieschub als Treiber neuer Wachstums- und Wettbewerbskräfte zu nutzen. »Es geht um die Sicherung des Wirtschaftsstandortes Deutschland und Europa, eine Neuverteilung der Märkte, um enorme Wachstumspotenziale und den Traum eines digitalen ›Wirtschaftswunders‹.«[5] (BMAS 2015: 6) In diesem »digitalen Wirtschaftswunder-Traum« wird die Arbeit als zentrale Schnittstelle der Veränderungen gefasst. In diesem Sinne werden Trends und Szenarien über den Wandel der Arbeitsgesellschaft formuliert, die um Leitfragen zu Handlungsfeldern und Herausforderungen ergänzt werden. Ein »neuer sozialer Kompromiss« wird dabei als Ziel des gesellschaftlichen Dialogs angestrebt.

Während das Dialogangebot an »Arbeitnehmerinnen und Arbeitnehmer, Bürgerinnen und Bürger, Sozialpartner, Unternehmer, Verbände, Bildungsinstitutionen, Einrichtungen, die unseren Sozialstaat mit Leben füllen, und nicht zuletzt Politik« adressiert ist, also auf einen »intensiven Austausch aller Beteiligter« gerichtet ist, können die Beteiligungsangebote an Gewerkschaften und Unternehmerverbände durchaus als Apelle zu einem neuen Digital-Korporatismus interpretiert werden.[6] Doch auch dieses Korporatismusangebot beruht auf einer Philosophie, in der die Wirtschaft die Gestaltungsimpe-

---

3   Wesentliche »digitalpolitische« Eckpunkte des Papiers sind bereits im Koalitionsvertrag 2013 enthalten. Diese wiederum gehen vor allem auf die Empfehlungen zurück, die von der 2010 bis 2013 bestehenden Enquete-Kommission »Internet und digitale Gesellschaft« in ihrem Abschlussbericht formulierte.

4   Einen gute Überblick bietet die eingerichtete Homepage: http://www.digitale-agenda.de/Webs/ DA/DE/Home/home_node.html.

5   So Bundesarbeitsministerin Andrea Nahles im Vorwort der Broschüre.

6   Dazu auch das tripartistische Bündnis »Zukunft der Industrie« zwischen Regierung, Arbeitgeberverbände und Industriegewerkschaften; http://www.bmwi.de/DE/Themen/Industrie/Industriepolitik/buendnis-zukunft-der-industrie.html (Zugriff: 8.8.2015).

rative definiert und die Anpassungsbedarfe auf Seiten der Gesellschaft, des Sozialstaates und der Beschäftigten lokalisiert werden. »Die Wirtschaft von morgen erfordert eine Gesellschaft (sic!), die zu Innovationen fähig ist und sich im Wandel immer wieder neu erfindet.« Die Institutionen des Sozialstaats sollen hier einen positiven Beitrag liefern und mit sozialstaatlichen Instrumenten die Innovations- und Wachstumsimpulse in der digitalen Wirtschaft, etwa bei Firmengründungen, flankieren (BMAS 2015: 80). Es sind vor allem die Erfordernisse der Wirtschaft, die der Gesellschaft auferlegen, sich immer wieder »neu«, will sagen: wettbewerbsgerecht zu erfinden; und die dem Sozialstaat die Aufgabe zuweisen, Innovationsimpulse der Wirtschaft zu flankieren.

*Beschleunigung durch Regulierungsabstinenz: Die Konfrontations-Agenda der BDA*
Auch wenn eine vor allem innovations- und wachstumsförderlichen Gesellschafts- und Sozialstaatspolitik den Interessen der Wirtschaft weit entgegen kommt, ist fraglich, ob sich das Kooperationsangebot mit dem Strategieentwurf der Wirtschaft und ihrer Verbände verträgt. Diese Zweifel werden genährt durch die Positionierung der Bundesvereinigung der Deutschen Arbeitgeberverbände (BDA 2015). Unter der Überschrift »Chancen der Digitalisierung nutzen« hat der größte Lobbyverband der deutschen Wirtschaft die Agenda einer offensiven und konfliktorientierten Interessenpolitik vorgelegt. Der Blick auf die Mitbestimmung steht paradigmatisch für den Blick auf die gesamte Arbeits- und Sozialordnung: »Neue Kommunikations- und Produktionsabläufe werden eine höhere Geschwindigkeit der Entscheidungsfindungs- und Umsetzungsprozesse in Unternehmen und Betrieben zur Folge haben. Diesen Anforderungen kann sich die Mitbestimmung nicht verschließen. Verzögerungspotenziale müssen abgebaut, bestehende Regelungen auf ihre Zukunftsfähigkeit hin überprüft werden.« (BDA 2015: 3)

Die Überprüfung sozialer Regulierungen und der Abbau aufgedeckter Verzögerungspotenziale erstrecken sich auf neue Arbeits- und Beschäftigungsformen wie Crowdworking, Werkverträge und Leiharbeit, aber auch auf bestehende Arbeitszeit- und Arbeitsschutzregeln. Konkret werden die Umstellung der täglichen auf eine wöchentliche Höchstarbeitszeit im Arbeitszeitgesetz, die Erleichterung von Sonn- und Feiertagsarbeit sowie der Verzicht auf eine »praxisferne Überfrachtung des Rechtsrahmens für Arbeitszeitkonten« (BDA 2015: 4) gefordert, um in der globalisierten Wirtschaft neue Flexibilisierungsmöglichkeiten rund um die Uhr zu eröffnen. Denn: »Eine schnelle Reaktionsmöglichkeit würde die Wettbewerbsfähigkeit deutscher Unternehmen und ihre Attraktivität für Abnehmer ihrer Produkte und Dienstleistungen erhöhen.« (BDA 2015: 4) In die gleiche Richtung weisen die Ablehnung gesetzlicher Regelungen zur Begrenzung psychischer Belastungen, die Ablehnung der Ausdehnung von Arbeitsschutzregelungen auf selbstständige Erwerbsformen und die Forderung nach einer Erleichterung und Ausdehnung sachgrundloser Befristungen.

Sollen diese Forderungen der Beschleunigung wirtschaftlicher Aktivtäten dienen, so werden an das Erziehungs-, Schul- und Hochschulsystem angebotspolitisch begründete Modernisierungsansprüche gerichtet. MINT-Bildung[7] und digitale Kompetenzen sollen als Elemente der Allgemeinbildung gestärkt und Medien- sowie IT-Kompetenzen stärker gefördert werden. Der bestehenden Ausbildungsordnung in der beruflichen Bildung wird eine hohe Fähigkeit zur Anpassung und Modernisierung der Ausbildungsberufe zugestanden – nicht zuletzt aufgrund der engen Einbindung der Arbeitsgeberseite. Ergänzt werden diese Einschätzungen durch die Forderung nach einem Ausbau digitaler Lerntechnologien und einer stärkeren Verzahnung von Berufs- und Hochschulbildung.»Akademische Studiengänge sollten in ihren Curricula praxisrelevante Inhalte enthalten und berufliche Ausbildungsgänge, wo notwendig, akademisch-wissenschaftliche Bezüge.« (BDA 2015: 9)

Während also bei den Forderungen an das Berufsbildungs- und (Hoch-)Schulsystem Schnittstellen mit den Konzepten des Staates und der Gewerkschaften deutlich werden, so laufen die Forderungen an die Arbeits- und Sozialordnung geradezu zwangsläufig auf eine Konfrontation hinaus. Das Credo der skizzierten Digitalisierungsagenda in diesen Feldern lautet: Beschleunigung durch Regulierungsabstinenz. Als impliziertes Leitbild wirkt die Vision unregulierter Arbeit. Denn, so die Logik des Arguments, Regulationen gehen stets zulasten von Innovationen.

Dabei ist keineswegs gesichert, dass sich die Konfrontationsagenda des Verbandes durchhalten lässt. Wahrscheinlicher ist, dass sie sich durch einen Ziel-Mittel-Konflikt selbst blockiert, indem die Konfliktorientierung die Beschleunigungsabsicht konterkariert. Regulierungsabstinenz – ob als Deregulierung gegebener oder als Verzicht auf neue Schutzvorschriften – programmiert Konflikte mit Betriebsräten und Gewerkschaften, die die Digitalisierung bremsen statt beschleunigen dürften. Wohl auch deshalb votieren Mitgliedsverbände wie der Zentralverband des deutschen Handwerks (ZDH) für eine kooperative Strategie. Gemeinsam mit Bundesregierung und DGB spricht sich der ZDH dafür aus, die»bewährte(n) Stärken des deutschen Modells der Mitbestimmung, der Tarifautonomie und der sozialen Sicherheit in die di-

---

7  MINT-Bildung meint eine Bildung, die an Fachrichtungen Mathematik, Informatik, Naturwissenschaften und Technik ausgerichtet ist.

gitale Arbeitswelt (zu) überführen« und »Formen illegaler Beschäftigung, Schwarzarbeit und Scheinselbstständigkeit auch im Handwerk« entgegen zu treten (BMWi/ZDH/DGB 2015: 3). Zugleich ist zu erwarten, dass die betrieblichen Akteure angesichts des täglichen Konkurrenzdrucks weniger konfliktintensive Strategien präferieren werden. In diese Richtung deuten Hinweise, wonach Unternehmensvorstände durchaus auf eine frühe Einbeziehungen der Betriebsräte orientieren (Dörre 2015: 277).

**Felder und Konfliktachsen einer arbeitskraftzentrierten Arbeitspolitik**
Während die Bundesregierung auf Sozialkompromisse und eine koordinierten Digitalisierung orientiert, scheinen Wirtschaftsverbände die Digitalisierung als einen Verteilungskonflikt zu konzipieren. Ob diese Strategie den angebotenen Digitalisierungs-Korporatismus blockiert, bleibt abzuwarten. Auf jeden Fall dürfte es die Kernaufgabe betrieblicher Interessenvertretungen und Gewerkschaften sein, die Essentials der arbeitskraftzentrierten Variante zur Geltung zu bringen. Wer sonst sollte der Logik der Humanisierung zum Durchbruch verhelfen? Die mitunter geforderte »neue Beweglichkeit« (Eichhorst u. a. 2015) im Sinne einer vorbehaltlosen Kooperationsbereitschaft mag in den Unternehmen auf Sympathie treffen, als machtpolitisch erblindete Strategie wäre sie jedoch für die Gewerkschaften eher riskant. Dabei lassen sich einige Konfliktachsen benennen, um die herum sich die digitale Industriearbeit entwickeln wird. Sie markieren die Terrains, auf denen die Gewerkschaften mit eigenen Gestaltungs- und Regulierungskonzepten und entsprechender Durchsetzungsmacht gefordert sind.

*Geschützter Wissensarbeiter oder prekärer Entrepreneur:*
*der Konflikt um den Sozialstatus*
Die Digitalisierung der Arbeit befördert neue Formen der Nutzung von Arbeitskraft wie Cloudworking oder Crowdsourcing. Dabei nimmt eine nicht immer klar definierte Menge an Arbeitskräften (im Arbeitnehmer- oder Selbstständigen-Status) an Aufträgen teil, die über digitale Plattformen ausgeschrieben werden (internes oder externes Crowdworking, dazu Benner 2015 sowie die Beiträge von Christiane Benner und Christoph Ehlscheid/Stefanie Janczyk in diesem Band). Vor allem externe Crowdsourcees befinden sich im Ringen um Erfolge in einer Situation »permanenter Bewährungsproben« (Boes u. a. 2015). Auch ihre Arbeitssituation ist, wie die beschäftigter Crowdworker, durch eine asymmetrische Verteilung von Verhandlungsmacht geprägt. Beide Male handelt es sich um abhängige Arbeit, aus der soziale Schutzbedürftigkeit erwächst. Dieser wird im deutschen Arbeits- und Sozialrecht durch kollektive (z. B. Tarifverträge) oder individuelle Arbeitsrechtsre-

gelungen (z. B. Kündigungsschutz) sowie durch soziale Risikoabsicherung in den Sozialversicherungen Rechnung getragen. Doch während Arbeitnehmer der Zugang in diese Institutionen offen steht, ist er Selbstständigen nur unter spezifischen Bedingungen möglich.

Im Falle der Auslagerung von Aufgaben und Tätigkeiten durch Crowdsourcing und/oder der Überführung von Beschäftigten in den Selbstständigen-Status findet die Auslagerung in einen anderen Rechtsraum statt (Boes u. a. 2015). Die häufigste Rechtsform so entstehender prekärer Selbstständigkeit ist in Deutschland der Werkvertrag. Er stellt das Vehikel dar, das den Unternehmen Kostensenkungen und die Umgehung betrieblicher Mitbestimmung ermöglicht und Beschäftigte aus der Arbeits- und Sozialordnung herausdrängt (Hertwig/Kirsch/Wirth 2015). Das ist vielfach mit erheblichen Verschlechterungen bei Einkommen, Arbeitszeiten und Beschäftigungssicherheit verbunden. Immer öfter trifft die Rede vom »digitalen Tagelöhner« die soziale Situation.[8]

Betriebsverfassung und Arbeits- und Sozialordnung erscheinen durch diese Entwicklungen überfordert.[9] Die Reformoptionen liegen auf der Hand: Entweder die abhängig Selbstständigen werden als Arbeitnehmer in den Schutz der Arbeits- und Sozialsysteme (re-)integriert. Oder die Systeme öffnen sich für Formen abhängiger Arbeit jenseits des Arbeitnehmerstatus. Dies würde eine Neudefinition des versicherten Personenkreises ebenso erfordern wie die Überprüfung aktiver und passiver Leistungen der Sozialversicherungen. Eine dritte Möglichkeit wäre die Schaffung eines eigenen Rechtsraumes, der durch adäquate Schutzvorschriften der Schutzbedürftigkeit Rechnung trägt. Zugleich bedarf es der Einbeziehung aller Werkvertragsbeschäftigten in die Mitbestimmungs- und Kontrollrechte von Betriebs- und Aufsichtsräten.

*Flexibilität oder Souveränität: der Konflikt um die Zeit*
Vermarktlichung von Arbeit und Entgrenzung der Arbeitszeit sind in der Arbeitswelt von heute bekannte Phänomene (Sauer 2013, Pickshaus 2014). Doch durch die digitalen Kommunikationstechniken erweitern sich die Spielräume der Entkoppelung von Betriebsstätte und Arbeitsort.[10] Die so erleichterte »mobile Arbeit« außerhalb der Betriebsstätte reicht von der klassischen

---

8  Nicht übersehen werden sollte auch der Dumpingdruck auf die Stammbelegschaften, der durch Outsourcing-Drohungen und schlichte Arbeitskostenkonkurrenz hervorgerufen wird.
9  Zur Stellung von Crowdwork in der deutschen Arbeits- und Sozialrechtsordnung vgl. Däubler/Klebe 2015.
10  Einen Überblick über den Stand von Homeoffice-Arbeitsplätzen und die entsprechende Arbeitszeitregelung bietet Dämon 2015.

Heimarbeit (z. B. der Telearbeit) und der Service-, Wartungs- und Vertriebsarbeit beim Kunden über die schnelle Aufgabenerledigung von unterwegs (über Smartphone oder Handy) bis hin zur Arbeit auf Dienstreisen, etwa auf Messen und Kongressen. Durch beschleunigte Arbeitsprozesse, effektivere Koordination sowie eingesparte Pendler- und Reisetätigkeit (etwa bei online-Wartungsarbeiten) können wirtschaftliche, soziale und ökologische Kosten gesenkt werden. Digitalisierungsprämien können in Form geringerer Material- und Arbeitskosten bei den Unternehmen, aber auch in Form von Zeitwohlstand und reduzierter Umweltbelastung bei den Beschäftigten und der Natur anfallen.

Offensichtlich ist aber auch, dass die diversen Formen mobiler Arbeit die auf die Arbeitsstätte bezogenen Arbeitsschutzvorschriften unter Druck setzen; weil Schutzmaßnahmen unterbleiben und Kontrollen bei ständig wechselnden Arbeitsorten erschwert werden. Oder weil die Arbeit in abhängiger Selbstständigkeit und außerhalb der Arbeitnehmerschutzregeln stattfindet. Zugleich geht die digitale Arbeit insgesamt vielfach mit Ökonomisierungseffekten in Form einer Beschleunigung des Arbeitsprozesses und der Entgrenzung der Arbeitszeit einher.[11] Der immer umfassendere Zugriff der Unternehmen auf die gesamte Lebenszeit der Beschäftigten führt dabei schnell zu Kollisionen zwischen beruflichen und außerberuflichen Anforderungen. Dabei werden jene Restriktionen, die eine reibungslose Anpassung des privaten Zeitrhythmus an den beruflichen blockieren, als Belastungsfaktoren empfunden. Da diese in fehlenden Kinderbetreuungseinrichtungen, mangelnder Unterstützung bei Pflegetätigkeiten oder starren Schulzeiten begründet sind, werden Verbesserungen in diesen Bereichen als Zugewinn von Lebensqualität und Verringerung von Belastungen empfunden.

Eine solche asymmetrische Form der Vereinbarkeit von Arbeit und Privatleben ist jedoch höchstens eine Vorform von Zeitsouveränität. Die beruflichen Anforderungen bleiben konstant, das Privatleben trägt die Anpassungslast. Reale Souveränitätsgewinne entstehen erst, wenn die Bedürfnisse des Privaten die fixe und die Zeitbedarfe der Betriebe die Anpassungsvariable werden. Dies wird ohne belastbare Regulierung in Tarifverträgen, Betriebsvereinbarungen und individuellen Autonomierechten nicht zu machen sein. Und es braucht Fixpunkte wie tägliche und wöchentliche Höchstarbeitszeiten, um die herum Flexibilitätsspielräume konzipiert werden können. Dass das, in der Digitalisierungsdebatte mit so viel Emanzipationsrhetorik begleitete Versprechen einer besseren Work-Life-Balance schnell in einem tradi-

---

11  Zum komplexen Zusammenhang zwischen Arbeitszeitregulierung und Arbeitsbelastungen vgl. etwa Fergen 2007.

tionellen »Kampf um den 8-Stunden-Tag« mündetet, sagt mehr über die zu erwartende digitale Arbeitswelt als alle Regierungs- und Arbeitgeberbroschüren.[12]

*Ökonomisierung oder Prävention: der Konflikt um die Gesundheit*
Welche Anforderungen die Digitalisierung an den gewerkschaftlichen Arbeits- und Gesundheitsschutz stellen wird, wird von den technischen Entwicklungspfaden und der Stellung der lebendigen Arbeitskraft in diesem anhängen. Dabei sollten Handlungsnotwendigkeiten nicht an virtuellen Modellen der vollständig digitalisierten Fabrik, sondern eher mit Blick auf existente Einzeltechnologien diskutiert werden (Gerst 2014). Absehbar ist, dass die Ausbreitung »intelligenter Roboter« (Cyber-Physical-Systems) hybride Arbeitssysteme entstehen lässt, in denen autonome technologische und menschliche Akteure miteinander agieren. Dadurch gewinnt die Mensch-Maschine-Interaktion neue Bedeutung. Vorstellbar werden Humanisierungsfortschritte durch Vermeidung physischer und psychischer Fehlbeanspruchungen und mehr Ergonomie. Automatisiert werden könnten Arbeitsplätze, die durch Zwangshaltungen, Belastungen durch Gefahrstoffe und oder schweres Heben und Tragen von Lasten geprägt sind. Auch die Inklusion von Menschen mit Behinderungen könnte durch intelligente Arbeitshilfen verbessert werden. Doch mit dem Einzug des kollaborierenden Roboters (soft bzw. mobile robotics) werden auch Gesundheitsrisiken und Gestaltungsaufgaben für einen präventiven Gesundheitsschutz sichtbar. Sie betreffen die Anforderungen an eine ergonomische Software, die Prävention von Stoß- und Quetschunfällen sowie die zeitnahe Verfügung über Qualifikationsangebote (siehe den Beitrag von Andrea Fergen in diesem Band).

Vor der Illusion einer ergonomischen und inklusionsförderlichen Arbeit für alle sei gleichwohl gewarnt. Digitale Arbeit ist keineswegs stets frei von Monotonie und psychischen Fehlbelastungen. Umfassend vernetzte und durch »Big Data« gesteuerte Systeme können mitunter robust gegenüber menschlichen Interventionen sein, die im System vor allem als Störungen wahrgenommen werden. Die Überwachung weitgehend autonomer Systeme und die Rücknahme menschlicher Aufgaben auf die Kontrolle der Abläufe und die Behebung von Störungen generieren schnell Monotonie und Stress. Vor allem schwinden Spielräume der Einflussnahme der Beschäftigten auf die unmittelbaren Arbeitsbedingungen. Psychischer Druck kann jedoch auch

---

12  Zur aktuellen Debatte um den 8-Stunden Tag vgl. etwa http://www.bund-verlag.de/zeitschriften/ arbeitsrecht-im-betrieb/aktuelles/news/2015/07/kampf-um-den-8-stundentag.php (Zugriff: 2.8. 2015).

als Folge der Überforderung bei der Steuerung hochkomplexer technologischer Systeme oder der Beschleunigung der Arbeitsprozesse entstehen.

Sollen die gesundheitsbelastenden Folgen der Digitalisierung zurückgedrängt und die entlastenden gefördert werden, bedarf es möglichst früher und machtvolle Einflussnahmen durch Beschäftigte und Interessenvertretungen auf Technikeinsatz und Arbeitsorganisation, etwa um die Risiken autonomer Mensch-Maschine-Kollaboration zu minimieren. Zugleich gewinnen Vorschriften zum Schutz der psychischen Gesundheit, wie die von der IG Metall vorgelegte Anti-Stress-Verordnung, an Dringlichkeit. Der bisherige Auseinandersetzung um ihre Durchsetzung lässt das Konfliktpotenzial in solchen Regulierungskonflikten erahnen (Urban/Fergen 2014).

*Kompetenz- oder Persönlichkeitsentwicklung: der Konflikt um die Qualifizierung*
Studien zu qualifikationsspezifischen Arbeitslosenquoten haben vielfach einen engen Zusammenhang zwischen Bildungsstand und Beschäftigungschancen belegt (etwa Hausner u. a. 2015). Die Kernaussage lautet: Je höher die Bildung, umso niedriger das Beschäftigungsrisiko und umso höher Karriere- und Verdienstchancen. Bildung gilt vielfach als eine Art Arbeitsplatzversicherung. Doch mit Blick auf die Auswirkungen der Digitalisierung auf die Beschäftigungs- und Berufsperspektiven ist die Debattenlage eher konfus. Gerade in den mittleren Bildungssegmenten ist offenbar mit einer Entkoppelung von hoher Bildung und guten Karrierechancen zu rechnen, so die Polarisierungsthese, die auf Analysen aus den USA beruht. »Während sich am unteren Ende der Qualifikationsskala manuell-interaktive Jobs behaupten oder in einfachen Dienstleistungsbereichen sogar ausweiten (Beispiel: Servicekraft in der Gastronomie), und im oberen Bereich kognitiv-interaktive oder kreative Tätigkeiten (Beispiel: Ingenieur) zunehmen, verliert die Mittelschicht an Boden.« (Möller 2015: 12)

Auch wenn Konzepte »lernförderlicher Arbeitsorganisation« in der arbeitswissenschaftlichen Debatte thematisiert werden (Botthof/Hartmann 2015), sind verlässliche Befunde über die Veränderung der Aufgaben- und Kompetenzprofile in der digitalen Fabrik bisher rar (Ahrens/Spöttl 2015). Fest steht: Der Wandel im Aufgaben- und Tätigkeitsspektrum, der mit dem Wandel zur digitalisierten Industrie einhergeht, verändert auch die Anforderungen an Kenntnisse, Fertigkeiten und Kompetenzen; und dies in Abhängigkeit davon, ob der Einzelne als Bediener, Betreiber oder Instandhalter der technischen Systeme agiert. An allgemeiner Bedeutung gewinnen werden steuernde, kontrollierende, instand haltende und informationsbeschaffende Aufgaben. Entsprechend aufgewertet werden die dazu notwenigen fachlichen, sozialen und kognitiven Kompetenzen. Das stellt Anforderungen an die duale

Berufsausbildung, in der geltende Ausbildungsinhalte zu überprüfen und gegebenenfalls neue Berufsbilder zu entwickeln sind.[13] Zugleich muss die berufliche Fort- und Weiterbildung sich an den neuen Inhalten und Dynamiken messen lassen (siehe dazu auch den Beitrag von Bernd Kaßebaum/Thomas Ressel/Hanna Schrankel in diesem Band).

Doch auch im Feld der Qualifikationspolitik sind Interessen nicht deckungsgleich und sind Aushandlungskonflikte zu erwarten. Aus Sicht der Beschäftigten sei auf drei Aspekte verwiesen.

- Die Anforderung einer permanenten beruflichen Weiterbildung kann als Chance zu kontinuierlicher beruflicher Weiterentwicklung begrüßt werden, aber auch als Belastung und Stressor erster Ordnung wirken. Sie generiert eine Erwartungshaltung im Betrieb, der nicht jeder zu entsprechen vermag. Befürchtete Entwertung vorhandener Qualifikationen und der Druck eines permanenten Weiterbildungszwangs können Statusängste im Betrieb beflügeln und Menschen überfordern. Was wird mit diesen? Eine Aufgabe, der sich vor allem die gewerkschaftliche Politik zu stellen hat.

- Permanente Weiterbildung wird steigende Kosten verursachen und den Konflikt um die Verteilung dieser Kosten verschärfen. Schon heute werden im Arbeitgeberlager Stimmen laut, die höhere Eigenanteile oder Selbstbehalte der Beschäftigten an den Weiterbildungskosten fordern. Zu rechnen ist mit Initiativen der Unternehmen und ihrer Verbände, über eine Verschiebebahnhofspolitik betriebliche Bildungskosten zu reduzieren, indem die privaten und gesellschaftlichen Anteile steigen. Gewerkschaftliche Bildungspolitik muss daher Bildung verstärkt als Verteilungsfrage begreifen und Privatisierungsstrategien entgegenwirken.

- Schließlich obliegt es vor allem der gewerkschaftlichen Interessenvertretung, der Gefahr einer technisch-funktionalistischen Verkürzung des Bildungs- und Kompetenzbegriffs entgegen zu treten. Die digitalisierte Arbeitswelt beinhaltet nicht nur fachliche, sondern auch komplexe soziale Arbeitsanforderungen. Das erfordert ausgeprägte personale Kompetenzen und damit Team- und Führungsfähigkeit sowie Bereitschaft und Fähigkeit zu eigenständiger und kollektiver Interessenverfolgung. Gerade gewerkschaftlich-solidarisches Verhalten braucht auch in der digitalen Arbeitswelt nicht nur »Arbeitskräfte« als Träger fachlicher und funktionaler Kompetenzen, sondern »Persönlichkeiten« mit Selbstbewusstsein sowie mit Fähigkeiten zu reflexivem Handeln und zu »politischer Urteilskraft« (O. Negt).

---

13  Siehe dazu etwa die Anstrengungen der Automobilzulieferer zur Einführung eines neuen Berufs des Produktionstechnologen; http://www.faz.net/agenturmeldungen/unternehmensnachrichten/bosch-bindet-industrie-4-0-in-ausbildung-ein13733975.html (Zugriff. 04.08.2015).

*»Liquid democracy« oder »demokratische Arbeit«: der Konflikt um den Einfluss*
Neue Möglichkeiten der digitalen Kommunikation verändern zweifelsohne auch die Sozialbeziehungen innerhalb der Unternehmen. In der Management-Literatur werden dabei die neuen Anforderungen an Führungs- und Leitungskompetenzen von Akteuren innerhalb der Institutionen der Corporate Governance betont. So wird in wirtschaftsnahen juristischen Fachjournalen auf die Gefahr der »digitalen Kompetenzlücke« (Biedenbach 2015) im Aufsichtsrat verwiesen.

Doch auch auf Betriebsräte und Gewerkschaften kommen neue Anforderungen im Umgang mit digitalen Kommunikationsmitteln zu. Gerade in jungen Unternehmen der ITK-Branche konfrontieren Vorstände und Geschäftsführungen Belegschaftsvertreter mit neuen Kommunikations- und Führungsstrategien. Nicht selten verbindet sich dort der umfassende Zugriff auf das Arbeitsvermögen der Beschäftigten mit Partizipations- und Feedback-Angeboten der Führungskräfte, die in den Belegschaften durchaus auf Resonanz stoßen. In diesem Kontext ist der Begriff der Agilität von besonderer Bedeutung. Fokussierte der Agilitätsbegriff zu Beginn auf eine konzentrierte und schlanke Form der Softwareentwicklung, so ist Agilität zum Charakteristikum eines neuen Unternehmenstyps avanciert. Das Leitbild des »agilen Unternehmens« steht für ein Unternehmen , dass nicht nur eine »agile IT« besitzt, sondern in dem ein »agiles Management« mit einem »agilen Mindset« durch »agile Personal- und Führungsinstrumente« das gesamte Unternehmen »agilisiert«.[14] Durch die Anwendung von Regeln und Methoden agiler Führung wird aus dem mitbestimmten Unternehmen das »demokratische Unternehmen«. In diesem werden neue Modelle der Arbeitsorganisation und Kommunikation erprobt, die Partizipationsbedürfnisse der Beschäftigten durch individuelle Beteiligungsofferten auffangen. Die Ansprache verläuft über technikbasierte, direkte und flexible Kommunikationswege (»liquid democracy«) – und in der Regel schnurstracks an betriebsverfassungsrechtlichen (Betriebsräte, Jugend- und Auszubildenden-Vertretungen) und gewerkschaftlichen Strukturen (Vertrauensleute) vorbei.

Aus gewerkschaftlicher Perspektive dürfte die Verteidigung und pfadabhängige Ausweitung der Institutionen der Mitbestimmung unverzichtbar, aber nicht hinreichend sein. Richtig in Stellung gebracht, orientiert ein gewerkschaftliches Gegenkonzept auf eine Arbeitspolitik, die demokratische Impulse »von unten« stärkt, diese aber mit gesicherten, individuellen Beteili-

---

14  Aus der Fülle der neueren Literatur seien hier exemplarisch genannt: zum Begriff in der Organisationstheorie Förster/Wendler 2012; zur Manager- und Beratungsliteratur Häusing/von Goelden 2014.

gungsrechten und der Ausweitung betrieblicher und gewerkschaftlicher Mitbestimmung verbindet; und dies durchaus unter Nutzung »agiler« Kommunikations- und Entscheidungsstrukturen. Sollen daraus allerdings Elemente von Betriebsdemokratie und nicht lediglich »partizipative Wertschöpfungsgemeinschaften« (Dörre 2015: 281ff.) hervorgehen, reicht der Reformbedarf weit über die Implementierung individueller »sozialer Grund- und Bürgerrechte« im Betrieb hinaus (Klebe 2015). Vor allem in den agilen Unternehmen mit ihrem ganzheitlichen Zugriff auf die menschliche Arbeitskraft erweist sich vermarktlichte und entgrenzte Arbeit als versteckte, aber reale Gefahr für »eigensinnige« Arbeitnehmerbeteiligung (Sauer: 78ff.), unabhängig davon, wie erfolgreich individuelle Mitwirkungsrechte auch ausgestaltet werden. Zugleich müssen betriebsdemokratische Konzepte die überbetriebliche Komponente von Wirtschaftsdemokratie mitdenken. Ohne eine entsprechende makroökonomische Regulierung sind neue Spielräume gegenüber externen Marktzwängen, auf die demokratische Teilhabe letztlich nicht verzichten kann, wohl nicht zu realisieren. Diese Hinweise auf die arbeits- und wirtschaftspolitischen Essentials erhöhen die Komplexität des Projektes und bergen das Risiko politischer Entmutigung in sich. Doch unterhalb dieser Schwelle dürfte realer demokratischer Fortschritt in der Wirtschaft nicht zu haben sein (Urban 2011).

**Fazit und Ausblick**

Vieles spricht dafür, dass sich die Digitalisierung der Arbeitswelt irgendwo innerhalb des Kräftefeldes aus technikzentrierter, markthöriger und arbeitskraftzentrierter Variante vollziehen wird. Interessenlagen und Machtressourcen der Digitalakteure werden darüber entscheiden, ob die Logik der Humanisierung oder die der Rationalisierung obsiegt. Dabei steuert die Entwicklung nicht auf einen finalen Entscheidungsmoment zu. Teilschritte werden dauerhaft umkämpft bleiben. Weder in den Unternehmen, noch in der Gesellschaft wird die Digitalisierung einem Masterplan folgen. Wahrscheinlicher ist ein (möglicherweise disruptiver) Muddling Through-Prozess, der sich mittels Versuch- und Irrtum-Verfahren vollzieht. Dabei wird die Entwicklung in den Unternehmen auf längere Sicht sehr unterschiedlich sein und nicht alle werden überleben. Während die enormen Investitionskosten einer digitalen Vernetzung von Produktion und Distribution wohl eher großen und kapitalstarken Betrieben möglich sind, steht kleineren und kapitalschwächeren Unternehmen die Einzelnutzung digitaler Technologien offen. Doch beide Implementierungsstrategien bleiben auf absehbare Zeit mit den skizzierten Einführungs- und Funktionsproblemen konfrontiert, auch in den agilen Unternehmen.

Die skeptische Offenheit vieler Betriebsräte ist ein realistischer Ausdruck der realen Verhältnisse. Sie wissen: Vor allem in den Konflikten um Sozialstatus, Zeit, Gesundheit, Qualifikation und Einfluss wird über die Konturen der digitalen Arbeit entschieden. Hinzu kommen die Themen- und Konfliktfelder des Beschäftigungs- und Datenschutzes, die in ihren Dimensionen bisher kaum abschätzbar sind.[15] Dabei steht Offenheit für die Erkenntnis, dass die digitale Arbeit der aktiven Einflussnahme bedarf und für die Bereitschaft, diese Aufgabe anzunehmen. In der Skepsis kommt die Defensive zum Ausdruck, in der sich betriebliche und gewerkschaftliche Akteure vielfach selbst verorten (dazu Schmalz/Dörre 2013). Und das nicht ohne Grund. Angesichts erodierender Flächentarifverträge, rückläufiger Organisationsgrade und Sektoren ohne jegliche Interessenvertretungen erweist es sich als wahre Herkulesaufgabe, Technikeinsatz und Arbeitsorganisation aus der Arbeitskraftperspektive flächendeckend zu prägen. In den Zentren gewerkschaftlicher Organisations- und Verhandlungsmacht sind die Bedingungen günstiger, aber in anderen Wirtschaftszweigen könnten Humanisierungserfolge mangels gewerkschaftlicher Präsenz schlichtweg ausfallen. Droht ein humanisierungspolitischer Flickenteppich mit großen weißen Flecken? Ein Bad-Case-Szenario, das es zu verhindern gilt. Ob die humane Digitalisierung gelingt, hängt nicht zuletzt davon ab, ob die gewerkschaftliche Revitalisierung gelingt. Und dies vor allem im weitgehend unerschlossenen Gelände der digitalen Arbeits- und Wirtschaftswelt. Jedenfalls sollte die Dialektik von digitaler Humanisierung und gewerkschaftlicher Revitalisierung in Strategiedebatten und Gewerkschaftsforschung entsprechende Aufmerksamkeit finden.

Doch es geht nicht nur um die Zukunft der Arbeit, die digitale Durchdringung sozialer Beziehungen wird die Gesellschaft insgesamt verändern. Die digitalisierte Arbeit korrespondiert mit der digitalisierten Gesellschaft. Auch ihre Konturen werden durch Interessenlagen und Machtressourcen der Digitalakteure geprägt. Dabei ist die Warnung vor einem »Technologischen Totalitarismus« wuchtig, aber begründbar (Schirrmacher 2015). Wahrscheinlich ist, dass die digitale Vernetzung der Gesellschaft nicht nur umkämpfte Informationsräume entstehen lässt, sondern auf eine neue Phase »kapitalistischer Landnahme« (Dörre 2015, Boes u. a. 2015) hinausläuft. Über ihre sozialen Implikationen dominieren wiederum Vermutungen und spekulative Szenarien (dazu Dörre 2015). Ob sich die Digitalisierung als Schumpeters »schöpferische Zerstörung« vollzieht und eine lange Welle wirtschaftlichen Wachstums einleitet (Prosperitäts-Szenario); ob sie zu technologischer Massenarbeitslosigkeit führt, mit deren Bewältigung sich der durch neoliberale

---

15   Und die einer ausführlicheren Bewertung bedürfen, als es in diesem Beitrag möglich ist.

Demontagen geschwächte Wohlfahrtsstaat überfordert zeigt (Niedergangs-Szenario); oder ob die Digitalisierung die Gesellschaft in eine neue soziale Spaltung hineintreibt, in der vor allem die Mittelschicht und damit auch die arbeitnehmerische Mitte zerrieben wird (Polarisierungs-Szenario) – Fragen wie diese wird die Zukunft beantworten.

Dass in der Diskussion viel von Potenzialen und Szenarien die Rede ist, mag beim gegenwärtigen Stand des Wissens angemessen sein. Auf die Dauer ausreichend ist es nicht. Die klaffenden Wissenslücken gilt es zu schließen. Hier könnte und sollte die Stunde einer neuen Kooperation zwischen Gewerkschaften und Wissenschaft schlagen. Die in Gang gekommene Debatte um eine »öffentliche Soziologie« (»public sociology«), in der nach Wegen der Rückholung der Sozialwissenschaften in die Gesellschaft gefahndet wird, bildet einen exzellenten Kontext (Burawoy 2015). Gefragt sind empirische Studien, um die quantitative und qualitative Relevanz der digitalen Arbeit in Betrieb und Gesellschaft zu eruieren und Vermutungen durch evidenzbasierte Wissen ersetzen zu können. Gefragt ist auch die Auswertung und Aktivierung des Erfahrungswissens von Betriebsräten, die mit den Ansätzen der Digitalisierung konfrontiert sind. Und gemeinsam stehen Betriebsräte, Gewerkschaften und auch eine kritische Wissenschaft vor der Aufgabe, an hinreichender Durchsetzungsmacht für eine humane Digitalisierung zu arbeiten. Humanes Gestaltungswissen braucht soziale Realisierungsmacht, gerade im digitalen Kapitalismus.

## Literatur

Ahrens, Daniela/Spöttl, Georg (2015): Industrie 4.0 und Herausforderungen für die Qualifizierung von Fachkräften, in: Hirsch-Kreinsen/Ittermann/Niehaus (Hrsg.), S. 185–203.

Avent, Ryan (2014): The third wave, in: The Economist, October, 4 th. (http://www.eco nomist.com/sites/default/files/20141004_world_economy.pdf).

Bauer, Wilhelm/Schlund, Sebastian/Marrenbach, Dirk/Ganscher, Oliver (2014): Industrie 4.0 – Volkswirtschaftliches Potenzial für Deutschland. Studie. Stuttgart.

Benner, Christiane (2015): Crowdwork – zurück in die Zukunft? Perspektiven digitaler Arbeit. Frankfurt a. M.

Biedenbach, Sabrina (2015): Digitale Kompetenzlücke im Aufsichtsrat, in: Der Aufsichtsrat, H. 7–8, S. 97.

Boes, Andreas/Kämpf, Tobias/Langes, Barbara/Lühr, Thomas (2015): Landnahme im Informationsraum. Neukonstituierung gesellschaftlicher Arbeit in der »digitalen Gesellschaft«, in: WSI Mitteilungen, H. 2, S. 77–85.

Botthof, Alfons/Hartmann, Ernst Andreas (Hrsg.) (2015): Zukunft der Arbeit in Industrie 4.0. Heidelberg.

Brödner, Peter (2015): Industrie 4.0 und Big Data – wirklich ein neuer Technologieschub?, in: Hirsch-Kreinsen/Ittermann/Niehaus (Hrsg.), S. 231–250.

Brynjolfsson, Erik/McAfee, Andrew (2014). The Second Machine Age. Wie die nächste industrielle Revolution unserer aller Leben verändern wird. Kulmbach.

Brzeski, Carsten/Burk, Inga (2015): Die Roboter kommen. Folgen der Automatisierung für den deutschen Arbeitsmarkt. ING-DiBa. Economic Research vom 30. April.

Bundesministerium für Arbeit und Soziales (BMAS) (2015) (Hrsg.): Arbeit weiter denken. Grünbuch Arbeiten 4.0. Berlin.

Bundesvereinigung der deutschen Arbeitgeberverbände (BDA) (2015): Chancen der Digitalisierung nutzen. Positionspapier der BDA zur Digitalisierung von Wirtschaft und Arbeitswelt. (o. O.) (Berlin), Mai.

BMWI (2014): Bundesministerium für Wirtschaft und Energie (BMWI)/Bundesministerium des Innern/Bundesministerium für Verkehr und digitale Infrastruktur: Digitale Agenda 2014–2017. August.

Bundesministerium für Wirtschaft und Energie (BMWi) (2015) (Hrsg.): Industrie 4.0 und Digitale Wirtschaft. Impulse für Wachstum, Beschäftigung und Innovation. Berlin, April.

Bundesministerium für Wirtschaft und Energie (BMWi)/Zentralverband des Deutschen Handwerks (ZDH)/Deutscher Gewerkschaftsbund (DGB) (2015): Gemeinsame Erklärung Handwerk. Spitzengespräch zum Branchendialog. Berlin, 7. Juli.

Burawoy, Michael (2015): Public Sociology. Öffentliche Soziologie gegen Marktfundamentalismus und globale Ungleichheit. Weinheim/Basel.

Dämon, Kerstin (2015): Digitalisierung und Arbeitszeit. Wie flexibel müssen wir eigentlich arbeiten? Wirtschaftswoche vom 23.7.2015; http://www.wiwo.de/erfolg/beruf/digitalisierung-und-arbeitszeitwie-flexibel-muessen-wir-eigentlich-arbeiten/12095108-all.html (Zugriff: 24.7.2015).

Däubler, Wolfgang/Klebe, Thomas (2015): Crowdwork: Die neue Form der Arbeit – Arbeitgeber auf der Flucht?, in: Neue Zeitschrift für Arbeitsrecht H. 17, S. 1032–1041.

Dörre, Klaus (2015): Digitalisierung – neue Prosperität oder Vertiefung gesellschaftlicher Spaltung?, in: Hirsch-Kreinsen/Ittermann/Niehaus (Hrsg.), S. 269–284.

Dörre, Klaus/Lessenich, Stephan/Rosa, Hartmut (2015): Sociology – Capitalism – Critique. London.

Eichhorst, Werner/Hinte, Holger/Spermann, Alexander/Zimmermann, Klaus (2015): Die neue Beweglichkeit. Die Gewerkschaften in der digitalen Arbeitswelt. IZA Standpunkte Nr. 82.

Fergen, Andrea (2007): Schlechte Zeiten – Gute Zeiten. Mit gewerkschaftlicher Arbeitszeitpolitik zu »guten Arbeit«, in: Peter, Gerd (2007) (Hrsg.): Grenzkonflikte der Arbeit. Die Herausbildung einen neuen europäischen Arbeitspolitik. Hamburg, S. 95–116.

Förster, Kerstin/Wendler, Roy (2012): Theorien und Konzepte zu Agilität in Organisationen. Dresdner Beiträge zur Wirtschaftsinformatik Nr. 63; http://www.qucosa.de/fileadmin/data/qucosa/documents/12960/Foerster-Wendler_Theorien-Konzepte-Agilitaet_gesamt.pdf (Zugriff: 3.8.2015).

Frey, Carl B./Osborne, Michael A. (2013): The Future of Employment: How Susceptible are Jobs to Computerisation? Oxford.

Gerst, Detlef (2014): Industrie 4.0 als Herausforderung für den Gesundheitsschutz, in: Schröder, Lothar/Urban, Hans-Jürgen (Hrsg.): Gute Arbeit. Profile prekärer Arbeit – Arbeitspolitik von unten. Frankfurt a. Main. 2014, S. 245–257.

Hausner, Karl Heinz u.a. (2015): Qualifikation und Arbeitsmarkt. Bessere Chancen mit mehr Bildung. IAB-Kurzbericht 11.

Häusling, André/von Gloeden, Denis (2014): Die Relevanz agiler Personal- und Führungsinstrumente: Agile Führung als entscheidende Erfolgskomponente; http://hr-pioneers.com/wp-content/uploads/2014/01/scan0001.pdf (Zugriff: 3.8.2015).

Heng, Stefan (2014): Industrie 4.0. Upgrade des Industriestandorts Deutschland steht bevor. Deutsche Bank Research vom 4. Febr.

Hertwig, Markus/Kirsch, Johnnes/Wirth, Carsten (2015): Onsite-Werkverträge: Verbreitung und Praktiken im Verarbeitenden Gewerbe, in: WSI Mitteilungen , H. 6 (i.E.).

Heymann, Eric/Vetter, Stefan (2013): Re-Industrialisierung Europas: Anspruch und Wirklichkeit. Deutsche Bank Research. EU Monitor vom 13. Nov.

Hirsch-Kreinsen, Hartmut (2014): Wandel von Produktionsarbeit – »Industrie 4.0«, in: WSI Mitteilungen H. 6, S. 421–429.

Hirsch-Kreinsen, Hartmut/Ittermann, Peter/Niehaus, Jonathan (2015) (Hrsg.): Digitalisierung industrieller Arbeit. Die Vision Industrie 4.0 und ihre sozialen Herausforderungen. Baden-Baden.

Howaldt, Jürgen/Kopp, Ralf/Schultze, Jürgen (2015): Zurück in die Zukunft? Ein kritischer Blick auf die Diskussion zu Industrie 4.0, in: Hirsch-Kreinsen/Ittermann/Niehaus (Hrsg.), S. 251–268.

Ittermann, Peter/Niehaus, Jonathan (2015): Industrie 4.0 und Wandel von Industriearbeit. Überblick über Forschungsstand und Trendbestimmungen, in: Hirsch-Kreinsen/Ittermann/Niehaus (Hrsg.), S. 33–51.

Kagermann, Henning/Wahlster, Wolfgang/Helbig, Johannes (Hrsg.) (2013): Deutschlands Zukunft als Produktionsstandort sichern. Umsetzungsempfehlungen für das Zukunftsprojekt Industrie 4.0. Abschlussbericht des Arbeitskreises Industrie 4.0. Frankfurt a. M.

Kirchner, Stefan/Wolf, Markus (2015): Digitale Arbeitswelten im europäischen Vergleich, in: WSI Mitteilungen, H. 4, S. 253–261.

Klebe, Thomas (2015): Editorial: Das demokratische Unternehmen: Bürgerrechte und Mitbestimmung am Arbeitsplatz. Der alte Chef hat ausgedient?, in: Soziales Recht, H. 2, S. 37–40.

Leisewitz, André (2015): Zur aktuellen Verbreitung und Nutzung digitaler Arbeitsmittel, in: Z. Zeitschrift marxistische Erneuerung, Nr. 103, S. 42–45.

Lutz, Burkhard (1987): Das Ende des Technikdeterminismus und die Folgen. Soziologische Technikforschung vor neuen Aufgaben und Problemen, in: Ders. (Hrsg.): Technik und sozialer Wandel. Verhandlungen des 23. Deutschen Soziologentages in Hamburg 1986. Frankfurt a. M., S. 34–52.

Mazzucato, Mariana (2013): Das Kapital des Staates. Eine andere Geschichte von Innovation und Wachstum. München 2014.

Möller, Joachim (2015): Verheißung oder Bedrohung? Die Arbeitsmarktwirkungen einer vierten industriellen Revolution. IAB-Discussion Paper 18.

Pfeiffer, Sabine (2015): Industrie 4.0 und die Digitalisierung der Produktion, in: Aus Politik und Zeitgeschichte, H. 31–32, S. 6–12.

Pickshaus, Klaus (2014): Rücksichtslos gegenüber Gesundheit und Leben. Gute Arbeit und Kapitalismuskritik – ein politisches Projekt auf dem Prüfstand. Hamburg.

Rügemer, Werner/Wigand, Elmar (2014): Union-Busting in Deutschland. Die Bekämpfung von Betriebsräten und Gewerkschaften als professionelle Dienstleistung. Frankfurt a. M.

Schirrmacher, Frank (2015): Technologischer Totalitarismus. Eine Debatte. Berlin.

Schmalz, Stefan/Dörre, Klaus (Hrsg.) (2013): Comeback der Gewerkschaften. Machtressourcen, innovative Praktiken, internationale Perspektiven. Frankfurt am Main/New York.

Sauer, Dieter (2013): Die organisatorische Revolution. Umbrüche in der Arbeitswelt. Ursachen, Auswirkungen und arbeitspolitische Antworten. Hamburg.

Urban, Hans-Jürgen (2013): Der Tiger und seine Dompteure. Wohlfahrtstaaten und Gewerkschaften im Gegenwartskapitalismus. Hamburg.

Urban, Hans-Jürgen (2011): Wirtschaftsdemokratie des 21. Jahrhunderts. Konturen und Realisierungsbedingungen eines gesellschaftlichen Transformationsprojektes, in: Meine, Hartmut/Schumann, Michael/Urban, Hans-Jürgen (Hrsg.): Mehr Wirtschaftsdemokratie wagen! Hamburg 2011, S. 42–67.

Urban, Hans-Jürgen/Fergen, Andrea (2014): Die Initiative der IG Metall für eine Anti-Stress-Verordnung: Zwischenbilanz und Standortbestimmung, in: Schröder, Lothar/Urban, Hans-Jürgen (Hrsg.): Gute Arbeit. Profile prekärer Arbeit – Arbeitspolitik von unten. Frankfurt a. Main. 2014, S. 311–324.

Lothar Schröder
# Die Digitalisierung der Arbeitswelt –
# ein Blick zurück nach vorn

Manche Verlautbarungen im gegenwärtigen Hype um ein »zweites Maschinenzeitalter« und eine »vierte industrielle Revolution« erwecken den Eindruck, als ob die Digitalisierung und Vernetzung der Arbeitswelt erst vor kurzem schlagartig über uns hereingebrochen und die Gewerkschaften von dieser Entwicklung völlig überrascht und heillos überfordert wären. Dies ist jedoch, ohne den umwälzenden Charakter und die disruptiven Potenziale der derzeitigen Entwicklungen in Abrede stellen zu wollen, eine glatte Fehlwahrnehmung: Sowohl die digitale Durchdringung der Arbeitswelt als auch gewerkschaftliche Anstrengungen, diese im Sinne Guter Arbeit gestaltend zu beeinflussen, haben eine langjährige Geschichte – und es macht insbesondere dann Sinn, sich dieser Historie zu vergewissern, wenn man die neue Qualität der aktuellen Herausforderungen verstehen und Konzepte auf der Höhe der Zeit erarbeiten will. Dabei zeigt sich, dass die Digitalisierung der Arbeit – gewissermaßen treppenförmig – verschiedene Entwicklungsstufen durchlaufen hat und bis heute durchläuft. Zunächst hielten Computer als »Automaten« Einzug in die Berufswelt, dienten als »Werkzeuge« und wurden im Zuge ihrer inner- und überbetrieblichen Vernetzung zum »Medium«.[1] Heute fungieren sie im vernetzten Zusammenspiel als »Plattformen«, sind als mobile Geräte – namentlich in der Gestalt von Smartphones – zum ständigen »Begleiter« avanciert und beginnen auf einer weiteren Entwicklungsstufe auf der Basis von Big Data nun als veritable »Propheten« zu wirken.

---

1   Diese Begriffstriade geht auf den Informatiker Wolfgang Coy zurück, der diese bereits 1995 als »drei funktionale Sichten auf den Computer vorgeschlagen« hatte: »Computer als Rechen- und Steuerautomaten, Computer als arbeitsunterstützende Werkzeuge und, im Kontext der weltweiten Netze, Computer als Medien« (Coy 1995, S. 31). Coy versteht diese Termini als »Metaphern, die die Neuheit des Computers dem Alltagsdenken näher bringen sollen, jedoch nicht bloß dem Alltagsdenken« (ebd.), und erachtet »die Vorstellungen vom Computer als Automat, Werkzeug oder Medium [...] nicht notwendig als kontradiktorisch, sondern als komplementär« (Coy 1995, S. 38). Letzteres lässt sich so deuten, dass – wie bei einer Treppe – die jeweils vorhergehende Stufe nicht durch die darauf aufbauende obsolet wird und verschwindet, sondern nach wie vor existent und bedeutsam bleibt.

**Stufe 1: Computer ziehen als Automaten in die Arbeitswelt ein**

Als Computer in den 1970er Jahren Einzug in unsere Arbeitswelt hielten, machten sie Maschinen zu Automaten, indem sie die Werkbänke oder Fließbänder steuerten. Arbeitnehmervertreter zeigten sich skeptisch und strapazierten ein Mitbestimmungsrecht bei der Einführung von Systemen, die maschinell Leistung und Verhalten der Beschäftigten kontrollieren konnten. Gewerkschaften warnten vor »gläsernen Belegschaften« und Arbeitsplatzverlusten. Der erste gesellschaftliche Protest gegen die beginnende Datensammelwut formierte sich Anfang der 80er Jahre, als die Bundesregierung eine Volkszählung plante. Viele Bürgerinnen und Bürger wehrten sich dagegen – viele davon auch dazu motiviert durch den unsensiblen und wenig beteiligungsorientiert betriebenen Einsatz von Großrechnersystemen in Betrieben. 1983 setzte das Bundesverfassungsgericht einen ersten Meilenstein des Datenschutzes: Es etablierte das Grundrecht auf informationelle Selbstbestimmung. Besorgte Bürger machten weiter mobil gegen unnötige Datenschatten und die Beratungsstellen für Technologiefolgen und Qualifizierung hatten Hochkonjunktur.

Weit vorne auf der politischen Agenda stand damals auch noch das Programm der »Humanisierung der Arbeit«, für das seit den 70er Jahren vor allem Hans Matthöfer, der seinerzeitige Bundesminister für Forschung und Technologie stand. Dieser warnte davor, »dass die computergestützte Optimierung von Arbeitsprozessen vor der klassischen Dienstleistungs- und Büroarbeit nicht halt machen würde« (Matthöfer 1980, S. 165) – und er behielt damit recht: Rationalisierung, wie sie in den Fertigungsbetrieben längst gang und gäbe war, zog nun auch in Büros und Verwaltungen ein. Computer ersetzten die dort zu einem großen Teil standardisierbaren Arbeiten, Arbeitgeber nutzten die digitale Technik schon in dieser frühen Phase zur Leistungsmessung und Arbeitsverdichtung und setzten im großen Stil auf Kostensenkung und Personalabbau. Die Gewerkschaften trieben damals in Sachen Computer vor allem die Rationalisierungsfolgen um. Sie versuchten, Arbeitsplatzvernichtung durch Computerisierung einzudämmen, Produktivitätsgewinne umzuverteilen und pochten auf Wochenarbeitszeitverkürzung. Leitlinie für Datenschutz im Betrieb war, dass Computer keine anderen Informationen über die Leistung und das Verhalten eines Beschäftigten liefern dürfen, wie diejenigen, die ein Vorgesetzter durch seine »sinnliche Wahrnehmung« erfassen kann.

## Stufe 2: Ein Rechner als Werkzeug an jedem Arbeitsplatz verändert die Arbeitsweise

Waren die ersten Computer noch »riesige elektronische Maschinen, die zusammen mit der zugehörigen Peripherie, den Ein- und Ausgabegeräten, ganze Räume ausfüllten« (Friedewald 1999, S. 25), so änderte sich dies im Laufe der Zeit grundlegend. Im Zuge der Miniaturisierung ihrer einzelnen Komponenten wurden die »Elektronengehirne« zunehmend handlicher. 1975 kam mit dem Altair 8800 der erste Minicomputer für knapp 400 US-Dollar auf den Markt, und Microsofts BASIC ermöglichte Programmierern in den Folgejahren, seriöse Software für diese geschrumpften Rechner zu schreiben. 1981 lancierte IBM einen »Personal Computer«, und spätestens mit der Einführung des ersten Macintosh-Rechners durch Apple im Jahr 1984 erklomm der Computer eine weitere Stufe: Er wurde zum leicht bedienbaren, zudem immer leistungsfähigeren und erschwinglicheren Werkzeug fürs Büro, aber auch für Zuhause.

Bald standen Rechner auf jedem Arbeitsplatz und veränderten die Arbeitsweise: Tabellenkalkulationsprogramme erlaubten es, schneller und genauer Quartalsberichte in Firmen zu errechnen, Textprogramme speicherten und vervielfältigten Briefe und Berichte, ohne dass diese immer wieder abgeschrieben werden mussten. Zugleich erweiterten sich auch die Möglichkeiten, Daten über Dritte auf dem eigenen Rechner zu sammeln – und es sanken die Hemmschwellen, genau dies auch zu tun. Vertriebsrankings und Listen mit krankheitsbedingten Ausfällen kamen in Mode, und die neue Vergleichbarkeit fand teilweise sogar Anklang bei den Kolleginnen und Kollegen. Datenschützer mussten jetzt die Gefahren einer schier unüberblickbaren Vielfalt von Anwendungen und selbstgestrickten Auswertungen bewerten. Das gewerkschaftliche Projekt Quid (»Qualität im betrieblichen Datenschutz«) erarbeitete bereits damals Datenschutzanforderungen aus der Beschäftigtenperspektive, die zertifizierbar sein und Orientierung für die Gestaltungsarbeit bieten sollten.

Für die Interessenvertretungen wurde die Gestaltung der betrieblichen Praxis erheblich anspruchsvoller und komplizierter, konnten doch unterschiedliche Arbeitsplatzrechner zu unterschiedlichen Zwecken und aus unterschiedlichen Motivlagen heraus benutzt werden. Zudem prägten die persönlichen Wertvorstellungen und Bedürfnisse der einzelnen Nutzerinnen und Nutzer den konkreten Einsatz der digitalen Werkzeuge in zunehmendem Maße. Technologiegestaltung und Einflussnahme im Betrieb mussten dieser Ausdifferenzierung Rechnung tragen und anders ausgerichtet werden: Gefährdungspotenziale resultierten nicht mehr allein aus den Kontrollinteressen betrieblicher Obrigkeiten mit ihrer Idealvorstellung vom »gläsernen Arbeitnehmer«. Auch die Beschäftigten selbst und ihre vielfältigen persönlichen Nutzungsvarianten der mächtigen Rechner wurden zum Teil des Problems. Zudem drohten manche Probleme und Entwicklungen den Betriebs- und Personalräten buchstäblich »aus dem Blick« zu geraten: Aus »Schlepptops« wurden nicht mehr ganz so schwere Laptops und die Anzahl derjenigen, die außerhalb der Betriebe – zuhause, zunehmend aber auch in Zügen, Flughäfen, Hotelzimmern und Tagungsräumen – ihrer Arbeit nachgingen, nahm langsam zu. Arbeit wurde im Zuge ihrer Digitalisierung beweglicher und begann sich aus den traditionellen betrieblichen Fixierungen – samt ihren eingespielten Regulierungen – zu lösen. 1998 schloss die Deutsche Postgewerkschaft einen ersten, bundesweit gültigen Telearbeitstarifvertrag mit der Telekom ab, um diesen Trend im Interesse der Beschäftigten zu beeinflussen, und das ver.di-Projekt OnForTe (Online Forum Telearbeit) entwickelte als erste arbeitnehmerorientierte Telearbeitsberatung nicht nur Gestaltungsvorschläge, sondern bot Telearbeiterinnen und Telearbeitern ebenso wie Betriebs- und Personalräten konkrete praktische Unterstützung, verbreitete »good practices« und organisierte den Erfahrungsaustausch über die Herausforderungen und Chancen der neuen Arbeitsform. Die damalige Zielbeschreibung dieses Projekts hat bis heute nicht das Geringste an Aktualität eingebüßt: »Das Innovationspotential der Telearbeit muss nicht zuletzt auch den Berufstätigen zugutekommen. Telearbeit kann zu humanem Fortschritt in der Arbeitswelt führen. Denn sie kann dazu beitragen, Beschäftigten ein Stück mehr Selbstbestimmung in der Wahl des Arbeitsortes, der Arbeitsorganisation und der Arbeitszeit zu geben. [...] OnForTe will Chancen der Telearbeit aufzeigen, aber verhindern, dass neue Technologien genutzt werden, um Sozialstandards und Arbeitsschutz abzubauen.« (OnForTe 1998)

**Stufe 3: Der Computer wird zum weltumspannenden und mobilen Medium**
Ende der 1990er Jahre wurden die Rechner endgültig zu tragbaren Notebooks und damit mobil. Vor allem aber ließen die rasante digitale Vernetzung den Computer – zuvor meist als Stand-Alone-Werkzeug isoliert genutzt – zum universellen Medium für Information, Kommunikation und Kooperation aufsteigen. Mit dem Internet entstand ein globaler »Informationsraum« (Boes/Kämpf 2011, S. 56ff.), welcher sich über traditionelle Demarkationslinien zwischen Betrieben, Unternehmen, Branchen und Volkswirtschaften hinweg erstreckt, aber auch die überkommenen Schranken zwischen Arbeits- und Lebenswelt und zwischen Produktions- und Konsumtionssphäre überschreitet. In diesem zunehmend »entgrenzten« und global zugänglichen Handlungsfeld sind nicht nur Kommunikationsvorgänge mit hoher Geschwindigkeit, großer Reichweite und multimedialer Qualität möglich, sondern auch

komplexe Kooperationsprozesse, der Vertrieb digitaler Güter und weitere ökonomisch bedeutsame Operationen. Digital vernetzte Arbeit verlor in dieser neu erschlossenen Sphäre ihre traditionelle Bindung an einen festen Ort (»Arbeitsplatz«) und ist nun im Grundsatz überall dort möglich, wo ein Rechner bedient werden kann und ein Netzanschluss mit ausreichender Bandbreite zur Verfügung steht.

In dem Maße, wie Computer zum Medium avancierten, wurde Arbeit noch schneller verlagerbar, konnten herkömmliche Arbeitsstrukturen leichter in Frage gestellt werden und verbreiteten sich Möglichkeiten wie Outsourcing, Near- und Offshoring mit erhöhter Dynamik. Arbeitnehmer in den Betrieben gerieten unter zunehmenden Anpassungsdruck, da ihre Löhne nun mit solchen in Ländern verglichen werden, die aufgrund ihrer räumlichen Entfernung in der Vergangenheit nie zur Begründung von Kostensenkungen herangezogen wurden. Teilarbeitsmärkte wurden de facto international. Das zeitliche und räumliche Gefüge von Arbeit begann sich zu verändern: Arbeit wurde zunehmend auch außerhalb von Fabriken und Büros verrichtet – und sie wird wohl kaum mehr dahin zurückkehren. In klassischen Produktionsstätten ist die betriebliche Verortung von Menschen teilweise zwar noch unabdingbar, aber Dienstleistungs- und Wissensarbeit setzen vielfach keine Allokationen mehr voraus. Beschäftigte sind beim Kunden, haben ein Homeoffice oder ein flexibles Büro. Sie sind ständig erreichbar und sehr viel disponibler geworden. Für viele scheint das attraktiv, aber die Frage ist, ob diese Autonomie wirklich mehr Selbstbestimmung bedeutet. Denn die Kehrseite des scheinbar zwanglosen Arbeitens ist, dass viel Druck an den Einzelnen weitergegeben wird. Der muss sich beim letzten Mailcheck in der Nacht noch fragen, wie er wohl am nächsten Tag alles wie gewünscht regeln kann.

Parallel zu dieser Entwicklung verbreiteten sich ergebnisorientierte Arbeitsformen zunehmend: Ansprüche der Arbeitgeber richteten sich weniger auf die Zeit, die notwendig ist, um eine Aufgabe zu erledigen, sondern stellten verstärkt das Arbeitsergebnis an sich in den Mittelpunkt. Die Stechuhr hatte vielerorts ausgedient, bei IBM wurde die Vertrauensarbeitszeit eingeführt. Ein altes Prinzip bröckelte: Der »Fordistische Kompromiss«, nach dem für eine geschuldete Arbeitszeit eine geschuldete Einkommenshöhe gezahlt wurde, geriet ins Wanken. Stattdessen wurden auch in der Dienstleistungsbranche Arbeitszeit und Gehalt mehr und mehr abhängig vom gelieferten Ergebnis. Bonus- und Variablensysteme, Abteilungs-, Betriebs- und Branchenbenchmarks traten einen Siegeszug an. Sie ließen die subjektive Wahrnehmung und Praxiserfahrung der Beschäftigten und ihrer Interessenvertreter bei der Eigenanalyse von Betrieben ins Hintertreffen geraten. Was für die Entscheider seither zählt, um Prozesse zu optimieren und Kosten zu reduzieren, ist der systematische Vergleich von Performance, Strategien, Prozessen, Produkten und Dienstleistungen von Wettbewerbern innerhalb und außerhalb der Unternehmen. Der Computer lieferte dafür ein unerschöpfliches Reservoir an Leistungskennzahlen oder, um im Jargon zu bleiben, »KPIs« (Key Performance Indicators). Die Gewerkschaften steuerten dagegen: Vorläufer-Organisationen von ver.di experimentierten mit sozialen Benchmarks, später wurde der DGB-Index »Gute Arbeit« entwickelt. Er nutzt die strategischen Vorteile von Benchmarkingsystemen arbeitnehmerorientiert und stellt die Qualität der Arbeitsbedingungen aus Sicht der Beschäftigten in den Mittelpunkt von Vergleichen.

Seit der Computer – endgültig mit dem Durchbruch der so genannten »sozialen Netzwerke« – zum Medium wurde, erleben wir einen ungeahnten informationellen Exhibitionismus. Der Drang zu einer umfassenden Selbstdarstellung im Netz führt auch im betrieblichen Kontext zu wachsenden Problemen. Für viele wird der Anspruch auf Schutz ihrer persönlichen Daten immer beliebiger – man richtet sich eher danach, was in der eigenen Peergroup üblich ist. Wenn die Freunde Facebook oder WhatsApp nutzen und private Details ihres Lebens auf solchen Plattformen öffentlich machen, erzeugt das Sogwirkung und Anpassungsdruck. Wenn Vorgesetzte beginnen, ihre Mitarbeiter zu googeln oder auf Facebook Freundschaften mit ihnen schließen wollen, um zu erfahren, was sie in ihrer Freizeit tun, verschmelzen Privat- und Berufssphäre auch hinsichtlich der Datenschatten.

## Stufe 4: Digitale Netz-Plattformen fungieren als »Arbeitgeber«

Zunächst hierzulande kaum beachtet, haben sich im global vernetzten Informationsraum seit der Jahrtausendwende Zug um Zug Plattformen wie »Amazon Mechanical Turk« etabliert, die als Marktplätze für das Angebot und die Rekrutierung von Arbeitskraft fungieren und damit faktisch zu Arbeitgebern für ein weltweites Heer von meist solo-selbstständigen Crowdworkerinnen und Crowdworkern geworden sind. Anfang des Jahres 2012 wurde eine IBM-Präsentation mit dem Titel »Das Beschäftigungsmodell der Zukunft« bekannt, die von der Absicht des IT-Konzerns kündete, Aufgaben zunehmend auf solchen Netzplattformen wettbewerblich auszuschreiben und den Anteil stabiler, vertraglich fixierter und sozial regulierter Beschäftigungsverhältnisse auf diese Weise drastisch zurückzudrängen. Die öffentliche Resonanz fiel ausgesprochen kritisch aus. Geplant sei damit – so kommentierte etwa der SPIEGEL – »nicht weniger als eine Revolution in der Arbeitswelt. Es ist eine Abkehr von fast allen bislang geltenden Regeln mit dem Ziel, schneller, effizienter und vor allem profitabler zu sein als Wettbewerber. Auf der Strecke bleiben die Mitarbeiter. Sie werden zu einem Produktionsmittel, das bei Bedarf weltweit angeheuert und genauso schnell wieder abgeschüttelt werden kann.« (Dettmer / Dohmen 2012) Solcherlei Arbeit »auf Abruf«, ist in weiten Teilen der Wirtschaft, vor allem im Dienstleistungssektor, längst nicht mehr bloße Managementvision, sondern zur harten Realität geworden – und deshalb eine eminente Herausforderung für Gewerkschaften und Betriebsräte. Spätestens mit dem Aufstieg des rüden Taxi-Dienstleisters Uber rückte der »Plattformkapitalismus« (Lobo 2014), wie Sascha Lobo diese neue Form digitalen Wirtschaftens und Arbeitens »on demand« nennt, ins Zentrum der öffentlichen Aufmerksamkeit

Das Konzept Crowdworking stellt Grundpfeiler der existierenden Arbeitswelt in ihrer prägenden Kraft in Frage, zumindest setzt es diese durch die parallele Existenz einer an konkurrierenden Prinzipien ausgerichteten Zone der Erwerbstätigkeit unter erheblichen Konkurrenzdruck: Dies gilt vor allem für das Konzept abhängiger Beschäftigung im ArbeitnehmerInnenstatus als nach wie vor dominanter Form der Nutzung von Arbeitskraft und zugleich zentraler Finanzierungsgrundlage sozialer Sicherung und staatlicher Steuererhebung, zumal sich plattformbasiertes Arbeiten bislang als oft prekäre und nicht selten ausbeuterische Form der Erwerbstätigkeit darstellt. Bei der großen Mehrzahl dieser Modelle fehlt es in aller Regel an jedweden Mindeststandards hinsichtlich Bezahlung, Arbeitszeit, Arbeitsschutz und rechtlicher wie sozialer Sicherheit für die Betroffenen. Allein dieser Missstand musste Gewerkschaften und Interessenvertretungen auf den Plan rufen, weil damit sämtliche der von ihnen erkämpften, an den Arbeitnehmerstatus geknüpften Errungenschaften – Mindestlöhne, Arbeitsschutz, Urlaub, Krankenversicherung, Altersversorgung etc. – unter noch stärkeren Druck geraten und für die als formal Selbstständige außerhalb der Unternehmen agierenden Erwerbstätigen gänzlich hinfällig werden. Da sich gewerkschaftliche Organisationskraft traditionell und nach wie vor in hohem Maße auf die beiden Pfeiler »Betrieb« und »abhängige Beschäftigung« abstützt, könnte eine massenhafte Ausbreitung netzbasierter prekärer Selbstständigkeit für sie auch unter organisationspolitischen Gesichtspunkten zum gravierenden Problem werden.[2]

Dabei geht es keineswegs nur um Abwehr. Es wäre eine Illusion, Crowdworking verhindern oder regulatorisch verriegeln zu können. Klar ist, dass es eine wachsende Anzahl von Menschen gibt, die solo-selbstständige Arbeit im Netz aus freien Stücken als die ihnen gemäße Erwerbsform gewählt haben und vor allem die relative Autonomie schätzen, die ihnen diese ermöglicht. Andere, die aus den verschiedensten Gründen kein reguläres Arbeitsverhält-

---

2    Siehe den Beitrag von Haake in diesem Band.

nis begründen können oder möchten, sind zwingend auf die Einkünfte aus Crowdworking angewiesen, mögen diese auch noch so kümmerlich sein. So unterschiedlich Motive, Lebenslagen, Qualifikationen und Einkommenssituationen der CrowdworkerInnen auch sein mögen: Allen gemeinsam geht es um Gute Arbeit, faire Vertragsbedingungen, angemessene Honorare und Sicherheit für die Risiken des Erwerbslebens. Gewerkschaften müssen Wege finden, sie dabei wirksam zu unterstützen.

**Stufe 5: Unablässige Datenflut und Smartphones als ständige Begleiter**

Heute, in Zeiten von Smartphones und Tablets, sind wir an einem Punkt angekommen, an dem viele Menschen die digitalen Geräte gar nicht mehr als Arbeitsmittel wahrnehmen. Sie sind zu unserem allgegenwärtigen Begleiter und wichtigsten Ratgeber geworden. Die Smart-Technologie infiltriert unsere gesamte Lebenswelt und hält Einzug in Haushaltsgeräte, Fahrzeuge, medizinische Hilfsmittel und – also so genannte »Wearables« – sogar in Kleidung. Wir sehen uns durch unsere elektronischen Begleiter einem Überfluss an Informationen ausgesetzt, der uns fasziniert, aber nicht wenige überfordert und krank macht. Die Menge der Apps, die das iPhone vorhält, um den Alltag seiner Nutzer zu unterstützen, ist um ein vielfaches größer als die Anzahl der Dienste, die alle Telekommunikationsunternehmen zusammen in der Geschichte von Telefonie und elektronischer Datenübertragung jemals geboten haben. Das prägt den Alltag im Beruf und in der Freizeit. Die Grenzen dazwischen schwinden weiter. Weil das mobile Gerät stets zur Hand ist und auf manchen Nachttischen liegt, wird die Terminabfrage auch nach 23:00 Uhr gedoodelt und die Reiseplanung nochmals vor dem Einschlafen in der Bahn-App gecheckt.

Unsere elektronischen Begleiter sind längst in der Lage, mehr Informationen zu liefern, als wir überhaupt verarbeiten können. IFS (Information Fatigue Syndrome – die Informationserschöpfung) taucht in der Literatur als eine psychische Erkrankung auf, »die durch ein Übermaß an Informationen verursacht wird. Die Betroffenen klagen über zunehmende Lähmung analytischer Fähigkeit, Aufmerksamkeitsstörung, allgemeine Unruhe oder Unfähigkeit, Verantwortung zu tragen.« (Han 2013, S. 78) Verloren geht dabei »letzten Endes die Fähigkeit, das Wesentliche vom Unwesentlichen zu unterscheiden.« (ebd., S. 79) Und dabei haben unsere digitalen Begleiter doch eben erst angefangen, massenhaft Daten zu produzieren und unseren Alltag zu prägen. Der US-Physiker Michio Katu ist nicht allein mit folgender Prognose: »Bis 2020 wird das Wort Computer aus unserem Sprachschatz verschwunden sein. Statt eines Chips in einem Computer werden wir Millionen an Chips in all unseren Besitztümern haben: in Möbeln, Autos, Kleidung und allen anderen Dingen des täglichen Lebens.« (zitiert nach Klausnitzer 2013, S. 186)

Die Informationsflut hat jedoch noch eine zweite Seite: Den Nutzern digitaler Begleiter werden nicht nur Daten zur Verfügung gestellt, in aller Regel werden solche auch über sie gesammelt. So entstehen immer größer werdende Datenschatten, die eine lückenlose Durchleuchtung, Kontrolle und Steuerung von Nutzern ermöglichen – auch und besonders in der Arbeitswelt. Intelligente Scanner, wie sie etwa in den Lagern von Amazon im Gebrauch sind, erleichtern die Zuordnung von Bauteilen und Warenlieferungen, können aber auch Daten über Leistung und Verhalten der Beschäftigten übermitteln. Mobile und digital vernetzte Aufzeichnungsgeräte können Dokumentationsaufgaben wie in der Pflege erleichtern, ermöglichen aber auch eine problematische Transparenz der damit arbeitenden Beschäftigten. Es gibt zahlreiche Beispiele, die Ambivalenz ist immer dieselbe: Wo intelligente Technik zu einer Effizienzsteigerung von Geschäftsprozessen und einer Erleichterung von Tätigkeiten führt, ermöglicht sie auch eine entwürdigende Transparenz der Beschäftigten. Deshalb wird der Schutz von Persönlichkeitsrechten mit der fortschreitenden Digitalisierung immer wichtiger. Unser Datenschutzrecht hilft dabei wohl nur noch begrenzt weiter: »Es fordert Datenminimierung und betont den Unterschied zwischen personenbezogenen und nicht personenbezogenen Daten. Aber dieser Unterschied ist hinfällig in Zeiten, in denen sich aus anonymen, nichtpersonalen Daten enorm viel über Personen erschließen lässt« (Kucklick 2014, S. 109) – und die Fülle solcher Daten unablässig zunimmt.

### Stufe 6: Der Rechner wird zum Propheten und »Scoring« bestimmt den Wert des Menschen

Die Wirtschaft beginnt zu begreifen, wie viel Geld sie mit dem schnellen Sammeln und Verknüpfen riesiger Datenmengen aus vielen Quellen verdienen kann – vor allem damit, aus diesen Daten bestimmte Prognosen abzuleiten. Bald wird sich alles um die so ermittelten »Scoring-Werte« drehen.[3] Wir kennen das von der Schufa, die einen Scoring-Wert zur Kreditwürdigkeit bildet, an dem Banken, Vermieter und Telefongesellschaften Interesse haben. In England beginnen KFZ-Versicherungen, ihren Kunden besonders günstige Tarife anzubieten, wenn sie auf die Daten ihres Autos zugreifen dürfen. Die Versicherer sind künftig über Strecken, Geschwindigkeiten, Fahrverhalten und vieles andere mehr genau im Bilde. Ein Scoring entsteht bislang auf

---

3   Der Begriff Scoring steht in einem erweiterten Sinne für analytisch-statistische Verfahren, die aus erhobenen Daten anhand von Erfahrungswerten Risiken einschätzen.

freiwilliger Basis. Wann werden die Tarife für diejenigen steigen, die sich dieser Kontrolle nicht unterwerfen wollen oder den Durchschnittswerten nicht entsprechen? Das »Freiwillige« ist geeignet, einen Konformismusdruck zu erzeugen. Mit Big Data entsteht ein Milliardenmarkt, der die Frage von Persönlichkeitsrechten und gesellschaftlich ethischen Normen ganz neu aufwirft.

Wer den Computer als Propheten nutzt, will Risiken für sich minimieren. Auch und gerade in der Arbeitswelt. Es ist wahrscheinlich, dass mit Hilfe von Big Data und neuen Algorithmen Dienstleistungen hervorgebracht werden, die dem Vorgesetzten versprechen, betriebliche Risiken durch das Verhalten von Arbeitnehmern zu berechnen und einzugrenzen. Die kulturelle Basis für eine solche Zukunft ist längst gelegt: Der Glaube an Effizienz und Effektivität, die in Zahlen nachgewiesen werden müssen, hat sich in Betrieben festgesetzt. Man huldigt bis ins Engstirnige und Absurde hinein einer vermeintlich rationalen Betriebssteuerung auf ausschließlicher Grundlage von Daten.

### Es ist höchste Zeit zu handeln

Für betriebliche Interessenvertretungen, Gewerkschaften und auch den Gesetzgeber ist es höchste Zeit zu handeln. Denn die fortschreitende Digitalisierung ist an einem Punkt angelangt, der einen radikalen Umbruch der Arbeitswelt bedeutet und die bisherigen regulatorischen Eckpfeiler der Beschäftigung brüchig macht. Wir brauchen zum Beispiel dringend eine Arbeitsschutzverordnung zu psychischen Gefährdungen am Arbeitsplatz sowie den entsprechenden Ausbau des branchenspezifischen Vorschriftenwerks und die Aufnahme von Sanktionsparagrafen in sämtliche einschlägige Vorschriften und Gesetze. Der Arbeitsschutz ist an mobile Arbeit anzupassen, denn er geht bislang vom Bild eines Arbeitnehmers aus, der in einem nach ergonomischen Vorschriften gestalteten Raum in der Firma seine Computerarbeit erledigt. In Wahrheit schreiben die Beschäftigten heute an Flughäfen Memos, arbeiten in Zügen auf dem Weg zu Terminen oder checken berufliche Mails daheim vor dem Zähneputzen.

Und wie sieht es mit den Persönlichkeitsrechten aus? Viele Betriebs- und Personalräte streiten noch immer um die Bedingungen der maschinellen Leistungs- und Verhaltenskontrolle – zu Recht. Darum geht es aber längst nicht mehr allein. Heute werden wir danach beurteilt, welche Vorgeschichten, Kontakte, Leidenschaften und Aufenthaltsorte wir hatten und haben. Es geht künftig immer mehr darum, wie außerdienstliches Verhalten, das der Vorgesetzte im Netz recherchieren kann, die Arbeit beeinflusst. Man kontrolliert bereits das private Verhalten einer Person, um daraus dienstliche Konsequenzen zu ziehen.

Besonders angesichts von Big Data muss die Gesellschaft als Ganzes solche Fragen dringend diskutieren und neue Regeln setzen. Allein aus den Betrieben heraus ist die Entwicklung aber nicht mehr beeinflussbar. Dennoch müssen wir auch dort Mitbestimmungsaktivitäten in diesen Zukunftsfragen verstärken. Es braucht Betriebs- und Personalräte, die in Sachen Digitalisierung stärker auf Persönlichkeitsrechte, auf Gefährdungsbeurteilung, beschäftigungswirksame Innovationen und Weiterbildung pochen.

Ver.di steht ihnen dabei zur Seite und geht mit politischen und innergewerkschaftlichen Initiativen voran. Nach der aktiven Mitarbeit in der Enquete-Kommission »Internet und digitale Gesellschaft« haben wir eine Diskussion um »Leitlinien für gute digitale Arbeit« auf dem DGB-Bundeskongress 2014 angestoßen. Mit Erfolg: Gemeinsam setzen sich die Gewerkschaften nun für eine Anpassung von Arbeitsschutzverordnungen und branchenspezifischen Vorschriften an digitale und mobile Arbeit ein. Darüber hinaus drängen sie auf die Verankerung eines Rechts auf Nichterreichbarkeit und Nicht-Reaktion im Arbeitszeitgesetz und wollen entsprechende Mitbestimmungsrechte – vor allem in puncto Arbeitszeit sowie Arbeits- und Gesundheitsschutz – gestärkt sehen. Die Politik wird aufgefordert, Sozialsysteme anzupassen, um die Risiken digitaler, mobiler und solo-selbstständiger Arbeit einzugrenzen, den Datenschutz zu stärken und den individuellen und kollektiven Zugang zur Netzkommunikation für alle zu sichern.

Klar ist, dass niemand für die jüngsten Entwicklungsstufen der Digitalisierung eine erschöpfende Antwort hat und auch die Gewerkschaften erst am Anfang einer gewerkschaftlichen Netzarbeitspolitik stehen. Sie sind gefordert, wieder Foren für den Austausch zwischen betrieblichen Praktikern und der Wissenschaft anzubieten, wie es sie bei der Diskussion zur »Humanisierung der Arbeit« gab. Heute verändert sich aber die Arbeit noch schneller und viel gravierender als zu Matthöfers Zeiten. Deswegen haben wir keine Zeit zu verlieren.

## Literatur

Boes, Andreas/Kämpf, Tobias (2011): Global verteilte Kopfarbeit. Offshoring und der Wandel der Arbeitsbeziehungen, Berlin.

Coy, Wolfgang (1995): Automat – Werkzeug – Medium; in: Informatik Spektrum 18 (1995), S. 31–38.

Dettmer, Markus/Dohmen, Frank (2012): Frei schwebend in der Wolke; in: Der SPIEGEL 06/2012, S. 62–64.

Friedewald, Michael (1999): Der Computer als Werkzeug und Medium. Die geistigen und technischen Wurzeln des Personal Computers, Berlin/Diepholz.

Han, Byung-Chul (2013): Im Schwarm. Ansichten des Digitalen, Berlin.

Klausnitzer, Rudi (2013): Das Ende des Zufalls. Wie Big Data uns und unser Leben vorhersagbar macht, Salzburg.

Kucklick, Christoph (2014): Die granulare Gesellschaft. Wie das Digitale unsere Gesellschaft auflöst, Berlin.

Lobo, Sascha (2014): Auf dem Weg in die Dumpinghölle; in: SPIEGEL-Online 3.9.2014 (www.spiegel.de/netzwelt/netzpolitik/sascha-lobo-sharing-economy-wie-bei-uber-ist-plattform-kapitalismus-a-989584.html; letzter Zugriff 31.8.2015).

Matthöfer, Hans (1980): Humanisierung der Arbeit und Produktivität in der Industriegesellschaft, Köln.

OnForTe (1998): Basisinformation Telearbeit, Stuttgart.

# Risiken und Herausforderungen – gewerkschaftliche Positionen

Frank Bsirske

# Digitalisierung und Beschäftigung: Prognosen und Perspektiven

Zeiten, in denen sich viele Menschen Sorgen um ihren Arbeitsplatz machen, sind schlechte Zeiten für Gute Arbeit.[1] Furcht vor Arbeitslosigkeit belastet die Betroffenen, erschwert ihre Lebensplanung und geht häufig mit einer Reduzierung von Ansprüchen an die Qualität der Arbeit einher. Verbreitete Ängste um die Sicherheit der Jobs verschlechtern aber auch das gesellschaftliche und politische Klima, befördern Ausgrenzung und Fremdenfeindlichkeit und begünstigen rechtspopulistische Bewegungen. Diese historisch vielfach belegten Zusammenhänge verleihen der Debatte um die zu erwartenden Beschäftigungseffekte der Digitalisierung ihre besondere Brisanz: Käme es tatsächlich dem verschiedentlich prognostizierten »Massaker auf dem Arbeitsmarkt – hervorgerufen durch den digitalen Fortschritt« (Dettmer/Tietz 2014, S. 73), so stünden damit nicht nur die materiellen Existenzbedingungen von Millionen ArbeitnehmerInnen, sondern zugleich die Perspektiven für Gute Arbeit und ein Gutes Leben, für soziale Kohäsion und demokratische Stabilität auf dem Spiel. In einem solchen Fall wäre zudem noch längst »nicht ausgemacht, dass die Umwälzungen friedlich und gerecht geschehen, dass unsere Mechanismen für sozialen und ökonomischen Ausgleich und die Ausbalancierung von Macht in der Gesellschaft mit der Geschwindigkeit und dem Umfang der Veränderungen mithalten können« (Kurz/Rieger 2013, S. 9). Unter den vielen Fragen, vor die uns die digitale Revolution stellt (vgl. Bsirske et al. 2012, Bsirske 2014 sowie u.a. die Beiträge von Lothar Schröder und Eva Welskop-Deffaa in diesem Band), ist diejenige nach den Folgen für die Arbeitsmärkte deshalb die wichtigste und dringlichste.

### Digitalisierung und »die neue Angst um Arbeitsplätze«

»Die neue Angst um Arbeitsplätze«, die – so die Frankfurter Allgemeine in einem Bericht über die Münchner DLD-Digitalkonferenz Anfang 2015 – »jetzt auch bei den enthusiastischsten Freunden der Digitalisierung angekommen« ist (Bernau 2015), hat vor allem drei Ursachen. Die erste ist unsere Wahrnehmung massiver und rasanter technischer Entwicklungsschübe, ge-

---

1 »Jeder Fünfte in Deutschland ist einer Umfrage zufolge besorgt, dass er seinen Job durch Maschinen und Computer verlieren wird« (dpa in Süddeutsche Zeitung vom 10.8.2015).

trieben durch »dramatisch gestiegene Rechenleistungen, neue Sensorik, ausgefeilte Algorithmen und Programmiertechniken, schnelle Bildverarbeitung, reibungslose Vernetzung und die Nutzung der riesigen Datenberge, die die Digitalisierung produziert« (Kurz/Rieger 2013, S. 12).[2] Diese Innovationen, deren großflächige Umsetzung aufgrund gleichzeitiger Kostensenkungen noch forciert wird, lassen die Einschätzung plausibel werden, dass wir derzeit erst am Anfang einer Beschleunigung digitaler Automatisierung stehen, die nicht mehr nur manuelle menschliche Arbeit verdrängt, sondern – eine neue Qualität – »sich bis in den Kernbereich menschlicher Fähigkeiten ausdehnt: das Denken« (ebd.).

Zum zweiten gelten Jobs nicht allein aufgrund der um sich greifenden Substitution menschlicher Arbeitskraft durch Computer, Roboter oder autonome Fahrzeuge bedroht, sondern mittelbar auch durch eine Vielzahl neuer software- und plattformbasierter Geschäftsmodelle, welche etablierte Firmen und ganze Branchen samt ihren Beschäftigten in schwere Turbulenzen stürzen und in ihrer Existenz gefährden: Die Expansion von Uber im Transport- und von Airbnb im Hotelgewerbe, der Vormarsch der FinTech-Start-ups im Bankensektor oder der Einbruch von WhatsApp in die Gefilde der Telekommunikationsanbieter sind nur einige Beispiele für einen »digitalen Darwinismus« (Kreutzer/Land 2013; vgl. Schröder 2015), der gleichfalls erst am Beginn seiner Entwicklung stehen und seine disruptive Kraft noch bei weitem nicht erschöpft haben dürfte.

Zum dritten bewirkt die Anwendungsuniversalität digitaler Technik eine historisch wohl beispiellose Gleichzeitigkeit grundlegender technischer Umwälzungen und darauf beruhender Geschäftsmodellinnovationen in allen volkswirtschaftlichen Sektoren und faktisch sämtlichen Branchen, Berufsgruppen und Tätigkeitsbereichen – ein Aspekt, der aufgrund einer gängigen, aber falschen Gleichsetzung von »Digitalisierung« und »Industrie 4.0« leider hin und wieder übersehen wird.[3] Diese Koinzidenz unterscheidet sich von

---

2    Erik Brynjolfsson und Andrew McAfee beschreiben dies in ihrem einflussreichen Buch über »das zweite Maschinenzeitalter« so: »Wir haben dieses Buch im Grunde aus Verwirrung geschrieben. Jahrelang haben wir uns mit den Auswirkungen digitaler Technik wie Rechnern, Software und Kommunikationsnetzen in der Überzeugung beschäftigt, ihre Möglichkeiten und Grenzen einigermaßen zu durchblicken. Doch in den letzten Jahren sind wir immer wieder überrascht worden. Die ersten Computer erstellten Diagnosen für Krankheiten, hörten und sprachen und verfassten lesbare Prosa, während Roboter durch Lagerhäuser schwirrten und Autos mit minimaler oder ganz ohne Einmischung des Fahrers unterwegs waren. Die digitale Technik war in vielen dieser Disziplinen lange Zeit geradezu lachhaft unzulänglich gewesen – und plötzlich war sie richtig gut.« (Brynjolfsson / McAfee 2014, S. 17)

3    »Zugespitzt könnte man sagen, dass mit dem Begriff Industrie 4.0 ein Phänomen des deutschen produzierenden Gewerbes ein wenig bombastisch zum Nabel der ökonomischen Welt aufgewertet wurde. [...] Der Nachteil einer einseitigen Fixierung auf die Industrie 4.0 ist in der Tat, dass Deutschland die radikalen Umbrüche der Digitalwelt zu sehr auf die industrielle Produktion be-

früheren Innovationsschüben, in denen der Einsatz neuer Technik zunächst auf einzelne Branchen konzentriert blieb und erst phasenverschoben Einzug in weitere Bereiche hielt. Dadurch sind aus der Vergangenheit bekannte Kompensationsmechanismen, die verdrängten Arbeitskräften neue Beschäftigungschancen in vergleichsweise rationalisierungsresistenten Tätigkeitsfeldern eröffneten, heute in ihrer Wirkungsweise erheblich eingeschränkt.

In Summe begründen das hohe Tempo der Innovationen, deren enge Verschränkung mit disruptiven Geschäftsmodellen und die Gleichzeitigkeit sowie das nahezu flächendeckende Ausmaß der Umbrüche die spezifische Qualität der Digitalisierung unserer Tage im Vergleich zu früheren Perioden des technischen Wandels. Eine solche tiefgreifende Umwälzung kann nicht ohne gravierenden Einfluss auf die Arbeitsmarktentwicklung bleiben; dessen mögliche Dimensionen sind mittlerweile in einer Reihe prognostischer Studien umrissen worden, die zum Teil durchaus die Bezeichnung »alarmierend« verdienen.

Den größten Widerhall hat in dieser Hinsicht eine bereits 2013 veröffentlichte Arbeit der beiden Oxford-Ökonomen Carl Benedikt Frey und Michael A. Osborne hervorgerufen, die zu dem Ergebnis gelangte, dass in den bevorstehenden ein bis zwei Dekaden rund 47 Prozent aller Berufe in den USA durch »Computerisierung« in hohem Maße gefährdet seien (vgl. Frey/Osborne 2013, S. 38; zur Kritik Bonin/Gregory/Zierahn 2015). Für Deutschland ist eine auf der Methodik von Frey und Osborne basierende Studie der Forschungsabteilung der Bank ING-DiBa zu einem noch skeptischeren Befund gekommen: »Wenn wir die verfügbaren Arbeitsmarktdaten für Deutschland mit den von Frey und Osborne berechneten Wahrscheinlichkeiten kombinieren, stellt sich heraus, dass 59 % oder über 18 Millionen Arbeitsplätze gefährdet sind. [...] administrative Tätigkeiten wie Sekretäre oder Sachbearbeiter (unterliegen) dem höchsten Risiko (86 %), gefolgt von Hilfsarbeitstätigkeiten (85 %). Mechaniker, Fahrzeugführer und Maschinenbediener folgen

---

zieht. [...] Man sollte wohl einen Marketingbegriff nicht zu tiefsinnig historisch zerpflücken. Doch wenn ein Schlagwort wie Industrie 4.0 die Aufmerksamkeit von Politik und Wirtschaft so stark absorbiert, birgt das Risiken. Die Herausforderungen durch die Digitalisierung sind nämlich im nicht-industriellen Bereich fast noch größer. [...] Es wäre also an der Zeit, bei der Debatte über die digitale Zukunft der deutschen Wirtschaft über den fast schon zu erfolgreichen Begriff Industrie 4.0 hinauszublicken.« (Geldner 2015) Den Gesamtkomplex der Digitalisierung auf »Industrie 4.0« zu verengen, ließe in der Tat wesentliche Bereiche der Volkswirtschaft aus dem Blickfeld verschwinden, u. a. die Logistik, die Finanzdienstleistungen, die Medien, den Handel, das Gesundheitswesen, die Telekommunikation und den kompletten öffentlichen Dienst. Einer vom Bundeswirtschaftsministerium beauftragten Erhebung zufolge entstammen die vier Branchen mit dem höchsten Digitalisierungsgrad in Deutschland dem Dienstleistungssektor (Telekommunikation; Verlagswesen, audiovisuelle Medien und Rundfunk; IT- und Informationsdienstleister; Finanz- und Versicherungsdienstleister; vgl. Bundesministerium für Wirtschaft 2014, S. 14).

mit 69 %-iger Wahrscheinlichkeit. Wenn wir uns die einzelnen Berufe anschauen, so werden die meisten Arbeitsplätze der folgenden fünf Berufe robotisiert: Büro- und Sekretariatskräfte (1,9 Millionen), Hilfskräfte für Post- und Zustelldienste sowie Lagerwirtschaft (1,5 Millionen), Verkäufer (1,2 Millionen), Hilfskräfte in der Reinigung (1,1 Millionen) und Gastronomieservicekräfte (661 570). […] Insgesamt machen alleine diese fünf Berufe 6,3 Millionen gefährdete Arbeitsstellen aus.« (Brzeski/Burk 2015, S. 2f.)

### Die Herausforderung des Übergangs

Wie ist mit solchen Prognosen produktiv umzugehen, welche Schlussfolgerungen lassen sich daraus ziehen? Wenig ratsam wäre es sicherlich, sie fatalistisch zur Kenntnis zu nehmen, die digital forcierten Beschäftigungseinbrüche als unabwendbares Schicksal zu akzeptieren und den Dingen ihren Lauf zu lassen. Umgekehrt ist es ebenso wenig sinnvoll, sie zu ignorieren oder als »Horrorszenarien« zu denunzieren. Bei beiden Varianten mag zwar die vage Hoffnung mitschwingen, dass im Zuge der Digitalisierung nicht nur menschliche Arbeitskraft substituiert wird, sondern auch neue Jobs entstehen, die auf die berühmte lange Sicht sogar zu einem positiven Beschäftigungssaldo führen könnten. Eine auf diese Annahme begründete »Strategie« des Nichtstuns und bloßen Abwartens wäre gleichwohl in keinem Fall verantwortbar, da sie viel zu hohe menschliche, soziale, wirtschaftliche und politische Kosten verursachte. »Kein ›ehernes Gesetz‹ besagt, dass technischer Fortschritt grundsätzlich im großen Stil Arbeitsplätze schafft« (Brynjolfsson/McAfee 2014, S. 219) und niemand weiß folglich heute mit Sicherheit zu sagen, ob die arbeitsschaffenden Wirkungen der Digitalisierung »in the long run« deren arbeitssparende Effekte überkompensieren oder zumindest ausgleichen werden.[4] Selbst wenn dies dermaleinst der Fall sein sollte, was man ja durchaus – gegründet auf historische Erfahrungen – hoffen darf, so bleibt bis dahin definitiv ein jahrelanger, von Unterbeschäftigung und Arbeitslosigkeit geprägter Zeitraum zu überbrücken, in dem viele Menschen ihre bisherigen Jobs aufgrund digitaler Automatisierung und disruptiver Geschäftsmodelle verlieren, ohne rasch und friktionsfrei eine adäquate neue Beschäftigung zu finden.[5]

---

4 Nicht wenige skeptische Analysen kommen sogar zu einem gegenteiligen Schluss, so z. B. die folgende Einschätzung aus der Forschungsabteilung der Deutschen Bank: »Zum ersten Mal seit der industriellen Revolution vernichten neue Technologien mehr Arbeitsplätze als sie schaffen können.« (Kocic 2015, S. 59)

5 »Eliminiert die Technologie eine Berufsgattung oder gar die Notwendigkeit für eine ganze Kategorie von Kompetenzen, müssen die betroffenen Arbeitnehmer neue Fähigkeiten entwickeln und neue Arbeitsplätze finden. Das funktioniert natürlich nicht immer von heute auf morgen, und deshalb droht ihnen vorübergehend die Arbeitslosigkeit. Das optimistische Argument stützt sich auf den Aspekt der zeitlichen Begrenzung. Früher oder später findet die Wirtschaft zu einem neuen

Es ist exakt diese Herausforderung des Übergangs, die es – unabhängig von im Grunde müßigen Spekulationen über die »abschließende« Arbeitsplatzbilanz des digitalen Umbruchs in fernen Zeiten – hier und heute zu bestehen gilt. Sie ähnelt in vielem einer Konstellation, wie sie John Maynard Keynes bereits im Jahr 1930 mit den folgenden Worten analysiert hat: »Im Augenblick schmerzt uns die hohe Geschwindigkeit dieser Veränderungen und bringt schwer zu lösende Probleme mit sich. Wir sind von einer neuen Krankheit befallen, deren Namen einige Leser möglicherweise noch nicht gehört haben, von der sie aber in den nächsten Jahren noch viel hören werden – nämlich technologische Arbeitslosigkeit. Hiermit ist die Arbeitslosigkeit gemeint, die entsteht, weil unsere Entdeckung von Mitteln zur Einsparung von Arbeit schneller voranschreitet als unsere Fähigkeit, neue Verwendungen für Arbeit zu finden. Dies ist aber nur eine vorübergehende Phase einer mangelhaften Anpassung.« (Keynes 1930/2007, S. 139f.) Diese Einschätzung wirkt heute geradezu brennend aktuell, zumal sich das Dilemma, dass alte Jobs schneller verschwinden als neue Beschäftigung entsteht, angesichts der eminenten Geschwindigkeit des digitalen Umbruchs seit Keynes' Zeiten noch erheblich verschärft hat.

Zudem darf eine wirtschaftsgeschichtliche Tatsache nicht außer Acht gelassen werden: Die »vorübergehende[n] Phase[n] einer mangelhaften Anpassung« waren oft lang und dornenreich. Gerade auf die erste industrielle Revolution folgte ja zunächst keineswegs Wohlstand für alle, sondern ungeheures Massenelend, das nicht Jahre, sondern Jahrzehnte vorherrschte. Erst die entstehende Arbeiterbewegung und der Aufstieg des Sozialstaats machten der Misere ein Ende – nichts ging dabei von allein, nichts bewegte sich zum Guten ohne politische Gestaltung, ohne staatliche Regulierung, ohne gesellschaftliche Auseinandersetzungen, ohne gewerkschaftliche Kämpfe. Wenn also die Digitalisierung unserer Tage in ihrer Dynamik und ihrer disruptiven Sprengkraft tatsächlich eine Art Wiedergänger der ersten industriellen Revolution sein sollte, wie das vielfach und mit guten Argumenten behauptet wird, dann kommt es darauf an, ihren negativen Konsequenzen für die Arbeitsmärkte zügig und entschlossen entgegenzutreten und ihre Potenziale für neue Beschäftigung und bessere Arbeit aktiv zu erschließen (vgl. Brandl/Bsirske 2015).

---

Gleichgewicht und es herrscht wieder Vollbeschäftigung, weil neue Unternehmen gegründet werden und die Erwerbsbevölkerung ihr Humankapital anpasst. Doch was, wenn dieser Prozess zehn Jahre dauert? Und was, wenn der technische Wandel in der Zwischenzeit weiter geht?« (Brynjolfsson/McAfee 2014, S. 216)

## Eine positive Perspektive

Dazu ist es zunächst wichtig, Keynes' Begriff der »technologischen Arbeitslosigkeit« nicht in mystifizierender Weise zu missdeuten und Technik als quasi autonome Maschinerie mit unkontrollierbarer Eigendynamik zu betrachten, die zwangsläufig Arbeitslosigkeit herbeiführen müsse. Dies ist mitnichten der Fall. Es ist ja keineswegs der Computer, der Roboter oder der Algorithmus, der Jobs vernichtet. Es sind Unternehmen mit wirtschaftlichen Interessen, die nach bestimmten Kalkülen und unter den jeweils gegebenen politischen Rahmenbedingungen und gesellschaftlichen Kräfteverhältnissen digitale Technik einsetzen – meist um Kosten zu senken und Profite zu steigern, nicht selten auch um Kontrolle zu perfektionieren, Regulierungen zu umgehen und sich ihrer sozialen Verantwortung zu entziehen. Das von manchen befürchtete »Massaker am Arbeitsmarkt« im Gefolge des digitalen Umbruchs wäre deshalb nicht durch die Technik per se verursacht, sondern durch menschliches Handeln. »Technologie diktiert nicht ihre eigenen Folgen – das tun vielmehr wirtschaftliche und politische Institutionen« (Wolf 2014; im Original englisch).

Wir haben, um es positiv zu wenden, die Chance und stehen in der historischen Verantwortung, digitale Massenarbeitslosigkeit zu verhindern, sie gar nicht erst entstehen zu lassen, durch kluge, vorausschauende Politik. Mehr als das: Wir können den alten, bisweilen in Vergessenheit geratenen Fortschrittsglauben der Arbeiterbewegung wiederbeleben, wenn wir uns das Potenzial des gegenwärtigen Umbruchs verdeutlichen: »Es kann den Menschen ein weit besseres Leben ermöglichen.« (Wolf 2014; im Original englisch) Dazu gilt es sich vor Augen zu führen, dass die Digitalisierung vielen Prognosen zufolge einen immensen Anstieg der Produktivität menschlicher Arbeitskraft bewirken wird. Nichts anderes zeigen ja Studien wie die bereits zitierte aus der Forschungsabteilung der Bank ING-DiBa auf. Wenn diese etwa besagt, dass 59 Prozent der Jobs »in ihrer jetzigen Form von der fortschreitenden Technologisierung in Deutschland bedroht« seien (Brzeski/Burk 2015, S. 1), bedeutet dies doch zugleich, dass uns die digitale Technik in die Lage versetzt, dieselbe Menge an Gütern und Dienstleistungen mit einem drastisch verminderten Aufwand an menschlicher Arbeitskraft herzustellen.

Ein solcher, digital ermöglichter Effizienzzuwachs ist per se alles andere als negativ, sondern ein immenser und prinzipiell begrüßenswerter Fortschritt der Produktivkräfte, der es möglich macht, die eingesparte Arbeitszeit und Arbeitsmenge für andere, gesellschaftlich sinnvolle und individuell befriedigende Zwecke zu verwenden, für soziale Innovationen (vgl. ver.di 2013), mehr Kreativität, durchaus auch für mehr Muße. »Ob es tatsächlich so kommen wird, hängt davon ab, wie die Gewinne produziert und verteilt werden.

Es ist denkbar, dass am Ende eine winzige Minderheit von gewaltigen Gewinnern einer großen Anzahl von Verlierern gegenübersteht. Das wäre dann aber kein Schicksal, sondern Ergebnis von Entscheidungen.« (Wolf 2014)

**Eine politische Agenda für Beschäftigung im digitalen Umbruch**
Soll die Digitalisierung nicht massenhafte Arbeitslosigkeit mit sich bringen, so müssen jetzt die richtigen Entscheidungen fallen. ver.di schlägt vor, eine Kommission einzusetzen, um den prognostizierten negativen Beschäftigungswirkungen entgegenzutreten, die durch die beschleunigte Digitalisierung ausgelöst werden. Es bedarf einer politischen Agenda für Beschäftigung im digitalen Umbruch, damit der technische Wandel tatsächlich in eine »neue Prosperitätskonstellation« (Dörre 2015, S. 270) mündet und zu humanem, wirtschaftlichem und sozialem Fortschritt führt, zu »Strukturen [...] die es erlauben, Automatisierung und algorithmische Optimierung nicht nur einseitig unter dem Gesichtspunkt der Effizienzsteigerung und Profitmaximierung zu sehen, sondern als fortlaufenden Prozess, der das Leben aller besser, schöner und reicher machen kann« (Kurz/Rieger, S. 283 f.).

Eine solche Agenda müsste fünf zentrale Zielsetzungen haben:
1. Die Verbesserung unseres *Wissens* über die voraussichtlichen Beschäftigungswirkungen der Digitalisierung;
2. die *Unterstützung* der von Arbeitsplatzverlusten betroffenen und bedrohten Menschen;
3. die *Verteilung* der vorhandenen – und zumindest temporär wohl reduzierten – Menge an Arbeit auf die Gesamtzahl der Erwerbssuchenden;
4. die gezielte Erschließung *neuer Beschäftigung* in gesellschaftlichen Bedarfsfeldern;
5. die *Umlenkung* der immensen Produktivitäts- und Wohlstandszuwächse der digitalen Umwälzung zur Finanzierung der anstehenden gesellschaftlichen Aufgaben.

So aufrüttelnd – und insoweit verdienstvoll – die bereits erwähnten Beschäftigungsprognosen von Osborne, Frey und anderen auch sein mögen, so können sie uns doch nur ein vages Bild der bevorstehenden Entwicklungen vermitteln. Wir brauchen deshalb zunächst mehr und spezifischeres *Wissen*, u. a. zu

* den mittelfristig zu erwartenden Arbeitsplatzeffekten digitaler Automatisierung und Geschäftsmodellinnovation in einzelnen Branchen, sowohl hinsichtlich sich abzeichnender Jobverluste als auch möglicher Beschäftigungsgewinne;
* den Verteilungsaspekten dieser Effekte (Berufe, Tätigkeiten, Qualifikationsstufen, Altersgruppen, Geschlechter);

- denjenigen Erwerbsfeldern, die aufgrund ihrer spezifischen Anforderungen bis auf weiteres als relativ immun gegen digitale Substituierung gelten und deshalb vergleichsweise sichere Beschäftigung bieten können;
- den künftigen Qualifikationsanforderungen sowohl in den vor einer weiteren digitalen Durchdringung stehenden als auch in den eher digitalisierungsresistenten Tätigkeitsbereichen.

Genauere, auf der Basis methodisch plausibler Prognosen generierte Kenntnisse zu diesen Themen sind eine wichtige Voraussetzung für treffsichere politische Interventionen; darum müssen die auf eine solche Technikfolgenabschätzung gerichteten Forschungsanstrengungen dringend intensiviert und mit öffentlichen Mitteln gefördert werden.

Ein zweiter Kernpunkt der Agenda muss die *Unterstützung* der von digital forcierten Arbeitsplatzverlusten bedrohten Menschen sein – durch perspektivensichernde Qualifizierungsangebote und alternative Beschäftigungsmöglichkeiten. Im Zuge der Digitalisierung verändern sich Arbeitsinhalte häufig grundlegend, auch werden bisher gefragte Fähigkeiten und Kenntnisse nicht selten obsolet. Angesichts dieser Verschiebungen im qualifikatorischen Gefüge der Arbeitsgesellschaft müssen die Bemühungen auf allen Ebenen des Bildungssystems, namentlich in der beruflichen Aus- und Weiterbildung, verstärkt werden, um die Beschäftigungsfähigkeit der Menschen sichern und die Beschäftigungschancen des Wandels nutzen zu können. Dies wird ohne eine verbesserte finanzielle und personelle Ausstattung des Bildungssektors nicht zu erreichen sein; auch bedarf es größerer zeitlicher Spielräume für Weiterbildung. Die wirtschaftlichen Erträge digitaler Automatisierung und Rationalisierung müssen deshalb auch der (Re-)Qualifizierung der betroffenen Beschäftigten zugutekommen, zum Beispiel im Wege erhöhter Investitionen und verlängerter Weiterbildungszeiten. ver.di schlägt dazu das Modell einer geförderten Bildungsteilzeit vor, das die in der Vergangenheit übliche Förderung der Altersteilzeit aufgreift und die entsprechenden Mechanismen zur Qualifikationsförderung nutzt. Seit 2013 gibt es in Österreich ein Gesetz zur Bildungsteilzeit. Dort besteht die Möglichkeit, die Arbeitszeit zu reduzieren, um sich weiterzubilden, und für die wegfallenden Stunden einen »Lohnersatz« zu bekommen. Zudem könnten Tarifabschlüsse zur Förderung von Bildungsteilzeit mit staatlichen Zuschüssen erleichtert und verbessert werden. (vgl. ver.di 2014, S. 1; Bsirske 2015)

Nicht nur im Zusammenhang mit der Qualifizierungsfrage, sondern aufgrund der Notwendigkeit einer gerechten *Verteilung* der verfügbaren Arbeitsmenge wird das Thema Arbeitszeit im Zuge des digitalen Umbruchs wieder zunehmende Bedeutung erlangen. Dass Arbeitszeitverkürzungen ein ungemein hilfreiches Instrument sind, um Produktivitätsschübe großen Ausmaßes auch den abhängig Beschäftigten zugutekommen zu lassen und Arbeitslosigkeit zu unterbinden, ist im Verlauf der Geschichte vielfach unter Beweis gestellt worden und weithin akzeptiert: »Ökonomen runzeln bei der Idee, Arbeit zu verteilen, zwar die Stirn, aber zumindest als temporäre Maßnahme ist dieser Ansatz doch mit einigem Erfolg praktiziert worden«, räumt sogar das britische Wirtschaftsmagazin Economist ein (o.V. Economist 2014). Trotz aller bekannten Umsetzungsprobleme werden deshalb intelligente Arbeitszeitverkürzungen – etwa nach dem Modell einer »kurzen Vollzeit für alle« – erneut ein wichtiger Ansatzpunkt sein, um negative Beschäftigungseffekte des technischen Wandels einzudämmen. Zumal solche Initiativen offenbar auch den Erwartungen vieler Erwerbstätiger entgegenkämen, wünschen sich doch 67 Prozent der Vollzeitbeschäftigten in Deutschland eine Reduktion ihrer tatsächlichen Arbeitszeit, wie ein Befund aus der Erhebung zum DGB-Index Gute Arbeit von 2014 deutlich macht (Institut DGB-Index Gute Arbeit 2014, S. 6).

Aber es reicht nicht, sich nur um die Verteilung eines schrumpfenden Beschäftigungskuchens zu kümmern; noch wichtiger ist es, dass zusätzliche und sinnvolle Beschäftigung entsteht, dass *neue Beschäftigung* in großer Anzahl geschaffen wird. Denn »[i]m Endeffekt ist Arbeitslosigkeit, solange es noch ungedeckten Bedarf und Mangel auf der Welt gibt, ein lautes Warnsignal dafür, dass wir schlicht nicht gründlich genug darüber nachdenken, was zu tun ist. Wir sind nicht kreativ genug bei der Lösung der Probleme, vor die uns die gewonnene Zeit und Energie der Menschen stellen, deren Jobs wegautomatisiert wurden« (Brynjolfsson/McAfee 2014, S. 221). Die Erschließung zusätzlicher Beschäftigung in der erforderlichen Größenordnung wird jedoch nicht im marktwirtschaftlichen Selbstlauf vonstattengehen, sondern bedarf – entgegen gängigem neoliberalem Vorurteil – der politischen Flankierung und Förderung. Dazu sollten »Steuergelder, Vorschriften, Wettbewerbe […] oder andere Anreize […] den technischen Wandel auf Maschinen ausrichten, die menschliche Fähigkeiten erweitern, nicht ersetzen – auf neue Güter und Dienstleistungen, nicht auf die Einsparung von Arbeit« (Brynjolfsson/McAfee 2014, S. 295). Die großen Bedarfe an sozialen Dienstleistungen, in Bildung, Gesundheit und Pflege, in der Förderung von Integration und interkultureller Kompetenz sind hinreichend bekannt und dringlich zu decken. Auch werden die Energiewende, die Durchsetzung nachhaltiger Mobilität und der ökologische Umbau nicht ohne eine Fülle beratender und begleitender Services gelingen können, ganz zu schweigen von den Herausforderungen des demografischen Wandels. Die entscheidende Aufgabe der bevorstehenden Jahre besteht deshalb darin, die gewaltigen Zugewinne an Produktivität und Reichtum, die durch den digitalen Umbruch möglich werden, zur Förderung solcher Dienstleistungen in gesellschaftlichen Bedarfsfeldern zu nutzen – nicht nur, um Arbeitsplätze zu schaffen, sondern auch, um humanen, sozialen, ökologischen Fortschritt zu ermöglichen.[6]

Damit ist bereits der fünfte Pfeiler einer politischen Agenda für Beschäftigung im digitalen Umbruch genannt. Ohne eine *Umlenkung* und Ausschöpfung der »Digitalisierungsdividende« werden die oben genannten Zielsetzungen nicht finanzierbar und die technischen Umbrüche nicht in gesellschaftlichen Fortschritt umzumünzen sein. Deshalb ist die Herausforderung des Übergangs nicht zuletzt auch eine Herausforderung an staatliche Steuer- und Finanzpolitik. Diese muss durch umverteilende Interventionen dafür Sorge tragen, dass der im digitalen Umbruch angehäufte und zuwachsende Reichtum der Allgemeinheit zugutekommen kann und die dringend benötigten Mittel für dringend erforderliche infrastrukturelle und soziale Innovationen, gesellschaftlich notwendige und insbesondere interpersonelle Dienstleistungen sowie bessere Qualifizierung verfügbar werden. »Die Frage, wie die Früchte dieser Entwicklung verteilt werden, ob wir es schaffen, sie für eine bessere, gerechtere und lebenswerte Gesellschaft einzusetzen, oder zulassen, dass Macht und Geld weiter in den Händen weniger konzentriert werden, ist eine der Kernfragen unserer Zeit. Die Dinge einfach laufen zu lassen, darauf zu hoffen, dass der Markt das Problem schon irgendwie regeln wird, ist sträflicher Leichtsinn, der zu irreversiblem Abgleiten in eine hässliche Dystopie führen kann« (Kurz/Rieger 2013, S. 285). ver.di kämpft für Gute Arbeit in digitalen Zeiten.

## Literatur

Bernau, Patrick (2015): Die neue Angst um Arbeitsplätze; in: faz.net 20.1.2015 (www.faz. net/-gqg-7ysr9; letzter Zugriff 30.7.2015).

Bonin, Holger/Gregory, Terry/Zierahn, Ulrich (2015): Übertragung der Studie von Frey/ Osborne (2013) auf Deutschland. Endbericht (ZEW-Kurzexpertise Nr. 57; Forschungsbericht Nr. 455 des Bundesministeriums für Arbeit und Soziales), Berlin (http://doku. iab.de/externe/2015/k150618r29.pdf; letzter Zugriff 30.7.2015).

Brandl, Monika/Bsirske, Frank: Digitalisierung braucht ein menschliches Maß – Perspektiven gewerkschaftlichen Handelns, in: ver.di-Bereich Innovation und Gute Arbeit (Hg.): Gute Arbeit und Digitalisierung, Berlin.

Brynjolfsson, Erik/McAfee, Andrew (2014): The Second Machine Age. Wie die nächste digitale Revolution unser aller Leben verändern wird, Kulmbach.

---

6  Henning Meyer hat in diesem Zusammenhang eine »staatliche Arbeitsplatzgarantie« vorgeschlagen, »mit einem Einkommen, das zumindest dem Mindestlohn entspricht, sodass jeder Mensch, der einen Arbeitsplatz sucht, einen findet«. Diese könnte »sicherstellen, dass die sozialen Funktionen von Arbeit intakt bleiben und die Menschen nicht nur vor wirtschaftlicher Armut, sondern auch vor einem sozial verarmten Leben geschützt wären« (Meyer 2015, S. 474f.).

Brzeski, Carsten/Burk, Inga (2015): Die Roboter kommen. Folgen der Automatisierung für den deutschen Arbeitsmarkt. INGDiBa – Economic Research, Frankfurt (www.ing-diba.de/imperia/md/content/pw/content/ueber_uns/presse/pdf/ing_diba_economic_research_die_roboter_kommen.pdf; letzter Zugriff 30.7.2015).

Bsirske, Frank/Schröder, Lothar/Werneke, Frank/Bösch, Dina/Meerkamp, Achim (Hg., 2012): Grenzenlos vernetzt? Gewerkschaftliche Positionen zur Netzpolitik, Hamburg.

Bsirske, Frank (2014): Digitalisierung und Dienstleistungen – Herausforderungen für Arbeitswelt und Gesellschaft, Rede auf der BMBF-Tagung im Mai 2014, in: Boes, A. (Hg.): Dienstleistungen in der digitalen Gesellschaft, Frankfurt/M., 16–24 [auch in: ver.di (2014): Digitalisierung und Dienstleistungen. Perspektiven gewerkschaftlicher Arbeit. Gewerkschaftliche Postionen. Berlin, 6–15; http://innovation-gute-arbeit.verdi.de/themen/digitale-arbeit].

Bsirske, Frank (2015): Würde, Selbstbestimmung, Solidarität und Gute Arbeit in der digitalen Gesellschaft! Rede des Vorsitzenden der Vereinten Dienstleistungsgewerkschaft zur Eröffnung der ver.di-Digitalisierungskonferenz in Berlin am 10. Juni 2015 (in einer gekürzten Fassung), in: ver.di-Bereich Innovation und Gute Arbeit (Hg.): Gute Arbeit und Digitalisierung, Berlin.

Bundesministerium für Wirtschaft (2014): Monitoring-Report Digitale Wirtschaft 2014, Berlin.

Dettmer, Markus/Tietz, Janko (2014): Der Sieg der Algorithmen; in: Der Spiegel 17/2014, S. 69–75.

Dörre, Klaus (2015): Digitalisierung – neue Prosperität oder Vertiefung gesellschaftlicher Spaltungen?; in: Hirsch-Kreinsen, Hartmut/Ittermann, Peter/Niehaus, Jonathan (Hg.): Digitalisierung industrieller Arbeit. Die Vision Industrie 4.0 und ihre sozialen Herausforderungen, Baden-Baden, S. 269–284.

Frey, Carl Benedikt/Osborne, Michael A. (2013): The future of employment: how susceptible are jobs to computerisation? Oxford Martin School Working Papers (www.oxfordmartin.ox.ac.uk/downloads/academic/The_Future_of_Employment.pdf; letzter Zugriff 30.07.2015).

Geldner, Andreas (2015): Ein sehr deutscher Slogan; in: Stuttgarter Zeitung / Stuttgarter Nachrichten: Wirtschaft in Baden-Württemberg Nr. 3 (Mai 2015), S. 3.

Institut DGB-Index Gute Arbeit (2014): DGB-Index Gute Arbeit: Der Report 2014, Berlin.

Keynes, John Maynard (1930/2007): Wirtschaftliche Möglichkeiten für unsere Enkelkinder (1930); in: Reuter, Norbert (2007): Wachstumseuphorie und Verteilungsrealität. Wirtschaftspolitische Leitbilder zwischen Gestern und Morgen. Mit Texten zum Thema von John Maynard Keynes und Wassily W. Leontief. Zweite, vollständig überarbeitete und aktualisierte Auflage, Marburg, S. 135–147.

Kocic, Aleksandar (2015): Arbeit in der Krise – Arbeitsmärkte im Umbruch; in: Deutsche Bank Research: Konzept 05/2015, S. 58–65.

Kreutzer, Ralf T./Land, Karl-Heinz (2013): Digitaler Darwinismus. Der stille Angriff auf Ihr Geschäftsmodell und Ihre Marke, Wiesbaden.

Kurz, Constanze/Rieger, Frank (2013): Arbeitsfrei. Eine Entdeckungsreise zu den Maschinen, die uns ersetzen, München.

Meyer, Henning (2015): Ungleichheit und Arbeit im zweiten Maschinenzeitalter; in: Hoffmann, Reiner/Bogedan, Claudia (Hg.): Arbeit der Zukunft. Möglichkeiten nutzen – Grenzen setzen, Frankfurt/New York, S. 468–479.

Schröder, Lothar (2015: im Erscheinen): Wie sich die Digitalisierung entwickelt und warum die Zukunft in der Guten Arbeit liegt, im BMBF-Tagungsband »Arbeit in der digitalisierten Welt«, Tagung am 28./29.5.2015 in Berlin.

o.V. – Economist (2014): Easing the transition. Means and ends; in: The Economist 4.10. 2014

ver.di (Hg., 2013): Dienstleistungsinnovationen: offen, sozial, nachhaltig, hrsg. vom ver.di-Bereich Innovation und Gute Arbeit. Berlin; http://innovation-gute-arbeit.verdi.de/inno vation/dienstleistungsinnovationen

ver.di (2014): Gute Arbeit in Zeiten des digitalen Umbruchs! Gewerkschaftliche Erklärung vom 11. September 2014; Berlin. http://innovation-gute-arbeit.verdi.de/themen/digitale-arbeit

Wolf, Martin (2014): Enslave the robots and free the poor; in: Financial Times 11.2.2014 (www.ft.com/intl/cms/s/0/dfe218d6-9038-11e3-a776-00144feab7de.html#axzz3hZezx R8B; letzter Zugriff 1.8.2015).

Jörg Hofmann/Constanze Kurz

# Industrie 4.0 –
# Industriearbeit der Zukunft im digitalen Wandel

## 1. Einleitung

Die industrielle Arbeitswelt befindet sich in einem Prozess des Wandels. Quelle der Turbulenzen ist die zunehmende Digitalisierung der Tätigkeiten im Büro wie auf dem Hallenboden. Diese Entwicklung wird unter dem Label Industrie 4.0 auf einschlägigen Podien, Dialogplattformen und Konferenzen mit großer Verve debattiert. Auch in den Betrieben beginnen sich die Einflüsse von Industrie 4.0 in Form von Umsetzungsprojekten, neuen Service-Modellen oder »Modellfabriken« immer deutlicher zu zeigen. All dies wirkt sich auf die Gestalt der Industriearbeit aus und wirft die Frage nach Richtungen, Zeithorizonten, Beschäftigungsperspektiven, besonders betroffenen Tätigkeiten oder Qualifikationsgruppen auf.

Um diese Fragen beantworten zu können, reicht es nicht, die Funktionsweise oder das Marktpotenzial smarter Technologien in den Blick zu nehmen. Industrie 4.0 braucht eine konsequente Ausweitung der Perspektive auf Arbeit und Beschäftigung, wenn wir den urgewerkschaftlichen Anspruch »die Maschine dient dem Menschen und nicht umgekehrt« verwirklichen wollen. Gelingen wird uns dies nur gemeinsam mit den anderen Akteuren auf dem Feld der Gestaltung von Arbeit und Technik. Es gilt daher, *jetzt* eine grundsätzliche Übereinkunft darüber herzustellen, dass die digitalen Technologien an ihrem gesellschaftlichen Nutzen zu messen sind.

Verbale Bekenntnisse dazu gibt es genug. Dass Industrie 4.0 allein auf Basis von technologiezentrierten Visionen funktioniert, glauben inzwischen selbst die technikwissenschaftlich geprägten Protagonisten nicht mehr. Das Bild einer schönen neuen Arbeitswelt, die vollständig auf den arbeitenden Menschen und seine Bedürfnisse fokussiert ist,[1] liegt zwar voll im Trend – auch bei Vertretern der technischen Disziplinen. Wie genau der Mensch aber »zurück in den Mittelpunkt kommt«, ist freilich (noch) keineswegs klar vorgezeichnet.

Aber selbst wenn die Potenziale der Digitalisierung im Interesse der Beschäftigten noch nicht ausgeschöpft sind, Versprechen nicht eingelöst werden

---

[1]  »Die Produktion folgt dem Takt des Menschen. Der Mensch rückt wieder zurück in den Mittelpunkt der Arbeitswelt.« (Kagermann 2014, S. 608)

und vieles im Debattenrummel um Industrie 4.0 nicht unseren Vorstellungen von guter Arbeit und gutem Leben entspricht: In der Digitalisierung liegt eine große Chance, eine Arbeitswelt zu gestalten, in der Demokratie gestärkt, Teilhabe ermöglicht und bessere, qualifiziertere Arbeit erreicht werden kann. Wir sind gefordert, hieran zu arbeiten und zu einer Arbeitspolitik der Digitalisierung zu kommen, die der Verdinglichung des Menschen entgegentritt. Es gilt, Gestaltungskonzepte im Betrieb handlungsrelevant zu machen und damit Arbeit unter den Bedingungen der Digitalisierung konkret zu beeinflussen. Indes ist hierfür das digitale Narrativ selbsternannter Netzwerkeliten wenig hilfreich. Denn die weitere Digitalisierung der Arbeitswelt entscheidet sich nicht an ihren Rändern. Sicher sind Crowdworker und die hippe Startup-Szenerie des Digital Life sowie andere Spielarten neuer, oft prekärer Erwerbsarbeit ein Phänomen – aber nicht der Kern der Veränderung. Sie sind erst recht kein Vorzeichen eines säkularen Trends der Auflösung abhängiger Erwerbsarbeit als bestimmende Erwerbsform auch in der digitalen Arbeitswelt. Auch hier geht es darum, zu entscheiden, wie wir in Zukunft arbeiten und leben wollen.

## 2. Um was geht es?

Digitalisierung, verstanden als umfassender Einsatz der Universalmaschine »Rechner« für jeden denkbaren Zweck, ist kein neues Phänomen. In jedem Auto und in jeder Werkzeugmaschine befinden sich Elektronik und eingebettete Software. Diese Form der Digitalisierung nahm 1952 ihren Anfang mit dem Einsatz numerisch gesteuerter Maschinen und erfuhr Ende der sechziger Jahre (1969) einen weiteren Schub mit der Anwendung von Mikroprozessoren in der Produktion. Computersysteme begannen in den siebziger Jahren auch in den Büros Einzug zu halten: Anfänglich in Form von zentralen Großrechnern, in den achtziger und neunziger Jahren zunehmend in Form von jedermann zugänglichen Personalcomputern (PC), heute in Form von mobilen Endgeräten (Smartphones, Tablets). Der Einsatz von Elektronik und Informationstechnologie schritt auch in der Produktion voran, zunehmend getragen von der Idee einer digitalen Durchdringung der gesamten Prozesskette. »Computer Integrated Manufacturing« (CIM) lautete bis Mitte der achtziger Jahre die Zauberformel eines technikzentrierten Rationalisierungszugriffs, der die Fabrik vom Computer aus weitgehend menschenleer dachte. Am Ende blieben »CIM-Ruinen« und die Automatisierung auf Teilsequenzen und Teilprozesse lokal begrenzt, während in der Büro- und zunehmend auch in der Lebenswelt jenseits der Erwerbsarbeit Notebook und Smartphone den Ton anzugeben begannen.

Heute stellt sich die Frage der Digitalisierung allerdings in neuer Aktualität und Dynamik. Von einer digitalen Revolution ist die Rede, welche die

Menschheit in ein »zweites Maschinenzeitalter« führe, so etwa die US-amerikanischen Ökonomen Erik Brynjolffson und Andrew McAfee. Dem digitalen Fortschritt käme die gleiche Bedeutung wie der Erfindung der Dampfmaschine und damit verbunden der ersten industriellen Revolution zu.

In Deutschland steht Industrie 4.0 für die Weiterentwicklung der Produktion im Informationszeitalter: digital, vernetzt, flexibel. Gemeint sind damit Organisation und Steuerung der Wertschöpfungskette, in der Menschen, Objekte und Systeme in Echtzeit miteinander vernetzt und der individuellen Produktion (»Losgröße 1«) verpflichtet sind. Das schließt Großserien nicht aus, sie sollen aber entsprechend der Kundenanforderungen differenzierter und Kleinserien in der Massenproduktion rentabler werden.

Die neue Qualität der Digitalisierung resultiert nicht aus einer einzelnen Technologie, sondern aus der Kombination paralleler Innovationen in der Mikroelektronik, in der Informations- und Kommunikationstechnik, Automationstechnologie und Software:

- *Cyber-physische/physikalische Systeme* (CPS) sind Systeme mit eingebetteter Software, mit denen Produkte, Werkzeuge, Behälter, Materialien ausgestattet werden können. CPS verfügen über Sensoren (»Augen und Ohren«) und Aktoren (»Hände und Füße«). CPS speichern und werten erfasste Daten (Zustand, Umwelt) automatisch aus. Sie sind untereinander sowie auch in globalen Netzen verbunden und können sich gegenseitig steuern.

- *Softe Roboter und smarte Maschinen:* Mit den gravierenden Fortschritten der Sensorik und Aktorik entstehen neue Möglichkeiten, die große Maschinerie feinfühliger, multifunktionaler und integrierter zu gestalten. Dies zeigt die neue Generation von Leichtbaurobotern, die anders als ihre großen Vorläufer quasi Hand in Hand mit den Beschäftigten arbeitet. Aber auch vorhandene Steuerungs- und Automatisierungstechnik wird untereinander mit »intelligenter« Software verknüpft, was ein wesentlicher Schritt auf dem Weg zu sich selbst steuernden und lernenden Maschinen ist.

- *Intelligente Assistenten:* »Smarte« Geräte wie Tablets, Smartphones oder Datenbrillen dienen dazu, die Beschäftigten in die digitalen Prozesse entlang der Wertschöpfungskette mobil zu integrieren.

- *Datenverarbeitung und Software:* Auf der Basis der Verfügbarkeit leistungsstarker Mikroprozessoren und Speicherchips lassen sich neue Datenverarbeitungs- und Software-Konzepte verwirklichen. »Big Data« steht dabei für die Speicherung, Analyse und Nutzung extrem großer Datenmengen, auch in Echtzeit.

- *Universelle Vernetzung:* Vor allem die enorme Leistungssteigerung verschiedener drahtloser Übertragungstechnologien führt dazu, dass immer mehr Geräte und Objekte vernetzt und so »intelligenter« werden. »Internet of everything« lautet dazu das einschlägige Stichwort. Unter dem Strich ist das mehr als Automationstechnologie mit Internetanschluss. Auf Basis der Universalmaschine Computer wird ein neues Produktionsparadigma in Szene gesetzt, das auf Vernetzung und Selbstorganisation beruht – und damit bisherige Sichtweisen und Prinzipien industrieller Produktionsweisen herausfordert. Dabei darf freilich nicht übersehen werden, dass der betriebliche »Legokasten« schon heute reich mit 4.0 Technologien bestückt ist. Und bereits heute werden Wertschöpfungsketten zu Wertschöpfungsnetzen ausgebaut, die digital synchronisiert sind:

- In den Unternehmen wird durch *vertikale* Vernetzung ein gemeinsamer, durchgängiger Datenfluss vom Vertrieb über Produktentwicklung und Produktion bis zu Logistik und Service realisiert.

- Zwischen den Unternehmen und Branchen wird in *horizontalen* Wertschöpfungsketten und -netzen ein durchgängiger Informationsfluss zwischen Zulieferern, Dienstleistern, dem eigenen Unternehmen und den Kunden bzw. Kundenunternehmen hergestellt.

Im Fokus stehen dabei die Innovationspotenziale, die sich durch die direkte Anbindung der industriellen Welt an das Internet und damit verbunden die Entstehung neuer Geschäftsmodelle ergeben. Im Visier sind neuartige intelligente Dienstleistungen (»Smart Services«), die im Kern auf der Sammlung und Auswertung von Daten basieren. Von daher geht es bei Industrie 4.0 keineswegs »nur« darum, den Kernbereich der industriellen Produktion digital zu erfassen und damit verbunden eine bessere Integration der horizontalen und vertikalen Wertschöpfungsstufen innerhalb und zwischen Unternehmen zu erreichen. Weit darüber hinaus werden digitale Daten zum neuen Rohstoff für produzierende Unternehmen. Damit werden physische Produkte veredelt, über Plattformen in die digitale Welt des Internets integriert und zur Basis neuer Geschäftsmodelle – etwa in Gestalt neuer Finanzierungs-, Versicherungs- und Beratungsdienstleistungen (vorausschauende Instandhaltung, Analytik Datenbanken). In der Konsequenz sind diese Entwicklungen von erheblicher Relevanz für grundlegende Veränderungen der Industriearbeit.

### 3. Ein neuer Typus von Industriearbeit entsteht

Es ist derzeit keineswegs ausgemacht, was Industrie 4.0 für Arbeit und Beschäftigung bedeutet, wie tief und wie weit der quantitative wie qualitative Wandel der Industriearbeit reichen wird. Schon deshalb, weil der Prozess der fortschreitenden Digitalisierung der Arbeit ergebnisoffen ist und letztlich über strukturelle Aspekte von Ökonomie und Macht entschieden wird. Das betrifft den technologischen ebenso wie den sozio-ökonomischen und organisatorischen Entwicklungspfad. Trotz dieser grundsätzlichen Einschränkung zeichnen sich bereits heute einige Entwicklungen ab, die zumindest mittelfristig fundamentale Umbrüche der Industriearbeit begründen und ihr ein neues Gesicht verleihen werden.

*3.1 Industriearbeit überwindet alte Grenzziehungen und wird neu zusammengesetzt*
Mit den neuen, datenbasierten Produktions- und Geschäftsmodellen verändert sich die Zusammensetzung des Tätigkeitsspektrums und der Tätigkeitszuschnitte ebenso wie die Qualifikationsanforderungen. Service und Dienstleistungen nehmen zu, Arbeit wird immer mehr in indirekte Bereiche verlagert. Aber auch Planungen und Vorbereitungen werden indirekter: Hat die Bewältigung von Klein- und Kleinstgrößen hier bisher hohen Aufwand erfordert, so wird dies in der Industrie 4.0 zunehmend von Computerprogrammen übernommen. Diese müssen allerdings erstellt, weiterentwickelt, konfiguriert, administriert und kontrolliert werden. Es ist eine Hybridisierung direkter und indirekter Tätigkeiten zu erwarten. Produktions- und Wissensarbeit wachsen enger zusammen, Trennungen zwischen Hand- und Kopfarbeit, zwischen Produktion und Dienstleistung werden immer undeutlicher. Die umfassende Digitalisierung erfordert also auch einen neuen Begriff von Industriearbeit, der diesen hybriden Bündeln verschiedener Tätigkeiten gerecht wird. Die klassische Sichtweise einer internen und externen Tertiarisierung greift nicht mehr.

Die hybride Industriearbeit der Zukunft ist davon geprägt, dass sie ständig immaterieller und indirekter wird. Die betroffenen Beschäftigten sind zunehmend weniger gefordert, mit Materialien, Maschinen und Werkzeugen, sondern mit Informationen, Regeln und digitalen Endgeräten umzugehen. Produktionsnahe Entwicklungstätigkeiten und reine Produktionstätigkeiten rücken zusammen. Hybride Tätigkeiten als Gegenstand der Arbeitsorganisation werden an Bedeutung zunehmen. Durchgehende Datenflüsse, direkte Informationsgewinnung und Problemerkennung und die Ausrichtung aller Prozesse auf die Kunden erfordert deutlich schnellere Kooperation, zwischen den verschiedenen Bereichen, den einzelnen Beschäftigten sowie mit den immer »intelligenteren« Maschinen, Anlagen und nicht zuletzt Robotern.

*3.2 Industriearbeit beinhaltet Mensch-Maschine-Interaktionen in neuer Qualität*
Industrie 4.0 bedeutet auch, dass neue interaktive Schnittstellen von Mensch und Maschine in Informations- und Produktionsräumen entstehen, die vernetzt sind. Die Spannbreite der Beispiele reicht von Datenbrillen und Sensorhandschuhen, die ausschließlich der rationelleren, fremdgesteuerten Ar-

beitsausführung dienen, über kollaborative Roboter, die menschliches Arbeitshandeln ergänzen, bis hin zu »smart Keys«, die den Beschäftigten tiefe Eingriffe in Maschinen- und Netzdaten erlauben. Dementsprechend kann das Verhältnis von Autonomie und Kontrolle in Mensch-Maschine-Interaktionen überaus unterschiedlich gefasst sein – mit weitreichenden Folgen für das Aufgabenprofil und die Leistungssituation. Im Fall der »smart Keys« heißt das konkret: Den Beschäftigten stehen mehr zeitnahe und qualitativ verbesserte Informationen über die relevanten Prozesse zur Verfügung. Dies eröffnet Handlungsspielräume und führt zu einer Anreicherung der Tätigkeiten beispielsweise im Hinblick auf die sinnvolle Filterung und Ordnung von Informationen. Zugleich können z. B. unterschiedliche Bearbeitungsreihenfolgen und damit einhergehend die Fabrikauslastung automatisch optimiert werden. Letzteres trägt dazu bei, von Routinetätigkeiten zu entlasten, gleichzeitig wachsen Mitgestaltungsmöglichkeiten wie auch die Anforderungen an das subjektive Arbeitsvermögen der Beschäftigten. Dies kennzeichnet eine hybride, hochqualifizierte moderne Industriearbeit der Zukunft.

Hingegen wird am Beispiel des Sensorhandschuhs das hohe Kontroll- und Steuerungspotenzial erkennbar, das ein Assistenzsystem haben kann. Dieses Potenzial kann auch in anderen Varianten durch entsprechende Softwarekonfigurationen freigesetzt werden: Computer und intelligente Softwaresysteme übernehmen bei der Arbeitsausführung das Kommando. Hard- und Software erledigen eigenständig Planungs- und Optimierungsaufgaben. Die Beschäftigten werden zu Vollzugsorganen vorgegebener digitaler Handlungs- und Kontrollzwänge. Arbeit wird – egal ob in der Produktion oder im Büro – auf das Quittieren von vorgegeben Arbeitsgängen oder Ja-Nein-Befehlsketten reduziert. Dies kann zugleich zu neuen Formen einer restriktiven Leistungspolitik führen, die eine Intensivierung der Leistungsausbeutung durch die enger getaktete und beschleunigte Zuweisung einzelner Leistungspakete steuert. Und selbst diese Tätigkeiten üben die Beschäftigten nur so lange aus, bis auch sie automatisiert werden.

Ob Automatisierung und Vernetzung qualifiziertes Arbeitshandeln anschieben und geradezu herausfordern oder aber Arbeitsfähigkeiten enteignen, Arbeitsvermögen dequalifizieren und austauschbar machen, entscheidet sich daran, wie das Verhältnis von Autonomie und Kontrolle in Mensch-Maschine-Interaktionen gestaltet wird. Hierbei sind sowohl Fragen der Effizienzsteigerung als auch der Durchsetzung von Herrschaft und ihrer Absicherung im Industriebetrieb angesprochen. Anders gesagt: Es geht eben nicht nur darum, »sichere Prozesse« zu erreichen, sondern auch darum, sich der individuellen Kenntnisse und Fähigkeiten der Beschäftigten zu bemächtigen, oder sie überflüssig zu machen. Daraus folgte im letzten Jahrhundert eine weithin rigorose Trennung der Arbeit in Hand- und Kopfarbeit, deren Folgen bis in die Ära der ganzheitlichen Produktionssysteme spürbar sind. Der darin angelegte Konflikt um Handlungsspielräume in der Arbeit hat in der Phase der Digitalisierung an Aktualität gewonnen, nicht verloren. Gerade weil die Technik neue Möglichkeiten der Zurichtung des Arbeitsvermögens bietet, ist nicht zu erwarten, dass der technische Fortschritt restringierende Arbeit quasi von selbst verschwinden lässt. Der weitere Entwicklungspfad menschlicher Arbeit hängt also nicht von der Technik an sich ab. Entscheidend ist, in welcher Art und Weise es uns gelingt, ihre Potenziale für eine menschliche Zukunft der Arbeitswelt zu heben, die qualifiziert, nachhaltig und kooperativ ist. In der man mit Freude und Zuversicht arbeiten kann.

Dass Technik in betrieblichen und gesellschaftlichen Aushandlungsprozessen gestaltbar ist und in die betriebliche Arbeitsorganisation eingebettet werden muss, ist nicht neu. Es ist nur zu wenig im Bewusstsein der handelnden Akteure. So wird halt geplant und umgesetzt, was technisch geht – das ist aber vielfach nicht das ergonomisch und qualifikatorisch Sinnvolle. Von daher besteht grundsätzlicher Bedarf, die Gestaltung der Mensch-Technik-Interaktionen in eine neue Qualität zu überführen und damit verbunden gute Arbeit in der digitalen Welt Realität werden zu lassen. Dafür braucht es eine engere Verbindung von technischen, organisatorischen und sozialen Aspekten der Arbeitsgestaltung, die an Ansätze sozio-technischer Systemgestaltung, agile, lernförderliche Muster der Arbeitsorganisation, prozessorientierte Qualifizierungskonzepte sowie Gestaltungsimpulse der Beschäftigten anknüpfen kann und weiterentwickelt werden muss.

### 3.3 Industriearbeit wird flexibler und mobiler

Im Zeichen der Vernetzung und der hiermit verbundenen Überwindung von zeitlichen und räumlichen Schranken wird Industriearbeit beschleunigt. Wissen und Informationen werden in Echtzeit übertragen. Die Ankopplung der Arbeit an Märkte und deren wechselnde Bedingungen wird enger. Zeitkritische Handlungserfordernisse nehmen dadurch zu.

Zugleich wird Arbeit flexibler, weil sie weniger an Zeit und Ort gebunden ist und die Verteilung der Arbeit leichter über betriebliche und räumliche Grenzen hinweg organisiert werden kann. Auf eine zunehmende Entgrenzung von Zeit und Ort trifft man bereits bei klassischen Industrietätigkeiten. Beispiele hierfür sind vollständig virtuell erledigte Wartungs- und Serviceaufgaben. Von dieser »mobilen Telearbeit« sind Arbeitsformen zu unterscheiden, die es erlauben, die Arbeit alternierend in den eigenen vier Wänden oder im Betrieb zu erledigen. Beiden Formen mobilen Arbeitens ist gemeinsam, dass Teile der Arbeit nicht mehr an einen stationären Ort gebunden sind – weder an das Büro noch an das »Home Office«. Über Net- und Notebook oder Smartphone können Beschäftigte an beliebigen Orten im Firmennetzwerk arbeiten – zuhause, im Zug, im Flugzeug. Sogar in Produktionsabläufe kann teils online eingegriffen werden. Telefon- und Videokonferenzen ergänzen die direkte Kommunikation. Hierdurch können neue Freiheitsräume entstehen, was u. a. eine bessere Vereinbarkeit von privaten und beruflichen Interessen ermöglicht. Es wird damit aber auch die alte Trennung von Arbeit und Leben tendenziell in Frage gestellt, was neue Antworten auf die Schutzbedürfnisse der Beschäftigten erforderlich macht.

Zugleich werden Ansprüche an Arbeit individueller, weil mit dem Strukturwandel der Beschäftigung auch eine Verschiebung in der Gemengelage von Beschäftigteninteressen einhergeht. Wenn Arbeit nicht nur Broterwerb ist, sondern komplexe, eigenverantwortliche Tätigkeiten umfasst, dann erwarten Beschäftigte neben Wertschätzung und Anerkennung auch die Berücksichtigung ihrer individuellen Bedürfnisse und familiärer wie gesellschaftlicher Verpflichtungen. Die Arbeitskultur muss sich der Vielfalt und Unterschiedlichkeit von Lebenslagen und Lebensstilen öffnen. Eine an den individuellen Bedürfnissen ausgerichtete Zeit- und Ortssouveränität – das sind Aspekte einer Arbeitskultur, die für die gewerkschaftliche Praxis zunehmend relevanter wird.

### 3.4 Industriearbeit hat Zukunft

Ob durch Industrie 4.0 Arbeitsplätze wegfallen, ist mehr als umstritten, gerade weil derzeit niemand verlässlich abschätzen kann, wie sich Produktivitätspotenziale zu Wachstumseffekten verhalten.

Mit einer gewissen Wahrscheinlichkeit ist davon auszugehen, dass sich ein seit langem bekannter Trend fortsetzen wird und gering qualifizierte Tätigkeiten weiter abnehmen werden. Dies, so eine neue Studie des BMAS (2015), könnte 12 Prozent der einfachen Tätigkeiten betreffen, was deutlich unter der Prognose von Carl Frey und Michael Osborne (2013) liegt. Es ist indes sehr gut möglich, dass es durch Computerprogramme und Algorithmen auch bei den qualifizierten Tätigkeiten Verluste geben wird. Gleichzeitig wird neue Arbeit entstehen, möglicherweise aber zu prekären Bedingungen und nur für wenige zu vernünftigen Konditionen. Fakt ist: Es gibt noch viel zu wenig Wissen darüber, welche Arbeitsplätze in welchen Qualifikationsstufen wegfallen werden, welche Arbeitskräfte überflüssig, welche von der Entwicklung profitieren werden. Es wäre unrealistisch zu glauben, dass das ohne Verluste abgeht. Horrorszenarien, wonach allein in Deutschland Millionen Arbeitsplätze gefährdet seien, helfen freilich auch nicht weiter. Neue Technologien, so der eindeutige Befund, haben teilweise zu erheblichen qualitativen Veränderungen der Industriearbeit geführt. Unterm Strich spricht somit wenig dafür, dass Industrie 4.0 menschenleere Fabriken hervorbringt, in denen Computer und Internet das Kommando übernehmen. Smarte Fabriken lassen sich ohne Beschäftigte weder etablieren noch betreiben. Entscheidend ist nicht, dass der Mensch aus den Fabriken verschwindet, sondern dass sich die Rolle und die Aufgaben der Industriearbeiter/innen verändern werden.

## 4. Humanisierung ist möglich – Die Handlungsfelder der IG Metall für eine menschliche Gestaltung der digitalen Arbeitswelt

Die Interessen des arbeitenden Menschen stehen für die IG Metall im Mittelpunkt. Um sie in der digitalisierten Arbeitswelt zu verwirklichen, brauchen wir ein Leitbild von guter Arbeit in einer digitalisierten Welt. Ein Leitbild, das die Trends der demografischen Entwicklung und der zunehmenden Individualisierung der Lebens- und Arbeitswelt aufgreift. Ein Leitbild, das das Interesse der Beschäftigten an mobiler Arbeit, an mehr Selbstbestimmung statt Fremdbestimmung und damit auch an einer besseren Vereinbarkeit von Privat- und Berufsleben berücksichtigt. Ein Leitbild, das ebenso das Interesse der Beschäftigten an einer guten Arbeit, die Gesundheit erhält, Handlungsspielräume erweitert und Qualifikation fördert, beachtet. Anders gesagt: Industrie 4.0 muss ihren gesellschaftlichen Nutzen unter Beweis stellen.

Reine Rationalisierungsstrategie in schöne Bilder von glücklichen Menschen verpackt – das ist deutlich zu wenig. Und Gewerkschaften und Betriebsräte sind hier keine Akzeptanzbeschaffer. Sie wollen ihre Gestaltungsansprüche an Arbeit 4.0 verwirklicht sehen. Grundlegende Dimensionen der Arbeitspolitik gewinnen dabei neue Aktualität, freilich mit neuen Inhalten und Ansprüchen, sich einzubringen:

*Erstens*: Die Öffnung der Industrie 4.0-Debatte in Richtung Arbeit, die Abkehr von einem rein ingenieurwissenschaftlich geprägten Zielbild cyber-physikalischer Systeme durch die Einbeziehung sozio-ökonomischer Zielbilder war ein erster wichtiger Schritt. Dieses Zielbild einer arbeitszentrierten Technikgestaltung gilt es, im Betrieb gemeinsam mit den Beschäftigten zu schärfen und eigene Handlungsstrategien zu entwickeln. Das schließt die Rollen-, Steuerungs- und Kontrollverteilung zwischen Mensch und Maschine ebenso ein wie die Entlastung durch Assistenzsysteme, die Steigerung der Qualität der Arbeit in Bezug auf hybride Qualifikationen und Kooperationsmöglichkeiten sowie neue Formen selbstbestimmter Arbeitszeitgestaltung. Dabei geht es keineswegs allein um genuine Themen der Arbeits-, Betriebs- und Tarifpolitik. Es geht um Chancengleichheit und Gerechtigkeit, um Möglichkeiten der Teilhabe, Grenzverschiebungen im Bereich der Mitbestimmung im

Betrieb, die Frage, ob Maschine oder Mensch bestimmen, wie wir künftig arbeiten werden.

Industrie 4.0 braucht Arbeit 4.0, mit der die Beschäftigten in das Zentrum aller Change-Prozesse rücken. Das auszusprechen fällt vielen leicht, das anzuerkennen fällt vielen schwer. Auch Betriebsräten fällt es häufig leichter, über die Einführung technologischer Neuerungen mit dem Arbeitgeber zu beraten als über die Rolle, die die Beschäftigten darin haben und einnehmen.

*Zweitens*: Unternehmen, Gewerkschaften, Politik und Wissenschaft müssen die Digitalisierung der Arbeitswelt als gemeinsames Zukunftsprojekt erkennen, das Beiträge zur Lösung zentraler gesellschaftlicher Fragen bietet. Industrie 4.0 scheitert ohne Akzeptanz bei Beschäftigten, Betriebsräten und Gewerkschaften. Wenn Betriebsräte gemeinsam mit den Unternehmen den Prozess der Digitalisierung aktiv angehen, wenn Gestaltungskompetenz und Beteiligungsmöglichkeiten auf breiter Front aktiviert und auf betrieblicher Ebene greifbar gemacht werden, dann können sich für den Industriestandort Deutschland neue Chancen ergeben, seine Stärken auch in Zukunft auszuspielen und hierdurch Wachstum und Beschäftigung zu sichern. Diese Stärken sind: gut qualifizierte und engagierte Belegschaften, Mitbestimmung und Beteiligung sowie hohe Innovationsfähigkeit bei Produkten und Prozessen.

*Drittens*: Entscheidend ist, dass die Mitbestimmung als Korrektiv in den Unternehmen gestärkt wird. Nur wenn IG Metall, Betriebsräte und Beschäftigte die Arbeitswelt der Zukunft mitgestalten, wird die industrielle Wertschöpfung hierzulande human und nachhaltig profitabel statt rein profit- und technikzentriert sein. Beschäftigte, Betriebsräte und die IG Metall müssen von Beginn an gezielt auf die Arbeitsorganisation und Technikgestaltung Einfluss nehmen. Dies geschieht bereits in ersten Pilotprojekten. Für die Mitbestimmungspraxis in der digitalen Arbeitswelt müssen die Mitbestimmungsrechte entsprechend den neuen Herausforderungen und technologischen Möglichkeiten sowohl im Rahmen von Betriebsvereinbarungen als auch auf tariflicher Ebene erweitert und angepasst werden. Die Beschäftigtenbefragung der IG Metall (2013) wie auch die umfängliche Online-Befragung bei Daimler zur mobilen Arbeit (2015), an der sich insgesamt mehr als 33 000 Arbeitnehmerinnen und Arbeitnehmer beteiligt haben, zeigen, dass die Beschäftigten bei der Gestaltung ihrer Arbeitsbedingungen mitreden wollen – mit positiven Effekten für die Qualität der Lösungen.

*Viertens*: Zur Realisierung dieser Chancen bedarf es auf dem Weg in die digitalisierte Arbeitswelt einer nachhaltigen Bildungspolitik, die am Menschen ausgerichtet ist. Gerade der Erstausbildung und Weiterbildung wird eine zentrale Rolle zukommen. Denn die Beherrschung neuer Technologien und Prozesse wird die Dynamik in beruflicher Bildung verlangen, wie sie die Taktzahl der Digitalisierung der Arbeitswelt vorgibt. Und diese beschleunigt sich. Das System der Erstausbildung und Weiterbildung, so die These, ist für diese Geschwindigkeit noch nicht gerüstet.

In der Weiterbildung haben wir in der Auseinandersetzung um die tarifliche Bildungsteilzeit nochmals vor Augen geführt bekommen, wie selektiv und unzureichend berufliche Weiterbildung heute praktiziert wird. Ein erster Schritt zur Verbesserung der Situation ist mit dem Tarifvertrag »TV Quali« nun gemacht.

In der beruflichen Erstausbildung ist mit der Reform der Berufsbilder eine wichtige Voraussetzung geschaffen: Gesichert wurde eine breite, fundierte Erstausbildung, auf der berufliche Spezialisierung und neue Anforderungen durch Weiterbildung aufbauen können. Die Berufsbilder – und das gehen einige Unternehmen bereits an – sind neu zu justieren.

Dagegen ist in der akademischen Ausbildung eine völlig überzogene Kleinteiligkeit und Spezialisierung in der Erstausbildung zu beobachten. Dies ist ein Hemmschuh für die Anforderungen des Arbeitsmarktes einer Industrie 4.0, der nach Veränderung ruft.

*Fünftens*: Eine große Herausforderung, die sich aus der Digitalisierung ergibt, ist der Beschäftigtendatenschutz. Bis heute gibt es in Deutschland kein eigenes Beschäftigtendatenschutzgesetz. Die heutige Rechtslage muss zwingend weiterentwickelt werden. Wir kommen mit den klassischen Instrumenten zur Verhinderung von Leistungs- und Verhaltenskontrollen nicht mehr weiter. Das Hochziehen von Datenschutzzäunen wird immer schwieriger. Umso mehr braucht es Schutzzäune für Arbeitnehmer. Arbeitnehmerrechte in der digitalen Arbeitswelt müssen gestärkt werden.

## 5. Über den Tellerrand hinaus: Gesellschaftspolitische Dimensionen des Wandels von Industriearbeit

Eine Reihe von Anzeichen spricht dafür, dass die Technologien und Potenziale, die heute unter dem Begriff Industrie 4.0 versammelt werden, weiter diffundieren und Wandlungsprozesse bisheriger Produktions- und Arbeitsstrukturen anstoßen werden (vgl. Ittermann u. a. 2015, S. 11). Die IG Metall hat das Thema Industriearbeit 4.0 deswegen nicht nur frühzeitig auf ihre arbeits- und betriebspolitische Agenda gesetzt, sondern parallel in der gesellschaftspolitischen Arena mit »sozio-technischen« Zielbildern und einer »neuen Humanisierungspolitik« energisch Position bezogen. Die IG Metall hat damit maßgeblich dazu beigetragen, eine breite Debatte über die Zukunft der Arbeit zu initiieren, die mittlerweile auch in der Politik angekommen ist.

Hier ist die IG Metall in zentralen Dialogplattformen der Bundesregierung vertreten und setzt sich dafür ein, Bedingungen und Ansatzpunkte für einen

»arbeitsorientierten« Entwicklungspfad der Digitalisierung herauszuarbeiten (Mitglied im Leitungs-, Lenkungs- und Strategiekreis der Plattform »Industrie 4.0« des Bundesministeriums für Wirtschaft sowie des Bundesministeriums für Bildung und Forschung; Co-Vorsitz der Plattform »digitale Arbeitswelt« des Bundesministeriums für Arbeit und Soziales). Ziel ist es, gemeinsam mit Politik und Sozialpartnern Handlungsempfehlungen, Anwendungsszenarien ebenso wie handfeste Beispiele dafür zu liefern, dass gute Arbeit in digitalen Fabriken, Netzwerken und Plattformen möglich, aber vor allem auch notwendig ist, um Industrie 4.0 zu einer Erfolgsstrategie für Unternehmen und Beschäftigte zu machen.

Das heißt zum einen, die Veränderung der Wertschöpfungsketten durch Industrie 4.0 in den Blickpunkt zu rücken. Ziel ist es, den Nutzen und die Bedeutung digitaler Vernetzung in der brancheninternen wie auch unternehmensübergreifenden Kooperation zu klären. Dies ist von essentieller Bedeutung, wenn eine enge Kopplung von IT-Sektor und Maschinenbau zur Stärkung des Standorts Deutschland gelingen soll. Darüber hinaus verlangt die Verknüpfung zwischen »traditionellen« Branchen (z. B. Maschinen- und Automobilbau) mit der IT-Industrie eine Neuausrichtung/Anpassung branchen- und industriepolitischer Schwerpunktsetzungen (z. B. Standardisierung, rechtliche Rahmenbedingungen, Sicherheitsaspekte).

Das heißt zum anderen, die soziale Dimension eines digitalen Entwicklungspfades der deutschen Industrie in den Blickpunkt zu rücken und die Zukunft der Arbeit konsequent zum Querschnittsthema zu machen. Das hat nichts mit digitaler Abstinenz oder Technikfeindlichkeit zu tun. Vielmehr steht eine arbeitspolitische Strategie auf der Agenda, die in der Auseinandersetzung um gute Arbeit einen neuen Schritt im Angesicht neuer Bedingungen geht. Letztlich ist die Frage zu klären, auf welchen Grundlagen sich eine Erfolgsgeschichte des »deutschen Modells« und damit die Arbeits- und Lebensperspektiven der abhängig Beschäftigten weiterentwickeln sollen.

In diesem Zusammenhang gilt es, die sattsam bekannten Phrasen einer kalten Roboterwelt, die nur wenige Gewinner und viele Verlierer kennt, zu destruieren. Nicht nur analytisch, sondern handlungsorientiert, ausgehend von Mitbestimmung und Tarifbindung. Unser Ziel ist es nicht, altbekannte Spaltungslinien im Betrieb zu reproduzieren, sondern die Chancen neuer Technologien kollektiv und entsprechend der Vielfalt von vorhandenen Kompetenzen und Fähigkeiten zu nutzen. Dementsprechend zielt unser Engagement im politischen Raum darauf ab, greifbare Antworten und Qualitätskriterien auf die Frage zu finden, wie Industrie 4.0 gesellschaftlichen Nutzen stiften, den Menschen unterstützen, mehr Beteiligung und Demokratie bringen und sozialen Zusammenhalt stärken kann.

## Literatur

BMAS (2015): Übertragung der Studie von Frey/Osborne (2013) auf Deutschland. Forschungsbericht 455. Endbericht an das Bundesministerium für Arbeit und Soziales. Erarbeitet vom Zentrum für Europäische Wirtschaftsforschung. Mannheim.

Frey, Carl B./Osborne, Michael A. (2013): The Future of Employment: How Susceptible are Jobs to Computerisation? Oxford.

Ittermann, Peter/Niehaus, Jonathan/Hirsch-Kreinsen, Hartmut (2015): Arbeiten in der Industrie 4.0. Hans-Böckler-Stiftung/IG Metall: Düsseldorf.

Kagermann, Henning (2014): Chancen von Industrie 4.0 nutzen. In: Bauernhansl, Thomas/ten Hompel, Michael/Vogel-Heuser, Birgit (Hg.): Industrie 4.0 in Produktion, Automatisierung und Logistik. Springer: Wiesbaden, S. 603–614.

Annelie Buntenbach
# Gute Arbeit in der digitalisierten Welt

## 1. Zum Debattenstand um die Digitalisierung der Arbeitswelt

Die Digitalisierung der Arbeitswelt ist das Zukunftsthema und eine besondere Herausforderungen für Politik, Wirtschaft und Gewerkschaften. Noch vor zwei Jahren wurde die Debatte bestimmt von technikzentrierten Wachstumsaussichten, vorangetrieben insbesondere durch die Verbände der IT-Wirtschaft. So hatte die Hoffnung auf neue Potenziale durch die digitale Vernetzung und innovative Geschäftsmodelle die Politik schnell erfasst. Die Bundesregierung gab sich im Jahr 2014 eine »Digitale Agenda«, im Bundestag wurde ein Ausschuss »Digitale Agenda« installiert und der bereits seit 2006 eingerichtete IT-Gipfel der Bundesregierung wurde neu ausgerichtet. Berlin soll ein neues *Silicon Valley* werden, ein neuer Gründergeist wird beschworen. Entrepreneurship ist das neue Zauberwort im Jargon der Wirtschaftspolitik. Unterdessen werden die neuen, scheinbar unbegrenzten Möglichkeiten des digitalen Wirtschaftens begleitet durch Kassandrarufe, Deutschland würde den digitalen Anschluss verlieren – was dazu dienen soll, den Ausbau der technologischen Fundamente zu forcieren. So weit, so gar nicht schlimm. Schließlich bietet die Digitalisierung tatsächlich große Chancen und ist aus vielen Bereichen, zum Beispiel der Produktion oder der Medizin, gar nicht mehr wegzudenken. Gleiches gilt spätestens seit der Markteinführung des Smartphones auch für den privaten Gebrauch. Die Digitalisierung durchdringt Arbeit und Leben. Eine grundsätzliche Debatte über deren Auswirkungen und den gesellschaftlichen Nutzen findet allerdings kaum statt – allenfalls bei der Vorratsdatenspeicherung in der Netz-Community. Daran haben bis heute selbst die Enthüllungen über die Praktiken der NSA nichts Wesentliches geändert. Für die Kundinnen und Kunden steht der private Nutzen im Vordergrund – egal ob bei Facebook, Amazon oder Apple, deshalb heißen sie ja auch User. High Tech für die Handtasche hat offensichtlich eine ebenso große Faszination wie die Verführung zur digitalen Bequemlichkeit, zumal die Kosten reziprok proportional zu den Speicherkapazitäten und Rechnerleistungen gesunken sind. Solange persönliche Nachteile hinsichtlich der digitalen Kontroll-, Überwachungs- oder Steuerungsmöglichkeiten der Datenkonzerne nicht erfahrbar sind, wird sich diese Haltung, so meine These, auch nicht ändern.

In der öffentlichen Diskussion um die Digitalisierung ist zwar eine enorme Dynamik zu spüren, das Thema Arbeit kam allerdings lange nicht vor oder spielte politisch allenfalls eine Nebenrolle. In den letzten zwei Jahren ist es dem DGB und seinen Mitgliedsgewerkschaften gelungen, die Auswirkungen der Digitalisierung auf die Arbeitswelt auf die politische Agenda zu heben. Die im Jahr 2014 vom 20. Ordentlichen DGB-Bundeskongress formulierten Leitfragen bilden das Grundgerüst der politischen Ansätze über Ansprüche und Notwendigkeiten für Gute digitale Arbeit. Dabei wird sowohl auf neue Chancen für mehr gute Arbeit als auch auf die Risiken durch neue Geschäftsmodelle und Arbeitsformen orientiert. Gleiches gilt für das durch DGB und Gewerkschaften initiierte Arbeitsforschungsprogramm des Bundesministeriums für Forschung und Bildung, das 2015 mit dem Schwerpunkt »Arbeit in der digitalisierten Welt« gestartet werden konnte. Das Besondere ist, dass die Digitalisierung der Arbeitswelt kein fernes Zukunftsprojekt ist, sondern wir uns inmitten eines Transformationsprozesses befinden. Auch wenn der Werbeslogan »Vorsprung durch Technik« auf die Fragen der politischen Gestaltung zu beziehen ist, bietet die heutige Situation die tatsächlich große Chance, die Arbeit der Zukunft zu entwerfen. Viele Gestaltungsfragen sind noch in der Cloud und die Prognosen – insbesondere zu den Beschäftigungsperspektiven – höchst unterschiedlich. Nach Experten-Umfragen des amerikanischen *Pew Research Center* (2014) glauben 52 Prozent, dass mehr neue Jobs entstehen. 48 Prozent halten es für wahrscheinlich, dass wir mehr verlieren als gewinnen. Die – vermutlich meist zitierte – Studie von *Osborne/Frey* (2013), nach der 47 Prozent der Jobs in den USA automatisierungsgefährdet sind, wurde inzwischen auf Deutschland übertragen: So vermutet das *ING Diba Economic Research*, dass 18,3 Millionen Arbeitsplätze in ihrer jetzigen Form von der fortschreitenden Technologisierung in Deutschland bedroht sind. Das *Zentrum für Europäische Wirtschaftsforschung* (ZEW) geht im Jahr 2015 davon aus, dass immerhin zwölf Prozent der Tätigkeiten in Deutschland durch die digitale Automatisierung gefährdet sind. Prognosen dieser Art sind mit größter Vorsicht zu genießen. Dennoch geben sie eine Vorstellung davon, welche Veränderungen für die Beschäftigungsbasis möglicherweise auf uns zukommen. Wenn auch nur die Hälfte der Wahrscheinlichkeitsannahme des ZEW eintreten würde (weil auch neue Arbeit entsteht), müssten wir einen Anstieg der Arbeitslosigkeit um sechs Prozent verkraften. Ein Problem dabei liegt auch in der Ungleichzeitigkeit von Beschäftigungsverlusten und der Schaffung neuer Arbeitsplätze. Die Prognosen sollten deshalb ebenso wenig dazu missbraucht werden, berechtigte Befürchtungen und Sorgen zu einer »German Angst« zu stilisieren und Mahner in die Neinsager-Ecke zu stellen. Es ist ohnehin keine Option, die technologische Entwicklung abzulehnen oder blockieren zu wollen. Die Digitalisierung wird voranschreiten und dies mit hohem Tempo, weil sich die Datenmenge exponentiell vervielfacht. Heute existieren anderthalb mal so viele Daten wie Sandkörner an den Stränden dieser Erde. In fünf Jahren sollen es 40-mal so viele sein. Daten werden also zu einer neuen Währung, wenn sie es nicht schon lange sind. Industrie 4.0 – heute eine Chiffre für die vernetzte Fabrik, wird kommen, ebenso die Smart Services und die Verschmelzung von realer und virtueller Welt, die Veränderung von Wertschöpfungsketten und Branchengrenzen oder die Rolle des Kunden in einer auf Individualisierung ausgerichteten Wirtschaft. Die Digitalisierung selbst ist weder Fluch noch Segen, sondern ein dynamischer Treiber von – globalen – Veränderungen. Anders als bei der politischen Debatte um die Globalisierung und Demografie Anfang der 2000er Jahre wird es allerdings darauf ankommen, dass die Digitalisierung nicht als Totschlagargument für Deregulierungen des Arbeits- und Sozialrechts sowie Entlastungen der Unternehmen auf Kosten der Beschäftigten missbraucht wird. Die Tatsache, dass Arbeitgeber und Beschäftigte in einem Boot sitzen, um den digitalen Wandel zu bewältigen, gibt Anlass zur Hoffnung, dass eine derartige Polarisierung im Sinne von »Sozial ist, was Arbeit schafft« ausbleibt. Dafür spricht auch die Einrichtung zahlreicher Plattformen, Initiativen und Bündnisse zur digitalen Arbeit, die sozialpartnerschaftlich getragen werden. Ein Positionspapier der Bundesvereinigung der Deutschen Arbeitgeberverbände zur Digitalisierung von Wirtschaft und Arbeitswelt vom Mai 2015 zeigt allerdings auch politische Konfliktlinien auf.

## 2. Das Grünbuch *Arbeiten 4.0* als politische Referenzgröße

Politisch wird digitale Arbeit seit April 2014 unter dem Stichwort »Arbeiten Viernull« diskutiert. Das Bundesministerium für Arbeit und Soziales (BMAS) hat dazu eine Plattform »Digitale Arbeitswelt« im Rahmen des IT-Gipfels und einen Dialogprozess ins Leben gerufen. Zentrale Fragestellungen der Plattform sind orts- und zeitflexibles Arbeiten, Fragen der Beschäftigung und Weiterbildung sowie soziale Schutzstandards. Hintergrund und zentrale Referenzgröße ist das im April 2014 vom BMAS veröffentlichte Grünbuch »Arbeiten 4.0«. Mit diesem Grünbuch richtet sich der Fokus innerhalb der Bundesregierung erstmals auf die Beschäftigungs- und Beschäftigtenperspektiven. Der Mensch und seine Bedürfnisse stehen im Mittelpunkt, sowohl hinsichtlich individualisierter Ansprüche der Arbeitnehmerinnen und Arbeitnehmer, als auch mit Blick auf neue, flexible und unsichere Beschäftigungsformen – die uns auch aus der analogen Welt bekannt sind, wie Leiharbeit, Missbrauch von Werkverträge oder befristete Jobs. Dieser Zusammenhang ist wichtig, denn die Entwicklung der letzten Dekade hat – bekanntlich noch ohne digitale Komponente – zu einem massiven Zuwachs des Niedriglohnsektors und prekärer Beschäftigung geführt. So geht es bei der Gestaltung der Arbeit der Zukunft immer auch um analoge wie digitale Arbeitsformen, die Perspektiven brauchen. So beweist das BMAS Bodenhaftung, indem es die besonderen Arbeitsmarktherausforderungen von Frauen, Älteren, Geringqualifizierten, Migrantinnen und Migranten oder Menschen mit Behinderungen hervorhebt. Das BMAS stellt in seinem Grünbuch einen politischen Gestaltungsauftrag fest, der für alle neuen Fragen gilt, die sich durch die Digitalisierung stellen, insbesondere die Nutzung von neuen Beschäftigungspotenzialen, für die staatliche Unterstützung adressiert wird. Ein weiterer Schwerpunkt des Grünbuchs ist die Frage der Arbeitszeitflexibilität und ein gleichberechtigter Interessenausgleich von Unternehmen und den Beschäftigten. Dieser Anspruch wird als »Flexibilitätskompromiss« formuliert, nach dem lebensphasenorientierte Arbeitszeitmodelle gefördert werden sollen. Dabei sollen Sozialpartnerschaftliche Lösungen explizit einbezogen werden. An dieser Stelle wird eine staatliche Unterstützung – beispielsweise für eine Bildungsteilzeit – allerdings nicht erwähnt, sondern auf »soziale oder technologische Innovationen« verwiesen. Allerdings wird die Frage nach einer sozialrechtlichen Absicherung von Flexibilität aufgeworfen und weitere politische Unterstützung für Familien angekündigt. Das Grünbuch widmet sich den qualifikatorischen Herausforderungen der Digitalisierung und adressiert einen »gerechten« Finanzierungsmix für eine am Lebenslauf orientierte Weiterbildungskultur.

An dieser Stelle ist der Fokus allerdings zu wenig prozessorientiert, denn Weiterbildung und Qualifizierung sind der Schlüssel zur Bewältigung des digitalen Wandels, und zwar für Beschäftigte und Unternehmen – Stichwort Fachkräftemangel. Deutschland ist das Land der Fachkräfte und soll es auch bleiben. Deshalb geht es auch ganz wesentlich um den Ausbau moderner Kompetenzen, neue Tätigkeitsprofile und die dafür erforderlichen Qualifikationen im Betrieb. Wichtig ist eine lernförderliche Arbeitsorganisation, um auch Training on the job zu ermöglichen. Neben der Ermittlung der Qualifikationsbedarfe müssen Möglichkeiten gefunden werden, wie Weiterbildungs- und Qualifizierungsmaßnahmen auch in Teilzeit unterstützt werden können – zum Beispiel Bildungsteilzeit mit Lohnersatzleistung. Wer an eine neue »Arbeitsversicherung« oder eine »Bundesagentur für Arbeit und Qualifizierung« denkt, darf Arbeitslose nicht vergessen, die aufgrund der durch die Hartz-Gesetze verschärften Zumutbarkeitskriterien in Jobs bis an die Grenze zur Sittenwidrigkeit gedrückt werden. Gleichzeitig sind die Fördermittel im Hartz IV-System massiv zusammen gestrichen worden, so dass Hartz IV-Empfänger kaum Chancen auf Weiterbildungsförderung haben. Es braucht also auch eine Digitalisierungsstrategie für Arbeitslose, nicht zuletzt mit Blick auf die bislang vorliegenden Automatisierungsprognosen.

Das BMAS thematisiert mit dem Grünbuch »Arbeiten 4.0« die Gestaltung der Arbeitsbedingungen mit der Zielperspektive Gute Arbeit bzw. der Humanisierung der Arbeit. Auch hier zeigt sich eine Bodenhaftung, indem die schon heute erkennbaren Tendenzen der Entgrenzung und gleichzeitigen Verdichtung problematisiert werden und auf einen ausreichenden Arbeits-, Gesundheits- und Beschäftigtendatenschutz orientiert wird. Hinsichtlich neuer Arbeitsformen wie dem Crowdworking über Online-Plattformen wird zwar ein Diskussionsbedarf über faire Standards konstatiert und die soziale Absicherung von Soloselbstständigen thematisiert. Die Bedeutung der Nutzung von Crowdsourcing wird angesichts der rasanten Wachstumsraten und -prognosen aber nicht ausreichend gewürdigt. Schließlich hat die Plattform-Arbeit (Crowdwork) massive Auswirkungen auf die Arbeitsbeziehungen, die Sozialpartnerschaft, die Mitbestimmung, die Arbeitnehmerrechte, die Entlohnungs- und Arbeitsbedingungen sowie die sozialen Sicherungssysteme. Immerhin wird die Frage aufgeworfen, inwieweit die Grundbegriffe des Arbeitsrechts (Arbeitnehmer- und Betriebsbegriff) künftig in der digitalen Arbeitswelt noch greifen. Last but not least wird die Mitbestimmung als Erfolgsfaktor für den wirtschaftlichen Erfolg und den sozialen Zusammenhalt herausgestellt und die Anforderungen an eine Modernisierung der Mitbestimmung als wichtige Institution demokratischer Teilhabe thematisiert. Allerdings fehlt auch hier der Bezug zu den digitalen Change-Prozessen, bei denen die Frage der Mitbestimmungsrechte und deren Ausbau von besonderer Bedeutung für die betrieblichen Gestaltungsspielräume zur Beschäftigungssicherung und Schaffung neuer Arbeitsplätze ist.

Die Beschäftigteninteressen werden im Grünbuch gespiegelt mit den Bedarfen der Wirtschaft, die sich durch die demografische Entwicklung und die Globalisierung ergeben. Insbesondere vor dem Hintergrund der digitalen Möglichkeiten wie zum Beispiel die verstärkte Nutzung von Robotik und Algorithmen zur Effizienzsteigerung, Automatisierung und Kostensenkung sowie der Positionierung der Bundesvereinigung der Deutschen Arbeitgeberverbände (BDA) mutet der avisierte »Flexibilitätskompromiss« zu optimistisch an. Auf die Frage, ob der Mensch Entscheider, Anhängsel oder Unsicherheitsfaktor in der digitalen Arbeitswelt sein wird, fordert die BDA in einem Positionspapier zur Arbeitsforschung (Jan. 2015) die »Anpassung des Menschen an die Arbeit«. Das Grünbuch blendet derartige Interessenkonflikte aus. Diese Sichtweise zeigt sich auch in dem – im Grünbuch dargestellten – »Chancenplus« der Digitalisierung. So werden negative Szenarien der Plattform-Ökonomie und der »On-Demand-Wirtschaft«, die von den Beschäftigten ein hohes Maß an Flexibilität erfordern (Arbeit auf Abruf), unterbelichtet. Dies gilt auch für die maßgeblichen Kennzeichen der Digitalisierung der Arbeitswelt – neue Arbeitsformen in Richtung Selbständigkeit sowie die zunehmende Ergebnisorientierung und Verlagerung unternehmerischer Risiken auf die Beschäftigten. Kritisch anzumerken ist auch, dass die disruptiven Potenziale neuer Geschäftsmodelle für den deutschen Arbeitsmarkt ausgeklammert werden. Ein wirklicher Mangel liegt darin, dass öffentlich notwendige Dienstleistungen, also die digitale Arbeit im öffentlichen Sektor, im Grünbuch keine Rolle spielen.

## 3. Konfliktlinien: Die BDA auf Konfrontationskurs

Die Bundesvereinigung der Deutschen Arbeitgeberverbände (BDA) hat am 3. Juni 2015 ein Positionspapier zur Digitalisierung von Wirtschaft und Arbeitswelt veröffentlicht, das nichts anderes als ein politischer Versuch ist, die Digitalisierung zur weiteren Liberalisierung des Arbeitsmarktes zu nutzen. Das BDA-Positionspapier ist ein Neinsager-Papier mit neoliberaler Färbung, denn politische Gestaltungs- oder Regulierungsoptionen neuer oder veränderter Arbeitsformen werden grundsätzlich abgelehnt. Stattdessen fordert die BDA weitere Deregulierungen der Arbeits-, Sozial- und Mitbestimmungsrechte. Auch eigene Gestaltungsambitionen der BDA sind nicht erkennbar – sie will alles dem Markt überlassen. Nach Auffassung der BDA würde jede denkbare Regulierung »eine erfolgreiche Digitalisierung erschweren«. Begründet wird diese Haltung mit den zunehmenden Flexibilitätsanforderungen durch die Digitalisierung und Globalisierung. Diese Linie ist bereits im der »BDA-Positionierung zu arbeitsforschungspolitischen Herausforderungen« (Jan. 2015) zu erkennen. Hier heißt es u. a.: »Jedwede [Vorgabe und Verordnung] gefährdet die erforderlichen wirtschaftlichen Entwicklungsprozesse.« Es ist offensichtlich, dass die Digitalisierung als Vorwand genutzt werden soll, um die betriebsexterne Flexibilität der Arbeitgeber zum zentralen Standortfaktor zu erklären. Die unternehmerischen Risiken sollen noch stärker auf Beschäftigte und Sozialstaat verlagert werden. Das Sozial- und Arbeitsrecht wird als Bürokratie diskreditiert. Die Mitbestimmung soll geschliffen, die Arbeitszeiten ausgeweitet und sachgrundlose Befristungen erleichtert werden.

Die BDA zeichnet ein insgesamt sehr lückenhaftes Bild der Herausforderungen für Beschäftigung, Arbeitsqualität und Wettbewerbsfähigkeit durch die Digitalisierung. So fehlen grundlegende Aspekte hinsichtlich neuer Chancen und Risiken, wie zum Beispiel die Entwicklung der Plattform-Ökonomie für bestehende Branchen, zunehmende Robotik, Mensch-Maschine-Interaktion oder Gestaltungsanforderungen an die Einführung von digitaler Technik sowie die Beteiligung und Qualifizierung der Beschäftigten bei der Vernetzung von Produktion und Smart Services.

Die BDA setzt sich mit diesem Papier deutlich ab von der allgemeinen Konsensorientierung und zeigt, wie sie neue Flexibilisierungsoptionen nutzen will. Von einer Balance der Interessen von Arbeitgebern und Beschäftigten im Sinne eines neuen »Flexibilitätskompromisses« kann nach dieser Lesart keine Rede sein. Die BDA setzt auf Konflikt, um Effizienz im Sinne der Kostensenkung durchzusetzen. Ein kurzsichtiger Blick, denn die Digitalisierung wird ein tiefgreifender Veränderungsprozess, bei dem es in erster Linie darauf ankommt, Arbeitsplätze für die Zukunft zu sichern. Dieser Prozess erfordert eine gemeinsame Anstrengung von Politik, Gewerkschaften und Arbeitgebern.

## 4. Politische Anforderungen an Gute digitale Arbeit

Die Digitalisierung ist ein interessengeleiteter Prozess. Sie beschleunigt die Globalisierung, verändert Marktstrukturen und ermöglicht neue Arbeitsformen. Als »Kennzeichen D« (digitalisierte Arbeit) deuten sich Flexibilität und Effizienz (Vernetzung durch Cyber Physical Systems, hybride Arbeitsteilung von Mensch und Maschine, mobile Arbeit), Ergebnisorientierung (On Demand-Economy) und neue Selbstständigkeit (Crowdworking) an. Die Perspektiven für die Arbeit der Zukunft sind noch ungewiss. Einerseits eröffnet die Digitalisierung neue Potenziale für eine Humanisierung der Arbeit. Andererseits besteht das Risiko der Entgrenzung, Prekarisierung und Rationalisierung menschlicher Arbeit durch eine Fixierung unternehmerischer Effizienzsteigerung und Kostensenkung. Insbesondere die Plattform-Ökonomie stellt die Mitbestimmung sowie arbeits- und sozialrechtliche Standards in Frage.

Die große Chance ist, dass wir uns heute in einer entscheidenden Phase für langfristige Weichenstellungen für die Arbeit der Zukunft befinden. Die Digitalisierung der Arbeitswelt braucht politische Gestaltung, denn der digitale Wandel der Arbeitswelt ist weder Schicksal noch Offenbarung, sondern ein machtpolitisch geprägter Prozess. So zeigt das Positionspapier der BDA zur Digitalisierung von Wirtschaft und Arbeitswelt, welche Interessen die Arbeitgeber treiben: Sie versuchen, die Digitalisierung zur weiteren Liberalisierung des Arbeitsmarktes zu nutzen. Hier sind schwerwiegende Konflikte programmiert, die auch in die aktuellen Debatten um Werkverträge und Leiharbeit hineinragen. Die BDA will die Digitalisierung nutzen, um jedwede Regulierung zu verhindern. Dazu wird versucht, Gestaltungsansätze und die Anpassung der Spielregeln und Schutzmechanismen für die Beschäftigten an neue Entwicklungen generell als Bürokratie zu diskreditieren. Dabei muss beachtet werden, dass die Digitalisierung auf einen schon heute weitreichend deregulierten Arbeitsmarkt trifft, wie der grassierende Missbrauch bei Werkverträgen zeigt. Es stellt sich somit nicht nur die Herausforderung, weitere Deregulierungen und damit eine noch stärkere Entbetrieblichung und Entsolidarisierung zu vermeiden, sondern die heutigen Probleme der Prekarisierung und Spaltung des Arbeitsmarktes im Sinne Guter Arbeit zu lösen.

Neue Spielregeln sind jedoch nötig. Die Digitalisierung, insbesondere die Entwicklung der Plattform-Ökonomie, stellt neue Anforderungen an die Arbeitsbeziehungen. Sind Arbeitnehmer- und Betriebsbegriff noch zeitgemäß? Wie können Mitbestimmungsrechte und Mitbestimmungsmöglichkeiten gewährleistet werden, zum Beispiel bei vernetzten Formen der Arbeitsorganisation (Cloud-Working)? Wie lassen sich Standards Guter Arbeit bei web-basierter Auftragsvergabe (Crowdsourcing) erreichen? Wie kann die Arbeitszeit- und Leistungspolitik (Zielvorgaben/Ergebnisorientierung) gestaltet werden, um Autonomie zu schaffen und Arbeitsstress reduzieren (auch: Erreichbarkeitserwartungen)?

In der Arbeitszeitfrage liegt eine aktuelle Herausforderung: Wenn von einem neuen »Flexibilitätskompromiss« die Rede ist, sollte der Trend betrachtet werden, der sich seit Jahren auf dem Arbeitsmarkt manifestiert hat: Arbeit ist Stressfaktor Nummer Eins, psychische Belastungen und Erkrankungen boomen – zuletzt (2012) mussten 59 Mio. registrierte Fehltage im Jahr festgestellt werden. Nach dem DGB-Index Gute Arbeit (2013) fühlt sich mehr als die Hälfte seit Jahren gehetzt bei der Arbeit, zwei Drittel müssen immer mehr in der gleichen Zeit schaffen. Viele müssen permanent erreichbar sein und können nicht abschalten. Generell führt die Flexibilisierung zu einer deutlichen Verlängerung der Arbeitszeit. Pro Jahr werden eine Milliarde unbezahlte Überstunden geleistet. Bislang war Flexibilität also ein sehr einseitiges Instrument zur Effizienzsteigerung und Gewinnmaximierung im Sinne der Unternehmen.

Mehr Freiheit für die Beschäftigten ist aber im wahrsten Sinne notwendig. Doch kann die Digitalisierung für einen »neuen Kompromiss« im Sinne der Beschäftigten genutzt werden und wie kann dieser aussehen? Arbeit wird mobiler und kann durch digitale Instrumente neu organisiert werden. Allerdings wird der Bedarf vor allem auf die Effizienz, sprich die Auftragslage des Unternehmens, ausgerichtet. Das mobile Endgerät wird also zum Instrument, um Beschäftigte auf Distanz zu führen und den Arbeitseinsatz, auch jenseits regulärer Arbeitszeiten, zu optimieren. Bislang heißt das Arbeit auf Abruf – ein Modell, das nicht neu ist, aber durch die Digitalisierung an Bedeutung gewinnen kann. Doch entstehen so neue Freiräume für Beschäftigte für Bedürfnisse und notwendige Bedarfe wie Kinderbetreuung, Pflege, Weiterbildung und Teilhabe am sozialen Leben? Die Nutzung digitaler Möglichkeiten für mehr Freiheit von Arbeit, eine selbstbestimmte Verteilung von Arbeitszeit und Privatleben setzt voraus, dass es klare Regeln gibt und die Beschäftigten darüber mitbestimmen können, was wann zu leisten ist und wie Flexibilität organisiert wird. Dazu gehört nicht nur die Frage, wann und wo wir arbeiten, sondern die Frage, wie Anforderungen, Aufgaben und Leistungsziele definiert werden. Dafür brauchen wir in Zukunft mehr Beteiligung und Mitsprache der Beschäftigten. Die Freiheit, über Arbeitsort und Arbeitszeit zu entscheiden, nützt allein wenig, wenn die Leistungsziele zu hoch, der Takt zu schnell, die Aufgaben nicht zu schaffen sind und nur die Arbeitsergebnisse zählen. Bei der Arbeitszeitfrage muss immer auch mitbedacht werden, dass Arbeitszeit nicht entwertet wird – ein Beispiel dafür ist die Debatte um den gesetzlichen Mindestlohn. Die mit der Digitalisierung entstehenden, flexibleren Arbeitsformen (Freelancer, Projektarbeit etc. via Plattformen) müssen im Sinne Guter Arbeit gestaltet und sozial abgesichert werden. Ungesicherte Abhängigkeiten durch digitale Scheinselbständigkeit müssen vermieden werden. Der Sozialversicherungsschutz sollte auf alle Arbeitsformen, insbesondere auf (Solo-)Selbständige ausgeweitet werden. Für Plattform-Arbeiten im Netz sollten Mindesthonorare und arbeitspolitische Standards eingerichtet werden.

Es geht bei der Digitalisierung der Arbeitswelt letztlich um eine Richtungsentscheidung: Wird Digitalisierung genutzt für weitere Liberalisierungsschritte, Deregulierung und Abbau von sozialer Sicherung – für Out- und Crowdsourcing, Entsolidarisierung und Entwertung von Arbeit und Zeit – für Flexibilisierung im Sinne unternehmerischer Effizienz? Oder nutzen wir die Digitalisierung für ein neues Miteinander, gehen wir die neuen Fragen gemeinsam an und verbinden Wettbewerbsfähigkeit mit Guter Arbeit? Aber es geht immer um die Frage, was neue digitale Möglichkeiten für die Arbeit der Menschen bedeuten – und diese Frage darf nicht am Ende, sondern muss am Anfang von Innovationsprozessen stehen. Wir wollen, dass der Mensch nicht zum Anhängsel smarter Maschinen und Systeme gemacht wird. Unser Ansatz ist eine sozio-technische Arbeitsgestaltung, um bestehende Beschäftigung zu sichern und neue Perspektiven zu entwickeln. Entwickler von technischen Innovationen und (spätere) Nutzer – also die Beschäftigten – müssen von Anfang an miteinander kooperieren und interagieren, um Gefährdungen und Belastungen zu minimieren und Innovationen im Sinne Guter Arbeit umzusetzen. Für diese Prozesse ist Partizipation der Beschäftigten, vor allem aber eine Ausweitung der Mitbestimmungsrechte nötig.

Zu Guter Letzt: Veränderung braucht Vertrauen. Die Digitalisierung führt zu neuen Herausforderungen für Schutz der Daten von Beschäftigten, Unternehmen sowie Kundinnen und Kunden. Arbeiten in der Cloud kann bereichernd sein, schafft aber auch eine ganz neue Transparenz und lädt zu permanenten Leistungsvergleichen unter den Beschäftigten ein. Schon heute werden Algorithmen zur umfassenden Arbeits- und Leistungskontrolle entwickelt. Dazu kommen Optimierungsprogramme in Form von Apps, Wearables oder auch Implantaten, mit denen Vitaldaten erhoben und im Sinne ökonomischer Effizienz ausgewertet werden. Für einen erfolgreichen Übergang in die digitalisierte Wirtschafts- und Arbeitswelt ist ein Beschäftigtendatenschutz erforderlich, der gewährleistet, dass die digitale Transparenz nicht zur Überwachung und Leistungskontrolle der Beschäftigten missbraucht wird.

Die Digitalisierung der Arbeitswelt hat das Potenzial für eine Humanisierung der Arbeit, doch dieses wird sich nicht von selbst entfalten. Die entscheidende Frage ist, wie wir den digitalen Transformationsprozess für Gute Arbeit nutzen können. Der Wandel zur Industrie 4.0 und der Smart Service Welt lässt sich nur gemeinsam von Unternehmen und Beschäftigten bewältigen. Deshalb reicht eine alleinige Fixierung auf Effizienzgewinne nicht aus. Es ist nötig, das Know-how der Beschäftigten upzugraden und Arbeit so flexibel zu organisieren, dass sie nicht krank macht. Dafür braucht es neue Spielräume, die sich aber nur erschließen lassen, wenn die Beschäftigten selbst- und mitbestimmen können. Dies ist eine entscheidende politische Gestaltungsaufgabe für die Arbeit der Zukunft.

# Politische Positionen

Günther Oettinger
# Digitalisierung der Arbeitswelt

Die Arbeitswelt hat in der Vergangenheit mehrere Transformationen durchlebt, die das Funktionieren des Arbeitsmarktes entscheidend verändert, gar revolutioniert haben. Heute stehen wir erneut vor einem großen Transformationsprozess, nämlich der Digitalisierung der Wirtschaft und Gesellschaft. Für die Arbeitswelt birgt die Digitalisierung Chancen, aber auch Risiken, auf welche die Politik bestmöglich und rasch reagieren muss. Rein nationale Maßnahmen sind dabei oftmals nicht mehr ausreichend. Die voranschreitende Globalisierung sowie die immer stärkere Vernetzung des europäischen Binnenmarktes fordern eine gemeinsame digitale Agenda auf europäischer Ebene, insbesondere wenn es um Handlungsfelder geht wie Automatisierung, Sharing Economy oder auch Datenschutz, die in der digitalisierten Arbeitswelt von morgen von großer Bedeutung sein werden.

Die Digitalisierung der Arbeitswelt ist wichtig für die künftige Positionierung Europas und sollte deshalb politisch sorgsam begleitet werden. Um weiterhin Fortschritt, Wachstum sowie die Wettbewerbsfähigkeit der europäischen Wirtschaft zu gewährleisten, bedarf es einer digitalen Strategie für Europa. Denn die Digitalisierung wird in den kommenden Jahrzehnten zweifelsohne Wirtschaft und Gesellschaft prägen und dabei auch maßgebliche Auswirkungen auf den Arbeitsmarkt haben.

Um das Szenario des zukünftigen Arbeitsmarktes zu skizzieren: Es wird erwartet, dass durch die Digitalisierung der Arbeitswelt die Struktur der Beschäftigungsverhältnisse grundlegend verändert wird. Dabei sollen Routineaufgaben automatisiert und durch neue Arten von Tätigkeiten ersetzt werden. Ändern wird sich damit auch die Nachfrage nach Arbeitskräften, und insbesondere der Bedarf für gut ausgebildetes Personal mit Kenntnissen der Informations- und Kommunikationstechnologien (IKT) wird zukünftig wachsen. Schätzungen zufolge soll es in der EU im Jahr 2020 ca. 825 000 vakante Stellen in diesem Bereich geben, davon ca. 250 000 in Großbritannien, 150 000 in Deutschland und 90 000 in Frankreich.

Im letzten Jahrzehnt ist die Nachfrage nach Fachkräften im IKT-Bereich jährlich konstant um ca. 3 Prozent gewachsen. Selbst in der Wirtschaftskrise, als am Arbeitsmarkt ein genereller Rückgang von Arbeitsplätzen zu verzeichnen war, blieb der Bedarf im IKT-Bereich stabil. Dabei berichten 40 Prozent der Unternehmen, sie müssten Problemen bei der Beschaffung von geeigneten Arbeitskräften auf speziell diesem Feld begegnen.

Von der Digitalisierung betroffen ist vor allem der Dienstleistungssektor. Schon heute lassen sich hier einschneidende Veränderungen beobachten. Nutzer von Smartphones erhalten vermehrt die Möglichkeit, auf Knopfdruck eine Dienstleistung zu bestellen. Die Verbreitung App-basierter Dienstleistungen ändert den Arbeitsmarkt entscheidend und definiert die Rolle von Dienstleistungsunternehmen neu. Immer mehr Internet-Startups dominieren den Arbeitsmarkt, und die Anzahl der Selbstständigen, der »Freelancer«, die im Internet ihre Dienstleistungen anbieten, steigt ebenfalls rasant. Innovative Geschäftsmodelle, wie die des Transportanbieters Uber, schreiben dabei Erfolgsgeschichten. All diese Entwicklungen lassen sich mit dem Stichwort der Sharing Economy zusammenfassen. Der Grundgedanke dabei ist, dass Privatpersonen sich online vernetzen und zum Leihen, Teilen oder Mieten verabreden. Das Modell hat bereits in viele Lebenssphären Einzug gehalten und betrifft neben dem populären Car-Sharing auch das Vermieten von Wohnungen auf Zeit oder das Leihen und Tauschen von Kleidung. Dabei stellt sich aus Sicht der Arbeitnehmerinnen und Arbeitnehmer sowie der Gewerkschaften die Frage der Einhaltung von geltenden Arbeitsstandards. »Freelancer« profitieren nämlich nicht vom Versicherungsschutz, einem Renten- und Pensionssystem oder Weiterbildungsmöglichkeiten, wie dies in einem klassischen Anstellungsverhältnis der Fall ist. Weiter besteht die Gefahr, dass »Freelancer« zu billigen Arbeitskräften werden, die den Unternehmen vor allem Steuerersparnisse einbringen, was auch Auswirkungen auf die staatlichen Einnahmen hätte. Die Sharing Economy ermöglicht es den Arbeitskräften, einerseits frei und flexibel zu arbeiten, andererseits stellt sie sie vor neue Risiken, deren Ausmaß heute noch nicht abzuschätzen ist.

## Neue Herausforderungen

Zweifelsfrei bringt die Digitalisierung der Arbeitswelt große Chancen mit sich und ist der Schlüssel zum Wirtschaftswachstum in Europa. Die mit der bevorstehenden digitalen Transformation verbundenen Risiken und Probleme dürfen nicht außer Acht gelassen werden. Die Neuordnung der Arbeitswelt stellt Arbeitskräfte vor eine besondere Herausforderung. Mit der voranschreitenden Automatisierung von Routineaufgaben beeinflusst die Digitalisierung immer mehr Berufsfelder. Dabei entstehen innovative Geschäftsmodelle, welche die etablierte Industrie gefährden können. Arbeitnehmerinnen und Arbeitnehmer stehen nun vor der Aufgabe, sich an die schnell wechselnde Arbeitsumgebung und die neuen Businessmodelle anzupassen.

Auf der anderen Seite eröffnet die Digitalisierung Chancen auf die Entstehung zahlreicher neuer Arbeitsplätze. Dies sollte durch entsprechende Maßnahmen wie beispielsweise Investitionen in neue Geschäftsmodelle sowie die Weiterbildung von Fachkräften begleitet werden.

Weiter stellt sich in der digitalisierten Welt die Frage nach der Abgrenzung zwischen Beruf und Privatleben. Die ständige Erreichbarkeit, die durch die technischen Möglichkeiten gegeben ist, ermöglicht zum einen flexible Arbeitszeiten sowie die Arbeit von verschiedenen Standorten aus, so dass die permanente Anwesenheit im Büro wahrscheinlich bald obsolet sein wird. Schon heute haben einige Unternehmen ihre Arbeitsumgebung an das Zeitalter der Digitalisierung angepasst und das papierlose Büro eingeführt, in dem die Mitarbeiterinnen und Mitarbeiter keine festen Arbeitsplätze mehr haben, dafür aber mit Laptop und Telefon sowie einer schnellen Internetverbindung ausgestattet, buchstäblich von überall aus arbeiten können. Die neue Arbeitsumgebung bedeutet allerdings auch ständige Erreichbarkeit und ist damit mit einer stärkeren Belastung für die Angestellten verbunden. Eine klare Linie zwischen Berufs- und Privatleben kann oftmals nicht mehr gezogen werden.

Schließlich ergibt sich die Frage des Datenschutzes. Wenn künftig alles digital passiert, muss auch darüber nachgedacht werden, wie die gesammelten Daten verarbeitet werden können, um das höchste Maß an Sicherheit zu gewährleisten. Auf europäischer Ebene wird gerade an einer Reform des Datenschutzes gearbeitet. Ziel ist es, ein neues EU-Datenschutzpaket zu verabschieden, welches die fragmentierten nationalen Datenschutzvorschriften harmonisiert und die individuellen Rechte der EU-Bürgerinnen und -Bürger stärkt. Über entsprechende legislative Schritte zum Datenschutz speziell für die Arbeitswelt sollte ebenfalls nachgedacht werden. Um in der digitalisierten Arbeitswelt eine hohe Arbeitsqualität zu gewährleisten, müssen Daten von Beschäftigten geschützt und das Risiko der Verletzung von Persönlichkeitsrechten minimiert werden.

**Gute digitale Arbeit durch bessere Bildung**

Was macht gute digitale Arbeit aus? Das Potenzial liegt vor allem in der guten Ausbildung von Arbeitskräften.

In Zukunft sollen 90 Prozent aller Tätigkeiten in beinahe allen Berufsfeldern, vom Ingenieurwesen über Buchhaltung bis zur Krankenpflege, digitale Fähigkeiten voraussetzen. Dabei verfügen Studien zufolge 40 Prozent der Europäerinnen und Europäer über sehr geringe oder gar keine digitalen Kompetenzen. In manchen EU-Ländern wie Bulgarien oder Rumänien sind die Zahlen deutlich höher und liegen bei ca. 80 Prozent. Insgesamt haben 20 Prozent der EU-Bevölkerung noch nie das Internet benutzt, was ca. 100 Millionen

EU-Bürgerinnen und EU-Bürger ausmacht. Betroffen sind vor allem ältere Personen, Personen im Ruhestand sowie jene mit niedrigem Bildungsstand. Was das Schulwesen anbelangt, so geben heute immer noch 60 Prozent der Schülerinnen und Schüler an, während des Unterrichts noch nie digitale Hilfsmittel wie Übungssoftware, Simulationen oder Lernspiele benutzt zu haben. Die Zahlen variieren dabei je nach EU-Mitgliedsstaat erheblich. Im Ergebnis ist die EU heute ein Flickenteppich aus verschiedenen mehr oder weniger digitalisierten Schulsystemen. Junge Leute werden dabei nicht ausreichend auf die bevorstehenden Aufgaben in der digitalisierten Arbeitswelt vorbereitet. Radikale Änderungen der europäischen Bildungssysteme werden nötig sein, um Europa für das digitalisierte Zeitalter fit zu machen.

Denn um an der modernen Gesellschaft teilzunehmen, werden zumindest grundlegende digitale Fähigkeiten in Zukunft unabdingbar sein. Die Europäische Kommission engagiert sich im Rahmen der Wachstums- und Beschäftigungsstrategie »Europa 2020«, um Forschung zu fördern und die Ausbildung so zu gestalten, dass sie den Anforderungen der digitalisierten Arbeitswelt des 21. Jahrhunderts gerecht wird. Zwei Initiativen von besonderer Bedeutung möchte ich an dieser Stelle erwähnen.

## Die Große Koalition für digitale Arbeitsplätze

Bereits im März 2013 hat die EU-Kommission unter dem damaligen Präsidenten José Manuel Barroso die »Große Koalition für digitale Arbeitsplätze« vorgestellt. Verhindert werden soll mit dieser Initiative das Szenario, in dem zahlreiche neu geschaffene Arbeitsplätze im Bereich der Informations- und Kommunikationstechnologien trotz Arbeitslosigkeit nicht besetzt werden können, da es an ausgebildeten Arbeitskräften fehlt. Ziel der Strategie ist es, auf die neuen Anforderungen des Arbeitsmarktes zu reagieren und möglichst viele IKT-Hochschulabsolventen sowie IKT-Fachkräfte zu mobilisieren, um Europa auf diese Weise wettbewerbsfähiger zu machen. In Zukunft dürfen Beschäftigungsmöglichkeiten im IKT-Bereich nicht mehr ungenutzt bleiben.

Mit der »Großen Koalition für digitale Arbeitsplätze« hat die Kommission es sich zur Schlüsselaufgabe gemacht, die Ausbildung an die digitalisierte Arbeitswelt anzupassen. Menschen sollen zukünftig die Qualifikationen erlernen, die in der Wirtschaft tatsächlich nachgefragt werden. Zu den Prioritäten der Kommission gehört in diesem Zusammenhang auch das Stichwort Mobilität. Die ausgebildeten Fachkräfte mit entsprechenden digitalen Qualifikationen müssen problemlos dorthin gelangen können, wo sie gebraucht werden. Ein Mangel oder Überschuss der Fachkräfte an einzelnen Standorten sollte möglichst vermieden werden.

Ebenfalls wichtig in diesem Kontext ist die Zertifizierung des Ausbildungssystems. Mit EU-weit geltenden Zertifikaten können Kompetenzen gegenüber verschiedenen europäischen Arbeitnehmern nachgewiesen werden, wodurch die Mobilität innerhalb der EU gestärkt wird.

Wichtig ist weiter die Sensibilisierung der Gesellschaft dafür, dass der digitale Sektor interessante und gut bezahlte Arbeitsplätze bietet, und dies sowohl für Frauen als auch für Männer. Heute ist die Anteil der weiblichen Absolventinnen und Fachkräfte im IKT-Bereich immer noch sehr gering. Im Jahr 2012 wurden nur 17 Prozent der Universitätsabschlüsse in dem Bereich durch Frauen erworben, der IKT-Sektor zählte insgesamt nur 20 Prozent weiblicher Arbeitskräfte.

Investiert werden muss im Rahmen der »Großen Koalition für digitale Arbeitsplätze« zudem auch in ein innovatives System der allgemeinen sowie beruflichen Bildung, damit E-Skills zukünftig noch effektiver vermittelt werden können.

Heute bildet die »Große Koalition für digitale Arbeitsplätze« die größte gemeinsame Plattform Europas zur Förderung der Aus- und Weiterbildung im IKT-Bereich. In Zusammenarbeit mit der Wirtschaft entwickelt, hilft die Initiative, Stellenvermittlungsprogramme zu etablieren sowie mehr Abschlüsse mit digitalem Bezug in allen Ausbildungsstufen und -typen zu schaffen. Zudem soll das Interesse junger Menschen, darunter insbesondere von Frauen, für IKT-verwandte Studiengänge und Berufsfelder geweckt werden.

Mehr als 80 Repräsentanten großer und mittelständischer Unternehmen, Bildungseinrichtungen sowie NGOs sind der Initiative beigetreten und haben das Versprechen abgegeben, konkrete Maßnahmen einzuleiten, um digitale Lücken in der Ausbildung zu schließen. Zudem wurde das Konzept unter dem Namen »Nationale Koalitionen für digitale Arbeitsplätze« bereits auf nationaler Ebene kopiert. Momentan fungieren entsprechende Programme in acht EU-Mitgliedstaaten, viele weitere werden gebildet. Für das Projekt ist dies von entscheidender Bedeutung, denn die Kompetenzen im Bildungsbereich liegen vollständig in der Hand der Mitgliedstaaten.

Politisch hat das Projekt ebenfalls viel Unterstützung erfahren, beispielsweise seitens des Europäischen Rates und der Vorstände einiger global agierender Konzerne.

Im Zeitraum von der Entstehung bis Juni 2014 konnten mittels der Initiative ca. 190 000 Menschen geschult werden, 300 000 nahmen an Online-Lernsystemen (Massive Open Online Courses, kurz MOOCs) teil, 10 000 absolvierten ein Praktikum und für 5000 konnte ein Arbeitsplatz vermittelt werden.

Die letzten zwei Jahre waren somit ein großer Erfolg, der sicherlich zur Gewährleistung guter digitaler Arbeit auf EU-Ebene beigetragen hat. Da wir uns mitten im digitalen Transformationsprozess befinden, müssen weitere Schritte in dieser Richtung unternommen werden. Ziel ist es, zukünftig noch mehr digitale Ausbildungs-, Praktikums- sowie Arbeitsplätze zu schaffen. Dabei muss die Teilnahme der Interessenvertreter in den Koalitionen verstärkt und der Zugang zur Finanzierung künftig verbessert werden.

Um dem Thema der Digitalisierung der Arbeitswelt sowie der Förderung von E-Skills auf europäischer Ebene mehr Gehör zu verschaffen, widmet die »Große Koalition für digitale Arbeitsplätze« sich auch der Organisation von internationalen Veranstaltungen, wie beispielsweise der »E-Skills for Jobs«-Konferenz, die im März dieses Jahres mit Erfolg in Riga stattgefunden hat.

### EU-Initiative: Die Bildung öffnen

Schätzungen zufolge soll sich der E-Learning Markt in den kommenden zehn Jahren um das 15-fache vergrößern und bis zu 30 Prozent des gesamten Bildungsmarktes ausmachen.

Auch wenn Bildungspolitik weiterhin vollständig im Kompetenzbereich der Mitgliedstaaten liegt, so finanziert und unterstützt die Europäische Kommission auf dem Gebiet mehrere Initiativen, welche die Vermittlung digitaler Kompetenzen stärken sollen. Im Zentrum liegt dabei das 2013 vorgestellte Programm »Die Bildung öffnen«, welches digitale Kompetenzen vor allem an Schulen und Universitäten fördern soll.

Mittels der Initiative sollen Bildungseinrichtungen durch neuartige Lehrmethoden sowie den Einsatz von digitalen Mitteln modernisiert werden. Zudem ist sicherzustellen, dass aus öffentlichen Haushalten finanzierte Lehrmittel für alle zugänglich gemacht werden. Die Schaffung besserer IKT-Infrastrukturen sowie die Verbesserung der Vernetzung zwischen Schulen liegen dabei im Fokus.

Zu den konkreten im Rahmen der Initiative vorgesehenen Maßnahmen gehört die Schaffung eines breiteren Online-Angebots im Bildungssektor, beispielsweise durch die bereits zuvor erwähnten MOOCs. Die Teilnahme an derartigen Online-Kursen erlaubt einer großen Anzahl an Interessierten den freien Zugang zu Bildung, unabhängig von ihrem jeweiligen Standort. Interessant sind solche Online-Angebote vor allem für Universitäten, denn es wird erwartet, dass die Anzahl der Studierenden in der EU in den kommenden Jahren weiterhin steigen wird. Eine Mischung aus klassischen sowie digitalen Lernmethoden scheint vor diesem Hintergrund eine gute Lösung für eventuelle Kapazitätsprobleme an den Hochschulen. Zudem integrieren die Studierenden auf diese Weise die Digitalisierung, die längst zu ihrem Alltag gehört, auch in ihren Bildungsweg.

An den Schulen hingegen soll der Weg in Richtung eines digitalen Klassenzimmers vorbereitet werden. Lehrer werden dazu mittels von der EU-Kommission geförderter Initiativen weitergebildet und Schulen mit entsprechenden Einrichtungen ausgestattet. Eine schnelle Broadband-Verbindung, eine Schulwebsite und ein schulinternes Intranet sowie E-Mail-Adressen für alle Schülerinnen und Schüler sowie das Lehrpersonal sind dabei unabdingbar, um ein innovatives und digitalisiertes Lernumfeld zu schaffen.

Digitale Bildung in allen Lebensphasen soll künftig deutlich zur Verbesserung der Qualität der digitalen Arbeit beisteuern.

Die Europäische Union verfolgt und begleitet die Änderungen in der Arbeitswelt mit großem Interesse. Die voranschreitende Digitalisierung hält Einzug in alle Lebensbereiche und beeinflusst jeden Einzelnen unmittelbar. Vor diesem Hintergrund gilt es, die Potenziale und Chancen, die diese Transformation mit sich bringt, bestmöglich zu nutzen. Als zentrales Anliegen sieht die EU-Kommission in dem Zusammenhang die Investitionen in Aus- und Weiterbildung, die den EU-Bürgerinnen und Bürgern helfen können, sich in der digitalisierten Arbeitswelt zurecht zu finden und zudem ein hohes Maß an Qualität im digitalisierten Arbeitsalltag gewährleisten sollen.

Den Arbeitnehmer- und Arbeitgeberverbänden kommt vor dem Hintergrund der digitalen Transformation der Arbeitswelt eine besondere Rolle zu. Der Schutz der Arbeitnehmerinnen und Arbeitnehmer muss in der digitalen Arbeitswelt weiterhin gewährleistet sein. Prekäre Arbeitsverhältnisse und die mit der Sharing Economy verbundenen Risiken dürfen dabei nicht unterschätzt werden. Zu den zentralen Aufgaben der Sozialpartner gehört es sicherzustellen, dass die Digitalisierung die soziale Komponente von Arbeitsverhältnissen künftig nicht untergräbt.

# Andrea Nahles
## Die deutsche digitale Agenda und gute Arbeit

Wie stellen wir uns die Arbeitswelt von morgen vor? Holt uns in ein paar Jahren ein Taxi ab, in dem kein Fahrer mehr sitzt? Steuern und warten dann intelligente Maschinen unsere Solaranlagen, Feuermelder und Aufzüge aus der Ferne? Erfolgt die Produktion in menschenleeren Fabriken? Wie wird die Digitalisierung unsere Wirtschaft verändern? Diese Frage wird seit einiger Zeit breit diskutiert: Industrie 4.0 ist das Schlagwort.

Als Arbeits- und Sozialministerin ist mir die Debatte um die Zukunft der Arbeit vielfach zu technikorientiert. Denn bei allen Zukunftsszenarien müssen wir uns auch fragen, wo die Menschen vorkommen, die heute noch im Taxi sitzen, uns an der Ladentheke bedienen oder in der Fabrikhalle am Band stehen. Ermutigend ist die Erkenntnis, dass technischer Fortschritt noch nie bedeutet hat, dass uns die Arbeit ausgeht. Aber die Arbeit wandelt sich, einige Berufe werden sich stark verändern oder gar verschwinden, dafür werden ganz neue Tätigkeiten entstehen. Und damit auch neue Chancen für viele Menschen.

Bei allen Risiken, die die Digitalisierung ohne Zweifel auch mit sich bringt, birgt sie auch ein Freiheitsversprechen für jede und jeden von uns: Als Arbeitnehmerinnen und Arbeitnehmer, die in Zukunft flexibler arbeiten und damit Arbeit und Leben besser miteinander vereinbaren können. Als Kundinnen und Kunden, die Angebote und Dienstleistungen per Mausklick vergleichen können. Als Privatpersonen, die, wenn sie zeitlich oder in ihrer Mobilität eingeschränkt sind, von zu Hause aus bequem einkaufen können. Als kreative und innovative Menschen, die den Sprung in ein völlig neues Geschäftsmodell wagen möchten, das eben nichts mehr mit dem Betrieb alter Prägung zu tun hat. Die digitale Welt eröffnet in einer Weise Freiheit, Mobilität und Flexibilität, von der wir vor Jahren nicht zu träumen gewagt hätten. Den digitalen Wandel aktiv zu begleiten, gute Rahmenbedingungen für die digitale Welt zu schaffen und im Dialog weiterzuentwickeln, ist Aufgabe der Politik. Aus diesem Grund hat die Bundesregierung 2014 die Digitale Agenda verabschiedet. Bei ihrer Umsetzung spielt auch der Nationale IT-Gipfel, an dem mein Ministerium aktiv mitwirkt, eine wichtige Rolle. Er dient als Plattform für die Zusammenarbeit von Politik, Gewerkschaften, Unternehmen, Wissenschaft und Zivilgesellschaft.

Die große Herausforderung ist, dass es uns gelingen muss, die Errungenschaften unserer sozialen Marktwirtschaft nicht nur in die Zukunft hinüberzutragen, sondern noch zu stärken. Denn angesichts des rasanten Wandels brauchen wir feste Leitplanken, die uns Orientierung in einer Welt geben, die unübersichtlicher geworden ist. Multinationale Konzerne sind oft kaum mehr zu durchschauen, kaum jemand arbeitet mehr sein Leben lang am selben Ort und auf demselben Platz, viele Menschen haben das Gefühl, mit dem technischen Fortschritt kaum mehr Schritt halten zu können. Deshalb ist es wichtig, dass wir uns auf unsere Stärken konzentrieren: Gesundheitsschutz, Arbeitsschutz und Mitbestimmung sind tragende Säulen unserer Wirtschaft und Gesellschaft. Sie wurden über Generationen hart erkämpft und gelten weltweit als vorbildlich. Sie sind Garanten dafür, dass die Menschen möglichst lange gesund und motiviert arbeiten können. Davon profitieren nicht nur die Beschäftigten, sondern unsere Wirtschaft insgesamt und die sozialen Sicherungssysteme. Aber diese Grundpfeiler einer humanen Arbeitswelt sind ebenso vom Wandel berührt wie die Produktionsverfahren und -techniken. Denn viele Arbeitsplätze sind nicht mehr an feste Orte und Zeiten gebunden, es bilden sich ganz neue, oft nur auf ein Projekt bezogene Organisationsformen im virtuellen Raum. Das alles muss uns keine Angst machen, aber wir sollten früh genug überlegen, welche Anpassungen wir vornehmen können und müssen, damit auch im digitalen Zeitalter die Menschen und ihre ebenso vielfältigen wie unterschiedlichen Bedürfnisse im Mittelpunkt stehen. Wir wollen, dass der digitale Wandel im Sinne der Menschen gelingt und die Errungenschaften humaner Arbeitswelten nicht über Bord fallen.

## Arbeiten 4.0

Unsere Gesellschaft steckt in einem radikalen Strukturwandel. Auch der Arbeitsmarkt hat sich verändert. Die Erwerbsbeteiligung insbesondere von Frauen und älteren Arbeitnehmerinnen und Arbeitnehmern ist gestiegen, der Anteil atypischer Erwerbsverhältnisse gewachsen und die Arbeitswelt insgesamt instabiler geworden. Dazu kommt eine stille Umwälzung, die von den Menschen selbst ausgeht: Wir erleben derzeit einen grundlegenden kulturellen Wandel mit neuen Ansprüchen an die Organisation von Arbeit. So ist unter den Erwerbstätigen der Wunsch nach mehr Arbeitszeitsouveränität groß, um die Vereinbarkeit von Arbeit und Leben zu verbessern. Mit der Generation Y treten zunehmend junge Leute ins Berufsleben ein, denen in größerem Maße gerade die Balance zwischen Beruf und Privatleben wichtig ist. Unter guter Arbeit verstehen sie auch, dass Arbeitgeber Möglichkeiten zur persönlichen Weiterentwicklung bieten.

Auch bereits bekannte Trends wirken weiter fort. Der demografische Wandel wird die Bevölkerung in den nächsten Jahrzehnten schrumpfen und altern lassen. Besonders deutlich wird sich diese Entwicklung in der Bevölkerung im erwerbsfähigen Alter manifestieren. Die geburtenstarken Jahrgänge, die heute einen großen Teil der Beschäftigten stellen, gehen in den nächsten Jahren in den Ruhestand. Zugleich wird aber auch die globale Verflechtung von Wirtschaftsräumen weiter zunehmen und der schon länger zu beobachtende Trend zur Wissensgesellschaft wird sich auch durch die Digitalisierung fortsetzen.

Aus diesem Grund bin ich davon überzeugt, dass es notwendig ist, einen breiter angelegten Dialog zur Zukunft der Arbeit zu führen, um die Auswirkungen *aller* Trends auf die verschiedenen Handlungsfelder in ihrer Gesamtheit zu erfassen. Als Rahmen dafür habe ich den Dialogprozess Arbeiten 4.0 gestartet. Zum Auftakt hat mein Ministerium ein Grünbuch vorgelegt, das unsere Ausgangssituation skizziert und analysiert und die wichtigen Handlungsfelder aufzeigt. Es fragt, wie wir in Deutschland stark und erfolgreich bleiben – technologisch und wirtschaftlich führend, aber auch gesellschaftlich und sozial vorbildlich. Es enthält dazu konkrete Leitfragen, um einen breiten Dialog unter Einbindung von Expertinnen und Experten aus Wissenschaft, Verbänden, Sozialpartnern, betrieblicher Praxis aber auch der breiten Öffentlichkeit anzustoßen.

Ziel ist es, auf Basis des Leitbilds »Guter Arbeit« vorausschauend die sozialen Bedingungen und Spielregeln der künftigen Arbeitsgesellschaft zu thematisieren und mitzugestalten. Seinen Abschluss wird der Dialogprozess in einem Weißbuch finden, das wir Ende 2016 vorlegen. In diesem Dokument werden sich die Erkenntnisse und Ergebnisse aus dem Dialog wiederfinden und Gestaltungsoptionen erörtert werden.

## Herausforderungen für »gute Arbeit« im digitalen Zeitalter

Der Strukturwandel wird sich auf vielen Ebenen vollziehen und viele Herausforderungen für unsere Gesellschaft bringen, für die wir auch in der Politik sowohl im nationalen wie europäischen Rahmen Antworten finden müssen. Im Folgenden möchte ich auf drei Herausforderungen genauer eingehen, die sich vor allem durch den digitalen Wandel und seine Auswirkungen auf die Arbeitswelt ergeben: die Veränderungen in der Arbeitsorganisation, das Phänomen Crowdworking und die Notwendigkeit, Qualifizierung zu einem Leitmotiv zu machen.

### Neue Formen der Arbeitsorganisation

Durch die Digitalisierung wird sich die Organisation von Arbeit in den Betrieben verändern. Wie genau diese zukünftig aussehen wird, ist heute noch nicht entschieden. Hier gibt es viel Gestaltungspotenzial, damit auch digitale Arbeit »gute Arbeit« ist.

In der Industrie beispielsweise werden die Produktionsprozesse durch die Einführung von Industrie 4.0-Lösungen flexibler, dezentraler und komplexer werden. Menschen werden noch stärker als früher mit Robotern zusammenarbeiten. Es ist klar, dass dies auch tiefgreifende Veränderungen in der Arbeitsorganisation zur Folge haben wird. Offen ist allerdings, was das für die Arbeitsqualität heißt.

Was wir nicht wollen ist, dass die Beschäftigten in der Produktion nur noch die Handlungsanweisungen von Maschinen umsetzen und alle Steuerungs- und Kontrollaufgaben von Maschinen übernommen werden. Dann blieben kaum noch Spielräume, um eigenständige Entscheidungen zu treffen. Dieses würde eine Entwertung menschlicher Arbeit, insbesondere der Facharbeit, und einen deutlichen Verlust von Arbeitsqualität bedeuten.

Stattdessen sollten wir die Veränderungen so gestalten, dass die Qualität der Arbeitsorganisation gesteigert und Tätigkeiten bereichert werden. Wir wollen das Potenzial, das in den neuen Technologien steckt, im Sinne humaner Arbeit ausschöpfen. Wenn uns das gelingt, werden die Beschäftigten in der Produktion weiter eigenständig planen und organisieren. Maschinen werden weiterhin von Mitarbeiterinnen und Mitarbeitern gelenkt und Assistenzsysteme helfen ihnen, selbstständig gute Entscheidungen zu treffen. Durch den verstärkten Einsatz von Hilfsrobotern wird monotone, gesundheitsgefährdende und stark körperbelastende Arbeit reduziert und die Beschäftigungsfähigkeit der Beschäftigten bis zum Ende des Erwerbslebens erhalten. Im Übrigen profitieren auch Menschen mit Behinderungen, die bislang von bestimmten Arbeitsabläufen ausgeschlossen waren, von den neuen technischen Möglichkeiten. Dies alles ist auch angesichts des fortschreitenden demografischen Wandels wichtig. Wenn wir Arbeit also intelligent organisieren, können wir die menschlichen Stärken nutzen und sinnvoll mit denen von Maschinen und Algorithmen kombinieren, um produktiv zusammenzuarbeiten und das emanzipatorische Potenzial der Technik zu heben. Damit das gelingt, ist es wichtig, dass Unternehmen ihre Beschäftigten von Anfang an in die Weiterentwicklung der Arbeitsorganisation einbinden und die digitale Arbeitswelt vom Menschen her gedacht wird. Die nötige Akzeptanz, die eine wesentliche Voraussetzung dafür ist, dass sich neue Lösungen durchsetzen, kann nur so geschaffen werden. Der Einsatz der Betriebsrätinnen und Betriebsräte in den Unternehmen für »gute Arbeit« und eine gelebte Kultur der Mitbestimmung sind hierfür zentrale Erfolgsfaktoren.

Im Rahmen des Dialogprozess Arbeiten 4.0 wollen wir untersuchen, ob und wie die Weiterentwicklung der Arbeitsorganisation auch durch gesetzliche Anpassungen unterstützt werden kann.

*Soziale Standards bei Crowdworking*
Auch der zweite Aspekt, auf den ich eingehen möchte, hat mit der Organisation von Arbeit zu tun. Tendenziell verlieren Betriebe in der digitalen Arbeitswelt als Knotenpunkte für die Auftragsannahme, die Angebotserstellung, die interne Bearbeitung und die Durchführung von Dienstleistungen an Bedeutung. Online-Plattformen bilden sich als neue Knotenpunkte für die Vermittlung von Dienstleistungen heraus.

Crowdworking ist eine neue Arbeitsform, die in diesem Zuge entstanden ist. Der Begriff beschreibt die Auslagerung von Tätigkeiten aus Betrieben an eine Masse unbekannter Akteure, meist Solo-Selbstständige, in Form eines öffentlichen Aufrufs in der digitalen Welt, vorwiegend über eigens darauf spezialisierten Plattformen. Soweit es hier um bezahlte Arbeit geht, dürfte es sich in der Regel um selbstständige Tätigkeiten handeln (Werkverträge). In diesem Bereich des Arbeitsmarktes gelten weder die Regelungen des Mindestlohns noch andere arbeitsrechtliche Schutzvorschriften (z. B. bezahlter Mindesturlaub, Entgeltfortzahlung im Krankheitsfall). Die Regelungen zur betrieblichen Mitbestimmung können nicht greifen. Zudem stellt sich bei der internationalen Reichweite der Plattformen häufig die Frage, inwieweit deutsches oder europäisches Recht überhaupt Anwendung findet. Die Anzahl der Plattformen und der registrierten Nutzerinnen und Nutzer ist in letzter Zeit stark angestiegen. Es ist wichtig, dass die IG Metall den Blick frühzeitig auf dieses Thema gelenkt hat.

Doch wenn wir uns Crowdworking genau ansehen, dann gibt es im Moment keinen Grund, die Entwicklung zu dramatisieren: In Deutschland zumindest ist dies bisher noch ein Randphänomen. So zeigt eine Unternehmensbefragung des Zentrums für Europäische Wirtschaftsforschung (ZEW), dass selbst in der Informationswirtschaft, wo Arbeit zerlegt und portioniert ins Netz gestellt und dann auch dort abgerufen werden kann, heute nur drei Prozent der Unternehmen aktiv diese Möglichkeit nutzen. Über alle Wirtschaftszweige hinweg dürfte der Anteil noch geringer ausfallen.

Ansätze der Gewerkschaften, sich selbst zu organisieren und gegenseitig zu unterstützen, sind insofern gut und richtig. Das betrifft beispielsweise die Online-Plattform der IG Metall, www.faircrowdwork.org, sowie das Online-Beratungsangebot von ver.di, www.cloudworker-beratung.de. Denn wer alleine steht, kann natürlich auch gegen seine Mitbewerber ausgespielt werden. Es gab vor ein paar Jahren ein viel beachtetes Pamphlet des französischen Autors und Aktivisten Stéphane Hessel mit dem Titel »Empört euch!«. Das hat mir damals im Zusammenhang mit der Finanzkrise durchaus aus dem Herzen gesprochen. Als Arbeitsministerin darf und muss ich dem hinzufügen: Empören alleine reicht nicht. Die Botschaft muss immer auch heißen: »Organisiert euch!«

Wenn wir über plattformvermittelte Crowdworking und Solo-Selbstständige reden, dann heißt das, dass wir genauso wie bei Werkverträgen in der »analogen« Arbeitswelt darüber sprechen müssen, dass Chancen und Risiken zwischen Auftragnehmern und Auftraggebern gerecht verteilt sind, dass es einen fairen Wettbewerb gibt und es zu keinem Missbrauch neuer Arbeitsformen kommt. Neben der Organisation der Arbeitnehmerinnen und Arbeitnehmer ist hier auch politisches Handeln gefragt. Für neue, vor allem selbstständige Formen der Erwerbsarbeit, brauchen wir neue Konzepte der Absicherung. Bislang sind unser Arbeitsrecht und der Sozialstaat vor allem auf den klassischen Beschäftigten ausgerichtet. Im Rahmen des Dialogprozess Arbeiten 4.0 wird im Austausch mit Selbstständigen erörtert, wie wir ihren Wunsch nach Freiheit mit neuen Formen der Absicherung, insbesondere der Alterssicherung, verbinden können.

*Qualifizierung als Leitmotiv*
Wenn Arbeit anders organisiert wird, gewinnen auch andere Qualifikationen an Bedeutung. In der Folge werden sich viele Berufsbilder radikal wandeln, einige wegfallen und ganz neue entstehen. Das gilt für die meisten Branchen und Wirtschaftszweige. Die Bankkauffrau dürfte genauso betroffen sein wie der Lastkraftwagenfahrer und die Anlagenführerin. Kreative und soziale Kompetenzen im Allgemeinen sowie IT- und Informationskompetenzen im Speziellen werden noch wichtiger werden. Dazu kommt, dass Jobwechsel, Umschulungen, Aus- und Wiedereinstiege bereits heute für viele Menschen Normalität sind.

Aus diesen Gründen wird Qualifizierung zum Leitmotiv werden. Die Menschen brauchen individuelle und bedarfsgerechte Qualifizierungs- und Weiterbildungsangebote während des ganzen Erwerbslebens. Die Zugangschancen zur Weiterbildung, insbesondere für Niedrigqualifizierte und ältere Arbeitnehmerinnen und Arbeitnehmer, müssen verbessert werden. Es ist kluge Arbeitsmarktpolitik, genau da zu helfen, damit wir erfolgreich sind. Hier ist auch über die Rolle und Verantwortung der Bundesagentur für Arbeit zu diskutieren.

Ich könnte mir eine »Bundesagentur für Arbeit und Qualifizierung« vorstellen, die nicht erst ins Spiel kommt, wenn Arbeitslosigkeit eintritt oder unmittelbar bevorsteht, sondern über das ganze Arbeitsleben als Ansprechpartnerin bei Übergängen und Fragen der Qualifizierung hilft. Auch der Vorschlag der IG Metall für eine tarifvertraglich geregelte Bildungsteilzeit geht genau in die richtige Richtung. Im Rahmen des Dialogprozess Arbeiten 4.0 werden wir für solche Bildungsphasen nach guten Lösungen suchen, bei denen sowohl der Staat und die Unternehmen als auch die Arbeitnehmerinnen und Arbeitnehmer ihren Beitrag leisten.

Ich bin davon überzeugt, dass Roboter und Algorithmen die menschliche Arbeit nicht ersetzen werden, wenn wir Qualifizierung, Aus- und Weiterbildung intelligent weiterentwickeln und diese an die neuen Notwendigkeiten anpassen. Die Digitalisierung wird nicht das »Ende der Arbeit« einläuten und die Debatte dazu wieder einmal ins Leere laufen.

Insgesamt wird die Debatte aus meiner Sicht oft zu alarmistisch geführt. Die Aufregung über eine in der Öffentlichkeit viel diskutierte Studie der Forscher Frey und Osborne (2013) veranschaulicht das gut. Laut der Studie wäre es technisch machbar, in den USA bis 2030 die Hälfte aller Jobs durch die Digitalisierung zu ersetzen.[1] Als beispielsweise der englische »Economist« im Januar 2014 mit einer Titelstory darüber berichtete, wurde das Bild einer riesigen Welle benutzt, um den Eindruck zu erwecken, dass die Digitalisierung wie eine Naturgewalt über uns hereinbrechen und die Arbeitsplätze wegspülen wird. Meiner Meinung nach ist das zu deterministisch und zu wenig differenziert.

Um diese Ergebnisse genauer unter die Lupe zu nehmen und von den USA auf Deutschland zu übertragen, hat mein Ministerium eine Studie beim Zentrum für Europäische Wirtschaftsforschung (ZEW) in Auftrag gegeben. Die Ergebnisse sind deutlich weniger dramatisch. Schaut man nicht auf Berufe, sondern auf die Tätigkeiten, die jemand tatsächlich ausübt, werden die Zahlen schnell deutlich kleiner. In dieser Betrachtungsweise haben lediglich zwölf Prozent der deutschen Arbeitsplätze ein Tätigkeitsprofil mit einer hohen Automatisierungswahrscheinlichkeit in den kommenden zehn bis zwanzig Jahren. Auch ist nicht berücksichtigt, dass Berufsbilder und Tätigkeiten sich verändern und neue Beschäftigungsmöglichkeiten entstehen. Die Studie weist ebenso wie Frey/Osborne darauf hin, dass insbesondere Geringqualifizierte von der Automatisierung betroffen sein werden und Qualifizierung deshalb zur Schlüsselaufgabe wird.

Ich will die Herausforderungen, vor die uns die Digitalisierung stellt, nicht kleinreden. Ganz im Gegenteil, wir befinden uns am Anfang eines großen Wandels. Aber wenn wir die Herausforderungen, von denen ich einige hier umrissen habe, gemeinsam und solidarisch anpacken, dann können wir die Kraft dieses Wandels für uns nutzen, um humane Arbeitswelten im 21. Jahrhundert aktiv zu gestalten. Damit auch digitale Arbeit »gute Arbeit« ist.

---

1  Die Berechnungen basieren ausschließlich auf den Einschätzungen von Technikexperten. Darüber hinaus gibt es wirtschaftliche, juristische und auch ethische Aspekte, die am Ende alle zusammen bestimmen, ob es zu einer Substitution kommt. Diese werden in der Studie von Frey und Osborne nicht mit einbezogen. Das führt dazu, dass die Schätzungen eher zu hoch liegen.

Simone Peter/Beate Müller-Gemmeke
# Die digitale Arbeitswelt kollektiv gestalten

Die Digitalisierung ist kein neues Phänomen. Schon in den 1960er Jahren standen sperrige Großrechner in den Büros, mit deren Hilfe Einkauf, Verkauf und die Personalbuchhaltung digital verarbeitet wurden. In den 1980er Jahren kamen dann die Personal Computer, und erste Rechenanlagen an den Universitäten hatten stabile Internetverbindungen. Heute, 35 Jahre später, sind Internet, PCs und Informationstechnologien nicht mehr wegzudenken aus unserem Berufsalltag. Und sie haben diesen Berufsalltag verändert. Rechner wurden immer schneller. Die Informationen, die weltweit zur Verfügung stehen, sind längst unüberschaubar. Und die Wirtschaftswelt hat sich globalisiert.

Aber die Digitalisierung wird noch an Fahrt aufnehmen. Manche meinen sogar, die digitale Transformation wird einer der gravierendsten Umbrüche seit der industriellen Revolution. Aktuell ist die Rede von »disruptiven Innovationen«, also sprunghaften Veränderungen, die unsere historisch gewachsenen Branchenstrukturen komplett verändern könnten. Das stellt uns vor große Herausforderungen. Denn technologische Innovationen dürfen nicht nur mit Blick auf ihre Wettbewerbsfähigkeit und ihre Effizienz beurteilt werden. Vielmehr müssen ihre Auswirkungen auf die Beschäftigten und auf die Arbeitswelt sehr genau unter die Lupe genommen werden. Denn auch in einer Arbeitswelt 4.0 muss zuallererst der Mensch im Mittelpunkt stehen.

Bisher ist diese Arbeitswelt 4.0 ein großes Experimentierfeld. Noch wird geforscht, welche Veränderungen wahrscheinlich auf uns zukommen. Manche gehen davon aus, dass die Arbeit der Zukunft grundlegend anders aussehen wird als heute. Mit der digitalen Vernetzung der Welt wird sie auf jeden Fall globaler sein. Doch zuallererst ist die Digitalisierung ein Prozess, und damit ist sie eine politische Gestaltungsaufgabe.

Manche der Folgen, die mit der Digitalisierung auf uns zukommen, erleben wir in ihren ersten Ansätzen schon heute. Doch diese Folgen sind ambivalent: Mit den Informationstechnologien wachsen die Ansprüche an die Arbeit. Mit höherwertiger Arbeit steigen automatisch die Qualifikationsanforderungen an die Beschäftigten. Die Digitalisierung könnte uns also mehr höherwertige Arbeit und bessere Arbeitsbedingungen bescheren. Flexiblere Arbeitsmodelle werden möglich, da Arbeit nicht mehr an einen festen Ort gebunden ist, sondern mit dem Laptop mobil wird. Schwere körperliche Arbeit wird durch den Einsatz computergesteuerter Maschinen erleichtert.

Dem stehen aber auch ernst zu nehmende soziale Risiken gegenüber: Wenn sich Betriebe auflösen und die mobile Arbeit im globalen Wirtschaftsraum der Trend der Zukunft wird, dann schwächt das nicht nur die betriebliche Mitbestimmung, sondern setzt sie nahezu außer Kraft. Wenn Arbeitsmodelle immer flexibler werden, nimmt die Entgrenzung der Arbeit unweigerlich zu und gleichzeitig entstehen neue Beschäftigungsformen ohne hinreichende soziale Absicherung. Und aufgrund von Big Data wird die Sicherheit von Beschäftigtendaten in Frage gestellt.

### Hochqualifizierte Wissensarbeiter*innen und digitale Tagelöhner

Schon heute arbeiten viele qualifizierte Beschäftigte in Industrie, Forschung, Entwicklung, Verwaltung und im Dienstleistungssektor, und gleichzeitig existieren unterschiedlichste prekäre Beschäftigungsverhältnisse. Werkvertragskonstruktionen sorgen für nicht auskömmliche Löhne und für Arbeitsbedingungen, die selten gut sind. Für Leiharbeitskräfte sieht es ähnlich aus. Und viele Frauen arbeiten in Minijobs, die eigentlich nur als steuerbegünstigte Zuverdienste gedacht sind. In einer digitalisierten Zukunft, so wird vermutet, profitieren die Höherqualifizierten vor allem durch bessere Arbeits- und Beschäftigungsbedingungen – zumindest was die Beschäftigungssicherheit betrifft – und stehen hier bis zu einem gewissen Grad stellvertretend für die positiven Potenziale der Digitalisierung.

Doch neben den Arbeitsplätzen der hochqualifizierten Wissensarbeiter*innen wird es andere geben, die durch Automatisierung verloren gehen. Und es wird den prekären Clickworker geben, dem die unternehmerischen Risiken übertragen werden und der selbst verantwortlich für seine soziale Absicherung ist. Sein Arbeitsvertrag wird durch fadenscheinige AGBs ersetzt, die Konkurrenz sitzt weltweit am PC und sein Stundenlohn liegt oft unterhalb des Mindestlohns. Bei der Plattform Mylittlejob müssen die Auftraggeber*innen nur zahlen, wenn sie zufrieden sind. Bei Wettbewerben auf Topcoder gehen Clickworker nicht selten leer aus, denn bezahlt werden nur die Gewinner*innen. Und die Plattform Freelancer wirbt unverhohlen mit Billighonoraren. Crowdwork nennt sich diese Form der digitalen Tagelöhnerei. Für große Unternehmen ist sie ein probates Mittel, um Outsourcing zu betreiben. Traditionelle Geschäfts- und Arbeitsmodelle könnten so durch prekäre Formen der Solo-Selbstständigkeit verdrängt werden.

Die Arbeit in der digitalen Crowd ist Globalisierung pur. Dabei, so hoffen ganz optimistische Geister, könnten sich Preise herausbilden, die etwas vom Wohlstand der entwickelten Volkswirtschaften in ärmere Länder exportieren. Manche Fans der Crowdwork behaupten, das geschehe schon heute. Immerhin könnten Clickworker in Indien oder Bangladesch doch mit drei Euro wirklich etwas anfangen. Doch wer so argumentiert, gibt letztlich zu: Bei dieser Art von Globalisierung treffen sich alle zuletzt auf dem niedrigsten Niveau.

Und auch die großen Global Player beteiligen sich an der Crowdwork. IBM entwickelte zu diesem Zweck als erstes IT-Unternehmen die Plattform Liquid. Hier werden Projektaufträge inzwischen in unzählige kleine Arbeitsaufträge zerlegt und dann über Liquid weltweit ausgeschrieben. Bewerben können sich Beschäftigte IBM-intern auf der Liquid-Plattform, und schließlich können Aufgaben auch über das Liquid-Portal an freischaffende Informatiker*innen weltweit, zuvor von IBM ausgewählt, vergeben werden. Nach Angaben von ver.di werden bei der Arbeit über Liquid digitale Tools eingesetzt, die die Arbeitsergebnisse weltweit vergleichbar machen, gleichzeitig aber auch Beschäftigte einer ständigen Beobachtung aussetzen. Höchst problematisch sind überdies die Gefährdungen der Persönlichkeitsrechte der Crowdworker, deren Konkurrenzchancen am Markt stark von ihrer »digitalen Reputation« abhängen – ein System, mit dem Menschen bewertet und gleichzeitig motiviert werden sollen, dem auch im IBM-Modell herausragende Bedeutung zukommt. In vielen Unternehmen gibt es inzwischen Suchbewegungen nach neuen Formen der Arbeitsorganisation, die agiler und effektiver funktionieren. Crowdworking ist dabei eine Strategie.

**Der Stress von entgrenzter Arbeitszeit**

Die Arbeit der Clickworker ist heute noch die Spitze des digitalen Eisbergs. Ob sie in Deutschland eine Zukunft hat oder eher eine Nebenbeschäftigung für Hobbyclicker bleibt, ist ungewiss. In den USA gibt es längst digitale Tagelöhner, die versuchen vom Crowdworking zu leben. Dass diese Form von Arbeit nicht eben gesund sein kann, wird kaum jemand bezweifeln.

Nach Eurostat gilt der Umfang, in dem Beschäftigte mit Computern arbeiten, als Indikator für die Fortschrittlichkeit und Leistungsfähigkeit ganzer Länder. Ein Land erscheint umso leistungsfähiger, je mehr in digitale Technologie investiert wird und je mehr Beschäftigte mit Computern arbeiten. Doch häufiges Arbeiten am Computer bedeutet nicht zwangsläufig gute Arbeit. Untersuchungen zeigen, dass mit der häufigen Nutzung von Computern auch die Belastungen am Arbeitsplatz zunehmen. Die Möglichkeiten digitaler Arbeit werden auch als eine Ursache für die zunehmende Entgrenzung von Arbeit und Privatleben angesehen.

Viele Beschäftigte arbeiten schon heute ortsunabhängig und zeitflexibel. Sie sind ständig per E-Mail oder Smartphone erreichbar. Und die steigende

Unsicherheit in Bezahlung und Lebensplanung belastet sie. Viele können in ihrer Freizeit kaum noch abschalten. Diese permanenten Belastungen schlagen sich bereits heute als Stress auf die Gesundheit nieder. Und mit dem Stress haben auch die psychischen Erkrankungen von Beschäftigten zugenommen. Hier muss Politik eingreifen und handeln. Schon heute wäre eine Anti-Stress-Verordnung zwingend notwendig, um psychische Belastungen am Arbeitsplatz zu reduzieren.

Manche Firmen wie der Automobilhersteller VW sind inzwischen dazu übergegangen, ihre Server ab 18 Uhr herunterzufahren, so dass Beschäftigte nach Feierabend keine E-Mails mehr empfangen können. Bei Daimler-Benz lief im Sommer 2015 eine Mitarbeiterbefragung zu diesem Thema. Das ist aber zu wenig. Die Politik muss Leitplanken setzen. Denn elf Stunden Arbeitsruhe bei einer Krankenschwester sind richtig und das gilt auch bei einem Angestellten, der abends seine Kinder ins Bett bringt und anschließend noch eine Folie ausarbeitet oder einen Artikel für die Arbeit liest.

Viele Unternehmen experimentieren aktuell mit neuen Konzepten und treffen mit den Interessenvertretungen Vereinbarungen zu mobilem Arbeiten. Wichtig wäre es dabei auch, eine neue Zeitsouveränität für die Beschäftigten zu verankern. Denn wir müssen verhindern, dass die Unkultur permanenter Verfügbarkeit immer weiter um sich greift. Bislang war Flexibilisierung ausschließlich ein Instrument zur Effizienzsteigerung und Gewinnmaximierung im Sinne des Unternehmens. Nun geht es darum, dass Beschäftigte durch die Nutzung digitaler Möglichkeiten mehr eigene Zeitsouveränität erlangen, indem sie Arbeitszeit und Privatleben selbstbestimmter vereinbaren können. Das setzt aber voraus, dass Überstunden weiterhin als Überstunden gelten, und es muss in den Betrieben selbstverständlich sein, dass ein zu viel an Arbeit mit Freizeit ausgeglichen wird. Außerdem müssen Beschäftigte darüber mitbestimmen können, was wann zu leisten ist und wie Flexibilität auch in ihrem Sinne organisiert wird. Hier ist eine neue Arbeitszeitinitiative gefragt. Und die muss sich auch dem Arbeitsschutz widmen und Stress und Entgrenzungen im Blick haben.

### Digitalisierung braucht vernetzte Mitbestimmung

Um Betriebe als soziale und demokratische Orte in einer digitalen Arbeitswelt zu organisieren, braucht es neue Formen der Partizipation. Denn was nützt die Freiheit, den Ort und die Zeit der Arbeit selbst zu wählen, wenn die Leistungsziele zu hoch sind, wenn der Takt zu schnell ist und die Aufgaben nicht zu schaffen sind? Schon heute haben viele Beschäftigte hier ein Problem mit der Vertrauensarbeitszeit. Häufig arbeiten sie zu lange, um das Volumen ihrer Aufgaben zu bewältigen. So wird die Verantwortung für Arbeitsergebnisse individualisiert. Arbeit verliert ihre Grenzen. Und die Verantwortung des Arbeitgebers für die Arbeitsorganisation wird den Beschäftigten übertragen. Beschäftigte müssen Einfluss darauf nehmen können, wie Aufgaben und Leistungsziele definiert werden. Daher müssen innerhalb des Betriebsverfassungsgesetzes Möglichkeiten geschaffen werden, die Beschäftigten hier mehr Beteiligung und Mitsprache geben.

Digitalisierung erfordert außerdem neue Formen der Partizipation und erweiterte Mitbestimmungsrechte. Um Beschäftigte an der Betriebs- und Unternehmenspolitik zu beteiligen, muss es Möglichkeiten der vernetzten Mitbestimmung geben. Die IG Metall denkt in diesem Zusammenhang zu Recht darüber nach, dass Informations-, Beteiligungs- und Entscheidungsprozesse über virtuelle unternehmensinterne, aber auch über betriebs- und branchenübergreifende Netzwerke organisiert werden.

### Big Data und die gläsernen Beschäftigten

Wie das Beispiel von IBM Liquid schon aufzeigt, bietet die Digitalisierung vielfältige Möglichkeiten für die Überwachung und Kontrolle von Beschäftigten und ihrer Arbeit. Heutzutage werden längst neue Algorithmen getestet, mit deren Hilfe Daten von Beschäftigten gesammelt und ausgewertet werden können. So sammelt die Investmentbank JP Morgan Daten über die Investmententscheidungen ihrer Beschäftigten und kombiniert sie mit Informationen über geschwänzte Schulungen und Hinweisen auf eine besondere Risikofreude. Funktionieren die Algorithmen wie gedacht, dann kommt dabei am Ende der Datensammlung ein lückenloses Profil heraus, mit dessen Hilfe die Bank das »Risiko Mitarbeiter« einschätzen will. JP Morgan treibt diesen Aufwand nicht aus reiner Neugier. Einzelne Beschäftigte der Bank verursachten in der Vergangenheit Milliardenverluste.

Inzwischen hat sich eine ganze Industrie entwickelt, die an der Software für solche Profile des gläsernen Mitarbeiters arbeitet. Eine Fülle von Faktoren lässt sich dabei einbeziehen: Lange Arbeitszeiten sind manchem Arbeitgeber verdächtig, weil viele Straftaten erst begangen werden, wenn die Kolleginnen und Kollegen nach Hause gegangen sind. In Callcentern achten schon heute Überwachungssysteme auf die Stimmlage. Denn die Stimme sagt viel über den Gemütszustand aus. Außerdem können bestimmte Formulierungen in E-Mails geradezu verräterisch sein. So viel Berechenbarkeit ist furchteinflößend. Deshalb braucht es endlich einen wirksamen Beschäftigtendatenschutz, der seinen Namen auch verdient. Und dieser Datenschutz muss auch für alle Solo-Selbstständigen gelten, die für Unternehmen in der Crowd arbeiten.

## Soziale Leitplanken in der digitalen Arbeitswelt

Die digitale Zukunft der Arbeit darf nicht zu mehr prekärer Arbeit und zu einem Verzicht auf kollektive Regelungen führen. Dazu bedarf es einer vorausschauenden Politik. Crowdsourcing verändert die Arbeitswelt auf eine so massive Weise, dass niemand wegschauen darf. Das Verlagern von Arbeit in die Crowd bietet Unternehmen die Möglichkeit, Arbeitsgesetze und Mindestlöhne einfach zu umgehen. Die Crowd ist mit Blick auf die Gesetze eine völlige Grauzone. Wir brauchen daher soziale Leitplanken auch in der digitalen Arbeitswelt.

Das EU-Parlament hat sich längst Gedanken zu selbstständigen Erwerbstätigen gemacht. In seiner Entschließung »Sozialschutz für alle, einschließlich selbstständig Erwerbstätiger« vom 14. Januar 2014 unterstreicht die Volksvertretung, »dass die selbstständige Erwerbstätigkeit als Form der Erwerbstätigkeit anzuerkennen ist und von geeigneten Maßnahmen zur sozialen Absicherung begleitet werden muss«. Für eine entsprechend gleichberechtigte Teilhabe am Arbeitsleben und an den Sozialsystemen müsse aber noch einiges getan werden. Das EU-Parlament schlägt vor, Gewerkschaften sollten gemeinsam mit Politik und Arbeitgeberverbänden »einen geeigneten Rechtsrahmen für die soziale Absicherung von Selbstständigen aufbauen ... und untersuchen, ob und wie selbstständig Erwerbstätige in Tarifverhandlungen einbezogen werden können«.

Letzteres ist in Deutschland für arbeitnehmerähnliche Personen möglich, aber nicht gerade verbreitet. Deshalb sollte der traditionelle Arbeitnehmerbegriff endlich weiterentwickelt werden. Denn auch Solo-Selbstständige brauchen kollektive Regelungen bei der Entlohnung. Zu prüfen wäre auch, ob nicht im Tarifvertragsgesetz die Möglichkeit geschaffen werden sollte, Mindesthonorare als allgemeinverbindlich festzuschreiben. Immerhin hat das Bundesverfassungsgerichtsurteil im Oktober 2013 im Streit um Übersetzungshonorare klargemacht, dass der Bundestag durchaus die Vertragsfreiheit einschränken darf, um Solo-Selbstständige vor übermächtigen Auftraggebern oder Auftraggeberinnen zu schützen.

Solo-Selbstständige brauchen insbesondere einen besseren sozialversicherungsrechtlichen Schutz, denn sie sind besonders von Altersarmut bedroht. Außerdem sollte geprüft werden, inwiefern auch in Deutschland die Notwendigkeit besteht, ein Gesetz für Solo-Selbstständige zu entwerfen, wie es in Spanien schon existiert. Auf diese Weise könnten nicht nur Rechte und Pflichten von Solo-Selbstständigen verbindlicher geregelt werden, sondern auch ihre soziale Absicherung und ihr Arbeitsschutz.

## Auf gute Rahmenbedingungen kommt es an

Wie die Arbeitswelt der Zukunft aussehen wird, ist nicht technologisch vorbestimmt. Sie zu gestalten ist eine Herausforderung für Gewerkschaften, Unternehmen und Politik. Droht eine digitale Entfremdung, in der Wertschöpfungsketten rigoros auf Effizienz getrimmt werden? In der die Möglichkeiten eigener Arbeitsgestaltung abnehmen, während Belastung, Kontrolle und Verfügbarkeitserwartungen weiter steigen? Oder bietet sich die Chance einer neuen Humanisierung der Arbeit mit erhöter Zeitsouveränität, neuen Beteiligungsmöglichkeiten, flacheren Hierarchien und einer stärkeren Demokratisierung der Arbeitswelt?

Wenn sich die Arbeitswelt verändert, dann müssen die Rahmenbedingungen angepasst werden, um Beschäftigte zu schützen. Denn die Verantwortung für diejenigen, die arbeiten, egal ob beschäftigt oder selbstständig, bleibt. Es kann nicht darum gehen, dass die Arbeitswelt sich immer stärker individualisiert und alle für sich allein kämpfen. Es kann auch nicht darum gehen, dass die Wirtschaft jegliche gesellschaftliche Verantwortung einfach über Bord wirft. Die Bedingungen für gute Arbeit müssen stets aufs Neue erkämpft werden. Und neue Herausforderungen erfordern kollektive Antworten für gute und nachhaltige digitale Arbeit.

Bernd Riexinger

# Für ein neues Normalarbeitsverhältnis und Wirtschaftsdemokratie

## Perspektiven für »gute Arbeit« angesichts der Digitalisierung

Der neue Schub der Digitalisierung könnte zu weitreichenden gesellschaftlichen Umbrüchen in der Arbeit und im Alltagsleben führen. Eine massive Steigerung der Arbeitsproduktivität und neue Formen der Produktion können Chancen eröffnen für ein stärker selbstbestimmtes Arbeiten und Leben, für eine sozial gerechtere und ökologische Gestaltung der Produktion – und für neue Formen der Demokratie, die Alltag und Arbeit einschließen. Ob es dazu kommt, hängt davon ab, ob es in den nächsten Jahren gelingt, ausgehend von den Ansprüchen Millionen abhängig Beschäftigter ein offensives Projekt der Gewerkschaften und ihrer Bündnispartner zur sozialen und demokratischen Gestaltung der Digitalisierung zu entwickeln.

Es ist wahrscheinlich, dass die unter dem Stichwort »Industrie 4.0« diskutierten Entwicklungen der Produktionssteuerung, der digitalen Vernetzung von Arbeitenden und unterschiedlichen Maschinensystemen und die Roboterisierung der Produktion zu einem neuen Automatisierungsschub führen werden. Dessen Ausmaß ist noch offen und umstritten: Je nach Prognose sind »nur« 12 Prozent der Arbeitsplätze in Deutschland durch hohe Automatisierungswahrscheinlichkeit gefährdet (vgl. ZEW 2015) oder aber rund 50 Prozent (für die EU; vgl. Frey/Osborne 2013). Welche Auswirkungen die Digitalisierung in den nächsten Jahrzehnten auf die Entwicklung der Arbeit haben wird, kann derzeit niemand genau sagen. Aber einige Herausforderungen zeichnen sich deutlich ab.

### Herausforderungen der Digitalisierung

Durch die Digitalisierung entsteht ein »globaler Informations- und Kommunikationsraum« (Boes u.a. 2014), der von Unternehmen als eine Art »ebay für Arbeitskräfte« genutzt werden kann. Konzerne könnten in bisher unbekanntem Ausmaß international auf Arbeitskräfte zugreifen, ohne sie betrieblich zu binden. Das Tempo der Technologieentwicklung ermöglicht »ökonomisch Starken, auf ›Bewegungskriege‹ (Gramsci) umzuschalten« (Ohm/Bürger 2015: 20): Damit geraten die bestehenden national organisierten Strukturen der Mitbestimmung, des Arbeitsrechts und des Sozialstaats als Kampffelder der Gewerkschaften noch massiver unter Druck global agierender Konzerne. Die bereits entwickelten Möglichkeiten von Crowdsourcing und Cloudworking verändern die Arbeitsbeziehungen dramatisch. Über Werkverträge beschäftigte neue Scheinselbstständige fallen nicht unter Arbeitsrechte und Mitbestimmungsgesetze. Sie sind auf Grund ihrer räumlichen Zerstreuung und projektbasierter Beschäftigung schwer zu organisieren. Derzeit gibt es auf Portalen wie Freelancer.com etwa 15 Millionen solcher Freelancer, McKinsey geht davon aus, dass es bis 2020 schon 160 Millionen sein könnten (vgl. Bontrup 2015).

Es wäre kurzsichtig, anzunehmen, dass nur geringer Qualifizierte von den Risiken der Digitalisierung betroffen sein werden. Die höheren Qualifikationsanforderungen und Veränderungen der Produktionsorganisation können durchaus zu einer massiven »Krise der Facharbeiterkulturen« (Ohm/Bürger 2015: 20) führen. In der Industrie werden Auseinandersetzungen darum zu führen sein, ob sich eine stärker horizontale und hierarchie-ärmere Arbeitsorganisation durchsetzt oder eine Polarisierung zwischen Teams hochspezialisierter Fachkräfte, deren Qualifikation und Gestaltungspielräume über denen heutiger Facharbeit liegen, und prekär Beschäftigten mit geringen Gestaltungspielräumen (vgl. Hirsch-Kreinsen 2014). Gesamtgesellschaftlich besteht die große Herausforderung darin, eine zunehmende Spaltung zu verhindern, von der nur eine kleine Gruppe hochqualifizierter und mobiler SpezialistInnen profitieren würde, während größere Gruppen von FacharbeiterInnen absteigen und sich ein wachsendes Segment eines »Cyber-Prekariats« bildet, das zwischen unsicherer Beschäftigung, Solo-Selbstständigkeit und Arbeitslosigkeit pendelt (vgl. Candeias 2012: 547). »Hochtechnologische Arbeitslosigkeit« (W. F. Haug 2005), die auch durch die Entstehung neuer Beschäftigungssektoren alleine nicht aufzuheben ist, wird zu einem prägenden Merkmal des digitalisierten Kapitalismus. Dadurch droht ein wachsender Teil der Gesellschaft dauerhaft von der gesellschaftlichen Teilhabe ausgeschlossen zu werden.

Die Digitalisierung unter Bedingungen des neoliberalen Finanzmarktkapitalismus droht auch aus weiteren Gründen die gesellschaftlichen Bedingungen der Demokratie zu unterhöhlen: hoher Kapitaleinsatz, eine neue Qualität »globaler Wertschöpfungsnetzwerke« (Ohm/Bürger 2015: 23) und zunehmende Konkurrenz im Umfeld weltwirtschaftlicher Krisen werden die Konzentration von Kapital und Unternehmen fördern. Hinzu kommen die Gefahren durch »Big Data«, neue Überwachungstechnologien und privatwirtschaftliche Monopole über das gesellschaftlich produzierte Wissen.

### Digitale Agenda der Bundesregierung – keine Antwort auf drohende Prekarisierung

Ohne massive Veränderung der gesellschaftlichen Kräfteverhältnisse zwischen Kapital und Arbeit wird die Digitalisierung die bestehenden Tendenzen der Prekarisierung, Entgrenzung und Spaltung der Arbeitsgesellschaft sowie der Aushöhlung der Demokratie verschärfen. Die Politik der Bundesregierung weist trotz aller Bekenntnisse zu »guter Arbeit« in diese Richtung. Andrea Nahles will zwar im Rahmen der Diskussion um »Arbeit 4.0« das Normalarbeitsverhältnis neu definieren (vgl. BMAS 2015). Das ist angesichts der schon bestehenden Prekarisierung und Spaltung der Arbeitsgesellschaft auch sinnvoll und notwendig. Allerdings bleiben konkrete Vorschläge zur sozialen Absicherung von (Solo-)Selbstständigen und zur Anpassung des Arbeitsrechts an neue Beschäftigungsformen wie Crowd- und Cloudworking ebenso aus wie eine Agenda zur Bekämpfung der prekären Beschäftigung. Das Ziel »Arbeit für alle« bleibt ein Lippenbekenntnis, wenn es, abgesehen von der Hoffnung auf die vielfach widerlegte Gleichung »mehr Profite = mehr Wachstum = geringere Arbeitslosigkeit«, vor allem durch eine Qualifizierungsoffensive erreicht werden soll. Die »digitale Agenda« der Großen Koalition ist im Kern eine milliardenschwere öffentliche Subvention für private Konzerne, die darauf abzielt, das neoliberale und export-dominierte Wirtschaftsmodell angesichts von zunehmender Standortkonkurrenz abzusichern. Das ist für Großkonzerne hoch profitabel, beruht aber auf der Zunahme des Niedriglohnsektors, der prekären Beschäftigung und der Entgrenzung der Arbeit und bietet auch für große Teile der industriellen Kernbelegschaften angesichts der skizzierten Folgen der Digitalisierung keine Perspektive. Die Digitalisierung der Arbeit und Gesellschaft wird nur dann sozial gerecht und demokratisch zu gestalten sein, wenn es gelingt, einen gesellschaftlichen Richtungswechsel durchzusetzen – weg von der neoliberalen Politik und dem Finanzmarktkapitalismus, hin zu einem sozialen und ökologischen Umbau der Wirtschaft und Gesellschaft. Die Gewerkschaften und ihre Bündnispartner stehen vor der Herausforderung, eine eigenständige Reformagenda zu entwickeln und dafür um gesellschaftliche Mehrheiten zu ringen.

### Für ein neues Normalarbeitsverhältnis und ein gesellschaftliches Demokratieprojekt

Im Zentrum einer solchen Reformagenda zur Gestaltung der Arbeit der Zukunft müsste die Durchsetzung eines *neuen Normalarbeitsverhältnisses* stehen. Arbeit muss für alle Beschäftigten sicher, planbar und kürzer, geschlechtergerecht und gerecht verteilt, selbstbestimmt und demokratisch gestaltet werden (vgl. Riexinger 2015):

- Eine umfassende Qualifizierung der Beschäftigten ist eine gesellschaftliche Aufgabe, die nicht auf die Einzelnen abgewälzt werden darf. Es braucht daher ein umfassendes *Recht auf Bildung und Weiterbildung* in allen Lebensphasen: öffentlich (und durch höhere Steuern für Unternehmen und Vermögende) finanzierte Bildungsteilzeit und -auszeiten müssen von einem massiven Ausbau eines für alle zugänglichen Bildungssystems begleitet werden. Dieses muss so gestaltet werden, dass Wissen auf dem höchsten Niveau selbstständig angeeignet werden kann und Kompetenzen zur demokratischen Gestaltung von Arbeit und technologischer Entwicklung weiterentwickelt werden.
- Für eine *Stressbremse gegen Dauerstress, Burn-Out und Arbeit auf Abruf.* Die Bundesvereinigung der Deutschen Arbeitgeberverbände (BDA) fordert als Reaktion auf die Digitalisierung, die Arbeitszeit weiter zu flexibilisieren (etwa durch weitere De-Regulierung von Arbeitszeitkonten). Die Große Koalition weigert sich angesichts des Drucks der Unternehmerlobby, eine effektive Anti-Stress-Verordnung zu beschließen. Neben verschärften Arbeitsschutzvorschriften und individuellen Veto-Rechten bei Überlastung brauchen Betriebs- und Personalräte erzwingbare Mitbestimmungsrechte bei Fragen der Gestaltung der Arbeitsorganisation, Arbeitszeit und personellen Ausstattung des jeweiligen Arbeitsbereichs (vgl. dazu die Initiative der Linksfraktion im Bundestag: http://www.linksfraktion. de/folder/stress-lass-nach-gute-arbeit-mitbestimmung). In tariflich abgesicherten Beratungszeiten könnte ein kollektiver und widerständiger Umgang mit Stress und Überlastung entwickelt werden.
- *Zukunft muss planbar sein und braucht Tarifverträge für alle:* Die BDA will die Digitalisierung nutzen, um prekäre Arbeit durch sachgrundlose Befristungen und Auslagerung in prekäre Selbstständigkeit (Werkverträge, Cloudworking) zu fördern. Dem muss mit einer breiten gesellschaftlichen Mobilisierung zur Überwindung prekärer Beschäftigung begegnet werden (vgl. Riexinger 2015): für die Einschränkung von Leiharbeit, die Abschaffung sachgrundloser Befristungen, die Zurückdrängung von Befristungen, Werkverträgen und prekärer Selbstständigkeit sowie die konsequente Regulierung von Cloudworking.
- Zudem gilt es, eine Agenda für eine *Reform des Arbeits- und Tarifrechts* zu entwickeln. Mit der fortschreitenden Digitalisierung ist auch eine neue Qualität der Internationalisierung der Arbeitsbeziehungen verbunden – ohne dass es ein entsprechendes internationales Vertragsrecht mit Sanktionsmacht gibt. Derzeit sind international koordinierte gewerkschaftliche Mobilisierungen zu diesen Fragen noch nicht denkbar. Sie sollten aber durch verstärkten strategischen Austausch und internationale Zusammen-

arbeit auf allen Ebenen vorbereitet werden, *bevor* eine neue Qualität der Globalisierung und der Umbrüche in den Arbeitsbeziehungen die Gewerkschaften ein weiteres Mal überrollen.

- Für die soziale Gestaltung der Digitalisierung ist die *Demokratiefrage* zentral. Sie ist für die Beschäftigten auch eine Frage wachsender Möglichkeiten selbstbestimmten und demokratisch organisierten Arbeitens. Gerade in Zeiten hochgradig störungsanfälliger komplexer Maschinensysteme und selbstorganisierter Arbeitsabläufe entwickeln die Arbeitenden längst die Fähigkeiten zur Organisation des Produktionsprozess. Gleichzeitig werden selbstbestimmte Arbeit und Kooperation durch Renditedruck und permanente Umstrukturierung von Unternehmen blockiert. Ein »neuer sozialer Kompromiss« (Nahles, vgl. BMAS 2015: 9) wird nicht in den »Plattformen« der Ministerien entstehen, in denen trotz Beteiligung der Gewerkschaften Experten und Profitinteressen der Unternehmen dominieren. Die Entscheidung, was wo wie investiert wird, darf nicht mehr den Finanzmärkten und Großkonzernen überlassen werden. Die Gesellschaft muss in neuen demokratischen Prozessen und Strukturen über eine Gestaltung der Digitalisierung entscheiden können. Es ginge um die Entwicklung einer neuen Vision einer sozial-ökologischen »Wirtschaftsdemokratie des 21. Jahrhunderts« (Urban 2013: 249), die es ermöglicht, die Digitalisierung als eine materielle Basis eines sozial-ökologischen Umbaus von Wirtschaft und Gesellschaft in neuen Formen demokratisch zu gestalten. Das wäre eine lohnende Zukunftaufgabe für Kooperationen von Gewerkschaften, Parteien, ökologischen und sozialen Initiativen und Bewegungen.

- Es kommt darauf an, die *Mitbestimmung auszuweiten und weiter zu entwickeln*: Mit der Digitalisierung steigen die Anforderungen an die Kompetenzen der Beschäftigten. Mehr Eigenverantwortung muss mit einem Mehr an Einflussnahme einhergehen. Dafür braucht es erzwingbare Mitbestimmungsrechte bei Investitionsentscheidungen und Veto-Rechte etwa gegen Outsourcing. Betriebsräte alleine wären überfordert mit umfassender Mitgestaltung bei Gesundheitsschutz, Arbeitsorganisation, Investitionen und technologischer Innovation. Die Perspektive sollte sich daher auch auf neue Formen direkter Mitbestimmung der Beschäftigten richten, um Veränderungen durch neue Technologien frühzeitig durch eigene Vorschläge mitgestalten, neue Arbeitsformen ausprobieren, gemeinsam auswerten und demokratisch organisiert verändern zu können.

- Eine *allgemeine Arbeitszeitverkürzung und Umverteilung der Arbeit* ist ein Schlüsselprojekt für jede soziale Gestaltung der Digitalisierung. Alleine um die drohende Schwächung der Gewerkschaften und die Spaltung der

Gesellschaft durch »hochtechnologische Arbeitslosigkeit« zu verhindern, muss die vorhandene Arbeit gerechter verteilt werden. Wenn die Löhne sinken und Arbeit weiter entgrenzt wird, steigt die Konzentration von Reichtum und Macht in den Händen weniger Super-Reicher und Großkonzerne. Es geht also auch um eine Überlebensfrage der Demokratie: Wer erntet in Zukunft die Früchte der immer produktiveren Arbeit? Durch eine allgemeine Arbeitszeitverkürzung kann das Versprechen der Digitalisierung, selbstbestimmter zu arbeiten und zu leben, für *alle* Wirklichkeit werden. Die Arbeitszeit muss sich mehr um das Leben drehen und das Leben weniger um die Arbeit. Der Slogan »Arbeit umverteilen statt Dauerstress und Existenzangst« wäre vielleicht geeignet, um die gesellschaftliche Diskussion um eine *neue Arbeitszeitnorm* zu führen, die sich flexibel gestaltbar zwischen 30 und 35 Stunden bewegt (vgl. Riexinger 2015).

- Staatliche Subventionen und Technologieförderung müssen an soziale Ziele, gute Arbeit und die demokratische Einbeziehung der Beschäftigten und Gewerkschaften gebunden werden. Die Finanzmärkte müssen durch Besteuerung der Vermögenden, Fonds und Banken geschrumpft und unter demokratische Kontrolle gebracht werden. Durch *öffentliche Zukunftsinvestitionen* können neue Arbeitsplätze in einer ausgebauten und für alle zugänglichen Öffentlichen Daseinsfürsorge entstehen, die gute Bildung, Gesundheitsversorgung, Pflege, Generationen übergreifendes, bezahlbares Wohnen und Mobilität ermöglicht. Damit über Kapital und Wissen demokratisch entschieden werden kann, müssen die privaten IT-, Telekommunikations- und Forschungsinfrastrukturen in öffentliches Eigentum überführt werden. Durch den Aufbau eines öffentlichen Zukunftssektors, in dem sowohl Forschung und Entwicklung als auch industrielle Produktion auf der Grundlage neuer Technologien und in Form öffentlicher Unternehmen, Kooperativen und Genossenschaften ökologisch und demokratisch weiterentwickelt werden, können technologische Innovationen demokratisch und mit Blick auf gesellschaftlich sinnvolle Ziele gestaltet werden.

Diese Vorschläge geben nur eine Richtung für die soziale und demokratische Gestaltung der Digitalisierung an. Um Alternativen zu Massenarbeitslosigkeit und prekärer Beschäftigung als Folgen einer von Profitinteressen dominierten Digitalisierung durchzusetzen, braucht es eine breite gesellschaftliche Diskussion um die Zukunft der Arbeit und Bündnisse zwischen prekär Beschäftigten und Kernbelegschaften, Beschäftigten der Industrie und der (sozialen) Dienstleistungen, gemeinsame Mobilisierungen der Gewerkschaften und ihrer Bündnispartner. Es ist an der Zeit, mobilisierende Sofortforderungen und mittelfristige Ziele einer Agenda für ein neues Normalarbeitsverhältnis zu diskutieren. Als LINKE wollen wir gemeinsam mit den verschiedenen Gruppen der abhängig Beschäftigten und den Gewerkschaften Motor einer solchen Diskussion werden.

## Literatur

Boes, Andreas/Kämpf, Tobias/Langes, Barbara/Lühr, Thomas (2014): Informatisierung und neue Entwicklungstendenzen von Arbeit. In: Arbeits- und Industriesoziologische Studien, Heft 1/Mai 2014, 7 Jg., S. 5–23.

Bontrup, Heinz (2015): Die Kannibalisierung der Arbeit. In: Neues Deutschland, 03.06.

Bundesministerium für Arbeit und Soziales (BMAS 2015): Grünbuch. Arbeiten 4.0. Berlin. www.arbeitenviernull.de.

Candeias, Mario (2012): Kybertariat. In: Historisch-kritisches Wörterbuch des Marxismus. Bd. 8/I, Hamburg, S. 545–558.

Frey, Carl B./Osborne, Michael A. (2013): The Future of Employment: How susceptible are Jobs to computerisation? OMS-Working Paper. Oxford.

Haug, Wolfgang-Fritz (2005): High-Tech-Kapitalismus. Analysen zu Produktionsweise, Arbeit, Sexualität, Krieg und Hegemonie. Hamburg.

Hirsch-Kreinsen, Hartmut (2014): Wandel von Produktionsarbeit – »Industrie 4.0«. In: Soziologisches Arbeitspapier Nr. 38. Technische Universität Dortmund.

Ohm, Christof/Bürger, Manfred (2015): Ausblicke auf Industrie 4.0 und ihr Kybertariat. In: Das Argument 311, S. 17–31.

Riexinger, Bernd (2015): Neue Streikkultur und politischer Aufbruch gegen prekäre Arbeit. In: Geissler, Jeannine/Wilde, Florian (Hg.): Erneuerung durch Streik II. Publikation der Rosa-Luxemburg-Stiftung. http://www.rosalux.de/publication/41578/erneuerung-durch-streik-ii.html.

Urban, Hans-Jürgen (2013): Sozial-ökologische Wirtschaftsdemokratie. Konturen und Realisierungsbedingungen eines gesellschaftlichen Transformationsprojektes. In: Ders.: Der Tiger und seine Dompteure. Wohlfahrtsstaat und Gewerkschaften im Gegenwartskapitalismus. Hamburg.

Zentrum für europäische Wirtschaftsforschung (ZEW 2015): Übertragung der Studie von Frey/Osborne (2013) auf Deutschland. Kurz-Expertise für das BMAS. Kurz-Expertise Nr. 57.

# Trends digitaler Arbeit

Christiane Benner
# Crowdsourcing: Die radikalste Form der Digitalisierung von Arbeit
#### Eine Herausforderung für gewerkschaftliches Handeln

### Wovon wir reden, wenn wir von Crowdsourcing reden

Die IG Metall hat die Bekämpfung prekärer Arbeit ganz oben auf ihre Agenda gesetzt. Zu den unternehmerischen Flexibilisierungs- und Kostensenkungsstrategien durch Leiharbeit, Werkverträge und die Verlagerung von Wissensarbeit durch Near- und Offshoring kommt als neue radikalste Spielart der Verlagerung das Crowdsourcing hinzu. Crowdsourcing ist im Kontext des großen Umbruchs unserer Arbeitswelt zu sehen, den wir mit Digitalisierung in Kombination mit Globalisierung umschreiben. In zahlreichen Unternehmen gibt es Suchbewegungen nach neuen Formen der Arbeitsorganisation, die agiler und effektiver sind als Linienorganisationen. Gründe für diese Suche sind steigender Wettbewerbsdruck, kürzere Innovations- und Entwicklungszyklen, geänderte Kundenanforderungen und steigende Renditeerwartungen. Die Vergabe von Aufgaben mittels Crowdsourcing ist eine dieser Suchbewegungen.

*Crowdsourcing* ist nach Jeff Howe[1] angelehnt an den Begriff Outsourcing. Outsourcing ist in Unternehmen mit engagierten Betriebsräten und Beschäftigten und aktiver Gewerkschaftsarbeit immer verbunden mit der Auseinandersetzung um Verlagerung, Kampf um Arbeitsplätze und oftmals, damit diese erhalten bleiben, mit der Absenkung der Standards bei Entgelt oder Arbeitszeit. *Crowdworking* nennen wir diese neue Form aus Sicht der Auftragnehmer.

Es funktioniert folgendermaßen: Aufträge werden mittels webbasierter Plattformen an eine mehr oder weniger definierte Menge (Crowd) von Menschen durch Einzelpersonen, Institutionen oder Unternehmen vergeben. Wir unterscheiden *internes* und *externes* Crowdsourcing. Unter Bezeichnungen wie »Business Innovation« oder »Knowledge Platform« soll das *unternehmensinterne* Crowdsourcing breitgefächertes Wissen aller Mitarbeiter/innen im Unternehmen anzapfen, um innovative und gewinnbringende Ideen rund um den Betrieb aufgreifen und vermarkten zu können.

Das *externe* Crowdsourcing ist eine Form von Outsourcing – das heißt: eine Aufgabe wird in einem Unternehmen an eine Crowdsourcing-Plattform

---

1 Jeff Howe: »The Rise of Crowdsourcing« in der Computerzeitschrift: »Wired«, 14. Juni 2006.

**129**

ausgelagert. Das *interne* Crowdsourcing ist ein brisantes Instrument, bezogen auf das traditionelle betriebliche Verbesserungsmanagement, und tangiert die Mitbestimmungsrechte des Betriebsrats. Auch unter Gesichtspunkten des Datenschutzes für Beschäftigte und der Personalentwicklung ist eine kritische Beobachtung notwendig.[2] In diesem Beitrag soll allerdings das *externe* Crowdsourcing fokussiert werden, da sich hier gänzlich neue Arbeitsbeziehungen und Arbeitsformen entwickeln bzw. bereits etabliert haben, die sich jenseits vorhandener Standards bewegen und dringend nach gewerkschaftlichen und politischen Interventionen rufen.

Für Gewerkschaften gibt es drei wesentliche Gründe, weshalb sie sich des Themas annehmen müssen: *Erstens*, weil die Arbeitsbedingungen in der Online-Arbeitswelt massiven Einfluss auf die Arbeitsbedingungen aller Beschäftigten haben; *zweitens*, weil auch die digitale Arbeitswelt eine Arbeitswelt ist, die Menschen als Existenzgrundlage dient, in der sie also gegen Entgelt Arbeit leisten, und *drittens*, um einen sozialen Rückschritt zu verhindern, der uns an den Beginn des Industriezeitalters zurückkatapultieren würde.[3]

Literatur und betriebliche Praxis zeigen, dass sehr viele Aufgaben aus der Wertschöpfungskette zu Crowdsourcing-Projekten werden können (siehe Abbildung S. 131). Komplexe Aufgaben werden oftmals in kleine Teilaufgaben (Mikrotasks) zerlegt, bevor sie ausgeschrieben werden. Auf diese Weise können das Know-how zur Erledigung der Aufgaben und die Bezahlung gesenkt werden. Aber auch qualifizierte Tätigkeiten wie Software-Entwicklung sind vor Crowdsourcing nicht sicher. Forscher sind der Meinung, dass komplexe Tätigkeiten dank entsprechender Ablaufgestaltung und technischer Unterstützung auch von weniger qualifizierten Crowdworkern erledigt werden könnten. Die Relevanz von Crowdsourcing wird zunehmen. Im Zuge unserer Betriebsrätebefragung Werkverträge 2015 haben 247 Betriebe angegeben, dass bei ihnen Arbeit über Crowdsourcing erledigt wird (Quelle: IG Metall Betriebsrätebefragung Werkverträge 2015). Das sind zwar nur sieben Prozent der Betriebe, die geantwortet haben. Es ist jedoch zu berücksichtigen, dass diese Arbeitsform für viele Betriebsräte nicht erkennbar oder noch nicht bekannt ist. Untersucht man die Unternehmensreferenzen auf den Plattformen, so finden sich dort häufig Unternehmen aus dem Organisationsbereich der IG Metall.

---

2   Die Auswirkungen des internen Crowdworking sind nachzulesen im Aufsatz von Bernd Öhrler und Jörg Spies im Buch: Crowdwork – zurück in die Zukunft? Perspektiven digitaler Arbeit. Herausgegeben von Christiane Benner, Frankfurt/Main 2015.

3   Vgl. Christiane Benner: Amazonisierung oder Humanisierung der Arbeit durch Crowdsourcing im Buch: Crowdwork – zurück in die Zukunft? Perspektiven digitaler Arbeit. Herausgegeben von Christiane Benner, a.a.O. (Fußnote 2).

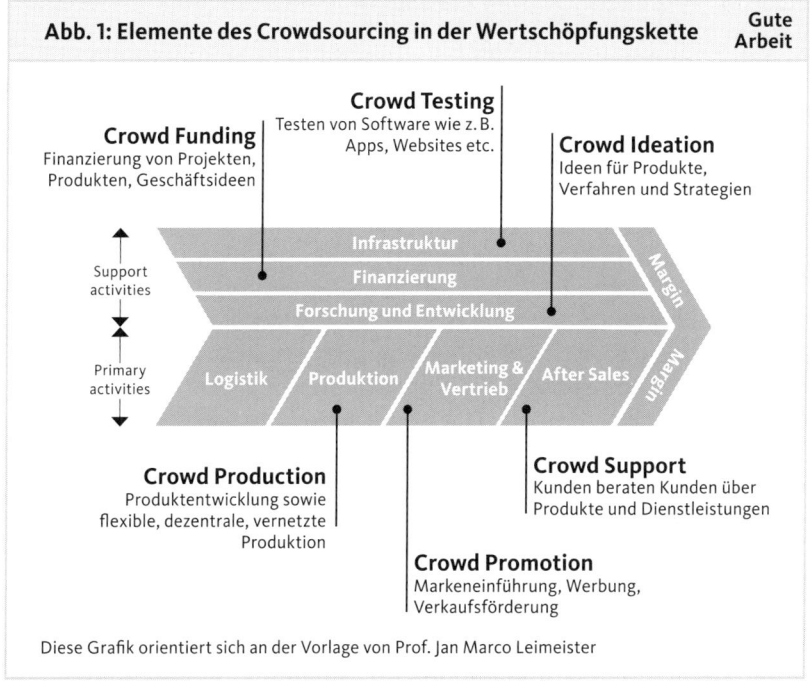

**Abb. 1: Elemente des Crowdsourcing in der Wertschöpfungskette** Gute Arbeit

**Crowd Funding**
Finanzierung von Projekten, Produkten, Geschäftsideen

**Crowd Testing**
Testen von Software wie z. B. Apps, Websites etc.

**Crowd Ideation**
Ideen für Produkte, Verfahren und Strategien

Support activities

Primary activities

Infrastruktur
Finanzierung
Forschung und Entwicklung

Logistik / Produktion / Marketing & Vertrieb / After Sales

Margin

**Crowd Production**
Produktentwicklung sowie flexible, dezentrale, vernetzte Produktion

**Crowd Support**
Kunden beraten Kunden über Produkte und Dienstleistungen

**Crowd Promotion**
Markeneinführung, Werbung, Verkaufsförderung

Diese Grafik orientiert sich an der Vorlage von Prof. Jan Marco Leimeister

### Motive und Vorteile für Unternehmen

Für Unternehmen ist Crowdsourcing aus verschiedenen Gründen attraktiv. Ein wesentlicher Faktor ist der schnelle Zugriff auf Know-how und Arbeitskraft einer riesigen Menge von Menschen. Die grenzenlose Vernetzung von Ressourcen und freien Kapazitäten mutet an wie ein riesiges Kaufhaus, in dem alle Waren zur freien Auswahl zu Verfügung stehen und alle Wünsche befriedigt werden. Darüber hinaus gibt es weitere (zumindest angestrebte) Vorteile – zum Beispiel:

- Kostenersparnis durch teilweise geringe Entlohnung, vor allem aber durch das Einsparen der Leistungen zu Sozialversicherungssystemen, Sonderzahlungen und Sozialleistungen, die festangestellten Beschäftigten vielfach zustehen.
- schnelle »On-demand-Lösungen«
- erweiterter Ideenpool (globale Lösungen und neue innovative Sichtweisen)

Crowdsourcing birgt allerdings auch Risiken für die Unternehmen: Sie müssen kulturell für die Integration externer Ideen gerüstet sein. Auch sind Missbrauch bei einer Aufgabenausschreibung und Verluste wichtiger Unternehmensinformationen nicht ausgeschlossen.

## Crowdworker und ihre Motive

Die Forschung und damit die Befundlage in Sachen Crowdworking sind, da es sich in Deutschland um ein vergleichsweise junges Phänomen handelt, noch nicht sehr ausgeprägt. Die Studien, die es gibt, z.B. Leimeister et al.[4], zeigen, dass intrinsische Motive für das Crowdworking eine Rolle spielen, wie zum Beispiel: Teilen des eigenen Wissens, Erweiterung der eigenen Fähigkeiten, Freude am kollaborativen Arbeiten. Für den größten Teil allerdings sind extrinsische Faktoren ausschlaggebend. Das ist neben Reputation und Selbstmarketing vor allem die Entlohnung. Das heißt, Crowdworker brauchen das Geld, um sich und ihre Familien zu ernähren. So sagen 20 Prozent der Crowdworker, die auf der Plattform Amazon Mechanical Turk arbeiten, dass sie manchmal oder immer das Einkommen benötigen, um ihre Grundbedürfnisse zu befriedigen wie den Kauf von Lebensmitteln und die Bezahlung von Miete und Gesundheitsversorgung. Für nur 9 Prozent der Crowdworker ist die Entlohnung völlig irrelevant.[5]

## Die Chancen des Crowdworking

Bevor wir uns den kritischen Aspekten zuwenden, gilt es, die positiven Seiten, die Chancen darzustellen, die Crowdworking potenziell für die Crowdworker beinhaltet, nämlich:

- leichterer Zugang zu Arbeit für mehr Menschen, auch für solche, die auf dem »normalen« Arbeitsmarkt – aus welchen Gründen auch immer – keine Chancen haben. Die neueste Studie der Weltbank[6] weist darauf hin, dass Crowdworking Frauen Arbeitsmöglichkeiten bietet: Sie können neben der Betreuung von Kindern und Angehörigen zu Hause arbeiten oder haben Zugang zu Arbeit in Regionen, in denen es wenig Angebote gibt, bzw. Berufstätigkeit von Frauen kulturell nicht erwünscht ist.
- mehr Selbstbestimmung (Zeitsouveränität, bessere Vereinbarkeit von Arbeit und Leben, freie Wahl der Tätigkeiten)
- hierarchiefreies Arbeiten

---

4    Jan Marco Leimeister/Shkodran Zogaj: Neue Arbeitsorganisation durch Crowdsourcing, Arbeitspapier 287 der Hans-Böckler-Stiftung.
5    Ross, J./Irani L./Siberman, M. S., et al. 2010: Who are the crowdworkers?, EA CHI 2010 (alt.chi), 2863–2872.
6    World Bank Group: The Global Opportunity. In: Online Outsourcing, Juni 2015.

Die IG Metall ist nicht gegen Crowdworking an sich, zumal diese Arbeitsform nun mal existiert und wir das Rad nicht zurückdrehen können. Das Ziel ist vielmehr, dass Beschäftigte die technischen Innovationen für einen besseren Zugang zur Arbeit und für flexiblere Arbeitsmöglichkeiten nutzen können – zu fairen Konditionen, sozial abgesichert und zu Entgelten, von denen sie leben können.

## Allein in der Crowd – die Arbeitsbedingungen für Crowdworker

*Die Entlohnung – zu wenig zum Leben*

Die Entlohnungs- bzw. Vergütungsmodelle variieren sehr stark – abhängig von den Plattformen und den ausgeschriebenen Tätigkeiten. Die Bandbreite von Aufgaben ist groß. Sie reicht von so genannten Mikroaufgaben wie Bildverschlagwortung, Bildtagging, Texterstellung, Digitalisierung von Produktdaten (z. B. auf den Plattformen Amazon Mechanical Turk oder Streetspotr) bis hin zu sehr anspruchsvollen Aufgaben wie Designaufgaben, Kampagnenentwicklung oder Produktentwicklung (z. B. auf Local Motors oder designenlassen). Entsprechend schwankt die Entlohnung stark und ist intransparent. Bei Amazon Mechanical Turk mit seinen zum großen Teil kognitiv anspruchslosen, monotonen Mikroaufgaben liegt der durchschnittliche Stundenlohn zwischen 1,38 und fünf US Dollar.[7] Für Entwicklungsaufgaben werden in der Regel Preisgelder ausgelobt. Allerdings sind sie eine unzuverlässige Einkommensquelle, da Geld nur diejenigen bekommen, deren Vorschlag ausgewählt wird.

Bedenkt man, dass von den geringen Einnahmen noch die Krankenversicherung, Rücklagen für Arbeitsunfähigkeit und Alter bezahlt werden müssen, wird klar, dass ein großer Teil von dem erzielten Einkommen gar nicht oder nur schlecht leben kann. Das mag von denjenigen, für die Crowdworking eine Nebenverdienstquelle ist, hingenommen werden. Es ist aber unakzeptabel für diejenigen, für die Crowdworking eine Haupteinnahmequelle ist. Viele der arbeits- und sozialrechtlichen Fragestellungen, die sich durch das Crowdworking ergeben, sind für die Solo-Selbständigkeit insgesamt relevant.

*Der Status – Solo-Selbstständig und ohne Arbeitnehmerrechte*

Die rechtliche Basis der Arbeitsbeziehungen wird aktuell allein durch die Allgemeinen Geschäftsbedingungen (AGB) der jeweiligen Plattform geregelt. Diese schützen sehr einseitig die Auftraggeber und Plattformbetreiber und enthalten zum Teil sehr kritische Punkte, wie

---

7   Michael Pooler in Financial Times, 3. 11. 2014. Crowdworkers form their own digital networks.

- einseitige Änderungen der Geschäftsbedingungen für laufende Projekte
- Kontaktverbote zu Auftraggebern oder anderen Crowdworkern
- Erwerb der Nutzungsrechte ohne angemessene Vergütung

Sie erklären Crowdworker zu Selbstständigen. Das heißt: Standards, die wir durch die Mitbestimmung in den Betrieben, durch Tarifverträge und das Arbeitsrecht haben, sind außer Kraft gesetzt. Es herrscht auf den Plattformen viel Willkür und wenig Transparenz. Auf vielen Plattformen gibt es – vergleichbar der ebay-Mechanik – Bewertungssysteme, die die Arbeitsleistung der Crowdworker bewerten, womit auch definiert wird, ob sie überhaupt an Jobs über das Netz kommen, und wenn ja, an welche. Andere Plattformen überwachen per »Team-App« Tastenanschläge und Mausbewegungen auf dem Computer der Crowdworker. Die Crowdworker werden zu gläsernen Akteuren, während das Bewertungssystem der Plattformen nicht transparent und der Auftraggeber (Arbeitgeber) unsichtbar wird.

Aber auch die Crowdworker sind unsichtbar, arbeiten in der Anonymität: Man kennt sich nur mit dem Benutzernamen. Das fördert nicht den respektvollen Umgang. Für die Auftraggeber ist es mental einfacher, sich aus der Verantwortung zu ziehen, solange sie sich der Vorstellung hingeben können, die Arbeit würde gar nicht von Menschen, sondern von Maschinen oder Algorithmen erledigt.

*Ungezügelter Kapitalismus »reloaded«*
Zusammenfassend muss man feststellen, dass den potenziellen Vorteilen des Crowdworkens aktuell ganz reale Nachteile gegenüberstehen:

- Willkür auf den Plattformen, die Bezahlung, die Reputation und das Auswahlverfahren betreffend
- fehlende soziale Absicherung
- keine Mitbestimmung
- keine Arbeitnehmerrechte
- geringe Bezahlung bzw. unzuverlässige Einkommensquelle

Die ausgeprägt asymmetrischen Machtverhältnisse und die unklare Gesetzeslage erinnern an die Frühzeit der Industrialisierung und den Zeitpunkt, als Gewerkschaften gegründet wurden. Ein hemmungsloser Kapitalismus, der durch das anerkannte deutsche Mitbestimmungsmodell, durch einen (grund-)gesetzlichen Rahmen und die marktwirtschaftliche Ordnung zumindest gezähmt schien, kommt nun zu neuer Vitalität durch den digitalen »Plattformkapitalismus«, der digitale Tagelöhner schafft. Dass Gewerkschaften hier ihren originären Job erfüllen und Regulierung fordern und selbst gestaltend eingreifen, sollte nicht überraschen.

Die Bundesvereinigung der Deutschen Arbeitgeberverbände (BDA) warnt in einem Positionspapier[8] davor, dass die Regulierung neuer Arbeitsformen eine »erfolgreiche Digitalisierung erschweren« und für deutsche Unternehmen einen Wettbewerbsnachteil bedeuten würde. Dabei ist in der analogen Arbeitswelt bei Unternehmen und Verbandsvertretern weitgehend anerkannt, dass die Regulierungsmechanik von Tarifverträgen und betrieblicher Mitbestimmung für die produktive Wertschöpfung von Vorteil ist.

Die jüngste Forderung der BDA nach der Abschaffung des Achtstundentages ist ein durchsichtiger Vorstoß, um eine Rolle rückwärts bei den Arbeitszeiten einzuleiten. Das ist aber kein Vorschlag, der den Herausforderungen einer sich rasant digitalisierenden Arbeitswelt gerecht wird. Immerhin sind einige Crowdwork-Plattformen schon einen Schritt weiter: Der Crowdtesting-Dienstleister »Testbirds« hat – »getrieben von den Gewerkschaften« und der von ihnen angestoßenen Debatte zum Thema Crowdwork – eine Initiative gestartet mit dem Ziel »für ein vertrauensvolles und faires Miteinander« zwischen Dienstleister, Kunden und Crowdworker zu sorgen. Der »Code of Conduct«[9] will mit seinen zehn Grundsätzen »Leitlinien für das eigene Handeln im Rahmen von bezahlter Crowdarbeit (…) etablieren«. Die bisherigen Unterzeichner sind neben »Testbirds« zwei weitere sehr bekannte Plattformen für Mikrotasks: »Streetspotr« und »Clickworker«. Darüber hinaus wird die Initiative offiziell unterstützt durch den Deutschen Crowdsourcing Verband e. V. So lobenswert dieser Vorstoß ist, er wird keinesfalls ausreichen, um die Arbeitsbedingungen im Sinne der Crowdworker zu verbessern – dazu bedarf es das Agieren auf Augenhöhe aller Partner.

### IG Metall – was wir wollen, was wir tun

Wir bringen unsere Durchsetzungsfähigkeit und unsere Organisationserfahrung aus der »alten Welt« ein, um die neue digitale Welt gemeinsam mit den Beschäftigten zu gestalten und unsere Ansprüche an gute Arbeit auch hier durchzusetzen. Es sind universelle Werte, die ihre Gültigkeit nach wie vor haben:

- gute Bezahlung
- Anerkennung und Wertschätzung
- Schutz vor Willkür
- Entwicklungsmöglichkeiten
- Vereinbarkeit von Arbeit und Leben

---

8   Bundesvereinigung der Deutschen Arbeitgeberverbände: »Chancen der Digitalisierung nutzen«, Positionspapier der BDA zur Digitalisierung von Wirtschaft und Arbeitswelt. Mai 2015.
9   »Code of Conduct« – Grundsätze für bezahltes Crowdsourcing/Crowdworking. Juli 2015.

▶ Die IG Metall hat eine eigene, bisher einmalige Plattform freigeschaltet. Mit der Plattform www.faircrowdwork.org wollen wir gemeinsam mit Crowdworkern die Arbeitsbedingungen auf Crowdworking-Plattformen verbessern.

Mit der zweisprachigen Website (deutsch/englisch) verfolgen wir vier Ziele: Crowdworker beraten, ihre Vernetzung organisieren, Transparenz schaffen und Gegenmacht aufbauen. Das Herzstück der Seite ist der Bereich »Crowdwatch«. Mit ihm stellen wir Crowdworkern ein Tool zur Verfügung, um die Fairness der Plattformen, auf denen sie arbeiten, zu bewerten und diese Informationen anderen Crowdworkern zugänglich zu machen. Sie können dort ihre Probleme als auch ihre positiven Erfahrungen benennen. Bewertungskriterien sind zum Beispiel:

* Wie pünktlich und zuverlässig ist die *Bezahlung*?
* Wie hilfreich ist die *Kommunikation*: Aufgabenbeschreibung klar? Reaktion auf Nachfragen seitens der Crowdworker? Unterstützung bei technischen Problemen?
* *Die Reputationssysteme*: Wie transparent und fair ist die Bewertung der Arbeitsergebnisse?

Ein weiteres Tool auf der Seite ist der AGB-Check. Die Arbeitsbedingungen der Crowdworker werden – wie weiter oben ausgeführt – durch die Allgemeinen Geschäftsbedingungen der Plattformen geregelt. Ein Juristenteam hat deshalb die AGB einer Reihe von Plattformen auf ihre kritischen Punkte hin untersucht.

Aber es ist uns mit der Website auch ein Anliegen, eine Plattform im wörtlichen Sinne zu schaffen, die Crowdworker aus ihrer Vereinzelung holt. Die einen gemeinsamen Raum schafft und dazu beiträgt, aus ihren individuellen (schlechten) Erfahrungen kollektive zu machen. Das ist ein wichtiger Schritt, Gegenwehr zu organisieren und ihre Bedingungen zu verbessern.

Unser Ansatz ist das Ergebnis einer internationalen Zusammenarbeit mit Kolleginnen und Kollegen aus den USA und Indien, wo Crowdworking bereits sehr verbreitet ist. Für uns ist die Website insofern auch ein Experiment, als wir traditionelle Formen des Organizing mixen mit kollaborativen Elementen (Vernetzung und Austausch), die umso besser funktionieren werden, je mehr Menschen sich dort einbringen und austauschen.

▶ In den mitbestimmten Betrieben versuchen wir, mit den Betriebsräten Einfluss zu nehmen auf die Vergabe von Ausgliederungen, Outsourcing und Crowdsourcing. Dazu ist es notwendig, die Informationspflicht seitens der Arbeitgeber gegenüber Betriebsräten und die Mitbestimmungsrechte der Betriebsräte zum Beispiel bei Fremdvergabe von Aufträgen auszuweiten.

▶ Wir machen uns stark für ein Gesetz, das dafür einen rechtlichen Rahmen schafft.

▶ Durch massive Öffentlichkeitsarbeit informieren wir politische Akteure, Multiplikatoren und Meinungsmacher und versuchen darüber zu sensibilisieren, aber auch Druck zu erzeugen. Ein Erfolg dieser Arbeit wurde weiter oben dargestellt (»Code of Conduct«).

## Das erwarten wir von der Politik

Es gibt in Deutschland eine steigende Anzahl von Solo-Selbständigen und eine steigende Anzahl prekär Beschäftigter[10]. Solo-Selbstständige wie Crowdworker müssen sozial besser abgesichert werden. Sie brauchen eine bezahlbare Kranken- und Rentenversicherung. Vorstellbar ist, dass es auch für sie eine gesetzlich festgelegte Mindestvergütung gibt. Der Arbeitnehmerschutz (insbesondere der gesetzliche Arbeits- und Gesundheitsschutz) muss auf Crowdworker ausgedehnt werden.

Vielleicht ist es erkenntnisreich für Politikerinnen und Politiker, sich unsere Crowdworking-Seite anzusehen. Sie werden feststellen: Es gibt einen großen gesetzlichen Regelungsbedarf. Nicht die angebliche »Bürokratie« ist das Problem in der Arbeitswelt des 21. Jahrhunderts, sondern die neue Rechtlosigkeit, der immer mehr Beschäftigte heutzutage ausgesetzt sind.

Wir, die IG Metall, zweifeln nicht daran, dass es gelingen wird, die digitale Arbeitswelt in eine Welt für »gute Arbeit« zu wandeln. Und das ist auch notwendig – für *alle* Beschäftigten. Denn gelänge das mittelfristig nicht, hätte das ohne Zweifel negative Auswirkungen auch auf die traditionellen Beschäftigungsformen.

## Literatur

Benkler, Philipp (2015) im Interview auf Kress.de: Wie man Crowdworking für alle Beteiligten fair und transparent gestaltet.

Benner, Christiane (Hg.) (2015): Crowdwork – zurück in die Zukunft? Perspektiven digitaler Arbeit.

Däubler, Wolfgang/Klebe, Thomas (2015): Crowdwork: Die neue Form der Arbeit. Arbeitgeber auf der Flucht, NZA 2015.

Howe, Jeff (2006): »The Rise of Crowdsourcing« in der Computerzeitschrift: »Wired«, 14.6.2006

Klebe, Thomas (2015): »Workers of the crowd unite« in der Tageszeitung vom 29.7.2015.

Leimeister, Jan Marco/Zogaj, Shkodran (2013): Neue Arbeitsorganisation durch Crowdsourcing, Arbeitspapier 287 der Hans-Böckler-Stiftung.

Positionspapier der BDA von Wirtschaft und Arbeitswelt (2015): »Chancen der Digitalisierung nutzen«.

Schröter, Welf (Hg.) (2014): Identität in der Virtualität. Einblicke in neue Arbeitswelten und »Industrie 4.0«.

---

10  Statistisches Bundesamt 2015.

Statistisches Bundesamt (2015): Zahlen und Fakten. https://www.destatis.de/DE/Zahlen
Fakten/GesamtwirtschaftUmwelt/Arbeitsmarkt/Erwerbstaetigkeit/TabellenArbeitskraefte
erhebung/AtypischeBeschaeftigung.html

Testbirds GmbH (2015): »Code of Conduct« – Grundsätze für bezahltes Crowdsourcing/
Crowdworking.

World Bank Group (2015): The Global Opportunity. In: Online Outsourcing.

Hartmut Hirsch-Kreinsen/Peter Ittermann
# Arbeit und Industrie 4.0 als
# »Social Manufacturing«

Resümiert man die gegenwärtigen Debatten zu den Entwicklungs- und Anwendungsmöglichkeiten der Informationstechnologie, so finden sich überzeugende Argumente dafür, dass gegenwärtig ein technologischer Entwicklungsschub der Digitalisierung Platz greift, dessen strukturelle Konsequenzen derzeit kaum absehbar sind. Diese neue Phase richtet sich auf die Verknüpfung der Digitalisierung mit physischen Gegenständen unterschiedlichster Art. In einer primär technologischen Perspektive wird dieser Zusammenhang auch unter dem Schlagwort »Internet der Dinge« thematisiert (z.B. Fleisch/ Mattern 2005; Bullinger/ten Hompel 2007; Uckelmann et al. 2011). Differenzierter und konkreter wird hierbei auch von Cyber-Physischen Systemen (CPS) gesprochen, die in den unterschiedlichsten Anwendungsbereichen wie Wohnen, Medizin, Verkehr oder industrielle Produktion große und bislang nicht gekannte Nutzenpotentiale eröffnen (z.B. Gill 2006; Rajkumar et al. 2010; Geisberger/Broy 2012). Es wird die These formuliert, dass der Prozess der Digitalisierung nun im Begriff sei, auf die Kernbereiche ökonomischer Aktivitäten überzugreifen und sich damit bislang nicht gekannte und völlig neue Anwendungspotenziale und gesellschaftliche Folgen verbinden.

Ein Themenschwerpunkt dieser aktuellen Debatte ist die Digitalisierung der industriellen Produktion bzw. die industrielle Anwendung von Cyber-Physischen Systemen, die seit spätestens 2012 unter dem eingängigen Label »Industrie 4.0« propagiert wird (Forschungsunion/acatech 2013). Dabei gehen alle Autoren davon aus, dass mit der Diffusion und Realisation von Industrie 4.0-Systemen wie auch generell mit der fortschreitenden Digitalisierung wirtschaftlicher Prozesse längerfristig nachhaltige und in ihren Konsequenzen bislang nicht absehbare Wandlungsprozesse sozio-ökonomischer Strukturen angestoßen werden.

Mit Blick auf die Konsequenzen der Digitalisierung für Industriearbeit finden sich bislang in der vorliegenden Literatur wenig konkrete und nur selten empirisch abgesicherte Befunde. Denn bislang ist die deutsche Debatte über Industrie 4.0 sehr stark technologisch geprägt. Erst jüngst wurden erste Publikationen zum Thema Entwicklung von Arbeit unter den Bedingungen anpassungsintelligenter Produktionssysteme vorgelegt. Fasst man diese Debatte insgesamt zusammen, so zeichnen sich mehrere widersprüchliche Entwicklungstendenzen in der Industriearbeit ab (Ittermann/Niehaus 2015). Auf dieser Basis werden im Folgenden einige Thesen formuliert, die sich auf ausgewählte Aspekte von Industriearbeit richten und die in ihrer Gesamtheit auf mögliche Entwicklungsszenarien von Arbeit in der Industrie 4.0 abzielen.

### These 1: Die menschenleere CPS-Fabrik ist nicht realistisch

Nicht wenige gegenwärtige Bestandsaufnahmen und Prognosen legen nahe, dass von deutlichen Substitutionseffekten von Arbeit in Folge der Automatisierung von Aufgaben und Funktionen durch digitale Technologien auszugehen ist: So wird in der deutschen Debatte um die möglichen ökonomischen Effekte der Einführung von Industrie 4.0-Systemen auf ihre hohen Einsparpotenziale in Hinblick auf Kosten und Personal hingewiesen. Bauernhansl zu Folge bestehen Einsparpotenziale in Folge eines optimierten Personaleinsatzes, durch die Reduktion von Komplexität in den indirekten Arbeitsbereichen und sinkende Aufwendungen im Managementbereich (Bauernhansl 2014, S. 31ff.). Ähnlich argumentieren in einer makrostrukturellen Perspektive Frey und Osborne (2013), dass mit digitalen Technologien ganz erhebliche Freisetzungspotenziale von Arbeit einhergehen. Ihre zentrale Aussage ist, dass auf dem amerikanischen Arbeitsmarkt in den nächsten ein oder zwei Dekaden rund 47 Prozent aller Tätigkeiten potentiell von Automatisierung bedroht seien (Frey/Osborne 2013, S. 38). Ein ähnlich hohes Substitutionsrisiko berechnet Bowles (2014) für den europäischen Arbeitsmarkt. Ähnlich argumentieren Brynjolfsson und McAfee (2014, S. 177ff.), denen zu Folge technologiebedingte Jobverluste nicht mehr wie früher durch die Entstehung neuer Beschäftigung kompensiert werden können, da die Schnelligkeit der Diffusion digitaler Technologien soziale und ökonomische Anpassungsmechanismen aushebele. Viele Jobs werden daher durch die Digitalisierung ersetzt, wodurch in zunehmendem Maße Arbeitslosigkeit entstehe.

Andere Bestandsaufnahmen hingegen kommen zu eher gegensätzlichen Befunden: Nach den Ergebnissen der Fraunhofer IAO-Studie (Spath et al. 2013, S. 46f.) geht die überwiegende Mehrheit der Industrieunternehmen zumindest davon aus, dass die menschliche Arbeit in der industriellen Produktion in den nächsten Jahren bedeutsam bleiben werde. Die Studie der Unternehmensberatung Boston Consulting Group verweist auf positive Arbeitsmarkteffekte bei der weiteren Umsetzung von Industrie 4.0-Systemen und prognostiziert einen Beschäftigungszuwachs von sechs Prozent für die nächsten zehn Jahre (BCG 2015, S. 8). Dieser basiere vor allem auf dem steigenden Bedarf an hochqualifizierten Industriearbeiten u.a. im Maschinenbau und Automotive-Bereich. Evangelista et al. (2014) sehen auf der Basis ihrer ausführlichen Literaturrecherche, dass es besonders schwierig sei, den neuen

Technologien Beschäftigungseffekte kausal zuzurechnen. Der Grund hierfür liege in der potenziell weiten Verbreitung und ihrer Nutzung in vielen Bereichen. Obgleich substanzielle empirische Untersuchungen fehlen, überwiege in der Literatur eine optimistische Sicht der langfristigen Beschäftigungseffekte digitaler Technologien. Denn man müsse sowohl unmittelbar negative Beschäftigungseffekte als auch mittelbar positive Effekte auf die Beschäftigung in Folge von Effizienzsteigerungen und Preissenkungen und dem Erschließen neuer Absatzmöglichkeiten sehen (ebd., S. 806).

**These 2: Tiefgreifender Wandel der Qualifikationsanforderungen**
Die vorliegenden Studien stimmen einerseits nahezu alle in dem Punkt überein, dass mit der weiteren Digitalisierung der industriellen Produktion erhebliche Veränderungen der Qualifikationsanforderungen verbunden sein werden. Andererseits aber sind derzeit nur wenige Übereinstimmungen in Hinblick darauf zu erkennen, welche Entwicklungspfade die Qualifikationsentwicklung einschlagen wird. Hier lassen sich die vorliegenden widersprüchlichen Forschungsergebnisse zu einem Spektrum divergierender Entwicklungsperspektiven verdichten, das von zwei Polen begrenzt wird: Diese Pole können zum einen als »Upgrading« von Qualifikationen und zum anderen als »Polarisierung« von Qualifikationen bezeichnet werden (vgl. Hirsch-Kreinsen 2015).

*a) Upgrading*
Einer weit verbreiteten Entwicklungsperspektive zufolge begründet die Digitalisierung einen Prozess der Informatisierung von Arbeits- und Produktionsprozessen, die hierdurch anspruchsvoller, vernetzter und komplexer werden. Somit nimmt die Bedeutung von Fähigkeiten der Beschäftigten zu, die sich auf das theoretische Verständnis von Prozessen und die adäquate Nutzung der verfügbaren Informationen richten (Zuboff 1988). Die Folge dieses *Upgradings von Qualifikationen* wären »better jobs – jobs that at every level would be enriched by an informating technology« (ebd., S. 159; Kurz 2014). Zentral ist zum einen der Auf- und Ausbau von IT-Kompetenzen in der Fertigung und Montage, in indirekten Bereichen wie der Arbeitsvorbereitung, der Produktionsplanung und der Qualitätssicherung sowie in der Logistik. Zum anderen zählt zu den weiteren Schlüsselqualifikation die Fähigkeit, »in vernetzten und domänenübergreifenden Prozessen zu denken und zu handeln« (Schlund et al. 2014, S. 26). In einer zugespitzten Variante führt das Upgrading von Qualifikationen zum Wegfall geringqualifizierter, einfacher Tätigkeiten: Während die anfallenden industriellen Routinetätigkeiten in zunehmendem Maße technologisch-maschinell bewältigt werden und somit die

Einfacharbeiten wegfallen, wachsen qualifizierte Wissensarbeit und traditionelle Produktionsarbeit immer weiter zusammen. Diese Entwicklungen sprechen insgesamt für die These der Höherqualifizierung bzw. ggf. sogar einer »Requalifizierung« von Produktionsarbeit in der Industrie 4.0, die dazu beitragen soll, »dass die Innovationsfähigkeit von Menschen und Unternehmen gestärkt wird.« (Forschungsunion/acatech 2013, S. 61)

*b) Polarisierung*
Der konstatierte Trend kann jedoch auch eine andere Entwicklungsperspektive begründen, bei der nicht alle Beschäftigtengruppen von dem steigenden Qualifikationsniveau profitieren: Bei der *Polarisierung von Qualifikationsstrukturen* bleiben »Residualkategorien« von Einfacharbeit und einfachen Facharbeiten in der Industrie erhalten und gewinnen gleichzeitig die anspruchsvollen, hochqualifizierten Tätigkeiten an Bedeutung. Gleichzeitig findet eine Erosion mittlerer Qualifikationsebenen statt: Konkret kann es sich dabei sowohl um Produktionsarbeiten etwa der Montage und Überwachung, aber auch um Verwaltungs- und Servicetätigkeiten auf mittleren Qualifikationsniveaus handeln. Hier finden Substitutions- und Dequalifizierungsprozesse von Facharbeiten statt, so dass diese entweder wegfallen oder in den Bereich einfacher Tätigkeiten fallen. Fehlende Handlungskompetenzen, Kompetenzverluste sowie Entfremdungs- und Dequalifizierungsprozesse wären mögliche Folgen (Windelband 2014; Kurz 2014; Hirsch-Kreinsen 2014b). Gleichzeitig kann es zu einer Aufwertung spezifischer Fachtätigkeiten kommen, die – wie oben beschrieben – mit hochqualifizierter Entwicklungsarbeit verbunden werden. So erodiert in der Konsequenz die qualifikatorische Mitte durch Verlagerungen zu den beiden Polen von Qualifikations- und Tätigkeitsstrukturen.

**These 3: Deutlich erweiterte Kontrollpotenziale**
Es ist weitgehend unbestritten, dass die neuen Informationstechnologien und deren Verknüpfung in Cyber-Physischen Systemen zu einer neuen Stufe der datentechnischen Erfassung und wachsenden Transparenz von Arbeitsprozessen führen können und im Ergebnis völlig neue Kontrollmechanismen begründen. So spielen in Hinblick auf Arbeitsprozesse Methoden der Datenerfassung und »Big Data« eine zentrale Rolle: Grundsätzlich eröffnet dies schnell wachsende Kontrollmöglichkeiten über Arbeitsprozesse generell, wie insbesondere auch über die Arbeit individueller Beschäftigter. Bislang bleiben die Kontrollmöglichkeiten und damit verbundenen Kontrollstrategien von Unternehmen und ihre Konsequenzen für Arbeitsprozesse in den Studien wenig thematisiert.

Offen bleibt zudem, welche Rollen- und Funktionsteilungen zwischen Mensch und Maschinen sich durchsetzen werden: Dies betrifft Fragen nach neuen Kooperationsformen der beteiligten Akteure und Systeme, aber auch Fragen nach den jeweiligen Steuerungs- und Kontrollstrukturen. Vorliegende Studien verweisen auf eine zunehmende Verschränkung und Integration natürlicher und virtueller Realitäten, die über traditionelle Konzepte der Mensch-Technik-Interaktion hinausgehen und neue Lösungen erforderlich machen (Geisberger/Broy 2012; Botthof/Hartmann 2015b, S. 162). Die künftige Rollen- und Kontrollverteilung zwischen Mensch und Maschine wird somit zu einer Schlüsselfrage in der Industrie 4.0. Einige Autoren sehen in den Mitarbeitern weiterhin »in ihrer Gesamtheit die Träger der planenden, steuernden, dispositiven, ausführenden usw. Tätigkeiten« (Becker 2015, S. 25) und beschreiben Fachkräfte als »Dirigenten der Wertschöpfung« (Malanowski/Brandt 2014, S. 39) bei aufgewerteter Arbeitstätigkeit. Andere Stimmen hingegen verweisen kritischer auf die wachsende »Entscheidungsfindung von Computerprogrammen« und neue technologische Kontrollstrukturen (Windelband 2014, S. 155).

**These 4: Zunehmende Entgrenzung von Arbeit**
Der Digitalisierungsprozess in der industriellen Produktion eröffnet die Realisierung von Arbeitsstrukturen, die bislang eher aus Arbeitszusammenhängen wissensintensiver Branchen bekannt sind. So kann z. B. auch in der Industrie die »Entgrenzung von Arbeit« voranschreiten, die als Erosion der Grenzen zwischen Erwerbsarbeit und privater Lebenswelt oder zwischen Person und Arbeitskraft gefasst wird (Kratzer 2013). Weit mehr als bisher können sich auf der Basis digitalisierter Planungs- und Steuerungssysteme zeitlich und räumlich flexible Formen der Industriearbeit durchsetzen, die unternehmensinterne und -externe Beschäftigte umfassen. Einen wichtigen Stellenwert im Kontext dieser »Entgrenzungsdebatte« in der Industrie 4.0 nimmt das Thema »Crowdworking« ein (Leimeister/Zogaj 2013). Dieses verweist auf weitergehende Veränderungen von Produktionsprozessen und die Verlagerung von verschiedenen Funktionen an eine ex ante nicht definierte Anzahl unterschiedlich spezialisierter Akteure. Die technologische Basis hierfür sind eine Vernetzung und Internetplattform, die eine offene Ausschreibung von Aufgaben in einer Internetöffentlichkeit möglich werden lässt. Es zeichnet sich zudem ab, dass die Flexibilisierung und Individualisierung starrer Arbeitszeitstrukturen und Bindungen an Arbeitsorte in der Industrie 4.0 weiter voranschreiten wird (BITKOM 2015; Schlund et al. 2014, S. 23).
Die möglichen Konsequenzen dieser Entgrenzungstrends für die Beschäftigten werden in der vorliegenden Literatur sehr widersprüchlich einge-

schätzt. Auf der einen Seite finden sich Argumente, die eine Steigerung der Qualität der Arbeit betonen. Hervorgehoben wird beispielsweise, dass die Flexibilisierungstendenzen generell eine deutlich verbesserte »Work-Life-Balance«, etwa eine bessere Vereinbarkeit von Beruf und Familie ermöglichen (z. B. Kagermann 2014, S. 608). Auf der anderen Seite werden in verschiedenen Kontexten die möglichen Risiken und negativen Arbeitsfolgen diskutiert. Hingewiesen wird hierbei etwa auf fehlende Regulationsstrukturen, neu entstehende prekäre Arbeitsformen, datenschutzrechtliche Fragen in Bezug auf personenbezogene Leistungsdaten sowie komplexe Prozesse der Arbeits- und Leistungsverdichtung.

### These 5: Social Manufacturing – Arbeit und Technik sind gestaltbar

Es ist davon auszugehen, dass die Entwicklung, die Diffusion und Implementation neuer Technologien alles andere als bruchlos und widerspruchsfrei verlaufen wird und vor allem die sozialen Effekte kaum eindeutig ableitbar sind. Vielmehr handelt es sich dabei um einen komplexen und wechselseitigen Zusammenhang, der von einer Vielzahl von Einflussfaktoren geprägt wird und deren Einfluss letztlich darüber entscheidet, in welcher Weise die technologisch gegebenen neuen Nutzungspotenziale tatsächlich ausgeschöpft werden und welche Konsequenzen für Arbeit sich einspielen. Die Analyse und auch die Gestaltung des Prozesses der Digitalisierung von Arbeit, d. h. des Zusammenspiels der neuen Technologie mit den dadurch induzierten personellen und organisatorischen Veränderungen erfordern konzeptionell den Blick auf den Gesamtzusammenhang der Produktion. Die Basis dafür ist die Perspektive auf Industrie 4.0 als sozio-technisches System, das den interdependenten Zusammenhang zwischen den technologischen, organisatorischen und personellen Elementen eines Gesamtsystems der Produktion in den Blick nimmt (Trist und Bamforth 1951). Mit diesem Konzept wird vermieden, allein nach der Funktionsweise und den Wandlungsprozessen einzelner technischer und nicht-technischer Elemente zu fragen, sondern es werden die Wechselwirkung und die Kombination der Elemente, mithin technisch-soziale Konfigurationen, ins Zentrum der Analyse gerückt.

Vor diesem Hintergrund lassen sich die skizzierten Entwicklungsverläufe und formulierten Thesen in eine Gesamtbetrachtung einordnen. Ganz offensichtlich kann nicht von einem eindeutig festgelegten »one-best-way« der Aufgaben- und Organisationsgestaltung gesprochen werden. Jedoch führt die Zuspitzung der skizzierten Dimensionen von Industriearbeit zu unterschiedlichen Gestaltungsalternativen, die als Pole des Spektrums möglicher Entwicklungstendenzen bezeichnet werden können.

- Die eine Gestaltungsperspektive verweist auf ein arbeitsorganisatorisches Muster, das sich durch ein hohes Maß an struktureller Offenheit, eine sehr begrenzte Arbeitsteilung und hohe Flexibilität auszeichnet. In der Debatte um die Digitalisierung von Arbeit wird verschiedentlich als Leitbild dieser Entwicklungsperspektive ein Muster hervorgehoben, das metaphorisch als *Schwarm-Organisation* bezeichnet werden kann (Hirsch-Kreinsen 2015). Dieses Organisationsmuster ist durch eine lockere Vernetzung qualifizierter und gleichberechtigt agierender Beschäftigter gekennzeichnet. Ein zentrales Merkmal ist, dass es keine definierten Aufgaben für einzelne Beschäftigte gibt, vielmehr handelt das Arbeitskollektiv selbst organisiert, hoch flexibel und situationsbestimmt je nach zu lösenden Problemen im und am technologischen System. Allerdings existiert ein von der Leitungsebene vorgegebener Handlungsrahmen, der grundlegende Handlungsregeln, strategische Ziele und kollektive Orientierungen und Leitvorstellungen umfasst.

- Die andere Gestaltungsperspektive verweist auf ein arbeitsorganisatorisches Gestaltungsmuster, das durch eine ausgeprägte Arbeitsteilung gekennzeichnet ist. Einerseits ist es durch eine nur geringe Zahl einfacher Tätigkeiten mit geringem oder keinem Handlungsspielraum wie standardisierte Überwachungs- und Kontrollaufgaben charakterisiert. Die Grundlage ist hier eine weitreichende Automatisierung von Arbeitsfunktionen. Dem menschlichen Arbeitshandeln verbleiben Aufgaben, die nur schwer oder nicht zu automatisieren sind und sie umfassen generelle Überwachungsaufgaben. Andererseits ist eine ausgeweitete oder auch neu entstandene Gruppe hoch qualifizierter Experten und technischer Spezialisten anzutreffen, deren Qualifikationsniveau deutlich über dem bisherigen Facharbeiterniveau liegt. Diesen Beschäftigten obliegen nicht nur dispositive Aufgaben etwa der Störungsbewältigung, sondern sie übernehmen verschiedentlich auch Aufgaben des Produktionsmanagements. Insofern kann dieses arbeitsorganisatorische Muster als *Polarisierte Organisation* bezeichnet werden kann (Hirsch-Kreinsen 2015).

Zum gegenwärtigen Zeitpunkt bleiben viele Fragen zur Zukunft der Industriearbeit unter den Bedingungen der Industrie 4.0 offen. Hier werden sich in den nächsten Jahren sowohl Entwicklungschancen eröffnen, gleichzeitig jedoch auch Risiken, Grenzen und Barrieren in der Umsetzung sichtbar werden. Die Chancen für die Industriearbeit müssen in Wirtschaft, Politik und Wissenschaft weiter herausgearbeitet werden; gegenwärtig lassen sie sich zu einem Leitbild präzisieren, das sich als *Social Manufacturing* bezeichnen lässt (ten Hompel/Hirsch-Kreinsen 2014). Es bezeichnet eine Arbeitssituation, die durch eine hohe Systemtransparenz, weitgehend selbstbestimmtes informelles Arbeitshandeln und laufende Lernmöglichkeiten gekennzeichnet ist und damit eine hinreichende Beherrschbarkeit eines komplexen Systems durch die Beschäftigten ermöglicht. Damit werden zentrale soziale und organisationale Voraussetzungen dafür geschaffen, die technologischen ökonomischen Potenziale der neuen Technologien auch tatsächlich auszuschöpfen. Bedingung hierfür ist allerdings eine komplementäre Systemauslegung, die die drei Dimensionen des sozio-technischen Systems, Technik, Organisation und Arbeit und ihre Interdependenzen systematisch in den Einführungs- und Gestaltungsprozess von Industrie 4.0 einbezieht.

## Literatur

Bauernhansl, T. (2014): Die Vierte Industrielle Revolution – Der Weg in ein wertschaffendes Produktionsparadigma. In: Bauernhansel, T./ten Hompel, M./Vogel-Heuser B (Hg.): Industrie 4.0 in Produktion, Automatisierung und Logistik. Wiesbaden, S. 5–36.

BCG – Boston Consulting Group (2015): Industry 4.0 The Future of Productivity and Growth in Manufacturing Industries. www.bcgperspectives.com/Images/Industry_40_Future_of_Productivity_April_2015_tcm80-185183.pdf. Zugegriffen: 15. April 2015.

Becker, K.-D. (2015): Arbeit in der Industrie 4.0 – Erwartungen des Instituts für angewandte Arbeitswissenschaft e.V. In: Botthof A, Hartmann E A (Hg.) Zukunft der Arbeit in Industrie 4.0. Berlin/Heidelberg, S. 23–30.

BITKOM, Fraunhofer IAO (Hg.) (2014) Industrie 4.0 – Volkswirtschaftliches Potenzial für Deutschland. Berlin/Stuttgart.

Botthof, A./Hartmann, E. A. (2015): Zukunft der Arbeit in Industrie 4.0 – Neue Perspektiven und offene Fragen. In: Botthof, A./Hartmann, E. A. (Hg.): Zukunft der Arbeit in Industrie 4.0. Berlin/Heidelberg, S. 161–163.

Bowles, J. (2014): The computerisation of European jobs – who will win and who will lose from the impact of new technology onto old areas of employment? www.bruegel.org/nc/blog/detail/article/1394-the-computerisation-of-european-jobs/. Zugegriffen: 9. April 2015.

Brynjolfsson, E./McAfee, A. (2014): The Second Machine Age: Work, Progress, and Prosperity in a Time of Brilliant Technologies. Norton.

Bullinger, H.-J./ten Hompel, M. (Hg.) (2007): Internet der Dinge. Berlin.

Evangelista, R./Guerrieri, P./Meliciani, V. (2014): The economic impact of digital technologies in Europe. In: Economics of Innovation and New Technology 23 (8): 802–824.

Fleisch, E./Mattern, F. (Hg.) (2005): Das Internet der Dinge. Ubiquitous Computing und RFID in der Praxis. Berlin/Heidelberg.

Forschungsunion, acatech (2013): Deutschlands Zukunft als Produktionsstandort sichern. Umsetzungsempfehlungen für das Zukunftsprojekt Industrie 4.0. Abschlussbericht des Arbeitskreises Industrie 4.0. Berlin.

Frey, C./Osborne, M. (2013): The Future of Employment: How Susceptible are Jobs to Computerisation? Oxford Martin School Working Paper. Oxford.

Geisberger, E./Broy, M. (2012): agendaCPS. Integrierte Forschungsagenda Cyber-Physical Systems. Heidelberg.

Gill, H. (2006): NSF Perspective and Status on Cyber-Physical Systems. Austin. Internet: http://varma.ece.cmu.edu/CPS/Presentations/gill.pdf [zuletzt aufgesucht am 1.4.2015].

Hirsch-Kreinsen, H. (2014): Wandel von Produktionsarbeit – »Industrie 4.0«. In: WSI-Mitteilungen 67 (6): 421–429.

Hirsch-Kreinsen, H. (2015): Einleitung: Digitalisierung industrieller Arbeit. In: Hirsch-Kreinsen, H./Ittermann, P./Niehaus, J. (Hg.) Digitalisierung industrieller Arbeit. Die Vision Industrie 4.0 und ihre sozialen Herausforderungen. Baden-Baden, S. 9–30.

Hirsch-Kreinsen, H./Ittermann, P./Niehaus, J. (Hg.) (2015): Digitalisierung industrieller Arbeit. Die Vision Industrie 4.0 und ihre sozialen Herausforderungen. Baden-Baden.

Ittermann, P./Niehaus, J. (2015): Industrie 4.0 und Wandel von Industriearbeit. Überblick über Forschungsstand und Trendbestimmungen. In: Hirsch-Kreinsen, H./Ittermann, P./Niehaus, J. (Hg.): Digitalisierung industrieller Arbeit. Baden-Baden, S. 33–51.

Kratzer, N. (2013): Entgrenzung. In: Hirsch-Kreinsen, H./Minssen, H. (Hg.): Lexikon der Arbeits- und Industriesoziologie, Berlin, S. 186–191.

Kurz, C. (2014): Industrie 4.0 verändert die Arbeitswelt. Gewerkschaftliche Gestaltungsimpulse für »bessere« Arbeit. In: Schröter, W. (Hg.): Identität in der Virtualität. Einblicke in neue Arbeitswelten und Industrie 4.0. Mössingen-Talheim, S. 106–111.

Leimeister, J. M./Zogaj, S. (2013): Neue Arbeitsorganisation durch Crowdsourcing. Eine Literaturstudie. Arbeitspapier der Hans-Böckler-Stiftung, Reihe Arbeit und Soziales, Nr. 287 (Juli 2013).

Malanowski, N./Brandt, J. C. (2014): Innovations- und Effizienzsprünge in der chemischen Industrie? Wirkungen und Herausforderungen von Industrie 4.0 und Co. Düsseldorf.

Rajkumar, R./Lee, I./Sha, L./Stankovic, J. (2010): Cyber-physical systems: The next computing revolution. In: DAC '10 Proceedings of the 47th Design Automation Conference, S. 731–736.

Schlund, S./Hämmerle, M./Strölin, T. (2014): Industrie 4.0 eine Revolution der Arbeitsgestaltung – Wie Automatisierung und Digitalisierung unsere Produktion verändern wird. Ulm/Stuttgart.

Spath, D./Ganschar, O./Gerlach, S./Hämmerle, M./Krause, T./Schlund, S. (Hg.) (2013): Produktionsarbeit der Zukunft – Industrie 4.0. Stuttgart.

ten Hompel, M./Hirsch-Kreinsen, H. (2014): Social Manufacturing and Logistics. Rahmenpapier Forschung Industrie 4.0 als soziotechnisches System. Dortmund.

Trist, E./Bamforth, K. (1951): Some social and psychological consequences of the long wall method of coal-getting. In: Human Relations 4 (1): 3–38.

Uckelmann, D./Harrison, M./Midchaelles, F. (Hg.) (2011): Architecting the Internet of Things, Springer, Berlin.

Windelband L (2014) Zukunft der Facharbeit im Zeitalter »Industrie 4.0«. In: Journal of Technical Education 2 (2): 138–160.

Zuboff, S. (1988): In the age of the smart machine. The future of work and power. New York.

Ulrich Dolata
# Internetökonomie und Internetkonzerne
## Märkte – Expansion – Macht


Viele der Vorstellungen, die Anfang der 2000er Jahre unter dem Stichwort
»Internetökonomie« diskutiert wurden – eine neue Form des Wirtschaftens,
geprägt durch zahlreiche digitale Geschäftsmöglichkeiten, vollkommene
Märkte, freie Konkurrenz und ebenso dezentrale wie transparente Strukturen – haben mit der Realität des kommerziellen Internets heute nicht mehr
viel zu tun. Das Netz wird mittlerweile von kaum mehr als einer Handvoll
international tätiger Konzerne und ihren Angeboten beherrscht. Dabei handelt es sich zum einen um reine Internetkonzerne – insbesondere die beiden
Werbe- und Marketingunternehmen Google und Facebook sowie den Han-
delskonzern Amazon – und zum anderen mit dem Computer- und Unterhal-
tungselektronikhersteller Apple um ein Unternehmen, das bereits Mitte der
1970er Jahre entstanden und seit Anfang der 2000er Jahre sehr erfolgreich
auch in das Internetgeschäft eingestiegen ist. Diese Konzerne kontrollieren
als Betreiber der zentralen Internetplattformen und Infrastrukturen die wesentlichen Zugänge zum Netz, strukturieren die Kommunikationsmöglichkeiten der Nutzer, sind entscheidende Treiber des Innovationsprozesses und
prägen als große Arbeitgeber mit jeweils mehreren 10 000 Beschäftigten auch
die Arbeitsbedingungen im kommerziellen Internet. Mit Ausnahme von Facebook gehören alle mittlerweile zu den 50 umsatzstärksten Konzernen der
USA.

### Domänen und Märkte
Jeder dieser Konzerne prägt mit seinen Aktivitäten zentrale Segmente und
Märkte des Internets.
Das Segment der *Suchmaschinen* wird weltweit eindeutig von Google beherrscht. In allen führenden westlichen Ländern (mit Ausnahme von Japan)
ist der Konzern die unangefochtene Nummer Eins auf diesem Gebiet – mit
Anteilen an allen getätigten Suchanfragen von zumeist deutlich über 90 Prozent. Im Bereich der *sozialen Netzwerke* hat sich Facebook in wenigen Jahren vom Newcomer zum weltweit dominierenden Unternehmen entwickelt,
das ehemals führende Plattformen wie MySpace oder – in Deutschland – Stu-
diVZ in die Bedeutungslosigkeit gedrängt hat. Mitte 2015 waren fast einein-
halb Milliarden Menschen als monatlich aktive User bei Facebook registriert.

Beide Konzerne verdienen ihr Geld allerdings nicht mit Suchanfragen oder als Plattform für Social Networking. Sowohl Google (Umsatz 2014: 66 Milliarden US-Dollar) als auch Facebook (Umsatz 2014: 12,5 Milliarden US-Dollar) erzielen etwa 90 Prozent ihrer Erlöse mit Werbeeinnahmen. Ökonomisch betrachtet sind beide Unternehmen Werbe- und Marketingkonzerne. Der damalige Deutschland-Chef von Facebook, F. Scott Woods, hat dies 2014 in mehreren Interviews sehr deutlich gemacht: »Die Kernleistung der Plattform besteht vor allem darin, das optimale Publikum für die Werbebotschaft des Marketiers zu liefern.«

Der schnell wachsende Markt für *Internetwerbung* ist bereits seit längerem hochkonzentriert. In den USA werden bereits seit einigen Jahren etwa 70 Prozent des gesamten Umsatzes mit Werbeeinnahmen im Internet (2014: 50 Milliarden US-Dollar) durch die in diesem Segment führenden zehn Werbeunternehmen realisiert. Allein auf den Marktführer Google entfallen dort recht konstant etwa 50 Prozent der gesamten netzbasierten Werbeeinnahmen. Auch weltweit wird dieses Segment eindeutig von Google beherrscht: Der Konzern erwirtschaftete 2013 insgesamt 50,6 Milliarden US-Dollar mit Werbeeinnahmen, mit deutlichem Abstand gefolgt von Facebook (7,0 Milliarden US-Dollar), Yahoo (3,7 Milliarden US-Dollar) und Microsoft (3,0 Milliarden US-Dollar).

Der *Internethandel* ist demgegenüber die Domäne von Amazon, dem mit Abstand größten Einzelhändler im Web (Umsatz 2014: 89 Milliarden US-Dollar). Betrachtet man die zehn größten US-amerikanischen Internethändler (darunter Apple, Staples, Walmart und Sears), dann erwirtschaftete der Konzern 2013 weltweit einen höheren Umsatz im Internethandel als die neun folgenden Konzerne zusammen. In Deutschland, dem zweitgrößten Markt des Konzerns, entfällt auf Amazon mittlerweile knapp ein Viertel des Umsatzes, den der gesamte deutsche Einzelhandel über das Internet realisiert.

Der vergleichsweise neue und sehr dynamische *Markt für mobile Geräte und deren Betriebssysteme* schließlich wird ebenfalls von wenigen Anbietern, die in scharfer Konkurrenz zueinander stehen, beherrscht. Den Weltmarkt für mobile Geräte dominieren Apple (Umsatz 2014: 183 Milliarden US-Dollar) und der südkoreanische Hersteller Samsung Electronics. Im Bereich der Betriebssysteme mobiler Geräte sind Google (mit Android) und Apple (mit iOS) die zentralen Spieler und Konkurrenten, deren Systeme auf dem weit überwiegenden Teil aller Geräte installiert sind und die damit die mobilen Zugänge zum Internet kontrollieren.

## Schwerpunkte der Expansion

Obgleich das kommerzielle Internet ein relativ neues Phänomen ist, werden seine Eckpfeiler – konsumorientierter Handel, Werbung, Dienste, Geräte und Software – mittlerweile von wenigen Konzernen maßgeblich geprägt – und das nicht national begrenzt, sondern international. Darüber hinaus drängen die Internetkonzerne seit einigen Jahren mit zum Teil aggressiven Expansionsstrategien über ihre angestammten Geschäftsfelder hinaus und erweitern sukzessive ihren Aktionsradius. Während Facebook seine Geschäftsbereiche bislang noch eher moderat ergänzt hat, zeichnen sich Google, Apple und Amazon durch weitreichende Diversifikationsstrategien in eine ganze Reihe neuer Betätigungsfelder aus. Das führt regelmäßig zu neuen und scharfen Wettbewerbskonstellationen und Konkurrenzauseinandersetzungen sowohl untereinander als auch mit klassischen Medien-, Unterhaltungselektronik- und Technologiekonzernen.

Die erste zentrale Auseinandersetzung findet auf dem überaus komplexen Feld *internetbasierter Medieninhalte und -dienste* statt, auf dem vor allem Google, Apple und Amazon miteinander um die Vorherrschaft konkurrieren. Diese drei Konzerne haben sich im vergangenen Jahrzehnt sukzessive zu internetbasierten Medienkonzernen entwickelt und versuchen, sich als Komplettanbieter eines breit gefächerten Angebots aus kommerziellen Diensten und Medieninhalten zu profilieren, die sie zum Teil mittlerweile auch selbst produzieren. Während Apple bereits 2003 mit seinem iTunes Music Store und Google 2006 mit dem Erwerb der Video-Plattform YouTube in dieses Segment eingestiegen sind, folgt Amazon diesem Trend seit Ende der 2000er Jahre mit einer ausgesprochen aggressiven Expansionsstrategie.

Mittlerweile verfügen alle drei Konzerne mit eigenen digitalen Musik- und Video-Diensten (Kauf, Verleih und Streaming), eBook- und Spieleangeboten, App-Stores sowie Zugängen zum Fernsehen über das Internet über ein breites Portfolio von miteinander konkurrierenden Medienangeboten – und dringen damit auch in die Domänen klassischer Medienkonzerne (Film, Musik, Buchverlage) und etablierter Spieleanbieter (wie Microsoft, Sony und Nintendo) sowie netzbasierter Verleih- und Streamingfirmen (wie Netflix, Hulu oder Spotify) ein. Apple und Amazon bieten als Zugang zu ihren Inhalten und Diensten zudem komplette und auf ihre Angebote ausgerichtete Gerätefamilien an, während Google auf die Verbreitung seines offenen mobilen Betriebssystems Android und seines App-Stores setzt, mit denen es sich über die Geräte anderer Hersteller den Erstzugang zu seinen mobilen Nutzern verschafft.

Die zweite zentrale Auseinandersetzung geht, eng verbunden mit dem ersten Trend, um die *Vorherrschaft im mobilen Internet*. Sie wird vor allem zwischen Google und Apple ausgetragen, die über die mit Abstand größten App-Stores verfügen und deren Betriebssysteme auf fast allen mobilen Geräten installiert sind. Daneben versucht auch Amazon, sich mit einem Komplettangebot aus mobilen Geräten und Diensten zu einem neuen ernstzunehmenden Konkurrenten zu entwickeln – auch, indem es seine Kindle-Geräte zu stark subventionierten Niedrigpreisen anbietet. Mittlerweile hat die Dominanz von Google und Apple auf dem Markt für mobile Geräte und Dienste dazu geführt, dass sich, anders als noch Ende der 2000er Jahre, sowohl andere Gerätehersteller als auch große Telekommunikationskonzerne ihren Regeln zu unterwerfen haben, wenn sie ihre Software nutzen bzw. ihre Geräte verkaufen wollen. Während Apple mit seinem Vordringen in das mobile Internet vor allem darauf zielt, seine Geräte zu vermarkten, mit denen der Konzern etwa 90 Prozent seines Umsatzes realisiert, ist es Googles vorrangiges Ziel, den Nutzern über die Verbreitung seines Betriebssystems und Browsers auf mobilen Geräten prioritären Zugang zu seinen bewerbbaren Diensten zu verschaffen.

Neben diesen zwei großen Trends entwickeln sich in den letzten Jahren zwei weitere neue Felder der Auseinandersetzung. Zum einen treten wiederum vor allem Amazon, Apple und Google mittlerweile auch als große Anbieter von *Speicherplatz, Rechnerkapazitäten und Cloud-Diensten* auf, auf die nicht nur individuelle Internetnutzer ihre Musik, Bilder, Dokumente, Kontakte und Programme auf externen Rechnern der Konzerne ablegen und nutzen, sondern auch Geschäftskunden interne Datenverarbeitungsstrukturen auslagern können. Damit gehen die Internetkonzerne in direkte Konkurrenz zu großen IT-Dienstleistern wie IBM oder Microsoft.

Zum anderen dringen Google, Apple und auch Amazon zunehmend in neue Bereiche vor, die bis vor wenigen Jahren noch nicht mit dem Internet in Verbindung gebracht worden sind. So verfolgen Amazon und Google konkurrierende Projekte zur Entwicklung von *Drohnen zur Paketzustellung*, die die etablierten Strukturen der Logistikbranche (wie z. B. der Paketzusteller) herausfordern. Google hat sich mit der Akquisition des Thermostate- und Rauchmelder-Herstellers Nest auf das Feld des *vernetzten Haushalts* begeben, auf dem auch Microsoft, Haushaltsgerätehersteller wie Bosch oder der Netzausrüster Cisco tätig sind. Apple hat mit seiner 2014 vorgestellten iWatch die Konkurrenz im Bereich der *Wearables*, also am Körper tragbarer Informationstechnik, und der individuellen Gesundheits- und Fitnessüberwachung angestachelt. Und schließlich konkurrieren Google und Apple um die Vorherrschaft im *vernetzten Auto*. Mit dem Ziel, das mobile Internet in die IT-Systeme des Autos zu integrieren und die Hersteller für ihre konkurrierenden Systeme zu gewinnen, sind beide Konzerne mit der Open Automotive

Alliance (Google) und mit iOS in the Car (Apple) strategische Allianzen mit Automobilkonzernen eingegangen.

## Integrierte Ökosysteme

Die Konzerne zielen mit den hier skizzierten Expansions- und Diversifikationsstrategien vor allem auf eins: Auf den Ausbau und die Zusammenführung ihrer verschiedenen Geschäftsfelder und Angebote zu eigenen integrierten technischen Ökosystemen mit einer größeren Anzahl aufeinander abgestimmter und vernetzter Dienste, Programme und Geräte. Diese konzerneigenen Systemwelten sollen ihre Nutzer möglichst gar nicht mehr verlassen.

Google beispielsweise ist längst nicht mehr nur ein Suchmaschinenbetreiber. Der Konzern bietet zahlreiche weitere Dienste, Infrastrukturen und Medien an, die zusammen ein solches Ökosystem des Internets bilden. Er verfügt mit Gmail über den erfolgreichsten E-Mail-Dienst, ist mit Google Maps der zentrale Akteur im Bereich der Kartendienste und bietet den Social Networking Dienst Google+ an. Mit dem Erwerb der heute weltweit führenden Videoplattform YouTube und der Entwicklung der digitalen Medienplattform Google Play – mit über einer Million verfügbarer Apps und Spiele – hat sich das Unternehmen darüber hinaus zu einem bedeutenden Medienkonzern entwickelt. Und mit seinem Betriebssystem Android prägt Google zusammen mit Apple die zentralen Infrastrukturen des mobilen Internets. Schließlich erweitert Google sein Portfolio seit Anfang der 2010er Jahre vor allem über Akquisitionen auch um Aktivitäten außerhalb des Internets: Es ist mittlerweile z. B. auch in der Windenergie, der Robotik und künstlichen Intelligenz, der Spezialdrohnenherstellung, der Automobiltechnik und der privaten Haushaltstechnik aktiv.

Zentrale Ziele der beschriebenen Expansionsstrategie, die neben Google auch von Amazon und Apple mit hoher Priorität verfolgt wird, sind die angebotsübergreifende Datenauswertung, das Aufspüren neuer Werbeplätze sowie die möglichst umfassende Bindung der Nutzer an ihre Geräte und Dienste. Mit dem Aufbau integrierter und konzernspezifischer Ökosysteme entstehen nicht einfach anwendungsübergreifende technische Infrastrukturen, sondern mit all ihren Angeboten und Diensten zugleich soziale Räume, in denen sich die Nutzer einrichten, spezifische Such-, Kommunikations- und Konsummuster aufbauen sowie reproduzierbare Verhaltens- und Nutzungsroutinen entwickeln. Ein Systemwechsel bleibt zwar möglich, ist aber nur noch zum Preis einer weitreichenden Reorganisation bzw. Neukonstituierung der individuellen Äußerungen und Bewegungsgrundlagen im Netz zu haben.

## Dimensionen der Macht

Worin besteht die Macht der Internetkonzerne? Sie zeigt sich auf verschiedenen Ebenen. Zunächst als *ökonomische Macht*. Diese basiert auf den überlegenen ökonomischen Ressourcen der Konzerne – ihrer Finanzkraft, ihrer Forschungsstärke, ihrer Marktdominanz –, die sie in der Konkurrenz einsetzen und mit der sie neue Wettbewerber auf Distanz halten können. Aufgrund ihrer außerordentlichen Finanzkraft können die Internetkonzerne nicht nur in weit größerem Stil als ihre Konkurrenten in den weiteren Ausbau und die Qualität ihrer eigenen technischen und logistischen Infrastrukturen investieren – z. B. in Serverarchitekturen, Datenerhebungs- und -auswertungstechnologien, in die Qualität von Suchalgorithmen und die technische Integration weitläufiger Ökosysteme oder, wie im Fall von Amazon, in die konzerneigenen Bestell-, Logistik- und Lagersysteme. Alle Konzerne sind zudem problemlos in der Lage, Domänenabsicherung und das Eindringen in für sie neue Geschäftsfelder auch über zum Teil sehr kostspielige Akquisitionen von Unternehmen voranzutreiben, deren Leistungen in den eigenen Konzern zu integrieren oder sie als potenzielle Mitkonkurrenten früh aus dem Rennen zu nehmen – wie z. B. im Fall des 19 Milliarden US-Dollar schweren Erwerbs von WhatsApp durch Facebook Anfang 2014.

Die Macht der Internetkonzerne reicht allerdings über die ökonomische Sphäre hinaus. Sie basiert darüber hinaus auch auf ihrer Fähigkeit, mit ihren zahlreichen und aufeinander abgestimmten Angeboten die Rahmenbedingungen wesentlicher *sozialer* Zusammenhänge – Konsumwelten, Informations- und Kommunikationsmuster, soziale Beziehungsnetzwerke – maßgeblich zu gestalten und zu prägen. Kein von ihnen entwickeltes Gerät, keine Software, kein App-Store, keine Such-, Medien-, Konsum- oder Beziehungsplattform ist einfach ein technisches Angebot, das die Nutzer mit ihren Inhalten beliebig ausgestalten und umdefinieren können. In die ihnen zugrunde liegende Technik werden immer auch Regeln und Handlungsanleitungen eingebaut, die auf die Aktivitäten ihrer Nutzer wie soziale Institutionen wirken und deren Handeln mit strukturieren. Schon die Einbettung eines anklickbaren »Like«-Buttons (und der Verzicht auf einen technisch ebenso problemlos umsetzbaren »Dislike«'-Button) ist nicht einfach eine technische Spielerei, sondern ein in die Technik eingeschriebenes regelsetzendes und handlungsorientierendes soziales Strukturelement.

Das lässt sich als *infrastrukturelle und regelsetzende Macht* der Internetkonzerne bezeichnen. Dadurch, dass sie wesentliche infrastrukturelle Grundlagen des Netzes entwickeln und anbieten sowie als Gatekeeper fungieren, die die wesentlichen Zugänge zum Web zur Verfügung stellen, werden sie zu zentralen regelsetzenden und -kontrollierenden Akteuren, die das Online-Erlebnis individueller Nutzer und Kollektive strukturieren, Rahmenbedingungen für deren Bewegung vorgeben und dadurch auch das auf ihren Angeboten basierende Verhalten und Handeln mitprägen – und dies weitgehend unbeschadet von demokratischer Kontrolle. Öffentliches Treiben und Kommunizieren erfolgt in weiten Teilen des Internets mittlerweile in privatwirtschaftlich organisierten Räumen und nach privatwirtschaftlichen Regeln, die in den Geschäftsbedingungen der jeweiligen Anbieter fixiert sind.

Darüber hinaus erweitern die Internetkonzerne dadurch, dass sie ihre verschiedenen Angebote bereichsübergreifend vernetzen und die dort anfallenden Nutzerspuren systematisch miteinander abgleichen und auswerten, sukzessive auch ihre *Macht über die Daten*. Mit den großen Datenmengen, die sie generieren und verarbeiten, lassen sich nicht nur immer ausdifferenziertere Nutzerprofile erstellen, deren Verfeinerung mit dem expliziten Ziel verfolgt wird, möglichst schon zu wissen, was ein Nutzer will, bevor dieser es selbst weiß. Sie dienen den Konzernen auch als wichtiger Input für ihre Forschung und Produktion und tragen dazu bei, ihre Produkte und Dienste zu verfeinern und möglichst genau auf die Präferenzen der Nutzer auszurichten.

### Grenzen der Macht

Mit alldem reicht die Macht der Internetkonzerne mittlerweile deutlich über marktbeherrschende Positionen im kommerziellen Internet hinaus und weit in die Gesellschaft hinein – und ist gleichwohl nicht grenzenlos oder absolut. In derart turbulenten Umgebungen, wie sie für das (kommerzielle) Internet typisch sind, können die Internetkonzerne nicht einfach ihre vorhandene Macht ausspielen, sondern müssen deren Grundlagen – ihre Ressourcen, Kompetenzen und Einflussmöglichkeiten – ständig neu justieren und an sich schnell verändernde Bedingungen anpassen. Sind sie dann, wenn es darauf ankommt, nicht im Bilde, kann ihre Macht ebenso schnell erodieren wie wenn sie über Ressourcen verfügen, die keinen (mehr) interessieren.

Das betrifft nicht nur die scharfen Konkurrenzauseinandersetzungen, in die die Internetkonzerne untereinander allerorten verstrickt sind. AOL, Yahoo, MySpace oder Nokia sind Beispiele dafür, wie schnell sich marktbeherrschende Positionen in diesem dynamischen Geschäft wieder verflüchtigen können. Das betrifft auch das oft unberechenbare Verhalten großer Nutzergruppen. Obgleich die Internetkonzerne weit mehr über ihre Nutzer wissen als umgekehrt und alles dafür tun, sie an ihre Dienste und Geräte zu binden, können kollektive Umorientierungen im Nutzerverhalten sie dann, wenn sie sich zu einem Massenphänomen verdichten, zu Korrekturen oder Revisionen ihrer strategischen Ausrichtung zwingen oder gar in existenzielle Krisen stürzen. Salopp gesagt: Der Schwarm kann auch weiterziehen.

Auch staatliche bzw. europäische Regulierungsaktivitäten schließlich könnten den Internetkonzernen Probleme bereiten, wie vor allem die politischen Debatten über die Macht von Google zeigen. Mit Hilfe des Wettbewerbs- und Kartellrechts könnten große Akquisitionen rigider geprüft und marktbeherrschende Positionen bekämpft werden. Die Politik könnte auch darauf hinwirken, dass im Rahmen der allgemeinen Geschäftsbedingungen der Konzerne die Rechte der Nutzer gestärkt, beim Datenschutz mehr Transparenz und stärkere Kontrollen bezüglich der Speicherung und Weitergabe von Daten festgeschrieben und bei den Voreinstellungen von Plattformen und Diensten der Schutz der Privatsphäre der Nutzer konsequent gesichert wird.

Mit alldem können die Internetnutzer selbst freilich nicht aus der Verantwortung für ihre eigenen Daten entlassen werden, die sie allzu oft unreflektiert und bemerkenswert freizügig preisgeben und den Konzernen zur Verfügung stellen.

## Literatur

Dolata, Ulrich (2014): Märkte und Macht der Internetkonzerne. Konzentration – Konkurrenz – Innovationsstrategien. SOI Discussion Paper 2014-04. Stuttgart: Universität Stuttgart. Institut für Sozialwissenschaften (http://www.uni-stuttgart.de/soz/oi/publikationen/index.html).

Jeremy Bowles

# Die Computerisierung von Arbeitsplätzen in Europa[1]

Die Auswirkungen neuer Technologien auf die bisherigen Felder der Beschäftigung werfen immer wieder die Frage auf: Wer werden die Gewinner, wer werden die Verlierer sein? Obwohl diese Frage Jahrhunderte alt ist, verschafft neuere Literatur, die wir hier auf den europäischen Fall beziehen, interessante Einblicke.

Die zentrale Botschaft ist: Auch wenn es für die Politik in Europa derzeit vor allem darum geht, die schwachen Beschäftigungszahlen aufzubessern, so gibt es doch noch einen wichtigen zweiten Aspekt, der zu berücksichtigen ist: Neue Technologien werden wahrscheinlich langfristig dramatische Umwälzungen an den Arbeitsmärkten bewirken und zur Veränderung jener Fähigkeiten führen, die die Arbeiter von morgen benötigen. Um die Risiken dieser Veränderungen abzufedern muss sich unser Ausbildungssystem anpassen.

## Minimalisten und Maximalisten

In den Debatten über die makroökonomischen Folgen der neuen Technologien kann man grob zwischen Minimalisten (die glauben, dass sich nur wenig ändern wird) und Maximalisten (die glauben, dass sich alles ändern wird) unterscheiden.

Im Lager der Ersteren hat kürzlich Robert Gordon die These[2] aufgestellt, dass wir in eine neue Ära niedrigen wirtschaftlichen Wachstums eintreten, in welcher neue technologische Entwicklungen geringere Auswirkungen haben werden als in der Vergangenheit. Dagegen stehen Maximalisten wie Erik Brynjolfsson und Andrew McAfee (Brynjolfsson/McAfee 2014), die dramatische wirtschaftliche Verschiebungen als Folge eines »Zweiten Maschinenzeitalters« vorhersagen. Im Kampf um Arbeitsplätze erwarten sie einen Wettlauf

---

1   Die englische Originalfassung dieses Beitrags erschien zuerst unter http://www.bruegel.org/nc/ blog/detail/article/1394-the-computerisation-of-european-jobs/. Die Übersetzung aus dem Englischen besorgte Jörg Goldberg. Im englischen Text wird durchgängig der Begriff »computerisation« benutzt, der hier mit »Computerisierung« wiedergegeben ist. Auch in anderen englischsprachigen Texten zum Thema ist stets von »computerisation« die Rede. Aus dem Zusammenhang geht allerdings klar hervor, dass damit genau das gemeint ist, was in der deutschen Diskussion als »Digitalisierung« bezeichnet wird.

2   Zit. nach http://www.bruegel.org/nc/blog/detail/article/1285-blogs-review-does-economic-growth-have-a-future-in-the-united-states/

zwischen technologischen Veränderungen und Ausbildung, welcher die Art der erforderlichen Qualifikationen dramatisch verändern wird. Dementsprechend bedroht die Automation nicht nur Routineaufgaben mit wiederholbaren Tätigkeiten, sondern zunehmend auch kreative Arbeitsplätze, bei denen es um die selbstständige Erkennung von Mustern und um kognitive Aufgaben geht.

### Die Prognosen von Frey und Osborne

In diesem zweiten Lager – also bei denjenigen, die dramatische Veränderungen der Beschäftigungsverhältnisse als Folge von technischem Fortschritt erwarten – hat ein neueres Arbeitspapier von Carl Frey und Michael Osborne von der Oxford-Universität für erhebliche Aufmerksamkeit gesorgt (Frey und Osborne 2013). Die Autoren des Papiers verbinden Erkenntnisse der Arbeitswissenschaft mit Aspekten des maschinellen Lernens, um abzuschätzen, in welchem Umfang unterschiedliche Arbeitsplätze »digitalisierbar« sind. Im Kern versuchen sie, ein theoretisches Modell (Autor et al. 2003) zu modifizieren, indem sie drei Engpässe identifizieren, welche die Automatisierung von bestimmten Arbeitsplätzen behindern könnten: kreative Intelligenz, soziale Intelligenz und Aufgaben von Wahrnehmung und Steuerung. Sie klassifizieren dann 702 Berufe entsprechend dem Grad, in dem diese durch die drei besagten Engpassfaktoren gekennzeichnet sind. Diese Engpässe seien durch technischen Fortschritt – insbesondere auf den Gebieten des maschinellen Lernens (ML), der Entwicklung künstlicher Intelligenz (AI) und beweglicher Roboter (MR) – nur schwer zu überwinden.

Ausgehend von dieser Klassifizierung existierender Berufe und Arbeitsplätze schätzen sie die Wahrscheinlichkeit (oder das Risiko) der Computerisierung ein, d.h., ob ein bestimmter Beruf »möglicherweise in einem Zeitraum von einigen Jahren, in einem oder zwei Jahrzehnten automatisierbar ist«. Sie wollen so »jenen Teil der Beschäftigung abschätzen, welcher technisch gesehen in einem Zeitraum von einigen Jahren durch Computer ersetzt werden könnte.« Wenn ein Arbeitsplatz bzw. ein Beruf in hohem Maße durch die besagten Engpässe gekennzeichnet ist, dann besteht nur eine geringe Wahrscheinlichkeit, dass technologische Veränderungen zu einer Verdrängung menschlicher Arbeitskraft durch Computer führen werden. Wenn aber eine Tätigkeit wenig kreative bzw. soziale Intelligenz erfordert oder mit aktiver Wahrnehmung verbundene Aufgaben beinhaltet, dann ist die Wahrscheinlichkeit höher, dass ML, AI oder MR zu ihrer Digitalisierung führen. Diese Risiken reichen vom Telemarketing (99 Prozent Risiko der Computerisierung) bis zur Entspannungstherapie (0,28 Prozent Risiko der Computerisierung).

Solche Vorhersagen sind natürlich immer unbeständig, so dass die Ergebnisse in einer breiten, heuristischen Weise (was auch die Autoren des Arbeitspapiers einräumen) interpretiert werden müssen. Gleichwohl sind die Ergebnisse eine Herausforderung. Zusammenfassend besagen sie, dass 47 Prozent der US-amerikanischen Arbeitsplätze computerisiert werden könnten (ausgehend von den derzeit existierenden Arbeitsplätzen). Das gilt für alle untersuchten 702 Typen von Arbeitsplätzen, allerdings in unterschiedlichem Maß.

Wie verteilen sich diese Risiken über die Beschäftigungsprofile der Menschen? Sind vor allem – wie im 19. Jahrhundert – hochqualifizierte handwerkliche Tätigkeiten bedroht, müssen wir – wie über große Perioden des 20. Jahrhunderts hinweg, als viele Arbeitsplätze in schlecht bezahlte Dienstleistungsbereiche verlagert wurden – mit einer »Aushöhlung« mittlerer, durch einen hohen Anteil von Routine gekennzeichneten Beschäftigungsverhältnisse rechnen, oder mit ganz anderen Folgen? Die Autoren des Arbeitspapiers erwarten, dass der kommende technische Fortschritt vor allem niedrig qualifizierte und schlecht bezahlte Arbeitsverhältnisse betreffen wird, weil einfache Dienstleistungsberufe, die bis jetzt nur schwer zu digitalisieren waren, zunehmend vom technischen Wandel erfasst werden.

## Arbeitsplatzrisiken durch Computerisierung:
### In den EU-Ländern unterschiedlich

Auch wenn solche Vorhersagen mit Vorsicht zu behandeln sind, so geben die Ergebnisse der Analyse doch zu denken. Was könnten sie für Europa bedeuten? Welche Länder sind besonders anfällig? Um diese Fragen zu beantworten nehmen wir die US-Daten und wenden sie auf die EU an.

Am Ende ihres Arbeitspapiers (S. 57–72) listen Frey und Osborne alle von ihnen klassifizierten Arbeitsplätze auf, die Wahrscheinlichkeit, mit der diese digitalisiert werden, und den mit diesen Arbeitsplätzen verbundenen US-amerikanischen SOC-Code (Standard Occupational Classification). Wir benutzen genau die gleichen Wahrscheinlichkeiten der Digitalisierung wie die US-Autoren, aber wir müssen diese auf ein anderes System der Klassifizierung von Berufen übertragen, um etwas über Europäische Beschäftigungsverhältnisse aussagen zu können. Da der in den USA übliche SOC-Code in Europa nicht allgemein verwendet wird, haben wir diesen für jeden einzelnen Beruf in den ISCO-Code (International Standard Classification of Occupations) übersetzt, der von der Internationalen Arbeitsorganisation (ILO) verwendet wird (siehe Anhang). Das erlaubt uns, die von Frey und Osborne ermittelten Computerisierungsrisiken auf die europäischen Beschäftigungsstrukturen anzuwenden.

Nachdem wir also – unter Übernahme der Daten des Frey & Osborne-Arbeitspapiers – für jeden ISCO-Arbeitsplatz das Digitalisierungsrisiko ermittelt haben, wenden wir dieses auf die europäische Beschäftigungsstruktur entsprechend der sektoralen Abgrenzung der ISCO an. Grundlage sind die ILO-Daten aus dem EU-Beschäftigungssurvey von 2012. Daraus ermitteln wir einen allgemeinen Digitalisierungsrisiko-Index, welcher den Anteil der Beschäftigten ausdrückt, der in den nächsten ein oder zwei Jahrzehnten in der EU-28 durch technischen Fortschritt bedroht sein wird.

Es sollte erwähnt werden, dass die Autoren des ursprünglichen Arbeitspapiers selbst eine wesentliche Einschränkung hinsichtlich der Gültigkeit ihrer Aussagen machen: In dem Maße, wie individuelle Aufgaben durch technischen Fortschritt schrittweise obsolet werden, erhält der betroffene Arbeiter zusätzlich Zeit, in der er andere Aufgaben ausführen kann. Dementsprechend wird sich auch seine Arbeitsbeschreibung ändern. Man kann kaum vorhersagen, wie die Arbeitsplätze des Jahres 2014 in ein oder zwei Jahrzehnten aussehen werden. Daher muss daran erinnert werden, dass sich die Schätzungen nur darauf beziehen, wie viele von den gegenwärtig bestehenden Arbeitsplätzen durch Computer ersetzt werden können. Die Ergebnisse sind in der folgenden Tabelle aufgelistet.

Das daraus resultierende Muster ist nicht besonders überraschend. Die nördlichen Länder – Niederlande, Belgien, Deutschland, Frankreich, Vereinigtes Königreich, Irland und Schweden – weisen Digitalisierungsrisiken auf, die denen der USA ähnlich sind. Je größer die Unterschiede zu diesem Kerneuropa sind, desto größer sind die Automatisierungsrisiken für die Beschäftigung, wobei die Länder der EU-Peripherie die größten Risiken aufweisen.

Ausgehend von dem Argument, dass diese Art von Automatisierung vor allem niedrig qualifizierte und schlecht bezahlte Tätigkeiten betrifft, überrascht es nicht, dass die Ergebnisse mit anderen ökonomischen Kennziffern korrelieren. Wir haben die von uns berechneten Automatisierungsrisiken ins Verhältnis zum Pro-Kopf-Einkommen der Länder gesetzt und erhalten eine negative Korrelation: Je niedriger die Durchschnittseinkommen, desto höher das Risiko.

### Insgesamt können in der EU 45 bis 60 Prozent der Arbeitsplätze betroffen sein

Dies lässt vermuten, dass die Digitalisierung von Arbeitsplätzen die Arbeitsmärkte der peripheren EU-Länder stärker berührt als die der nördlichen Länder im gleichen Zeitraum. Dagegen steht allerdings ein Faktor, welcher diese Aussage abschwächt: Periphere Länder haben neue Technologien historisch langsamer übernommen. Da Unternehmen in den verschiedenen Ländern

| Tab. 1: Risiken der Computerisierung in 26 EU-Mitgliedsländern – Anteil der Arbeitsplätze, die voraussichtlich gefährdet sind (in Prozent) | Gute Arbeit |
|---|---|
| Belgien | 50,38 |
| Bulgarien | 56,56 |
| Tschechien | 53,65 |
| Dänemark | 49,54 |
| Deutschland | 51,12 |
| Estland | 53,94 |
| Irland | 48,51 |
| Griechenland | 56,47 |
| Spanien | 55,32 |
| Frankreich | 49,54 |
| Kroatien | 57,91 |
| Italien | 56,18 |
| Lettland | 51,08 |
| Litauen | 51,85 |
| Luxemburg | 49,60 |
| Ungarn | 55,34 |
| Malta | 51,27 |
| Niederlande | 49,50 |
| Österreich | 54,10 |
| Polen | 52,29 |
| Rumänien | 61,93 |
| Slowenien | 53,19 |
| Slowakei | 54,70 |
| Finnland | 51,13 |
| Schweden | 46,69 |
| Vereinigtes Königreich | 47,17 |

Quelle: *Bruegel Berechnungen auf der Grundlage von Frey & Osborne (2013); ILO, EU Labor Force Survey. Für Zypern wird in der Liste kein Wert angegeben.*

neue Technologien unterschiedlich rasch einsetzen, kann vorab kaum prognostiziert werden, welche Länder in einem bestimmten Zeitraum am stärksten betroffen sein werden – es ist kaum abzuschätzen, ob die Zeitverzögerung bei der Einführung der neuen Technologien in den weniger entwickelten Ländern überwiegt gegenüber der größeren Zahl bedrohter Arbeitsplätze. Außerdem hängt der Zeitpunkt der Einführung einer technischen Neuerung natürlich von den relativen Preisen ab. Schließlich erschweren die Wirkung und die Entwicklung von rechtlichen Regulierungsverhältnissen Aussagen über den wahrscheinlichen Zeitpunkt der Einführung solcher technischen Neuerungen. Allerdings sieht sich die Peripherie auf längere Sicht auf jeden Fall größeren Risiken ausgesetzt, wenn die technischen Veränderungen einmal eingeführt werden.

Sollten sich diese Vorhersagen hinsichtlich des technischen Fortschritts erfüllen, so werden die Auswirkungen dramatisch sein, unabhängig von ihrer geografischen Verteilung. Denn ausgehend von den Schätzungen des Frey & Osborne-Arbeitspapiers wären zwischen 45 und über 60 Prozent der Arbeitskräfte in Europa betroffen.

**Ein weiteres Problem: Qualifizierung**
Obwohl das aktuelle arbeitsmarktpolitische Hauptproblem in Europa die anhaltend hohen Arbeitslosenquoten sind, so sollte darüber nicht ein zweites, strukturelles Missverhältnis vergessen werden: die Struktur von Arbeitsmarkt und Qualifikationen. Wenn wir davon ausgehen, dass die neueren technologischen Entwicklungen Sektoren mit relativ niedrigen Qualifikationsanforderungen betreffen werden, die bislang von technischem Fortschritt relativ wenig berührt worden sind, dann ist eine Verschiebung der Beschäftigungsstrukturen in Richtung auf weniger anfällige Tätigkeiten notwendig. Solche Tätigkeiten dürften höhere Anforderungen an kreative und soziale Intelligenz stellen, was mit großen Herausforderungen an die Entwicklung des europäischen Arbeitskräftepotenzials verbunden ist. Diese Strukturveränderungen werden voraussichtlich ein schmerzlicher Prozess sein. Es ist offensichtlich, dass sich insbesondere das Ausbildungssystem verändern muss, um den höheren Anforderungen Genüge zu tun.

**Anhang**
Die Anpassung der US-amerikanischen Berufsklassifikationen an die europäischen Kategorien folgt einer relativ groben Methodik: Es ging darum, 702 sehr detailliert beschriebene SOC-Berufe in 22 hoch aggregierte ISCO-Berufsgruppen zu integrieren, für die die ILO neuere Daten, und zwar für jedes einzelne EU-Land, bereitstellt. Das ist ein relativ einfaches Verfahren, weil die beiden Klassifikationssysteme strukturell verknüpft sind. Der sechsstellige SOC-Code (z. B. 11-1011 als Code für die Berufsgruppe der CEOs – Chief Executive Officer = geschäftsführendes Vorstandsmitglied) ist im zweistelligen ISCO-Code für die Berufsgruppe der Unternehmensmanager (11) enthalten, wobei es eine vierstellige Untergruppe für chief executives (Geschäftsführer/Vorstandsmitglieder) gibt. Da die europäischen ILO-Daten den zweistelligen Klassifikationen (insgesamt 22) folgen, erhalten wir Arbeitsplatzbeschreibun-

gen z. B. nur für den Code 11, d. h. für alle Manager und für alle europäischen Länder, nicht aber speziell für CEOs. Da aber alle Arbeitsplätze in einem bestimmten zweistelligen Job-Cluster ähnlich anfällig sein dürften für Automatisierungsprozesse, können wir davon ausgehen, dass die Anfälligkeit der einzelnen SOC-Berufe für Computerisierungsprozesse ganz gut durch die Anfälligkeit des ISCO-Durchschnitts wiedergegeben wird. Um im Beispiel zu bleiben: Die Computerisierungsrisiken für public relations manager (SOC: 11-2031), CEOs (SOC: 11-1011) und natural science manager (SOC: 11-9121 – Leiter von Forschungsgruppen) dürften sich kaum unterscheiden. Die Aufgabe bestand also einfach darin, die ersten beiden Stellen der SOC-Systematik aus den Daten des Frey & Osborne-Arbeitspapiers zu nehmen, den entsprechenden zweistelligen Berufsgruppen der ILO/ISCO-Systematik zuzuordnen und – wo nötig – ein Durchschnittsrisiko für die jeweilige ISCO-Berufsgruppe zu berechnen. Dadurch gehen sicherlich einige Nuancen verloren; da aber ohnehin nur grobe und ungefähre Vorhersagen möglichsind und die Risiken in den einer ISCO-Gruppe zugehörigen Einzelberufen ähnlich sind, scheint dies eine vernünftige Lösung zu sein.

### Literatur

Autor, David H./Levy, Frank/Murname, Richard J. (2003): The Skill Content of Recent Technological Change. An Empirical Exploration, in: The Quarterly Journal of Economics, Vol. 118, Issue 4, S. 1279–1333.

Brynjolfsson, Erik/McAfee, Andrew (2014): The Second Machine Age: Work, Progress, and Prosperity in a Time of Brilliant Technologies. Norton.

Frey, Carl Benedict/Osborne, Michael A. (2013): The Future of Employment: How Susceptible are Jobs to Computerisation? Oxford Martin School Working Paper. Oxford.

Nadine Müller/Ines Roth

# Digitalisierung und Innovation

Innovationsfähigkeit und -tätigkeit sind zentrale Erfolgskriterien für wirtschaftliches Wachstum. Und die Wirtschaft hat sich seit den 1970er Jahren grundlegend durch die Digitalisierung bzw. Computerisierung und die damit einhergehende Automation eines großen Teils manueller Arbeit an den Maschinen verändert (vgl. Müller 2010, S. 28ff.; 2012, S. 252ff., sowie Adolph in diesem Band). Damit ist die Digitalisierung nicht nur zu einem wesentlichen Faktor für Innovationen bzw. Neuerungen geworden, sondern mit ihr erhöht sich zudem die Notwendigkeit zur Innovationstätigkeit und die Qualifikationsanforderungen in vielen Tätigkeitsfeldern (vgl. Müller 2010, Kap. 5.1.3; 2012, S. 258ff.), wie auch in diesem Beitrag gezeigt wird.

Dass ferner Tätigkeiten – vor allem die, die nicht oder kaum durch Digitalisierung rationalisiert werden können – zunehmend durch Kreativität gekennzeichnet sind, ist im Kern die zentrale Annahme relevanter Prognosen über künftige Arbeitsplatzverluste. Diese besagen, dass auch in den nächsten Jahrzehnten ein bestimmter Teil von Beschäftigung durch Computer ersetzt werden könnte (vgl. Frey/Osborne 2013 sowie Bowles 2014, dt. Übersetzung in diesem Band). Dieser Teil ist dadurch charakterisiert, dass er nicht oder kaum spezifische Qualitäten aufweist, die Automatisierung behindern, nämlich: »kreative Intelligenz, soziale Intelligenz und Aufgaben von Wahrnehmung und Steuerung« (vgl. Bowles in diesem Band). Im Umkehrschluss geben die Prognosen auch Hinweise darauf, welche Tätigkeiten in Zukunft benötigt werden, nämlich Wissensarbeit und »Arbeit am Menschen«, wie es der VW-Vorstand Horst Neumann auf der Auftaktveranstaltung des BMAS zum Dialog »Arbeiten 4.0« ausdrückte (vgl. BMAS 2015). Bei der Arbeit am bzw. mit Menschen handelt es sich um »interaktive« Arbeit, um (personenbezogene) Dienstleistungen, die nicht nur soziale, sondern auch kreative Kompetenzen verlangen (vgl. Wagner 2013, Brandl/Bsirske 2015 sowie Bsirske in diesem Band).

Diese Entwicklung ist nicht brandneu: Während Fabrikarbeitsplätze seit den 1970er Jahren wegfallen, nehmen vor allem Jobs in den (personenbezogenen) Dienstleistungsbereichen zu (vgl. Reich 1993, S. 302; Bsirske 2011, S. 491; Müller 2015a, S. 22f.). In Westdeutschland hat sich die Zahl der Erwerbstätigen im produzierenden Gewerbe von ca. 13 Mio. 1970 auf 9,4 Mio.

1998 verringert, was mit einer Stärkung des Dienstleistungssektors einherging (vgl. Demirovic 2007, S. 45; Müller/Roth 2013, S. 256f.). Jedoch – so die Einschätzung von Experten (vgl. Kurz/Rieger 2013) – wird die Digitalisierung in den nächsten Jahren noch eine Beschleunigung erfahren. Im Zuge der Digitalisierung kommt also dem Dienstleistungssektor eine besondere Rolle zu. 2014 waren mehr als 31,5 Millionen der insgesamt 42,6 Millionen Erwerbstätigen in den unterschiedlichen Dienstleistungsbereichen beschäftigt. Das entspricht einem Anteil von 73,9 Prozent (Statistisches Bundesamt 2015a, vgl. acatech 2015, S. 48).[1] Die Bruttowertschöpfung in Deutschland hat 2014 insgesamt 2611,8 Mrd. Euro betragen (Statistisches Bundesamt 2015b, eigene Berechnungen). Davon sind allein 1789,5 Mrd. Euro, also 68,5 Prozent der Gesamtbruttowertschöpfung, im Dienstleistungssektor erwirtschaftet worden. Aufgrund der wachsenden Relevanz von Dienstleistungen für Wirtschaft und Beschäftigung rücken »Dienstleistungsinnovation notwendigerweise zunehmend in das Zentrum des wissenschaftlichen und politischen Interesses.« (Jacobsen/Jostmeier 2010, S. 219)

### Digitale Innovationen im Dienstleistungssektor

Digitalisierung ist zu einem zentralen Treiber für Innovationen in der Wirtschaft geworden. Laut Sabbagh et al. (2013) erhöhte die Digitalisierung die Weltwirtschaftsleistung um 193 Billionen US-Dollar in 2011. Im Dienstleistungssektor kann ein knappes Drittel des gesamten Wertschöpfungswachstums von 1998 bis 2012 in Deutschland auf die Digitalisierung zurückgeführt werden – kumuliert und in absoluten Zahlen entspricht dies einem Betrag von beeindruckenden 95,1 Milliarden Euro (vgl. Bitkom/Prognos 2013; Vereinigung der Bayerischen Wirtschaft 2013). Prognos hat auch den Digitalisierungsgrad einzelner Wirtschaftszweige verglichen, gemessen am Anteil der Patentanmeldungen mit digitalen Technologien an allen Patentanmeldungen des jeweiligen Bereichs. Ergebnis: »Insbesondere die Dienstleistungsbranchen dominieren in der Gruppe der Spitzenreiter« der hoch digitalisierten Branchen (Vereinigung der Bayerischen Wirtschaft 2013, S. 9f.; vgl. Bsirske 2014, S. 16; acatech 2015, S. 11, 18f.).

Insbesondere die IKT-Dienstleister spielen wiederum als Treiber der Digitalisierung und Vorreiter bei der Umsetzung digitaler Trends wie dem Cloud Computing eine zentrale Rolle: »Much of the radical transformation of the world economy from an industrial to a postindustrial service society comes from the contribution of IT to service and from IT as service.« (Huang / Rust

---

1 In den USA und Großbritannien liegt der Beschäftigtenanteil im Dienstleistungssektor bereits bei knapp 80 Prozent (vgl. ver.di 2011, S. 1).

2013, S. 251) Da sie vor allem durch Programmierung Software bereitstellen, werden insbesondere die IT-Dienstleister zu Recht als Enabler der Digitalisierung charakterisiert (vgl. Roth 2014, S. 10; Müller 2015b sowie Menez et al. in diesem Band). »Seit der Finanzkrise konnte die IKT-Branche ihre Bruttowertschöpfung deutlich auf insgesamt rund 89 Milliarden Euro im Jahr 2013 steigern. Damit liegt ihr Beitrag zur gewerblichen Wertschöpfung mit 4,7 Prozent [...] gleichauf mit dem Automobilbau (4,7 Prozent) und vor dem Maschinenbau (4,5 Prozent). Mit 91 Prozent entfällt ein Großteil der Bruttowertschöpfung der gesamten IKT-Branche im Jahr 2013 auf die IKT-Dienstleister.« (BMWi 2014, S. 16; vgl. Müller 2015b) Einer Prognose der BITKOM (2014) zufolge steigt wie bereits in den Vorjahren insbesondere das Geschäft mit Software, das nochmals um 5,5 Prozent auf 20,2 Mrd. Euro zulegen kann. Wachstumstreiber sind vor allem Big Data und Cloud-Computing. Die Experton Group 2015 geht davon aus, dass allein der Geschäftskundenmarkt für Cloud-Lösungen 2015 um 39 Prozent auf 8,8 Mrd. Euro steigen wird (vgl. BITKOM 2014). Die IKT-Dienstleister gehören somit zu den innovativsten Branchen (vgl. BMWi 2014, S. 58) und treiben die Digitalisierung voran, die wiederum wesentlich für Innovationen in der Wirtschaft ist (vgl. Roth 2014, S. 10, 2015; BMWi 2014, S. 77).

In Anbetracht der enormen Bedeutung, die dem Dienstleistungssektor insgesamt für Innovation, Wirtschaft und Beschäftigung zukommt, ist es wesentlich, wie dieser den digitalen Wandel vollzieht. Jedoch sind die Potenziale von zukunftsorientierten Wirtschaftszweigen wie IKT als auch Gesundheit laut dem Leiter des Deutschen Instituts für Wirtschaftsforschung (DIW), Marcel Fratzscher, noch nicht ausgeschöpft: »Wir müssen die jungen Branchen, die jungen Unternehmen fördern. Und wir sollten viel ambitionierter sein, was Forschung und Entwicklung angeht.« (Berliner Zeitung vom 18./ 19.4.2015, S. 10) Diese Einschätzung wird durch die Ergebnisse des aktuellen ver.di-Innovationsbarometers bestätigt: Einerseits stellen die befragten ver.di-Mitbestimmungsträger fest, dass Innovationen bereits stark durch Digitalisierung geprägt sind und dass Letztere zu einer höheren Innovationsnotwendigkeit führt. Aber andererseits haben sich die Innovationstätigkeit und -fähigkeit im Dienstleistungssektor nicht erhöht – eher ist das Gegenteil der Fall.

## Ergebnisse des ver.di-Innovationsbarometers 2015
## mit dem Schwerpunkt Digitalisierung

Im Mittelpunkt des aktuellen ver.di-Innovationsbarometers[2] stehen Fragen nach der Bedeutung digitaler Technik bei der betrieblichen Innovationstätigkeit, nach Formen der Digitalisierung und den Folgen der von Digitalisierung geprägten Innovationen. Die Ergebnisse des ver.di-Innovationsbarometers zeigen einen starken Digitalisierungstrend in den Betrieben. So meinen 54 Prozent der Befragten, dass die Innovationen der vergangenen zwei Jahre durch den Einsatz digitaler Technik geprägt waren. Für die kommenden beiden Jahre sehen sie eine Fortsetzung dieses Trends (vgl. Abb. 1).

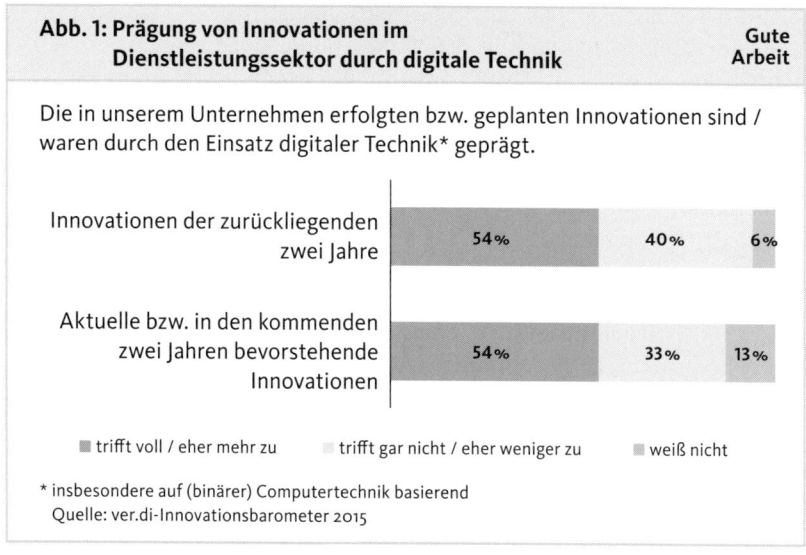

**Abb. 1: Prägung von Innovationen im Dienstleistungssektor durch digitale Technik**  —  **Gute Arbeit**

Die in unserem Unternehmen erfolgten bzw. geplanten Innovationen sind / waren durch den Einsatz digitaler Technik* geprägt.

Innovationen der zurückliegenden zwei Jahre: 54 % / 40 % / 6 %

Aktuelle bzw. in den kommenden zwei Jahren bevorstehende Innovationen: 54 % / 33 % / 13 %

■ trifft voll / eher mehr zu    ■ trifft gar nicht / eher weniger zu    ■ weiß nicht

* insbesondere auf (binärer) Computertechnik basierend
Quelle: ver.di-Innovationsbarometer 2015

Die befragten Mitbestimmungsträger in den Dienstleistungsunternehmen geben an, dass in den zurückliegenden zwei Jahren vor allem mobile Geräte wie Smartphones oder Tablets, aber auch Plattformen für die interne und/oder externe Kommunikation eingeführt wurden (vgl. Abb. 2). Beide Realisierungsformen digitaler Innovationen werden den Einschätzungen der Befragten zufolge in Zukunft etwas abnehmen. Etwas weniger weit verbreitet war bisher die

---

2   Das ver.di-Innovationsbarometer gibt über die Innovationsfähigkeit im Dienstleistungssektor Auskunft. Es basiert auf dem Urteil von MitbestimmungsakteurInnen, die der ver.di angehören. Dabei werden ArbeitnehmervertreterInnen in Aufsichtsräten sowie Vorsitzende von Betriebs- und Personalräten online zu ihrer Einschätzung befragt. Den diesjährigen Schwerpunkt bildet die Digitalisierung (vgl. Roth 2015).

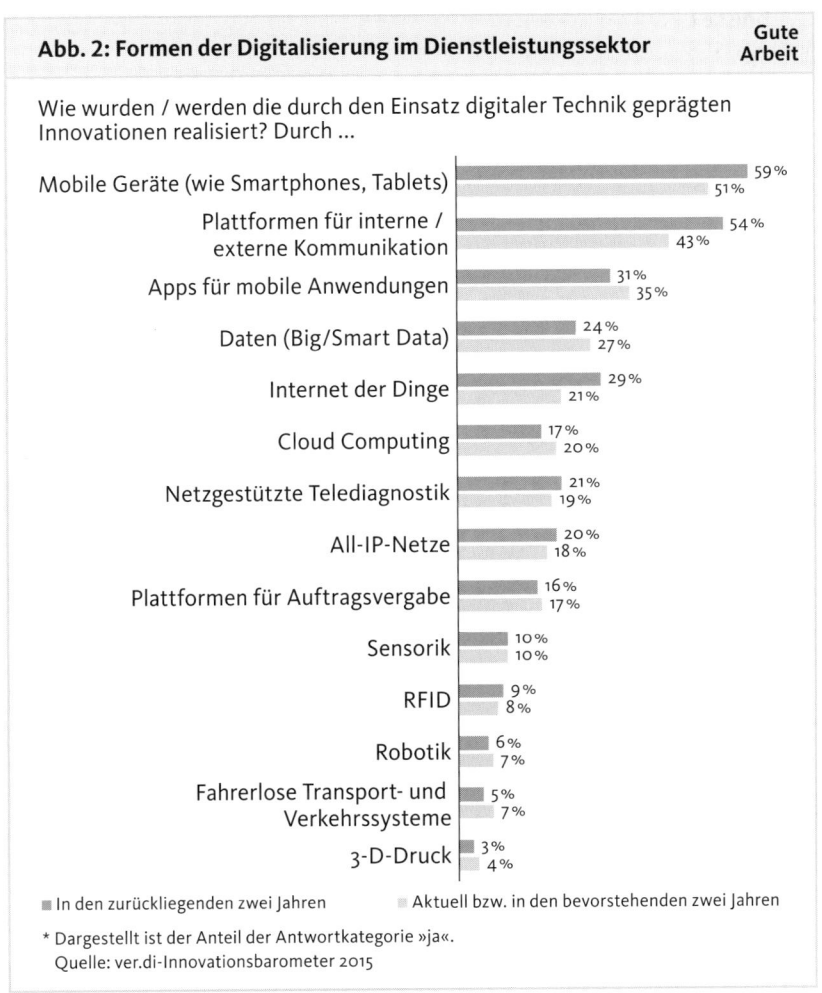

Abb. 2: Formen der Digitalisierung im Dienstleistungssektor — Gute Arbeit

Wie wurden / werden die durch den Einsatz digitaler Technik geprägten Innovationen realisiert? Durch ...

| | | |
|---|---|---|
| Mobile Geräte (wie Smartphones, Tablets) | 59% | 51% |
| Plattformen für interne / externe Kommunikation | 54% | 43% |
| Apps für mobile Anwendungen | 31% | 35% |
| Daten (Big/Smart Data) | 24% | 27% |
| Internet der Dinge | 29% | 21% |
| Cloud Computing | 17% | 20% |
| Netzgestützte Telediagnostik | 21% | 19% |
| All-IP-Netze | 20% | 18% |
| Plattformen für Auftragsvergabe | 16% | 17% |
| Sensorik | 10% | 10% |
| RFID | 9% | 8% |
| Robotik | 6% | 7% |
| Fahrerlose Transport- und Verkehrssysteme | 5% | 7% |
| 3-D-Druck | 3% | 4% |

■ In den zurückliegenden zwei Jahren        ■ Aktuell bzw. in den bevorstehenden zwei Jahren

* Dargestellt ist der Anteil der Antwortkategorie »ja«.
Quelle: ver.di-Innovationsbarometer 2015

Entwicklung von Apps für mobile Anwendungen, Internet der Dinge und Big Data. Aktuell bzw. für die bevorstehenden zwei Jahre erwarten die Befragten jedoch eine leichte Zunahme von Apps, Cloud Computing und Big Data.

Die Folgen digitaler Innovationen und von »Smart Services« sind nicht eindeutig (vgl. acatech 2015, S. 23). Sie sind zu gestalten (vgl. ver.di 2014a, b; Schröder 2015). So mag die Digitalisierung beispielsweise im einen Tätigkeitsfeld zu Beschäftigungsabbau führen, während sie im anderen neue Arbeitsplätze durch die Erschließung neuer Geschäftsfelder schafft. Das ver.di-

Innovationsbarometer kann über die bisherige Wirkungsweise der Digitalisierung im Dienstleistungssektor Aufschluss geben. Die ver.di-BR-/PR-Vorsitzenden und Arbeitnehmervertreter/innen im Aufsichtsrat sind gefragt worden, welche Auswirkungen digitale Innovationen in ihrem Unternehmen in den letzten zwei Jahren hatten. Demnach führen diese zu einem Anstieg der Qualifikationsanforderungen (82 Prozent). Zudem nehmen tendenziell die Erreichbarkeit der Beschäftigten außerhalb der normalen Arbeitszeit (70 Prozent), Projektarbeit (65 Prozent), Gefährdung der Persönlichkeitsrechte (57 Prozent) und mobile Arbeit (53 Prozent) zu. Außerdem geben mehr Befragte an, dass Beschäftigung infolge digitaler Innovationen abgenommen (34 Prozent) als dass Beschäftigung zugenommen hat (25 Prozent).

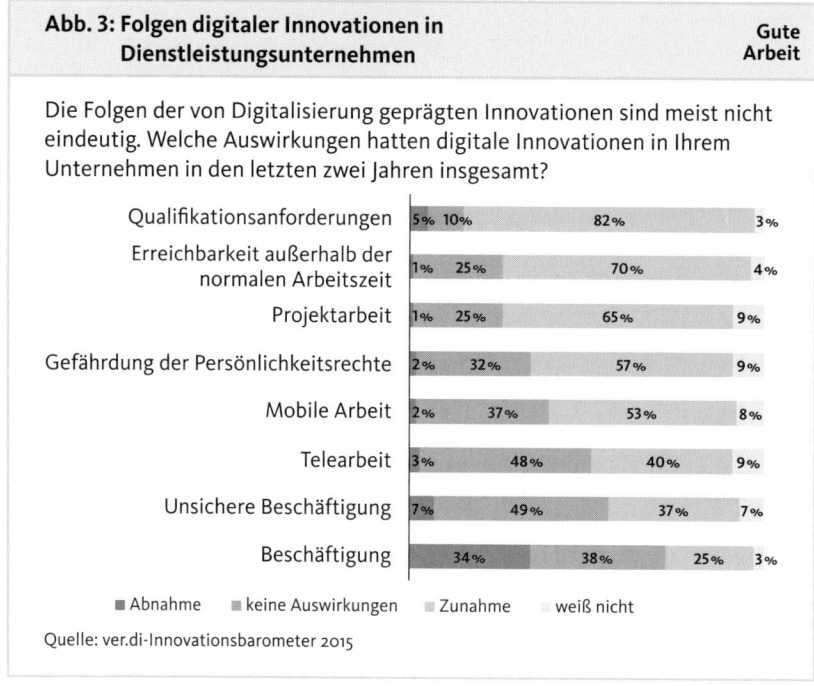

**Abb. 3: Folgen digitaler Innovationen in Dienstleistungsunternehmen**　　Gute Arbeit

Die Folgen der von Digitalisierung geprägten Innovationen sind meist nicht eindeutig. Welche Auswirkungen hatten digitale Innovationen in Ihrem Unternehmen in den letzten zwei Jahren insgesamt?

| | Abnahme | keine Auswirkungen | Zunahme | weiß nicht |
|---|---|---|---|---|
| Qualifikationsanforderungen | 5% | 10% | 82% | 3% |
| Erreichbarkeit außerhalb der normalen Arbeitszeit | 1% | 25% | 70% | 4% |
| Projektarbeit | 1% | 25% | 65% | 9% |
| Gefährdung der Persönlichkeitsrechte | 2% | 32% | 57% | 9% |
| Mobile Arbeit | 2% | 37% | 53% | 8% |
| Telearbeit | 3% | 48% | 40% | 9% |
| Unsichere Beschäftigung | 7% | 49% | 37% | 7% |
| Beschäftigung | 34% | 38% | 25% | 3% |

■ Abnahme　■ keine Auswirkungen　■ Zunahme　　weiß nicht

Quelle: ver.di-Innovationsbarometer 2015

### Innovationsfähigkeit durch Gute Arbeit

Die Ergebnisse des ver.di-Innovationsbarometers legen zudem nahe, dass die Innovationsdynamik mit der Digitalisierung zunimmt. So stimmen mehr als drei Viertel der befragten Interessenvertreter der Aussage zu, die Digitalisierung erhöhe die Notwendigkeit, innovativ zu sein – also mehr Innovationen in kürzeren Abständen auf den Weg zu bringen. Zugleich aber ist der Anteil der Unternehmen, in denen in den letzten beiden Jahren überhaupt keine Innovationen getätigt wurden, von 16 Prozent 2013 auf 23 Prozent 2015 gestiegen. So zeigen die Ergebnisse des aktuellen ver.di-Innovationsbarometers, dass die Innovationstätigkeit der Dienstleistungsunternehmen in den vergangenen zwei Jahren zurückgegangen ist (vgl. Abb. 4).

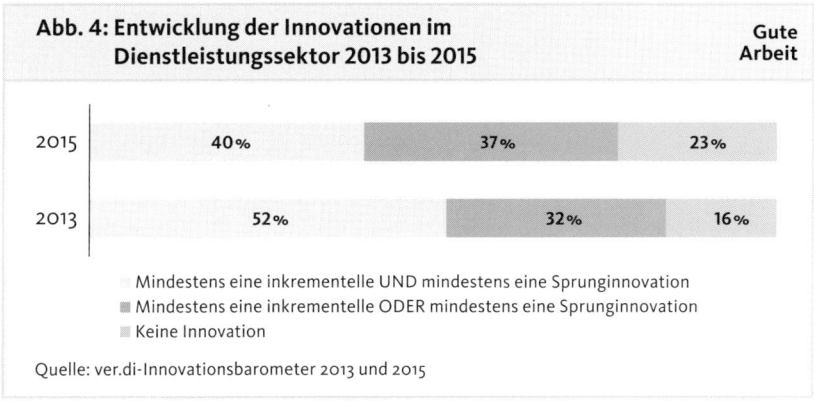

**Abb. 4: Entwicklung der Innovationen im Dienstleistungssektor 2013 bis 2015**

Gute Arbeit

- Mindestens eine inkrementelle UND mindestens eine Sprunginnovation
- Mindestens eine inkrementelle ODER mindestens eine Sprunginnovation
- Keine Innovation

Quelle: ver.di-Innovationsbarometer 2013 und 2015

Was hemmt vor allem die Innovationsfähigkeit in den Dienstleistungsunternehmen? Zum dritten Mal in Folge nennt die Mehrheit der Befragten bezüglich dieser Frage: »mangelnde Zeitressourcen« und »hoher Leistungsdruck« (2015: jeweils 91 Prozent; vgl. Müller/Roth 2013, S. 263).

**Fazit**

Die mit digitalen Innovationen einhergehende zunehmende Erreichbarkeit außerhalb der normalen Arbeitszeit erhöht den Arbeitsdruck noch, der die Hauptursache für eine abnehmende und unzureichende Innovationsfähigkeit ist. Obwohl die hohe Arbeitsintensität innovationsschädlich wirkt – 68 Prozent sind der Meinung, dass Innovationen dadurch tendenziell an Qualität verlieren; 63 Prozent stellen fest, dass Innovationsprojekte vermehrt abgebrochen oder zeitlich verzögert; 52 Prozent, dass sie gar nicht erst begonnen werden – und obwohl Innovationen immer bedeutsamer für den wirtschaftlichen Erfolg werden, geschieht diesbezüglich zu wenig. Auch deshalb hat ver.di mit Tarifverträgen zum Belastungsschutz bei der Telekom sowie zum Gesundheitsmanagement bei IBM erste Standards gesetzt (vgl. Halberstadt in diesem Band). In Krankenhäusern sollen zudem mit einem Personalbemessungs-Tarifvertrag bzw. mit einem entsprechenden Gesetz (vgl. Weisbrod-Frey 2015 sowie Kunkel in diesem Band) nicht nur die Beschäftigten und die Patienten geschützt, sondern auch Innovationen für die Zukunft ermöglicht werden. Betriebliche Innovationstätigkeit, gerade auch in Zeiten der zunehmenden Digitalisierung, bleibt eine zentrale Herausforderung – für ökonomischen Erfolg und insbesondere für die Arbeitsqualität. Es gilt, diese Herausforderung anzunehmen, auch von der gewerkschaftlichen und der betrieblichen Interessenvertretung (vgl. Klemisch 2015; Müller 2015a; ver.di 2015). Ziel ist, digitale als soziale Innovationen zu gestalten, auch im Sinne der Beschäftigten – im Sinne Guter (digitaler) Arbeit (vgl. ver.di 2014 a, b; Schröder 2015).

## Literatur

Acatech (2015): Smart Service Welt. Umsetzungsempfehlungen für das Zukunftsprojekt Internetbasierte Dienste für die Wirtschaft, Abschlussbericht, www.acatech.de/file admin/user_upload/Baumstruktur_nach_Website/Acatech/root/de/Projekte/Laufende_ Projekte/Smart_Service_Welt/Smart_Service_Welt_2015/BerichtSmartService2015_D_ lang_bf.pdf

Berliner Zeitung (2015): Interview mit M. Fratzscher »Ich glaube, dass Berlin goldene Jahrzehnte vor sich hat«, in: Berliner Zeitung vom 18./19.4.2015, 10.

Bitkom/Prognos (Hg.) (2013): Digitale Arbeitswelt. Gesamtwirtschaftliche Effekte – Endbericht.

BITKOM (2014): Deutscher IT-Markt wächst 2015 um 2,4 Prozent. Presseinformation vom 10. Dezember 2014. Quelle: http://www.bitkom-research.de/Presse/Pressearchiv-2014/ Deutscher-IT-Markt-waechst-2015-um-24-Prozent (letzter Abruf 21.8.2015).

BMAS (2015): Arbeiten 4.0, Auftaktveranstaltung am 22. April 2015 in Berlin, www.arbeiten viernull.de/auftakt/videos/diskussionspanel-1.html

BMWi (Bundesministerium für Wirtschaft und Energie, 2014): Monitoring-Report Digitale Wirtschaft 2014 – Innovationstreiber IKT, Berlin

Bowles, J. (2014): The computerisation of European jobs – who will win and who will lose from the impact of new technology onto old areas of employment? 17.7.2014, www. bruegel.org/nc/blog/detail/article/1394-the-computerisation-of-european-jobs/, siehe die deutsche Übersetzung in diesem Band.

Brandl, M./Bsirske, F. (2015): Digitalisierung braucht ein menschliches Maß – Perspektiven gewerkschaftlichen Handelns, in: ver.di-Bereich Innovation und Gute Arbeit (Hg.): Gute Arbeit und Digitalisierung, Berlin, http://innovation-gute-arbeit.verdi.de/themen/digitale-arbeit

Bsirske, F. (2011): Dienstleistungspolitik und Dienstleistungsforschung – Ein Plädoyer für neue Impulse. In: WSI Mitteilungen 9/2011, 491–496.

Bsirske, F. (2014): Digitalisierung und Dienstleistungen – Herausforderungen für Arbeitswelt und Gesellschaft, Rede auf der BMBF-Tagung im Mai 2014, in: Boes, A. (Hg.): Dienstleistungen in der digitalen Gesellschaft, Frankfurt/M., 16–24 [auch in: ver.di (2014): Digitalisierung und Dienstleistungen. Perspektiven gewerkschaftlicher Arbeit. Gewerkschaftliche Postionen. Berlin, 6–15; http://innovation-gute-arbeit.verdi.de/themen/digitale-arbeit].

Demirovic, A. (2007): Demokratie in der Wirtschaft. Positionen – Probleme – Perspektiven. Münster.

Frey, C. B./Osborne, M. A. (2013): The Future of Employment: How susceptible are jobs to Computerisation? Academic Publication, Oxford Martin School, University of Oxford.

Huang, M.-H. Rust, R. T. (2013): IT-Related Service: A Multidisciplinary Perspective. In: Journal of Service Research 16 (3), S. 251–258.

Jacobsen, H./Jostmeier, M. (2010): Dienstleistungsinnovation als soziale Innovation: neue Optionen für produktive Aktivität der NutzerInnen. In: Howald, J./Jacobsen, H. (Hg.): Soziale Innovation. Auf dem Weg zu einem postindustriellen Innovationsparadigma. Wiesbaden, 219–235.

Klemisch, M. (2015): Dienstleistungsinnovationen – Betriebliche Zukunft mitgestalten, Hans-Böckler-Stiftung, Düsseldorf.

Kurz, C./Rieger, F. (2013): Arbeitsfrei, München.

Müller, N. (2010): Reglementierte Kreativität, Arbeitsteilung und Eigentum im computerisierten Kapitalismus. Berlin.

Müller, N. (2012): Innovativität im Prozess der Computerisierung, in: Bormann, I./John, R./Aderhold, J. (Hg.): Indikatoren des Neuen. Innovation als Sozialmethodologie oder Sozialtechnologie? Wiesbaden, 251–268.

Müller, N. (2015a): Gute digitale Arbeit im Dienstleistungssektor. Mitbestimmung als Akteur beim Gestalten der Zukunft, in: Computer und Arbeit 6/2015, 22–25.

Müller, N. (2015b): Arbeitsqualität in der Leitbranche der Digitalisierung. Ergebnisse der ver.di-Sonderauswertung zu den Arbeitsbedingungen von IT-Beschäftigten, in: ver.di-Bereich Innovation und Gute Arbeit (Hg.): Gute Arbeit und Digitalisierung, Berlin, http://innovation-gute-arbeit.verdi.de/themen/digitale-arbeit

Müller, N./Roth, I. (2013): Innovationsfähigkeit durch Partizipation – Ergebnisse des Innovationsbarometers 2011, in: Schröder, L./Urban, H.-J: Jahrbuch Gute Arbeit, 256–270.

Reich, R. (1993): Die neue Weltwirtschaft. Das Ende der nationalen Ökonomie. Frankfurt/M.

Roth, I. (2014): Die Arbeitsbedingungen in der IT-Dienstleistungsbranche aus Sicht der Beschäftigten. Branchenbericht auf der Basis des DGB-Index Gute Arbeit 2012/13, hrsg. von ver.di, Bereich Innovation und Gute Arbeit, Berlin; http://innovation-gute-arbeit.verdi.de/gute-arbeit/materialienund-studien

Roth, I. (2015): ver.di-Innovationsbarometer 2015. Ausgewählte Ergebnisse, hrsg. vom ver.di-Bereich Innovation und Gute Arbeit. Berlin; http://innovation-gute-arbeit.verdi.de/innovation/innovationsbarometer

Sabbagh, K./Friedrich, R./El-Darwiche, B./Singh, M./Kloster, A. (2013): Digitalization for Economic Growth and Job Creation: Regional and Industry Perspectives. In: Bilbao-Osario, B./Dutta, S./Lanvin, B. (Hg.): The Global Information Technology Report 2013. Growth and Jobs in a Hyperconnected World, S. 35–42. http://www3.weforum.org/docs/WEF_GITR_Report_2013.pdf (letzter Abruf 9.4.2015).

Schröder, L. (2015, im Erscheinen): Wie sich die Digitalisierung entwickelt und warum die Zukunft in der Guten Arbeit liegt, im BMBF-Tagungsband »Arbeit in der digitalisierten Welt«, Tagung am 28./29.5.2015 in Berlin.

Statistisches Bundesamt (2015a): Erwerbstätige und Arbeitnehmer nach Wirtschaftsbereichen. www.destatis.de/DE/ZahlenFakten/GesamtwirtschaftUmwelt/Arbeitsmarkt/Erwerbstaetigkeit/TabellenErwerbstaetigenrechnung/ArbeitnehmerWirtschaftsbereiche.html (letzter Abruf 2.4.2015).

Statistisches Bundesamt (2015b): Volkswirtschaftliche Gesamtrechnung. Inlandsproduktsberechnung. Detaillierte Jahresergebnisse 2014. Fachserie 18, Reihe 1.4.

ver.di, Ressort 1 (2011): Wandel gestalten. Wirtschaft und Arbeit im Umbruch, Berlin.

ver.di (Hg. 2014a): Digitalisierung und Dienstleistungen. Perspektiven gewerkschaftlicher Arbeit. Gewerkschaftliche Postionen. Berlin; http://innovation-gute-arbeit.verdi.de/themen/digitale-arbeit

ver.di (2014b): Gute Arbeit in Zeiten des digitalen Umbruchs! Gewerkschaftliche Erklärung vom 11. September 2014; Berlin. http://innovation-gute-arbeit.verdi.de/themen/digitale-arbeit

ver.di, Bereich Innovation und Gute Arbeit (2015): Innovationsbarometer 2015. Ausgewählte Ergebnisse der Befragung von Interessenvertretern zum Innovationsklima in den Unternehmen; http://innovation-gute-arbeit.verdi.de/innovation/innovationsbarometer

Vereinigung der Bayerischen Wirtschaft (2013): Digitalisierung als Rahmenbedingung für Wachstum. Eine vbw Studie, erstellt von der Prognos AG.

Wagner, J. (2013): Die Kunst guter Dienstleistung – eine Strategie für innovative Dienstleistungsarbeit, in: ver.di (Hg.): Dienstleistungsinnovationen: offen, sozial, nachhaltig, hrsg. vom ver.di-Bereich Innovation und Gute Arbeit. Berlin, 49–55; http://innovation-gute-arbeit.verdi.de/innovation/dienstleistungsinnovationen

Weisbrod-Frey, H. (2015): Digitalisierung im Gesundheitswesen, in: ver.di-Bereich Innovation und Gute Arbeit (Hg.): Gute Arbeit und Digitalisierung, Berlin, http://innovation-gute-arbeit.verdi.de/themen/digitale-arbeit

Raphael Menez/Elke Oestreicher/Sabine Pfeiffer/Anne Suphan

# Digitale und mobile Arbeit –
# Gute Arbeit in der IKT?

Die Digitalisierung verändert unsere Arbeits- und Lebenswelt. Mobiles Arbeiten mit Smartphones, Laptops, Tablets & Co. ist für viele Beschäftigte bereits Alltag. Prognosen und Zukunftsvisionen über diese neue Mobilität und ihre Potenziale und Herausforderungen sind weit verbreitet und werden vielfältig diskutiert (z. B. Industrie 4.0, Wirtschaft 4.0, Arbeit 4.0). Doch eine kritische Einordnung der oft diskutierten Entwicklungstrends der Digitalisierung und Mobilisierung von Arbeit fehlt bislang weitgehend, da kaum Erkenntnisse über den Ist-Stand der Digitalisierung in den einzelnen Wirtschaftsbranchen vorliegen. Exemplarisch analysieren wir hier den Ist-Stand digitaler und mobiler Arbeit in der IKT-Dienstleistungsbranche, zeigen Entwicklungstrends und Anforderungen auf und leiten Gestaltungsoptionen für Gute Arbeit ab.

**Die IKT-Branche als hochdigitalisierte Schlüsselbranche**
Die IKT-Branche wird als Leitbranche der Digitalisierung bezeichnet. Zusammen mit dem Automobilbau ist sie die Branche mit der höchsten Bruttowertschöpfung und erzielt einen der höchsten Umsätze (BMWi 2014: 16f.). Im Jahr 2013 erwirtschaftete rund eine Million Beschäftigte einen Umsatz von zirka 226 Milliarden Euro. Im Hinblick auf die gesamte gewerbliche Wirtschaft in Deutschland ist der Beschäftigungsanteil der IKT-Branche mit 4,2 Prozent im Branchenvergleich auf Platz 2 hinter dem Maschinenbau (anteilig 4,3 Prozent Beschäftigte; BMWI 2014: 17–20).

| Tab. 1: Die IKT-Branche im Überblick (Stand 2013) | Gute Arbeit |
|---|---|
| Anzahl Unternehmen | 91.262 |
| Mitarbeiter | 1.034.433 |
| Umsatz (weltweit) | 226 Mrd € |
| Umsatz/ Mitarbeiter | 218.000 € |
| Exportquote [2010] | 26,3 % |
| Quelle: Eigene Darstellung | |

Neben der ökonomischen Bedeutung steht die IKT-Branche mit ihrer Funktion als Treiber und Enabler der Digitalisierung im Zentrum der Entwicklung.

Als Leitbranche sind hier insbesondere Veränderungen von Arbeit vorweg genommen, die verzögert auch für andere Branchen Effekte haben. Aus dieser Leitfunktion heraus erscheint die Auseinandersetzung mit dieser Branche – besonders hinsichtlich neuartiger Entwicklungen und Anforderungen – wertvolle Erkenntnisse für andere Branchen liefern zu können. Doch ist die Branche tatsächlich hochgradig digitalisiert? Worin zeigt sich die Digitalisierung von Arbeit? Wie verändert sich Arbeit durch Digitalisierung und was lernen wir aus diesen Erkenntnissen für Gute Arbeit?

Für die Branchenanalyse zum Ist-Stand digitaler und mobiler Arbeit wurden eigene Auswertungen originärer beschäftigungsbezogener Datensätze für die IKT-Dienstleistungsbranche durchgeführt. Als Ausgangsbasis für die Klassifikation von Wirtschaftszweigen nach der Statistischen Systematik der Wirtschaftszweige in der EU (NACE) (Rev. 2.; Statistisches Bundesamt 2013: 25) ist die Branche im Wesentlichen geprägt von der Telekommunikationsbranche (Klassifikation der Wirtschaftszweige – WZ 61) und der Programmierung, IT-Beratung und sonstige Dienstleistungen auf dem Gebiet IT (WZ 62). Einbezogen werden gleichsam die Bereiche Software (WZ 58.2), Datenbank- und Web-Dienstleistungen (WZ 63.1) und die Reparatur von IKT-Gera·ten (WZ 95.1, ohne Unterhaltungselektronik). In der Auswertung haben wir uns immer auf den eindeutigen Wirtschaftszweigeinsteller bezogen (WZ 61, 62 und 63), da nicht in jedem Datensatz der Wirtschaftszweigeinsteller ausgewiesen ist. Dabei wurden mehrere Befragungen ausgewertet:

*1. Der DGB-Index Gute Arbeit der Jahre 2012, 2013 und 2014*
Der DGB-Index Gute Arbeit ist eine durch das Internationale Institut für Empirische Sozialökonomie (INIFES) entwickelte und von der uzbonn für das »Institut DGB-Index Gute Arbeit« jährlich durchgeführte bundesweite Repräsentativbefragung Erwerbstätiger. Die Erstbefragung erfolgte 2007. Der Erhebungszeitraum der ausgewerteten Daten lag jeweils zwischen Dezember und April. Die Hauptbefragung umfasst n = 4000 Interviews mit abhängig Erwerbstätigen, d.h. Arbeitnehmern/-innen und Beamten/-innen mit einer regelmäßigen wöchentlichen Arbeitszeit von mindestens zehn Stunden bis zum Eintritt in die Altersruhe. Der Index besteht aus den drei Teilindizes Ressourcen, Belastungen sowie Einkommen und Sicherheit. Das Thema Arbeitszeitgestaltung war 2014 Schwerpunktthema (Holler 2014). Die Stichprobe für die Dienstleistungsbranche umfasst im Jahr 2014 171 Fälle, im Jahr 2013 152 und im Jahr 2012 192.

Eine ver.di-Sonderauswertung des DGB-Index Gute Arbeit 2012/2013 liegt vor für die Wirtschaftszweige 62 (also v.a. Programmierung, IT-Beratung und sonstige Dienstleistungen auf dem Gebiet IT) und 63 (v.a. Datenverarbeitung, Hosting, Webportale) über Fallzahlen (n = 230) für die Jahre 2012 und 2013 (Roth 2014: 13). Da wir zusätzlich die Telekommunikation (Wirtschaftszweig 61) einbeziehen, unterscheiden sich die Ergebnisse leicht (vgl. hierzu Input Consulting 2009). Für Ergebnisse – unter anderem differenziert nach Tätigkeiten und Betriebsgröße – aus der IT-Dienstleistungsbranche siehe Roth (2014).

## 2. Die BiBB/BAuA Beschäftigtenbefragung von 2012

Die BIBB/BAuA-Erwerbstätigenbefragung (Hall et al. 2014) ist eine repräsentative Erhebung der Arbeitsplatzgegebenheiten erwerbstätiger Personen, die mindestens 15 Jahre alt sind und mindestens zehn Stunden wöchentlich arbeiten. Die Befragung erfolgte per CATI (computergestützte Telefoninterviews). Für unsere Auswertung haben wir den Datensatz aus dem Jahr 2012 (n = 20036) herangezogen. Die Befragung zielt auf eine detaillierte Erfassung der Branchen und vor allem der Arbeitstätigkeiten und Qualifikationen der Beschäftigten. Der Datensatz zählt zu den tätigkeitsbezogenen Beschäftigungserhebungen. Die von uns ausgewertete Stichprobe für die IKT-Dienstleistungsbranche umfasst 563 Fälle.

## 3. Die IGM Beschäftigtenbefragung von 2013

Die IGM Beschäftigtenbefragung »Arbeit: sicher und fair!« (IG Metall 2013) aus dem Jahr 2013 ist die umfangreichste Beschäftigtenbefragung für den industriellen Sektor einschließlich der industrienahen Dienstleistungen und Handwerksbranchen in Deutschland. Der Stichprobenumfang beträgt n = 514 134 befragte Personen. Betriebsräte, Vertrauensleute sowie Jugend- und Auszubildendenvertretungen haben die Befragung zwischen Mitte Februar und Ende April 2013 durchgeführt. Der Fragebogen wurde in mehr als 8400 Betrieben im Organisationsbereich der IG Metall genutzt. An der Befragung konnten alle Arbeitnehmer/-innen teilnehmen, so dass rund zwei Drittel Gewerkschaftsmitglieder der IG Metall und ca. ein Drittel (31 Prozent) der Teilnehmer Nichtmitglieder sind. Für die IKT-Dienstleistungsbranche umfasst die Stichprobe 5726 Fälle.

Soweit es die vorliegende Datenlage zulässt, versuchen wir die aktuellen digitalen Entwicklungen (Tablets, Cloud etc.) und damit verbundene Nutzungstrends in den Blick zu nehmen und arbeitsbezogene, technische und organisationale Wandlungsprozesse aufzuzeigen.

## Die IKT-Nutzung in der IKT-Branche ist kaum zu übertreffen

In der IKT-Dienstleistungsbranche sind insbesondere sechs Berufsgruppen anteilig stark vertreten. Fast die Hälfte der Beschäftigten (49 Prozent) ist als Informatiker oder in anderen IKT-spezifischen Berufen tätig (z. B. IT-Systemanalysten, IT-Netzwerktechniker, Datenbankentwickler). Ein wesentlich geringerer Anteil (11 bzw. 12 Prozent) arbeitet als Mechatroniker oder in einem Elektro- und Energieberuf. Neben diesen beiden technisch orientierten Berufsgruppen ist eine Vielzahl der Beschäftigten in administrativen Berufen tätig – insbesondere im Bereich der Unternehmensführung und -organisation und im Bereich der Werbung, des Marketings und der Medienberufe. Von allen Beschäftigten in der Branche sind knapp zwei Drittel männlich (BIBB/BAuA 2012/Institut DGB-Index Gute Arbeit 2014). Der größte Anteil der Beschäftigten (34 Prozent) ist zwischen 46 und 55 Jahre alt. Im Durchschnitt liegt das Alter der Beschäftigten bei 43,5 Jahren (BIBB/BAuA 2012).

Der Grad der Digitalisierung kann am Einsatz von Computern und EDV-Geräten gemessen werden. Misst man ihn auf diese Weise, so ist er in der IKT-Dienstleistungsbranche weit fortgeschritten. Der Computer gehört für 87 Prozent der Befragten als übliches Arbeitsmittel zum Arbeitsalltag, dagegen werden Büro- und Kommunikationsgeräte nur noch von 7 Prozent der Befragten genutzt. Abb. 1 illustriert, dass in der IKT-Dienstleistungsbranche praktisch alle Beschäftigten, nämlich über 99 Prozent, manchmal bzw. häufig am Computer arbeiten und damit den überwiegenden Anteil ihrer Arbeitszeit (79 Prozent) dort verbringen.

Die Verbreitung und Nutzung von IKT ist bei allen Beschäftigten der IKT-Dienstleistungsbranche hoch. Allerdings gibt es dennoch Unterschiede im Hinblick auf Art und Umfang der Nutzung zwischen den einzelnen Berufsgruppen: Nicht nur die Informatiker, sondern auch nahezu 100 Prozent der

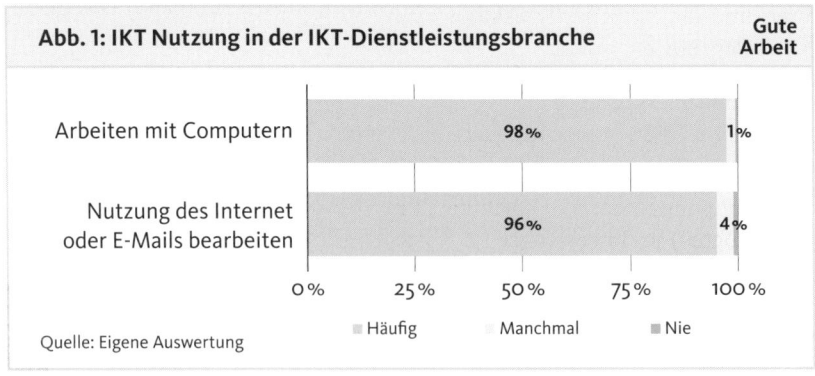

Abb. 1: IKT Nutzung in der IKT-Dienstleistungsbranche — Gute Arbeit

Arbeiten mit Computern 98% 1%
Nutzung des Internet oder E-Mails bearbeiten 96% 4%

0%   25%   50%   75%   100%

■ Häufig   ■ Manchmal   ■ Nie

Quelle: Eigene Auswertung

Mechatroniker und Elektroniker arbeiten manchmal bzw. häufig am Computer und nutzen ebenso häufig das Internet und bearbeiten E-Mails. Während die Informatiker jedoch mit 82 Prozent den Großteil ihrer Arbeitszeit am Computer verbringen, sind es bei den Mechatronikern nur 59 Prozent der Arbeitszeit. Die höchste durchschnittliche Computerarbeitszeit weisen die Beschäftigten im Bereich der Unternehmensführung (84 Prozent) und der Werbung (86 Prozent) auf. Zudem zeigen die Ergebnisse der BIBB/BAuA Befragung (2012), dass die Beschäftigten der IKT-Dienstleistungsbranche IK-Technologien je etwa zur Hälfte nur als Anwender bzw. als Entwickler nutzen. Wenn auch die Nutzung über eine reine Anwendung hinaus etwas stärker ist (55 Prozent), so bestehen jedoch erhebliche Unterschiede zwischen den verschiedenen Tätigkeitsbereichen. Von einer vollständigen Digitalisierung kann daher zurzeit noch nicht gesprochen werden. Ist die IKT-Branche denn wirklich die moderne und revolutionäre Branche mit viel Bewegung und Veränderung? Und was geschieht tatsächlich im Arbeitsalltag?

### Digitalisierung im Arbeitsalltag – Dynamischer technologischer und organisatorischer Wandel

Die IT-Branche ist bei neuen Digitalisierungsschritten anderen Branchen weit voraus. Die Spannweite der Unterschiede spiegelt beispielsweise die Cloud Nutzung. Im Cloud Monitor von KPMG und Bitkom (2015) wird deutlich: Unabhängig davon, welche Cloud Lösungen genutzt werden, die IKT-Branche ist sichtbarer Vorreiter. 71 Prozent der Unternehmen in der IT-Branche nutzen Cloud Computing. Dagegen liegt die Nutzung von Cloud Lösungen aller Branchen im Gesamtvergleich bei lediglich 44 Prozent (KPMG/Bitkom 2015: 13ff.). Als Folge dieser Entwicklungen lässt sich festhalten, dass sich die Branche dynamisch wandelt. Um Veränderungen wie die genannten zu ermöglichen, müssen auch technologische Ausstattung, betriebliche Strukturen und die Arbeitsorganisation verändert werden. In welchem Umfang sich solch ein technologischer Wandel in der IKT-Dienstleistungsbranche vollzogen hat, wird in der BiBB/BAuA-Erhebung in Abb. 2 deutlich.

Die dargestellten technologischen Neuerungen zeigen, dass in der IKT-Dienstleistungsbranche innerhalb von nur zwei Jahren (2010–2012) vielfach (67 Prozent) neue Computerprogramme eingeführt wurden. Dagegen wurden neue Fertigungs- oder Verfahrenstechnologien (bei 37 Prozent der befragten Beschäftigten) und neue Maschinen oder Anlagen (bei 26 Prozent) eher seltener eingeführt und eingesetzt (BIBB/BAuA 2012).[1] Die Veränderungen am

---

1  Eine Auswertung für einzelne Berufsgruppen ist aufgrund von niedrigen Fallzahlen in den analysierten Datensätzen im Folgenden nicht mehr möglich.

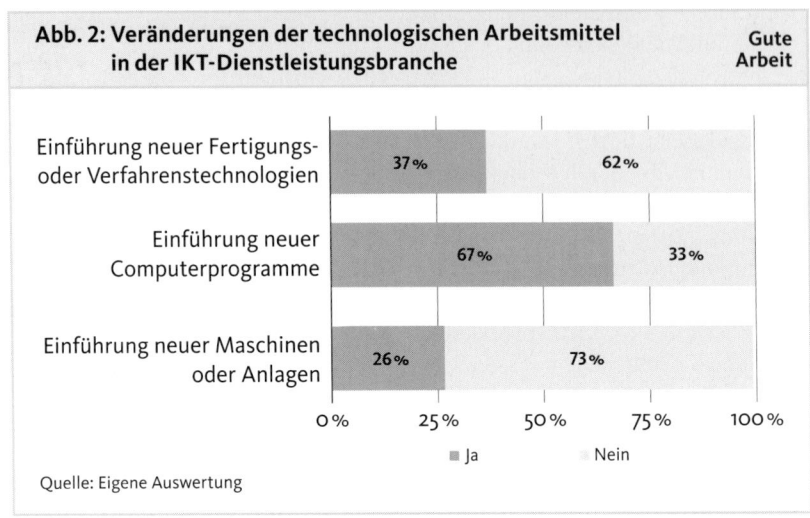

Abb. 2: Veränderungen der technologischen Arbeitsmittel in der IKT-Dienstleistungsbranche

Gute Arbeit

Quelle: Eigene Auswertung

Arbeitsplatz erscheinen branchenspezifisch typisch: Der Wandel bezieht sich schwerpunktmäßig auf die Einführung neuer Software.

Bereits bei diesen branchentypischen Entwicklungstrends sind die Beschäftigten der IKT-Dienstleistungsbranche einem sich vielfach organisatorisch wandelndem Umfeld ausgesetzt. Denn der technologische Wandel geht mit betrieblichen Strukturveränderungen und Veränderungen der Arbeitsorganisation einher. Mehr als die Hälfte der Befragten in der BiBB/BAuA Erwerbstätigenbefragung berichten von Umstrukturierungen und Re-Organisationen in ihrem unmittelbaren Arbeitsfeld. Bei knapp einem Drittel der Befragten werden auch zunehmend freie Mitarbeiter, Aushilfen, Praktikanten oder Leiharbeiter eingesetzt (BIBB/BAuA 2012).

Detailliertere Erkenntnisse zu den Umstrukturierungen lässt die Datenlage nicht zu. Jedoch wäre ein genauerer Blick notwendig, um überhaupt prüfen zu können, ob die Modernität, die dieser Branche zugeschrieben wird, auch wirklich vorhanden ist oder ob der Wandel nur sehr nahe an den Entwicklungen stattfindet, die auch in dieser Branche erwartet werden und üblich sind. Der Wandel erfordert von den Beschäftigten zweifelsohne ein hohes Maß an neuen Kompetenzen, Anpassung oder auch komplette Neuausrichtungen bisheriger Tätigkeitsroutinen. Abb. 4 zeigt, dass 58 Prozent der Befragten eine Zunahme von Anforderungen an ihre fachlichen Kompetenzen sehen (BIBB/BAuA 2012).

Das größte Problem scheint dabei in der zunehmenden Arbeitsdichte und -intensität zu liegen, was mit zahlreichen steigenden Anforderungen an die

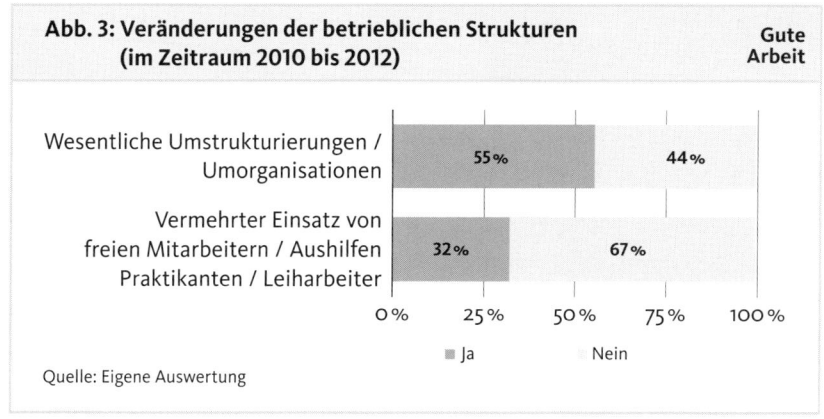

Abb. 3: Veränderungen der betrieblichen Strukturen (im Zeitraum 2010 bis 2012) — Gute Arbeit

Quelle: Eigene Auswertung

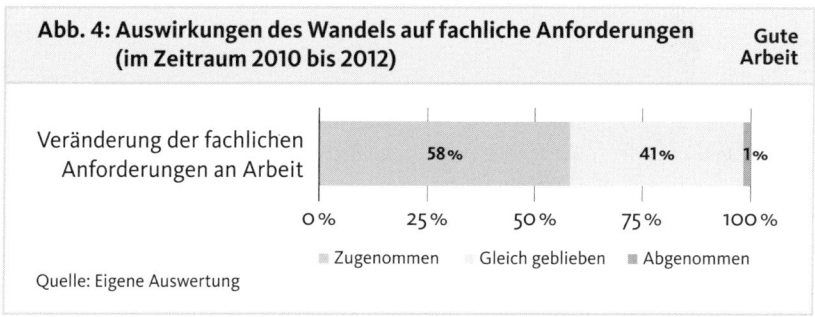

Abb. 4: Auswirkungen des Wandels auf fachliche Anforderungen (im Zeitraum 2010 bis 2012) — Gute Arbeit

Quelle: Eigene Auswertung

Beschäftigten und die Unternehmen verbunden ist. Dass durch diese Anforderungen die Arbeitsintensität zunimmt, belegen die Ergebnisse des DGB-Index (Institut DGB-Index Gute Arbeit 2014; vgl. dazu auch Roth 2014). 37 Prozent der Beschäftigten in der IKT-Dienstleistungsbranche geben an, im letzten Jahr in einem sehr hohen bzw. hohen Maß mehr Arbeit in der gleichen Zeit leisten zu müssen (Abb. 5). Für weitere 29 Prozent trifft dies immerhin in geringem Maße zu. Insgesamt zwei Drittel der Befragten erlebten einen (deutlichen) Arbeitsanstieg im letzten Jahr (Institut DGB-Index Gute Arbeit 2014). Im Vergleich zu den Vorjahren ist der Anteil derer, die einen Anstieg der Arbeitsintensität im Jahr 2014 in einem hohen und sehr hohem Maße empfinden jedoch signifikant geringer (2012: 60 Prozent vs. 2014: 37 Prozent).

Die zunehmende Arbeitsintensität, d.h. die Tatsache, dass die Befragten immer mehr Arbeit in der gleichen Zeit erledigen müssen, ist im Vergleich zu

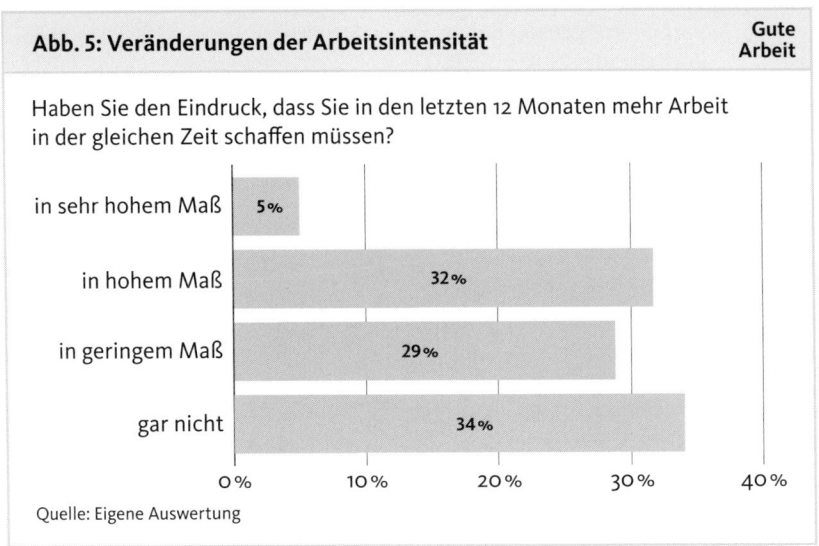

**Abb. 5: Veränderungen der Arbeitsintensität**

Gute Arbeit

Haben Sie den Eindruck, dass Sie in den letzten 12 Monaten mehr Arbeit in der gleichen Zeit schaffen müssen?

in sehr hohem Maß — 5%
in hohem Maß — 32%
in geringem Maß — 29%
gar nicht — 34%

Quelle: Eigene Auswertung

allen anderen Aspekten für die Betroffenen ein besonders ernstes Problem. Mehr als die Hälfte der Beschäftigten belastet diese Situation, wie Abb. 6 zeigt (Institut DGB-Index Gute Arbeit 2014).

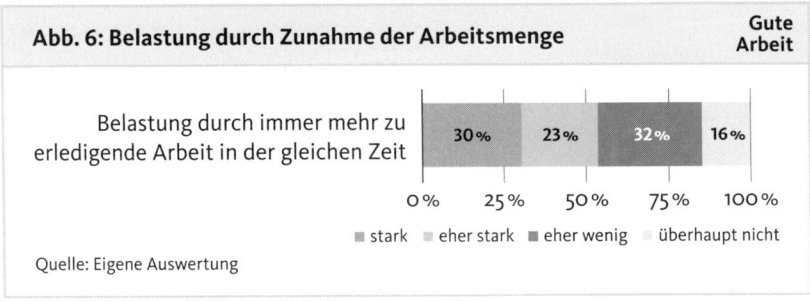

**Abb. 6: Belastung durch Zunahme der Arbeitsmenge**

Gute Arbeit

Belastung durch immer mehr zu erledigende Arbeit in der gleichen Zeit — 30% 23% 32% 16%

0% 25% 50% 75% 100%

■ stark ■ eher stark ■ eher wenig ■ überhaupt nicht

Quelle: Eigene Auswertung

Abb. 7 zeigt, dass bei den widersprüchlichen oder belastenden Arbeitsanforderungen vor allem der Zeitdruck dazu führt, dass sich viele Beschäftigte (43 Prozent) gestresst fühlen (Institut DGB-Index Gute Arbeit 2014). Aber auch die Notwendigkeit, Qualitätsabstriche zu Gunsten der Arbeitsmenge zu machen (41 Prozent) und das häufige Fehlen notwendiger Informationen, um eine Aufgabe zu erfüllen (40 Prozent), führen bei den Beschäftigten zu Belastungen (Institut DGB-Index Gute Arbeit 2014; vgl. dazu Roth 2014).

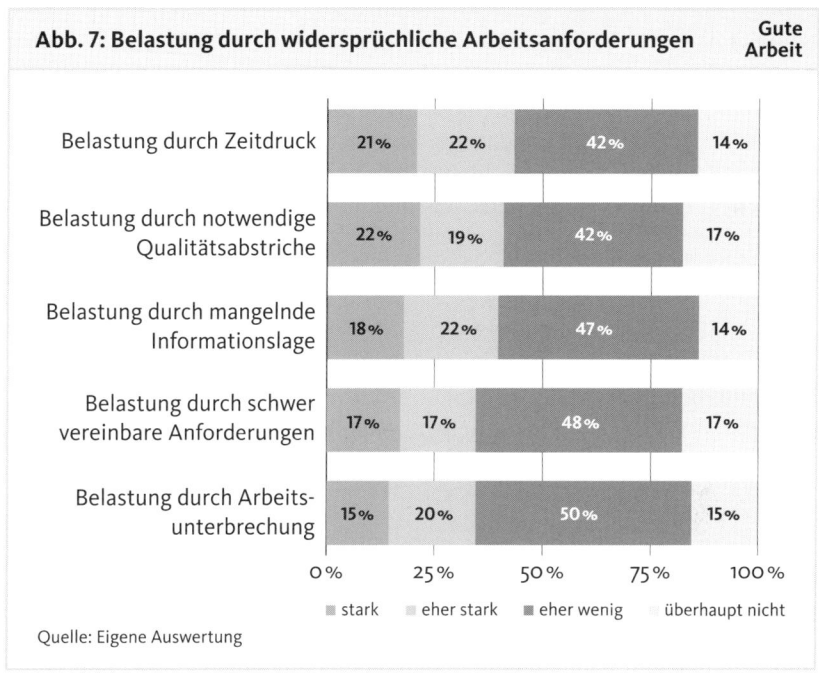

Abb. 7: Belastung durch widersprüchliche Arbeitsanforderungen — Gute Arbeit

Quelle: Eigene Auswertung

Die Beschäftigten in der IKT-Dienstleistungsbranche erleben durchgängig zwei Trends gleichzeitig: den eher technisch bedingten Wandel und einen rasanten organisatorischen Wandel – entweder durch innerbetriebliche Umstrukturierungen oder durch zunehmende Zusammenarbeit mit freien Mitarbeitern, Leiharbeitsbeschäftigten usw. Da der technologische Wandel überwiegend branchenspezifisch stattfindet, können die Beschäftigten ihre berufsfachlichen Kompetenzen nutzen, um mit der Digitalisierung umzugehen. Dennoch lässt sich in diesem Zusammenhang auch eine Zunahme der Arbeitsdichte und -intensität beobachten. Die Anforderungen an die Beschäftigten und die Unternehmen sind hoch. Wie wird mit diesen Anforderungen umgegangen, was braucht es und welche Abfederungen der Anforderungen bilden sich in der Branche ab?

## Abfederung der Belastungen und Gestaltungsoptionen

*Qualitätsreduktion*

Als belastend empfunden wird der Arbeitsdruck, der durch die Arbeitsintensität und -dichte ausgelöst wird. Eine mögliche Strategie damit umzugehen ist, Abstriche bei der Qualität der Arbeit zu machen, um das geforderte Arbeitspensum zu schaffen. Es ist möglich, wenngleich den Daten nicht zu entnehmen, dass z. B. versucht wird, diesen Druck durch die Nutzung mobiler IKT und durch mobiles Arbeiten tendenziell zu kompensieren. Die Notwendigkeit adäquater Führung unter diesen sich verändernden Bedingungen liegt auf der Hand. Sie würde helfen, eine Balance herzustellen zwischen der Autonomie der Beschäftigten und den zunehmenden Arbeitsanforderungen. Hierin liegt ein großes Potenzial, das offenbar aber nicht genutzt wird, weil die Balance nicht gelingt. Individuelle Lösungsversuche wie die Qualitätsreduktion der Arbeit ließen sich durch geeignete Führungsstrategien abfedern.

*Kompetenzerwerb*
Um mit den sich wandelnden Anforderungen umgehen zu können, sind Fort- und Weiterbildungen notwendig und werden auch genutzt. Rund zwei Drittel der Beschäftigten (68 Prozent) haben in den vergangenen Jahren eine Fort- bzw. Weiterbildung besucht oder sogar mehrere (BIBB/BAuA 2012). Und auch zukünftig planen 73 Prozent der Beschäftigten, sich weiterzubilden und damit ihre Fähigkeiten auszubauen bzw. aktuellen Anforderungen anzupassen (BIBB/BAuA 2012). Dieses Vorhaben hängt jedoch stark vom Alter der Beschäftigten ab: Mit zunehmendem Alter gehen die Absichten künftiger Weiterbildungen signifikant zurück (BIBB/BAuA 2012). Die Relevanz von Weiterbildungen bestätigen auch die Ergebnisse der IGM-Beschäftigtenbefragung. Nur 20 Prozent der Beschäftigten in der IKT-Dienstleistungsbranche sehen keinen Bedarf an Fortbildungen für ihre Arbeit (IG Metall 2013).

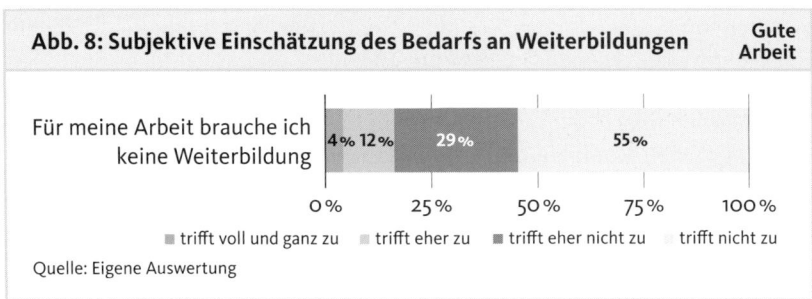

**Abb. 8: Subjektive Einschätzung des Bedarfs an Weiterbildungen**  Gute Arbeit

Für meine Arbeit brauche ich keine Weiterbildung: 4 % trifft voll und ganz zu, 12 % trifft eher zu, 29 % trifft eher nicht zu, 55 % trifft nicht zu

0 % — 25 % — 50 % — 75 % — 100 %

■ trifft voll und ganz zu  ■ trifft eher zu  ■ trifft eher nicht zu  trifft nicht zu

Quelle: Eigene Auswertung

Obwohl also offensichtlich der Bedarf an Weiterbildung hoch ist, bieten die Unternehmen dafür vergleichsweise wenige Möglichkeiten. Abb. 9 zeigt, dass 63 Prozent der Beschäftigten in ihrem Betrieb diesbezüglich keine Angebote vorfinden (IG Metall 2013). Nicht einmal die Hälfte der Beschäftigten (44 Prozent) wird aktiv durch Vorgesetzte zur Teilnahme an Weiterbildungsmaßnahmen unterstützt (IG Metall 2013). Auch die Ergebnisse des DGB-

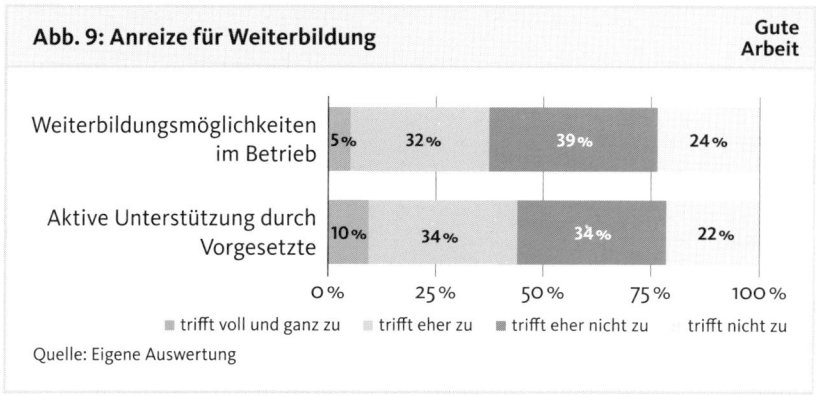

Abb. 9: Anreize für Weiterbildung

Gute Arbeit

Weiterbildungsmöglichkeiten im Betrieb: 5% / 32% / 39% / 24%

Aktive Unterstützung durch Vorgesetzte: 10% / 34% / 34% / 22%

0% 25% 50% 75% 100%

■ trifft voll und ganz zu  ■ trifft eher zu  ■ trifft eher nicht zu  trifft nicht zu

Quelle: Eigene Auswertung

Index zeigen, dass Unternehmen kaum Anreize für Weiterentwicklungen geben. Knapp zwei Drittel (63 Prozent) der Befragten gibt an, ihr Betrieb ermögliche gar keine oder nur in sehr geringem Maß Weiterqualifizierungsmaßnahmen (Institut DGB-Index Gute Arbeit 2014; vgl. dazu auch Roth 2014).

Dass trotz dieser geringen Anreize dennoch so viele Beschäftigte in der Branche Weiterbildungen für notwendig erachten und an solchen teilnehmen, zeigt, dass die Beschäftigten häufig eigenmotiviert handeln und Angebote externer Anbieter nutzen, um mit den gegebenen Arbeitsanforderungen umzugehen. Eine stärkere betriebliche Unterstützung könnte zu einer weit höheren Entlastung der Arbeitsanforderungen beitragen.

*Betriebsklima*

Auch ein gutes Betriebsklima kann den Umgang mit hohen Leistungsanforderungen erleichtern und dazu beitragen, Belastungen besser zu bewältigen. Die Mehrheit der Beschäftigten fühlt sich vom jeweiligen Vorgesetzten in hohem Maß persönlich wertgeschätzt (Institut DGB-Index Gute Arbeit 2014). Und auch die Offenheit und Transparenz bei Entscheidungen und Veränderungen wird überwiegend positiv beurteilt. 71 Prozent sehen sich rechtzeitig über wichtige Entscheidungen informiert, die Veränderungen und Pläne für die eigene Arbeit betreffen. Zugleich findet jedoch mehr als ein Drittel der Beschäftigten keine gute, partizipative und offene Kultur im Betrieb vor (Institut DGB-Index Gute Arbeit 2014).

Neben dem Verhältnis zu Vorgesetzten ist das Betriebsklima wesentlich durch die Beziehung zu den Kollegen geprägt. Abb. 10 zeigt, dass der überwiegende Anteil der Beschäftigten kollegiale Hilfe und Unterstützung erfährt (89 Prozent) (Institut DGB-Index Gute Arbeit 2014). 71 Prozent der Beschäf-

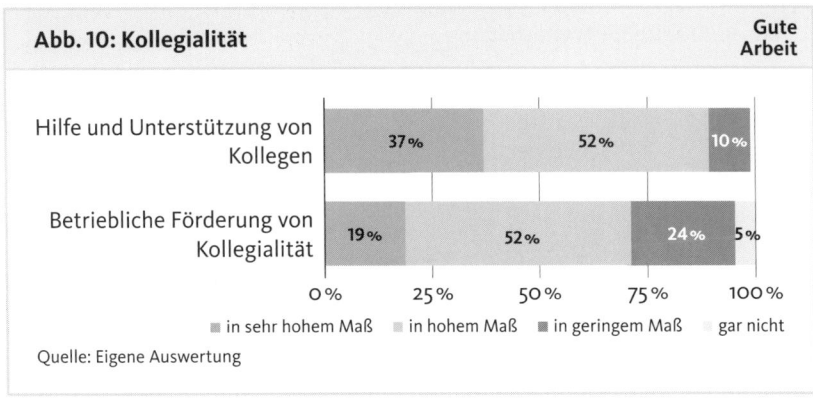

**Abb. 10: Kollegialität**

**Gute Arbeit**

Hilfe und Unterstützung von Kollegen: 37% | 52% | 10%

Betriebliche Förderung von Kollegialität: 19% | 52% | 24% | 5%

0% 25% 50% 75% 100%

■ in sehr hohem Maß ■ in hohem Maß ■ in geringem Maß ▪ gar nicht

Quelle: Eigene Auswertung

tigten geben zudem an, dass Kollegialität in ihrem Betrieb in einem hohen Maß gefördert wird. Insgesamt, so lassen die Ergebnisse des DGB-Index vermuten, dürfte die hohe Arbeitszufriedenheit im Hinblick auf das Betriebsklima maßgeblich auch der Kollegialität der Beschäftigten untereinander geschuldet sein.

Tendenziell entlastend und daher positiv, aber noch verbesserungswürdig zeigen sich zusammenfassend die Ergebnisse beim Betriebsklima: Hier wünscht sich ein Teil der Beschäftigten deutlich stärker partizipative und offenere Organisationsstrukturen. Höchst positiv wird dagegen die Kollegialität eingeschätzt. Mehr bzw. eine bessere Beteiligung der Beschäftigten am organisationalen Geschehen könnte zu einer höheren Zufriedenheit beitragen.

**Fazit**

Zusammenfassend zeigen die vorliegenden Daten, dass die Beschäftigten in der IKT-Branche einen starken und schnellen Wandel erleben, bei dem Digitalisierung eine zentrale Rolle spielt. Die IKT-Branche ist als Leitbranche hochgradig digitalisiert, und weitere Digitalisierungsschritte zeichnen sich ab. Ob dies vor allem eine Folge eines allgemeinen gesellschaftlichen Wandels ist oder bei der Umsetzung der Digitalisierung selbst eintritt, lässt sich auf Basis der ausgewerteten Daten nicht sagen. Anzunehmen ist, dass beides eine Rolle spielt.

Die Erkenntnisse zeigen, dass eine enge Verzahnung des technologischen Wandels mit Restrukturierungen im Betrieb und vor allem in der Arbeitsorganisation einhergeht. In der IKT-Branche erscheinen die technologischen Entwicklungstrends dabei branchenspezifisch typisch. Damit stellt sich die Frage, wie die Herausforderungen der Digitalisierung in anderen Branchen zu bewältigen sind. Die Ist-Analyse der IKT-Branche gibt Auskunft darüber, wie die Beschäftigten die hohen Belastungen abfedern. Daraus lassen sich Gestaltungsoptionen ableiten, auch für andere Branchen. Ein gutes Betriebsklima scheint hier eine zentrale Rolle zu spielen. Wichtig sind auch fachliche Weiterqualifikation und ein anerkennendes, förderndes Führungsverhalten. Dies alles kann dazu beitragen, Digitalisierung so zu gestalten, dass sie nicht zu Lasten der Beschäftigten geht.

## Literatur

BMWi (2012): Monitoring-Report Digitale Wirtschaft 2012 – MehrWert für Deutschland. Bundesministerium für Wirtschaft und Energie (BMWi).

BMWi (2014): Monitoring-Report Digitale Wirtschaft 2014 – Innovationstreiber IKT. Bundesministerium für Wirtschaft und Energie (BMWi).

Hall, Anja/Rohrbach-Schmidt, Daniela (2013): BIBB/BAuA – Erwerbstätigenbefragung 2012. Version 3.0. Bonn: Bundesinstitut für Berufsbildung FDZ.

Hall, Anja/Siefer, Anke/Tiemann, Michael (2014): BIBB/BAuA – Erwerbstätigenbefragung 2012 – Arbeit und Beruf im Wandel. Erwerb und Verwertung beruflicher Qualifikationen. Hg. Bundesinstitut für Berufsbildung. Bonn: Forschungsdatenzentrum im BIBB (Hrsg.); GESIS Köln, (Datenzugang).

Holler, Markus (2013): Methodenbericht zur Weiterentwicklung des DGB-Index Gute Arbeit in der Erhebungsperiode 2011/2012. Stadtbergen, Berlin: INIFES.

Holler, Markus (2014): DGB-Index Gute Arbeit. Der Report 2014. Supplementband: Wie die Beschäftigten die Arbeitsbedingungen in Deutschland beurteilen. Berlin: Institut DGB-Index Gute Arbeit.

IG Metall (2013): Arbeit: sicher und fair! Die Befragung. IG Metall http://www.igmetall.de/internet/docs_13_6_18_Ergebnis_Befragung_final_51c49e134f92b4922b442d7ee4a00465d8c15626.pdf

Input Consulting (2009): Die Qualität der Arbeitsbedingungen aus Sicht der Beschäftigten in der Telekommunikations- und IT-Dienstleistungsbranche. Eine Analyse auf Basis einer Zusatzbefragung zum DGB-Index Gute Arbeit, hrsg. vom ver.di-Bereich Innovation und Gute Arbeit, Berlin.

Institut DGB-Index Gute Arbeit (2014): DGB-Index Gute Arbeit.

Roth, Ines (2014): Die Arbeitsbedingungen in der IT-Dienstleistungsbranche aus Sicht der Beschäftigten. Branchenbericht auf der Basis des DGB-Index Gute Arbeit 2012/2013, hrsg. vom ver.di-Bereich Innovation und Gute Arbeit, Berlin, http://innovation-gute-arbeit.verdi.de/gute-arbeit/materialienund-studien/ (zugegriffen 15.6.2015).

Statistisches Bundesamt (2013): Unternehmen und Arbeitsstätten. Nutzung von Informations- und Kommunikationstechnologien in Unternehmen. Wiesbaden: Statistisches Bundesamt http://www.destatis.de/DE/Publikationen/Thematisch/UnternehmenHandwerk/Unternehmen/Info (zugegriffen 19.10.2014).

# Digitalisierung und
# Arbeitsgestaltung

Eva M. Welskop-Deffaa
# Die Gestaltung des Arbeitsschutzes in der Arbeitswelt 4.0

Dass die Digitalisierung die Arbeitswelt in ungekanntem Tempo umwälzt, ist unübersehbar. Beschäftigte erleben an ihrem Arbeitsplatz beschleunigte Veränderungen und tiefgreifende Restrukturierungen, die die Geschäftsprozesse an neue Möglichkeiten digitalisierter Arbeitsabläufe anpassen – in Banken, im Groß- und Einzelhandel und in den Sozialversicherungen ebenso wie in vielen anderen Branchen, in denen die Digitalisierung als ein »Orkan« wahrgenommen wird, der die Arbeitswelt gründlich durcheinander wirbelt (Welskop-Deffaa 2015, S. 15). Was aber heißt das für die in vordigitalen Zeiten begründeten Regulierungen zur Sicherung fairer Arbeitsbeziehungen und anständiger Arbeitsbedingungen? Geraten sie im Zuge des technischen Umbruchs unter die Räder, stoßen sie an ihre Grenzen oder bestehen sie eine ihrer härtesten Bewährungsproben, indem sie genutzt und weiter entwickelt werden? Können wir auf die »Revolution des Digitalen« erfolgreich mit einer »behutsamen Evolution des Sozialen« antworten (Grünbuch 2015, S. 9), ohne die erreichten Arbeitsschutzstandards in Frage zu stellen?

Technologische Neuerungen sind kein Unfall, sondern der Normalfall der Modernisierung. Technischer Fortschritt ist nicht reversibel, aber seine Folgen sind gestaltbar, auch und gerade durch Sozial- und Verwaltungsrecht, durch Institutionen des Arbeits- und Gesundheitsschutzes.[1] Sicher ist, dass wir die Standards des Arbeits- und Gesundheitsschutzes, die in den letzten 150 Jahren von Gewerkschaften erkämpft wurden,[2] unter den Vorzeichen von beschleunigtem technologischem Wandel in Zeiten der Digitalisierung nur dann erhalten werden, wenn wir das Thema ganz oben auf die digitale Agenda setzen. Die notwendige »Ertüchtigung« der einschlägigen Regelwerke und Institutionen für die Problemstellungen des digitalen Wandels steht noch weitgehend aus. Der Arbeits- und Gesundheitsschutz bedarf innovativer Impulse, um auch künftig zu guter, sicherer und humaner Arbeit für

---

1  Insofern ähnelt der technische Fortschritt dem demografischen Wandel, vgl. Stephan Rixen, Gestaltung des demografischen Wandels als Verwaltungsaufgabe, Berlin/Boston 2015, S. 297.

2  Ein kurzer Abriss der Geschichte des Arbeitsschutzes findet sich in »Gesetzliche Unfallversicherung. Strukturen, Leistungen, Selbstverwaltung« auf S. 7 ff., zum Mutterschutzrecht als frauenspezifischem Arbeitsschutz vgl. »Aktiv und sicher in Schwangerschaft und Beruf«, S. 5 ff. Zu beiden ver.di-Publikationen siehe Literaturverzeichnis.

alle Erwerbstätigen beitragen zu können, um die Erfolge des technischen Arbeitsschutzes, der sich in Deutschland im internationalen Vergleich auf einem hohen Niveau befindet, in die Zukunft zu tragen. Dass die Zahl der schweren Arbeitsunfälle seit Jahrzehnten rückläufig ist, ist Ergebnis eines hochtechnisierten Arbeitsschutzes, eines ausdifferenzierten Vorschriften- und Regelwerkes, einer unabhängigen Aufsicht durch Staat und Unfallversicherung und funktionierender betrieblicher Mitbestimmung bei der Gestaltung des Arbeitsschutzes. Spätestens mit der Digitalisierung wird deutlich: Arbeitsschutz ist nicht nur dort vonnöten, wo es raucht, kracht und stinkt. Gerade auch bei den (personenbezogenen) Dienstleistungen entstehen (unsichtbare) Belastungen mit gesundheitlichen Auswirkungen, die vertiefend erforscht und als Handlungsfelder des Arbeits- und Gesundheitsschutzes umfassend bearbeitet werden müssen.[3]

## 1. Entwicklungstendenzen digitaler Arbeit

Digitalisierung und Vernetzung führen zu arbeitsweltlichen Veränderungen, die in wenigstens drei Dimensionen von Bedeutung für den Arbeits- und Gesundheitsschutz sind:

*Digitale Arbeitsformen – jenseits des Betriebs*
Digitalisierung macht einen Großteil der Erwerbsarbeit beweglich. Das beruht vor allem auf dem Umstand, dass seit den 1990er Jahren mit dem Internet ein globaler »Informationsraum« entstanden ist (Boes/Kämpf 2011, S. 56ff.; vgl. auch den Beitrag von Boes u.a. in diesem Band), in dem nicht nur Kommunikationsvorgänge mit hoher Geschwindigkeit, großer Reichweite und multimedialer Qualität möglich geworden sind, sondern auch standortverteilte Wertschöpfungsprozesse, der Vertrieb digitaler Güter, das Angebot und die Rekrutierung von Arbeitskraft, ebenso die Ausschreibung, Vermittlung und Vergabe von Aufträgen unterschiedlichster Art. Digital vernetzte Arbeit hat in dieser neu erschlossenen Sphäre ihre Fixierung an einen festen Ort (»Arbeitsplatz«, »Betrieb«) gelockert und ist im Grundsatz überall dort möglich, wo ein Rechner und ein Netzanschluss mit ausreichender Bandbreite zur Verfügung stehen. Arbeitsinhalte und -gegenstände sind nicht mehr – in hohen Aktenschränken und dicken Ordnern – allein im Büro und nur dort »greifbar«, sondern sie können, wenn sie nicht auf der Festplatte des tragbaren PCs oder einem USB-Stick gespeichert sind, in der Cloud oder im

---

3  So ist es kein Zufall, dass der Bundeskongress der ver.di im September 2015 mehrere Anträge beraten hat, die die neuen Risiken ebenso wie die neuen politischen Blockaden zum Anlass nehmen, Arbeitsschutz in der digitalen Arbeitswelt im Kontext gewerkschaftlicher Anstrengungen profiliert zu akzentuieren: Zu den Blockaden vgl. sopo*aktuell* Nr. 208 vom 12.2.2015.

Firmennetzwerk abgerufen, genutzt, bearbeitet und dann an Kooperationspartner oder Kunden weitergeleitet werden. Ein anderer, die neue Beweglichkeit digitaler Arbeit forcierender Faktor ist die höhere Leistungsfähigkeit digitaler Arbeitsmittel. Dies steigert die persönliche Mobilität der Arbeitenden, die nicht mehr an ihre Schreibtische in der Firma gebunden sind, sondern ihren »allgegenwärtigen Schreibtisch« (Münchner Kreis 2011, S. 85) mit sich führen. Neue digitale Beweglichkeit von Arbeit meint also die beschleunigte Mobilität der Arbeitsgegenstände, der Arbeitsmittel und der arbeitenden Personen.

Auch kooperative Prozesse erfordern nicht mehr die gemeinsame physische Anwesenheit der Akteure, sondern sind als – asynchrone – Zusammenarbeit standortverteilter Personen und Teams gestaltbar. Diese Zusammenarbeit ist nicht mehr zwingend zu fixen Zeiten zu leisten, sondern auch außerhalb des traditionellen »Nine-to-Five«-Schemas und über Zeitzonen hinweg organisierbar. Digital vernetzt kann man theoretisch überall und immer (zusammen?)arbeiten – und dies zunehmend außerhalb klassischer betrieblicher Arbeitsstätten.

*Digitale Erwerbsformen – jenseits der Festanstellung*
Digitalisierung und Vernetzung eröffnen Unternehmen und Organisationen die Option, im Internet auf »Arbeitskraftanbieter« frei zuzugreifen, für einzelne Aufgaben punktuell geeignet erscheinende Kandidaten auszuwählen und deren Leistungen fallweise zu erwerben, ohne dazu längerfristige, arbeitsvertraglich basierte Beschäftigungsverhältnisse zu begründen. Lässt sich die bis dato zahlenmäßig nach wie vor dominierende »Normalarbeit« dadurch charakterisieren, dass ihre Rahmenbedingungen (Arbeitszeit, Löhne, Transferleistungen) kollektivvertraglich und/oder arbeits- bzw. sozialrechtlich auf einem Mindestniveau geregelt sind und dabei »nicht mehr nur Tagwerke, sondern auch Zeiten der Nichtarbeit und der Investition in die Arbeitskraft (z. B. Anlernen, Aus- und Weiterbildung, Arbeits- und Gesundheitsschutz) vergütet« werden (Bosch 2003, S. 213), so treffen genau diese Merkmale für die große Mehrzahl der neuen, auftragsbasierten Dienst- und Werkvertragsverhältnisse nicht zu.

Die Ausbreitung digital gestützter Erwerbsformen »jenseits der Festanstellung« (Friebe/Lobo 2008) erfährt durch den Trend zur »On-Demand-Economy« (o.V. – Economist 2015) eine erhebliche Dynamik. Die beiden dominanten Gestaltungsvarianten »Plattform« und »Crowd« führen zu einer Radikalisierung des Konkurrenzprinzips zwischen den um Aufträge bemühten Menschen, zu großen Kostensenkungspotenzialen für Auftraggeber und hohen Profiten für die neuen Intermediäre. Plattformen im Netz fungieren als niederschwellig zugängliche Marktplätze für das Angebot und die Rekrutierung von Arbeitskraft, die nicht selten als Auktion organisiert sind, bei der der Billigste den Zuschlag erhält. »Crowd« hingegen steht für eine mehr oder minder umfängliche Menge an erwerbswilligen, formal selbstständigen Arbeitskraftanbietern und zugleich für eine hoch flexible Methode der Arbeitsorganisation, bei der sich Arbeit gewissermaßen direkt von der Quelle oder »vom Fass« beziehen lässt, wie das Wirtschaftsmagazin »Economist« (o.V. – Economist 2015) plastisch formuliert.

App-basierte Crowdworking-Plattformen sind betriebswirtschaftlich attraktiv, weil sie statt mit festen mit freien Mitarbeitern agieren. Diese heißen mal »Vertragsarbeiter«, mal »Inhaber«, »Partner« oder auch »Mitglied eines Unternehmens mit begrenzter Verantwortung«. Im Fall der »Taxiplattform« Uber etwa stehen 160 000 solcher »Vertragsarbeiter« 4000 Festangestellten gegenüber. Über Arbeitnehmerrechte verfügt erkennbar nur die Minderheit: Oft wird der gesetzliche Mindestlohn umgangen, Überstunden bleiben unbezahlt, es besteht kein Versicherungsschutz bei Arbeitsunfällen, die Sozialversicherung ist alleinige Angelegenheit des »Vertragspartners« (Hulverscheidt 2015).

*Digitale Kontrollformen – jenseits des Rechts auf die eigenen Daten*
Eine dritte, die herkömmlichen Mechanismen des Arbeits- und Gesundheitsschutzes berührende Veränderung sind die perfektionierten Kontrollmöglichkeiten, die sowohl das Arbeits- wie das Privatleben zunehmend gläsern machen. Jedwede Aktivität in digitalen Arbeitsumgebungen, sozialen Netzwerken und IT-basierten Kauf-, Handels- und Serviceprozessen hinterlässt einen stets größer werdenden »Datenschatten«. Ausgefeilte Analysetechniken nutzen sie zu Zwecken der Informationssammlung, Durchleuchtung und Steuerung des Verhaltens.

Der ehemalige IBM-»Cheftechnologe« Gunter Dueck hat in einer Stellungnahme gegenüber der Enquete-Kommission »Internet und digitale Gesellschaft« des Deutschen Bundestages die Konsequenzen dieser Entwicklung aufgezeigt: »Digitale Arbeit bedeutet einen revolutionär harten Schnitt in der Arbeitsorganisation, weil die von Arbeitnehmern geleistete Arbeit nun im Netz der Quantität und Qualität nach transparent messbar ist. Bislang gibt es noch viele Büroarbeitsplätze, bei denen man acht Stunden täglich sein Bestes gibt oder bei denen man am Fließband mit dem vorgegebenen Takt mithält. In der digitalisierten Welt sind die Arbeitsplätze vielfach ganz entkoppelt, jeder kann für sich selbst so viel leisten, wie er will oder vermag. Die großen Leistungsunterschiede zwischen Mitarbeitern werden immer transparenter. Dadurch entsteht ein bisher ungekannter psychischer Druck auf Führungskräfte und Arbeitnehmer, weil nun alle indirekt fast wie in der Fußballbundesliga ständig um Auf- und Abstieg kämpfen. Die ganze Burnout-Problematik entsteht genau hier! [...] Dieser immense psychische Druck steigt durch die Transparenz der digitalen Welt immer mehr an.« (Dueck 2011, S. 8)

In jüngster Zeit wird der Trend zur immer präziseren Erfassung der Wertbeiträge einzelner Beschäftigter im Zeichen von »Big Data« durch den Einsatz so genannter »Wearables« forciert. Das sind direkt am Körper getragene Minicomputer, die sich via App steuern oder auswerten lassen. Smartwatches und Fitness-Armbänder gehören dazu. Damit werden Optionen zur Registrierung erwünschten oder unerwünschten Verhaltens durch den Auftrag-/Arbeitgeber ebenso wie durch die Krankenkasse und Unfallhaftpflicht erweitert. All dies stärkt nicht nur arbeitgeberseitige Begehrlichkeiten zu einer weiteren Individualisierung leistungsbasierter Entlohnung, sondern bleibt auch nicht ohne Wirkung auf unsere gesetzlichen Sozialversicherungssysteme. Die neuen digitalen Kontrollformen zerreißen den »Schleier des Nichtwissens« und hinterlassen »Singularien«, »die einander die Schuld an ihrem jeweiligen Einzelschicksal geben.« (Kucklick 2014, S. 45) »Marktförmiger Extremismus« tritt an die Stelle einer auf Solidarität basierenden sozialen Ordnung.[4]

## 2. Digitale Herausforderungen für den Arbeits- und Gesundheitsschutz

Erwerbsarbeit ist im Zuge ihrer fortschreitenden Digitalisierung und Vernetzung mobiler und weniger betriebsfixiert, häufiger außerhalb der Zone arbeitsvertraglich basierter Beschäftigung angesiedelt und umfassender kontrollierbar geworden. Aus diesen Veränderungen resultieren gravierende Herausforderungen für den Arbeits- und Gesundheitsschutz (vgl. Carstensen 2015; Rothe 2015). Die Grundmaxime des deutschen Arbeitsschutzgesetzes (§ 3 Abs. 1) ist dabei wichtiger und aktueller denn je: »Der Arbeitgeber ist verpflichtet, die erforderlichen Maßnahmen des Arbeitsschutzes unter Berücksichtigung der Umstände zu treffen, die Sicherheit und Gesundheit der Beschäftigten bei der Arbeit beeinflussen. Er hat die Maßnahmen auf ihre Wirksamkeit zu überprüfen und erforderlichenfalls sich ändernden Gegebenheiten anzupassen. Dabei hat er eine Verbesserung von Sicherheit und Gesundheitsschutz der Beschäftigten anzustreben.«

Dass sich die »Gegebenheiten« unter dem Druck der digitalen Umwälzung in mancherlei Hinsicht geändert haben und weiter ändern, sollte hinreichend klar geworden sein. Die daran anschließende Überprüfung der traditionellen »Maßnahmen auf ihre Wirksamkeit« lässt vor allem zwei durch

---

4  Vgl. sopo*aktuell* Nr. 197 vom 26.11.2014.

digitale Technik und deren derzeitige Nutzungspraktiken in der Arbeitswelt hervorgerufene Problemkomplexe zu Tage treten: Eine Überforderung einer steigenden Anzahl von Erwerbstätigen und eine Überforderung von Regelwerken und Akteuren des Arbeits- und Gesundheitsschutzes in ihrer gegenwärtigen Verfasstheit.

*Digitale Überforderung von Erwerbstätigen*
Digital geprägte Erwerbstätigkeit ist tendenziell mit weniger spürbaren körperlichen Belastungen und Beanspruchungen verbunden als klassische Industriearbeit am Fließband, doch bedeutet dies nicht, dass sie als gesundheitlich unbedenklich zu gelten hätte. Vor allem bei den sich ausbreitenden mobilen Arbeitsformen jenseits des Betriebs ist eine Reihe von Defiziten zu konstatieren (Carstensen 2015, S. 190f.; Schwemmle/Wedde 2012, S. 56ff.). Diese betreffen zum einen die hier zum Einsatz kommenden Arbeitsmittel wie Smartphones, die nicht – wie das bei stationären Rechnern und Monitoren an festen Büroarbeitsplätzen überwiegend der Fall ist – im Blick auf eine gesundheitsverträgliche Dauernutzung optimiert sind. Bei einer Untersuchung des Instituts für Arbeitsschutz der Deutschen Gesetzlichen Unfallversicherung zu den Belastungen mobiler IT-gestützter Arbeit wurde »beinahe die gesamte Palette vermuteter technischer Defizite [...] vorgefunden: Eingabegeräte sind oft ungeeignet, da sie ergonomische Defizite aufweisen. Displays blenden, reflektieren erheblich und sind oft nicht an die Lichtverhältnisse anpassbar.« In Summe könne »die Belastungsdimension Technik [...] für viele Beanspruchungen als ursächlich interpretiert werden.« (Bretschneider-Hagemes 2011, S. 231) Hinzu kommt, dass derlei ergonomisch suboptimale Arbeitsmittel vielfach in wechselnden Arbeitsumgebungen genutzt werden, welche – aus der Perspektive des Arbeits-und Gesundheitsschutzes – oft alles andere als ideal beschaffen sind: Züge, Autos, Hotelzimmer, Gaststätten, Wartebereiche in Bahnhöfen und Flughäfen sind hinsichtlich des Mobiliars, der Lichtverhältnisse, der Geräuscheinwirkungen und weiterer Umgebungsfaktoren häufig keine idealen Arbeitsorte. Die Berufsgenossenschaft VBG, eine Unfallversicherung für Unternehmen aus mehr als hundert Branchen, nennt als typische Folgen mobiler Arbeit unter solch ungünstigen Bedingungen Schulter- und Nackenprobleme, Schmerzen der Halswirbelsäule und tränende, brennende Augen (o.V. – Sicherheitsreport 2012).

Größere Aufmerksamkeit als die ergonomischen Problemkomplexe mit ihren Folgen für Muskel-Skelett-Erkrankungen aller Art[5] haben die psychischen

---

5  ver.di hat mit der Gemeinsamen Deutschen Arbeitsschutzstrategie 2014 eine Kooperationsvereinbarung zum Schwerpunktthema »Muskel-Skelett-Erkrankungen« abgeschlossen, in der die neuen

Belastungen gefunden, die sich für viele Betroffene mit digitaler Arbeit verbinden. Begriffe wie »Infostress«, »Mailflut« und »Multitasking« stehen für die Beschleunigung und Verdichtung digitaler Kommunikation und einen dadurch bewirkten zusätzlichen Anstieg der Arbeitsintensität und des Termin- und Leistungsdrucks. Bereits im Jahr 2011 gaben bei einer Repräsentativerhebung des DGB-Index Gute Arbeit 40 Prozent der Befragten an, dass von ihnen sehr häufig (22 Prozent) bzw. oft (18 Prozent) erwartet werde, auch außerhalb der normalen Arbeitszeit per E-Mail oder per Telefon für ihre Arbeit erreichbar zu sein (vgl. DGB-Index Gute Arbeit GmbH 2012, S. 10). Belastend kann dies insbesondere dann wirken, wenn sich mit der Erwartung der Erreichbarkeit auch der Anspruch auf kurze Reaktions-, Antwort- und Bearbeitungszeiten verbindet. Es lässt sich begründet vermuten, dass dies nicht nur die Arbeits- und Lebensqualität der Betroffenen erheblich beeinträchtigt, sondern nachhaltig auch den Erhalt ihres Arbeitsvermögens gefährdet.

Digital beweglich gewordene Arbeit verursacht selbst dort, wo sie unter für die Beschäftigten günstigen Rahmenbedingungen realisiert wird, zusätzliche Entscheidungen, die zusätzliche Freiheitsräume, aber auch zusätzliche Verantwortungslasten mit sich bringen.[6] Sollen die qua Digitalisierung ermöglichten neuen Freiheiten orts- und zeitflexibler Erwerbstätigkeit nicht in den Albtraum fortwährender Überforderung durch einen immer und überall empfundenen Arbeitszwang münden, müssen neue Grenzen gezogen werden. »Mobilitätskompetenz« (Kesselring/Vogl 2010, S. 187 ff.) als »Fähigkeit zur Selbstorganisation [...], um den Arbeitsalltag in räumlicher und zeitlicher Hinsicht zu strukturieren und um die eigene Erwerbstätigkeit in ein individuell passendes Verhältnis zur häuslichen Privatsphäre zu setzen«, kann bei Arbeitnehmer_innen nicht schlicht vorausgesetzt, sie muss entwickelt und gestärkt werden. »Ist diese Fähigkeit nicht vorhanden, wird die freie Zeiteinteilung nicht als Handlungsspielraum, sondern als anstrengend und die Arbeitssituation als unbefriedigend empfunden.« (von Streit 2011, S. 239)

---

(und alten) Gefahren zum Thema gemacht werden; vgl. gda-portal.de und arbeitsmarkt-sozialpolitik.verdi.de/politikfelder/arbeits-und-gesundheitsschutz.

6  Die adäquate Vorbereitung auf Entscheidungsmöglichkeiten und -notwendigkeiten gehört zu den besonderen Herausforderungen moderner Bildungs- und auch Gewerkschaftsarbeit: Empowerment von Beschäftigten muss darauf zielen, sie im Sinne einer umfassenden »Verantwortungsermöglichung« auf das Abwägen von Vor- und Nachteilen vorzubereiten. Einer umfassenden Verhaltensprävention kommt bei der Gestaltung des Arbeitsschutzes in Zukunft daher als eine wachsende Bedeutung zu. Der Arbeitgeber muss seine Verantwortung wahrnehmen, die Beschäftigten auf diese Weise vor (Selbst-)Ausbeutung zu schützen. Vgl. dazu u. a. Welskop-Deffaa, Empowerment, 2015.

## Digitalisierung und Arbeitsgestaltung

*Digitale Überforderung von Regelwerken und Akteuren*
Die existierenden Regelwerke des Arbeits- und Gesundheitsschutzes erweisen sich häufig dort als überfordert und anpassungsbedürftig, wo digitale Arbeit den Betrieb verlässt und/oder Erwerbsformen »jenseits der Festanstellung« Verbreitung finden. Der erst genannte Problemkreis lässt sich anhand der Definition einer »Arbeitsstätte« in der derzeit seit 2010 geltenden Fassung der Arbeitsstättenverordnung exemplarisch verdeutlichen: »Arbeitsstätten« sind laut § 2 Abs. 1 ArbStättV »Orte in Gebäuden oder im Freien, die sich auf dem Gelände eines Betriebes oder einer Baustelle befinden und die zur Nutzung für Arbeitsplätze vorgesehen sind« bzw. »andere Orte in Gebäuden oder im Freien, die sich auf dem Gelände eines Betriebes oder einer Baustelle befinden und zu denen Beschäftigte im Rahmen ihrer Arbeit Zugang haben.« Für digital gestützte Tätigkeiten, die außerhalb des »Gelände[s] eines Betriebes oder einer Baustelle« stattfinden, greifen die Bestimmungen der Arbeitsstättenverordnung mithin bereits de jure nicht. Ebenso hat auch die Bildschirmarbeitsverordnung in ihrer gegenwärtigen Fassung ausweislich ihres § 1 Abs. 2 nach wie vor keine Geltung »für die Arbeit an Bildschirmgeräten für den ortsveränderlichen Gebrauch, sofern sie nicht regelmäßig an einem Arbeitsplatz eingesetzt werden«. Diese Regelungslücken bewirken den Ausschluss eines relevanten und wachsenden Segments der Erwerbstätigkeit – die digital-mobil »jenseits des Betriebs« erbracht wird – von zentralen Normen des Arbeits- und Gesundheitsschutzes.

Zum Problem unzureichender Rechtsgrundlagen tritt zusätzlich ein strukturelles Kontrolldefizit bei »entbetrieblichter« Mobilarbeit: Anders als gängige kollektive Regulierungen lassen sich Rahmensetzungen hier vielfach nicht mehr auf klar definierte, stabile Örtlichkeiten und daran gekoppelte Verantwortlichkeiten – z. B. von Vorgesetzten, Betriebsräten, Arbeits-, Gesundheits- und Datenschützern, Gewerbeaufsicht – im Rahmen betrieblich-arbeitsteiliger Strukturen beziehen. Solche Arbeitsformen liegen zwar nicht automatisch außerhalb des Zuständigkeits-, aber doch außerhalb des klassischen Zugriffsbereichs der genannten Akteure.

Strukturell überfordert zeigt sich das Regelwerk zunehmend auch dort, wo Erwerbstätigkeit – ermöglicht durch digitale Technik – abseits arbeitsvertraglich basierter abhängiger Beschäftigung stattfindet und auf der Grundlage von Werk- oder Dienstverträgen von Soloselbständigen, Freelancern oder Crowdworkern verrichtet wird. Diese gelten nicht als »Beschäftigte« im Sinne von § 2 Abs. 2 des Arbeitsschutzgesetzes und sind demgemäß von dessen Schutzwirkung ausgeschlossen. Zudem fallen sie in aller Regel aus möglicherweise vorhandenen »betrieblichen Regelungen heraus und sind dadurch teilweise noch stärker mit belastenden und gesundheitsgefährdenden Arbeitssituationen konfrontiert« (Carstensen 2015, S. 190), was mittlerweile auch empirisch hinreichend zu belegen ist (vgl. Becker/ Engel 2015, S. 181f.). Vor diesem Hintergrund sieht etwa das Komitee für Soziale Rechte des Europarats aus guten Gründen »Nachbesserungsbedarf bei der deutschen Arbeitsschutzgesetzgebung« und schlägt vor, auch Soloselbstständige unter das Arbeitsschutzgesetz zu stellen (Becker/Engel 2015, S. 180).[7]

## 3. Vorschläge für einen besseren Arbeits-und Gesundheitsschutz in digitalen Zeiten

Wenn Digitalisierung die Entgrenzung von Erwerbsarbeit in der zeitlichen, räumlichen, organisatorischen und rechtlichen Dimension ermöglicht und forciert, dann müssen auch die Regelwerke und Institutionen des Arbeits- und Gesundheitsschutzes überkommene Limitierungen überwinden, neuen, auch außerbetrieblichen Problemlagen gerecht werden und neue Gruppen schutzbedürftiger Erwerbstätiger einbeziehen. Die Enquete-Kommission »Internet und digitale Gesellschaft« des Deutschen Bundestages hat hierzu eine Reihe von Empfehlungen vorgelegt, die es verdienen, in Erinnerung gebracht zu werden (vgl. zum Folgenden Deutscher Bundestag 2013, S. 97f.):

- Verstärkte Qualifikationsbemühungen, die auf die Befähigung zur Selbstorganisation und Strukturierung des Arbeitsalltags außerhalb betrieblicher Routinen sowie zur Grenzziehung zwischen beruflichen und privaten Tätigkeiten zielen und die Sensibilisierung für Belange des Arbeits- und Gesundheitsschutzes ebenso befördern wie den Respekt für die Erreichbarkeits- und Verfügbarkeitsgrenzen anderer, insbesondere auch weisungsabhängiger Erwerbstätiger. Die von der Enquete-Kommission formulierte Erwartung sollte sich nicht nur als Auftrag an Schulen und Weiterbildungseinrichtungen verstehen, sondern sehr konkret als Auftrag an den Arbeitgeber im Rahmen seiner Präventionspflichten Verhaltensprävention groß zu schreiben.
- Ein Plädoyer an die Betriebs- und Tarifparteien, negativen Effekten digital erweiterter Erreichbarkeit und Verfügbarkeit durch geeignete Vereinbarungen entgegenzuwirken, welche die Mitarbeiter_innen außerhalb festzulegender Zeiten von formellen wie informellen Erreichbarkeitszwängen befreien und entsprechende Benachteiligungsverbote vorsehen.

---

7 Auch für den Mutterschutz wird aktuell intensiv diskutiert, dass und wie der Personenkreis derer erweitert werden kann, die durch das Mutterschutzrecht abgesichert sind, vgl. »Aktiv und Sicher in Schwangerschaft und Beruf«, S. 32ff; aktuell fallen solo-selbstständige Frauen in Schwangerschaft und Stillzeit aus dem Schutz des Gesetzes heraus.

- Die mögliche Verankerung eines »Rechts auf Nichterreichbarkeit und Nicht-Reaktion« im Arbeitszeitgesetz, welches dann einsetzt, wenn Höchstarbeitszeiten überschritten sind oder die Voraussetzungen für Ruhepausen und -zeiten ausgelöst werden.
- Die Notwendigkeit ergonomischer Optimierungen mobiler Geräte, die den besonderen Bedingungen ortsflexibler Tätigkeit – z. B. stark variierenden Lichtverhältnissen – Rechnung zu tragen hätten.
- Eine arbeitgeberseitige Garantie für die Einhaltung der einschlägigen Arbeitsschutznormen sowie eine Gefährdungsbeurteilung gemäß § 5 des Arbeitsschutzgesetzes als Voraussetzung für die Einrichtung mobiler Arbeitsplätze.

Darüberhinausgehend hält ver.di eine Reihe weiterer Verbesserungen für erforderlich. Wir fordern

- eine eigenständige Arbeitsschutzverordnung zu den – auch qua digitaler Technik forcierten – Gefährdungen durch psychische Belastungen im Arbeitsleben (»Anti-Stress-Verordnung«);
- den Ausbau des branchenspezifischen Vorschriftenwerks und die Aufnahme von Sanktionsparagrafen in sämtliche einschlägige Vorschriften und Gesetze unter Berücksichtigung der besonderen Belastungen digitaler und mobiler Arbeit;
- die konsequente Bearbeitung der in der Gemeinsamen Deutschen Arbeitsschutzstrategie (GDA) verabredeten Themen. Dazu gehören ein der Arbeitswelt 4.0 angemessener konsequenter Einsatz der Gefährdungsbeurteilung ebenso wie die Umsetzung der Schwerpunktsetzung bei den »Muskel-Skelett-Erkrankungen«;
- die Modernisierung des Mutterschutzrechts – insbesondere eine Stärkung des Präventionsgedankens im Mutterschutz und eine Übertragung der Mutterschutzvorschriften auf solo-selbstständige Schwangere;
- das Inkraftsetzen der modernisierten Arbeitsstättenverordnung, die im Dezember 2014 den Bundesrat passiert hat, als Grundlage für ihre Fortschreibung mit dem Ziel, Schutzlücken im Blick auf ortsflexible Tätigkeiten zu beseitigen;
- die Stärkung der sozialpartnerschaftlichen Selbstverwaltung in Bezug auf die Präventions-Aufgaben der Gesetzlichen Unfallversicherung; ihre Kompetenz als Seismograph der Veränderungen in der Arbeitswelt ist gerade jetzt umfassend zu nutzen, da frühzeitige Reaktion auf beschleunigte Veränderungen von herausgehobener Bedeutung ist;
- die Anpassung der sozialen Sicherungssysteme an die neuen Herausforderungen abhängiger Erwerbstätigkeit außerhalb klassischer Normalarbeitsverhältnisse – u. a. durch die Einbeziehung von Solo-Selbstständigen/

Crowdworker_innen und Weiterentwicklung der Gesetzlichen Rentenversicherung zu einer Erwerbstätigenversicherung mit Sicherstellung einer entsprechenden Ko-Finanzierung durch die Auftraggeber;

- die Stärkung der Mitbestimmungsrechte bei der »menschengerechten Gestaltung der Arbeit« im Sinne der §§ 90 und 91 des Betriebsverfassungsgesetzes, die – z. B. durch die ausdrückliche Erwähnung psychischer Belastungen konkretisiert – bereits dann greifen sollten, wenn die Arbeitsbedingungen unzulänglich sind;
- Verstärkung des Transfers von »good practices« und wissenschaftlich abgesicherten branchen- und geschlechterspezifischen Konzepten Guter Arbeit in der Arbeitswelt 4.0 im Rahmen der Initiative Neue Qualität der Arbeit (INQA) und anderer öffentlich geförderter Programme.

Zum Schluss sei vor Illusionen gewarnt: So klar die Problemfelder des Arbeits- und Gesundheitsschutzes im Hinblick auf die digitalen Umwälzungen zu Tage liegen und so dringlich die skizzierten Verbesserungen sein mögen, so schwierig wird ihre Durchsetzung bleiben. Das zeigt nicht nur die Medienkampagne der Arbeitgeber gegen die überfällige Novellierung der Arbeitsstättenverordnung vor allem im ersten Halbjahr 2015, sondern auch der Widerstand der Bundesvereinigung der Deutschen Arbeitgeberverbände gegen jegliche weitere soziale Regulierung der Arbeitsbeziehungen und ihr Plädoyer für eine Lockerung des Arbeitsschutzes im Arbeitszeitrecht (BDA 2015) – mit der Begründung, dies verhindere die für die Arbeitswelt 4.0 notwendige Flexibilisierung. Es wird noch manch heftige Auseinandersetzung zu bestehen sein, bis der Arbeits- und Gesundheitsschutz auf der Höhe der digitalisierten Arbeitswelt angekommen sein wird. Ohne konzertierte Anstrengung der Gewerkschafter_innen in der betrieblichen Mitbestimmung, in den Strukturen der sozialen Selbstverwaltung (der gesetzlichen Unfallversicherung) und ohne dass wir unsere Forderungen sehr vernehmlich in die politischen Debatten hineintragen, werden Erfolge nicht zu erreichen sein.

## Literatur

Aktiv und sicher in Schwangerschaft und Beruf (2014). Ratgeber Mutterschutz. Herausgegeben von ver.di Bundesverwaltung, Ressort 5, Berlin.

Becker, Karina/Engel, Thomas (2015): Reduziertes Schutzniveau jenseits der Normalarbeit; in: WSI-Mitteilungen 3/2015, S. 178–186.

Boes, Andreas/Kämpf, Tobias (2011): Global verteilte Kopfarbeit. Offshoring und der Wandel der Arbeitsbeziehungen, Berlin.

Bosch, Gerhard (2003): Das Normalarbeitsverhältnis in der Informationsgesellschaft. In: Klumpp, Dieter/Kubicek, Herbert/Roßnagel, Alexander (Hg.) (2003): next generation information society? Notwendigkeit einer Neuorientierung, Mössingen-Talheim, S. 212–225.

Bretschneider-Hagemes, Michael (2011): Belastungen und Beanspruchungen bei mobiler IT-gestützter Arbeit; in: Zeitschrift für Arbeitswissenschaft 3/2011, S. 223–233.

Bundesvereinigung der Deutschen Arbeitgeberverbände (2015): Chancen der Digitalisierung nutzen. Positionspapier der BDA zur Digitalisierung von Wirtschaft und Arbeitswelt. (Mai).

Carstensen, Tanja (2015): Neue Anforderungen und Belastungen durch digitale und mobile Technologien; in: WSI-Mitteilungen 3/2015, S. 187–193.

Deutscher Bundestag (2013): Achter Zwischenbericht der Enquete-Kommission »Internet und digitale Gesellschaft«. Wirtschaft, Arbeit, Green IT; Bundestagsdrucksache 17/12505 vom 13.3.2013.

DGB-Index Gute Arbeit GmbH (2012): Arbeitshetze, Arbeitsintensivierung, Entgrenzung – Mehrbeanspruchungen und Belastungskumulationen, Berlin.

Dueck, Gunter (2011): Antworten auf den Fragenkatalog der Enquete-Kommission »Internet und digitale Gesellschaft« für die öffentliche Anhörung am 12.12.2011 zum Thema »Veränderungsprozesse in der digitalen Wirtschafts- und Arbeitswelt«. Deutscher Bundestag/Enquete-Kommission »Internet und digitale Gesellschaft«: Ausschussdrucksache 17(24)048-A vom 7.12.2011.

Friebe, Holm/Lobo, Sascha (2008): Wir nennen es Arbeit. Die digitale Bohème oder: Intelligentes Leben jenseits der Festanstellung, München.

Gesetzliche Unfallversicherung (2014): Strukturen, Leistungen, Selbstverwaltung. Herausgegeben von ver.di Bundesverwaltung, Ressort 5.

Grünbuch Arbeiten 4.0 – Arbeit weiter denken (2015), herausgegeben vom Bundesministerium für Arbeit und Soziales, Berlin.

Hoffmann, Reiner/Bogedan, Claudia (2015): Arbeit der Zukunft, Frankfurt 2015.

Hulverscheidt, Claus (2015): Schaurig-schöne neue Welt. In: Süddeutsche Zeitung 21.7.2015.

Kesselring, Sven/Vogl, Gerlinde (2010): Betriebliche Mobilitätsregime. Die sozialen Kosten mobiler Arbeit, Berlin.

Kucklick, Christoph (2014): Die granulare Gesellschaft. Wie das Digitale unsere Wirklichkeit auflöst, Berlin.

Münchner Kreis (2011): Zukunftsbilder der digitalen Welt. Nutzerperspektiven im internationalen Vergleich, Berlin.

o.V. – Economist (2015): Workers on tap. In: The Economist 3.1.2015.

o.V. – Sicherheitsreport (2012): Mobile Endgeräte. Die zweitbeste Lösung; in: Sicherheitsreport. Das Magazin der VBG 1/2012, S. 12–13.

Riecke, Torsten/Specht, Frank (2015): Mensch gegen Maschine. In: Handelsblatt 30.4.2015.

Rixen, Stephan/Welskop-Deffaa, Eva (2015): Zukunft der Selbstverwaltung, Wiesbaden.

Rixen, Stephan (2015): Gestaltung des demographischen Wandels als Verwaltungsaufgabe, in: Referate und Diskussionen auf der Tagung der Vereinigung der Deutschen Staatsrechtslehrer in Düsseldorf vom 1. bis 4. Oktober 2014, Veröffentlichungen der Vereinigung der Deutschen Staatsrechtslehrer Band 74, Berlin/Boston Walter de Gruyter, S. 293–350.

Rothe, Isabel (2015): Digitalisierung der Arbeitswelt; in: baua-Aktuell 2/2015, S. 12–13.

Schwemmle, Michael/Wedde, Peter (2012): Digitale Arbeit in Deutschland. Potenziale und Problemlagen. Studie für die Friedrich-Ebert-Stiftung, Bonn.

sopoaktuell, unregelmäßig erscheinender Infodienst der ver.di zur Arbeitsmarkt- und Sozialpolitik, abzurufen unter www.arbeitsmarkt-und-sozialpolitik (nach Nummer und Datum).

von Streit, Anne (2011): Entgrenzter Alltag – Arbeiten ohne Grenzen? Das Internet und die raum-zeitlichen Organisationsstrategien von Wissensarbeitern, Bielefeld.

Welskop-Deffaa, Eva M. (2015): Empowerment. Fünf Thesen zu Anspruch und Wirklichkeit (beruflicher) Bildung im Lebenslauf. Dokumentation des Arbeitnehmervertretertreffens mit Bischof Dr. Felix Genn, herausgegeben von Dabrowski, V. Martin/Sternberg, Thomas, Münster.

Welskop-Deffaa, Eva M. (2014), Share Economy und Care Economy zusammen denken: Gute Arbeit im Privathaushalt. In: Scheiwe, Kirsten/Krawietz, Johanna (Hg.), (K)eine Arbeit wie jede andere? Arbeitsplatz Privathaushalt und seine Regulierung, Berlin, S. 168–182.

Welskop-Deffaa, Eva M. (2013): Einkommensgerechtigkeit heute für morgen – Lebenslaufpolitik sozial gestalten. In: ver.di-Tagungsdokumentation »Einkommensgerechtigkeit heute für morgen – Lebenslaufpolitik sozial gestalten«, S. 5–12 (http://arbeitsmarkt-und-sozialpolitik.verdi.de/ueber-uns/nachrichten).

Zuboff, Shoshana (2015): Der menschliche Faktor. In: Schirrmacher, Frank (Hg.): Technologischer Totalitarismus. Eine Debatte, Berlin, S. 262–273.

Andrea Fergen
# Digitalisierung und Arbeitsschutz: Entwicklungen und Herausforderungen

Die Erwartungen sind immens: Angetrieben von einer digitalen Technik, die die Sammlung und Auswertung nahezu unbegrenzter Datenmengen in Echtzeit ermöglicht, die neuartige digitale Netze zwischen Maschinen und Produkten knüpft und die Schnittstellen zwischen Mensch und Maschine neu definiert, werden Arbeitswelt und Gesellschaft umgewälzt. Von einer »vierten Industriellen Revolution« ist gar die Rede. Die Bilder, mit denen die neue, digitale Arbeitswelt beschrieben wird, zeigen wahlweise hochqualifizierte Wissensarbeiter mit Notebook und Smartphone, dequalifizierte Handlanger »smarter Maschinen« oder ein Heer von »Clickworkern«, die am »digitalen Fließband« ehedem qualifizierte Tätigkeiten nun als eine Art »digitaler Tagelöhner« (Domen 2013) verrichten müssen. Vieles von dem, was derzeit unter den Stichworten »*Digitalisierung der Arbeit*«, »*Arbeiten 4.0*« oder »*Industrie 4.0*« diskutiert wird, gleicht dabei mehr einer Zukunftsvision denn harten Fakten. Das zeigt: Die Entwicklung ist offen. Höchst unterschiedliche Szenarien der Arbeits- und Technikgestaltung sind denkbar. Das gilt auch für die Frage, welche Anforderungen und Belastungen auf die Beschäftigten zukommen werden und auf welche Herausforderungen sich der Arbeitsschutz zukünftig einstellen muss. Bei der Suche nach Antworten muss daher die Betrachtung der heutigen Arbeitsbedingungen den Ausgangspunkt bilden. Alles andere wäre rein spekulativ und wenig zielführend. Daher sollen in einem ersten Kapitel die gegenwärtigen Problemlagen und Herausforderungen der »*Arbeit 3.0*« im Zentrum stehen. Darauf aufbauend werden dann mögliche Chancen und Risiken der »Arbeit 4.0« in einer Art »Extrapolation« erörtert, um daraus Anforderungen an einen modernen Arbeitsschutz abzuleiten.

## 1. Aktuelle Probleme des Arbeitsschutzes
Ein Blick auf die gegenwärtig vorherrschenden Arbeitsbelastungen ergibt folgendes Bild: Die *physischen Belastungen* in der Arbeitswelt 3.0 verharren auf hohem Niveau. Hierzu gehören Belastungen durch ungünstige Umgebungsbedingungen wie Hitze, Kälte, Zugluft oder Lärm. Die Lärmschwerhörigkeit ist die am häufigsten anerkannte Berufskrankheit. Für mehr als 20 Prozent der Beschäftigten gehört das ständige Heben schwerer Lasten zum Arbeitsalltag. Bei einfachen und qualifizierten manuellen Produktionsberufen sind 37

bzw. 40 Prozent der Beschäftigten von dieser Belastung betroffen. Zudem müssen viele Beschäftigte in ungünstiger Körperhaltung arbeiten (BIBB/ BAuA 2012; Suga 2014).

Die große Bedeutung der *psychischen Belastungen* wird durch den BAuA-Stressreport 2012 unterstrichen: 58 Prozent der Befragten geben an, dass ihre Tätigkeit häufig die gleichzeitige Betreuung verschiedener Aufgaben verlangt. Multitasking liegt damit auf Platz 1 der psychischen Belastungen, gefolgt von starkem Termin- und Leistungsdruck (52 Prozent), ständig wiederkehrenden Arbeitsvorgängen (50 Prozent) sowie Störungen und Unterbrechungen bei der Arbeit (44 Prozent). Über Probleme der Vereinbarkeit von Arbeit und Privatleben berichten 41 Prozent der befragten abhängig Beschäftigten. Vor dem Hintergrund der tatsächlich geleisteten Wochenarbeitszeit und ihrer oft ungünstigen Lage und Verteilung vermag das nicht zu verwundern: Mehr als 60 Prozent der etwa 20 000 befragten Erwerbstätigen geben an, über 40 Stunden pro Woche zu arbeiten, davon knapp 20 Prozent, die mehr als 48 Stunden arbeiten (BIBB/BAuA-Erwerbstätigenbefragung 2012). Hinzu kommt das Arbeiten in Schichten, am Wochenende oder zu anderen sozial wertvollen Zeiten. Dass hiermit eine Erhöhung des Beeinträchtigungsrisikos der Beschäftigten assoziiert ist, kann als gesicherte Erkenntnis betrachtet werden (Suga 2014, S. 83).

Doch kann von zielgerichtetem Präventionshandeln in den Betrieben nicht die Rede sein. Vielmehr deutet der Umsetzungsstand der Gefährdungsbeurteilung auf das Gegenteil hin. Es sind erhebliche *Umsetzungsdefizite* zu verzeichnen. Nach Angaben der GDA-Dachevaluation (Gemeinsame Deutsche Arbeitsschutzstrategie) haben lediglich 50,9 Prozent der befragten Betriebe eine Gefährdungsbeurteilung durchgeführt (N = 6500, Betriebsbefragung). Etwa 23 Prozent aller Betriebe haben Maßnahmen ergriffen. Und nur 15,7 Prozent haben auch die Wirksamkeit ihrer Maßnahmen überprüft (Suga 2014). Dabei scheint die Durchführung von Maßnahmen insbesondere dann steckenzubleiben, »wenn die erforderlichen Maßnahmen nicht vorwiegend technischer Natur sind, sondern Veränderungen in der Arbeitsorganisation oder im sozialen Kontext der Arbeitstätigkeit notwendig wären.« (Rothe/ Beermann 2014, S. 183) Gefährdungen durch Arbeitsorganisation, Arbeitszeit oder soziale Beziehungen wurden nur von etwa einem Viertel der Betriebe berücksichtigt (je nach Faktor zwischen 20 und 28 Prozent, Suga 2014, S. 36).

Diese Umsetzungsdefizite haben vielfältige Ursachen. Eine davon ist der Modernisierungsstau im staatlichen Arbeitsschutz. Hier besteht eine folgenreiche *Regelungslücke* auf dem Feld der psychischen Belastungen. Zwar wurden 2013 insbesondere durch die Anti-Stress-Initiative der IG Metall die psychischen Belastungen im Gefährdungskatalog des Paragrafen 5 des Arbeitsschutzgesetzes ergänzt, aber eine konkretisierende Rechtsverordnung, die eindeutige Schutzziele und verbindliche Anforderungen an den Arbeitgeber formuliert, fehlt bis heute. Die Ursachen hierfür sind sicherlich nicht in fachlichen Motiven zu suchen, sondern wohl in erster Linie Resultat des massiven Widerstands der Bundesvereinigung der Deutschen Arbeitgeberverbände (BDA).

Zu einer Bilanz des Arbeitsschutzes in der »Arbeitswelt 3.0« gehört daher auch, dass sich die Lobbyorganisationen der deutschen Wirtschaft, allen voran die BDA, massiv gegen alle Modernisierungsbemühungen im staatlichen Arbeitsschutz wenden. Die Arbeitsschutz-Institutionen müssen sich darauf einstellen, dass jedwede Modernisierung des Arbeitsschutzrechts, sei es von bereits bestehenden oder neu zu fassenden Regeln, zukünftig verstärkt *Gegenstand konfliktreicher politischer Auseinandersetzungen* sein wird.

## 2. Arbeit 4.0: Chancen und Risiken für sichere und gesunde Arbeit

Ist die neue Arbeitswelt eine humanere oder werden sich die heute verbreiteten Belastungen weiter erhöhen und die Zumutungen für die Gesundheit der Beschäftigten ins Unermessliche steigern? Beides scheint möglich. Nachfolgend werden Chancen und Risiken erörtert.

*Alte und neue Muster der Arbeitsorganisation*

Die weitere Entwicklung der Arbeitsorganisation ist nicht eindeutig vorgezeichnet. Höchst unterschiedliche Szenarien für die Gestaltung von Arbeitssystemen und der Interaktion von Mensch und Maschine sind denkbar. Die damit verbundene Entwicklung von Aufgaben- und Tätigkeitsprofilen, Entscheidungskompetenzen und Handlungsspielräumen wird aktuell in der Wissenschaft kontrovers diskutiert. Idealtypisch können zwei mögliche Entwicklungspfade skizziert werden.

*Zum einen* wird erwartet, dass die digitalisierte Arbeitswelt von Arbeitsgestaltungskonzepten bestimmt wird, die zu einer allgemeinen *Aufwertung qualifizierter Arbeit* führen werden. Die Ursachen werden in der Substitution einfacher Routinetätigkeiten gesehen, die der computertechnischen Automatisierung zum Opfer fallen. Als »Gewinner des fortschreitenden Einsatzes digitaler Technologien« gelten jene Beschäftigtengruppen, die ohne hin schon über höhere Qualifikationen und Handlungsressourcen verfügen« (Hirsch-Kreinsen 2015, S. 5). Eine *zweite* Entwicklungsvariante erwartet eine zunehmende »*Polarisierung*« von Aufgaben und Qualifikationen. »Opfer« der Rationalisierung sind dabei Beschäftigtengruppen auf der mittleren Qualifikationsebene, die bislang durchaus anspruchsvolle Arbeiten ausgeführt haben, die aber zukünftig in Algorithmen überführt und digitalisiert werden können. Erhalten bleiben demgegenüber einerseits komplexe hochqualifizierte Tätigkeiten und anderseits sehr einfache Tätigkeiten, die nur mit einem unverhältnismäßig hohen Aufwand digitalisiert werden können. Zu ähnlichen Annahmen gelangt der »Achte Zwischenbericht« der Enquete-Kommission »Internet und digitale Gesellschaft«: Demzufolge steht der »digitalen Taylorisierung« oder dem Arbeiten an einer Art »elektronischer Leine« ein möglicher Autonomiezuwachs für Beschäftigte mit komplexen Aufgaben gegenüber (Bundestagsdrucksache 2013, S. 61 f.).

Beide idealtypischen Entwicklungsvarianten sind mit spezifischen Belastungskonstellationen für die Beschäftigten verbunden. Dominiert ein arbeitsorganisatorisches Gestaltungsmuster, das auf starke Arbeitsteilung setzt und die Polarisierung von Aufgaben und Qualifikationen vorantreibt, werden Belastungsprofile, die durch einseitige körperliche Belastungen, Monotonie und geringe Handlungsspielräume bei gleichzeitig hohem Arbeitsdruck gekennzeichnet sind, nicht nur erhalten bleiben, sondern in Zukunft möglicherweise sogar noch weitere Verbreitung finden. Aber auch die gesundheitlichen Risiken qualifizierter Arbeit dürfen nicht unterschätzt werden. Erhöhte Komplexität von Produkten und Fertigungsprozessen, immer höhere Termin- und Kostenverantwortung, Übernahme von Kontroll-, Koordinations- und Entscheidungsfunktionen sowie steigende Flexibilitätsanforderungen könnten für die Verbreitung von Belastungsprofilen sorgen, die durch eine quantitative und qualitative Überforderung geprägt sind. Zu einem besonderen und neuartigen Belastungsfaktor könnte dabei die Mensch-Maschine-Interaktion in so genannten »hybriden Konstellationen« werden, die »von menschlichen Akteuren und (teil)autonomen Maschinen bevölkert sind, die nebeneinander, miteinander, teils aber auch gegeneinander agieren« (Weyer 2005, S. 6).

*Neue Möglichkeiten für eine ergonomischere Arbeitsgestaltung*
*durch digitale Technik*
Die neue digitale Technik verspricht ein hohes Maß an technisch-arbeitsorganisatorischer Flexibilität. Physische Systeme mit eingebetteter Software, so genannte *Cyber-Physische Systeme* (CPS), sollen zukünftig als »intelligente Werkstücke« und »intelligente Geräte« eine flexible Abstimmung zwischen Produktionsanlagen und Produkten ermöglichen. Mit solchen selbstkonfigurierenden Produktionssystemen könnten aber nicht nur Rüst- und Fertigungszeiten verkürzt und Losgrößen deutlich reduziert werden. Möglich wäre auch, dass die Flexibilität dazu genutzt wird, die Anlagen an Körpergrößen und Greifweiten von Beschäftigten flexibel und individuell anzupassen. Auch der Einsatz von so genannten »*soft robotics*« (Leichtlaufroboter) eröffnet

nicht nur neue Rationalisierungsspielräume (Fraunhofer-Institut 2014). Er könnte auch Chancen bieten, ältere oder auch behinderte Beschäftigte besser in die Arbeitsabläufe zu integrieren. Während bisher Roboter als Handhabungsautomaten ihre Tätigkeit in abgeschlossenen Arealen verrichten, können zukünftig Roboter »ihre Käfige verlassen«[1] und direkt im Arbeitsprozess mit dem Menschen interagieren. Das böte die Möglichkeit, Roboter als eine Art »*Produktions-Assistenten*« für den Menschen einzusetzen, die ihm physisch oder psychisch gefährdende Tätigkeiten abnehmen (Windelband u. a. 2015, S. 82f.). Ähnliche Anwendungsmöglichkeiten versprechen neuartige *Exoskelette*, die wie ein »*Elektronik-Korsett*« getragen werden und dem Träger als eine Art »*Stützrobote*r« das Heben und Tragen von Lasten erleichtern können.[2]

Ob und inwieweit sich die neuen technischen Möglichkeiten für eine bessere ergonomische Gestaltung von Arbeit und eine humanisierungsorientierte Arbeitspolitik nutzen lassen, ist offen. Die Erfahrungen der letzten beiden Jahrzehnte lassen eher eine pessimistische Zukunftsprognose erwarten. Technische Möglichkeiten zur ergonomischen Gestaltung von Industriearbeit haben sich angesichts der mit ihnen verbundenen Kosten vielfach nicht durchsetzen können.

Anlass für einen eher skeptischen Blick bilden auch die mit der skizzierten technisch-organisatorischen Entwicklung verbundenen Risiken. Neben den Gefahren für Arbeitsmarkt und Beschäftigung, die von der Substitution lebendiger Arbeit ausgehen, sind aus der Perspektive des Arbeitsschutzes vor allem zwei Probleme hervorzuheben: In dem Maße, wie die Flexibilität sich selbst konfigurierender Produktionssysteme für die ergonomische Gestaltung genutzt werden soll, erfordert das auch die Sammlung von persönlichen Daten der Beschäftigten (zur Datenschutzproblematik vgl. den Beitrag von Ehlscheid/Janczyk in diesem Band). Damit ist die informationelle Selbstbestimmung berührt und eine ganze Reihe von Missbrauchsszenarien ist denkbar. Auch der Einsatz der Leichtlaufroboter schafft neue Gefährdungslagen. So ist es mehr als wahrscheinlich, dass die Interaktion mit den kollaborierenden Robotern erhöhte Unfallgefahren für die Beschäftigten hervorbringen kann, auf die ein moderner Arbeitsschutz vorbereitet sein muss (vgl. hierzu den Beitrag von Gerst in diesem Band).

---

1 So der Personalvorstand der Volkswagen AG, Horst Neumann, auf der Tagung »Arbeiten 4.0« des Bundesministeriums für Arbeit und Soziales (BMAS) am 22.4.2015.
2 Vgl. dazu etwa die Forschungen des Deutschen Forschungszentrum für Künstliche Intelligenz; www.robotik.dfki-Bremen.de.

*Big-Data und Gesundheit*

Die systematische Erfassung, Verknüpfung und Nutzung von rasant wachsenden Datenmengen durchdringt nahezu alle Lebensbereiche. Sozialwissenschaftler sprechen vom »*Big-Data-Phänomen*« (Brödner 2015) und verweisen darauf, dass sich alle zwei Jahre die Datenmenge weltweit verdoppelt. Mit dem zunehmenden Einsatz neuer Informationstechnologien werden in den kommenden Jahren neue Anwendungsmöglichkeiten in der Produktion geschaffen und die Erfassung und Verarbeitung von immer größeren Datenmengen wird zunehmend den Arbeitsalltag der Beschäftigten bestimmen. Für die Frage, welche Auswirkungen diese Entwicklung auf die Gesundheit der Beschäftigten haben kann, sind zwei Entwicklungen von besonderer Bedeutung.

*Erstens:* Mit der zunehmenden Vernetzung von Cyber-Physischen Systemen werden zukünftig beständig Daten über den Bearbeitungszustand von Werkstücken, ihre aktuelle Position und den weiteren Arbeitsablauf gesammelt und ausgewertet. Das Gleiche gilt für Maschinendaten. Auch sie werden beständig erfasst und ausgewertet. Die Auswertung dieser Daten hat aber nicht nur eine technische Dimension, sondern wirft im großen Stil Fragen zum *Arbeits- und Leistungsverhalten* der Beschäftigten auf. Was hat der Logistiker gemacht, als das Werkstück ungewöhnlich lange an einem Ort verharrte? Und wo war der Monteur, als die Anlage eine Fehlermeldung abgab? Unter solchen Bedingungen wird die Erfassung von technischen Daten zum Treiber für beständig steigenden Leistungsdruck. Zudem ist die dauerhafte Kontrolle ein enormer psychischer Belastungsfaktor.

*Zweitens:* Immer häufiger werden nicht nur zur privaten Nutzung, sondern auch im betrieblichen Alltag so genannte Gesundheits- oder Fitness-Apps zum »*Self-Tracking*« angeboten, die Gesundheitsdaten der Beschäftigten sammeln und auswerten, um vorgeblich die Gesundheitsförderung zu unterstützen. Die negativen Auswirkungen, die von solchen Programmen ausgehen können, stehen in keinem Verhältnis zum möglichen Nutzen. Dabei geht es nicht nur um Formen des Missbrauchs von Gesundheitsdaten. Es geht auch um eine neue »*betriebliche Kultur der Selbstoptimierung*«, in deren Zentrum die »*optimale Einstellung*« des Menschen und seine Anpassung an die Arbeitsbedingungen stehen.[3] Dass in einem solchen Klima allein verhaltenspräventive Maßnahmen ins Zentrum betrieblicher Gesundheitsaktivitäten rücken und die Verhältnisprävention zu einem randständigen Dasein verbannt ist, liegt auf der Hand.

---

3  Mit dem Thema »Big-Data und Gesundheit« hat sich jüngst auch der Deutsche Ethikrat auseinandergesetzt. Vgl. dazu »Die Vermessung des Menschen – Big Data und Gesundheit«, www.ethikrat.org.

*Örtliche und zeitliche Entgrenzung durch mobile Arbeit*

Mit dem Begriff »mobile Arbeit« wird Arbeit außerhalb eines festen Arbeitsplatzes in einer Arbeitsstätte bezeichnet. Gemeint ist ortsflexible digitale Arbeit, die von zuhause, beim Kunden oder auf Dienstreisen, sei es in der Bahn,
im Hotel oder auf einer Veranstaltung erbracht wird. Die Angaben zum Verbreitungsgrad mobiler Arbeit variieren stark. Bislang kommen Mobilarbeiter
in besonderem Maße aus dem akademischen Angestelltenbereich (IG Metall
2015). Es ist davon auszugehen, dass ihr Anteil infolge der Verbreitung digitaler Informations- und Kommunikationstechnik anwachsen wird. Auch Maschinen und Anlagen sind aufgrund ihrer Vernetzung zunehmend von mobilen Endgeräten steuerbar. Mobile Arbeit ist also überall dort realisierbar,
wo die Präsenz des Beschäftigten nicht erforderlich ist, ein Rechner bedient
werden kann und ein leistungsfähiger Netzanschluss zur Verfügung steht. Die
neue Mobilität bezieht sich mithin auf den Arbeitsgegenstand, das Arbeitsmittel und den arbeitenden Beschäftigten selbst.

Vorteile mobiler Arbeit sehen Beschäftigte insbesondere in einer besseren
*Vereinbarkeit von Erwerbsarbeit und privaten Lebensbereichen* oder in der
Reduzierung gebundener Zeit für die Fahrten von und zur Arbeit. Aus Sicht
des Arbeitsschutzes sind mit mobiler Arbeit aber auch neue Gefährdungen
verknüpft. Die örtliche und zeitliche Entgrenzung birgt deutliche Risiken für
die work-life-balance und die Gesundheit der Beschäftigten.

Mit der ortsflexiblen Arbeit sind eine Reihe von *Ergonomie-Problemen*
verbunden: So sind Laptops oder Smartphones nicht für eine dauerhafte Nutzung über einen ganzen Arbeitstag hinweg geeignet (vgl. Bretschneider-Hagemes 2011, S. 231).

Neben den Einschränkungen durch das *Arbeitsmittel* ergeben sich weitere
ergonomische Unzulänglichkeiten durch die *Arbeitsumgebungsbedingungen*:
Züge, Hotelzimmer oder Wartebereiche auf Flughäfen sind nicht für konzentriertes Arbeiten geplant. Mobile Arbeitsumgebungsbedingungen beanspru-
chen die Gesundheit weit mehr als ergonomische gestaltete Bildschirmar-
beitsplätze.

Dennoch findet mobile Arbeit in den Arbeitsschutzverordnungen (Arbeits-
stätten-, Bildschirmarbeitsverordnung) und der Regelsetzung bislang keine
Berücksichtigung. Sie fällt »tendenziell aus dem Anwendungsbereich vorhandener Schutzvorschriften« heraus, »ohne gleichzeitig in ein den Spezifika
ortsveränderlichen Arbeitens adäquates Regulierungsfeld einzutreten. Der
sich aus dieser Konstellation ergebende Handlungsbedarf in puncto Arbeits-
und Gesundheitsschutz ist evident und dringlich« (Bundestagsdrucksache
2013, S. 66).

Eine größere Beachtung als die ergonomischen Defizite finden in der öffentlichen und arbeitswissenschaftlichen Debatte die Probleme der *zeitlichen Entgrenzung* durch digitale mobile Arbeit. Fragen nach der Dauer der Arbeitszeit, der Pausengestaltung, ständiger Erreichbarkeit und der Ruhezeit sind mit mobiler Arbeit noch unmittelbarer verbunden als mit der Arbeit an festen Arbeitsorten im Betrieb. So geht die Möglichkeit der technischen Erreichbarkeit oft mit Verfügbarkeitserwartungen außerhalb der üblichen Arbeitszeit einher. Dabei sind längere und unregelmäßige Arbeitszeiten nachweislich mit einem höheren Beeinträchtigungsrisiko für die Gesundheit verbunden (Wirtz 2010). Erste Befunde zu den »Auswirkungen arbeitsbezogener erweiterter Erreichbarkeit« weisen deutlich auf eine Beeinträchtigung des Privatlebens hin. Auch ist von negativen Auswirkungen auf die Gesundheit auszugehen: Arbeitsbedingte Beeinträchtigungen wie etwa Burnout, Stress oder Nicht-Abschalten-Können nehmen mit dem Umfang arbeitsbezogener erweiterter Erreichbarkeit zu (Pangert u.a. 2013).

Mobile Arbeit ist mithin auch in dieser Hinsicht eine Herausforderung für den Arbeitsschutz: Wie kann Arbeitszeit in der digitalen Arbeitswelt flexibel gestaltet werden, ohne dass sie mit Beeinträchtigungen des Privatlebens oder gar der Gesundheit einhergeht? Wie lange oder an wie vielen Tagen in der Woche kann ortsflexible Arbeit unter widrigen Umgebungsbedingungen beeinträchtigungsfrei ausgeübt werden? Ein wirksamer Schutz der Beschäftigten wird kaum ohne neue, an die aktuellen Bedingungen angepasste Regeln und ohne ausgeprägte individuelle Fähigkeiten zur Selbstorganisation von Arbeits- und Freizeit zu erzielen sein.

### 3. Arbeitsschutz 4.0: Eine digitale Humanisierungs-Agenda

Für humanisierungsoptimistische Prognosen besteht wenig Anlass. Dass die neuen technischen Möglichkeiten zur ergonomischen Gestaltung von Arbeit genutzt und die erweiterten Flexibilitätsspielräume für mehr Zeitsouveränität sorgen werden, muss angesichts der Erfahrungen der Vergangenheit bezweifelt werden. Spätestens mit den Restrukturierungsprojekten nach der großen Krise hat die »Bedrohung der körperlichen und geistigen Unversehrtheit durch radikalisierte betriebliche Vernutzung« (Schumann 2010, S. 38) unabhängig vom Einsatzbereich und über alle Unternehmensebenen hinweg massiv zugenommen. Das lässt nur wenig Spielraum für die Hoffnung, dass die Digitalisierung nicht nur zu einem »Upgrade für den Industriestandort« (Heng 2014) führen, sondern auch mit einem arbeitspolitischen »Humanisierungs-Upgrade« einhergehen könnte. Erschwerend kommt hinzu, dass der staatliche Arbeitsschutz auf die nächste Etappe kapitalistischer Rationalisierung nicht in ausreichendem Maße vorbereitet ist. So sind die weißen Flecken im Feld der psychischen Belastungen oder bei mobiler Arbeit eine Art

»*Modernisierungshypothek*«. Auch die weitgehenden Deregulierungsvorstellungen, die im Arbeitgeberlager jüngst reüssiert haben und etwa für den Großangriff auf den Achtstundentag trommeln, lassen nichts Gutes erwarten. Sollen die vielfältigen alten und neuen Bedrohungen für die Gesundheit der Beschäftigten möglichst eingedämmt und neue, technische Möglichkeiten zur Humanisierung genutzt werden, muss der Rationalisierungs- und Deregulierungs-Agenda, wie sie in Unternehmen und bei Arbeitgeberverbänden derzeit diskutiert wird, eine Humanisierungs-Agenda entgegengestellt werden. Essentials einer solchen gewerkschaftlichen Agenda sind:

*Vorausschauende Arbeitsschutz-Intervention*
Sollen Humanisierungsstandards im Geflecht von technik- und marktdominierten Rationalisierungsstrategien nicht zur Restgröße werden, müssen arbeitswissenschaftlich begründete Arbeitsschutz-Anforderungen an die Arbeit 4.0 offensiv formuliert und frühzeitig auf unterschiedlichen Handlungsebenen eingebracht werden. Mit *prospektiven Gefährdungsbeurteilungen* und *vorausschauenden Interventionen* müssen gesundheitlich riskante Belastungskonstellationen bereits in der Entwicklungsphase antizipiert werden, damit menschengerechte Gestaltungsoptionen bei der Planung von Arbeit und Technik zum Tragen kommen. Die Arbeitsstättenverordnung trägt dieser Anforderung schon heute in Ansätzen Rechnung. Sie verpflichtet die betrieblichen Akteure, bereits beim Einrichten von Arbeitsplätzen die geforderten Schutzziele zu erreichen. Zu prüfen wäre, ob weitere Vorschriften analoge Regelungen aufnehmen müssten. Für die gesetzliche Rahmung durch den staatlichen Arbeitsschutz folgt daraus auch, nicht den Anschluss an die moderne Arbeitswelt durch zu lange Reaktionszeiten zu verlieren. Der Stand der Technik und gesicherte wissenschaftliche Kenntnisse müssen eine *zeitnahe Umsetzung in der Rechtsetzung* finden.

*Neue Techniken für ergonomische Arbeitsgestaltung nutzen*
Die durch die digitale Technik zu erschließenden ergonomischen Verbesserungen müssen genutzt werden.»Neue technische Entwicklungen unterstützen Beschäftigte mit vorübergehenden oder chronischen Einschränkungen, wie sie im Zuge alternder Belegschaften zunehmend zu erwarten sind.« (BDA 2015, S. 5) Dass sich diese *ergonomischen Potenziale* quasi von selbst durchsetzen werden, muss aber bezweifelt werden. Soll der Arbeitsschutz nicht weiter in der Defensive verharren, müssen verbindliche Vorgaben für die ergonomische Gestaltung von Arbeit gemacht werden. Zu diskutieren wäre daher, ob eine Reform der veralteten Lastenhandhabungsverordnung von 1996 oder ihre Überführung in eine zeitgemäße »*Ergonomie-Verordnung*« hilfreich sein

könnte. Durch die Formulierung ergonomischer Standards, welche die arbeitswissenschaftlichen Kenntnisse und den Stand der Technik abbilden, könnten betriebliche Interventionen erleichtert und die ergonomische Gestaltung befördert werden. Um möglichen Unfallrisiken durch kollaborierende Roboter vorzubeugen, gilt es die *Betriebssicherheitsverordnung* und die sie untersetzenden Regeln auf ihren Modernisierungsbedarf zu prüfen.

*Schutz vor Gefährdungen durch psychische Belastungen*
Bei den möglichen Risiken der Digitalisierung spielt das Anwachsen psychisch belastender Arbeitsbedingungen eine besondere Rolle. Beeinträchtigende Arbeitsmerkmale wie unvollständige Arbeitsaufgaben, geringe Handlungsspielräume und Variabilität gewinnen ebenso an Bedeutung wie hoher Arbeitsdruck oder flexible Arbeitszeiten und ständige Erreichbarkeit. Eine wirkungsvolle Humanisierungsstrategie wird auf die Initiierung von betrieblichen Präventionsprojekten setzen müssen, die auf die flächendeckende Umsetzung von *ganzheitlichen Gefährdungsbeurteilungen* zielen. »Gefordert sind dabei Betriebsräte und gewerkschaftliche Vertrauensleute. Gemeinsam gilt es, Bewusstsein und Handlungsbereitschaft gegen Gefährdungen bei der Arbeit zu fördern, Beschäftigte als Experten ihrer Arbeitsbedingungen einzubeziehen und Projekte Guter Arbeit betrieblich zu verankern.« (Ehlscheid/Urban 2013, S. 615)

Hinzukommen muss aber auch eine Modernisierung des rechtlichen Rahmens. Die Einführung einer *Anti-Stress-Verordnung*, die die Regelungslücke im Arbeitsschutz schließt und verbindliche Vorgaben für die Arbeitsschutz-Akteure definiert, ist längst überfällig (IG Metall 2014, Fergen 2014). Die Bundesregierung ist gefordert, die psychischen Belastungen nicht nur als Gegenstand einer Gefährdungsbeurteilung im Arbeitsschutzgesetz pauschal zu benennen, sondern im Rahmen einer konkretisierenden Rechtsverordnung auch darzulegen, auf welche Art und Weise dies zu erfolgen hat. Schutzziele, etwa im Kontext der Arbeitsorganisation und der Arbeitszeitgestaltung, sind dabei eindeutig zu definieren – so wie andere Arbeitsschutzverordnungen dies für ihre jeweiligen Gefährdungsbereiche auch vornehmen.

*Der Achtstundentag: Arbeitszeitschutz auch in der digitalen Arbeitswelt*
Unter der Flagge der Digitalisierung wird der rechtliche Begrenzungsrahmen für die tägliche Höchstarbeitszeit massiv attackiert. Arbeitgeberverbände monieren, der Achtstundentag, gesetzliche Vorschriften zur Mindestruhezeit sowie das Verbot der Sonn- und Feiertagsarbeit seien nicht mehr zeitgemäß und stünden einer erfolgreichen Digitalisierung von Industrie und Dienstleistungen entgegen. Es müsse (noch) flexibler gearbeitet werden, um eine der digi-

talen Technik und der weltweiten Vernetzung angemessene schnelle Reaktionsfähigkeit der Unternehmen zu gewährleisten (BDA 2015).

Diesem Ansinnen nachzugeben, wäre fatal: Der Schutz vor überlangen Arbeitszeiten bleibt auch zukünftig *Kernelement eines modernen Arbeits- und Gesundheitsschutzes.* So beziehen sich alle Höchst- oder Mindestwerte im Arbeitsschutz auf eine maximale Expositionszeit von acht Stunden. Nachweislich steigt auch die Gefahr von Arbeitsunfällen nach der achten Arbeitsstunde an. Und der Zusammenhang von überlanger wöchentlicher Arbeitszeit und ansteigenden Erkrankungsrisiken ist ebenfalls nachgewiesen (Wirtz 2010). Erforderlich ist eine gesetzliche Begrenzung der regelmäßigen wöchentlichen Arbeitszeit auf 40 Stunden. Doch so notwendig und gut begründet eine grenzsetzende gesetzliche Regulierung der Arbeitszeit auch sein mag – die Erfahrungen zeigen, dass die tatsächlichen Arbeitszeiten gesetzliche und auch tarifliche Obergrenzen längst gesprengt haben. Das spricht dafür, nicht nur die Auseinandersetzung um die rechtliche Normierung der Arbeitszeit aufzunehmen, sondern auch für eine *neue Zeitkultur* zu streiten, die der »Rund-um-die-Uhr-Verfügbarkeit« Grenzen setzt und freie Zeit als hohes gesellschaftliches Gut verteidigt. Damit ist auch die gewerkschaftliche Betriebs- und Tarifpolitik herausgefordert.

*Arbeitsschutz auch bei mobiler Arbeit*

Ohne Zweifel: Die Anforderungen an die Selbstorganisation der Beschäftigten bei räumlich und zeitlich flexibler Arbeit sind hoch. Ein funktionierendes individuelles Zeitmanagement ist außerhalb von betrieblich fixierten Zeitrhythmen, die dem Arbeitstag ein spezifisches Gepräge verleihen, noch bedeutender, damit Arbeit effektiv organisiert und von der Freizeit abgegrenzt werden kann. Wenngleich hinsichtlich der gesundheitlichen und sozialen Folgen von Mobilität weiterer Forschungsbedarf besteht, ist der Präventionsbedarf nicht zu leugnen: Aus den »Bedingungen und Belastungen von Mobiler Arbeit ergeben sich gesundheitliche Gefährdungen« (iga-Report 2013, S. 20; Paridon 2012).

Daher ist es erforderlich, dass die besonderen Anforderungen an die »mobile worker« in Gefährdungsbeurteilungen berücksichtigt werden. Hierzu bedarf es regulierender »*Leitplanken*«: Auch mobile Arbeit muss in den Geltungsbereich der Bildschirmarbeitsverordnung resp. der novellierten Arbeitsstättenverordnung fallen. So gilt es etwa, Anforderungen an Bildschirmarbeit sowohl an festen Arbeitsplätzen *sowie* für ortsveränderliche digitale Arbeit festzulegen. Gefährdungen durch unergonomische Arbeitszeiten, insbesondere durch ständige Erreichbarkeit, müssen durch eine Anti-Stress-Verordnung unterbunden oder zumindest minimiert werden.

*Mehr Beteiligung bei der Überwachung des betrieblichen Arbeitsschutzes*
Durch die Digitalisierung der Arbeit gewinnt der Arbeitsschutz vermutlich weiter an Bedeutung. Die Aufsichtsbehörden der Länder sind gefordert, eine den neuen Problemlagen angepasste Beratung und Überwachung zu gewährleisten. Ob eine (ja ohnehin nur sehr selten stattfindende) Systemkontrolle einschließlich »Compliance-Prüfung« und eine Besichtigung einzelner Arbeitsplätze im Unternehmen (LASI 2014) zukünftig ausreichen wird, um die Einhaltung eines zeitgemäßen Schutzniveaus zu gewährleisten, darf bezweifelt werden. Zu diskutieren wäre, ob es *erweiterter Vorgehensweisen im Beratungs- und Überwachungshandeln* der Aufsichtsbeamten bedarf und wie diese aussehen sollten. Eine intensivere Beteiligung der betrieblichen Interessenvertretungen und der betroffenen Beschäftigten selbst wird gewiss ein zusätzlicher Baustein der Überwachungstätigkeit sein müssen. Neue Gefährdungslagen sind immer weniger nur durch Aktenlage oder Besichtigung einzelner Arbeitsplätze in der Arbeitsstätte selbst zu erfassen.

Hinzu kommt, dass insbesondere Betriebsräte, die sich aktiv um den betrieblichen Arbeitsschutz und die Einhaltung gesetzlicher Schutzziele bemühen, schon heute eine häufig unzureichende Kooperation mit den Behörden beklagen. Vor allem deshalb, weil die Zahl der Aufsichtsbeamten dramatisch abgenommen hat. Die Digitalisierung und die Herausforderungen der demografischen Entwicklung verlangen nicht nur eine an den neuen Problemlagen orientierte Form der Beratung und Überwachung, sie verlangen auch eine angemessene Ausstattung mit qualifiziertem Personal. Ohne eine funktionierende staatliche Aufsicht werden die Zukunftsaufgaben kaum zu bewältigen sein. Rechtsetzung und ihr Vollzug sind zwei Seiten einer Medaille.

## 4. Ausblick

Die arbeitspolitischen Herausforderungen der digitalen Arbeitswelt sind nicht zu übersehen. Die Zukunft hat längst begonnen. Der Einsatz neuer Techniken ist im Vormarsch, Arbeit verändert sich und mit ihr die Anforderungen an den Menschen. Aber nicht überall und nicht in gleicher Weise. Das ist ein Grund dafür, die Probleme und Herausforderungen der Arbeitswelt 3.0 nicht aus den Augen zu verlieren. In der neuen Arbeitswelt werden sich Elemente der »alten Arbeit 3.0« und der »neuen Arbeit 4.0« miteinander vermischen. Für die Arbeitspolitik heißt das: Sie wird bei der Gestaltung und der Regulierung von Arbeit mit traditionellen und neue Konzepten reagieren müssen. Die Debatte darüber, was, wo sinnvoll und richtig ist, ist eröffnet.

## Literatur

BIBB/BAuA (2012): Grundauswertung der BIBB-/BAuA-Erwerbstätigenbefragung 2012, Peter Wittig, Christoph Nöllenheidt, Simone Brenscheidt, hrsg. v. Bundesanstalt für Arbeitsschutz und Arbeitsmedizin, Dortmund/Berlin/Dresden.

Bretschneider-Hagemes, Michael (2011): Belastungen und Beanspruchungen bei mobiler IT-gestützter Arbeit – Eine empirische Studie im Bereich mobiler, technischer Dienstleistungen. IFA – Institut für Arbeitsschutz, Sankt Augustin, Deutsche Gesetzliche Unfallversicherung.

Brödner, Peter (2015): Industrie 4.0 und Big Data – wirklich ein neuer Technologieschub? In: Hirsch-Kreinsen, Hartmut/Itterman, Peter/Niehaus, Jonathan (Hg.), Digitalisierung industrieller Arbeit. Die Vision Industrie 4.0 und ihre sozialen Herausforderungen, Baden-Baden, S. 231ff.

Bundestagsdrucksache 17/12505 (2013): Achter Zwischenbericht der Enquete-Kommission »Internet und digitale Gesellschaft«. Wirtschaft, Arbeit, Green IT.

Bundesvereinigung der deutschen Arbeitgeberverbände (BDA) (2015): Chancen der Digitalisierung nutzen. Positionspapier der BDA zur Digitalisierung von Wirtschaft und Arbeitswelt. Mai (o. O.).

Fergen, Andrea (2014): Zeit für eine Modernisierung des Arbeitsschutzes: Zur Anti-Stress-Initiative der IG Metall. In: Dörre, Klaus/Jürgens, Kerstin/Matuschek, Ingo (Hg.): Arbeit in Europa. Marktfundamentalismus als Zerreißprobe, Frankfurt/New York, S. 277ff.

Fraunhofer-Institut (IPA)(2014): First International Symposium on Soft Robotics, Juni 2014, Stuttgart, http://publica.fraunhofer.de/dokumente/H-50432.html (Zugriff: 17.8.2015).

Frutig, Markus (2013): Leichtbauroboter sind im Kommen, in: technica, Heft 6/7, S. 44–49.

Heng, Stefan (2014): Industrie 4.0. Upgrade des Industriestandortes Deutschland steht bevor. Deutsche Bank Research v. 4.2.2014.

Hirsch-Kreinsen, Hartmut (2015): Einleitung: Digitalisierung industrieller Arbeit. In: Hirsch-Kreinsen, Hartmut/Itterman, Peter/Niehaus, Jonathan (Hg.): Digitalisierung industrieller Arbeit. Die Vision Industrie 4.0 und ihre sozialen Herausforderungen, Baden-Baden, S. 5ff.

iga-Report (2013): Hupfeld, Jens/Brodersen, Sören/Herdegen, Regina: Arbeitsbedingte räumliche Mobilität und Gesundheit, in: iga-Report 25, S. 20ff.

IG Metall (2012): Anti-Stress-Verordnung. Eine Initiative der IG Metall, hrsg. v. IG Metall Vorstand, Ressort Arbeitsgestaltung und Gesundheitsschutz, Frankfurt am Main.

IG Metall (2014): Anti-Stress-Verordnung. Zwischenbilanz einer Initiative der IG Metall, hrsg. v. IG Metall Vorstand, Ressort Arbeitsgestaltung und Gesundheitsschutz, Frankfurt am Main.

IG Metall (2015): Zukunft der Arbeit. Mobile Arbeit: Entwicklungen, Herausforderungen, Gestaltungsbedarfe. Arbeitspapier 1/2015, hrsg. v. IG Metall Vorstand, Ressort Zukunft der Arbeit, Frankfurt am Main.

LASI (2014): Überwachungs- und Beratungstätigkeit der Arbeitsschutzbehörden der Länder – Grundsätze und Standards, LASI-Veröffentlichung – LV 1 http://lasiinfo.com/uploads/media/LV_1_Grundsaetze_15.12.2014.pdf (Zugriff: 17.8.2015).

Pangert, Barbara/Schüppach, Heinz (2013): Die Auswirkungen arbeitsbezogener erweiterter Erreichbarkeit auf Life-Domain-Balance und Gesundheit, hrsg. v. Bundesanstalt für Arbeitsschutz und Arbeitsmedizin, Dortmund/Berlin/Dresden.

Paridon, H. (2012): Berufsbedingte Mobilität. In: Badura, Bernhard/Ducki, Antje/Schröder, Helmut/Klose, Joachim/Meyer, Markus (Hg.): Fehlzeiten-Report 2012, Gesundheit in der flexiblen Arbeitswelt: Chancen nutzen – Risiken minimieren. Zahlen, Daten, Analysen aus allen Branchen der Wirtschaft, S. 79ff.

Rothe, Isabel/Beermann, Beate (2014): Arbeitsschutz: Zukünftige Herausforderungen. In: Badura, Bernhard/Ducki, Antje/Schröder, Helmut/Klose, Joachim/Meyer, Markus (Hg.): Fehlzeiten-Report 2014, Erfolgreiche Unternehmen von morgen – gesunde Arbeit heute gestalten. Zahlen, Daten, Analysen aus allen Branchen der Wirtschaft, S. 177ff.

Schumann, Michael (2010): Die Herausforderung annehmen, in: Sozialismus Heft 3, S. 38.

Suga (2014): Sicherheit und Gesundheit bei der Arbeit 2013. Unfallverhütungsbericht Arbeit, hrsg. v. Bundesministerium für Arbeit und Soziales, in Zusammenarbeit mit der Bundesanstalt für Arbeitsschutz und Arbeitsmedizin, Dortmund/Berlin/Dresden.

Urban, Hans-Jürgen/Ehlscheid, Christoph (2013): Plädoyer für ein arbeits- und sozialpolitisches Mandat – Ergebnisse einer Beschäftigtenbefragung der IG Metall. In WSI-Mitteilungen H. 8, S. 615.

Weyer, Johannes (2005): In der hybriden Gesellschaft. In: Frankfurter Allgemeine Zeitung v. 1.9.2005, S. 6.

Windelband, Lars/Dworschak, Bernd: Arbeit und Kompetenz in der Industrie 4.0. In: Hirsch-Kreinsen, Hartmut/Itterman, Peter/Niehaus, Jonathan (Hg.): Digitalisierung industrieller Arbeit. Die Vision Industrie 4.0 und ihre sozialen Herausforderungen, Baden-Baden, S. 82ff.

Wirtz, Anne (2010): Gesundheitliche und soziale Auswirkungen langer Arbeitszeiten, hrsg. v. Bundesanstalt für Arbeitsschutz und Arbeitsmedizin, Dortmund/Berlin/Dresden.

Lars Adolph
# Menschengerechte Arbeit in der digitalen Arbeitswelt
## Herausforderungen auf dem Weg zur guten Gestaltung

Die Digitalisierung der Arbeit verändert Tätigkeiten, Prozesse und ganze Organisationen. Vernetzte Technologien durchdringen das berufliche und private Leben, sie ermöglichen zwischenmenschliche Informations- und Kommunikationsprozesse, wie sie noch vor wenigen Jahren nicht vorstellbar waren. Produktionsprozesse lassen sich global vernetzen und sollen sich in Echtzeit steuern lassen. Kaum ein Bereich des modernen Arbeitslebens ist von den Veränderungen unberührt: Großindustrielle Prozesse werden in Smart Factories implementiert. Mittelständische Zulieferunternehmen vernetzen sich prozessual und technologisch eng mit großen Kunden. Und auch die Arbeit in kleineren Unternehmen oder im Bereich des Handwerks verändert sich. Die Kommunikationsprozesse zwischen Kunden und Auftragnehmern sind heute anders als noch vor wenigen Jahren und auch die Informationen über den Wettbewerb oder Wettbewerbsformen selbst haben sich gewandelt: In kleinen Handwerksunternehmen kann das Smartphone eingesetzt werden, um Arbeit zu planen und zu koordinieren, so dass ständige Erreichbarkeit auch dort zum Thema wird.

Wettbewerbsformen verändern sich durch Onlineplattformen, die den Kunden einen schnellen Preisvergleich ermöglichen. Die Anforderungen von Kunden an Erreichbarkeit, Antwortverhalten und Liefergeschwindigkeit von Dienstleistern oder Handwerkern steigen. Natürlich vollziehen sich diese Veränderungen nicht nur im industriellen und gewerblichen Bereich. Zum Beispiel ist in Versicherungen die Arbeit mit dem Computer schon seit Jahrzehnten geübte Praxis, doch führen die verarbeitbaren Datenmengen und Prozessgeschwindigkeiten immer wieder zu Veränderungen der Tätigkeiten und zu neuen Anforderungen. Ein grundlegender Wandel ist auch die immer größer werdende räumliche und zeitliche Freiheit in der Tätigkeitsausübung. Diese zunehmenden Freiheitsgrade bei gleichzeitig immer stärkerer informatorischer Anbindung befördern die Veränderung von Beschäftigungsformen und beispielsweise das Entstehen von Solo-Selbstständigkeit. Auch in Bereichen, in denen die zwischenmenschliche Interaktion essentiell ist, verändert die Technologie die Arbeit: In medizinischen und Pflegeberufen müssen Beschäftigte mit komplexen Geräten interagieren, Dokumentationssysteme bedienen und in Zukunft vielleicht sogar mit Robotern zusammenarbeiten.

**Weitere Aussichten**

Bis auf die zuletzt genannten Roboter in der Pflege lassen sich die skizzierten Veränderungen sehr konkret in den Unternehmen beobachten. Darüber hinaus zeichnen sich in einem Realisierungshorizont von ca. zehn Jahren noch weitere, starke Impulse ab. Die Robotertechnologien werden neue Formen der Zusammenarbeit zwischen Mensch und Maschine ermöglichen: die so genannte Kollaboration. Dies bedeutet, dass sich durch die zunehmende Flexibilität und »intelligente« Funktionen der Roboter neue und veränderliche Formen der Arbeitsteilung realisieren lassen. Augmented Reality Funktionen von Assistenzsystemen, die den Nutzer eines Gerätes oder einer Anlage mit situationsspezifischen Informationen versorgen (z. B. über Prozess- oder Anlagenzustände), können Entscheidungen unterstützen. Dies kann dann auch mit Fragen einer neuen Verortung von Verantwortung einhergehen und somit unternehmensorganisatorische Aspekte betreffen. Neue Fragen der Organisation von Befugnissen und Verantwortlichkeiten in den Unternehmen entstehen auf Grund der prinzipiell überall verfügbaren großen Datenmengen, die sich einerseits noch leichter zentral zusammenführen lassen und andererseits dezentral für Entscheidungen zur Verfügung stehen können.

Mit der Vision der Industrie 4.0 ist verbunden, dass sich die Produktionsprozesse in Fabriken in Echtzeit dynamisch und automatisch verändern. Und zwar mit der Zielsetzung einer optimierten Auslastung der Anlagen, aber auch für einen effizienteren Personaleinsatz. Die Realisierung solcher dynamischen Produktionsprozesse geht mit einigen neuen Anforderungen hinsichtlich einer sicheren und menschengerechten Arbeitsgestaltung einher: Sicherheitstechnische Fragen entstehen beispielsweise, weil bisherige Methoden der Risikobeurteilung für definierte Maschinen und Anlagenkonfigurationen ausgelegt sind und somit auf sich selbst verändernde Systeme nicht anwendbar sind und weil vernetzte Komponenten und (Teil-)Systeme über das Internet angreifbar sein könnten.

Durch die laufende Veränderung der Produktionssysteme entstehen Anforderungen bei der Bewältigung der technischen Komplexität durch die Beschäftigten. Ist das dynamische, komplexe und automatisierte Zusammenspiel einer Produktionsanlage von den Beschäftigten noch verstehbar? Und: Wenn sich die Produktionstechnologie flexibel verhält, passt sie sich auch den Bedürfnissen und Anforderungen der Beschäftigten an oder gilt nur ein Primat der betriebswirtschaftlichen und produktionstechnischen Optimierung?

Neben dem industriellen Fokus zeichnet sich unter der Überschrift »Smart Service Welt« auch eine tiefgreifende Veränderung der Dienstleistungen ab. Insbesondere die Verfügbarkeit von »Big Data« ermöglicht einen umfassenden und schnellen Informationsfluss zwischen den Nutzern von Produkten und den Anbietern von produktbezogenen Dienstleistungen. Das Anbieten von Produkten und Dienstleistungen im Paket, z. B. einer Produktionsmaschine inklusive ihrer Wartung und Instandhaltung, wird als hybrides Produkt bezeichnet. Dies hat das Potenzial, die Aufgabenstrukturen in den Unternehmen deutlich zu verändern und durch Outsourcing-Prozesse auch Beschäftigungsverhältnisse zu beeinflussen.

Die Basis für derartige Industrie 4.0- und Smart Service-Geschäftsprozesse ist die quasi ubiquitäre Verfügbarkeit von Daten. Diese Daten inkludieren zwangsläufig auch Informationen über Menschen, und so gewinnen grundsätzliche Fragen hinsichtlich der Persönlichkeitsrechte und des Datenschutzes eine neue Bedeutung.

Mit den bislang genannten Aspekten wird deutlich, dass die technologischen Veränderungen Wirkungen auf das unmittelbare individuelle, menschliche Verhalten und Erleben, auf die betriebliche Organisation und globale Geschäftsprozesse haben.

## Systematisierung der Entwicklungen

Die hier nur skizzierte Vielfalt der Entwicklungen führt zu einer Unübersichtlichkeit, der mit dem Versuch einer Systematisierung begegnet werden soll. Mit der Zielsetzung, relevante Ansatzpunkte für Kriterien und Methoden der Gestaltung menschengerechter Arbeit erkennen zu können, bietet es sich an, verschiedene Systemebenen zu betrachten. In Tab. 1 finden sich die drei abstrakten Ebenen einer systemischen Betrachtung von Organisationen: Mikro, Meso und Makro.

Unmittelbar betroffen sind Beschäftigte durch Veränderungen auf der Mikro-Ebene ihres Arbeitssystems. Der neue Computer oder ein Roboter, mit dem während eines Großteils der Arbeitszeit interagiert wird, kann das Erleben des Arbeitstages, das Wohlbefinden sowie Sicherheit und Gesundheit wesentlich beeinflussen. Aber auch die Veränderung der Zusammenarbeit sowie der Organisation im operativen Geschäft auf der Meso-Ebene beeinflussen das Verhalten und Erleben der Beschäftigten direkt. Beispielsweise können Kommunikationsmöglichkeiten wegfallen, oder die mangelnde Transparenz oder Verstehbarkeit von Abläufen führt zu Entfremdung und Stresserleben. Veränderungsaspekte auf der Makro-Ebene finden aus Sicht der Beschäftigten im Hintergrund statt und haben in der Regel eine vermittelte Wirkung auf das Erleben einer konkreten Arbeitstätigkeit. Diese Aspekte können jedoch hoch bedeutsam sein, wenn für die Beschäftigten z. B. ein mögliche Veränderungen der Beschäftigungsform oder umfassende Weiterbildungserfordernisse im Raum stehen. Im Folgenden sollen ausgewählte relevante Veränderungsaspekte der verschiedenen Ebenen hinsichtlich ihrer Chancen und Risiken für die Gestaltung menschengerechter Arbeit betrachtet werden.

| Tab. 1: Systemische Betrachtung von Organisationen, Veränderungsaspekte durch digitale Arbeit | | Gute Arbeit |
|---|---|---|
| **Ebene** | **Veränderungsaspekte** | |
| Mikro | • Aufgabe | |
| | • Interaktion Mensch-Maschine/Computer/Roboter | |
| | • Personaleinsatz: Qualifikation und Kompetenz | |
| | • Mentale Anforderungen, psychische Belastung | |
| Meso | • Prozesse | |
| | • Zusammenarbeit, Gruppenstrukturen | |
| | • Zentralisierung und De-Hierarchisierung | |
| | • Informations- und Kommunikationsanforderungen | |
| | • Personalentwicklung: Lernen und Weiterbildung | |
| | • Arbeitszeiten | |
| Makro | • Unternehmensübergreifende Geschäftsprozesse, globale Steuerungssysteme (technisch und organisatorisch) | |
| | • Smart Services, hybride Produkte | |
| | • Veränderungen von Dienstleistungen und Kunden/Lieferantenrollen | |
| | • Personalstrategie und -management, Beschäftigungsverhältnisse | |
| | • Arbeitszeitregime | |

**Veränderungen auf der Mikro-Ebene**

Die Automatisierungen im industriellen Bereich der vergangenen Jahrzehnte wirkten zwar stets auch als Bedrohungen für Arbeitsplätze, haben für die konkrete Arbeitsbelastung von Beschäftigten auch positive Auswirkungen gehabt. Körperlich übermäßig schwere Arbeit konnte z. B. deutlich reduziert werden. Verschiedene arbeitswissenschaftliche Studien zeigen eine effektive Reduktion der Beanspruchung (vgl. Onnasch/Wickens/Li/Manzey 2014). Auch die Automatisierungstechnologie der Industrie 4.0 kann weiter dazu beitragen, dass sich insbesondere die physischen Arbeitsbedingungen verbessern. Smarte und flexible Systeme ermöglichen eine individuelle Anpassung der körperlichen und kognitiven Anforderungen. Durch Modelle und Methoden der digitalen Ergonomie lassen sich individuelle anthropometrische Daten so erfassen und nutzen, dass sich z. B. Roboter auf die ergonomisch günstigste Zusammenarbeit mit ihrem Gegenüber einstellen können.

Die »smarte« Automatisierung, die mit zunehmender Komplexität und Dynamik einhergeht, stellt aber oftmals höhere Anforderungen an menschliche Informationsverarbeitung. Sie kann – in Abhängigkeit von der konkreten Gestaltung – zu ausgeprägten mentalen Belastungen führen. Neue Technologien der Mensch-Maschine Schnittstellengestaltung können aber auch die Bedien-, Bearbeitungs- und Überwachungstätigkeiten von Menschen erleichtern. Ein Beispiel dafür sind die so genannten Datenbrillen (Head Mounted Displays, HMDs), die geeignet sind, Nutzer mit situationsspezifischer Information bei der Bewältigung von Aufgaben zu unterstützen. Untersuchungen der BAuA belegen jedoch, dass sich die vermuteten Vorteile in der Unterstützung der menschlichen Informationsverarbeitung durch HMDs nicht ohne weiteres einstellen. Zum einen gibt es Schwachstellen bei der physischen Ergonomie mancher Geräte (z. B. Tragekomfort) und zum anderen werden unter bestimmten Bedingungen über ein HMD vermittelte Informationen nicht so zuverlässig wahrgenommen wie dies bei alternativen Displays (z. B. Tablet PC) der Fall ist (vgl. Wille et al. 2014). Die Untersuchungen zeigen deutlich die Notwendigkeit einer aufgaben- und tätigkeitsspezifischen Passung zwischen neuem Arbeitsmittel und Arbeitsaufgabe. Die Analyse von Tätigkeiten und Aufgaben vor der Einführung neuer Technologien wird insgesamt bedeutsamer. Dies nicht nur auf Grund der vielfältigeren Wechselwirkungen zwischen Technologie, Aufgabe und Mensch, sondern auch, weil der Umgang mit den Technologien neue Qualifikationen und Kompetenzen erfordert. Wird nicht für die angemessene Technologiekompetenz gesorgt, entstehen Überforderung und Stress für die Beschäftigten. Und hierbei ist zu berücksichtigen, dass sich die Bedarfe der Kompetenzentwicklung der Älteren von denen der so genannten »Digital Natives« deutlich unterscheiden.

Auf der Mikro-Ebene der Gestaltung zeigt sich die Bedeutung etablierter Regeln der Ergonomie. Die großen, prinzipiell verfügbaren Informationsmengen müssen sinnvoll selektierbar sein, so dass die für die Tätigkeit relevanten einfach verfügbar und übersichtlich darstellbar sind. Auch bringen nicht alle technisch innovativen Eingabemodalitäten (z. B. Touch Screen, Spracherkennung) ergonomische Vorteile mit sich, klassische Gestaltungen können für viele Anwendungen nach wie vor besser geeignet sein. Sie sind heute allerdings oftmals teurer in der Herstellung.

Grundsätzlich sind für die Bewältigung der neuen technologiebedingten Anforderungen unterstützende Ressourcen erforderlich. Zu den wichtigsten Ressourcen sind Handlungs- und Entscheidungsspielräume der Beschäftigten zu zählen, die sich durch flexible Aufgabengestaltung und die Verfügbarkeit von Information prinzipiell erweitern lassen. Allerdings ist die anforderungsgerechte Entwicklung von Kompetenzen und Qualifikationen auch eine notwendige Bedingung dafür, dass möglicherweise entstehende Handlungs- und Entscheidungsspielräume für die Beschäftigten bewältigbar, nützlich und positiv erlebbar werden.

Derartige Wechselwirkungseffekte durch die Gestaltung zeigen sich nicht nur im industriellen Kontext. Bei Logistikdienstleistungen werden Beschäftigte mit Smart Devices ausgestattet, die zwar Teile der Arbeitsaufgabe erleichtern – z. B. die Dokumentation –, die aber gleichzeitig auch Zeit- und Qualitätsaspekte der Arbeit erfassen. So können Smart Devices auch eingesetzt werden, um letztlich Effizienz und Geschwindigkeit stetig zu optimieren, was zu steigender Arbeitsintensität bei den Beschäftigten führt und Handlungs- und Entscheidungsspielräume einengen kann.

Es ist folglich essentiell, mit welchen Zielsetzungen die neuen Arbeitsmittel eingesetzt werden. Denn die Realisierung der möglichen ergonomischen Vorteile und eine Optimierung von Anforderungen und Belastungen erfordern oft zusätzliche Investitionen, die den Unternehmen bei kurzfristigen betriebswirtschaftlichen Betrachtungen unattraktiv erscheinen mögen. Für den nachhaltigen wirtschaftlichen Vorteil ist eine ergonomische Gestaltung hinsichtlich physischer, mentaler und sozialer Aspekte aber sicherlich ein Erfolgsfaktor.

**Veränderungen auf der Meso-Ebene**

Die genannten möglichen Veränderungen der Tätigkeitsspielräume haben nicht nur auf der direkt ausführenden Ebene Bedeutung, sondern können die Formen betrieblicher Zusammenarbeit beeinflussen. Im industriellen Bereich sind beispielsweise Facharbeiterkompetenzen realisierbar, die das Spektrum der Maschinen-/Anlagenbedienung, Wartung/Instandhaltung und die Programmierung einschließlich wesentlicher Steuerungsaspekte des Produktionsprozesses umfassen. Natürlich ist dies nur dann möglich, wenn sich Maschinen und Anlagen nicht ausschließlich selbst steuern bzw. der Produktionsprozess nicht durch das einzelne Produkt vollständig determiniert wird. Für dieses Szenario der vermehrt sehr hoch qualifizierten Maschinen- und Anlagenbediener und Facharbeiter resultieren für diese neue Anforderungen, auch über die direkte Aufgabenbewältigung hinaus: Die Verantwortung für mögliche Fehler wächst, Organisations- und Kooperationsbedarfe nehmen zu, weil neue Schnittstellen mit anderen Organisationsbereichen (z. B. Einkauf, Verkauf) entstehen. Auch für derartige Anforderungen gilt es, die Kompetenzen der Beschäftigten adäquat zu entwickeln.

An dieser Stelle tritt die Frage hervor, wo in der »smarten« Fabrik die Steuerung verortet ist. Steuert sich die Technologie mit Hilfe ihrer intelligenten Funktionen selbst, steuern qualifizierte Menschen auf dem betrieblichen

Hallenboden oder werden Entscheidungen zentral getroffen? Diese Frage muss in den Betrieben sicherlich im Anbetracht eines jeden konkreten Produktionsprozesses bearbeitet werden. Für die Gestaltung menschengerechter Arbeit ist jedoch das etablierte Primat der Gestaltung von menschengerechten Aufgaben dabei nicht zu vergessen: Befriedigende Aufgaben umfassen zumindest die Schritte Planung, Durchführung und Kontrolle. Werden Grundregeln guter Aufgabengestaltung nicht beachtet, resultiert das Risiko des Entstehens von Rest-Tätigkeiten für die Beschäftigten, die oft in die Kategorie der Einfacharbeit fallen. Dies führt in der Regel zu wenig qualifikationsförderlicher Einfacharbeit. Hier ist lernförderliche Arbeitsgestaltung schwierig, und so kann unter den Beschäftigten eine Gruppe entstehen, deren Chancen sich auf dem Arbeitsmarkt zunehmend verschlechtern.

Die Technologien sind nicht nur hinsichtlich spezifischer Anforderungen anzupassen, ihre Realisierungen führen in vielen Bereichen zu neuen Aufgaben, Prozessen und Tätigkeiten. Auch wenn die menschenleere Fabrik noch nicht in Aussicht steht, entsteht ein Potenzial dafür, dass beispielsweise Montagetätigkeiten, die bislang zu einem guten Teil manuell in Teams durchgeführt wurden, in vernetzte automatisierte Montagesysteme verlagert werden. Diese müssen dann nur noch von relativ wenig Beschäftigten überwacht und gelegentlich instandgehalten bzw. gesetzt sowie gereinigt werden. Mit diesem Szenario wird deutlich, dass soziale und kommunikative Aspekte der Arbeit verloren gehen können, die oft eine wichtige Unterstützungsfunktion für die Beschäftigten haben.

Im Bereich der Dienstleistungsarbeit steht die räumliche und zeitliche Flexibilität im Vordergrund. Laptops, Tablets und Smartphones sind weit verbreitete Arbeitsmittel. Telearbeit im Homeoffice oder auch an anderen Orten ist somit technisch einfach möglich und verbreitet sich. Diese technologischen Möglichkeiten fördern entgrenztes Arbeiten insbesondere im Bereich der Wissensarbeit. Entgrenztes Arbeiten geht nicht zwingend, aber häufig mit überlangen Arbeitszeiten einher. Ein Beispiel dafür ist, im Büro zu arbeiten und unerledigte Aufgaben zu Hause weiter zu bearbeiten. Hinzu kommt, dass bei Tele- und Heimarbeit Arbeitszeitregelungen nicht immer klar vereinbart sind oder dass persönliche Interessen der Beschäftigten nicht berücksichtigt werden. Dies kann einerseits zu Minderleistungen, andererseits zur schädlichen Selbstausbeutung führen.

Besondere Bedeutung hat die Entgrenzung, wenn sie zu Konflikten bei der Vereinbarung von Beruf und Familie führt (Work-Life-Balance-Konfliktsituation). Hier zeigen empirische Befunde, dass derartige Konfliktsituationen mit einer Verschlechterung der psychischen und physischen Gesundheit der Betroffenen einhergehen (vgl. Amstad et al. 2011).

Bei Formen des entgrenzten Arbeitens wird die Frage nach der Steuerung des Arbeitsprozesses oft mit der Erwartung der Eigenverantwortung und der Selbstmanagementkompetenz der Beschäftigten beantwortet. Die Bewältigung der Zielkonflikte zwischen Produktivität, Wohlbefinden, Sicherheit und Gesundheit können besonders dann die einzelnen Beschäftigten überfordern, wenn Arbeitsaufgaben hinsichtlich ihrer Anforderungen und Belastungen nicht hinreichend analysiert, beurteilt und gestaltet werden. Und der individuelle Blick des Einzelnen auf seine Aufgaben ist hier nicht hinreichend objektiv und kompetent hinsichtlich des Erkennens von Risiken. Auf der anderen Seite ist die Wahrnehmung von Entscheidungs- und Handlungsspielräumen bei der Strukturierung und Bearbeitung der eigenen Aufgaben ein wertvolles Potenzial für lern- und persönlichkeitsförderliche Arbeit. Die Nutzung dieses Potenzials braucht allerdings Unterstützung durch geeignete Strukturen.

**Veränderungen auf der Makro-Ebene**

Die Digitalisierung bietet viele Möglichkeiten, Geschäftsprozesse tiefgreifend zu verändern. Produktions- und Dienstleistungsprozesse lassen sich auf Grund der Vernetzung einfacher überbetrieblich oder sogar global gestalten. Beispielsweise gibt es zahlreiche Auslagerungen von IT-Dienstleistungen in asiatische Länder, aber auch Produktions- und Logistikprozesse lassen sich neu verorten.

Durch die Veränderung von Geschäftsprozessen ergeben sich für Unternehmen alternative Beschäftigungsformen wie z. B. globales »Paid Crowdsourcing«. Das heißt, Unternehmen suchen webbasiert weltweit so genannte »Clickworker«, die Aufträge bearbeiten. Hierbei kann es sich z. B. um das Erstellen von Texten, die Analyse von Daten oder die Programmierung von Software handeln. Typisch ist, dass Arbeitsaufträge stark arbeitsteilig sind und von in der Regel selbstständigen Spezialisten bearbeitet werden. Dieser Mechanismus kann eine Hyperspezialisierung befördern, was bedeutet, dass auf der Suche nach dem günstigsten Dienstleister nur hoch spezialisierte Kräfte zum Zuge kommen können. Diese weltweit typischerweise als Solo-Selbstständigen arbeitenden Spezialisten sind von Markt- und Wettbewerbsdynamiken direkt und ständig betroffen, sind für Unternehmen jedoch hoch flexible Produktionsressourcen. In der Regel sind solche selbstständigen Dienstleister weitestgehend unberührt von Arbeitsschutzregularien und sind oft auch nicht in die weiteren sozialen Sicherungssysteme eingebunden.

Hinsichtlich materieller Produktion ergeben sich durch die 3D-Druck-Technologie neue Perspektiven. 3D-Druck ermöglicht es nahezu jedermann, auch technisch komplexe Produkte mit sicherheitsrelevanten Merkmalen auf dem Markt bereit zu stellen. Auch hier entstehen neue Fragen der Hersteller-haftung. Privatpersonen können mit einem 3D-Drucker unversehens zum Hersteller von risikobehafteten Produkten werden. Denkbar ist auch die Ver-wendung von vernetzten 3D-Druckern als Produktionsmittel durch Unter-nehmen in Privathaushalten, woraus schwierig abschätzbare Risiken für den Arbeitsschutz resultieren können.

Mit diesen Beispielen wird die Tendenz zu teilweise grundlegenden Verän-derungen der wirtschaftlichen und gesellschaftlichen Ressourcen deutlich. In-wieweit derartige Muster in der Volkswirtschaft Randerscheinungen bleiben oder prägend für die Arbeit der Zukunft sein werden, ist derzeit schwierig ab-zuschätzen.

### Arbeitsschutz für eine digitalisierte Arbeitswelt

Sicher ist, dass sich die Arbeitswelt auf Grund des Potenzials der Digitalisie-rung grundsätzlich verändern wird. Dennoch werden die klassischen Aufga-ben des Arbeitsschutzes nicht obsolet. Menschen werden mit Maschinen in der industriellen Produktion arbeiten, das Handwerk und die Baubranche werden nicht an Bedeutung verlieren. Die Risiken von Chemikalien oder Bio-ziden verändern sich in der digitalen Wirtschaft nicht. Der Grundsatz, als erste Stufe der Prävention Produkte und Arbeitsmittel sicher zu gestalten und sicher in Verkehr zu bringen, wird gültig bleiben. Ebenso werden die klas-sischen Ziele der Unfallverhütung und des Gesundheitsschutzes von unver-ändert hoher Relevanz bleiben. Gleichwohl ist auch hier zu prüfen, ob das geltende Vorschriften- und Regelwerk die anstehenden Veränderungen hin-reichend erfasst oder welche Anpassungen erforderlich sind.

Ein übergreifendes Veränderungsmerkmal der Arbeitssysteme in den Be-trieben ist die zunehmende Komplexität und Dynamik, wesentlich bedingt durch die zunehmende Vernetzung. Die erforderliche Erfassung und Beurtei-lung von betrieblichen Risiken wird Unternehmen vor neue Herausforderun-gen stellen, die nicht zu spät angegangen werden sollten.

Im Bereich der Dienstleistungs- und Wissensarbeit ist die zunehmende Fle-xibilisierung der Arbeitsstrukturen und Beschäftigungsformen eine domi-nante Entwicklung. Hier entstehen somit neue Herausforderungen für die Präventionsarbeit und ihre Strukturen, einschließlich der rechtlichen, denn für die Umsetzung und Kontrolle von Maßnahmen zur Förderung von Si-cherheit und Gesundheit müssen neue Ansatzpunkte gefunden werden.

Das Arbeiten bei hohen Freiheitsgraden, mit erhöhten Anforderungen an die Selbstorganisation, erfordert Kompetenzen zur gesundheits- und per-sönlichkeitsförderlichen Gestaltung. Der Erwerb derartiger Kompetenzen darf nicht der Eigenverantwortung der Beschäftigten allein überlassen werden. Unternehmen und Führungskräfte bleiben in der Verantwortung, erforderliche Ressourcen und angemessene Rahmenbedingungen zur Verfügung zu stellen sowie sozial unterstützende Formen von Zusammenarbeit zu gestalten.

Die skizzierten technologischen Entwicklungen bieten allerdings zahlreiche Chancen für eine menschengerechte Arbeitsgestaltung. Die zunehmende Veränderbarkeit der technischen Arbeitssysteme ermöglicht eine immer bessere Anpassung der Systeme an die Bedürfnisse der Beschäftigten. Eine differentielle und dynamische Arbeitsgestaltung ist prinzipiell besser möglich denn je. Diese Freiheitsgrade bei der konkreten Gestaltung von Arbeitsmitteln sind auch nutzbar, um individuelle Anforderungen von Nutzern oder Bedienern besser zu berücksichtigen. So können beispielsweise auch ältere oder leistungsgeminderte/-gewandelte Beschäftigte zielgerichtet unterstützt werden. Derartige Funktionalitäten erfordern allerdings auch Investitionen durch Unternehmen, bei denen nicht nur der kurzfristige wirtschaftliche Vorteil, sondern auch ein nachhaltiger wirtschaftlicher und sozialer Erfolg angestrebt werden muss.

Mit Blick auf die Mitarbeiterin und den Mitarbeiter führen die »smarten« Roboter oder automatisierte Anlagen zu deutlich verstärkten Anforderungen an die menschliche Informationsverarbeitung (kognitive Anforderungen). Es ist nicht hinreichend, für die »smarten« Systeme »smarte« Mitarbeiter zu postulieren. Spätestens gibt der schnelle und stetige Wandel von Dienstleistungs- und Produktionssystemen dem Management von Qualifizierung und Weiterbildung in den Unternehmen neues Gewicht. Nicht zuletzt weil sich das Potenzial der Persönlichkeits- und Lernförderlichkeit des Arbeitens bei zunehmenden Freiheitsgraden nur mit den richtigen Kompetenzen realisieren lässt.

Die technologischen Chancen lösen allerdings nicht etwaige Interessenkonflikte zwischen Arbeitgebern und Arbeitnehmern, die sich z. B. auf Arbeitszeit und Freizeit oder auf Arbeitsintensivierung und Arbeitserleichterung beziehen. Da sich die Auswirkungen des Technologieeinsatzes auf Grund vielfältiger Wechselwirkungen zunehmend schwieriger vorhersehen lassen, gewinnen Methoden der vorausschauenden (prospektiven) Arbeitsgestaltung, entsprechende Analysen und Evaluationen an Bedeutung. Mit so gewonnenen Erkenntnissen können die erforderlichen anspruchsvollen Aushandlungsprozesse unterstützt werden.

## Literatur

Amstad, F. T./Meier, L. L./Fasel, U./Elfering, A./Semmer, N. K. (2011): A meta-analysis of work–family conflict and various outcomes with a special emphasis on cross-domain versus matching-domain relations. Journal of Occupational Health Psychology, 16, 151–169.

Onnasch, L./Wickens, C. D./Li, H./Manzey, D. (2014): Human performance consequences of stages and levels of automation: An integrated meta-analysis. Human Factors, 56(3), 476–488.

Wille, M./Wischniewski, S./Adolph, L./Theis, S./Grauel, B./Alexander, T. (2014): Prolonged work with head mounted displays. In: Proceedings of the 2014 ACM International Symposium on Wearable Computers: Adjunct Program (pp. 221–224). ACM.

Andreas Boes/Anja Bultemeier/Tobias Kämpf/Thomas Lühr

# Arbeitswelt der Zukunft – zwischen »digitalem Fließband« und neuer Humanisierung

Neue Herausforderungen für eine nachhaltige Gestaltung von Wissensarbeit

## Auf dem Weg in eine neue Arbeitswelt

Die Digitalisierung und der damit verbundene Wandel der Arbeitswelt sind im Verlauf des letzten Jahres zunehmend in das öffentliche und politische Bewusstsein gerückt. Auch in den Unternehmen ist das Thema Digitalisierung mit einer neuen Wucht und Brisanz angekommen. Tradierte Gewissheiten und eingespielte Praktiken werden auf den Prüfstand gestellt und die Veränderungsbestrebungen machen auch vor den Grundfesten der Unternehmensorganisation nicht halt.

Mit dem Projekt »WING – Wissensarbeit im Unternehmen der Zukunft nachhaltig gestalten« – haben wir uns zum Ziel gesetzt, diesen radikalen Veränderungsprozess der Unternehmen und ihrer Arbeitswelten zu verstehen und nach nachhaltigen Gestaltungskonzepten zu fragen.[1] Dabei konzentrieren wir uns auf hochqualifizierte Wissensarbeit, ein Beschäftigungssegment, das im Zentrum eines neuen Rationalisierungszugriffs der Digitalisierung steht (vgl. Boes/Kämpf 2011; Boes et al. 2012, 2013, 2014a, 2014b; Kämpf et al. 2011).

Unsere Argumentation verläuft wie folgt: In einem *ersten Schritt* betrachten wir den Hintergrund des mit der Digitalisierung verbundenen Wandels: einen Produktivkraftsprung, der durch den Aufstieg des Internets zu einem global verfügbaren Informationsraum markiert wird. In einem *zweiten Schritt* konzentrieren wir uns auf die Unternehmen als strategische Akteure und legen dar, dass dieser Produktivkraftsprung ein Modell zur Disposition stellt, das bislang unser Denken über Unternehmen bestimmt hat: das »bürokratische Industrieunternehmen«. Die Unternehmen sind auf der Suche nach einem neuen Bauplan. Welche konkreten Auswirkungen dieser Neuerfindungsprozess auf die Beschäftigten und Führungskräfte hat, versuchen wir in einem *dritten Schritt* zu beleuchten. Anhand von fünf zentralen Handlungsfeldern machen wir deutlich, dass die Digitalisierung das Potenzial für zwei entgegengesetzte

---

1 Das Projekt wird durch das Bundesministerium für Arbeit und Soziales (BMAS), im Rahmen der Initiative Neue Qualität der Arbeit (INQA) gefördert. Die empirische Basis bilden derzeit mehr als 100 Expertengespräche und Intensivinterviews in Großunternehmen der IT-, Elektro- und Automobilindustrie.

Entwicklungsrichtungen hat: Der Informationsraum ermöglicht es, die kollaborative und vernetzte Arbeit und damit die Menschen in den Mittelpunkt zu stellen, er ermöglicht es aber auch, sie über die informatorische Transparenz am »digitalen Fließband« zu kontrollieren und zu überwachen. Im *vierten Schritt* widmen wir uns der zentralen Bedeutung, die der Gestaltung dieses fundamentalen Wandels zukommt. Der Artikel endet mit einem Plädoyer für eine neue Humanisierung der Arbeit, die die Partizipation und das Empowerment der Beschäftigten zu einer positiven Leitorientierung macht.

## Erster Schritt: Hintergrund der Digitalisierung – Informationsraum als Produktivkraftsprung

Die Digitalisierung generiert ein breites Spektrum an Veränderungen in den Unternehmen (siehe unten). Den gemeinsamen Hintergrund dieser Veränderungen bildet ein Produktivkraftsprung auf der Basis des »Informationsraums«. Wir vertreten die These, dass mit dem Aufstieg des Internets ein global verfügbarer »Informationsraum« (Baukrowitz/Boes 1996) entstanden ist, der die Menschen in neuer Qualität miteinander vernetzt und verbindet. Die Digitalisierung hat also nicht nur eine technologische, sondern auch eine kommunikative und soziale Dimension, die heute allgegenwärtig ist und die Alltagspraxis sehr vieler Menschen bestimmt. Der Informationsraum ist eine neue gesellschaftliche Handlungsebene; es entsteht ein »sozialer Handlungsraum« (Boes 1996), der einen lebendigen Austausch zwischen Menschen möglich macht.

Was bedeutet dies nun für die Arbeitswelt? Hier wird der Informationsraum zu einem »Raum der Produktion« (Boes 2005). Sobald ein Arbeitsgegenstand digitalisierbar ist, wird der Informationsraum zur Grundlage und Basisinfrastruktur von Arbeit. Ist z. B. eine Konstruktion in digitalisierter Form vorhanden, ist es auch möglich, sie kollektiv in einem (global verteilten) Entwicklerteam zu bearbeiten. Auch neue datenbasierte Geschäfts- und Produktionsmodelle sowie Arbeitskonzepte werden erst durch den Informationsraum ermöglicht (Boes et al. 2014b). Damit wird der Informationsraum zum Fundament für einen Produktivkraftsprung und dürfte für die Entwicklung von Arbeit im 21. Jahrhundert eine ähnliche Bedeutung erlangen, wie sie das Maschinensystem der großen Industrie im 19. und 20. Jahrhundert innehatte (Boes/Kämpf 2012; Boes et al. 2014c).

Betrachtet man diesen Produktivkraftsprung genauer, werden zwei gegenläufige Entwicklungstrends offenbar: auf der einen Seite eine neue Qualität in der Nutzung der geistigen Produktivkräfte und der Vernetzung geistiger Tätigkeiten – dies kommt dem sehr nah, was Marx einmal prophetisch den »general intellect« der Gesellschaft nannte. Auf der anderen Seite zeigt sich jedoch eine neue Qualität der Kontrolle und Überwachung der Menschen, bis hin zur gezielten Steuerung ihres Verhaltens (vgl. Boes/Bultemeier 2008; Boes et al. 2015a).

### Zweiter Schritt: Unternehmen erfinden sich neu – Strategische Suchprozesse jenseits des alten bürokratischen Modells

Auf dem Weg vom Produktivkraftsprung zur Arbeitswelt der Zukunft sind die Unternehmen die zentrale Vermittlungsinstanz. Hier erfolgen die Weichenstellungen für die Neukonturierung der Arbeitswelt, und zwar sowohl mit Blick auf die Arbeitsmarkteffekte und Segmentierungsprozesse als auch mit Blick auf die Organisation und Qualität der Arbeit.[2]

Was passiert aktuell in den Unternehmen? Auffällig ist zunächst, dass mit Bezug auf das Thema Digitalisierung ein Umdenken stattfindet. So werden vielerorts Pilotprojekte gestartet, mit denen bewusst versucht wird, aus eingefahrenen Bahnen auszubrechen und Arbeit und Organisation neu zu denken. Dabei geht es nicht mehr um isolierte Einzelmaßnahmen oder ein Nachjustieren im Detail, vielmehr steht der gewachsene systemische Zusammenhang zur Disposition. Strategischen Suchprozesse in den Unternehmen deuten darauf hin, dass viele Unternehmen gerade dabei sind, sich neu zu erfinden – sie sind auf der Suche nach einem neuen Bauplan für das Unternehmen der Zukunft. Der alte Bauplan des »bürokratischen Unternehmens« verliert an Bedeutung.

*Vom »bürokratischen Industrieunternehmen« ...*

Die Grundlage des »bürokratischen Industrieunternehmens« bildet das Maschinensystem der »großen Industrie« und eine damit korrespondierende Vorstellung von Organisation nach dem Muster »wissenschaftlicher Betriebsführung« (Taylor) mit einer strikten Trennung von Planung und Ausführung der Arbeit (vgl. Braverman 1977) sowie »bürokratischer Rationalität« (vgl. Weber 1988). In diesem Kontext sind Unternehmen entstanden, bei denen die großen funktionalen Säulen wie Entwicklung, Produktion und Vertrieb weitgehend unverbunden nebeneinander stehen.

Wissensarbeit entzieht sich in dieser historischen Phase einem tayloristischen Rationalisierungszugriff und ist im »Expertenmodus« (Boes et al. 2014a) organisiert. Arbeit bleibt hier eine »black box«, die auf individuell gebundenem Wissen basiert – in die Köpfe der hochqualifizierten Experten

---

2   Dieser Aspekt wird in gegenwärtig populär diskutierten Studien (vgl. z.B. Brynjolfsson/McAfee 2011; Frey/Osborne 2013), die das Automatisierungspotenzial in unterschiedlichen Tätigkeitsbereichen und Berufsgruppen betrachten, stark vernachlässigt. Dabei wird von den neuen Möglichkeiten der Technik unmittelbar auf eine Neukonstituierung der Arbeitswelt geschlossen; soziale Prozesse kommen in diesen Prognosen nicht mehr vor.

kann auch das wissenschaftliche Management nicht hineinschauen. Trotz Team- und Projektarbeit sowie Versuchen bürokratischer Kontrolle agieren die Experten immer auch ein Stück weit in ihren eigenen, gegeneinander abgeschotteten »Silos«. Die hochqualifizierten Beschäftigten genießen in dieser Phase aufgrund ihrer individuellen Machtpotenziale eine – gerade gegenüber der Handarbeit – privilegierte Stellung im Betrieb (Boes et al. 2015b; vgl. Baethge et al. 1995).

### ... zur Leitvorstellung der »agilen Organisation«

Statt auf eine Abschottung der funktionalen Silos und den »Autismus« der Teileinheiten (vgl. Boes et al. 2013) setzen die Unternehmen mit der Digitalisierung nun auf eine »systemische Integration« (Bultemeier/Boes 2013: 103), die die Wertschöpfungsprozesse miteinander vernetzt und zueinander in Beziehung setzt. Die Idee durchgängiger Wertschöpfungsprozesse begreift alle funktionalen Teileinheiten als Momente eines interdependenten Systems, dessen Ziel es ist, am Ende einen Kundennutzen zu bewirken. Nicht mehr das Denken im eigenen »Silo« bestimmt so die Selbstwahrnehmung einer Abteilung, sondern ihre Position und Relationalität im Gesamtsystem des Unternehmens (ebd.). Voraussetzung für die systemische Integration ist der digitale »flow of information«.

Zu einem zentralen Ankerpunkt im Neuerfindungsprozess der Unternehmen ist die Leitvorstellung einer »agilen Organisation« geworden. Lange Planungsvorlaufzeiten, starre bürokratische Abläufe und Entscheidungsprozesse sowie mehrjährige Innovations- und Entwicklungsprojekte kann sich angesichts der rasanten Veränderungsdynamik der Märkte und Technologien kein Unternehmen mehr leisten. Agilität im Sinne einer neuen Beweglichkeit und Anpassungsfähigkeit lautet deshalb die Antwort der Unternehmen auf diese Herausforderung der Digitalisierung. Agilität setzt also eine neue Transparenz bis auf die Ebene der einzelnen Mitarbeiterinnen und Mitarbeiter voraus. Moderne Informationssysteme ermöglichen diese Transparenz; bis in die feinsten Verästelungen der Organisation sind permanent Daten und Informationen in Echtzeit verfügbar (Boes/Bultemeier 2008; Boes et al. 2015a).

Und letztlich entsteht im Kontext der Digitalisierung auch eine neue Leitvorstellung von Arbeit. Der hochqualifizierte Experte soll nun Teil eines kollaborativen und vernetzten Arbeitsprozesses werden. Es gilt, individuelles Wissen in kollektives Wissen, in Organisationswissen zu überführen. Jenseits des funktionalen »Spezialisten« und unternehmerisch orientierten »Generalisten« (vgl. Faust et al. 2000; Walgenbach/Kieser 1995) kristallisiert sich so ein neues Verständnis von Expertentum heraus: Das digitale Unternehmen adressiert den Kollektivexperten und zielt auf die kollektive Expertise aller

Mitarbeiter. Möglich wird dies durch den Informationsraum. Erst die Digitalisierung des Arbeitsgegenstandes öffnet den Zugang für eine kollektive Bearbeitung und stellt mit den neuen Kollaborationsplattformen auch die Arbeitsmittel für einen lebendigen Austausch zur Verfügung (Boes et al 2014c). Beschäftigte können in modernen Kollaborationsplattformen quer über die gesamte Organisation kommunizieren und interagieren, und dies markiert eine neue Qualität im Verhältnis zum »verstaubten« Wissensmanagement der alten Organisation. Der Informationsraum als sozialer Handlungsraum bildet damit die Voraussetzung für die neue Phase kollaborativer und vernetzter Arbeit.

### Dritter Schritt: Arbeitswelt am Scheideweg – zwischen digitalem Fließband und einer neuen Humanisierung von Arbeit

Wie wirkt sich dieser Neuerfindungsprozess der Unternehmen konkret auf die Ausgestaltung der Arbeitswelt aus? Anhand von fünf zentralen Handlungsfeldern soll im Folgenden der fundamentale Wandel der Arbeitswelt nachgezeichnet werden. Dabei wird erkennbar, dass der Informationsraum das Potenzial für zwei entgegengesetzte Entwicklungsrichtungen bereitstellt. Welchen Weg die Unternehmen einschlagen werden – ob sie eher auf die kollektive Expertise ihrer Mitarbeiter oder die neuen Möglichkeiten der Kontrolle und Überwachung setzen – ist noch nicht entschieden.

*Arbeitsorganisation und Innovation –*
*Echtes Empowerment oder industriell getaktete Wissensarbeit?*
Besonders viel Bewegung in den Unternehmen lässt sich aktuell im Handlungsfeld der Arbeitsorganisation und der Generierung von Innovationen beobachten. Fast überall wird mit neuen Arbeitsformen experimentiert.

In der Praxis der Unternehmen beginnen sich agile Methoden wie z. B. Scrum durchzusetzen (vgl. z. B. Boes et al. 2014a). Diese werden mittlerweile nicht nur flächendeckend in der Software-Entwicklung eingesetzt, sondern finden auch im Bereich der Ingenieurarbeit zunehmend Verbreitung. Agile Methoden setzen darauf, die langen Entwicklungszyklen in kurze Sprints oder Takte zu zerlegen, in denen die beteiligten Akteure in enger Abstimmung jeweils ein kleines Stück »usable software« produzieren. Anstatt das Projekt a priori und bis ins letzte Detail vorauszuplanen, wird hier auf eine inkrementelle und iterative Vorgehensweise gesetzt, also in aufeinander aufbauenden, sich wiederholenden Schritten. Durch einen so gestalteten Entwicklungsprozess wird der individuelle Expertenmodus aufgebrochen und das empowerte Team als Kollektiv zur zentralen Organisationseinheit gemacht. Empowerment bedeutet hier, dass das Team ermächtigt wird, die

Menge an »Workload« in einem Sprint selbst zu bestimmen. In der Praxis der Unternehmen zeigt sich jedoch, dass agile Methoden nur sehr selten als Gesamtpaket umgesetzt werden. Häufig stehen die Unternehmen gerade dem Empowerment sehr skeptisch gegenüber, während sie die Momente kleinschrittiger arbeitsteiliger Wissensproduktion, der Taktung geistiger Tätigkeiten und der stärkeren Kundenorientierung begrüßen. Für die hochqualifizierten Mitarbeiter ist Scrum ohne Empowerment jedoch ein Verlustgeschäft; sie werden dann in einen durchgetakteten Arbeitsprozess eingebunden, der sie einem hohen Zeit- und Rechtfertigungsdruck aussetzt und ihnen keine Möglichkeiten bietet, über die Verausgabung ihrer Arbeitskraft mit zu verfügen. Wissensarbeit wird dann am »digitalen Fließband« organisiert:

> *»Mein Fließband ist der Backlog, in dem ich meine Tasks ziehe. Das ist mein Fließband [...]. Da drinnen gibt's halt eine Lise von Tasks, die sind gerankt, und da zieht man sich die Sachen im Prinzip raus [...]. Also die meisten Kollegen, die arbeiten dann halt in diesem Backlog, gucken, was da für Tasks drauf sind, und arbeiten die dann einfach ab. Und wenn sie Glück haben, dürfen sie sich einen Task wünschen.«* (Software-Entwickler, IT-Industrie)

Eng verbunden mit der Einführung neuer Arbeitsformen ist ein weiterer Entwicklungstrend: Die Unternehmen setzen darauf, das Wissen des Einzelnen kollektiv zugänglich zu machen (vgl. Boes et al. 2014a, 2015a). Wissen soll nicht nur im Scrum-Team, sondern innerhalb der gesamten Organisation geteilt werden. Um diese Diffusion und Kollektivierung von Wissen zu unterstützen, werden Kollaborationsplattformen etabliert und Communities eingerichtet – Stichwort: »Enterprise 2.0«. So ließ sich z. B. in einem Fallunternehmen ein jährlicher Prozess zur Ermittlung technischer Planzahlen durch die Einrichtung einer Community von ursprünglich sechs Wochen auf eine Woche verkürzen.

Neue Organisationsformen von Wissensarbeit zielen auch auf eine neue internationale Arbeitsteilung. In den Unternehmen gewinnt das Thema »Globalisierung und Verlagerung der Wissensarbeit« weiterhin an Bedeutung (vgl. Boes/Kämpf 2011; Boes et al. 2012). Gerade weil der Informationsraum ein globaler Raum der Produktion ist, werden auch hochqualifizierte Tätigkeiten einer globalen Arbeitsteilung zugänglich. In der Praxis ist diese Entwicklung häufig eng mit einer weiteren Prozessorientierung und Standardisierung von Arbeit bis hin zu einer »Industrialisierung neuen Typs« verbunden. Diese bilden gewissermaßen die Grundlage für die Einbindung der Wissensarbeit in global organisierte Wertschöpfungsketten, aber auch für ihre Verlagerbarkeit im Kontext von »Offshoring« oder »Crowdsourcing«.

Unsere empirischen Ergebnisse im Handlungsfeld »Arbeitsorganisation und Innovation« zeigen sehr deutlich das Potenzial für zwei entgegengesetzte Entwicklungsrichtungen. Der Informationsraum ermöglicht über die informatorische Durchdringung und kollektive Erschließung geistiger Tätigkeiten eine Transformation von Wissensarbeit in Richtung industrialisierter, getakteter und global verteilter Wissensarbeit. Er ermöglicht aber ebenso über die Adressierung der kollektiven Expertise der MitarbeiterInnen eine Weichenstellung in Richtung Partizipation und Empowerment.

*Arbeitsplatz der Zukunft –*
*Unkultur permanenter Verfügbarkeit oder neue Zeitsouveränität?*
Die Digitalisierung verändert das tradierte Raum-Zeit-Gefüge der Arbeit. Das Internet und mobile Endgeräte ermöglichen es, prinzipiell von jedem Ort aus und zu jeder Zeit zu arbeiten. Damit erodiert nicht nur die strikte Trennung von Arbeit und Leben, sondern auch die Bedeutung des Betriebs als zentraler Ort der Produktion.

In der Praxis der Unternehmen können wir beobachten, dass sich das Bild des »traditionellen Büros« aktuell tatsächlich sehr stark verändert. Neues Leitbild sind offene Bürokonzepte (Stichwort: open office), bei denen die Teams und Führungskräfte ohne feste Arbeitsplatzzuordnungen zusammensitzen, die Sitzecken für einen zwanglosen Austausch ebenso integrieren wie Kaffeelounges mit Möglichkeiten zum gemeinsamen Spiel (z. B. Tischfussball). Die Idee des kollaborativen und vernetzten Arbeitens sowie des offenen Wissensaustauschs soll sich auch in der Architektur der Büroflächen niederschlagen. Von den Beschäftigten werden die modernen Bürowelten immer dann als Bereicherung erlebt, wenn sie an der Gestaltung wirklich beteiligt gewesen sind, wenn auf ihre arbeitsinhaltlichen Interessen Rücksicht genommen wurde und die architektonische Veränderung als Investition in die Zukunft und nicht als Maßnahme zur Kostensenkung verstanden wurde. Neue Raumkonzepte unterstützen und reflektieren somit den Veränderungsprozess von Arbeit und wirken als Katalysator für »Home Office« und mobiles Arbeiten. Desk-Sharing-Konzepte kalkulieren flexible Anwesenheitszeiten der Mitarbeiterinnen und Mitarbeiter von vornherein ein und verzichten auf die Bereitstellung eines Arbeitsplatzes für alle Beschäftigten. Ebenso wird häufig stillschweigend davon ausgegangen, dass Phasen, in denen konzentriertes Arbeiten erforderlich ist, nach Hause verlagert werden, um der Kommunikation und dem ständigen Wissensaustausch in offenen Bürolandschaften zu entgehen. Die neuen Bürokonzepte forcieren so eine Verflüssigung der Grenze zwischen Arbeit und Privatleben und tragen zu einer Ausdehnung der Arbeit in den Privatbereich bei.

Für viele Beschäftigte bedeuten diese neuen Optionen zunächst einen Gewinn an Flexibilität. Es wird möglich, von zu Hause zu arbeiten, wenn ein privater Termin ansteht, Zugfahrten können – mit anrechenbaren Zeiten – für die Vorbereitung einer Präsentation genutzt werden und der Arbeitstag kann auch mal zwei Stunden für ein Sportprogramm unterbrochen werden. Die Beschäftigten gewinnen ein Stück Souveränität, die Arbeit den Bedürfnissen des privaten Lebens anzupassen. Zugleich steigen mit den neuen Möglichkeiten jedoch auch die Anforderungen und Erwartungen an die Beschäftigten. Über den Informationsraum sind sie dauerhaft und nicht nur zu festgelegten Bürozeiten präsent und verfügbar. Sie bleiben an jedem Ort und zu jeder Zeit an den Informationsfluss im Büro angebunden, und dies bietet nicht nur neue Zugriffsmöglichkeiten für Vorgesetzte und Kollegen, sondern auch bei den Mitarbeitern selbst wächst der Druck, sich nicht abhängen zu lassen und alles mitkriegen zu müssen. Beschäftigte berichten, dass Arbeit nun mehr Raum in ihrem Leben einnimmt, und zwar sowohl durch eine Ausdehnung der Arbeitszeiten als auch durch eine stärkere Beschäftigung mit der Arbeit und neuen Leistungsanforderungen in Kontext der Digitalisierung.

Im Ergebnis steigt der Bedarf an einer ausgeglichenen Work-Life-Balance. Für die Beschäftigten wird es immer schwieriger abzuschalten; von ihnen wird erwartet, »in der ersten Person« und mit vollem Einsatz für die Arbeit da zu sein. Gerade für Frauen, die mehrheitlich noch die Verantwortung für die Betreuung der Kinder tragen, entstehen so hohe Belastungen (vgl. Bultemeier/Boes 2013; Bultemeier 2015). Zugespitzt lässt sich konstatieren: Trotz der neuen Möglichkeiten entfernen sich die Unternehmen vom Leben ihrer Mitarbeiter.

Der Informationsraum beinhaltet somit das Potenzial sowohl für eine neue Zeitsouveränität der Beschäftigten als auch für eine Unkultur permanenter Verfügbarkeit. Unsere empirischen Beobachtungen zeigen, dass neue Bürokonzepte, Home Office und mobiles Arbeiten nicht im Selbstlauf zu einer Verbesserung der Work-Life-Balance führen, sondern dass hier über die Gestaltung die Weichenstellung in eine nachhaltige Richtung vorgenommen werden muss.

*Führung – Führungskräfte als Gestalter oder Verlierer des Umbruchs?*
Mit dem alten Bauplan der Unternehmen erodieren auch die Grundlagen des damit korrespondierenden Führungsmodells: des »Fürsten im Reich«. Führungskräfte sind nun nicht mehr isolierte Entscheider; und sie werden vielmehr in die Strukturen und Abläufe eines systemisch integrierten Unternehmens eingebunden sowie darüber auch in ihren Aufgaben und Rollenbildern neu bestimmt (ausführlich Bultemeier/Boes 2013: 107 ff.).

Im Kontext des systemisch integrierten Unternehmens leiten vor allem drei Veränderungsmomente eine Transformation von Führung ein. *Erstens* werden zentral vorgegebene Kennzahlen und Prozesse zu einer entscheidenden Referenz für Führungskräfte. Dies definiert einen Handlungskorridor, in dem häufig kaum mehr Raum für eine eigensinnige Interpretation der Führungsrolle bleibt. Nicht wenige Führungskräfte berichten in den Interviews, sie könnten kaum noch gestalten, sondern würden eigentlich nur noch Zielvorgaben exekutieren und weiterreichen. *Zweitens* sind Führungskräfte heute mit einer neuen Komplexität konfrontiert. Sie müssen nicht mehr nur ihren funktionalen Bereich im Blick haben, sondern ebenso dessen Interdependenzen zu anderen Bereichen berücksichtigen. In diesem Sinne werden Führungskräfte heute zu »Knotenpunkten« einer hochgradig vernetzten und interdependenten Organisation (Bultemeier/Boes 2013: 114). In dieser Rolle sind sie viel stärker gefordert, im Kollektiv zu arbeiten und Entscheidungen in Abstimmung mit anderen Akteuren zu treffen. Eine besondere Herausforderung für das klassische Management sind *drittens* auch die Ideen der Agilität, des Empowerments der Teams oder der Demokratisierung der Unternehmen, die den Kern des Führungsverständnisses berühren und die traditionelle Führungsrolle massiv in Frage stellen.

Noch ist ungewiss, wie das Management einer digitalen Zukunft aussehen wird. Ein Blick in die Praxis der Unternehmen zeigt, dass ein neues konsistentes Führungskräfteleitbild bislang nicht existiert. Vielmehr sind die Führungskräfte heute mit vielfältigen Dilemmata konfrontiert. Es ist unklar, ob sie weiterhin die klassischen »Leader« und »durchsetzungsstarken Macher« bleiben, die die Richtung vorgeben, oder ob sie nun zu »Dienern« oder »Dienstleistern« ihrer Teams werden, die lediglich für produktive Rahmenbedingungen zu sorgen haben und Hindernisse aus dem Weg räumen sollen. Von ihnen wird einerseits gefordert, nah am Mitarbeiter zu sein und als »Coach« dessen individuelle Entwicklung optimal zu fördern, andererseits werden die Führungsspannen immer weiter vergrößert, so dass Führungskräfte ihren Mitarbeitern kaum mehr begegnen. So wird in unseren Interviews von zunehmender Anonymität und Mitarbeitergesprächen, die zur »Massenware« werden, berichtet. Schließlich geraten gerade die unteren und mittleren Führungskräfte immer mehr in eine »Sandwichposition« zwischen den Vorgaben des oberen Managements auf der einen und den selbstorganisierten Teams auf der anderen Seite. Die innere Zerrissenheit, die daraus resultiert, sowie das Gefühl, keine Handlungsmacht entfalten zu können, machen Führungskräfte zu einer besonderen Risikogruppe für psychische Belastungen (Kämpf et al. 2011).

Unsere empirischen Ergebnisse zeigen, dass Führungskräfte von der digitalen Transformation der Arbeitswelt massiv betroffen sind. Noch ist unklar, ob Führungskräfte befürchten müssen, zu den Verlierern des Umbruchs zu gehören, oder ob sich im Kontext des kollektiv vernetzten Unternehmens ein neues Leitbild für Führungskräfte herausbildet und sie zu (Mit-)Gestaltern einer neuen Arbeitswelt werden.

*Berufliche Entwicklung und Karrieren –*
*Neue Entfaltungsmöglichkeiten oder »System permanenter Bewährung«?*
Berufliche Entwicklung und Karrieren folgen im Kontext des digitalen Umbruchs einem neuen Muster. Die funktionalen Entwicklungswege und linearen Karrierewege (vgl. Faust et al. 2000: 117) sowie die damit verbundenen Erwartungen von Stabilität, Seniorität und Zukunftsgewissheit (vgl. Baethge et al. 1995; Lutz 1987; Castel 2000: 341) stehen zur Disposition. Unternehmen versuchen heute, mehr »Beweglichkeit« bei ihren MitarbeiterInnen zu initiieren. Diese neue Beweglichkeit zeigt sich in zwei unterschiedlichen Ausformungen, die auf unterschiedlichen Wirkprinzipien beruhen.

In den Leitvorstellungen systemisch integrierter Unternehmen wird zunehmend der »agile« Mitarbeiter adressiert. Von diesem wird erwartet, dass er sich beständig weiterentwickelt und über den Tellerrand der eigenen Jobfunktion hinausblickt. Die MitarbeiterInnen sollen die »Komfortzone« verlassen und zwischen Funktionen, Geschäftsbereichen und Standorten rotieren.

Eine neue Beweglichkeit zeigt sich jedoch nicht nur in den Rotationsanforderungen, sondern auch im Matching zwischen Jobfunktion und Person. Viele Unternehmen zielen heute auf den »passfähigen« Mitarbeiter und überprüfen – insbesondere bei Führungskräften – die Eignung einer Person für die Funktion, die sie innehat, jedes Jahr neu. Die Errungenschaften des individuellen Entwicklungsweges sind somit nicht mehr auf Dauer gestellt. Die Mitarbeiter machen die Erfahrung: »Ich muss mich immer wieder neu beweisen.« Über die Passfähigkeit wird zudem im Hierarchiegefüge eine Durchlässigkeit »nach unten« implementiert – Abstiegskarrieren werden möglich. In dieser neuen Optionalität, die auf dem informatorischen Zugriff auf die individuelle Leistung basiert, dürfte auch eine zentrale Ursache für die Zunahme psychischer Belastungen liegen (Kämpf et al. 2011).

Auch im Kontext der »neuen Beweglichkeit« der Mitarbeiter entsteht also ein Potenzial für zwei gegenläufige Szenarien: Auf der einen Seite bilden sich neue Entfaltungsmöglichkeiten für die MitarbeiterInnen. Agilität wird zum Ausgangspunkt für eine individuelle Weiterentwicklung und lebenslanges Lernen. Darüber hinaus kann Agilität auch ein »Hebel« sein, starre Karrierevorstellungen aufzubrechen und unkonventionelle Entwicklungswege zu legitimieren. Warum sollte es nicht möglich sein, auch mit 50 Jahren noch eine Karriere zu starten oder die Erfahrungen aus privaten Lebensbereichen (z. B.

Elternschaft, Auslandsaufenthalte) als Karrierebausteine anzuerkennen? Auf der anderen Seite liegt hier auch das Potenzial für ein »System permanenter Bewährung« (Boes/Bultemeier 2010), das über die Passfähigkeit einen Leistungs- und Entwicklungszwang mit steigenden Belastungen etabliert und den Wünschen nach Sinnentfaltung in der Arbeit und individueller Karrieregestaltung keinen Raum mehr lässt.

Gerade diese Szenarien betreffen auch die Entwicklungschancen von Frauen in Unternehmen. Wird Agilität konsequent aus der Perspektive der Mitarbeiter gedacht, öffnen sich für Frauen neue Möglichkeiten. Ein »System permanenter Bewährung« hingegen verschärft über die zeitlichen und emotionalen Verfügbarkeitsanforderungen auch den Konflikt zwischen Erwerbsarbeit und Sorgearbeit in der Familie, der für Frauen ein entscheidendes Karrierehindernis ist (vgl. Bultemeier 2015).

*Sozialbeziehungen und Kultur –*
*Wo bleibt der Mensch in der Arbeitswelt der Zukunft?*
Der neue Bauplan der Unternehmen ist zudem mit einem kulturellen Wandel verbunden, der die Sozialbeziehungen im Sinne des Paradigmas der Agilität neu ordnet. Dieser Wandel wird von den Unternehmen häufig sehr bewusst und im Rahmen zielgerichteter Change-Prozesse vollzogen, die Aspekte wie die Kommunikationskultur (als bewusster Bruch mit dem »Dienstweg«), die Kultur der Zusammenarbeit oder den Umgang mit Hierarchien adressieren. Konkret bedeutet das zum Beispiel, dass ein Mitarbeiter mit seinem »Chef-Chef« am Kaffeeautomaten über ein Problem im Projekt reden kann, ohne dass sich der Projektleiter und der Gruppenleiter dadurch übergangen fühlen müssen. Ein solcher Kulturwandel wird in der Praxis teilweise im Kontext neuer Bürokonzepte gezielt durch entsprechende räumliche Veränderungen befördert: Wenn etwa im Zuge der Einführung offener Raumkonzepte auch der Abteilungsleiter kein festes Büro mehr hat und sich, wie jeder »normale« Mitarbeiter, jeden Tag einen freien Arbeitsplatz suchen muss, dann impliziert das quasi automatisch einen neuen Umgang mit Hierarchien und Führungskräften. Die Eckpfeiler der historisch gewachsenen betrieblichen Sozialbeziehungen bürokratischer Kulturen werden so unterminiert.

Allerdings bedarf es hier eines genaueren Blicks unter die Oberfläche. Auf der Grundlage unserer Empirie lassen sich grob zwei gegensätzliche Szenarien unterscheiden. Das eine folgt dem Prinzip »Mensch im Mittelpunkt«. Hier werden die Mitarbeiter mit ihren Ansprüchen und Bedürfnissen zentral gestellt. Ihnen wird bedeutet: »Ohne euch geht es nicht. Ihr seid wichtig, damit das Unternehmen den Umbruch in eine neue Arbeitswelt erfolgreich bewältigen kann.« Der Wandel wird hier gewissermaßen als Angebot an die Beschäftigten formuliert. Es geht ausdrücklich um eine gemeinsame Gestaltung und um die Beteiligung der Mitarbeiter mit ihren spezifischen Erfahrungen und Kompetenzen, aber auch mit ihren legitimen Ansprüchen an eine »gute Arbeit«. Dazu gehört auch die Einbeziehung der Interessenvertretung. Dem steht ein Negativszenario gegenüber, das eher dem Prinzip »Zahlen statt Menschen« folgt. In den entsprechenden Interviews beklagen die Beschäftigten vor allem den Verlust von Wertschätzung und Anerkennung. Sie haben den Eindruck, in ihrem Unternehmen gehe es »nur noch um die Zahlen und nicht mehr um die Menschen«, als Mitarbeiter sei man »hier nur noch eine Nummer«. In diesem Fall wird der Wandel explizit als eine Bedrohung erlebt. Entwertungserfahrungen in Bezug auf die eigene Arbeit und Qualifikation werden begleitet von Verunsicherung und Angst vor zunehmender Kontrolle und beruflichem Abstieg (vgl. Boes/Kämpf 2010; Kämpf 2008). Die Erosion der gewachsenen Sozialbeziehungen kann hier nicht positiv entschlüsselt werden, weil sie nicht mit der Herausbildung einer neuen Anerkennungskultur einhergeht. Das Aufbrechen des bürokratischen Expertenmodus und der individuellen Wissenssilos wird von den Beschäftigten infolgedessen als Angriff auf ihren sozialen Status interpretiert.

Die entscheidende Frage, die in diesen gegenläufigen Szenarien zum Ausdruck kommt, ist letztlich: Welche Rolle soll der Mensch in der Arbeitswelt der Zukunft spielen? Soll er, dem Leitbild des »mündigen Mitarbeiters« folgend, zu einem wesentlichen Akteur ihrer Gestaltung werden oder soll die Gestaltung der Arbeitswelt von morgen gegen die Menschen durchgesetzt werden? Unsere empirischen Ergebnisse zeigen jedenfalls, dass eine fehlende Beteiligung der Beschäftigten sehr bald zumindest ihren passiven Widerstand provoziert. Im Hinblick auf die zunehmende Komplexität, die Bedeutung von Innovativität sowie die dazu benötigte kollaborativ-vernetzte Arbeitsweise auf der Grundlage kollektiven Wissens sind die Unternehmen jedoch immer mehr auf MitarbeiterInnen angewiesen, die hoch motiviert sowie eigenverantwortlich und »in erster Person« handeln. Die entsprechenden Bedingungen dafür lassen sich bislang vor allem in exklusiven und handverlesenen »Elite«-Abteilungen und -Projekten finden.

### Vierter Schritt: Plädoyer für eine neue Humanisierung der Arbeit

Unsere Analysen haben gezeigt, dass viele Unternehmen aktuell dabei sind, sich sehr grundlegend zu verändern. Sie sind auf der Suche nach einem neuen Bauplan für das Unternehmen der Zukunft. In diesem Umbruchprozess gewinnt das Thema der Gestaltung eine zentrale Bedeutung. Der Informationsraum stellt die Potenziale für eine positive Entwicklung und gesellschaftliche Wohlfahrt bereit, aber ihre Nutzung erfolgt nicht im Selbstlauf.

Den neuen Chancen, die im Empowerment der Beschäftigten, der Vernetzung von Wissen und in neuen Führungs- und Unternehmenskulturen liegen, muss zum Durchbruch verholfen werden. Die Unternehmen stehen am Scheideweg; als Negativszenario zeichnet sich ein digitales Fließband ab, das hochqualifizierte Arbeit standardisiert und entwertet.

Ist die Gestaltung zentral für die Weichenstellung in den Unternehmen, so bedarf sie einer positiven Leitorientierung. Wir plädieren deshalb für einen Aufbruch in eine neue Humanisierung von Arbeit, die auf den Chancen des Informationsraums aufbaut und die Menschen mit ihrer kollektiven Expertise und kreativen Intelligenz in den Mittelpunkt des Umbruchs stellt. Die Digitalisierung braucht die Menschen und ihre Beteiligung.

## Literatur

Baethge, M./Denkinger, J./Kadritzke, U. (1995): Das Führungskräfte-Dilemma. Manager und industrielle Experten zwischen Unternehmen und Lebenswelt. Frankfurt am Main/ New York.

Baukrowitz, A./Boes A. (1996): Arbeit in der »Informationsgesellschaft«. Einige grundsätzliche Überlegungen aus einer (fast schon) ungewohnten Perspektive. In: Schmiede, R. (Hg.): Virtuelle Arbeitswelten. Arbeit, Produktion und Subjekt in der »Informationsgesellschaft«. Berlin, S. 129–158.

Boes, A. (1996): Formierung und Emanzipation – Zur Dialektik der Arbeit in der »Informationsgesellschaft«. In: Schmiede, R. (Hg.): Virtuelle Arbeitswelten. Arbeit, Produktion und Subjekt in der »Informationsgesellschaft«, Berlin, S. 159–178.

Boes, A. (2005): Informatisierung. In: SOFI/IAB/ISF München/INIFES (Hg.): Berichterstattung zur sozioökonomischen Entwicklung in Deutschland – Arbeits- und Lebensweisen. Erster Bericht, Wiesbaden, S. 211–244.

Boes, A./Bultemeier, A. (2008): Informatisierung – Unsicherheit – Kontrolle. In: Dröge, K./ Marrs, K./Menz, W. (Hg.): Die Rückkehr der Leistungsfrage. Leistung in Arbeit, Unternehmen und Gesellschaft. Berlin, S. 59–91.

Boes A./Bultemeier A. (2010): Anerkennung im System permanenter Bewährung. In: Hans-Georg Soeffner (Hg.): Unsichere Zeiten. Herausforderungen gesellschaftlicher Transformationen. Verhandlungen des 34. Kongresses der Deutschen Gesellschaft für Soziologie in Jena 2008. Wiesbaden, CD-ROM.

Boes, A./Kämpf, T. (2010): Zeitenwende im Büro: Angestelltenarbeit im Sog der Globalisierung. In: WSI Mitteilungen, Jg. 63, S. 611–617.

Boes, A./Kämpf, T. (2011): Global verteilte Kopfarbeit. Offshoring und der Wandel der Arbeitsbeziehungen. Berlin.

Boes, A./Kämpf, T. (2012): Informatisierung als Produktivkraft: Der informatisierte Produktionsmodus als Basis einer neuen Phase des Kapitalismus. In: Dörre, K./Sauer, D./Wittke, V. (Hg.): Arbeitssoziologie und Kapitalismustheorie. Frankfurt am Main, S. 316–335.

Boes, A./Baukrowitz, A./Kämpf, T./Marrs, K. (Hg.) (2012): Qualifizieren für eine global vernetzte Ökonomie. Wiesbaden.

Boes, A./Bultemeier, A./Trinczek, R. (Hg.) (2013): Karrierechancen von Frauen erfolgreich gestalten. Analysen, Strategien und Good Practices aus modernen Unternehmen. Wiesbaden.

Boes, A./Kämpf, T./Lühr, T./Marrs. K. (2014a): Kopfarbeit in der modernen Arbeitswelt: Auf dem Weg zu einer »Industrialisierung neuen Typs«. In: Sydow, J./Sadowsli, D./Conrad, P. (Hg.): Arbeit – eine Neubestimmung. Managementforschung 24. Wiesbaden, S. 33–62.

Boes, A./Kämpf, T./Langes, B./Steglich, S. (2014b): Cloudworking und die Zukunft der Arbeit – Kritische Analysen am Beispiel der Strategie »Generation Open« von IBM. Kassel.

Boes, A./Kämpf, T./Langes, B./Lühr, T. (2014c): Informatisierung und neue Entwicklungstendenzen von Arbeit. In: Arbeits- und Industriesoziologische Studien, Jg. 7, H. 1, S. 5–23.

Boes, A./Kämpf, T./Langes, B./Lühr, T. (2015a): Landnahme im Informationsraum. Neukonstituierung gesellschaftlicher Arbeit in der »digitalen Gesellschaft«. In: WSI Mitteilungen, Jg. 68, H. 2, S. 77–85.

Boes, A./Kämpf, T./Lühr, T. (2015b): Neue Mittelschichten unter Druck. Die Erosion des »Expertenmodus« als Organisationsform hochqualifizierter Kopfarbeit. In: Haipeter, T. (Hrsg.): Angestellte Revisited. Arbeitsbezogene Interessen und Herausforderungen der Interessenvertretung. Wiesbaden (im Erscheinen).

Braverman, H. (1977): Die Arbeit im modernen Produktionsprozeß. Frankfurt am Main/ New York.

Brynjolfsson, E./McAfee, A. (2011): Race Against The Machine. How the Digital Revolution is Accelerating Innovation, Driving Productivity and Irreversibly Transforming Employment and the Economy. Lexington.

Bultemeier, A./Boes, A. (2013): Neue Spielregeln in modernen Unternehmen. Chancen und Risiken für Frauen. In: Boes, A./Bultemeier, A./Trinczek, R. (Hg.): Karrierechancen von Frauen erfolgreich gestalten. Analysen, Strategien und Good Practices aus modernen Unternehmen. Wiesbaden, S. 95–165.

Bultemeier, A. (2015): Karriere und Vereinbarkeit – Geschlechtsspezifische Auswirkungen einer neuen Karrierepraxis in Unternehmen. In: Wischermann, U./Kirschenbauer, A. (Hrsg.): Geschlechterarrangements in Bewegung – Veränderte Arbeits- und Lebensweisen durch Informatisierung. Bielefeld, S. 255–292.

Castel, R. (2000): Die Metamorphosen der sozialen Frage: Eine Chronik der Lohnarbeit. Konstanz.

Faust, M./Jauch, P./Notz, P. (2000): Befreit und entwurzelt: Führungskräfte auf dem Weg zum »internen Unternehmer«. München/Mering.

Frey, C. B./Osborne, M. A. (2013): The Future of employment: how susceptible are jobs to computerisation. Oxford.

Kämpf, T. (2008): Die neue Unsicherheit. Folgen der Globalisierung für hochqualifizierte Arbeitnehmer. Frankfurt am Main/New York.

Kämpf, T./Boes, A./Trinks, K. (2011): Gesundheit am seidenen Faden. Eine neue Belastungskonstellation in der IT-Industrie. In: Gerlmaier, A./Latniak, E. (Hrsg.): Burnout in der IT-Branche. Ursachen und betriebliche Prävention. Kröning, S. 91–152.

Lutz, B. (1987): Der kurze Traum immerwährender Prosperität – Eine Neuinterpretation der industriell-kapitalistischen Entwicklung im Europa des 20. Jahrhunderts. Frankfurt am Main/New York.

Walgenbach, P./Kieser, A. (1995): Mittlere Manager in Deutschland und Großbritannien. In: Schreyögg, G./Sydow, J. (Hrsg.): Managementforschung 5. Empirische Studien. Berlin/ New York, S. 259–309.

Weber, M. (1988/1920): Vorbemerkung. In: Ders.: Gesammelte Aufsätze zur Religionssoziologie I. Tübingen, S. 1–16.

Michael Halberstadt
# Kampagne Gute Arbeit im Telekom-Konzern
## Ein Tarifvertrag für die Gestaltung des digitalen Zeitalters

Die Branche der Informations- und Kommunikationstechnologien (IKT) ist nicht nur eine treibende Kraft der Digitalisierung, sie ist in hohem Maße auch von deren jetzt schon sichtbaren Folgen betroffen.[1] Es sind die IT-Beschäftigten, die den rasanten Fortschritt in dieser Branche schaffen und zugleich als ArbeitnehmerInnen verspüren, wie sich dabei die Arbeitsbedingungen zu ihren Lasten verändern (Roth 2014). Den teilweise großen Gestaltungsspielräumen in ihrer Arbeit stehen zunehmende Arbeitsdichte, Arbeitshetze, ausufernde und belastende Arbeitszeiten und das Problem ständiger Erreichbarkeit gegenüber. »Technologische Entwicklungen und permanente Umstrukturierungen … beschleunigen den Wandel von Anforderungen und Jobprofilen« (ebd. S. 4). Ver.di fordert deswegen für die Branche seit Langem Regelungen zum Gesundheits- und Belastungsschutz und für eine strategische Personalplanung und Qualifizierung.

Vor diesem Hintergrund hat der ver.di-Bundesfachbereich Telekommunikation/Informationstechnologie schon im Jahr 2010 in einem beteiligungsorientierten Prozess ein Tarifpolitisches Aktionsprogramm erarbeitet, das konkrete mittelfristig angelegte tarifpolitische Ziele formuliert. Es reflektiert auf die konkreten Arbeits- und Entgeltbedingungen der Branche.

Das Tarifpolitische Aktionsprogramm formuliert konkrete tarifpolitische Ziele, die innerhalb von drei bis fünf Jahren umgesetzt werden sollen. Neben den klassischen tarifpolitischen Themen wie Reallohnsteigerungen und bessere Arbeitszeitgestaltung enthält das Programm Elemente qualitativer Tarifpolitik, die auch dem Thema Gute Arbeit zuzuordnen sind. Dazu zählen moderne Arbeitszeitsysteme, die neue Freiheitsgrade für Beschäftigte beinhalten, tarifvertraglicher Schutz vor Überlastung durch mehr Einfluss auf die Leistungsbedingungen und schließlich auch tarifvertragliche Regelungen, die einen vorzeitigen Ausstieg aus dem belastenden Arbeitsleben ermöglichen – dies vor dem Hintergrund der vom Gesetzgeber vorgenommenen Verlängerung der Lebensarbeitszeit (vgl. Halberstadt 2014).

---

1    S. dazu den Beitrag von Menez/Oestreicher/Pfeiffer/Suphan in diesem Band.

## Konzentration auf die Telekom

Bei der Umsetzung der Gute Arbeit-Aspekte des Tarifpolitischen Aktionsprogramms konzentrierte sich der ver.di-Fachbereich auf den Telekom-Konzern als wichtigstes und größtes Unternehmen der IKT-Branche in Deutschland mit seinen zirka 120 000 Beschäftigten. Hier organisierten wir die Kampagne »Gute Arbeit im Telekom-Konzern«. Die Konzentration auf die Deutsche Telekom erlaubte ver.di ein einheitliches Vorgehen. Andere Tarifierungsbereiche wurden aber ebenfalls bearbeitet. So wurde von ver.di beispielsweise ein Tarifvertrag Gesundheitsmanagement im IBM-Konzern ganzheitlich und integrativ durchgesetzt (s. Schmidt/Stach 2015).

In der Tarifwelt des ver.di-Bundesfachbereichs Telekommunikation und Informationstechnologie gibt es keinerlei Flächentarifvertragsbindungen. Haustarife sind das »Normale«. Daher ist es geradezu zwingend, Themen unternehmens- bzw. konzernbezogen anzugehen.

Die Eingrenzung der »Gute-Arbeit-Kampagne« auf den Telekom-Konzern bedeutet aber nicht, dass wir einheitliche Unternehmens-, Tarifierungs- und Beschäftigungsbedingungen vorgefunden hätten. Die Telekom umfasst eine enorme Bandbreite von Tätigkeiten: alle denkbaren Call-Center, technische Infrastruktur und technischer Service, Vertrieb für Privatkunden bis hin zu globalen Geschäftskunden, Softwareentwicklung und Lösungsgeschäft. Das sind heterogene Strukturen in den Einzelunternehmen des Konzerns und damit verbunden auch eine große Heterogenität der tarifierten Arbeits- und Entgeltbedingungen.

Im Jahr 2012 wurde in den Kernunternehmen des Telekom-Konzerns ein Abschluss in der Lohnrunde mit einer Laufzeit von 24 Monaten realisiert. Dies bedeutete, dass 2013 ein Zeitfenster vorhanden war, um komplexe tarifpolitische Themen kampagnenartig anzugehen. Deshalb wurde im Herbst 2012 entschieden, die Kampagne »Gute Arbeit im Telekom-Konzern« zu starten, um 2013 unter diesem Dach tarifpolitische Ergebnisse zu erzielen (vgl. Halberstadt 2014).

## Der nächste Schritt: Befragung der Beschäftigten

Es ist das eine, unter dem gewählten Kampagnendach der Guten Arbeit tarifpolitische Forderungen des ausdiskutierten Aktionsprogrammes zu verorten. Das andere ist, mit diesen Themen auch die Empfindungslage der Beschäftigten in den einzelnen Telekom-Unternehmen zu treffen. Der Fachbereich hielt es für notwendig, die Beschäftigten zu Wort kommen zu lassen und sie zu fragen, wie sie ihre eigenen Arbeitsbedingungen im Unternehmen bewerteten und welche Verbesserungen sie sich selbst wünschten. Das war dann die Basis für eine gemeinsame Handlungsplattform.

Wir organisierten also eine Beschäftigtenbefragung. Als Befragungsinstrument wurde der DGB-Index Gute Arbeit herangezogen. In Zusammenarbeit mit dem ver.di-Bereich Innovation und Gute Arbeit wurde die internetgestützte Befragung vorbereitet und bis Ende Dezember 2012 in einem Zeitraum von sechs Wochen realisiert.

### Ergebnisse der Gute-Arbeit-Befragung

Die Befragung ist auf eine hohe Akzeptanz bei den Beschäftigten im Telekom-Konzern gestoßen und ergab einen sehr hohen Rücklauf. Die demografischen Daten widerspiegeln recht genau die Belegschaftsstruktur im Telekom-Konzern. Die Befragungsergebnisse lieferten fundierte Aussagen zu den Arbeitsbedingungen im Unternehmen (Abb. 1; vgl. Halberstadt 2014):

- 58 Prozent der Befragten bewerteten ihre Arbeitsbedingungen als schlecht,
- nur 4 Prozent verfügten nach ihrer Bewertung über Gute Arbeit und
- lediglich weitere 11 Prozent beurteilten mit 65 bis unter 79 Bewertungspunkten (von 100 möglichen) ihre Arbeitsbedingungen, somit liegt deren Qualität im oberen Mittelfeld.

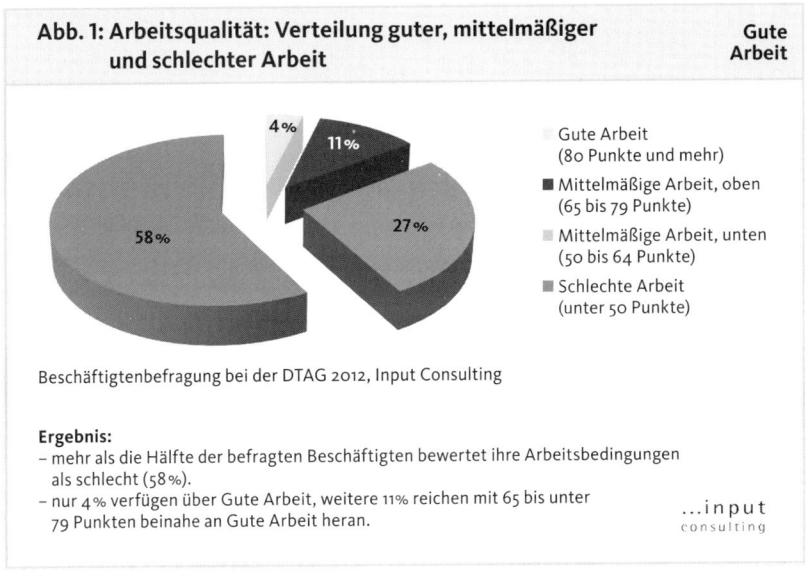

**Abb. 1: Arbeitsqualität: Verteilung guter, mittelmäßiger und schlechter Arbeit**

Gute Arbeit

- Gute Arbeit (80 Punkte und mehr)
- Mittelmäßige Arbeit, oben (65 bis 79 Punkte)
- Mittelmäßige Arbeit, unten (50 bis 64 Punkte)
- Schlechte Arbeit (unter 50 Punkte)

Beschäftigtenbefragung bei der DTAG 2012, Input Consulting

**Ergebnis:**
– mehr als die Hälfte der befragten Beschäftigten bewertet ihre Arbeitsbedingungen als schlecht (58 %).
– nur 4 % verfügen über Gute Arbeit, weitere 11 % reichen mit 65 bis unter 79 Punkten beinahe an Gute Arbeit heran.

...input
consulting

Im Vergleich zu den Ergebnissen des DGB-Index Gute Arbeit für die Gesamtwirtschaft wurden die Arbeitsbedingungen im Telekom-Konzern fast durchgängig schlechter bewertet (Abb. 2).

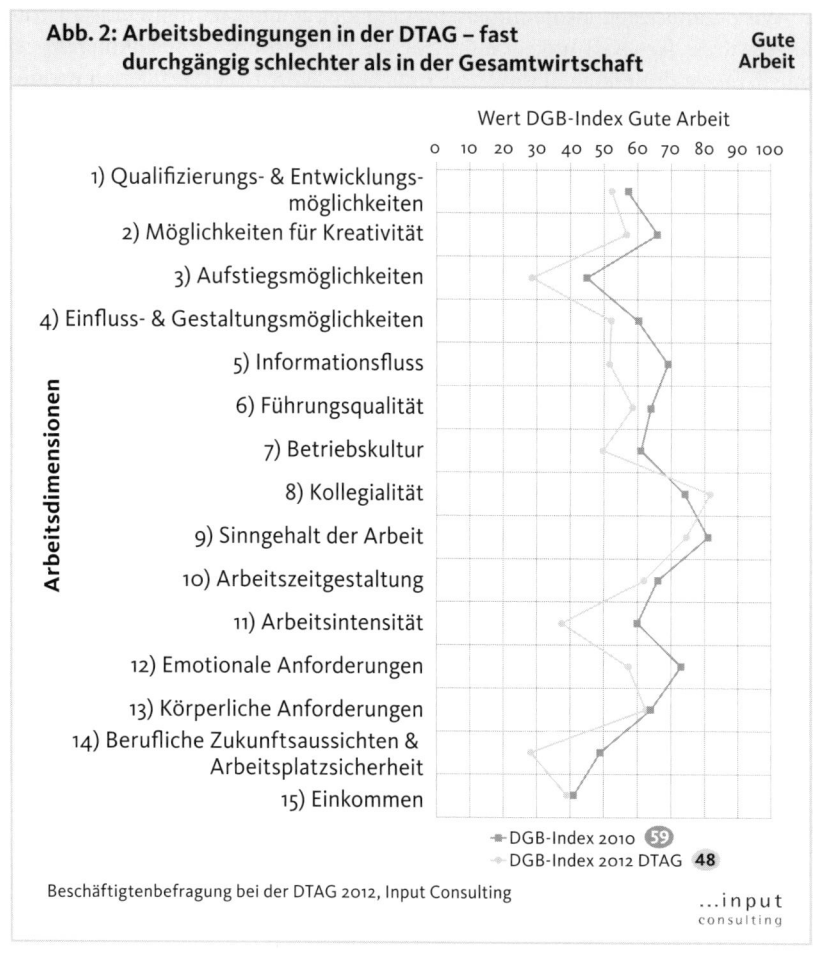

**Abb. 2: Arbeitsbedingungen in der DTAG – fast durchgängig schlechter als in der Gesamtwirtschaft**

Gute Arbeit

Wert DGB-Index Gute Arbeit

0  10  20  30  40  50  60  70  80  90  100

**Arbeitsdimensionen**

1) Qualifizierungs- & Entwicklungs-möglichkeiten
2) Möglichkeiten für Kreativität
3) Aufstiegsmöglichkeiten
4) Einfluss- & Gestaltungsmöglichkeiten
5) Informationsfluss
6) Führungsqualität
7) Betriebskultur
8) Kollegialität
9) Sinngehalt der Arbeit
10) Arbeitszeitgestaltung
11) Arbeitsintensität
12) Emotionale Anforderungen
13) Körperliche Anforderungen
14) Berufliche Zukunftsaussichten & Arbeitsplatzsicherheit
15) Einkommen

DGB-Index 2010 **59**
DGB-Index 2012 DTAG **48**

Beschäftigtenbefragung bei der DTAG 2012, Input Consulting

...input
consulting

Obwohl in den prägenden Kernunternehmen des Telekom-Konzerns sehr unterschiedliche Aufgaben- und Tätigkeitsinhalte gegeben sind, zeigt der Quervergleich aber doch klare Gemeinsamkeiten in der Bewertung besonders problematischer Themen. Durchgängig wurden Arbeitsintensität, belastender Druck durch hohe variable Vergütung, Angst vor Umstrukturierung und Arbeitsplatzverlust, Erschöpfung und Frustration, hohe Belastungen für die Gesundheit und drohende Arbeitsunfähigkeit als Probleme genannt. Die Bereitschaft, sich für Veränderungen einzusetzen, war hoch. 77 Prozent der Befragten stellten das für sich selbst fest.

Wir kannten jetzt die besonders problematischen Arbeitsbedingungen und konnten sie in Beziehung setzen zu den im Tarifpolitischen Aktionsprogramm skizzierten tarifpolitischen Zielen. Auf dieser Basis definierten wir die konkreten Handlungsfelder für die Kampagne Gute Arbeit im Telekom-Konzern und konnten ein Paket schnüren, um insbesondere einen nachhaltigen Belastungsschutz für die Beschäftigten zu erreichen. Dabei ging es unter dem Kampagnendach vor allem um sechs Vorhaben:

- variable Entgeltbestandteile deutlich reduzieren,
- Altersteilzeitregelungen durchsetzen,
- Ausbildungsquoten sichern,
- Übernahme von Nachwuchskräften nach beendeter Ausbildung durchsetzen,
- biografieorientierte Arbeitszeitsysteme mit hohen Freiheitsgraden für die Beschäftigten verwirklichen,
- tarifvertraglichen Schutz vor Überlastung am Arbeitsplatz sichern.

Im Frühjahr 2013 wurden die Kampagneninhalte mit entsprechender Medienbegleitung für die Belegschaft des Telekom-Konzerns transparent gemacht. Die Arbeitgeberseite wurde zu Tarifverhandlungen zu den einzelnen Komplexen aufgefordert.

**Gute Tarifverträge**

Die einzelnen Verhandlungskomplexe sind im Zeitraum vom Frühjahr 2013 bis zum Frühjahr 2015 in zähen Tarifverhandlungen bearbeitet worden. Zu allen Problemkomplexen sind in dieser Zeit umfassende Tarifverträge abgeschlossen worden, die die ver.di-seitigen Kernforderungen erfüllen. Die wichtigsten Ergebnisse werden hier knapp zusammengefasst:

*Variable Entgeltbestandteile wurden reduziert*
Nach der Privatisierung der Deutschen Telekom und ihrer Umwandlung in eine privatwirtschaftliche Aktiengesellschaft wurden auch die Tarifsysteme neu vereinbart und an Industriestandards orientiert. In den Entgeltsystemen wurden erstmals variable Entgeltbestandteile verankert. Deren Höhe beträgt für den größten Teil der Beschäftigten etwa 10 Prozent. Für Beschäftigte in Vertriebsstrukturen sind sie deutlich höher und bewegen sich zwischen 15 bis 30 Prozent des Gesamtentgeltes.

Für die meisten Beschäftigten werden die variablen Entgeltbestandteile auf der Basis von Zielvereinbarungen ermittelt. Das gilt auch für die Beschäftigten im Vertrieb. Für diese Zielvereinbarungen gelten tarifvertragliche Eskalationsmechanismen. Dafür sind paritätische Kommissionen der Betriebs- bzw. Tarifvertragsparteien zuständig. Sie müssen bei Streitigkeiten Lösungen finden, bei Nichteinigung verbindlich durch losbestimmtes Doppelstimm-recht. Insofern sind die relativ hohen Variabilisierungsgrade mit scharfen Konfliktregelungsmechanismen zur Sicherung der Interessen der Beschäftig-ten verbunden. Die Auszahlungsgrade liegen seither im Vertrieb kontinuier-lich teilweise deutlich oberhalb von 100 Prozent, in den anderen Beschäfti-gungsbereichen schwankt dies um die 100 Prozent.

Trotz dieser relativ hohen Auszahlungsgrade hat sich kontinuierlich eine ablehnende Haltung der Beschäftigten gegen die variablen Entgeltbestand-teile aufgebaut. Bei der Beschäftigtenbefragung hatte sich gezeigt, dass die variablen Entgeltbestandteile als Belastungsfaktor gewertet wurden. Im Rah-men des Tarifpolitischen Aktionsprogramms wurde daraus, vereinfacht ge-sagt, die Forderung entwickelt: »Die Variable muss weg«.

Im Tarifvertrag wurde nun vereinbart: Die variablen Entgeltbestandteile werden in einer Höhe von 80 Prozent individuell abgesichert. Das bedeutet, dass bei einem zehnprozentigen variablen Entgeltanteil, der jährlich zur Aus-zahlung gelangt, 8 Prozent individuell gesichert sind und unabhängig von dem erreichten Ergebnis gesichert zur Auszahlung gelangen. Das verblei-bende variable Entgeltrisiko beträgt bei diesem Beispiel also noch 2 Prozent des Gesamtjahresentgeltes. Liegt die Zielerreichung oberhalb von 100 Pro-zent, wird der höhere variable Anteil vollumfänglich gezahlt. (Beispiel: Bei 130 Prozent Zielerreichung werden bei einem zehnprozentigen variablen An-teil 13 Prozent des Gesamtjahresentgelts ausgezahlt.)

Bei den variablen Entgeltbestandteilen handelt es sich weitgehend um Jah-reszahlungen. Wir wollten erreichen, dass die monatlichen festen Entgeltzah-lungen erhöht wurden. Deshalb setzten wir eine zweite Sicherung durch. Ein festgelegter Prozentsatz des variablen Entgeltanteils, der verbindlich und in-dividuell gesichert ist, wird als fester monatlicher Betrag ausgezahlt. Über mehrere Stufen ist diese Sicherung (bei 40 Prozent des variablen Anteils be-ginnend) auf nunmehr 80 Prozent des variablen Anteils hochgelaufen. Bei einer zehnprozentigen Jahresvariablen werden also 8 Prozent gesichert und als festes Entgelt ausgezahlt, und zwar in 12 gleichen Monatszahlungen.

Im stationären Handel der Telekom (Vertriebstätigkeiten) wurde ein System pilotiert, das die bisherige 30-prozentige Variable gänzlich auflöst (100 Prozent des Jahresentgeltes sind gesichert) und kombiniert ist mit zu-sätzlichen Prämienzahlungen, die an Vertriebsergebnisse gekoppelt sind. Die-ses System hat sich in der Pilotierung so bewährt, dass es zwischenzeitlich als dauerhaftes tarifiertes System eingeführt ist.

Insgesamt lässt sich feststellen, dass durch die erfolgreichen Eingriffe in die Tarifsysteme der Druck auf die Beschäftigten durch variable Entgeltbestand-teile drastisch reduziert werden konnte. Darüber hinaus war es durch die Umwidmung in feste monatliche Zahlungen möglich, das monatlich verfügbare Einkommen der Beschäftigten deutlich zu erhöhen. Im Call-Center-Bereich sind dadurch die monatlichen Entgelte um bis zu 700 Euro gestiegen. Die Reaktion der Belegschaft auf die veränderten Bedingungen ist eindeutig positiv.

*Altersteilzeitregelungen wurden durchgesetzt*
Ende 2012 sind im gesamten Telekom-Konzern die befristeten Altersteilzeittarifverträge ausgelaufen. Das Belegschaftsalter im Unternehmen ist in den vergangenen Jahren kontinuierlich gestiegen. In den Kerngesellschaften erreicht es einen Durchschnitt von 48 Jahren. Insofern ist es verständlich, auch in Anbetracht der hohen Belastungen, dass bei Teilen der Belegschaft der Wunsch vorhanden ist, über sozialverträglich abgefederte Ausstiegsinstrumente frühzeitig aus dem Arbeitsleben auszuscheiden. Mit der Heraufsetzung des gesetzlichen Renteneintrittsalters ist hier zusätzlicher Druck aufgebaut worden. Die im Telekom-Konzern jetzt durchgesetzten tarifvertraglichen Regelungen sehen so aus: Mit den Unternehmen des Konzerns wurden unbefristete Tarifverträge zur Altersteilzeit abgeschlossen.

Das Altersteilzeitangebot basiert auf beiderseitiger Freiwilligkeit. Das Grundmodell beinhaltet ein Blockmodell mit einer Aktiv- und Passivphase. Die Gesamtlaufzeit der Altersteilzeit kann maximal acht Jahre betragen, während der Aktivphase wird die Arbeitszeit zu 100 Prozent erbracht, bei rechnerischer Zahlung von 50 Prozent des Entgeltes. In der Passivphase erfolgt keine Arbeitsleistung, das rechnerische 50-Prozent-Entgelt wird weiter gezahlt. Die 50-Prozent-Entgeltzahlung wird auf 83 Prozent des Ursprungsnettoentgeltes aufgestockt (dies gilt während der Aktiv- und Passivphase). Der Rentenzugang erfolgt mit dem 63. Lebensjahr (ggf. auch mit Abschlägen). Kommt es auf diese Weise zu Abschlägen bei der gesetzlichen Rente, erhalten die Betroffenen eine zusätzliche Ausgleichszahlung über die betriebliche Altersversorgung.

Zwischen den Tarifvertragsparteien sind verbindliche Quoten festgelegt. Die Arbeitgeberseite verpflichtet sich auf diese Weise, einen bestimmten Anteil von Altersteilzeitverhältnissen zu realisieren.

Mit Einführung der Rente mit 63 für besonders langjährig Versicherte wurden die tarifvertraglichen Regelungen modifiziert. Diejenigen Beschäftigten, die eine Altersteilzeitregelung in Anspruch nehmen, können diese so ausgestalten, dass ihnen der abschlagsfreie Rentenzugang ermöglicht wird.

Darüber hinaus wurde im Zusammenhang mit einer Auseinandersetzung um die Auflösung von Standorten eine Regelung vereinbart, die die Arbeitgeberseite verpflichtet, jedem Beschäftigten, der die Altersteilzeitbedingungen erfüllt, ein Altersteilzeitangebot zu unterbreiten.

Auf diese Weise ist es ver.di gelungen, im Telekom-Konzern ein sehr attraktives Modell zum sozial abgefederten vorzeitigen Ausstieg aus dem Arbeitsleben zu schaffen. Die Beschäftigten, die das Ausstiegsmodell nutzen, bewerten es als stark belastungsreduzierendes Modell.

*Ausbildungsquoten werden gesichert*
Bei einer kontinuierlich alternden Konzernbelegschaft muss es gerade auch unter der Maßgabe des Belastungsabbaus Zielrichtung sein, junge Menschen mit gutem Ausbildungsstand in den Konzern zu integrieren. Mit dem Tarifvertrag ging es uns zum einen um die mittelfristige Absicherung der Ausbildungsquoten im Telekom-Konzern und zum anderen um die verbindliche Übernahme ausgebildeter Nachwuchskräfte in eine reguläre Beschäftigung.

Im Hinblick auf die Ausbildungsquoten konnte in der Auseinandersetzung mit den Telekom-Arbeitgebern für die Jahre 2013 bis Ende 2015 eine verbindliche Ausbildungsquote auf hohem Niveau vereinbart werden. Die Vereinbarung sieht vor, die Ausbildungsquote für den Gesamtkonzern prozentual an den Personalbestand des inländischen Telekom-Konzerns zu knüpfen. Die jährliche Ausbildungsquote beträgt 2,9 Prozent des inländischen Personalbestands. Für die Jahre 2013 bis 2015 sind das etwa 3100 Auszubildende pro Jahr. Diese Quote umfasst die unterschiedlichen Ausbildungsberufe nach Berufsbildungsgesetz und eine im Verhältnis deutlich geringere Zahl von dualen Studiengängen des Telekom-Konzerns. Über die drei Jahre Ausbildungszeit hinweg werden somit weit über 9000 Nachwuchskräfte in anerkannten Ausbildungsberufen bzw. im dualen Studium ausgebildet. Gespiegelt am Personalbestand umfasst die Zahl der Auszubildenden und dualen Studenten 8,7 Prozent des inländischen Personalbestandes.

*Übernahme von Nachwuchskräften nach beendeter Ausbildung*
Die Einstellung von gut ausgebildeten jungen Menschen bedeutet eine deutliche Entlastung für die vorhandenen Belegschaftsstrukturen. Sie senkt den Altersdurchschnitt und bringt aktuelles fachliches Know-how und einen hohen Ausbildungsgrad in die Belegschaft ein.

Ver.di konnte im Rahmen dieser Kampagne eine Vereinbarung durchsetzen, die die verbindliche Einstellung von Nachwuchskräften beinhaltet. Diese Vereinbarung erstreckt sich ebenfalls auf die Jahre 2013 bis Ende 2015. Entsprechend der Vereinbarung waren im Telekom-Konzern in diesem Zeitraum mindestens 5260 Nachwuchskräfte unbefristet und in Vollzeittätigkeiten einzustellen. Darüber hinaus waren mindestens 520 Nachwuchskräfte befristet in Vollzeit für Tätigkeiten im Rahmen des so genannten Breitbandausbaus einzustellen.

Die Vereinbarung dieser hohen verbindlichen Einstellungsquoten korrespondiert mit einer tarifvertraglichen Regelung zu besonderen Einstellungsbedingungen für Nachwuchskräfte im Konzern. Diese sieht u.a. vor, dass diese Nachwuchskräfte über drei Jahre hinweg gestaffelt an das grundsätzliche Bezahlungsniveau in den Einstellungsgesellschaften herangeführt werden.

*Biografieorientierte Arbeitszeitsysteme werden verwirklicht*
Im gesamten Telekom-Konzern sind Arbeitszeitsysteme die Regel, die Arbeitszeitkonten enthalten – zumeist tarifvertraglich normiert. Es gilt ein Ampelsystem, wobei ein Nulldurchlauf innerhalb von jeweils 18 Monaten vorgeschrieben ist.

Diese Arbeitszeitkonten beinhalten zwar bereits relativ hohe Freiheitsgrade, auch für die Beschäftigten. Aber neue Belastungen und Leistungsanforderungen verändern auch die Erwartungen im Hinblick auf die Gestaltung und die Verteilung der Arbeitszeit. Viele Beschäftigte haben den Wunsch, im Laufe des Erwerbslebens längere Ausstiegszeiten nehmen zu können, sei es für ein Sabbatical, für Pflege- und Elternzeit, als Bildungszeit oder um vorübergehend in Teilzeit zu arbeiten. Gleichzeitig hat der Gesetzgeber mit der generellen Verlängerung der Lebensarbeitszeit neue Herausforderungen geschaffen. Die Beschäftigten müssen jetzt über ein längeres Arbeitsleben mit steigenden Belastungen zurechtkommen. Das verstärkt den Wunsch, auf sozialverträgliche Weise frühzeitiger aus dem Arbeitsleben aussteigen zu können oder wirtschaftlich abgefedert ihre Wochenarbeitszeit – u.U. stufenweise – zu reduzieren.

Um diesen unterschiedlichen Ansprüchen gerecht zu werden, hat der ver.di-Bundesfachbereich ein Arbeitszeitmodell auf Langzeitbasis und auf der Grundlage so genannter Zeitwertguthaben entwickelt. Die abgeschlossene tarifvertragliche Regelung, die nunmehr im Telekom-Konzern ab dem 1. Januar 2016 Anwendung findet, führt – ergänzend zum genannten Ampelkontenmodell – ein Langzeitarbeitszeitkonto ein, und zwar auf der Grundlage von Zeitwertguthaben und in Anwendung der gesetzlichen Regelungen des sogenannten Flexi II-Gesetzes. (Das 2009 in Kraft getretene Flexi II-Gesetz soll flexible Arbeitszeitregelungen, insbesondere Arbeitszeitkonten, besser sozial absichern, z.B. auch vor Firmenpleiten.) Das beinhaltet im Einzelnen:

- Ob individuell ein tarifvertragliches Langzeitkonto zur Anwendung gelangt, liegt in der Dispositionsfreiheit der Beschäftigten.
- Über den Zufluss von Wertguthaben und die Verwendung des aufgebauten Zeitguthabens entscheiden ausschließlich die Beschäftigten selbst.
- Die Zeitguthaben können für unterschiedliche Zwecke verwendet werden, nämlich:

- vorrangig für den vorgezogenen Ausstieg aus dem Arbeitsleben,
- für Sabbaticals,
- für Pflegezeit,
- für Elternzeit und
- für Teilzeitmodelle,

Eine Auszahlung der Guthaben ist bis auf so genannte Störfälle (z. B. Ausscheiden aus dem Konzern) verbindlich ausgeschlossen.

Der Zufluss von Wertguthaben in das individuelle Langzeitkonto kann über unterschiedliche Optionen geschehen:

- eine Entgeltumwandlung aus den unterschiedlichen Entgeltkomponenten wie z. B. regelmäßiges Monatsentgelt, variabler Entgeltbestandteil, regelmäßige Zuschläge usw.,
- eine Umwandlung von geleisteter Arbeitszeit (Transfer aus dem Ampelkonto) in Höhe von maximal 80 Stunden pro Jahr,
- die Umwandlung von Reisezeiten, die als Arbeitszeit anerkannt sind.

Die tarifvertraglichen Regelungen verpflichten den Arbeitgeber zu einem zusätzlichen Förderbeitrag in Höhe von 300 Euro pro Jahr (für Beschäftigte, deren Jahreseinkommen 42 200 Euro nicht übersteigt). Der Förderbeitrag fließt ebenfalls in das individuelle Langzeitkonto. Die Konten werden in Geldwerten geführt und sind zusätzlich kapitalmarktverzinst. Sie sind durch eine besondere Bürgschaftsregelung insolvenzgeschützt.

Über die Entnahme aus dem Langzeitkonto entscheiden allein die Beschäftigten selbst – für die genannten Zwecke. Das hier beschriebene Arbeitszeitinstrument gibt den Beschäftigten sehr flexible Gestaltungsmöglichkeiten. Es macht aber auch das Unternehmen attraktiver – vor allem mit Blick auf anstehende Umbrüche auf dem Arbeitsmarkt. Umso erstaunlicher und auch entlarvender war die in den Tarifverhandlungen spürbare Angst des Managements, den Beschäftigten individuelle, von ihnen selbst gesteuerte Flexibilität zuzugestehen. Übrigens auch ein deutlicher Kontrast zum Lob der Flexibilität, wie sie in den Hochglanzbroschüren des Telekom-Managements massenhaft zu finden ist.

*Tarifvertraglicher Schutz vor Überlastung am Arbeitsplatz*
Für ver.di war es sehr wichtig, mit dem angestrebten Tarifvertrag Regelungen durchzusetzen, die den Beschäftigten einen wirksamen Schutz vor arbeitsbedingter Überlastung bieten. Daraus leitete der Fachbereich einige grundsätzliche Forderungen ab: Ein Ziel war es, ein System zu realisieren, das mit arbeitnehmerbezogenen messbaren Kennziffern arbeitet. Diese sollten betrieblich regelmäßig erhoben werden, um sich ankündigende bzw. schon bestehende Überbelastungssituationen von Beschäftigten oder Beschäftigtengrup-

pen zu ermitteln. Betriebliche, paritätisch besetzte Kommissionen sollten dann die Ursachen der Überlastungssituation analysieren und korrigierende Maßnahmen bestimmen.

Außerdem wurde angestrebt, ein ergänzendes tarifpolitisches Instrument bereit zu stellen, ohne in die vorhandenen, umfassenden betriebsverfassungsrechtlichen Handlungsmöglichkeiten zum Arbeitsschutz einzugreifen. Das nunmehr durchgesetzte tarifvertragliche Regelungswerk sieht folgendes vor:

- In den Unternehmen des Telekom-Konzerns findet im halbjährlichen Turnus eine Messung festgelegter, einheitlicher Indikatoren statt. Die Indikatoren sind:
  - Gesundheitsquote
  - Unfallquote
  - Resturlaubstage
  - Überstundenguthaben
  - Fluktuation
  - Anzahl der Verstöße gegen das Arbeitszeitgesetz
  - Anzahl der Beschäftigten je Ampelphase im Arbeitszeitkonto.

Die einzelnen Indikatoren sind mit Grenzwerten hinterlegt, um eine qualitative Aussage treffen zu können.

- Die Messung findet bis auf Teamebene (Minimum fünf Beschäftigte) statt und erfasst alle Beschäftigtengruppen des Konzerns.
- Die Auswertungsergebnisse werden anhand der für die Indikatoren festgelegten Grenzwerte gefiltert. Damit können diejenigen Teams identifiziert werden, die die festgelegten Grenzwerte überschreiten bzw. die sich dem Gefährdungsbereich der Grenzwerte annähern.
- Es werden betriebliche, von den Betriebsparteien paritätisch besetzte Kommissionen eingerichtet. Sie haben die Aufgabe, die Ursachen von festgestellter Überlastung zu analysieren und notwendige Maßnahmen zu entwickeln und festzulegen. Die paritätische Kommission hat diese Arbeit innerhalb von zwei Monaten nach Auswertung der Daten abzuschließen.
- Wenn sich die betriebliche Kommission nicht einigen kann, eskaliert der Sachverhalt auf die Unternehmensebene. Das Eskalationsgremium setzt sich aus dem für Personal zuständigen Unternehmensvorstand, dem Gesamtbetriebsrat und den Betriebsparteien des eskalierenden Betriebes zusammen. In diesem Gremium ist der Sachverhalt zu entscheiden. Gelingt auch hier keine Einigung, eskaliert der Sachverhalt auf die Segmentebene (Teilkonzern). Das Eskalationsgremium ist ebenfalls paritätisch besetzt. Misslingt auch dieser Einigungsversuch, wird das Problem auf der Ebene des Konzernvorstandes behandelt. Im dortigen Eskalationsgremium sind

der für Personal zuständige Konzernvorstand, der Konzernbetriebsrat und ver.di vertreten.

Der Prozessablauf wird alle sechs Monate durch die turnusmäßige Kennziffernmessung ausgelöst.

## Zusammenfassung und Ausblick

Zu allen eingangs genannten Themenbereichen der Kampagne Gute Arbeit im Telekom-Konzern konnte ver.di tarifvertragliche Regelungen durchsetzen. Sie berücksichtigen die Interessenlagen unterschiedlicher Beschäftigtengruppen des Konzerns. Diese Interessenlagen sind konzeptionell miteinander verbunden worden und haben eine starke gemeinsame Antwort für »Gute Arbeit« gefunden. Insgesamt konnte ver.di so eine spürbare Verbesserung der Arbeitsbedingungen für die Beschäftigten im Telekom-Konzern durchsetzen. Und zwar nicht nur für traditionelle Felder der Tarifpolitik, sondern auch für ganz neue Gebiete der Tariflandschaft.

Ein Ausblick auf die nächste Zukunft lässt erahnen, wie die gesamten Beschäftigungsperspektiven im Telekom-Konzern mit geplanten technischen Entwicklungen zusammenhängen. Die in den nächsten Jahren zu erwartende Umstellung auf eine IP-versierte Netzinfrastruktur löst ein immenses technikgetriebenes Rationalisierungsvolumen in den hiervon betroffenen Beschäftigungsbereichen aus (siehe Schröder/Welslau 2015). Damit werden zahlreiche Arbeitsplätze zur Disposition stehen. Ob dennoch ein ausreichendes Beschäftigungsvolumen gesichert werden kann, wird davon abhängen, in welchem Umfang es gelingt, Investitionen in Anschlusstechnologien zu lenken. Hier liegt für die Telekom als Pionierbetrieb der Digitalisierung eine der beschäftigungspolitischen Herausforderungen der nächsten Jahre.

## Literatur

Halberstadt, Michael (2014): Alternativen Guter Arbeit – Gewerkschaftliche Strategien. Beteiligung und Einbeziehung der Beschäftigten bei der Entwicklung tarifpolitischer Ziele. In: Schröder, Lothar/Urban, Hans-Jürgen (Hg.): Profile prekärer Arbeit – Arbeitspolitik von unten. Gute Arbeit (Ausgabe 2014), Frankfurt/Main 2014, S. 248–259.

Roth, Ines (2014): Die Arbeitsbedingungen in der IT-Dienstleistungsbranche aus Sicht der Beschäftigten. Branchenbericht auf der Basis des DGB-Index Gute Arbeit 2012/2013, hrsg. vom ver.di-Bereich Innovation und Gute Arbeit, Berlin 2014.

Schmidt, Astrid/Stach, Bert (2015): Tarifvertrag Gesundheitsmanagement bei IBM, in ver.di-Bereich Innovation und Gute Arbeit (Hg.): Gute Arbeit und Digitalisierung. Prozessanalysen und Gestaltungsperspektiven für eine humane digitale Arbeitswelt, Berlin.

Schröder, Lothar/Welslau, Dietmar (2015): Qualifizieren für die Telekommunikationswelt von morgen, In: Schröder, Lothar/Urban, Hans-Jürgen (Hg.): Qualitative Tarifpolitik – Arbeitsgestaltung – Qualifizierung. Gute Arbeit (Ausgabe 2015), Frankfurt/Main 2015, S. 111–119.

Kalle Kunkel
# Kampf gegen die Burnout-Gesellschaft in Zeiten der Digitalisierung
### Der Tarifkonflikt an der Charité um Gesundheitsschutz und Mindestbesetzung

Am 22. Juni 2015 trat die Belegschaft der Berliner Charité in einen zehntägigen Streik. In dieser Tarifauseinandersetzung ging ver.di an der Charité direkt gegen die massive Arbeitsverdichtung vor, die nicht nur in den Krankenhäusern zunehmend die Arbeit prägt. Das ist die Folge von Managementstrategien in vielen Kliniken, die sich in vielen Branchen in den letzten Jahren im Zuge der Digitalisierung durchgesetzt haben. Insofern weist dieser Tarifkampf an der Charité nicht nur über die Charité hinaus, sondern auch über den Krankenhaussektor.

Dieser Beitrag skizziert zunächst, wie indirekte Steuerung und Digitalisierung zu Leistungssteigerung und Arbeitsverdichtung in den Krankenhäusern geführt haben. Im Anschluss wird die Tarifauseinandersetzung zu einer personellen Mindestbesetzung und zum Gesundheitsschutz an der Charité dargestellt und analysiert.

## Digitalisierung und Indirekte Steuerung
Innovationen – insbesondere auch durch die Digitalisierung – prägen die Gesundheitsversorgung und die Arbeitsbedingungen in der Branche. Neue Geräte und Verfahren kommen immer schneller auf den Markt. »Etwa die Hälfte aller Leistungen, die heute erbracht werden, wurden in den letzten zwei Jahren entwickelt«, stellte ver.di bereits 2006 in dem Buch »Innovationskraft Mensch« fest (Bsirske/Paschke 2006: 7). Und die Innovationsdynamik hat sich durch die Digitalisierung weiter erhöht (vgl. Roth 2015 sowie den Beitrag von Ines Roth/Nadine Müller in diesem Band). Die Diagnostik wird ständig verbessert – auch durch Big Data. Eine neue Generation von Herzschrittmachern kann Daten auf zentrale Rechner senden, Problemsituationen beim Patienten erkennen und darauf reagieren. Die Folgen sind für alle Arbeitnehmerinnen und Arbeitnehmer wahrnehmbar – und diese betreffen nicht nur den Datenschutz (Stichworte: elektronische Patientenakte, eCard etc.). Der Austausch von Patientendaten gewinnt stärkere Bedeutung.

In Teilsektoren – vor allem in den Krankenhäusern – werden immer mehr Leistungen erbracht, die Fallzahlen steigen. Die Zahl der Beschäftigten bleibt zurück (vgl. Roth 2011: 13ff.). Zudem kommen neue Aufgaben, andere Arbeitsplätze und neue Qualifikationsanforderungen auf die in der Medizin, Pflege und Therapie Beschäftigten zu (vgl. Weisbrod-Frey 2015).

Darüber hinaus sollen Leistungen der Krankenhäuser zunehmend gleichartig und in großer Menge – ähnlich wie in einem Industriebetrieb – erstellt werden. Damit wird Digitalisierung im Gesundheitssektor an ein Management gekoppelt, das für das Ziel steht, Rendite zu erzielen. Es verändern sich damit auch Trägerstrukturen im Krankenhausbereich. Gewinnerwartungen locken Konzerne, die oft schneller als die meisten öffentlichen und freigemeinnützigen Träger in neue Technik investieren können (vgl. Weisbrod-Frey 2015).

So haben die Beschäftigten in den Krankenhäusern – wie in vielen anderen Branchen auch – mit einer Managementstrategie zu kämpfen, die unter dem Stichwort »indirekte Steuerung« zusammengefasst gefasst werden kann. Diese Form der ergebnisorientierten Steuerung hat im Zuge der Digitalisierung oder auch Computerisierung immens an Bedeutung zugenommen (vgl. Müller 2010: 194 ff.). Kern der indirekten Steuerung ist es, von den Beschäftigten nicht mehr nur die Erbringung der vertraglich geschuldeten Arbeitsleistung zu verlangen, sondern sie direkt für das Erreichen der unternehmerischen, insbesondere der Renditeziele in die Verantwortung zu nehmen. Hierfür wird häufig formal der Handlungsspielraum der Beschäftigten erweitert. Zugleich werden sie jedoch auf durch Kennzahlen definierte Ziele des Unternehmens festgelegt, die sie mit vorgegebenen (Personal-)Ressourcen erreichen müssen. Wie viele personelle Ressourcen für die Erreichung der Ziele zur Verfügung stehen, wird budgetär gesteuert, indem die personelle Ausstattung an die Erlöse der budgetären Einheiten gekoppelt wird. »Macht was ihr wollt, aber seid profitabel«, fasst Dieter Sauer diese Management-Philosophie zusammen (Sauer 2013: 22; Müller 2010: 198, Fn. 111). Zugleich wird die budgetäre Verantwortung dezentralisiert. Jede einzelne Abteilung wird zur eigenständig abrechenbaren Budgeteinheit (Profitcenter), die ihre Dienstleistungen virtuell an die anderen Abteilungen verkauft und ihre Kosten unter Androhung des Outsourcings an den Kosten auf dem freien Markt messen muss. Unternehmensintern organisiert ein kontinuierlicher Benchmarkingprozess einen beständigen Druck zur Kostenreduzierung. Abweichungen nach unten gelten als Optimierung, während Abweichungen nach oben negativ sanktioniert werden.

Diese Form der Steuerung will erreichen, dass die abhängig Beschäftigten die unternehmerische Verantwortung für ihren Arbeitsbereich selbst tragen. Das ist die Grundlage für einen Prozess der permanenten Selbstoptimierung sowohl des Einzelnen als auch der Teams und führt in ein System der »Maß-Losigkeit« (Sauer 2013). Grundlage für die Arbeitsorganisation ist nicht mehr, was für die zu leistende Arbeit an Ressourcen benötigt wird. Vielmehr wird über das Benchmarking ein permanentes »Race to the bottom« organisiert, in dem endlose Leistungssteigerungen durchgesetzt werden sollen.

## DRGs als System der indirekten Steuerung

Die Grundlage für diese Managementstrategie wurde in den deutschen Krankenhäusern mit der flächendeckenden Einführung des Fallpauschalen-Systems der »Diagnosis Related Groups«(DRGs) als Preissystem in den Jahren 2003/04 gelegt.

Entwickelt wurden die DRGs in den USA in einer gesellschaftlichen Auseinandersetzung um die Kosten des Gesundheitswesens, in dem insbesondere die Ärzte unter Legitimationsdruck für die Behandlungskosten in den Krankenhäusern gerieten. Vor diesem Hintergrund wurde ein System entwickelt, das es ermöglichen sollte, die Kosten- und Qualitätskontrolle für die Behandlung in den Krankenhäusern im Sinne v. a. einer höheren Kostentransparenz analog zur Produktionssteuerung in modernen Fabriken zu organisieren (Samuel et al. 2005).

Dafür musste jedoch das Verständnis vom Prozess der Behandlung selbst verändert werden. Es wurde transformiert von einem individuellen Verhältnis zwischen Gesundheitsprofessionellen und Patient zu einem Produkt mit einer objektivierbaren und damit vergleichbaren Kostenstruktur. Dieser Schritt machte es überhaupt erst möglich, das Management in den Krankenhäusern analog zum Fabrikmanagement zu organisieren. Der Patient mit einer bestimmten Diagnose wird so zu einem Produkt, das möglichst ressourcen- und damit kosteneffizient behandelt werden soll. Denn nun ist er nur noch eine (abrechenbare) Leistung, was auch digital erfasst wird. Diese digitale Dokumentation ist eine zusätzliche Belastung für das Personal, das nun einen nicht geringen Teil der Arbeitszeit mit der Dokumentation am Computer verbringen muss. Die Leistungen sind in das jeweilige digitale System – ob SAP oder eigene Systeme – einzugeben und werden in Minutenwerte umgerechnet. Aufgrund des Zusatzaufwands wird jedoch in der Praxis nicht alles erfasst. Das bedeutet, dass es für die nicht erfasste Leistung auch kein Geld gibt und dafür also auch keine entsprechenden Ressourcen – sprich: Personal – »eingekauft« werden können. Ein Beispiel: Für einen Patienten mit besonders hohem Pflegeaufwand (so genannte PKMS-Patienten) können die Krankenhäuser zusätzliche Entgelte abrechnen. Um als PKMS-Patient eingestuft zu werden, müssen durch Erfassung entsprechender Tätigkeiten PKMS-Punkte dokumentiert werden. Stirbt der Patient, bevor genügend PKMS-Punkte dokumentiert wurden, können die zusätzlichen Entgelte jedoch nicht abgerechnet werden. Pflegekräfte wägen deshalb gerade bei schwerkranken –

und damit sehr pflegebedürftigen – PatientInnen ab, ob sie den Aufwand der zusätzlichen Dokumentation betreiben wollen.

## German DRGs

Das DRG-System wurde in den Jahren 2003/2004 in Deutschland als Preissystem zur Finanzierung der Betriebskosten in den Krankenhäusern eingeführt, nachdem bereits 1996/1997 die Pflegepersonal-Regelung (PPR) abgeschafft wurde, mit der Vorgaben für die Besetzung der Normalstationen gemacht wurden. Damit wurde in Deutschland endgültig ein System der Wettbewerbssteuerung für die Krankenhäuser eingeführt. Von nun an haben die einzelnen Diagnosen einen konkreten Preis, der mit ihnen zu erzielen ist – Krankheit wird zur Ware.

Über ein bundesweites Benchmarkingsystem werden einheitliche Kostenstrukturen für die einzelnen Diagnosen festgelegt. Krankenhäuser, die unterhalb dieser Kosten bleiben, können Gewinne erwirtschaften. Krankenhäuser, deren Kosten höher liegen, machen Verluste und sind langfristig von Insolvenz bedroht. Das System schafft so einen permanenten Anreiz, insbesondere Personalkosten zu reduzieren. Zugleich hat man sich bewusst dafür entschieden, in dem System nicht den wirklichen Pflegebedarf, sondern ausschließlich die unter Wettbewerbsdruck beständig reduzierten tatsächlichen Personalkosten zu vergleichen (Simon 2014: 41).

Dieses System wird in den einzelnen Krankenhäusern weiter fortgesetzt. Hier werden die Abteilungen als einzelne Budgeteinheiten betrachtet, die beständig sowohl in Bezug auf ihre Erlöse als auch auf ihre Kostenstrukturen miteinander verglichen werden. Die Steuerung des Personals selbst erfolgt weitgehend budgetär. Dabei wird das Personalbudget als ein bestimmter Anteil am Gesamterlös definiert. Wie hoch dieser Anteil real ist, bestimmt sich de facto nicht am realen Pflegebedarf der PatientInnen auf den einzelnen Stationen, sondern aus dem Verhandlungsgeschick der lokalen pflegerischen Leitung und ihrer Durchsetzungskraft. Das bedeutet, dass nicht der vorhandene Pflegebedarf entscheidend ist für die Personalausstattung, sondern die Erlössituation der Station und die Durchsetzungsfähigkeit der pflegerischen Leitung. Dieses System schafft einen permanenten Anreiz zur Personaleinsparung.

Für die Krankenhäuser setzt das System jedoch nicht nur Anreize, Personal zu reduzieren, sondern zugleich, immer mehr PatientInnen mit immer schwereren Krankheiten zu behandeln, weil je nach »Fallschwere« mehr Erlöse generiert werden können. Dies sorgt für eine zusätzliche Arbeitsverdichtung.

## Die konkreten Auswirkungen des Umbaus

Mit Abschaffung der PPR 1996/1997 und Einführung der DRGs setzte ein massiver Personalabbau in den deutschen Krankenhäusern ein. Trotz eines Pflegestellenförderprogramms in den Jahren 2009 bis 2011 liegt die Zahl der Vollkräfte im Pflegedienst heute ca. 40 000 unter dem Bestand von 1995. Zugleich sind die Zahl der behandelten Fälle und die Schwere der Fälle seit Einführung der DRGs kontinuierlich angestiegen.

Die Beschäftigten wiederum werden unter Druck gesetzt, den systematischen Entzug von Ressourcen durch permanente Selbstoptimierung und »Prozessoptimierung« im Team zu kompensieren. Sie sägen damit jedoch an dem Ast, auf dem sie sitzen. Denn indem sie das System mit immer geringerer Besetzung am Laufen halten, setzen sie zugleich immer neue niedrigere Standards, von denen aus die nächste »Optimierungswelle« vorbereitet wird.

Dabei ist der Bereich der Sorgearbeit besonders prädestiniert für die Anrufung der Eigenverantwortung im Rahmen der indirekten Steuerung. Denn in der Pflege besteht eine hohe Identifikation mit der Arbeit und affektive Bindung an sie – also an die Versorgung hilfsbedürftiger Menschen. Die DRGs haben so ein System der fiskalischen Erpressung der Pflegekräfte etabliert, in dem das Patientenwohl als beständige moralische Anrufung die Überschreitung der eigenen Belastungsgrenzen einfordert.

### Ein patriarchaler Blick auf Sorgearbeit

Mit dieser veränderten Sicht auf die Patienten setzt sich ein patriarchales Paradigma in Bezug auf die gesellschaftliche Stellung von Sorgearbeit – aber auch im Verständnis von Körperlichkeit und Genesung – insgesamt durch. Oder anders formuliert: »Viele Herausforderungen der Digitalisierung stellen sich im Gesundheitswesen besonders deutlich: weil es dort einerseits um bestmögliche Hilfe für Leben und Gesundheit geht, und andererseits um höchstsensible Daten.

Und es geht auch um das Selbstverständnis der helfenden Berufe. Technische Verbesserungen müssen immer auch im Kontext ihrer Rückwirkung auf das Bild vom Menschen und der Medizin gesehen werden.« (Weisbrod-Frey 2015) Denn mit der gewollten Übernahme der Effizienzvorstellungen aus dem Fabrikkontext wird die Bedeutung von Beziehungsarbeit für den Genesungsprozess systematisch abgewertet. Der pflegewissenschaftlich vielfach nachgewiesene Zusammenhang von menschlicher Zuwendung, die sich gerade in einer »Zeitverausgabungslogik« (F. Haug) niederschlägt, wird in diesem Effizienzverständnis schon deshalb strukturell unterbewertet, weil er kaum in numerischen Kennziffern zum Ausdruck gebracht werden kann. Die Unterrepräsentation dieser Tätigkeiten in einem System, das Kosten-Nutzen-

Effekte erfassen soll, reproduziert implizit auch ein mechanistisches Körperkonzept.[1] Abgebildet werden können dagegen v. a. die Tätigkeiten, die analog zu Produktionsverfahren erfassbar sind, vornehmlich also Operationen oder maschinelle Prozeduren. Es ist also keineswegs ein systemfremder Nebeneffekt, wenn durch die Einführung der DRGs Anreize für den Einsatz von (kostspieligen) so genannten invasiven Verfahren (OPs) geschaffen wurden, wohingegen jene Bereiche, die einer »Zeitverausgabungslogik« folgen (Pflege, Therapeutische Behandlung, etc.) unter massivem Kostendruck stehen, auf den mit Personalabbau und Outsourcing geantwortet wird.

Die vermeintliche Transparenz, die die Einführung der DRGs und der digitalen Dokumentation mit sich bringt, geht also einher mit der Unsichtbarmachung von vor allem jener Tätigkeiten, die sich gegen die Abbildung in den fabrikentlehnten Effizienzkategorien sperren oder aufgrund des Zusatzaufwandes nicht erfasst werden.

## »Der Druck muss raus«

Vor dem Hintergrund der sich beständig verschlechternden Arbeitssituation in den Krankenhäusern startete ver.di im Jahr 2010 dort eine Kampagne für bessere Arbeitsbedingungen. Strategisch orientiert die Kampagne auf die Durchsetzung einer gesetzlichen Personalbemessung. Mit einem so genannten Personalcheck – durchgeführt an über 200 Krankenhäusern bundesweit – ermittelte ver.di durch Befragungen der Beschäftigten, dass insgesamt zirka 162 000 Stellen an deutschen Krankenhäusern fehlen, davon allein 70 000 in der Pflege. Der Kampagne ist es gelungen, das Thema Personalnot in den Krankenhäusern in der öffentlichen Debatte zu verankern. Darüber hinaus hat ver.di erreicht, dass LINKE, SPD und Grüne die Forderung nach einer gesetzlichen Personalbemessung aufgegriffen haben. Die Forderung wird jedoch von der Großen Koalition nicht umgesetzt. Die Bund-Länder-AG zur Krankenhausreform kann sich nicht zu einer gesetzlichen Personalbemessung durchringen. Lediglich die Einrichtung einer Arbeitsgruppe wurde beschlossen, in der überprüft werden soll, ob die Pflege angemessen in die DRGs abgebildet ist und wie sie ggf. besser abgebildet werden kann. ver.di wird sich in die AG einbringen.

## Gesundheitsschutz unter den Bedingungen der indirekten Steuerung

Unter den Bedingungen der indirekten Steuerung unterlaufen Beschäftigte von sich aus Regelungen (z. B. zu Arbeitszeit, Überstunden, Pausen, Krankheit), die zu ihrem Schutz geschaffen wurden. Denn eine Beschränkung der eigenen Ar-

---

1 Vgl. zur Veränderung des Arzt-Patienten-Verhältnisses Maio 2014.

beitsleistung gefährdet nicht nur die Erreichung von Arbeitsergebnissen, sondern provoziert auch Konflikte in den Teams, an die die Erreichung dieser Ziele delegiert wurde. »Es war ja auch früher nicht so, dass alle Arbeit geschafft war, wenn die Arbeitszeit vorbei war. Aber die Arbeit, die liegenblieb, blieb beim Arbeitgeber liegen. (…) Jetzt finden wir uns offenbar unter Bedingungen wieder, in denen die liegengebliebene Arbeit unser Problem ist, so dass, wenn einer sich an die vertragliche Arbeitszeit hält, die anderen sich gezwungen sehen, ›seine Arbeit mitzumachen‹.« (Peters 2005) Diese Form der »interessierten Selbstgefährdung« (Peters) stellt die Gewerkschaften, v. a. aber die betrieblichen Interessenvertretungen vor große Herausforderungen. Sie müssen die Schutzrechte der Beschäftigten scheinbar gegen diese selbst durchsetzen.

Vor diesem Hintergrund hat sich die ver.di-Tarifkommission an der Charité entschieden, das Verhältnis von Arbeitsaufwand und dem dafür eingesetzten Personal direkt zum Tarifthema zu machen. In diesem Sinne entwickelte die Tarifkommission Forderungen zur Mindestbesetzung in Form von Pflegekraft-PatientInnen-Quoten. Die konkreten Quotenvorgaben wurden an Hand bereits bestehender gesetzlicher Reglungen z. B. im US-Bundesstaat Kalifornien erarbeitet. Hinzugezogen wurden dafür außerdem Empfehlungen von pflegerischen Fachgesellschaften und wissenschaftliche Studien zur Bedeutung der Personalbesetzung in der Pflege für die Arbeitssituation der Beschäftigten und den »Patientenoutcome«.

### Auf dem langen Weg zur Mindestbesetzung per Tarifvertrag an der Charité

Bereits im Rahmen der »Der Druck muss raus«-Kampagne (vgl. Kiank 2013) wurde auch über tarifliche Strategien zur Belastungsreduzierung und für Gesundheitsschutz diskutiert. Von der ver.di-Betriebsgruppe an der Charité wurden diese Diskussionen ab 2012 aufgegriffen. Denn an der Charité zeigt sich die bundesweite Entwicklung wie unter einem Brennglas:

- Seit 2005 wurden an der Charité über 1200 Vollkräfte abgebaut (minus 11 Prozent), davon fast 300 Vollkräfte im Pflege- und Funktionsdienst (minus 7 Prozent).
- In der gleichen Zeit hat sich die Zahl der stationär behandelten Fälle um 18 Prozent erhöht. Noch aufschlussreicher ist jedoch der Anstieg der so genannten Casemixpunkte, da hier der medizinische Aufwand und damit zumindest indirekt die erhöhte Pflegebedürftigkeit der PatientInnen erfasst wird: Deren Zahl nahm im selben Zeitraum um 26 Prozent zu.

Bereits 2011 konnten mit einem effektiv geführten Streik massive Lohnsteigerungen durchgesetzt werden. Es ging aber auch um mehr als Löhne. Dieser Streik hat der ver.di-Betriebsgruppe an der Charité zwei Dinge deutlich gemacht:

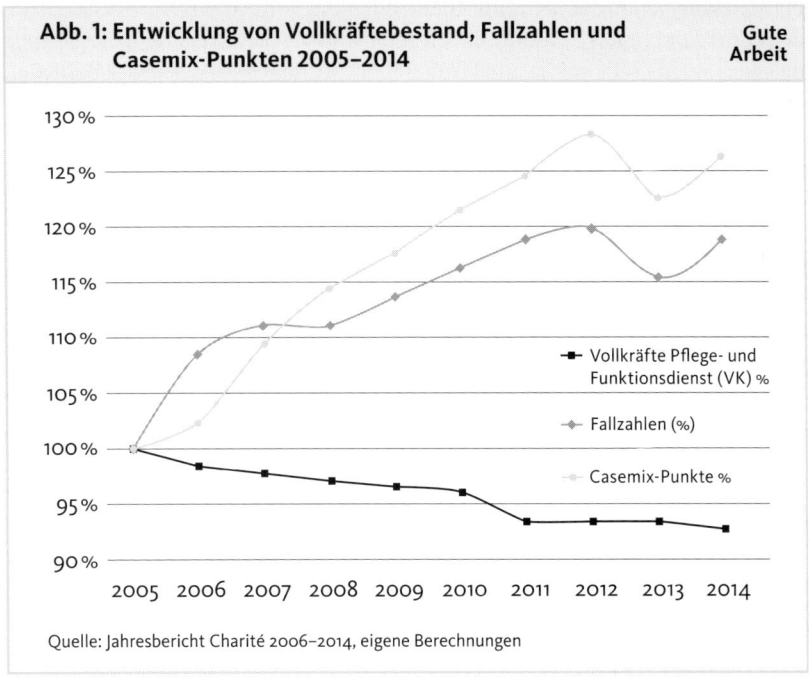

**Abb. 1: Entwicklung von Vollkräftebestand, Fallzahlen und Casemix-Punkten 2005–2014**

Gute Arbeit

- ■ Vollkräfte Pflege- und Funktionsdienst (VK) %
- ♦ Fallzahlen (%)
- ○ Casemix-Punkte %

Quelle: Jahresbericht Charité 2006–2014, eigene Berechnungen

*Erstens:* Es ist möglich, auch im Krankenhaus effektiv zu streiken. Für den Streik hatte ver.di eine neuartige Notdienstvereinbarung zum Ausschluss von Patientengefährdung mit der Charité vereinbart. Im Gegensatz zu den in Krankenhäusern üblichen Notdienstvereinbarungen blieb diese nicht bei einer Verpflichtung zur Aufrechterhaltung der Nachtdienstbesetzungen auf den Stationen stehen. Stattdessen sah sie vor, dass ver.di mit bestimmten Ankündigungsfristen die Streikbereitschaft auf den Stationen an den Charité-Vorstand übermittelt. Dieser war dann verpflichtet, je nach Ausmaß der Streikbereitschaft entweder einzelne Betten oder die ganze Station zu schließen. Damit konnte zumindest in Teilen die Selbstbeschränkung überwunden werden, die Arbeitskämpfe in Krankenhäusern oftmals prägt, und es war möglich, die stationäre Pflege massiv in den Streik einzubeziehen. Die KollegInnen lernten zugleich ihre Stärke kennen, denn es gelang ihnen, über ein Drittel der Bettenkapazitäten an der Charité zu bestreiken und den Arbeitgeber so massiv ökonomisch unter Druck zu setzen.

*Zweitens:* Bereits während der Streiks wurde deutlich: Zwar war die massive Lohnungerechtigkeit für viele KollegInnen ein wichtiges Thema. Aber die Arbeitsbelastung und die unzumutbaren Bedingungen, unter denen die

Patienten versorgt werden müssen, waren für viele KollegInnen ein noch gravierenderes Problem. Dies kam in dem zentralen Streikslogan zum Ausdruck:»Nicht der Streik gefährdet die Patienten, sondern der Normalzustand.«

**Die juristische Dimension**

Mit den Streikforderungen betrat ver.di an der Charité zwar kein völliges Neuland, aber doch ein weitgehend unerschlossenes Terrain, was auch innerhalb von ver.di zu Diskussionen über die rechtliche Zulässigkeit solcher Streiks führte. Ein Gutachten des wissenschaftlichen Dienstes des Bundestages, in Auftrag gegeben vom gesundheitspolitischen Sprecher der Linken, brachte erste Klarheit in dieser Frage, indem es feststellte, dass»Fragen der Personalbemessung zu den tarifvertraglich regelbaren Arbeits- und Wirtschaftsbedingungen (...) zählen« (Bug 2013: 9).

Der Charité-Vorstand bestritt die Rechtmäßigkeit der Forderung trotzdem prinzipiell. Auch nachdem er 2013 mit einer Warnstreikdrohung an den Verhandlungstisch gezwungen worden war, wurden die Verhandlungen von Seiten der Charité nur unter dem Vorbehalt aufgenommen, dass die Charité auf ihrem juristischen Standpunkt beharrte, die Forderung nach Mindestbesetzungsregelungen sei nicht tariffähig, und verweigerte entsprechend ernsthafte Verhandlungen zu diesem Gegenstand. Diese Blockade konnte erst durch einen unbefristeten Streik und die juristische Auseinandersetzung um einen Antrag auf Einstweilige Verfügung gegen den Streik überwunden werden.

*»Die unternehmerische Freiheit hört dort auf, wo der Gesundheitsschutz der Beschäftigten anfängt.«*
Kommentar des Richters am Berliner Arbeitsgericht im Verfahren um die einstweilige Verfügung gegen den Streik an der Charité

In ihrem Antrag auf einstweilige Verfügung versuchte die Charité, die ungeteilte unternehmerische Hoheit über das Verhältnis von Personaleinsatz und Arbeitsaufwand mit einem Umweg über den Entgelt- sowie den Manteltarifvertrag zu verteidigen. In diesem sei abschließend das Verhältnis von Arbeitsleistung der Beschäftigten zu Gegenleistung durch den Arbeitgeber (Gehalt, Urlaub, Zuschläge etc.) vereinbart. Durch diesen Vertrag seien die Personalkosten des Arbeitgebers bestimmt. Die Charité leitete daraus eine Friedenspflicht für alle Forderungen ab, die zu einer Erhöhung der absoluten Personalkosten führen könnten.

Das Landesarbeitsgericht wies diese Argumentation in seinem Urteil vom 24. Juni 2015 zurück und stellte fest, dass Regelungen im Mantel- und Entgelttarifvertrag – insbesondere zu Urlaub und Zuschlägen – nicht die Belastungssituation im Sinne der Arbeitsintensität regeln. Das Gericht ging jedoch noch weiter. Es hielt ausdrücklich fest, dass es für die Gewerkschaft »einen durch einen Arbeitskampf durchsetzbaren Einfluss auf die Arbeitsintensität gibt, der insbesondere auch nicht darauf beschränkt ist, eine (noch) weitere Arbeitsverdichtung zu verhindern, sondern es auch ermöglicht, Entlastungsregelungen zu verlangen« (60 Ga 8517/15). Das Landesarbeitsgericht Berlin hat damit festgestellt, dass betriebliche Normen zur Reduzierung der Arbeitsbelastung tarifvertraglich vereinbart und somit auch mit dem Mittel des Streiks durchgesetzt werden können.

### Die Bedeutung der Öffentlichkeit – »Mehr von uns ist besser für alle«

Bereits in der Urteilsbegründung des Landesarbeitsgerichts scheint die Bedeutung der öffentlichen Meinung zu dem Konflikt durch. Auch beim Richter waren die Ergebnisse des ver.di-Nachtdienstchecks[2] offensichtlich angekommen. So stellte er fest, dass Pflegekräfte und Ärzte insbesondere im Nachdienst nicht individuell in der Lage wären, ihre Arbeitsleistung auf ein erträgliches Maß zu reduzieren, ohne eine Gefährdung der PatientInnen zu riskieren.

Ein Streik in einem zentralen Bereich der Daseinsvorsorge und zu einer juristisch umstrittenen Frage wird nicht nur im Betrieb und im Gerichtssaal gewonnen, sondern auch in der Öffentlichkeit. ver.di hat die Auseinandersetzung an der Charité von Beginn an als öffentliche Auseinandersetzung angelegt. Bereits im zentralen Slogan der Kampagne kommt die Verbindung von öffentlicher Bedeutung und Beschäftigteninteressen zum Ausdruck: »Mehr von uns ist besser für alle«. Eine gute Gesundheitsversorgung braucht gute Arbeitsbedingungen für die Beschäftigten. Um diese Botschaft zu transportieren, hat sich die ver.di-Betriebsgruppe für eine offensive Öffentlichkeitskampagne entschieden und sie frühzeitig vorbereitet.

Dafür war vor allem eine frühzeitige Vorbereitung mit den KollegInnen wichtig. Damit sie in der Kampagne selbst das Wort ergreifen konnten, suchte die Gewerkschaft schon weit vor dem Öffentlichwerden der Auseinandersetzung mit den KollegInnen das Gespräch, vor allem, indem der Streik angekündigt wurde. Wer ist bereit und in der Lage, in der Öffentlichkeit zu sprechen? Worauf muss bei Gesprächen mit der Presse geachtet werden? Welche Befürchtungen gibt es, gerade zu einem so sensiblen Bereich in der Öffentlichkeit zu sprechen? All diese Fragen wurden mit den KollegInnen im Vorfeld erörtert. In der Außenwirkung war klar: Die ver.di, das sind die KollegIn-

---

2   Eine bundesweite Aktion, mit der ver.di in der Nacht vom 5. auf den 6. März in 237 Kliniken die Arbeitssituation im Nachdienst erfasst hat (ver.di Infodienst Krankenhäuser 2015).

nen im Betrieb, die sich zusammenschließen, um für eine Verbesserung ihrer Arbeitsbedingungen zu kämpfen, die zugleich die Genesungsbedingungen ihrer Patienten sind. Ebenfalls im Vorfeld wurde eine Broschüre erstellt, in der zahlreiche so genannte »Notrufe« von ganzen Pflegeteams gesammelt und der Presse als Hintergrundmaterial zur Verfügung gestellt wurden. Sie waren in den vorangegangenen zwei Jahren schriftlich an den Charité-Vorstand gesendet worden. Mit dieser Vorbereitung liefen die Versuche des Charité-Vorstands, den Streik öffentlich zu diskreditieren ins Leere.

Untermauert wurde die öffentliche Bedeutung des Konflikts durch die Arbeit des Bündnisses »Berlinerinnen und Berliner für mehr Personal im Krankenhaus«. Da das Bündnis bereits seit Beginn der Tarifauseinandersetzung kontinuierlich arbeitete, war ein gute Vertrauensgrundlage gegeben, um gemeinsam und auf Augenhöhe an der öffentlichen Wahrnehmbarkeit der Auseinandersetzung zu arbeiten, die ohne die Arbeit des Bündnisses nicht so vielfältig ausgefallen wäre.

Wichtig für die öffentliche Wirkung war auch die oben beschriebene Notdienstvereinbarung. Sie gab der Charité die Möglichkeit, sich frühzeitig auf die Reduzierung des Leistungsgeschehens einzustellen und Patienten entsprechend abzubestellen. Das ermöglichte die hohe Streikbeteiligung der stationären Pflege. Damit liefen auch die Bemühungen der Charité ins Leere, das Patientenwohl gegen den Streik in Stellung zu bringen.

**Streiken für eine Herzensangelegenheit**

Der Kampf um mehr Personal ist im Krankenhaus quasi die Mutter aller Konflikte. In dieser Auseinandersetzung kulminieren Fragen nach Anerkennung, Überlastung und eine über Jahre entwickelte Wut über die Hartnäckigkeit, mit der das Management offensichtliche Probleme ignoriert und auszusitzen versucht. Es ist also verständlich, dass dieser Konflikt emotional hoch besetzt ist.

Zugleich stößt eine isolierte Tarifauseinandersetzung an die Grenzen des Systems der Refinanzierung. Schon deshalb wurde der Konflikt von ver.di an der Charité immer als Teil der politischen Auseinandersetzung um eine gesetzliche Personalbemessung und deren Finanzierung betrachtet. Ein Streik zu dieser Frage bringt jedoch trotzdem die Herausforderung mit sich, dass bei den Streikenden hohe Erwartungen geweckt werden, was sie mit dem Streik erreichen wollen. Zugleich birgt der Regelungsgegenstand selbst zahlreiche Tücken. Es kann keine einheitlichen betrieblichen Normen geben, mit denen die Belastungen der verschiedenen Berufsgruppen erfasst werden.

Vor dem Hintergrund dieser Herausforderungen hat die Tarifkommission ein System der transparenten und engmaschigen Rückkopplung mit den Beschäftigten entwickelt: die »Tarifberater«. Jeder Arbeitsbereich ist aufgefordert, einen Verantwortlichen zu benennen. Diese Verantwortlichen werden regelmäßig zu den Tarifkommissionssitzungen hinzugezogen, um den Stand der Verhandlungen zum einen fachlich zu bewerten. Zum anderen aber auch, um die »roten Linien« möglicher Kompromissbildungen frühzeitig mit der Belegschaft rückzukoppeln. In dem Maße, wie der Streik näher rückte, bekamen die Tarifberater Zulauf. Sie trafen sich regelmäßig mit 50–60 KollegInnen, um den Stand der Tarifverhandlungen zu beraten.

Diese Rückkopplungsmöglichkeit hatte für die Verhandlungen zwei wesentliche Funktionen. Zum einen konnte die Tarifkommission sich darüber austauschen, wo Fallstricke in den Verhandlungen lauern. Zum anderen konnte so mit den KollegInnen, die den Streik wesentlich getragen haben und denen damit auch eine wichtige Multiplikatorenrolle zukam, sehr frühzeitig mögliche Kompromissbildungen diskutiert und in ihrer Bedeutung für die einzelnen Bereiche bewertet werden.

### Das vorläufige Ergebnis

Nach zehn Tagen Streik konnte mit der Charité eine erste Lösung am Verhandlungstisch erzielt werden. Sie wurde in einem Eckpunktepapier festgehalten. Als Kernsatz für die Personalsteuerung haben sich die Parteien darauf verständigt, dass das Personal den Patienten und ihren Anforderungen folgt. Damit wird ein Kontrapunkt gesetzt zur bisherigen Logik der rein budgetären Planung.

Für alle Beschäftigtenbereiche wird ein System etabliert, über das Belastungen angezeigt werden können. Der Arbeitgeber wird verpflichtet, Maßnahmen zur Entlastung einzuleiten und diese mit einem konkreten Zeitplan zu hinterlegen. Die Umsetzung der Maßnahmen und ihre Wirksamkeit müssen nachgehalten werden.

Für alle pflegerischen Bereiche werden mit unterschiedlichen Methoden Personalmindeststandards definiert, die zu einer Entlastung führen. Eine Unterschreitung der Standards kann von den Beschäftigten als Überlastungssituation angezeigt werden. Der Arbeitgeber ist verpflichtet, auf zwei Wegen zu reagieren:

Entweder indem dem Bereich Personal zugeführt wird, oder indem die Arbeitsleistung in dem Bereich reduziert wird. Die pflegerische Leitung soll per Tarifvertrag das ausdrückliche Recht erhalten, in Absprache mit der ärztlichen Leitung Betten zu sperren. Für die Überwachung der Vorgaben wird ein Gesundheitsausschuss gebildet.

Der Arbeitgeber wird verpflichtet, gegenüber den Arbeitsbereichen regelmäßig die den Soll/Ist-Stand der Personalmindeststandards sowie den

Stand von klassischen Belastungskennziffern (Krankenstand, Saldostunden) zu kommunizieren.

## Fazit

Mit der Umsetzung der Eckpunktevereinbarung würden erstmals Personalstandards per Tarifvertrag für ein Krankenhaus festgelegt. Die Härte der Auseinandersetzung und die schwierigen Verhandlungen haben jedoch auch gezeigt, dass der Gesetzgeber weiter in der Pflicht ist, in diesem sensiblen Bereich der Daseinsvorsorge gesetzliche Qualitätsstandards zur Personalausstattung verbindlich einzuführen.

Der Tarifvertrag wird keinen Automatismus zur Verbesserung der Arbeitsbedingungen liefern. Er wird den Beschäftigten v. a. verbesserte Instrumente an die Hand geben, um für bestimmte Arbeitsstandards zu kämpfen.

Hierzu gehört – und das ist in seiner Wirkung nicht zu unterschätzen – dass Standards definiert werden, die sich unmittelbar auf das Verhältnis von zu leistender Arbeit und Personalbestand beziehen und deren Unterschreitung als Belastungssituation definiert wird. Auch dass der Arbeitgeber verpflichtet wird, die Informationen zu den Belastungsindikatoren transparent zu machen, verbessert die Durchsetzungsmöglichkeiten der Beschäftigten – Wissen ist Macht. Es liegt noch ein langer Weg vor uns. Aber: Ein erster Schritt ist getan. Und das sind bekanntlich die schwersten![3]

## Literatur

Bsirske, Frank/Paschke, Ellen (Hg.) (2006): Innovationskraft Mensch. Hamburg

Bug, Arnold (2013): Personalbemessung in Krankenhäusern als Regelungsgegenstand von Tarifverträgen. Berlin.

Kiank, Cordula (2013): Kampagne »Der Druck muss raus!« – das Ergebnis des ver.di-Personalchecks, in: ver.di Infodienst Krankenhäuser, Ausgabe 61 – Juni 2013, 19.

Maio, Giovanni (2014): Geschäftsmodell Gesundheit – Wie der Markt die Heilkunst abschafft. Berlin.

Müller, Nadine (2010): Reglementierte Kreativität, Arbeitsteilung und Eigentum im computerisierten Kapitalismus. Berlin.

Peters, Jürgen (2005): Wie Krokodile Vertrauen schaffen. Die neue Selbständigkeit im Unternehmen: Arbeiten ohne Ende? http://www.cogito-institut.de/Pages/Krokodil.aspx (zuletzt eingesehen: 5.8.2015)

Roth, Ines (2011): Die Arbeitsbedingungen in Krankenhäusern aus Sicht der Beschäftigten, hrsg. von ver.di-Bereich Innovation und Gute Arbeit. Berlin; http://innovation-gute-arbeit. verdi.de/gute-arbeit/materialienund-studien

---

[3] Der beschriebene Tarifkonflikt war bei Redaktionsschluss dieses Bandes noch nicht beendet. Der aktuelle Stand kann beim Autor bzw. beim ver.di-Fachbereich Berlin/Brandenburg nachgefragt werden: http://gesundheit-soziales-bb.verdi.de/

Roth, Ines (2015): ver.di-Innovationsbarometer 2015. Ausgewählte Ergebnisse, hrsg. vom ver.di-Bereich Innovation und Gute Arbeit. Berlin; http://innovation-gute-arbeit.verdi.de/innovation/innovationsbarometer

Samuel, Sajay/Dirsmith, Mark W./McElroy, Barbara (2005): Monetized medicine: from the physical to the fiscal. In: Accounting, Organizations and Society 30, 249–278.

Sauer, Dieter (2013): Die organisatorische Revolution. Hamburg.

Simon, Michael (2014): Personalbesetzungsstandards für den Pflegedienst der Krankenhäuser: Zum Stand der Diskussion und möglichen Ansätzen für eine staatliche Regulierung. Hannover.

Weisbrod-Frey, Herbert (2015): Digitalisierung im Gesundheitswesen, in: ver.di-Bereich Innovation und Gute Arbeit (Hg.): Gute Arbeit und Digitalisierung. Berlin.

ver.di Infodienst Krankenhäuser (2015): ver.di-»Nachtdienst-Check« zeigt gefährliche Versorgungslücken, Ausgabe 69, 8.

Michaela Böhm

# Ausflüge in die digitale Arbeitswelt:
# Ein Blick in die Zukunft

Verfolgt man die breite öffentliche Diskussion in Medien, Politik, Wissenschaft und Vorstandsetagen, entsteht der Eindruck, die Digitalisierung der Arbeitswelt sei in vollem Gange. Und zwar in der Industrie wie im Dienstleistungssektor. Die Schlagzeilen lauten so: »Aufmarsch der Roboter« (Welt am Sonntag), »Elektronikbranche plant den Großaufschlag 4.0« (Frankfurter Allgemeine Zeitung), »Ist die Fabrik 4.0 menschenleer?« (Handelsblatt).

Ein Bericht der Deutschen Akademie der Technikwissenschaften (acatech) zur »Smart Service Welt« skizziert geradezu enthusiastisch die Möglichkeiten einer digitalisierten Dienstleistungswelt – allerdings bezogen auf das Jahr 2025. Produktionsprozesse und Dienstleistungen werden zu »intelligenten Dienstleistungen« miteinander verknüpft, »veredelt« sozusagen. Und die »Digitale Verwaltung 2020« ist Regierungsprogramm. Das meiste davon ist aber noch Zukunftsmusik.

### Von Industrie 3.0 zu Industrie 4.0

Immer öfter fragen Wissenschaftler bei Detlef Gerst nach, welches Unternehmen sich eignen würde, um Industrie 4.0 zu erforschen. Der Experte für Arbeitsgestaltung und Gesundheitsschutz beim Vorstand der IG Metall zuckt dann die Schultern. Es gibt nicht viele Betriebe in der Metall- und Elektroindustrie, die über große Erfahrung mit der digitalen Produktion verfügen. Hinzukommt, dass »nicht überall, wo Industrie 4.0 draufsteht, auch Industrie 4.0 drin ist«, sagt der Industriesoziologe.

Unternehmen experimentieren, starten Pilotprojekte und richten Modelllinien ein. Noch steckt die Digitalisierung in den Anfängen. »Industrie 4.0 wird sich in den nächsten 25 Jahren in der Einführungsphase befinden«, sagt Professor Hartmut Hirsch-Kreinsen von der Technischen Universität Dortmund.

Die Frankfurter Allgemeine Zeitung beobachtet eine »sich rasant verändernde Arbeitswelt«. Doch über die Folgen scheinen sich die Beschäftigten wenig Gedanken zu machen, stellt sie fest. Die Zeitung zitiert die Ergebnisse einer Umfrage, die im Auftrag einer Personalberatung durchgeführt wurde, wonach mehr als jeder zweite Befragte kaum wisse, was sich hinter Bezeichnungen wie »Digitalisierung« und »Industrie 4.0« verstecke.

Kein Wunder. Die digitale Produktion, die derzeit unter dem Schlagwort

Industrie 4.0 diskutiert wird, ist noch kaum bis an Werkbänke, Fließbänder und in Büros vorgedrungen. Und wenn doch, wie bei Bosch Rexroth in Homburg, betrifft es nur einen kleinen Teil der Beschäftigten und selbst für sie bedeuten die neuen Produktionsabläufe keine umwälzende Veränderung. Vorerst. Doch das könnte sich bald ändern.

## Bosch Rexroth Homburg: Ein Pilotprojekt

An den Ausläufern des Pfälzer Waldes, nur wenige Kilometer hinter der Landesgrenze von Rheinland-Pfalz, liegt das 40 000-Einwohner-Städtchen Homburg. Der saarländischen Kreisstadt fehlt es nicht an Industrie. Allein die Unternehmen der Metall- und Elektroindustrie stellen rund 10 000 Arbeitsplätze, darunter drei Werke von Bosch. Das kleinste mit 740 Beschäftigten gehört zu Bosch Rexroth, einer 100-prozentigen Bosch-Tochter und Technologieführer in der Antriebs- und Steuerungstechnik. Hier befindet sich die Industrie 4.0-Montagelinie. Der industrielle Pionier ist nicht größer als ein Wohnzimmer und passt auf rund 20 Quadratmeter, eine U-förmige Montagelinie mit zehn Arbeitsstationen.

Kein Arbeitsbereich bei Bosch Rexroth wird häufiger besucht als dieser. Gruppenweise drängeln sich Besucher um den Anlagenbetreuer, der die Linie vorführt. Die neue Technologie fasziniert. Das kann Holger Krökel nachvollziehen. Als er vor knapp zwei Jahren begann, sich mit dem Thema zu beschäftigen, ging es ihm genauso. Krökel, 40, hat einst Elektriker im Handwerk gelernt und wechselte vor 18 Jahren in die Industrie zu Bosch Rexroth. Er war bis zu seiner jetzigen Freistellung als Betriebsrat im technisch-gewerblichen Bereich eingesetzt. Zu seinen Aufgaben gehörten die Überwachung der technischen Einrichtungen und das Leiten eines Teams im Fertigungsverbund. Heute ist er der Experte für Industrie 4.0 im Betriebsrat und gehört zum Technologiearbeitskreis des Konzernbetriebsrats. Mehr noch: Der Betriebsrat ist der Praktiker unter Industriesoziologen, Unternehmensvertretern, Gewerkschaftern und Ingenieuren bei gemeinsamen Workshops der Hans Böckler Stiftung und der Deutschen Akademie der Technikwissenschaften. Krökel sagt: »Am Anfang hab ich mich genauso von der Faszination der neuen Technologie verleiten lassen.«

## Von Australien nach Homburg und zurück in 24 Stunden

Was ist so faszinierend? Was kann die neue Technologie? Nehmen wir an, ein Farmer in Australien fährt einen Traktor, der mit einer Hydraulikscheibe ausgerüstet ist, die aus dem 15 000 Kilometer Luftlinie entfernten Werk im saarländischen Homburg stammt. Der Farmer ist unterwegs auf dem Feld, als ein Leck auftritt. Wie immer dockt er nach seiner Arbeit den Traktor an die

Ladestation. Der folgende Prozess wird in Gang gesetzt, ohne dass der Farmer eingreifen muss, ja, er wird es nicht einmal bemerken. Von der Ladestation aus wird nun digital die Information an den Traktorhersteller übertragen, dass die Hydraulikscheibe ausgetauscht werden muss. Von dort geht die Information an den Zulieferer, das Bosch Rexroth Werk.

In Homburg wird automatisch ein Auftrag im Produktionssystem erzeugt: Kapazitäten in Fertigung, Montage, Prüfung und Versand werden belegt und Zeiten für das Personal mit entsprechender Qualifikation gebucht. Gleichzeitig geht automatisch ein Auftrag an den Guss-Lieferanten von Bosch Rexroth raus, der das Gehäuse für die Hydraulikscheibe produziert. Ist der Auftrag ausgeführt und die Hydraulikscheibe versandfertig, wird sie per Flugzeug nach Australien transportiert. Das hat nicht länger als 24 Stunden gedauert. Und irgendwann wird es möglich sein, dass die Hydraulikscheibe dem Farmer in Australien eine Nachricht auf sein Smartphone übermittelt, dass es Zeit ist für den Ölwechsel. Noch ist das Zukunft.

Heute muss der Farmer bei einer Störung den Hersteller anrufen. Der schickt einen Servicetechniker, der wiederum per E-Mail oder telefonisch eine neue Hydraulikscheibe bestellt. Landet der Auftrag bei Bosch Rexroth, planen die Disponenten die Maschinenbelegung und gehen vielleicht sogar selbst in die Halle, um mit dem Meister persönlich zu verhandeln, wann das Teil gefertigt werden kann. Es sind heute viele einzelne Tätigkeiten, die von vielen Menschen erledigt werden.

### Das Milkrun-Konzept

Die Besuchergruppe ist verschwunden, es ist gerade Mittagspause und Platz an der Montagelinie für die halbautomatische Produktion von Scheibenventilen. Hier kann ein einziger Beschäftigter arbeiten, zwei, drei oder vier. Aber nicht mehr. An der Montagelinie wird im Dreischichtbetrieb produziert. Sprich: Es sind – über drei Schichten verteilt – mindestens drei und höchstens zwölf Beschäftigte plus Anlagenbetreuer an der Pilot-Linie eingesetzt. Und die produzieren genau die gleichen Produkte wie zuvor an den herkömmlichen Montagelinien. Ähnliche Handgriffe, die gleichen Produkte, dieselbe Zahl von Beschäftigten. Noch ist für die Männer und Frauen kaum ein Unterschied auszumachen zwischen ihren früheren Arbeitsplätzen und der Industrie 4.0-Linie, die für so viel Aufhebens sorgt.

An jeder Arbeitsstation hängt in Kopfhöhe ein Monitor. 3D-Grafiken und Videos zeigen, welche Komponenten wie einzusetzen sind. Eine Armeslänge entfernt stehen die Greifbehälter. Fasst jemand in den Behälter mit den Sicherungsringen statt den Behältern mit Spiralen, leuchtet ein rotes Licht auf. Achtung: falsch. Richtig ist der grün beleuchtete Greifbehälter. Greifen, einlegen, montieren, den Knopf zur Bestätigung drücken, weiter geht es zur nächsten Station. Dort springt der Monitor an und zeigt auch hier auf Bildern, was zu tun ist. Knapp sechs Minuten dauert es, bis ein erfahrener Montierer alle Arbeitsstationen bedient hat. Dann geht es von vorn los. Mit Industrie 4.0 hat das allerdings nichts zu tun. Die beleuchteten Greifbehälter gehören zum Poka-Yoke-Prinzip, wonach technische Vorkehrungen getroffen werden, um Fehler zu vermeiden.

Die Greifbehälter befüllt der so genannte »Point of use provider«. Er ist dafür zuständig, dass an jeder Arbeitsstation rechtzeitig, ausreichend und passendes Material zur Verfügung steht, das er mit dem »Milkrun Fahrzeug« transportiert. Das Milkrun-Konzept ist beim Milchfahrer abgeschaut, der die Kunden auf festgelegten Touren mit Milch beliefert. Die Milkrun-Versorgung bei Bosch Rexroth ist neu, früher bestückten die Montagearbeiter ihre Greifbehälter noch selbst. Doch mit Industrie 4.0 hat auch das nichts zu tun. Vielmehr mit dem Bosch Produktionssystem. So genannte ganzheitliche Produktionssysteme, die es in vielen Industrieunternehmen gibt, sollen helfen, Arbeitsabläufe zu standardisieren, Prozesse zu verschlanken und Verschwendungen zu beseitigen. Und Lieferzeiten zu verkürzen. Heute dauert es nur 48 Stunden vom Auftragseingang bis zur Lieferung.

Dazu gehört es auch, dass die neue Industrie 4.0-Montagelinie so gestaltet ist, dass jeder und jede zu jeder Zeit dort eingesetzt werden soll, auch ohne Industrieerfahrung. So ist der Plan des Unternehmens. Klar ist aber auch: Ohne ganzheitliches Produktionssystem wäre Industrie 4.0 nicht machbar.

## RFID-Chips: die eigentliche Revolution

Doch das tatsächlich Revolutionäre in dem Bosch Rexroth Werk ist der mit RFID-Tags ausgestattete Werkstückträger, der die gewünschte Produktvariante kennt und der Linie das notwendige Material und die Abläufe übermittelt. In den Werkstückträgern werden die Werkstücke eingelegt und weiter transportiert. Dabei wird der Werkstückträger von elektromagnetischen Wellen bestrahlt, die den Chip mit Energie versorgen. Der RFID-Chip leitet nun die Informationen über das Produkt und notwendige Material weiter.

Von den Scheibenventilen für Traktoren, die an der Linie produziert werden, gibt es laut Bosch Rexroth sechs Grundtypen und mehr als 200 Varianten. Jede Station liest die Tags und steuert die Bilder und Videos auf dem Monitor. Der Vorteil: Die Rüstzeiten werden kürzer, selbst Losgröße 1 (Einzelproduktion) ist produzierbar, ohne Durchlaufzeiten zu verlängern. Die Modelllinie wird dann genutzt, wenn kleine Stückzahlen zu fertigen sind, aber auch für die Serienfertigung, wenn etwa die Kapazität an den herkömmlichen Montagelinien überschritten ist.

## Keine Zukunftsmusik: der gläserne Beschäftigte

Unternehmen erklären die automatische Steuerung gern in der Weise, dass ein Werkzeug eine Stimme erhält und nun mit der Anlage spricht. Und die wiederum mit dem Beschäftigten. Der steckt sich dafür ein unscheinbares graues Kästchen, nicht größer als ein Handy, an den Gürtel. Und bucht sich damit in die Anlage ein. Die digitalen Daten werden über Bluetooth gesendet und von der Montagestation ausgelesen. Mehr noch: Bluetooth-Tags enthalten ein Profil jedes Beschäftigten. In den Verlautbarungen von Bosch Rexroth klingt die Anwendung äußerst arbeitnehmerfreundlich und ergonomisch. Einzelne Arbeitsplätze, heißt es, stellten sich auf die Bedürfnisse ihrer Benutzer ein. »So passen sich etwa die Beleuchtung der Station, die Schriftgröße und Sprache auf dem Monitor an. Selbst die Informationstiefe auf dem Bildschirm stellt sich selbsttätig auf die Qualifikation des jeweiligen Anwenders ein.« So demonstriere Bosch Rexroth die praktische Umsetzung von Industrie 4.0. Und für die beste Vernetzung von Mensch, Maschine und Prozess habe das Unternehmen den »Industrie 4.0 Award« einer Zeitschrift erhalten.

Ein Beispiel: Horst Müller, 56, bucht sich in die Anlage ein. Die erkennt anhand seines Profils, dass er eine Sehschwäche hat. Also wird die Station stärker beleuchtet und die Schrift am Monitor vergrößert. Anhand seines Profils ist auch erkennbar, dass Müller erst seit vier Wochen an der Anlage arbeitet und die einzelnen Handgriffe noch nicht auswendig beherrscht. Also erhält Horst Müller über den Monitor sehr viel detailliertere Informationen als ein erfahrener Montagearbeiter.

Wäre die Anlage anders konstruiert als sie ist, könnte sie sich selbsttätig höherstellen, weil sie erkennt, dass Müller nur 1,68 Meter groß ist. Würde sich statt Müller Kollege Celik einbuchen, erschienen die Informationen auf dem Monitor auf Türkisch. Das klingt gut, hat aber einen Haken: Was Bosch Rexroth unter der Überschrift »automatisch angepasste Arbeitsplätze« verbreitet, ist nicht Praxis im Werk. Der Betriebsrat hat individuellen Anwenderprofilen über Bluetooth-Tags nicht zugestimmt. Das kleine graue Kästchen wird zwar am Gürtel befestigt, doch für jeden Beschäftigten erscheint das gleiche, inhaltsleere Profil. Aus gutem Grund, wie Holger Krökel erklärt.

Denn in den Anwenderprofilen können nicht nur Name und Personalnummer hinterlegt werden, Körpergröße, Sehstärken und Qualifizierungsgrade. Schon jetzt ist feststellbar, wie lange Müller an welcher Arbeitsstation für welchen Vorgang braucht. Und Müller ist vergleichbar mit Maier. Künftig ist es möglich, noch viel mehr Daten über jeden Beschäftigten zu sammeln. Etwa über Leistungsfähigkeit, Leistungskurven und Leistungsabfall. Es wäre demnach aus den Protokollen abzulesen, dass Müller morgens sehr leistungsfähig ist, gegen 11 Uhr aber ein Tief hat und freitags seine Leistungskurve äußerst flach ist. Maier dagegen mehrere Wochen am Stück durchpowert, sich danach aber häufig krank meldet. »Mit diesen Protokollen ist es möglich, Verhaltens-und Leistungsprofile der Beschäftigten zu erstellen«, fürchtet Holger Krökel.

## Flexibilisierung auf die Spitze getrieben

Angenommen Bosch Rexroth erhält den Auftrag, Montagvormittag 100 Scheibenventile von hoher Qualität zu fertigen. Anhand der Verhaltens- und Leistungsprofile würde nun das Team zusammengestellt. Müller wäre wegen seines montäglichen Leistungstiefs nicht dabei. Hat er aber keinen Einsatz, könnte er dazu veranlasst werden, Stunden von seinem Konto abzubauen. »Damit wird die Flexibilisierung der Beschäftigten auf die Spitze getrieben. Ein Einsatz erfolgt – trotz Festanstellung – nur noch nach Bedarf.«

Noch mehr: Ein Beschäftigter könnte auf seinem Smartphone seine Einsatzzeiten erhalten, sie belegen oder ablehnen. »Die Mitbestimmung des Betriebsrats bei der Gestaltung der Arbeitszeit würde damit hintergangen.«

Bucht sich Horst Müller mit seinem Bluetooth-Tag in der Anlage ein, ist jeder seiner Handgriffe kontrollierbar. Sobald er sich etwa 70 Zentimeter entfernt davon aufhält, wird er automatisch ausgebucht. Und selbst das entgeht keiner Kontrolle: Wo hat er sich aufgehalten, warum und wie lange?

»Die digitale Produktion produziert den gläsernen Mitarbeiter«, ist sich Holger Krökel sicher. Deshalb hat der Betriebsrat dem Bluetooth-Tag nur insoweit zugestimmt, dass kein individuelles Anwenderprofil hinterlegt ist. Ob Datenschutz in der digitalen Produktion, Arbeitssicherheit, Gesundheitsschutz und Ergonomie – all das sei noch ungeklärt.

## Ein großes Rationalisierungs-Projekt

Als sich Holger Krökel mit dem Thema Industrie 4.0 anfing zu beschäftigen, hat er sich von der Faszination der Technologie verleiten lassen. Seine Perspektive ist heute eine andere. »Wenn die Software den Prozess der Zuordnung von Mensch und Material plant und passend zum Kundenauftrag Material und Mensch zieht, werden die Menschen überflüssig, die zuvor für die Kommunikation zuständig waren und solche Prozesse gesteuert haben.« Wie der Disponent, der die Maschinenbelegung plant und vielleicht selbst in die Halle geht, um mit dem Meister persönlich zu verhandeln, wann das Teil gefertigt werden kann. Krökel ist davon überzeugt, dass besonders Arbeitsplätze im indirekten Bereich gefährdet sind. »Digitale Produktion ist ein großes Ratio-Projekt.« Ratio, nicht wie Vernunft, sondern wie Rationalisierung.

Holger Krökel stellt sich vor das so genannte Active Cockpit, ein digitales Schwarzes Brett. Es ist ein von Bosch Rexroth entwickeltes Fertigungsinformationssystem, das permanent Produktionsdaten filtert, sammelt und – mit einem Klick – in Echtzeit anzeigt. Werker und Entscheider, sagt das Unternehmen, verfügten damit über eine Kommunikationsplattform. Stopp, sagt Krökel. Das stimmt so nicht. Bisher hat der Betriebsrat lediglich zugestimmt, solche Informationen zu visualisieren, die ohnehin auf Papier verfügbar sind. Auf dem »Active Cockpit« ist zurzeit erkennbar, welche Schicht wie viele Teile montiert oder geprüft hat, die ist wiederum vergleichbar mit anderen Schichten. Die Leistung einzelner Beschäftigter ist jedoch nicht abzulesen. Noch geht es darum, etwaige Abweichungen, Fehler oder Stillstandzeiten zu erkennen. Am »Active Board« lässt sich die Linie komplett spiegeln. Doch noch sind die Daten nicht in Echtzeit abzulesen. Demnächst, erzählt Krökel, soll auf dem digitalen schwarzen Brett auch der Speiseplan der Kantine für die Belegschaft abgerufen werden können. Eine nette Spielerei, sagt er, und letztendlich dazu da, um die Beschäftigten an die Rund-um-Digitalisierung zu gewöhnen.

## Mitbestimmung: viel Klärungsbedarf

Seit November 2014 wird an der Industrie 4.0-Montagelinie gefertigt. Noch handelt es sich um ein Pilotprojekt. »Und das wird auch so lange bleiben, bis die mitbestimmungspflichtigen Themen geklärt sind«, erklärt Holger Krökel. Er fordert eine Rahmenvereinbarung und Leitlinien, die Themen wie Qualifizierung, Ergonomie und Datenschutz beschreiben. »Und dann geht es in Detailverhandlungen einer Betriebsvereinbarung.«

Industrie 4.0 ist bei Bosch wie bei anderen großen Industrieunternehmen ein zentrales Thema. 100 Experten hat der Konzern zusammengezogen, um bei der Umsetzung der Vernetzung in der Produktion zu helfen. »Die Vernetzung kann Produktivitätsfortschritte von bis zu 30 Prozent bringen, aber auch die Qualität der Erzeugnisse weiter steigern«, erklärte der Bosch-Produktionschef Werner Struth im April 2015 dem Handelsblatt. In fast jedem Werk liefen Pilotprojekte.

## Siemens Amberg: Fehlerquote Null

Digitale Produktion ist aber nicht nur für Bosch ein Thema, sondern für viele Industrieunternehmen. Zwischen Nürnberg und der tschechischen Grenze liegt Amberg, auch ein 40 000-Einwohner-Städtchen. Hier steht das Elektronikwerk von Siemens, eine der ersten digitalen Fabriken der Welt. Hier wird die Simatic hergestellt. Mit der frei programmierbaren Steuerung lässt sich so gut wie alles bedienen, das Gepäckförderband am Flughafen, die Kessel in der Brauerei und die Fließbänder in der Automobilindustrie.

Einen Tag null gab es in Amberg nicht und auch keinen Startschuss für die digitale Fabrik. Das habe sich nach und nach entwickelt. »Die Kollegen und

Kolleginnen sind mit dem Elektronikwerk gewachsen. Und eines Tages hat das Kind seinen Namen bekommen und hieß fortan Industrie 4.0«, sagt Betriebsratsvorsitzender Volker Jung. Er ist nicht nur für die knapp 1400 Beschäftigten im Elektronikwerk zuständig, sondern vertritt alle knapp 5000 Männer und Frauen am Standort Amberg.

Das Elektronikwerk sei schon immer ein besonderes Werk gewesen, sagt Jung. Getrieben von dem Bestreben nach kontinuierlicher Verbesserung. Auf Japanisch: Kaizen. Das Management hat sich die Lean Production in Japan abgeschaut. Und auch in der digitalen Produktion ist die Werkleitung getrieben, Fehler auf ein kaum nachweisbares Maß zu reduzieren. Das ist nachvollziehbar. Denn fällt die Simatic wegen einer Störung aus, bleibt beim Kunden das Fließband stehen. Die Fehlerquote im Werk, erzählt Volker Jung, liegt irgendwo an der dritten Stelle hinterm Komma, und die Prozessqualität bei 99,9988 Prozent.

## Produktivität: Acht Mal mehr als vor 20 Jahren

Durch die Digitalisierung habe sich die Art der Arbeit verändert, berichtet Jung. Die Beschäftigten sitzen nicht mehr tagein, tagaus an einem Einzelarbeitsplatz, sondern bedienen verkettete Produktionsanlagen oder wechseln an verschiedene Arbeitsplätze. Über den Arbeitsplätzen hängen Monitore, auf denen Bilder erscheinen, etwa wie die Leiterplatten korrekt zu prüfen sind. Bluetooth-Tags, mit denen sich die Beschäftigten in die Anlage einbuchen, gibt es in Amberg nicht.

Die digitale Produktion blieb nicht folgenlos: Einfache Tätigkeiten, wie die Verpackung der Produkte, sind ebenso verschwunden wie einfache Montagearbeiten. Und das werden nicht die letzten sein, fürchtet Betriebsratsvorsitzender Volker Jung.

Umso unbegreiflicher ist es Besuchern, warum auch die Beschäftigten so interessiert daran seien, ständig neue Verbesserungen vorzuschlagen und damit unwillentlich ihre eigenen Arbeitsplätze gefährdeten. Doch abgesehen davon, dass es eine konzernweite Vereinbarung gibt, wonach es bei Rationalisierungen keine betriebsbedingten Kündigungen geben darf, »kennen die Simatic-Arbeiter keine Krisen«, sagt Jung. Sondern nur Aufschwung und Sicherheit. »In den vergangenen 20 Jahren hat sich die Produktivität im Elektronikwerk bei gleichbleibender Zahl von Beschäftigten verachtfacht.« Dazu kommt, dass Siemens jährlich rund 20 Millionen Euro in neue Anlagen investiert. Ein verschwindend geringer Betrag im Vergleich zum Umsatz des Werkes, erklärt der Werkleiter gegenüber dem Magazin Mitbestimmung der Hans Böckler Stiftung.

## Digitale Verwaltung: Der Kita-Navigator

Längst hat die Digitalisierung auch den Dienstleistungssektor erfasst. Doch auch in der öffentlichen Verwaltung sind die Versprechen vollmundiger als der jetzt schon spürbare Nutzen für Bürger und Bürgerinnen. Ein Beispiel dafür kommt aus Düsseldorf. Dort gibt es einen Kita-Navigator. Im Internet können Eltern Wunsch-Kriterien angeben und sich eine passende Kita anzeigen lassen. Brauche ich besonders lange Öffnungszeiten, lege ich Wert auf Musik fürs Kind, soll es ein städtischer oder konfessioneller Träger sein und wie weit darf die Kita maximal von unserer Wohnung entfernt sein? Der Navigator zeigt dann sämtliche Einrichtungen an, die den Suchkriterien entsprechen. Über jede dieser Kitas gibt es detaillierte Informationen plus Fotos. Sagt eine zu, können Eltern ihr Kind dort vormerken.

»Der Kita-Navigator kommt in Düsseldorf gut an, andere Städte haben sich unser Modell bereits abgeschaut«, sagt Mark Gierling, Fachreferent für IT und Datenschutz beim Personalrat der Stadt. Für ihn ist der Kita-Navigator ein gutes Beispiel für digitale Verwaltung. Zudem ist er von Kolleginnen und Kollegen des Jugendamtes entwickelt worden.

## Weniger Bürokratie – das ist noch Zukunftsmusik

»Vieles lässt sich heute bereits online erledigen«, versprechen Städte auf ihren Internetportalen. Doch wer sich mühsam an die richtige Stelle geklickt hat, wird feststellen, dass zwar Formulare heruntergeladen werden können. Die muss man aber drucken, ausfüllen und mit der Post zurückschicken. Die Idee ist jedoch, bald alles digital erledigen zu können. Klicken, ausfüllen, hochladen, absenden. »Schnell, einfach, sicher und kostengünstig« soll die Verwaltung für Bürgerinnen und Bürger werden, verspricht das Programm »Digitale Verwaltung 2020« der Bundesregierung. In fünf Jahren sollen dicke Ordner von der elektronischen Akte abgelöst und interne Prozesse der Verwaltung durchgängig digitalisiert und vernetzt werden. Weniger Bürokratie, mehr Bürgerfreundlichkeit, heißt es.

Bis dahin ist es noch ein weiter Weg. Noch hapert es allein an der sicheren digitalen Identifizierung des Bürgers. Der neue Personalausweis verfügt zwar über eine sogenannte »eID«-Funktion. Damit kann sich jemand auch im Internet ausweisen, allerdings nur mit einem Kartenlesegerät. Doch nur ein Drittel aller Bürger lässt derzeit die »eID«-Funktion bei neuen Personalausweisen freischalten.

Doch schon 2016 soll in Berlin ein zentrales Portal eingeführt werden, bei dem sich Bürger einmalig ausweisen und ein persönliches Kundenkonto erstellen. Etwa wie bei Online-Versandhändlern. In dem Konto sollen nicht nur persönliche Stammdaten hinterlegt sein, sondern von hier aus sollen sich alle

Anträge zentral verwalten lassen. Über das Konto können Gebühren bezahlt, Bearbeitungsstände von Anträgen eingesehen und ein persönlicher Dokumentensafe angelegt werden.

## Mehr Zeitdruck durch Online-Terminvergabe

»Ich halte einiges, was sich kommunale IT-Strategen ausdenken, für eine Kopfgeburt«, sagt Mark Gierling vom Personalrat der Stadt Düsseldorf. »Keiner fragt die Bürger und Bürgerinnen, was sie wollen und was ihnen nutzt.« Und welche Auswirkungen die digitale Verwaltung auf die Beschäftigten hat. Zum Beispiel durch die Terminvergabe per Internet. Die ist wegen verkürzter Wartezeiten sehr beliebt. Wer seinen Reisepass verlängern oder sein Auto zulassen will, lässt sich im Internet einen Termin geben, statt im Amt eine Nummer zu ziehen und tatenlos herumzusitzen.

Die Steuerung für die online-Terminvergabe funktioniert automatisch. Damit wird jedoch durch die Hintertür für jeden Arbeitsvorgang eine Zeiteinheit hinterlegt. 10.15 Uhr: Schwerbehindertenausweis beantragen. 10.25 Uhr: neues Führungszeugnis. »Das ist nicht unproblematisch«, sagt Mark Gierling. »Wir werden es nicht zulassen, dass die Beschäftigten der Stadt Düsseldorf getaktet sind wie Fließbandarbeiter.« Ohne Luft holen zu können, ohne Entscheidungsspielräume und gehetzt von einer automatischen Steuerung.

## Leistungs- und Verhaltenskontrolle durch die Hintertür

Die online-Terminvergabe, die hinterrücks Zeiteinheiten pro Arbeitsvorgang hinterlegt, birgt nach Ansicht des Personalrats mehrere Tücken. »Damit ist es theoretisch möglich herauszufinden, wie lange jeder einzelne Beschäftigte für einen Vorgang braucht«, fürchtet Mark Gierling. Einzelne könnten unter Druck gesetzt werden, mehr zu leisten. Zudem würden Dienststellen und Bürgerbüros vergleichbar. »Dann wird es nicht mehr lange dauern, bis sich die Kollegen und Kolleginnen des Bürgerbüros Bilk fragen lassen müssen, warum sie weniger Anträge bearbeitet haben als das Bürgerbüro Garath.«

Die Digitalisierung dürfe nicht zur Leistungs- und Verhaltenskontrolle der städtischen Beschäftigten missbraucht werden. Der Personalrat hat hier ein echtes Mitbestimmungsrecht und verhandelt mit der Verwaltung derzeit über eine Dienstvereinbarung für die online-Terminvergabe, die Terminterminals in den Bürgerbüros und die Aufrufanlage. »Wir wollen ein Verfahren finden, das bürgerfreundlich ist, die Beschäftigten aber nicht in ein Korsett presst.«

Zum Zeitmanagementsystem in Berliner Behörden gibt es schon seit 2009 eine Rahmen-Dienstvereinbarung. An der haben auch die Beschäftigten mitgearbeitet. Darin steht beispielsweise, dass ein Arbeitsvorgang, der über eine online-Terminbuchung ausgelöst wird, so lange dauern darf wie 95 Prozent aller Arbeitsvorgänge. Zudem richtet sich die Zahl der Termine, die pro Tag online vergeben werden, nach der Zahl der Arbeitskräfte. Leistungs- und Verhaltenskontrollen sind ausgeschlossen.

Der Hauptpersonalrat des Landes Berlin sieht die Probleme derzeit woanders. Zum Beispiel in den Finanzämtern. »Wieder und wieder gibt es eine neue Software, die aber nicht kompatibel ist mit anderen Programmen. Dann kommt es zu Abstürzen«, erzählt Hauptpersonalrätin Daniela Ortmann. Zudem sei die Software oft nicht ausgereift und wird erst in der Praxis nachgebessert. Die Folge: Die Arbeit wird häufig durch technische Probleme gestört, der Arbeitsdruck steigt, die Unzufriedenheit genauso. »Damit wächst auch das Risiko von Erkrankungen.«

### Digitalisierung heißt noch weniger Personal

Nicht nur bei den Finanzämtern, sondern in nahezu allen Berliner Verwaltungen und Behörden fehlt es an Personal. 1992 zählte die öffentliche Verwaltung Berlins noch rund 291 000 Beschäftigte, zwölf Jahre später war die Zahl auf 145 000 geschrumpft, jetzt sind es 103 000. »Ein Drittel der Kollegen und Kolleginnen soll das Arbeitspensum der Belegschaft nach der Wiedervereinigung stemmen«, sagt Martina Kirstan vom Hauptpersonalrat. Und wenn Berlin irgendwo Personal neu einstellt, wird es woanders wieder abgezwackt. Denn Berlin hat sich das Ziel gesetzt, die Zahl von 100 000 Beschäftigten nicht zu überschreiten. Eher könnte sie unterschritten werden: Bis 2021 werden etwa 27 000 Beschäftigte altersbedingt aufhören. Da muss durch Neueinstellungen gegengesteuert werden. Digitalisierung darf nicht zum Vorwand für noch mehr Stress durch noch weniger Personal werden.

»Das Rationalisierungspotenzial, das die digitale Verwaltung möglich macht, ist bei uns bereits vorweggenommen worden.« Kirstan fürchtet jedoch, dass spätestens dann weiter Personal reduziert wird, wenn die Berliner Bürger und Bürgerinnen ihre Daten in einem Stammkonto hinterlegen und vom Antrag bis zum Bescheid alles digital abgewickelt werden soll. Ganz einfach: »Berlin hofft, mit der Digitalisierung auf noch mehr Beschäftigte verzichten zu können.« Schon jetzt werde versucht, die Bürger und Bürgerinnen ins Internet zu zwingen und vom persönlichen Kontakt mit der Verwaltung fernzuhalten, indem es für Termine lange Wartezeiten gibt.

### Mehr Druck, mehr Unzufriedenheit, mehr Krankmeldungen

Das ist für alle unbefriedigend, für die Bürger wie für die Beschäftigten. Sie haben auf einer Personalrätekonferenz mal aufgezählt, was ihnen bei der Arbeit zu schaffen macht. Sie beklagen, nicht informiert und auch nicht beteiligt zu werden, wenn neue IT-Projekte aufgelegt werden. »Es hapert überall«, sagt die Hauptpersonalrätin Daniela Ortmann. An ergonomischem Mobiliar, an funktionierender Software, an Schulungen. »Viele Kolleginnen und Kollegen berichten von den typischen Beschwerden an Computerarbeitsplätzen, wie Schulter- und Nackenschmerzen, Probleme mit dem Rücken und den Augen. Oft lassen sie Pausen aus, weil die Arbeit drängt.« Die Folge: Jeder und jede Zehnte meldet sich krank.

Grundsätzlich hat der Hauptpersonalrat nichts gegen Vereinfachung durch Technik und die digitale Verwaltung. Aber viel dagegen, dass immer mehr Arbeitsvorgänge auf die Bürger abgewälzt würden, damit Kommunen Personal reduzieren können. Ein Ende ist nicht in Sicht. »Bürger und Bürgerinnen können sich heute schon rund um die Uhr einloggen. Vermutlich dauert es nicht mehr lange, bis die Verwaltung auch von den Beschäftigten eine Rund-um-die-Uhr-Erreichbarkeit wie bei Callcentern verlangt.« Attraktiv macht das den Job bei der Verwaltung nicht. »Junge Leute möchten bei uns eine Ausbildung beginnen, weil der Arbeitsplatz als sicher gilt und sie gern Kontakt mit Menschen haben«, erklärt Martina Kirstan. Das erwiese sich aber immer mehr als Trugschluss.

Nicht anders in Bremen. Dort hat der Personalrat seit vielen Jahren Erfahrung damit, wie in einem Bundesland mit Haushaltsnotlage ständig neue Projekte aufgesetzt werden, die jedes Mal schnellere Prozesse mit weniger Personal versprechen. Immer wieder beschließt der Senat IT-Projekte, für die »Firmen in ihren Angeboten schamlos das Blaue vom Himmel versprechen«, sagt die Gesamtpersonalratsvorsitzende Doris Hülsmeier. Doch oft genug hat sie erlebt, dass die Software nicht funktioniert. »Es ist eine Illusion zu glauben, dass die Technik ausgereift ist. Das ist kein Selbstläufer.« Sondern viel Arbeit für den Personalrat und die Beschäftigten.

### Neue Aufgaben für den Personalrat

Dabei helfen auch drei Dienstvereinbarungen, die von 1986 stammen, aber an Aktualität nichts verloren haben. Darin ist etwa das Ziel menschengerechter und sozialverträglicher Gestaltung von Technik formuliert. Und wie die Mitbestimmung bei der Einführung neuer Technik zu erfolgen hat.

Die Personalräte von Bremen haben sich entschieden, bei jedem Projekt der digitalen Verwaltung von Anfang an mitzumischen. »Und sofort reinzugrätschen, wenn etwas nicht funktioniert.« Sie machen deutlich, welche Änderungen notwendig sind, »weil wir sonst in der Mitbestimmung ablehnen müssten.« Damit ist der Personalrat gut gefahren. »Ich kann allen nur empfehlen, die Mitbestimmungsrechte wahrzunehmen, überall mitzumischen und ganz dringend die Beschäftigten zu beteiligen.«

Detlef Gerst
# Roboter erobern die Arbeitswelt[1]
**Betrachtungen aus der Sicht des Gesundheitsschutzes**

## 1. Einleitung

Nach Ortega y Gasset (1949, S. 42) ist Technik die Anstrengung, Anstrengungen zu ersparen. Wenn diese Behauptung wahr ist, dann steht der Industriearbeit angesichts eines gewaltigen Technisierungsschubs eine anstrengungslose Zeit bevor. Auch gemäß dem Mainstream der Debatte um die Industrie 4.0 wird sich in der Industriearbeit vieles zum Besseren wenden. Anstrengende, langweilige und gefährliche Aufgaben werden der Vergangenheit angehören. Stattdessen werden Beschäftigte zu »Dirigenten« eines Orchesters, zusammengesetzt aus faszinierenden technologischen Akteuren. Der Mensch wird »Herrscher« über die neue Technologie und aus dem Maschinenbediener wird ein »Maschinenmanager«.

Die Hoffnungen sind einigermaßen klar umrissen. Wie tatsächlich in Zukunft gearbeitet wird, vermag allerdings niemand vorherzusagen. Wissenschaft ist allenfalls in der Lage, Hypothesen zu formulieren und Szenarien zu skizzieren. Was sich jedoch schon heute abzeichnet, ist der vermehrte Einsatz von Robotern und digitalen Assistenzsystemen. Dies hat zum Hintergrund, dass eine neue Generation von flexiblen Leichtbaurobotern relativ preiswert zu erwerben ist. Gleichzeitig verschieben sich die Grenzen der Automatisierbarkeit. Roboter werden stärker universell einsetzbar und sie werden dafür ausgelegt, in enger räumlicher Nähe und in Kooperation mit Menschen zu arbeiten. Daneben erlauben moderne Assistenzsysteme eine wirkungsvolle Unterstützung im Arbeitsprozess. Sie informieren über Prozesszustände und Fehlerursachen, geben Diagnosehilfen, können jedoch ebenso gut menschliche Arbeit im Detail anleiten und kontrollieren.

Der vorliegende Beitrag befasst sich mit den Folgen von Robotern und Assistenzsystemen für die Industriearbeit und legt den Schwerpunkt auf mögliche Herausforderungen für den Gesundheitsschutz.

---

1 Für wertvolle Hinweise und Anregungen danke ich meinem Kollegen Manfred Scherbaum.

## 2. Einzug einer neuen Robotergeneration

Roboter haben bis auf wenige Ausnahmen die Funktion, menschliche Arbeit zu ersetzen. Hierbei erschließen Forschung und Entwicklung immer weitere Aufgabenbereiche für den Einsatz automatisierter Technologie (Frey/Osborne 2013). In der Industrie verbleiben für Menschen im engeren Umfeld der Roboter meist lediglich Aufgaben im Bereich der Materialzuführung, der Kontrolle und der Nacharbeit, im weiteren Umfeld entsteht hingegen ein Bedarf an Wartung, Instandhaltung, Programmierung und Optimierung. Bekannt sind Roboter bislang vor allem in Verbindung mit *trennenden Schutzeinrichtungen*. Zum Einsatz kommen Käfige, Anschlagbegrenzungen und Lichtschranken, die einen Kontakt mit den Beschäftigten verhindern.

Eine neue Robotergeneration zeichnet sich dadurch aus, dass sie entweder in unmittelbarer Nähe zu den Beschäftigten eingesetzt wird oder sich sogar die Arbeitsräume von Mensch und Roboter überschneiden. Meist sind diese Roboter als Leichtbau konstruiert und sie arbeiten mit geringeren Kräften als ihre großen Brüder in den Käfigen. Es gibt jedoch auch schwergewichtige und kraftvolle Roboter, die Hand in Hand mit den Beschäftigten arbeiten, beispielsweise bei der Zuführung und Positionierung schwerer Werkstücke. Während die erste, seit Jahrzehnten bekannte Robotergeneration vorwiegend die Funktion hat, den Menschen zu ersetzen, liegt eine wesentliche Funktion der neuen Generation darin, Menschen zu assistieren. Deshalb ist von *Servicerobotern* die Rede. Deren Funktion ist jedoch nicht auf den Service beschränkt, denn auch ein Serviceroboter ersetzt menschliche Arbeitskraft.

Daneben werden heute vermehrt Roboter in unmittelbarer Umgebung des Menschen eingesetzt, bei denen nicht die Servicefunktion im Vordergrund steht, sondern allein die Ersetzung menschlicher Arbeit. Dies trifft auf einen Roboter zu, der innerhalb einer Montagelinie spezielle Montageschritte sowie Prüf- oder Verpackungsaufgaben übernimmt.

### 2.1 Vielfältige Motive für die Roboternutzung

Auf die Frage, warum Unternehmen Roboter nutzen, gibt es keine einfache Antwort. Die Motive sind vielfältig, und meist werden mit dem Robotereinsatz mehrere Ziele zugleich verfolgt:

* Ein Roboter kann ergonomische Probleme lösen. Er kann gesundheitsgefährdende Aufgaben übernehmen oder in Bereichen mit gefährdenden Arbeitsumgebungen arbeiten. Der Roboter kann menschliche Fähigkeiten verstärken und menschliche Defizite ausgleichen. Er kann beispielsweise Werkstücke tragen, halten und positionieren und auf diese Weise ungünstige Körperhaltungen und schweres Heben überflüssig machen.

- Roboter sind in bestimmten Aufgabenbereichen leistungsfähiger als Menschen. Sie erlauben eine größere Präzision der Bearbeitung, eine höhere Qualität der Produkte sowie eine größere Sicherheit der Prozesse. Ein Roboter greift nicht nach den falschen Teilen, er vergisst auch keine Verschraubung.

- Teilweise gilt der Robotereinsatz sogar als Lösung für das Problem einer abnehmend großen Erwerbsbevölkerung oder er wird mit Blick auf den demografischen Wandel für sozial verträglich gehalten. Beispielsweise plant Volkswagen eine umfassende Automatisierung der Produktion. Dies kommentiert Personalvorstand Horst Neumann mit den Worten:»Der Glücksfall, dass die Babyboomer in Rente gehen, erlaubt es uns, ergonomisch ungünstige Arbeitsplätze abzubauen und zu automatisieren, ohne Mitarbeiter zu entlassen.« (Die Welt 2015)

- Der Robotereinsatz erlaubt, Personalkosten einzusparen, was aus Sicht von Unternehmen angesichts extrem niedriger Arbeitsstundensätze etwa in Osteuropa oder China auch für notwendig gehalten wird. Die Kosten für einen Roboter am Fließband werden nach Angaben von Horst Neumann mit drei und sechs Euro pro Stunde geschätzt, Wartung und Instandhaltung inbegriffen (Die Welt 2015). Dennoch muss der Robotereinsatz innerhalb einer bestimmten Region nicht zwangsläufig mit einem Abbau von Arbeitsplätzen einhergehen, denn er erlaubt, ehemals personalintensive Produktion wieder in deutschen Standorten zu platzieren. Benötigt wird dann Personal im Umfeld der Roboter. Das entgegengesetzte Szenario einer menschenleeren industriellen Produktion erscheint aus heutiger Sicht unwahrscheinlich, denn dann müsste selbst die Erforschung, Entwicklung, Installation sowie die Wartung von Robotern automatisierbar sein.

## 2.2 Wie leistungsfähig ist die neue Technologie?

In der Fachpresse, in Vorträgen und Dokumentationen von Forschungsprojekten wird die neue Robotergeneration einem staunenden Publikum präsentiert. Einiges ist schon im Praxiseinsatz, vieles noch in der Erprobung, existiert aber schon in der Variante des voll funktionsfähigen Demonstrators. Auch wenn der Zeitpunkt der Markteinführung für einige der Roboter noch nicht erreicht ist, geht es hier nicht um Jahrzehnte, sondern um wenige Jahre. Zwei Beispiele sollen das Spektrum der schon erreichten Leistungsfähigkeit umreißen.

- *Projekt rorarob*: Gegenstand des Forschungsprojektes rorarob ist ein Roboter für Positionieraufgaben von schweren Werkstücken (BMWi 2013a, S. 27–29). Der Roboter dient als flexibler Werkstückträger. Erprobt wird er als Assistenz beim Schweißen: Durch die individuelle Feinpositionierung werden anstrengende und die Gesundheit gefährdende Körperhaltungen des Schweißers verhindert. Eine Besonderheit des Roboters besteht darin, dass er mit einem kameragestützten Sicherheitssystem verbunden ist, das vor einer möglichen Kollision des Roboters mit dem Beschäftigten einen automatischen Stillstand auslöst.

- *Forschungsroboter Baxter:* Baxter ist ein an den Proportionen eines Menschen orientierter Roboter mit zwei an den Schultern ansetzenden Armen und einem Display an der Stelle, wo sich beim Mensch der Kopf befindet (Kurz/Rieger 2013). Das Display zeigt ein stilisiertes Gesicht, das Emotionen ausdrückt und dort hinschaut, wo der Roboter etwas greifen oder abstellen will. Die Einsatzmöglichkeiten von Baxter werden momentan an der Universität Erlangen-Nürnberg im Lehrstuhl für Fertigungsautomatisierung und Produktionssystematik (FAPS) erforscht.

Der Roboter ist ohne Programmierkenntnisse durch die manuelle Bewegung seiner Arme programmierbar. Nach Auswahl eines Menüpunktes lässt sich der Arm des Roboters dahin bewegen, wo er beispielsweise etwas greifen soll. Anschließend kann der Beschäftigte dem Roboter noch beibringen, um welche Teile es geht. Auf diese Weise lässt sich eine Einfacharbeit fachlich aufwerten. Der Werker vor Ort kann den Roboter ohne Spezialkenntnisse anleiten.

Eine weitere Fähigkeit von Baxter ist das intuitive Greifen wie bei einem Menschen, der nach etwas greift, was er nicht ansieht. Hierzu verfügt Baxter über zwei elektrische Parallel- und einen Vakuumsauggreifer. Durch einen fahrbaren Untersatz ist der Roboter mobil. Mit Hilfe eines Kamerasystems ist Baxter in der Lage, Objekte auch unter schwierigen Bedingungen zu erkennen. Misslingt ihm etwas, drückt sich das in seiner Mimik auf dem Display aus. An Baxter lässt sich studieren, was die Roboterhersteller zunehmend bewegt: Roboter sollen menschliche Reaktionen zeigen, damit sie im praktischen Einsatz akzeptiert werden.

### 2.3 Wohin entwickelt sich die Robotertechnologie?

Nach Einschätzung von Experten gibt es bis zum Jahr 2025 folgende nach vier Themenfeldern untergliederte Entwicklungsperspektiven von Servicerobotern (BMWi 2013b, S. 22):

- *Wahrnehmung und Navigation:* Möglich wird die robuste Umwelterkennung durch Fusion verschiedener Sensoren auch im dynamischen Umfeld, die eigenständige Orientierung und Kartierung, darüber hinaus die Navigation und Absprache von Robotern im Schwarm. Bis zum Jahr 2025 noch nicht entwickelt ist jedoch das 3-D-Sehen in Echtzeit.

- *Mensch-Roboter-Interaktion*: Möglich werden komplexe Dialoge, die Vermeidung von Missverständnissen und die Erkennung von Basisemotionen des Menschen.
- *Lebensdauer*: Möglich werden robuste, wartungsarme Hard- und Software sowie ein geringes Gewicht bei hoher Stabilität. Noch nicht entwickelt ist die autonome Energieversorgung.
- *Kognitive Fähigkeiten:* Möglich wird die selbstständige Abarbeitung von komplexen Aufgaben und die Anpassungsfähigkeit an unterschiedliche Umgebungen. Künstliche Intelligenz wird es jedoch noch nicht geben. Sie wäre Voraussetzung, um schnell kontextabhängig handeln und entscheiden zu können.

Wichtige Impulse kommen derzeit aus der bionischen Forschung (Boblan 2015). Hier erhalten Roboter Muskel-Skelett-Konstruktionen und menschenähnliche Hände, lernen das Gehen und werden aufgrund bionischer Konstruktionen energiesparend und flexibel.

## 3. Kollaborierende Roboter: Folgen für die Beschäftigten

### 3.1 Chancen und Gefährdungen

Roboter, die ohne trennende Schutzeinrichtungen Hand in Hand mit Beschäftigten arbeiten, werden als kollaborierende Roboter bezeichnet. Sie können mit Blick auf den Gesundheitsschutz viele Verbesserungen mit sich bringen.

- Dienen sie als flexibler Werkstückträger, können sie den Beschäftigten helfen, ungünstige Körperhaltungen zu vermeiden.
- Roboter können schwere Lasten handhaben.
- Roboter können Aufgaben mit hoher körperlicher Arbeitsbelastung übernehmen.
- Sollten sich Verfahren einer vereinfachten Programmierung durchsetzen, dann hat der Robotereinsatz möglicherweise auch eine qualifizierende Wirkung für die industrielle Einfacharbeit. Es wird möglich, dass Maschinenbediener und Monteure den Roboter selbst im vereinfachten Verfahren programmieren. Eine weitere sinnvolle Ergänzung wäre die Übertragung einfacher Wartungsarbeiten. Die würde auch Stillstandzeiten reduzieren.
- Meist wird schon bei der Entwicklung und im Planungsprozess die Zusammenarbeit von Mensch und Roboter simuliert. Damit ergibt sich die Chance einer erweiterten ergonomischen Betrachtung von Arbeitssystemen.

Von kollaborierenden Robotern gehen jedoch auch mögliche Gefährdungen aus, die spezielle Schutzeinrichtungen erfordern. Folgende sind insbesondere zu nennen:

- Zusammenstoß mit dem Roboterarm, einem Werkzeug oder Werkstück
- Verletzung durch ein Werkzeug oder Werkstück
- Quetschung
- Scherung
- Erfassung und Mitgerissen werden an Kabeln, Schläuchen, Werkzeugen oder Werkstücken
- Roboter als Stolperhindernis
- Greifen der Hand oder eines Fingers durch den Roboter
- Unfall, weil der Roboter eine Ausweichbewegung des Beschäftigten erzwingt
- Stress, weil der Roboter als Bedrohung wahrgenommen wird

### 3.2 Sicherheitskonzepte

Für die Zusammenarbeit von Mensch und Roboter existieren vier grundlegende Schutzanforderungen. Diese sind ausführlich in den Normen EN ISO 10218 Teil 1 und 2 erläutert. Roboter im kollaborierenden Betrieb müssen »einer oder mehreren« der folgenden Anforderungen gerecht werden (EN ISO 10218-1:2011, VDMA 2014).

- *Sicherheitsgerichteter überwachter Halt:* Der Roboter steht still, wenn sich die Arbeitskraft im gemeinsamen Arbeitsraum aufhält.
- *Handführung:* Der Roboter führt keine eigenständigen Bewegungen aus, sondern wird vom Beschäftigten geführt. Hierbei ist die Geschwindigkeit des Roboters begrenzt.
- *Geschwindigkeits- und Abstandsüberwachung:* Sicherheitstechnische Einrichtungen verhindern einen Kontakt von Roboter und Arbeitskraft. Grundlage sind eine festgelegte Geschwindigkeit und ein festgelegter Abstand. Bei Überschreitung löst der Roboter einen Sicherheitshalt aus.
- *Leistungs- und Kraftbegrenzung:* Da das Risiko eines potenziellen Zusammenstoßes nie ganz ausgeschlossen werden kann, soll dieser nur mit geringer Leistung und Kraft stattfinden können.

Problematisch wäre ein Sicherheitskonzept, das allein in der Leistungs- und Kraftbegrenzung besteht. Denn dann wäre eine Kollision grundsätzlich möglich. Diese sollte aber ausgeschlossen werden, weil selbst eine Kollision mit geringer Geschwindigkeit und Kraft gravierende Folgen haben kann.

Konzepte der Leistungs- und Kraftbegrenzung beruhen darauf, die Geschwindigkeit »abhängig von Körperregion, Masse und Form des Roboters sowie des Werkzeugs und Werkstücks« auszulegen (VDMA 2014; BG/BGIA 2011). Damit verbunden sind die Anforderungen »kleine Geschwindigkeit in Bereichen, wo Klemmung möglich ist« und »begrenzte Kontaktkraft abhängig von Körperregion und Form« (VDMA 2014, S. 3).

Eine differenzierte Kraftbegrenzung allein ist als Sicherheitskonzept jedoch nicht ausreichend. Nach Körperregion differenzierte Stoß-, Klemm- und Quetschkräfte hätten nur dann die erwünschte Schutzfunktion, wenn sich die Beschäftigten immer genau planmäßig verhielten und der Arbeitsablauf niemals einer geplanten Bewegungsfolge widerspricht. Dass dies in der Realität nicht zu erwarten ist, soll ein Beispiel verdeutlichen: Bückt sich ein Beschäftigter nach einer heruntergefallenen Schraube, befindet sich unvorhergesehener Weise dessen Kopf an der Stelle, wo der Roboter für eine mögliche Kollision mit dem Oberschenkel ausgelegt ist.

Mit Blick auf die zu erwartende Arbeitsrealität sollten Sicherheitskonzepte so ausgelegt werden, dass eine Kollision ausgeschlossen wird. Deshalb sollte im Automatikbetrieb die Geschwindigkeits- und Abstandsüberwachung zwingend vorgeschrieben werden. Dies würde auch eine Überwachung außerhalb des Sichtbereiches des Beschäftigten einschließen. So ließe sich verhindern, dass ein Beschäftigter rückwärts in eine Roboterbewegung hineinläuft.

Sicherheitskonzepte, die diesem Anspruch gerecht werden, gibt es bereits. Grundlage sind Systeme der Raumüberwachung, die bewirken, dass sich der Roboter bei einer Warn- und Schutzraumverletzung verlangsamt oder stehen bleibt (Heinke/Bömer 2009; Ostermann/Huelke/Kahl 2011):

- Zur Raumüberwachung einsetzbar sind Kamerasysteme, die allerdings den Nachteil nicht überwachter toter Winkel haben. Dieses Problem lässt sich mit einer größeren Anzahl an Kameras verringern, aber nicht ganz beseitigen.
- Es gibt die Möglichkeit, Arbeitskräfte mit Sensoranzügen auszustatten. Dieses Sicherheitskonzept hat den Nachteil, dass Beschäftigte ohne Sensoranzüge ungeschützt bleiben. Ein weiterer Nachteil könnte in einem geringen Tragekomfort liegen.
- Technisch möglich ist darüber hinaus die Raumüberwachung mittels Ultraschallsensoren, die auf der Oberfläche des Roboters angebracht werden (Ostermann/Huelke/Kahl 2011; Ostermann 2014). Die Funktionsweise ist ähnlich wie bei einer Einparkhilfe im PKW. Beim Roboter spricht man von einer »sensiblen Haut« oder auch »Sensorhaut«, die den Menschen noch vor dem Kontakt mit dem Roboter erkennt.

Eine Geschwindigkeits- und Abstandsüberwachung würde auch dazu beitragen, Stress in der Zusammenarbeit mit Robotern zu reduzieren. Ein Roboter, der bei einer drohenden Kollision mit einem Menschen deutlich seine Geschwindigkeit reduziert, trägt erheblich zum Vertrauen in die Technik bei. Zu Bedenken wäre schließlich, dass die Sicherheitseinrichtung selbst zum Sicherheitsrisiko werden kann. Dies wäre der Fall, wenn der Beschäftigte nach einem Sicherheitsstopp eingeklemmt wird und sich nicht selbst befreien kann.

*3.4 Prozesssicherheit im vernetzten System*

Mögliche Unfallszenarien mit kollaborierenden Robotern gehen von einem Ausfall oder einer defizitären Auslegung der Schutzeinrichtungen, einer unsachgemäßen Programmierung durch die Beschäftigten oder einer Verwendung des Roboters für eine nicht vorgesehene Aufgabe aus.

Mit Blick auf den Einsatz kollaborierender Roboter dürfen jedoch auch Unfallrisiken nicht übersehen werden, die erst mit der Digitalisierung und Vernetzung von Produktionsmitteln entstehen. Auf der Grundlage eines verbreiteten Fortschrittsoptimismus geraten diese Risiken leicht aus dem Blick. Mit dem technologischen Fortschritt gehen jedoch stets neue potenzielle Unfälle einher. Darauf hat Paul Virilio hingewiesen. Der neue Unfall ist nach Virilio (2009) nichts Unerwartetes. Es handelt sich vielmehr um einen »eigentlichen Unfall«, der »im Augenblick der wissenschaftlichen oder technischen Erfindung miterfunden wird« (S. 88).

Ein Unfall, der mit der Digitalisierung und Vernetzung von Arbeitsprozessen miterfunden und in seiner Tragweite möglicherweise unterschätzt wird, ist der Cyberangriff. Grundlage hierfür sind vernetzte technologische Systeme, die Produktions- und Sensordaten austauschen und an irgendeiner Stelle im Gesamtsystem mit dem Internet verbunden sind.

Kürzlich wurde in Zeitungen gemeldet, dass sich Hacker Zugang zur Steuerung eines Autos verschafften und das Fahrzeug lenken, beschleunigen und bremsen konnten. Möglich wurde dies auf der Grundlage von zur Diagnose vorgesehenen Internetschnittstellen der Motoren, Bremsen und der Lenkung (Süddeutsche Zeitung 23.7.2015).

Werden kollaborierende Roboter in einer digital vernetzten smarten Fabrik eingesetzt, müssen diese ausreichend gegen Hackerangriffe geschützt werden. Sind die Roboter innerhalb des Betriebes vernetzt, sind sie grundsätzlich anfällig. Mögliche Szenarien wären das Ausschalten von Sicherheitsvorrichtungen oder die Manipulation der Robotersteuerung. Dies ist kein Grund, den Teufel an die Wand zu malen, sollte aber Anlass zur Vorsorge geben. Was die Sicherheitsarchitektur gegen Cyber-Angriffe angeht, scheint es Nachholbedarf zu geben. Ernst & Young (2015) attestieren der deutschen Wirtschaft eine »anhaltende Sorglosigkeit« im Umgang mit möglichen Cyberangriffen.

*3.4 Der Mensch im Netz der Echtzeitdaten*

In digitalisierten Fabriken könnten sich neue psychische Gefährdungen durch die Sammlung personenbezogener Leistungsdaten ergeben. Stichworte sind die permanente Überwachung des Leistungsverhaltens, die wachsende Vergleichbarkeit mit anderen, Leistungsdruck und Versagensangst. Diese Gefährdungen sollten Gegenstand von Gefährdungsbeurteilungen nach dem Arbeitsschutzgesetz sein.

Hintergrund ist, dass Fabriken stärker auf der Grundlage von Echtzeitdaten gesteuert werden. Liegen ausreichend genaue und aktuelle Daten zum Bearbeitungsstand oder zu den Produktionskapazitäten vor, lassen sich Durchlaufzeiten verkürzen, Planungsprozesse vereinfachen und Auftragsrückstände vermeiden. Aus diesem Grund liegt ein Schwerpunkt neuer Technologien in der Gewinnung und Verarbeitung von Echtzeitdaten. Die Qualität dieser Daten für die Produktionssteuerung wird jedoch vermindert, wenn Unternehmen zu wenige Daten über einen ihrer wichtigsten Produktionsfaktoren besitzen, über die Arbeitskräfte. Mangelnde Kenntnisse über individuelle Kompetenzen, individuelles Leistungsverhalten und Unterschiede in der Zuverlässigkeit könnten als verbleibendes Risiko für die Auftragssteuerung angesehen werden. Aus diesem Grund werden Betriebe versuchen, Informationen über den Menschen in den Informationsfluss zu integrieren. Von Interesse wären Daten über Kompetenz und Erfahrungen, das Leistungspotenzial sowie das Leistungsverhalten in der Vergangenheit und nicht zuletzt auch über Emotionen. Es ist heute schon technologisch möglich, dass Assistenzsysteme Personen erkennen, sie zu Teams und Arbeitseinsätzen zuteilen und die persönliche Leistung beurteilen.

*3.5 Gefährdungen durch einem Neuzuschnitt der Arbeitsaufgaben*

Robotereinsatz und Assistenzsysteme werden Aufgaben und Qualifikationsanforderungen verändern. Mit Blick auf die psychischen Belastungen stellt sich die Frage nach einer möglichen Über- oder Unterforderung. Wahrscheinlich ist, dass Roboter und Assistenzsysteme immer größere Anteile der Bearbeitung, Montage, Prüfaufgaben und selbst der Steuerung von Produktionsprozessen übernehmen werden. Dies muss nicht generell mit einem Verlust an notwendigem menschlichen Erfahrungswissen einhergehen (Pfeiffer/Suphan 2015), kann aber zu einer Polarisierung der erforderlichen Kompetenzen führen. Denkbar ist, dass Beschäftigte direkt an den Maschinen und Montageeinrichtungen nur noch Tätigkeiten ausführen, die kaum noch fachliches Wissen und Erfahrung erfordern. Diese Tätigkeiten lassen sich mit Hilfe von Assistenzsystemen minutiös anweisen und kontrollieren. Die Arbeit dieser Beschäftigtengruppe wird vermutlich durch Monotonie und einseitige körperliche Anforderungen geprägt sein.

Es gibt bereits heute Forschungen zu einer Gestaltungsvariante, in der der Roboter innerhalb eines Teams für die Arbeitsplanung zuständig ist (Gombolay/Shah 2014; Gombolay u. a. 2014). Die Studien gelangen zu dem Ergebnis, dass dies vom Team deshalb nicht abgelehnt wird, weil der planende Roboter hilft, die Teamleistung zu steigern. Würde ein Roboter tatsächlich die Planung innerhalb eines Teams übernehmen, würde diese Gestaltungsvariante allerdings die motivierenden und entlastenden Effekte teilautonomer Gruppenarbeit zunichtemachen. Denn diese liegen gerade darin, dass die Beschäftigten auch planen.

Im Umfeld dieser Einfacharbeitsplätze wird es Beschäftigte geben, von denen ein großes Maß an fachlicher Kompetenz und Erfahrung gefordert wird. Diese Arbeitskräfte benötigen die Fähigkeit, komplexe Systeme zu verstehen, systemübergreifend zu denken, zu planen und zu optimieren sowie Unwägbarkeiten zu bewältigen. Gefordert sind aktuelle mechatronische Kompetenzen kombiniert mit Kenntnissen der Fachinformatik. Probleme dieser Beschäftigtengruppe könnten die Überforderung sein und die Sorge, vom technologischen Fortschritt abgehängt zu werden.

## 4. Gestaltungschancen nutzen

Industrie 4.0 wird heute weitgehend mit Hoffnungen für die menschliche Arbeit verbunden. Damit sich diese Hoffnungen erfüllen, müsste es ausreichend große Gestaltungsspielräume geben. Sicher gestaltet sich Technologie nicht von selbst. Es sind immer Menschen, die etwas erfinden, entwickeln und produktiv einsetzen. Menschen handeln aber nicht isoliert von wirtschaftlichen und gesellschaftlichen Einflüssen. Sie handeln eingebettet in Institutionen. Technikentwickler und -anwender sind Marktteilnehmer und sie sind Teil der wissenschaftlichen Gemeinschaft. Vor diesem Hintergrund ist bei der Technikentwicklung bei aller menschlichen Gestaltungsintention auch so etwas wie eine *unsichtbare Hand* im Spiel (Grunwald 2008). Handlungsbedarf ergibt sich aus der Tatsache, dass diese Hand nicht durch das Bestreben geführt wird, Humanisierungsziele zu realisieren.

Als Marktteilnehmer werden Unternehmen die Technologien auswählen, die die größte *Profitabilität* erwarten lassen. Stehen technologische Alternativen zur Auswahl, werden auch *Machtfragen* eine Rolle spielen. So hatte David Noble (1984) am Beispiel einer Analyse der technologischen Entwicklung der CNC-Programmierung von Werkzeugmaschinen das Argument begründet, dass das Management unter den verfügbaren technologischen Alternativen bevorzugt die auswählt, mit der sich Arbeitskräfte am besten beherrschen und der Einfluss der Gewerkschaften am besten begrenzen lassen.

Im Interesse einer Humanisierung von Arbeit braucht die Gestaltung der Technik deshalb eine gesellschaftliche Orientierung und Begrenzung. In die Gestaltung von Technik kann die Gesellschaft durch Diskurse, Gesetze, Verordnungen und Vereinbarungen eingreifen.

*4.1 Wie gut schützt das Arbeitsschutzrecht?*

Die im Juni 2015 in Kraft getretene Neufassung der Betriebssicherheitsverordnung (BetrSichV) kennt den Begriff des kollaborierenden Roboters nicht, enthält aber Vorschriften, die bei Einsatz dieser Technologie anzuwenden sind. Das Ziel der Verordnung besteht darin,»die Sicherheit und den Schutz der Gesundheit von Beschäftigten bei der Verwendung von Arbeitsmitteln zu gewährleisten.« Dies soll insbesondere erreicht werden durch 1. die Auswahl geeigneter Arbeitsmittel und deren sichere Verwendung, 2. die für den vorgesehenen Verwendungszweck geeignete Gestaltung von Arbeits- und Fertigungsverfahren sowie 3. die Qualifikation und Unterweisung der Beschäftigten (§ 1 Abs. 1 BetrSichV).

Die Verordnung fordert vom Arbeitgeber, vor jeder Inbetriebnahme eine Gefährdungsbeurteilung durchzuführen. Hierbei sind alle Gefährdungen einzubeziehen, die von der Verwendung von Arbeitsmitteln ausgehen, und zwar von den Arbeitsmitteln selbst, der Arbeitsumgebung und den Arbeitsgegenständen, an denen Tätigkeiten mit Arbeitsmitteln durchgeführt werden (§ 3 Abs. 2 BetrSichV). Die Gefährdungsbeurteilung muss auch die psychischen Belastungen berücksichtigen. Verwendet werden dürfen Arbeitsmittel erst, »nachdem der Arbeitgeber 1. eine Gefährdungsbeurteilung durchgeführt hat, 2. die dabei ermittelten Schutzmaßnahmen nach dem Stand der Technik getroffen hat und 3. festgestellt hat dass die Verwendung der Arbeitsmittel nach dem Stand der Technik sicher ist.« (§ 4 Abs. 1 BetrSichV)

Der Arbeitgeber darf die Arbeitsmittel somit nicht isoliert, sondern nur mit Bezug auf das gesamte Arbeitssystem sicherheitstechnisch gestalten. Dies ist nur mit einer umfassenden Arbeitsprozessanalyse und mit Sicherheitseinrichtungen zu leisten, die die Besonderheiten der Arbeitsumgebung und der Arbeitsaufgabe berücksichtigen. Schutzkleidung oder Verhaltensanweisungen und Training sind hierbei nachrangig gegenüber technischen Lösungen. Die Verordnung formuliert eindeutig:»Technische Schutzmaßnahmen haben Vorrang vor organisatorischen, diese wiederum haben Vorrang vor personenbezogenen Schutzmaßnahmen.« (§ 4 Abs. 3 BetrSichV)

Erforderlich ist nun, den Stand der Technik weiterzuentwickeln und sicherzustellen, dass Arbeitgeber, die kollaborierende Roboter einsetzen, auch den aktuellen Stand der Technik berücksichtigten. Insbesondere sollte die Geschwindigkeits- und Abstandsüberwachung zwingend vorgeschrieben werden.

*4.2 Eine neue Humanisierungsdebatte*

Kollaborierende Roboter und neue Assistenzsysteme können die Funktion des Menschen im Produktionsprozess grundlegend verändern. Dies ist Anlass, in der Debatte um die Humanisierung von Arbeit stärkeres Gewicht auf *arbeitsethische Fragen* zu legen und eine wünschenswerte Rolle des Menschen im digitalisierten Arbeitsprozess zu definieren. Diese Perspektive ist eng mit der Technikgestaltung verbunden. Es geht nicht allein um einen wünschbaren Zuschnitt von Arbeit, sondern auch um Ziele und notwendige Begrenzungen der Technologie. Um als rational gelten zu können, sollte nach Grunwald (2008, S. 70–73) eine gesellschaftliche Technikgestaltung

- *relational* erfolgen, also mit Bezug auf Werte und gesellschaftliche Verhältnisse;
- *reflexiv* erfolgen, also mit Offenlegung der Annahmen und Werte, die der Technik zugrunde liegen;
- *prozedural* erfolgen, also »in einer Disposition des Lernens«, mit einer großen Flexibilität in Bezug auf Prozesse der Meinungsbildung und Entscheidung.

Mit Blick auf den Wertebezug verfügen wir über arbeitswissenschaftliche Kriterien für eine menschengerechte Arbeit und über Schutzziele im Arbeitsschutzrecht. Notwendig wäre eine ergänzende Debatte darüber, wie es gelingen kann, die moderne Arbeitswelt von den menschlichen Bedürfnissen ausgehend zu denken und zu gestalten. Ohne diese Debatte besteht die Gefahr, dass sich im Prozess der Gestaltung einer modernen Industriearbeit allein Profitinteressen durchsetzen und diese gepaart mit einer Deregulierungsagenda zu Ergebnissen führen, mit denen die Menschen dann irgendwie zurechtkommen müssen. Dies wäre eine unreflektierte Technikgestaltung.

Arbeit vom Menschen aus zu denken, erfordert eine stärkere Betonung von gesunderhaltenden Ressourcen. Hier könnte das salutogenetische Konzept von Antonowsky (1979) eine Orientierung geben. Dann müsste die Gestaltung von Technik und Arbeitsorganisation drei Ansprüchen genügen:

- *Verstehbarkeit*: Arbeitskräfte müssen in der Gewissheit arbeiten, ihre gegenwärtigen und zukünftigen Aufgaben und die Organisation, in der sie arbeiteten, zu verstehen.
- *Handhabbarkeit*: Arbeitskräfte müssen in der Gewissheit arbeiten, zur Bewältigung der Aufgaben über die nötigen fachlichen und zeitlichen Ressourcen zu verfügen.
- *Sinnhaftigkeit*: Arbeitskräfte müssen in der Gewissheit arbeiten, dass die im Arbeitsprozess gestellten Aufgaben und ihre Rolle im Arbeitsprozess sinnvoll sind.

Ohne die Beschäftigten am Gestaltungsprozess zu beteiligen, ist es kaum möglich, diese drei Ziele zu erreichen. Erst der Dialog von Technikentwicklern, Technikanwendern und denjenigen, die mit dieser Technologie arbeiten werden, bildet die Grundlage für den notwendigen gemeinsamen Lernprozess.

## Literatur

Antonovsky, A. (1997): Salutogenese. Zur Entmystifizierung der Gesundheit. Tübingen.

BG/BGIA-Empfehlungen für die Gefährdungsbeurteilung nach Maschinenrichtlinie U 001/ 2009, Fassung 2/2011.

BMWi (2013a): Band 1: Autonomik – Autonome und simulationsbasierte Systeme für den Mittelstand.

BMWi (2013b): Band 4: Autonomik – Industrielle Serviceroboter. Studie.

Boblan, I. (2015): Mensch-Roboter Interaktion. Neue Wege und Möglichkeiten für eine menschzentrierte Technik. Vortrag auf der Tagung »Mensch-Roboter-Zusammenarbeit – Gestaltung sicherer, gesunder und wettbewerbsfähiger Arbeit« am 9.3.2015 bei der BAua in Dortmund.

Die Welt (1.2.2015): Volkswagen ersetzt die Babyboomer durch Roboter.

EN ISO 10218-1:2011 »Industrieroboter – Sicherheitsanforderungen« Teil 1: Roboter.

EN ISO 10218-2:2011 »Industrieroboter – Sicherheitsanforderungen« Teil 2: Robotersysteme und Integration.

Ernst & Young (2015): Datenklau – neue Herausforderungen für deutsche Unternehmen. Ergebnisse einer Befragung von 450 Unternehmen.

Frey, B./Osborne, A. (2013): The Future of employment: How susceptible are jobs to computerization.

Gasset, J. O. (1949): Betrachtungen über die Technik. Der Intellektuelle und der Andere. Stuttgart.

Gombolay, M. C./Shah, J. A. (2014): Challenges in collaborative Scheduling of Human-Robot-Teams. Paper form the 2014 AAAI Fall Symposium.

Gombolay, M. C./Gutierrez, R. A./Sturla, G. F./Shah, J. A. (2014): Decision-Making Authority, Team Efficiency and Human Worker Satisfaction in Mixed Human-Robot Teams. Paper.

Grunwald, A. (2008): Technik und Politikberatung. Philosophische Perspektiven. Frankfurt am Main.

Heinke, B./Bömer, Th. (2009): Sehende Überwachungen. Erste geprüfte Kamerasysteme als Schutzeinrichtungen zur Überwachung von Schutzräumen an Maschinen und Anlagen. TÜ Bd. 50, Nr. 10.

Kurz, C./Rieger, F. (2013): Arbeitsfrei. Eine Entdeckungsreise zu den Maschinen, die uns ersetzen.

Noble, D. (1984): Forces of Production; A Social History of Industrial Automation, New York: Knopf.

Ostermann, B. (2014): Entwicklung eines Konzepts zur sicheren Personenerfassung als Schutzeinrichtung an kollaborierenden Robotern. Dissertation, Wuppertal.

Pfeiffer, S./Suphan, A. (2015): Der Mensch kann Industrie 4.0 partizipativ gestalten. Kurzfassung.

Süddeutsche Zeitung (23.7.2015): Der Feind lenkt mit. Viele Autos sind nicht genügend gegen Hackerangriffe geschützt.

VDMA (2014). VDMA-Positionspapier: Sicherheit bei der Mensch-Roboter-Kollaboration.

# Digitale Arbeit und Sozialpolitik

Christoph Ehlscheid/Stefanie Janczyk

# Soziale Sicherheit 4.0
## Arbeitsmarkt- und Sozialpolitik im Kontext digitaler Arbeit

Die Etiketten, mit denen die erwartete vierte, von neuen digitalen Techniken angetriebene industrielle Revolution ausgeschildert wird, könnten unterschiedlicher nicht sein: Von den einen als Innovationsträger für »smarte« Produkte, mehr Wachstum und qualifizierte Jobs freudig erwartet, von den anderen für die drohende Verdrängung qualifizierter Arbeiter und den unbegrenzten Zugriff auf das Leistungsvermögen der Verbliebenen, die im Takt der Algorithmen leben und arbeiten müssen, gefürchtet. Wie auch immer die Prognosen ausfallen – gemeinsam ist allen, dass sie tief greifende Veränderungen für Arbeit, Wirtschaft und Gesellschaft in Aussicht stellen. Geht man allerdings davon aus, dass die Entwicklung von Arbeit, Wirtschaft und Gesellschaft auch in Zukunft wesentlich durch verschiedene Akteure mit teils ähnlichen, aber gerade auch unterschiedlichen Interessenlagen und Machtressourcen in mitunter konfliktreichen Aushandlungsprozessen gestaltet wird, dann wird sich erst noch zeigen müssen, welchen Pfad die Digitalisierung nimmt und welche Intensität sie erreicht (siehe hierzu den Beitrag von Hans-Jürgen Urban in diesem Band). Doch auch wenn der Verlauf der Digitalisierung derzeit offen ist und sich noch erweisen wird, ob die Charakterisierung als »vierte industrielle Revolution« angemessen sein wird, ist unbestritten, dass die Digitalisierung neue Herausforderungen birgt und die Akteure in Politik, Wirtschaft, Forschung und Gesellschaft vor neue Aufgaben stellt.

Bisher konzentriert sich die Debatte dabei vor allem auf Fragen der Produktion, Arbeitsorganisation sowie Arbeits- und Technikgestaltung. Ebenso notwendig ist aber auch eine Debatte über etwaige arbeitsmarkt- und sozialpolitische Herausforderungen und ein zukunftstaugliches Konzept sozialer Sicherheit. Obwohl sich die sozialpolitische Diskussion noch am Anfang befindet, zeigt sich bereits, dass die diesbezüglichen Einschätzungen sehr unterschiedlich ausfallen. Die einen wittern die Gefahr, dass ein zu dichtes soziales Netz die segensreiche und profitträchtige Dynamik einer digital beschleunigten und flexibilisierten Arbeitswelt abbremsen könnte und es daher generell einer deutlichen Erweiterung der Maschen bedürfe. Andere halten dagegen und warnen vor einem *digitalen Deregulierungsprogramm*. Sie fordern ihrerseits ein auf die neuen Anforderungen abgestimmtes und *erweitertes Konzept sozialer Sicherheit.* An Letzterem knüpft dieser Beitrag an. Dabei sollte nicht übersehen werden: Sozialpolitische Leitbilder und Institutionen des traditionellen keynesianischen Wohlfahrtsstaates sind nicht erst mit der Digitalisierung in Bewegung geraten, sondern sind einem *langfristigen Transformationsprozess* unterworfen. Ohne die ökonomischen, gesellschaftlichen und politischen Ursachen und Resultate dieses Formwandels einzubeziehen, bleibt der Blick auf künftige Herausforderungen getrübt. Daher beginnen die folgenden Ausführungen mit einer kurzen Betrachtung des Wandels des Sozialstaats.

## Arbeitswelt und Sozialstaat im stetigen Wandel

Blickt man auf den Wandel des Sozialstaates der vergangenen Jahrzehnte, wird dieser als vielschichtiger Prozess erkennbar.[1] Trotz aller Vielschichtigkeit ist jedoch eine eindeutige Tendenz auszumachen: Spätestens seit Ende der 1980er Jahre stehen Sozialstaat und Sozialpolitik in Deutschland massiv unter Druck. Die Kritik an Leistungen, Finanzierung und Institutionen des Sozialstaates nahm zu. Rekurriert wurde auf Unzulänglichkeiten des Sozialstaates sowie auf zum Teil reale Funktionsprobleme der sozialen Sicherheitssysteme im Kontext des gesellschaftlichen und wirtschaftlichen Wandels (Globalisierung, Wiedervereinigung, Bevölkerungsentwicklung, Wertewandel, Veränderung der Sozialstruktur, Wandel der Geschlechterverhältnisse etc.). Ebenso relevant sind der sich zugleich vollziehende Übergang hin zu einem Finanzmarkt-Kapitalismus und der zunehmende Einfluss des so genannten Neoliberalismus. Die vor diesem Hintergrund erfolgten Umbaumaßnahmen lassen sich im Kern als Abbau von Arbeitnehmerrechten und Um- und Rückbau sozialer Sicherung charakterisieren, die den lange Zeit als weitgehend strukturstabil geltenden Sozialstaat grundlegend verändert haben. Dieser Transformationsprozess »*vom marktkorrigierenden Wohlfahrtstaat zum marktschaffenden Aktivierungsstaat*« (Urban 2010a) ist insbesondere durch folgende Merkmale gekennzeichnet:

*Von der Stärkung des »Normalarbeitsverhältnisses«*
*zur Deregulierung des Arbeitsmarktes*
In den vergangenen Jahrzehnten ist mittels verschiedener gesetzlicher Regelungen der arbeits- und sozialrechtliche Schutz gelockert bzw. abgebaut worden. Hierzu gehören etwa Lockerungen bei Befristungen und Kündigungen, der Abbau von Regulierungen bei der Leiharbeit sowie die Einführung von

---

1    Zur Debatte über den Wandel des Sozialstaates vgl. u.a. Bäcker u.a. 2007; Lessenich 2008; Trampusch 2008.

Minijobs. Die Folge: eine massive Zunahme atypischer Beschäftigung und eine Ausweitung des Niedriglohnsektors, die in den aktuellen Erfolgsmeldungen über steigende Beschäftigung und sinkende Arbeitslosigkeit oftmals unerwähnt bleibt. Die Entwicklung stagniert in der jüngsten Vergangenheit, dies allerdings auf hohem Niveau (vgl. Kalina/Weinkopf 2015; Statistisches Bundesamt 2015).

*Von Marktkorrektur und Risikoschutz zu marktfördernder und investiver Sozialpolitik*
Das einstige sozialpolitische Ziel, soziale Sicherheit vor den Risiken des Marktes und des Lebens zu gewährleisten sowie Einkommensungleichheiten zu begrenzen, wurde sukzessive zurückgedrängt. In den Vordergrund rückte stattdessen die Idee, soziale Bedarfe durch eine marktfördernde (Sozial)Politik und eine Unterstützung der Individuen bei der Nutzung ihrer Marktchancen zu befriedigen. Im Fokus dieser »investiven Sozialpolitik« steht, individuelle Chancen, Fähigkeiten und damit Wettbewerbsressourcen zu fördern und so allen eine Beteiligung am Arbeitsmarkt zu ermöglichen (vgl. Esping-Andersen 2004). Hinzu kommen Aspekte, wie die Implementierung marktlicher Steuerungsmodi in den Bereichen sozialer Sicherung und die Verstärkung des Wettbewerbs zwischen den (öffentlichen, privaten und gemeinnützigen) Leistungsanbietern sozialer Dienstleistungen.

*Vom Absicherungsgedanken zu Eigenverantwortung und Aktivierung*
Damit einher geht eine veränderte Haltung und Erwartung gegenüber den Bürgerinnen und Bürgern. Statt Sicherheitszusagen zu machen, wird auf Eigenverantwortung und Aktivierung gesetzt. Anstelle einer Lebensstandardsicherung wird lediglich ein Mindestmaß an sozialer Sicherheit und Armutsvermeidung zur neuen Orientierungsgröße. In diesem Kontext stehen Leistungskürzungen, eine Verschärfung der Anspruchsvoraussetzungen in den Feldern der sozialen Sicherungssysteme. Speziell im Fall der Arbeitslosigkeit erfolgte eine Verschärfung der Zumutbarkeitsregelungen und Sanktionen für Arbeitslose sowie eine Verschlechterung ihrer Rechtsposition (vgl. Bäcker u. a. 2007, 75 ff.).

*Von den öffentlichen umlagefinanzierten Sozialversicherungen*
*zum Ausbau privater Sicherung*
Auch bei der Finanzierung der sozialen Sicherungssysteme vollziehen sich Verschiebungen. Hierzu gehört vor allem der Schwenk von der Leistungs- zur Beitragsorientierung – insbesondere im Rentensystem – sowie die Aufhebung der paritätischen Finanzierung in Richtung einer stärkeren Belastung der Beschäftigten und Versicherten in der Krankenversicherung. Diese Verabschie-

dung von einem bedarfsorientierten und solidarisch finanzierten Sozialsystem geht einher mit einem verstärkten Appell an private Vorsorge.

Die Folge dieses Ab- und Umbaus ist die Zunahme sozialer Ungleichheit und die »Wiederkehr sozialer Unsicherheit« (Castel 2009): Unstete Beschäftigungsverhältnisse, niedrige Entgelte, Phasen der Arbeitslosigkeit, mangelnde Absicherung im Alter prägen das Leben von immer mehr Menschen. Der Beitrag der Sozialpolitik zur Vermeidung sozialer Spaltung nimmt ab.

Mit der seit 2008 durchschlagenden Wirtschafts- und Finanzkrise setzt eine gewisse Veränderung ein. Der bis dato viel gescholtene Sozialstaat erfährt im Zuge der Krise einen deutlichen Anerkennungsgewinn (vgl. u. a. Die Zeit 2009). Insbesondere hierzulande haben die sozialen Sicherungssysteme und der »Krisen-Korporatismus« (Urban 2010b) zwischen Politik, Gewerkschaften und Arbeitgebern einen erheblichen Beitrag zur Stabilisierung von Konjunktur und Beschäftigung in der Krise geleistet (vgl. u. a. Herzog-Stein/Seifert 2010; Herzog-Stein u. a. 2010). In Deutschland sind in der jüngeren Vergangenheit überdies einige sozialpolitische Maßnahmen – wie die Einführung eines Mindestlohns oder der »Rente ab 63« – umgesetzt worden, die sich durchaus als Aufbau sozialer Sicherung fassen lassen. Ob es bei diesen Schritten bleibt oder sich hier der Beginn eines erneuten sozialpolitischen Pfadwechsels abzeichnet, wird sich aber erst noch erweisen müssen. Denn auch künftig wird sich die Gestaltung der Arbeitswelt und des Sozialstaates angesichts divergierender Interessenlagen entlang konfliktorischer Aushandlungsprozesse vollziehen. Die aktuelle Debatte um Digitalisierung bildet hier einen weiteren Bezugspunkt der Auseinandersetzung.

## Digitalisierung – neuer Impuls für gute Arbeit oder mehr soziale Unsicherheit?

So gesehen trifft die Digitalisierung auf eine Arbeitswelt und einen Sozialstaat, die sich in den vergangenen Jahrzehnten bereits erheblich gewandelt haben. Es treten also nicht nur im Zuge der Digitalisierung neue Herausforderungen auf, es bleiben auch »alte« bestehen. Vor diesem Hintergrund stellt sich die Frage, ob die Digitalisierung so gestaltet wird, dass sie insgesamt neue Impulse für gute Arbeit und sichere Perspektiven oder aber für mehr prekäre Arbeit, soziale Unsicherheit und eine weitere gesellschaftliche Polarisierung setzt.

Die diesbezüglichen Einschätzungen gehen weit auseinander. Dies gilt schon für die möglichen Auswirkungen der Digitalisierung auf die Beschäftigungsentwicklung. Die Debatte bewegt sich dabei zwischen zwei Polen: Wird die Digitalisierung als Vitaminspritze für den Arbeitsmarkt wirken oder bringt sie vor allem einen Arbeitsplatzabbau mit sich? Während die einen auf Wachstumspotenziale des technischen Fortschritts rekurrieren und die Chance eines »digitalen Wirtschaftswunders« sehen, welches sich auch in einer Zunahme von Beschäftigung niederschlagen kann, betonen andere die Rationalisierungspotenziale und erwarten teils dramatische negative Arbeitsmarkteffekte.[2] Ob die digitale Durchdringung der Arbeitswelt einen neuen und langen Wachstumsschub auslösen, ausreichend neue Produktionsverfahren, Produkte und Märkte und damit ausreichend neue Arbeit hervorbringen wird, um die Arbeitsplatz einsparenden Effekte möglicher Produktivitätssteigerungen zu kompensieren, ist offen. Sicher ist aber, dass die technische Entwicklung in der Vergangenheit immer wieder dazu beigetragen hat, dass es in bestimmten Branchen, Regionen und Berufsgruppen zu Beschäftigungseinbrüchen oder gar einem Verschwinden gekommen ist, und damit ein Strukturwandel am Arbeitsmarkt befördert wurde. Erwartbar ist, dass dies beim Einsatz digitaler Techniken ähnlich ist. Die Prognosen über künftige Arbeits- und Technikzuschnitte sowie Qualifikationsanforderungen reichen aber wiederum von der Erwartung, dass die Digitalisierung einfache Arbeit verdrängen (»*Upgrading von Qualifikationen*«) bis dahin, dass sie doch eher die mittlere Qualifikationsebene erfassen und Facharbeit substituieren könnte (»*Polarisierung von Qualifikationen*«) (vgl. Möller 2015).

Dass die Aussagen nicht eindeutig bestimmbar sind, hat seine Ursachen auch darin, dass offensichtlich nicht »von einem ›one best way‹ der Aufgaben und Arbeitsgestaltung gesprochen werden« (Hartmut Hirsch-Kreinsen, 2015, 20) kann. Bei aller Unterschiedlichkeit der Szenarien muss aber davon ausgegangen werden, dass die voranschreitende technologische Durchdringung des Arbeitsprozesses, die Entwicklung immer komplexer werdender Produkte und Dienstleistungen, die Verkürzung von Produktzyklen und ein *beschleunigter und beständiger Strukturwandel den Arbeitsmarkt* der Zukunft prägen werden. Zudem forciert die Digitalisierung den Trend zur räumlichen und zeitlichen Entkopplung von Arbeit und birgt das Potenzial, dass der Arbeitsmarkt erheblich *schnelllebiger* wird. Die Enquete-Kommission »Internet und digitale Gesellschaft« spricht in diesem Zusammenhang von einer »Option ›dynamischer Rekonfiguration‹« und meint damit, »dass sich auf Basis der neuen technischen und organisatorischen Gegebenheiten die Möglichkeit von Unternehmen zur flexiblen Gestaltung ihrer Produktionsprozesse enorm erweitert haben und damit auch die Anreize, Arbeitsleistung nur noch fallweise und zeitweilig zu rekrutieren und immer wieder zu kom-

---

2  »Maschinen könnten 18 Millionen Arbeitnehmer verdrängen«, titelte »Die Welt« mit Blick auf die möglichen Auswirkungen des technologischen Wandels in Deutschland (Die Welt 2.5.2015). Für die USA sieht die Studie von Frey/Osborne 2013 die Hälfte der Arbeitsplätze als gefährdet an.

binieren, ohne dazu Arbeitskräfte dauerhaft – u. a. mit den sozialen Sicherungsmechanismen des klassischen Normalarbeitsverhältnisses – an sich zu binden.« (Enquete-Kommission »Internet und digitale Gesellschaft« 2013, 73) Für die Beschäftigten mag diese wachsende Entkopplung und Entgrenzung auch in ihrem Sinne nutzbare Flexibilität mit sich bringen, es bedeutet aber gerade auch eine erneute Erhöhung der Flexibilitätsanforderungen verbunden mit unsteter Erwerbstätigkeit (z. B. Solo-Selbstständigkeit, befristete Beschäftigung).

Aus sozialpolitischer Sicht ist daher insgesamt Skepsis angebracht. Angesichts der Tatsache, dass sich der technologische Wandel vor dem Hintergrund einer bereits erfolgten Deregulierung am Arbeitsmarkt und eines sozialstaatlichen Rückbaus vollzieht, spricht viel dafür, dass die Digitalisierung vorrangig die Gefahr eines neuerlichen Schubs der Ausweitung atypischer Beschäftigung, sozialer Unsicherheit und gesellschaftlicher Spaltung birgt. Will man dies verhindern, ist eine offensive solidarische Gestaltung der digitalen Arbeitswelt notwendig. Dabei ist bereits absehbar, dass dies nicht konfliktfrei sein wird. So verweist etwa die Bundesvereinigung der Deutschen Arbeitgeberverbände (BDA) darauf, dass mit »mehr Regulierung« die »Digitalisierung der Arbeitswelt und der Wirtschaft nicht gelingen« könne und hat einen umfassenden Katalog zur weiteren Deregulierung der Arbeits- und Sozialordnung vorgelegt (BDA 2015).

### Soziale Sicherheit 4.0: Leitlinie für gute Arbeit und sichere Perspektiven

Aus Sicht einer solidarischen Arbeitsmarkt- und Sozialpolitik gilt es, Schlüsselaufgaben zu beschreiben, die mögliche sozioökomische und soziotechnische Entwicklungslinien berücksichtigen, wie sie durch voranschreitende Digitalisierung markiert werden. Zugleich müssen aber auch jene Herausforderungen bei der Formulierung einer Reformstrategie einbezogen werden, die sich aus dem schleichenden Strukturwandel auf dem Arbeitsmarkt, dem Um- und Abbau sozialstaatlicher Sicherungssysteme, der Ausbreitung prekärer Arbeitsverhältnisse und einem veränderten Erwerbsverhalten ergeben. Ziel muss es dabei sein, die Arbeits- und Sozialverfassung so weiter zu entwickeln, dass ihre Institutionen wieder einen wirkungsvollen Beitrag zur Verringerung der gesellschaftlichen Spaltung leisten, ein Mehr an sozialer Sicherheit und Gerechtigkeit schaffen und emanzipatorische Potenziale für eine selbstbestimmte und eigenverantwortliche Lebensführung zur Entfaltung gebracht werden können. Folgende Leitlinien sind von besonderer Bedeutung:

*Keine neuen Zonen schutzloser Arbeit – Stärkung der Rechte abhängiger Arbeit*

Der mit der Digitalisierung forcierte Trend zur räumlichen und zeitlichen Entkopplung von Arbeit ist in »*arbeitsrechtlich-regulatorischer Hinsicht*« folgenreich. Wenn dieser »Trend zur Dekonstruktion von Arbeit ... die Wirksamkeit derjenigen arbeitsrechtlichen Schutz- und Gestaltungsmechanismen ...«, die sich am Begriff und an der Realität des Betriebes festmachen«, beeinträchtigt, dann ist damit die Debatte über eine *Neufassung des Betriebsbegriffs* aufgerufen, um »Mitbestimmung auch in vernetzten Wertschöpfungsverbünden und virtuellen Strukturen auf tragfähige(n) rechtliche(n) Grundlagen« stellen zu können (Enquete Kommission »Zukunft der Medien in Wirtschaft und Gesellschaft 1999«, 55 u. 58). Wenn betriebliche Kooperations- und Kommunikationsprozesse zunehmend auf Datennetze verlagert werden sowie örtlich und zeitlich asynchron stattfinden, dann schrumpft mit einer solchen »Auflösung des Betriebes« eine bedeutende Arena für soziale Erfahrungen, Interaktion (z. B. Betriebsversammlungen) und Konfliktregulation. Zugleich erleidet eine traditionelle Plattform für arbeitsrechtliche Regulierung und Mitbestimmung eine nicht zu unterschätzende Einschränkung ihrer funktionalen Reichweite. So würde eine »Auflösung des Betriebes« die Wirkung von Schutzmechanismen für Arbeitsverhältnisse, die über Betriebsvereinbarungen erreicht werden, verringern, und vor allem würde damit die Überprüfbarkeit von Regelungen insgesamt erheblich erschwert oder gar unmöglich.

Soll hier nicht Anwachsen ›schutzloser Arbeit‹ forciert werden, müssen auch Arbeitnehmerschutz- und Mitbestimmungsrechte an die sich verändernden Bedingungen neuer Formen »*abhängiger Selbstständigkeit*« angepasst werden. So haben sich mit und ohne Verbindung zu digitalen Techniken Vertragsverhältnisse am Markt ausgebreitet, die rechtlich im Rahmen von Werk- und Dienstverträgen organisiert sind. Der Leistungserbringer ist dabei wirtschaftlich abhängig, aber rechtlich selbstständig. Damit verwischen die Grenzen zwischen Selbstständigkeit und abhängiger Beschäftigung und die Arbeitnehmereigenschaft wird letztlich strittig. Deutlicher Ausdruck dieser Problematik ist die verstärkte Vergabe von Werkverträgen und die teilweise skandalösen Praktiken von Werkvertragsnutzung. Das unterstreicht zum einen die Notwendigkeit einer Erweiterung der Mitbestimmungsrechte von Betriebsräten bei Fremdvergabe und personellen Einzelmaßnahmen wie auch die Forderung nach einer gesetzlich definierten und praxistauglichen Grenzziehung zwischen legalen Werkverträgen und »Schein-Werkverträgen«.

Zu prüfen wäre auch, ob spezifische Vertragskonstellationen des mit der zunehmenden Digitalisierung verbundenen *externen Crowdworkings* statt als Rechtsverhältnis eines *freien Dienstnehmers* treffender als Arbeitsverhältnis bewertet werden müssen. Im deutschen Vertrags- und Arbeitsrecht sind durchaus Anknüpfungspunkte zu finden, die es möglich scheinen lassen, bestimmte Formen der Werkvertragsgestaltung und des Crowdworking als Arbeitsverhältnisse oder zumindest als Formen einer wirtschaftlich abhängigen Tätigkeit einzuordnen, die es Gewerkschaften erlaubt, Tarifverträge abzuschließen. Zu diskutieren wäre auch, ob Modelle des Crowdworking unter den Begriff der Heimarbeit rechtlich subsumiert werden können und damit etwa Vorschriften zum Arbeitsschutz, zur Entgeltabsicherung und zum Kündigungsschutz greifen und zudem Tarifverträge abgeschlossen werden können.[3]

Angesichts der Dynamik, mit der die digitale, aber auch die konventionelle Flucht aus dem Arbeitsrecht vorangetrieben wird, scheint es aktuell zweifelhaft, ob jene »offene Flanke des Arbeitsrechts« (Däubler 2010) tatsächlich innerhalb des aktuellen Rechtsrahmens angemessen geschlossen werden kann. Ob eine der besonderen Schutzbedürftigkeit der Betroffenen adäquate Behandlung der Vertrags- und Abhängigkeitsverhältnisse auf Basis des rechtlichen Status quo möglich ist oder eine »Erweiterung des gängigen Arbeitnehmerbegriffs« notwendig sein wird, sollte daher dringend zum Gegenstand der rechtspolitischen Debatte gemacht werden. Denkbar sind auch Gesetzesinitiativen, die auf einzelne Problemlagen zielen. Solche »kleinen Lösungen« könnten darin bestehen, Formen abhängiger Selbstständigkeit jedenfalls zum Teil arbeitsrechtlichen Normen zu unterstellen. So könnte etwa in Betracht gezogen werden, den Geltungsbereich des Mindestlohngesetzes auch auf Crowdworker und andere Solo-Selbstständige zu erstrecken.[4]

*Neue Qualität der Arbeitsförderung: Berufliche Übergänge im beschleunigten Strukturwandel absichern*

Folgt man der Einschätzung, dass die Digitalisierung dem sich bereits vollziehenden Strukturwandel am Arbeitsmarkt einen neuen Schub verleiht, unterstreicht und verstärkt dies den sozial- und arbeitsmarktpolitischen Bedarf, diesen Wandel zu flankieren und soziale Härten abzufedern. Dafür bedarf es zum einen einer Verbesserung der sozialen Absicherung bei Arbeitslosigkeit. Hier ist ein Bündel an Maßnahmen notwendig. So spricht die Zunahme un-

---

3  Zu den rechtlichen Schlüsselfragen zählt dabei die juristische Bewertung der Rolle des Betreibers der Internetplattform, ob er als eine Art »Zwischenhändler« zwischen Crowdworker und Auftraggeber gefasst werden muss oder doch eher als Arbeitgeber fungiert. Vgl. grundsätzlich zur Abgrenzung zwischen Arbeitsverhältnissen und dem Rechtsverhältnis eines freien Dienstnehmers BAG, Urteil v. 17. April 2013 – 10 AZR 272/12 – sowie abweichend vgl. Wank 1988.

4  Der deutsche Juristentag 2016 wird sich mit der »Digitalisierung der Arbeitswelt« und möglichen rechtlichen Änderungsbedarfen befassen.

steter Erwerbsverläufe für eine Veränderung der Anspruchsgrundlage für Arbeitslosengeld I. Um einen Anspruch auf Arbeitslosengeld I zu haben, müssen Erwerbslose derzeit innerhalb der letzten zwei Jahre mindestens zwölf Monate sozialversicherungspflichtig gearbeitet haben. Vielen befristet Beschäftigten gelingt es nicht, diese Voraussetzung zu erfüllen. Eine Verlängerung der Rahmenfrist auf drei Jahre würde etwa dazu beitragen, dass viele befristet und instabil Beschäftigte Anspruch auf Arbeitslosengeld I erhielten. Diskutiert werden sollten auch Maßnahmen zur besseren Einbeziehung von kurzzeitig Beschäftigten und ihren Möglichkeiten, Arbeitslosengeldansprüche zu erwerben. Und nicht zuletzt müsste das bewährte Instrument der Transferkurzarbeit weiterentwickelt werden (vgl. DGB 2014).

Zum anderen besteht Handlungsbedarf mit Blick auf die Frage der Qualifizierung. In der Arbeitsmarkt- und Bildungspolitik ist in diesem Kontext die Forderung nach »Lebenslangem Lernen« zum Leitmotiv geworden. Dabei korrespondiert das Motiv vom »Lebenslangen Lernen« allzu häufig mit der Forderung an die Beschäftigten, sich mit mehr Eigenverantwortung und -initiative den Anforderungen der beruflichen Weiterbildung zu stellen und an der Verbesserung der individuellen Marktposition zu arbeiten. Mit einem solchen Leitbild wird nicht nur eine Erwartungshaltung gegenüber den Beschäftigten formuliert, die im Falle des Scheiterns die Verantwortung den Betroffenen zuweist, sondern zugleich auch eine verteilungspolitische Botschaft aussendet, die die wachsenden Kosten einer permanenten Weiterbildung zumindest teilweise auf die Beschäftigten abwälzen will. Berufliche Anpassungsleistungen und soziale Übergänge drohen die Bestenauslese voranzutreiben und soziale Spaltung zu vertiefen.

Will man diese Gefahren bearbeiten, spielen Qualifizierung und Weiterbildung eine zentrale Rolle. Allerdings wird eine Zunahme an Flexibilität tendenziell zu einer Verringerung der Bindung zwischen Beschäftigten und Unternehmen führen und Betriebe werden ihre Qualifizierungsanstrengungen noch weiter auf die Stammbelegschaft beschränken. Dieser Entwicklung gilt es entgegenzuwirken, ohne die Betriebe aus ihrer Verantwortung zu entlassen. Dabei ist vor allem auch die gewerkschaftliche Betriebs- und Tarifpolitik weiterhin gefordert.[5] Zugleich gilt es aber auch, die Arbeitsmarktpolitik neu zu justieren. Unter sich »wandelnden und ausdifferenzierenden sozialen und ökonomischen Verhältnissen muss die Arbeitsmarktpolitik stärker einer dynamischen Perspektive folgen« (Bothfeld u. a. 2009: 345) und *nachhaltiger* und *präventiver* werden. Statt an schneller Integration wäre die Arbeitsförde-

---

5  Die IG Metall hat z. B. einen Tarifvertrag zur Qualifizierung abgeschlossen, der in der Tarifrunde 2015 modifiziert wurde.

rung stärker an der Qualität von Arbeitsangeboten, der nachhaltigen Verbesserung der Beschäftigungsstruktur und der Vermeidung unterwertiger Beschäftigung auszurichten. Sinnvoll wäre eine Relativierung des derzeitigen Vorrangs der Vermittlung vor der aktiven Arbeitsförderung, wenn durch eine Förderung und Qualifizierung eine höherwertige berufliche Perspektive erlangt werden kann. Ebenso wäre das Angebot an abschlussbezogenen Qualifizierungen auszubauen.

In diesem Zusammenhang steht auch die Weiterentwicklung der Arbeitslosenversicherung zu einer »*Arbeitsversicherung*« zur Debatte (vgl. u. a. Schmid 2012). Diese Konzeption sieht u. a. eine Ausweitung des *Versichertenkreises* und der *versicherten Risiken* vor. Mittels der Einrichtung eines Weiterbildungsfonds mit individuellen Ziehungsrechten soll das Leistungsspektrum erweitert werden. Ob dieser generelle Umbau zielführend ist, muss die weitere Debatte zeigen. Aus Sicht einer solidarischen Arbeitsmarktpolitik stellt sich u. a. die Frage, ob damit nicht die Gefahr der Individualisierung von Risiken – also die Verantwortung des Einzelnen, riskante Übergänge zu meistern und seine Beschäftigungsfähigkeit durch den Erwerb der »richtigen« Qualifikation zu erhalten – eher erhöht wird. Ebenso ist fraglich, inwieweit tatsächlich die Versichertengemeinschaft für die Finanzierung von Weiterbildungswünschen herangezogen werden sollte, die von den betrieblichen Erfordernissen und der Arbeitsmarktlage unabhängig gewährt werden, oder nicht eher die Unternehmen in der Verantwortung stehen. Angesichts begrenzter Finanzressourcen besteht ferner die Gefahr, dass die Mittel vor allem von jenen abgerufen werden, die ohnehin ein höheres Bildungs- und Qualifikationsniveau haben, letztlich weniger für Geringqualifizierte und Arbeitslose bleibt und so soziale Spaltung eher noch verschärft statt abgebaut wird.

*Sozialsysteme 4.0: Universalisierung des Versicherungsschutzes und neue Sicherungskonzepte*

Die sich bei einer voranschreitenden Digitalisierung ausbreitenden neuen Erwerbsformen und veränderten Erwerbsverläufe treffen auf ein Sozialversicherungssystem, das Versicherungspflicht und -schutz an den Arbeitnehmerstatus knüpft. So sind in der Renten-, Arbeitslosen- und Unfallversicherung lediglich Arbeitnehmer pflichtversichert. Eine Ausnahme davon bildet die Kranken- und Pflegeversicherung. In dieser besteht seit 2009 eine allgemeine Versicherungspflicht. Für alle Zweige der Sozialversicherung gilt zudem, dass ein ausreichender Versicherungsschutz faktisch nur bei durchgehender, angemessen entgoltener und sozialversicherungspflichtiger Erwerbsarbeit erreicht werden kann. Die wachsende Zone prekärer und unterwertig entlohnter Arbeit haben diesem Modell ebenso zu schaffen gemacht wie der Umstand, dass Selbstständige und Beamte nicht ins Solidarsystem einbezogen sind und eine Reihe von Beschäftigtengruppen mit hohen Einkommen teilweise aus dem Solidarsystem aussteigen kann.

Vor dem Hintergrund dieser Konstellation bekommen Konzepte, die für die Weiterentwicklung der klassischen Arbeitnehmerversicherung hin zu einer *universellen Bürger- und Erwerbstätigenversicherung* in der Kranken und Rentenversicherung plädieren, eine neue Aktualität und Dringlichkeit. Für die Ausdehnung der Beitragspflicht und des Versicherungsschutzes auf alle Erwerbstätigen bzw. Bürgerinnen und Bürger sprechen sowohl versorgungs- als auch finanzierungspolitische Argumente. So würden einerseits Unterbrechungen im Erwerbsverlauf und der Wechsel zwischen selbstständiger und abhängiger Erwerbsarbeit nicht mehr zu Lücken im Versicherungsverlauf und damit zu Versorgungslücken führen. Anderseits würde damit eine nachhaltige Stabilisierung der Beitragsbasis erreicht, da alle einzahlen.[6]

Zudem basieren im deutschen Sozialversicherungssystem wesentliche Leistungen auf dem Gedanken der Teilhabeäquivalenz. So stehen etwa in der Arbeitslosen- und der Rentenversicherung Beiträge und Leistungen in einem Entsprechungsverhältnis. Veränderungen in den Lebensentwürfen und unstete Erwerbsverläufe sowie die Zunahme prekärer und niedrig entlohnter Arbeit sprechen für ein Sicherungskonzept, das Leistungen in äquivalenzgeprägten Versicherungssystemen durch bedarfsorientierte Elemente ergänzt, um Armut zu verhindern und gesellschaftliche Teilhabe sicherzustellen. Konzeptionell kann dabei an eine lange sozialpolitische Debatte über die Einführung einer bedarfsorientierten Mindestsicherung in Beitragssystemen angeknüpft werden, wie sie etwa im Bereich der Rentenversicherung geführt wird (vgl. Urban u. a. 2010).

*Ausbau des Arbeitnehmerdatenschutzes*

Unter den Bedingungen der digitalen Durchdringung der Arbeitswelt werden für Unternehmen wie Beschäftigte Fragen des *Datenschutzes* und der *Datensicherheit* zu einem Schlüsselthema. Aus der Beschäftigtenperspektive geht es darum, die schier unendlichen Möglichkeiten der *Sammlung* und *Auswertung* personenbezogener Daten zu begrenzen. Der Arbeitnehmerdatenschutz ist etwa beim Einsatz von Assistenzsystemen, der wachsenden Anwendung der RFID-Kennung (*Radio-Frequenz-Identifikation*) auf Werkstücken oder der Ausbreitung unterschiedlicher Formen von so genannten Gesundheits-

---

6  Zur Universalisierung des Versicherungsschutzes und zu Konzepten der Bürger- und Erwerbstätigenversicherung vgl. Urban 2010c.

Apps herausgefordert: Der Standort des Arbeitnehmers, sein Bewegungsprofil, sein Leistungsverhalten und seine Vitalfunktionen können aufgezeichnet und umfassend ausgewertet werden. Der sich daraus ergebende Zuwachs an umfänglichen und detaillierten Überwachungsmöglichkeiten und damit auch Missbrauchspotenzialen übersteigt die zu Recht skandalisierte Videoüberwachung von Beschäftigten in Supermärkten um ein Vielfaches: Ob Stellenbesetzung, Personalabbau oder Maßnahmen zur Leistungssteigerung, umfassende Daten über das Arbeits- und Leistungsverhalten der Beschäftigten können dabei ebenso gegen die Beschäftigten eingesetzt werden, wie Auswertungen über den Gesundheitszustand der Beschäftigten.

Wie unter diesen Umständen der Datenschutz gestärkt werden kann, ist Gegenstand einer breiten Debatte. Aus Sicht des Beschäftigtendatenschutzes wäre zum einen darauf zu verweisen, dass vorhandene kollektive Rechte im Feld des Arbeitnehmerdatenschutzes von den betrieblichen Interessenvertretungen genutzt werden. So sieht das Betriebsverfassungsgesetz weit gehende Mitbestimmungsrechte vor, die es Betriebsratsgremien erlauben, bei der Einführung und Anwendung technischer Einrichtungen, die zur Leistungs- und Verhaltenskontrolle geeignet sind, Einfluss auf die zulässige Datenerhebung, die Wirkungsweise der Anwendung, Zeitpunkt und Ort der Verwendung zu nehmen. Gleichwohl können diese vorhandenen Einflussmöglichkeiten nicht darüber hinweg täuschen, dass das deutsche Datenschutzrecht nicht in ausreichendem Maße auf die erheblich angewachsenen Gefahrenpotenziale für die *informationelle Selbstbestimmung* der Arbeitnehmerinnen und Arbeitnehmer und die neuen Möglichkeiten des ›Daten-Missbrauchs‹ vorbereitet ist. Denn eine gesonderte und geschlossene Regelung zum Beschäftigtendatenschutz, die der spezifischen Situation des Arbeitsverhältnisses Rechnung trägt, fehlt bislang. Notwendig wäre etwa eine Regelung, die klarstellt, dass die Einwilligungen des Beschäftigten angesichts des ungleichen wirtschaftlichen Kräfteverhältnisses zwischen den Vertragsparteien grundsätzlich das Erfordernis der »Freiwilligkeit« nicht erfüllt und damit keine ausreichende Rechtsgrundlage für die Erhebung, Verarbeitung und Nutzung personenbezogener Daten ist. Hinzu kommen muss auch, dass heimliche und verdeckte Kontrollen gesetzlich explizit ausgeschlossen und dass Regelungen zum Schutz vor ausufernden Auswertungen vorhandener Daten geschaffen werden (vgl. u. a. Schwemmle/Wedde 2012; Hornung/Hofmann 2015).

Bislang ist der Gesetzgeber eine überfällige Neuordnung mit Verweis auf die ausstehende europäische Grund-Verordnung zum Datenschutz schuldig geblieben. Der Verweis ist jedoch alles andere als zielführend. Denn die derzeit diskutierte europäische Datenschutz-Grundverordnung wird den Anforderungen eines modernen Arbeitnehmerdatenschutzes nicht gerecht. Sie ist bisher eher ein Beispiel für die Schwierigkeit einer internationalen Regulierung zum Datenschutz – selbst in der EU.[7]

## Ausblick

Viele der aktuellen Aussagen über die Zukunft der Arbeit und über das Projekt Industrie 4.0 beschreiben keine realen Entwicklungen, sondern Zielvorstellungen und mögliche Umsetzungskonzepte, die über das technisch-arbeitsorganisatorische »Larvenstadium« noch nicht hinaus sind. Und doch: Selbst wenn davon ausgegangen werden muss, dass nach einer Phase des Hypes und der zweifelsohne bevorstehenden Desillusionierung die Begriffe »Industrie 4.0« oder »Arbeiten 4.0« in einigen Jahren weniger omnipräsent sein könnten – die mit dem Projekt verbundenen Ideen werden weiter wirkungsmächtig sein und die Blaupausen für die Zukunft der Arbeit und des Sozialstaates liefern. Der Deutungskampf um Zielvorstellungen und Umsetzungskonzepte ist in vollem Gange. »Wir laden Sie herzlich ein: Diskutieren Sie mit!«, heißt es am Ende des Grünbuchs »Arbeit 4.0« (BMAS 2015, S. 85), mit dem das Bundesministerium für Arbeit und Soziales einen Dialogprozess über die Perspektiven der Arbeitsgesellschaft und des Sozialstaates unter den Bedingungen der Digitalisierung angestoßen hat. Die Gewerkschaften sind gut beraten, diesen Dialog zu führen.

## Literatur

Bäcker, Gerhard/Naegele, Gerhard/Bispinck, Reinhard/Hofemann, Klaus/Neubauer, Jennifer (2007): Sozialpolitik und soziale Lage in Deutschland. Wiesbaden.

Bothfeld, Silke/Sesselmeier, Werner/Bogedan, Claudia (2009): Arbeitsmarktpolitik – ein emanzipatorisches Projekt in der sozialen Marktwirtschaft. In: Dies. (Hg.): Arbeitsmarktpolitik in der sozialen Marktwirtschaft. Vom Arbeitsförderungsgesetz zum Sozialgesetzbuch II und III. Wiesbaden, 338–350.

Bundesministerium für Arbeit und Soziales (BMAS) (Hg.) (2015): Arbeit weiter denken. Grünbuch Arbeiten 4.0. Berlin.

Bundesvereinigung der Deutschen Arbeitgeberverbände (BDA) (2015): Chancen der Digitalisierung nutzen. Positionspapier der BDA zur Digitalisierung von Wirtschaft und Arbeitswelt. Berlin.

Castel, Robert/Dörre, Klaus (Hg.) (2009): Prekariat, Abstieg, Ausgrenzung. Die soziale Frage am Beginn des 21. Jahrhunderts. Frankfurt/Main.

Däubler, Wolfgang (2010): Die offene Flanke des Arbeitsrechts. In: Arbeit und Recht 4/2010. S. 142–148.

---

7   Kritikwürdig ist der aktuelle Entwurf des EU-Ministerrates für eine europäische Datenschutz-Grundverordnung u. a., weil er unter anderem ›präventive Kontrollen‹ der Beschäftigten zum Schutz des Eigentums des Arbeitgebers oder seiner Kunden zulässt. Zur Kritik der vorgelegten Vorschläge vgl. Wedde 2015, 3.

Deutscher Gewerkschaftsbund (DGB) (2014): Für eine sozialstaatliche Arbeitsmarktpolitik. DGB-Vorschläge zur Neuausrichtung der Arbeitsförderung. Berlin.

Die Welt (2015): Maschinen könnten 18 Millionen Arbeitnehmer verdrängen. Die Welt 2.5.2015. http://www.welt.de/wirtschaft/article140401411/Maschinen-koennten-18-Millionen-Arbeitnehmer-verdraengen.html, abgerufen am 13.8.2015.

Die Zeit (2009): Lob des Sozialstaates, Die Zeit Nr. 19/2009.

Enquete-Kommission »Internet und digitale Gesellschaft« (2013): Achter Zwischenbericht. Bundestagsdrucksache 17/12505.

Enquete Kommission Zukunft der Medien in Wirtschaft und Gesellschaft (1999): Deutschlands Weg in die Informationsgesellschaft. Bundestagsdrucksache 13/11004.

Frey, Carl Benedikt/Osborne, Michael (2013): The future of employment: How susceptible are jobs to computerization? Oxford.

Herzog-Stein, Alexander/Seifert, Hartmut (2010): Der Arbeitsmarkt in der Großen Rezession – Bewahrte Strategien in neuen Formen. In: WSI-Mitteilungen 11/2010, S. 551–559.

Herzog-Stein, Alexander/Lindner, Fabian/Sturn, Simon/van Treeck, Till (2010): Vom Krisenherd zum Wunderwerk? Der deutsche Arbeitsmarkt im Wandel. IMK-Report 56/2010.

Hirsch-Kreinsen, Hartmut (2015): Einleitung: Digitalisierung industrieller Arbeit. In: Hirsch-Kreinsen, Hartmut, u.a. (Hg.): Digitalisierung industrieller Arbeit. Die Vision Industrie 4.0 und ihre sozialen Herausforderungen, S. 9–30.

Hornung, Gerrit/Hofmann, Kai (2015): Datenschutz als Herausforderung der Arbeit in der Industrie 4.0. In: Hartmut Hirsch-Kreinsen u.a.: Digitalisierung industrieller Arbeit. Die Vision Industrie 4.0 und ihre sozialen Herausforderungen, S. 165–182.

Kalina, Thorsten/Weinkopf, Claudia (2015): Niedriglohnbeschäftigung 2013: Stagnation auf hohem Niveau. IAQ-Report 3/2015.

Lessenich, Stefan (2008): Die Neuerfindung des Sozialen. Der Sozialstaat im flexiblen Kapitalismus. Bielefeld.

Möller, Joachim (2015): Verheißung oder Bedrohung? Die Arbeitsmarktwirkungen einer vierten industriellen Revolution. IAB-Discussion Paper 18/2015.

Nagel, Kurt (1991): Weiterbildung als strategischer Erfolgsfaktor: Der Weg zum unternehmerisch denkenden Mitarbeiter, 2. Auflage, Landsberg.

Schmid; Günther (2012): Von der Arbeitslosen- zur Arbeitsversicherung. In: Leviathan, 40. Jg., 2/2012, S. 248–270.

Schwemmle, Michael/Wedde, Peter (2012): Digitale Arbeit in Deutschland. Potenziale und Problemlagen. Friedrich Ebert Stiftung, Bonn.

Statistisches Bundesamt (2015): Atypische Beschäftigung. Kernerwerbstätige in unterschiedlichen Erwerbsformen für die Jahre 1991 bis 2013. https://www.destatis.de/DE/Zahlen Fakten/GesamtwirtschaftUmwelt/Arbeitsmarkt/Erwerbstaetigkeit/TabellenArbeitskraefte erhebung/AtypKernerwerbErwerbsformZR.html, abgerufen am 11.8.2015.

Trampusch, Christine (2008): Der erschöpfte Sozialstaat. Transformation eines Politikfeldes. Frankfurt/Main.

Urban, Hans-Jürgen (2010b): Wohlfahrtsstaat und Gewerkschaftsmacht im Finanzmarkt-Kapitalismus: Der Fall Deutschland. In: WSI-Mitteilungen 9/2010, S. 443–450.

Urban, Hans-Jürgen (2010c): Sozialstaatliche Erneuerung als Reformalternative. In: Hans-Jürgen Urban/Christoph Ehlscheid/Axel Gerntke (Hg.): Der Neue Generationenvertrag. Sozialstaatliche Erneuerung in der Krise, Hamburg, S. 227–262.

Urban, Hans-Jürgen (2010a): Sozialstaatliche Sicherung in der großen Krise des Finanzmarkt-Kapitalismus. In: Urban, Hans-Jürgen/Ehlscheid, Christoph/Gerntke, Axel (Hg.):

Der Neue Generationenvertrag. Sozialstaatliche Erneuerung in der Krise, Hamburg, S. 11–28.

Urban, Hans-Jürgen/Ehlscheid, Christoph/Gerntke, Axel (Hg.) (2010): Der Neue Generationenvertrag. Sozialstaatliche Erneuerung in der Krise. Hamburg.

Wank, Rolf (1988): Arbeitnehmer und Selbständige. Schriften des Instituts für Arbeits- und Wirtschaftsrecht der Universität zu Köln Bd. 48/II, München.

Wedde, Peter (2015): Schutz der Arbeitnehmer nur in homöopathischen Dosen. In: CuA 7-8/2015.

Gunter Haake

# Digitalisierung und Gewerkschaften: Solo-Selbstständige integrieren

Zu den aktuellen Herausforderungen der Digitalisierung gehört auch die Frage, wie Gewerkschaften auf selbstständige Erwerbsformen reagieren. Insbesondere bei der Zahl der Solo-Selbstständigen im tertiären Sektor ist ein Anstieg zu erwarten. Offensichtliche Treiber dieser Entwicklung sind der massive Preisverfall und die Leistungssteigerung bei Computer- und Telekommunikationstechnologien, aber auch fehlende Adaptionen des Sozialsystems sowie – als relativ neues Phänomen – die Ausweitung von Auftragsvergaben über Online-Plattformen[1]. Mangelnde regulative Reaktion, aber auch die geringe Beachtung durch Politik, Gesellschaft und Gewerkschaften haben dazu geführt, dass Teilbereiche der Arbeitswelt schon massiv umgestaltet wurden, lange bevor Schlagworte wie Disruption, Crowd- und Cloudwork die Themenfelder Selbstständigkeit und Werkverträge populärer gemacht haben. Höchste Zeit, in einen Dialog mit den und über die »neuen« Erwerbstätigen zu treten. »Die Unterstützung der vielen Menschen, die vielleicht nie die Sicherheit einer 40-Stunden-Woche genießen werden, ist eines der wichtigsten Gespräche, die wir über die on-demand Sharing Economy zu führen haben.«[2]

Nicht zuletzt durch das eher schleichende Vordringen »atypisch« genannter Arbeitsbeziehungen und die zu verhaltenen Reaktionen darauf konnten sich negative Aspekte ausbreiten: Soziale Sicherung und gerechte Einkommensverteilung stehen auch durch Formen »liquider Arbeit«[3] und der Solo-Selbstständigkeit unter Druck. Beide werden daher oft als Synonyme für den Verlust von Sicherheiten und als Gefahr für die gewerkschaftliche Durchsetzungsmacht gesehen. Das können sie sein, insbesondere dort, wo sie als rei-

---

1   »Freie Zuarbeit gibt es schon länger, Plattformen (…) verleihen ihr jedoch eine ganz neue Dimension. Nie war es für Unternehmen so einfach, Unterstützung für Projekte zu finden – und nie war es für Selbstständige so einfach, ihr Können anzubieten, wie heute.« – Anja Reiter: Die ganze Welt als Konkurrenz; in: DIE ZEIT 47/2014 – http://www.zeit.de/2014/47/crowdsourcing-freelancer-digital-arbeitsmarkt.

2   Mary L. Gray: The Future of Work: Caring for the Crowdworker Going It Alone; in: Pacific Standard, 21.8.2015 – Abruf 22.8.15 unter http://www.psmag.com/business-economics/the-future-of-work-caring-for-the-crowdworker-going-it-alone – Veröffentlicht im Rahmen des Projekts »The Future of Work and Workers« der Stanford University.

3   »Liquid ist ein Projekt der IBM.« (Bsirske/Stach 2012, 116) Die »Verflüssigung« von Arbeit meint die Ausschreibung einzelner Arbeitsschritte auf Online-Plattformen für die Crowd – auch Crowdsourcing genannt.

nes Kostensenkungsinstrument missbraucht werden und die Belegschaften spalten. Trotzdem wohnt ihnen ein Emanzipations- und Gestaltungspotenzial inne, das in einseitig dystopischen Betrachtungen zur Zukunft der Arbeit eher übersehen wird.

Es wächst partiell die gewerkschaftliche Sensibilität, dass zu einem Gegenmachtkonzept auch gehört, Solo-Selbstständige und ihre Erwerbsform als Normalität der Arbeitswelt anzuerkennen und mit ihnen gemeinsam kollektive Interessenvertretungen jenseits klassischer Betriebsstrukturen zu etablieren. Alle Gewerkschaften werden sich über kurz oder lang entscheiden müssen, ob und wie sie Solo-Selbstständige in ihr Vertretungsmodell integrieren. Die Antwort wird spätestens mit der Digitalisierung drängender und je nach Organisationsbereich und -kultur unterschiedlich ausfallen.

Klar ist: »Die digitale Revolution wird die Arbeitswelt in den kommenden fünf bis zehn Jahren kräftig durchschütteln«[4] und dabei die Fragen zur Kollektivierung der Interessen aller Erwerbstätigen neu aufwerfen. Neben praktischen Aspekten, etwa wie eine virtuelle gewerkschaftliche Vertretung und Beratung generell aussehen könnten, sind daher auch Fragen zum eigenen Selbstverständnis und Vertretungsmodell zu beantworten: Ob und wie der Dialog mit den Solo-Selbstständigen, den outgesourcten Crowdworkern und plattformvermittelten Erwerbstätigen erfolgen soll und wie sie hier eingebunden werden sollen, das ist auch eine Frage des gewerkschaftlichen Selbstverständnisses und »kein leichtes Terrain für die Gewerkschaften. Für ihre Zukunft wird es aber entscheidend sein, auch in solchen Wachstumsbereichen besser Fuß zu fassen und diese gestalten zu können. (...) Dies erfordert neue Organisations- und Kommunikationsformen, die nicht zuletzt auch für Selbstständige zugänglich sind; es erfordert Angebote an Beratung und Unterstützung, die für die jeweilige Zielgruppe relevant und attraktiv sind.«[5]

Dieser Beitrag zeigt anhand der 15-jährigen guten Praxis der Vereinten Dienstleistungsgewerkschaft ver.di auf, dass es realistische und notwendige Alternativen zu Abwehrstrategien gibt, aber auch die Mühen der Ebene und einigen weiteren Reformbedarf im gewerkschaftlichen Umgang mit Solo-Selbstständigen.

ver.di bietet Solo-Selbstständigen seit ihrer Gründung eine organisationspolitische Heimat, weil schon zu Beginn die Entscheidung fiel, zu dieser Erwerbsform eine gewerkschaftliche Interventions- mit einer Integrationsstrategie zu kombinieren. Heute arbeiten mehr als 30 000 ver.di-Mitglieder in

---

4  Guido Bohsem: Stichworte des Wandels; in: Süddeutsche Zeitung 28.7.2015.
5  Werner Eichhorst, Holger Hinte, Alexander Spermann, Klaus F. Zimmermann: Die neue Beweglichkeit: Die Gewerkschaften in der digitalen Arbeitswelt; IZA Standpunkte Nr. 82, August 2015; http://ftp.iza.org/sp82.pdf.

dieser Erwerbsform, die allermeisten sind im Bereich der computergestützten Wissensarbeit tätig. Digitalisierung ist und war ein existenzieller Teil des Arbeitslebens dieser Kolleginnen und Kollegen, die neben verschiedenen Beteiligungs- und Serviceangeboten sowie einer erwerbsstatusbezogenen politischen Vertretung auch die Anerkennung ihrer Arbeitsform fordern. In diesem Zusammenhang stellt das zunehmende Outsourcing aus reinem Profitinteresse durchaus neue Herausforderungen an die Ehren- und Hauptamtlichen in der ver.di-Selbstständigenarbeit: Ging es früher vorrangig darum, die Erwerbsbedingungen freiwillig Selbstständiger zu verbessern, tritt zunehmend die Aufgabe hinzu, sich von inakzeptablen Formen der Selbstständigkeit abzugrenzen. In der Aufgabe, die Vorteile selbstständiger Erwerbstätigkeit zu betonen, aber auch negative Auswüchse des »Plattformkapitalismus« zu bekämpfen, liegt ein gewisser Spagat: ver.di muss die Interessen von Selbstständigen mit und ohne Marktmacht, von freiwillig und erzwungen Selbstständigen vertreten – mithin die sehr unterschiedlichen Lebenswirklichkeiten und Bedürfnisse in dieser Erwerbsform im Blick haben.

### Beratung Selbstständiger als Ergänzung gewerkschaftlicher Politik

Was die in ver.di organisierten Selbstständigen trotz verschiedener Lebenslagen dabei eint, ist die – unterschiedlich ausgeprägte – Anforderung an ihre Gewerkschaft, gleichermaßen zu gesellschaftspolitischen Fragen wie zu konkreten Problemen, die insbesondere aus ihrem Berufsstatus erwachsen, Lösungskompetenz zu zeigen. Daher hat ver.di mit *mediafon* (www.media fon.net) ein komplexes und aufwändiges Beratungsnetzwerk für Selbstständige etabliert, das konkrete Mitgliederleistungen bereithält. Die Beratung kann einerseits individuell helfen, andererseits kommt sie über ihre Marktwirkung mittelbar allen Beschäftigten zugute. Kurz: Sie ist als Teil einer starken Interessenvertretung für alle Erwerbsformen konzipiert und soll unter und zwischen verschiedenen Gruppen auf dem Arbeitsmarkt Konkurrenz abbauen – eine gewerkschaftliche Aufgabe, die bei internem wie externem Out- und Crowdsourcing an Bedeutung zunimmt.

Um den größtmöglichen Einfluss auf ein (wachsendes) Segment der Arbeitswelt wie auf die Arbeitswelt insgesamt zu nehmen, gehört bei der autonom agierenden Beratung, die im Folgenden kurz vorgestellt wird, der Austausch mit der ver.di, deren »Referat Selbstständige« sowie den ehrenamtlichen ver.di-Selbstständigenvertretungen zum Konzept. Kollektiv werden so Markttransparenz und Erwerbsbedingungen verbessert, individuell stärkt es den Kontakt zu jenen Erwerbstätigen der Branchen, die auf den ersten Blick nicht in das gewerkschaftliche Standardportfolio zu passen scheinen. Die nunmehr langjährigen, evaluierten Erfahrungen zeigen: Eine statusbezogene Berufsberatung einer Gewerkschaft ist weit mehr als ein individueller Service. Sie leistet einen wichtigen Beitrag, die Entsolidarisierung entlang des Erwerbsstatus' zu verhindern.[6] Unter dieser Zielvorgabe berät mediafon haupt- und nebenberuflich Selbstständige, ver.di-Mitglieder ebenso wie (gegen Gebühr) nicht Organisierte.[7] mediafon hilft bei Konflikten mit Auftraggebern, berät bei Verträgen und Steuerfragen sowie zur sozialen Sicherung[8]. Oft ergibt sich im Gespräch eine Auseinandersetzung mit komplexen individuellen Lebenslagen, zu konkreten Arbeitsbedingungen wie persönlichen Perspektiven.

Neben der Hauptzielgruppe unterstützt mediafon auch die Gesamtorganisation: erstens jenen ver.di-Beschäftigten, die mit Detailanfragen Selbstständiger konfrontiert sind; zweitens übergreifend dadurch, dass jede Beratung ausgewertet wird. Bei Häufung »individueller« Probleme zu einem Sachverhalt wird ver.di auf entsprechenden Handlungsbedarf hingewiesen. So können sich häufende Probleme – ob thematisch, lokal oder betrieblich – früh erkannt und kollektiv angegangen werden – beispielsweise durch gezielte Informationen über einen Betrieb oder durch eine Klage gegen unzulässige Verträge und Klauseln in Geschäftsbedingungen.[9]

Alle Anfragen werden zentral erfasst und je nach Thema, Dringlichkeit, beruflicher und regionaler Nähe an eine bzw. einen der rund 15 ihrerseits selbstständigen, gewerkschaftlich organisierten Expertinnen und Experten vermittelt[10]. Das zentrale Prinzip und Alleinstellungsmerkmal – etwa gegenüber einer anwaltlichen Beratung – ist die basisnahe, kollegiale Beratung. Um da-

---

6 Dazu stellt der Abschlussbericht der Begleitforschung zur Beratung fest, sie erbringe eine »qualifizierte Beratung bei gleichzeitiger Anregung kollektiver Lösungswege. Von reinen Serviceleistungen, die in Gewerkschaften oft als unpolitisch kritisiert und abgelehnt werden, ist dies weit entfernt. mediafon ist … sehr nah an einem traditionellen Verständnis gewerkschaftlicher Organisation: der Selbstorganisation gemeinsamer Interessen.« Quelle: Auszüge aus dem Abschlussbericht der Begleitforschung: mediafon – ver.di-Beratungs- und Kooperationsprojekt für Selbstständige; 2004; zitiert nach http://www.mediafon.net/upload/forschung_mediafon_kurz.pdf, Abruf 20.8.2015.

7 Der Beratung von Nicht-Mitgliedern liegt die Erkenntnis zugrunde, dass Unwissenheit und Dumping-Angebote Unorganisierter allein Auftraggebern nützen und den Druck auch auf Mitglieder erhöhen. Nicht-Mitglieder dürfen allerdings nur eingeschränkt beraten werden: Ihre individuelle rechtliche oder steuerliche Beratung ist nur Anwälten und Steuerberatern erlaubt.

8 Auch wenn entsprechende Fragen zunehmen, bietet mediafon ausdrücklich keine Unterstützung, um sich gegen selbstständige oder angestellte »Mitbewerber« besser durchzusetzen oder zu Umgehungsstrategien gegenüber den Sozialkassen.

9 Verschlechtern Auftraggeber beispielsweise ihre Allgemeinen Geschäftsbedingungen, kürzen sie Honorare oder verlangen gehäuft Falschangaben gegenüber den Sozialkassen, stellt mediafon einen spürbaren Anstieg gleichartiger Anfragen fest. Sie werden individuell beantwortet und die Häufungen an jene ver.di-Gliederung gemeldet, die intervenieren sollte.

10 Die »Zuständigkeit« für einen Fall ergibt sich aus der Kompetenz, die Anfrage umfassend und schnell zu beantworten, und nur im Einzelfall aus der beruflichen oder örtlichen Nähe zum oder zur Anfragenden.

bei das Prinzip »Selbstständige beraten Selbstständige« zu sichern und gegenseitige Abhängigkeiten zu vermeiden, sind die Beratungszeiten pro Person limitiert und lässt sich das Team je nach Frageaufkommen und Thematik jederzeit verändern. So wurden in der Vergangenheit beispielsweise je ein Spezialist für ergänzendes Arbeitslosengeld und IT-Consulting integriert, die Gründungsberatung hingegen zurückgefahren. Im Kern jedoch besteht ein über Jahre stabiles Team aus zu allen häufig nachgefragten Themen jeweils speziell qualifizierten Selbstständigen, die in der Regel für jeweils zwei Stunden pro Woche insgesamt jährlich rund 2500 Menschen intensiv beraten. Das überbetriebliche, ortsunabhängige Kompetenzzentrum ist jederzeit und von jedem Ort leicht erreichbar, die Beratenden können orts- und zeitunabhängig aktiv werden: Die Zentrale ist durch Telefonrouting virtuell verortet, die Falldatenbank, auf die das Team zugreift, seit Anbeginn cloudbasiert.

**Beratung mit Erkenntnisgewinn**
Die zentrale Datenbank, in der alle Beratungsvorgänge dokumentiert werden, ist selbstverständlich eine proprietäre Insellösung, denn sie umfasst auch soziodemografische Daten, die es erlauben, die Lebenslagen Solo-Selbstständiger differenziert zu analysieren. Ein Bedarf, den nicht nur ver.di hatte und hat: mediafon wurde im Rahmen der »Mikrounternehmensinitiative« des Bundesforschungsministeriums gefördert, weil die gewerkschaftliche Selbsthilfe quasi nebenbei wissenschaftliche Erkenntnisse generiert: »*mediafon bündelt dezentral vorhandene Kompetenzen und macht sie ubiquitär nutzbar. Organisiert ist es als selbstlernendes Netzwerk, das nicht nur Informationen liefert, sondern zu einer Wissensdatenbank über die Lebens- und Arbeitsverhältnisse der Solo-Selbstständigen geworden ist.*«[11] Weil im Zweiklang von Beratung und Vertretung viele Erkenntnisse zu Selbstständigen, ihren Befindlichkeiten und den kollektiven Vertretungsmöglichkeiten gewonnen werden, war und ist das Interesse aus Wissenschaft, Politik und Medien an diesem Modell auch heute noch groß.

Eine wachsende Bedeutung gewann über die Jahre – entsprechend der technischen Entwicklung – das Internet: Dominierten in den ersten Jahren noch telefonische Erstkontakte, so wurden diese weitgehend von Anfragen über ein webbasiertes Formular abgelöst. Standardfragen werden inzwischen durch (einen Hinweis auf) Online-Informationen geklärt, und die Beratenden können sich auf zunehmend komplexe Spezialfälle konzentrieren. Stetig

---

11  Auszüge aus dem Abschlussbericht der Begleitforschung: mediafon – ver.di-Beratungs- und Kooperationsprojekt für Selbstständige, 2004, Seite 5 – zitiert nach http://www.mediafon.net/upload/forschung_mediafon_kurz.pdf, Abruf 24.7.2015.

wächst auch die Bedeutung der von Nutzerinnen und Nutzern gesammelten Informationen auf der Website – etwa der Einträge in der interaktiven Honorardatenbank – und des umfassenden Online-Ratgebers. In diesen werden neue Erkenntnisse aus Beratungen, Grundsatzurteile und Gesetze tagesaktuell eingearbeitet. Gab es diesen »Ratgeber Selbstständige« früher ausschließlich als Buch, umfasst die aktuelle Druckversion nur noch 220 Seiten Grundlagentext. Um ein Vielfaches umfangreichere Detailinformationen stehen seit fünf Jahren ausschließlich im Internet zur Verfügung, wo die Seiten von www.mediafon.net jährlich millionenfach aufgerufen werden.[12]

### Neu denken zu einem eigentlich alten Thema

Auch wenn die Beratung faktisch zu einem zentralen Instrument der Mitgliedergewinnung und -bindung unter einzeln arbeitenden Selbstständigen geworden ist: Die in ver.di Aktiven verstehen sie vor allem als Ergänzung der gewerkschaftspolitischen Selbstständigenarbeit. Eines ihrer zentralen Ziele ist es, gesellschaftlich (und da bildet die eigene Organisation keine Ausnahme) ein differenziertes Bild zu dieser Erwerbstätigkeit und den Erwerbstätigen zu vermitteln. Dazu gehört der Hinweis darauf, dass die allermeisten Solo-Selbstständigen auf dem Arbeitsmarkt den Arbeitnehmerinnen und Arbeitnehmern objektiv wesentlich näher sind als dem Arbeitgeberlager. »Nur in Solidarität untereinander und mit Angestellten können Solo-Selbstständige wirtschaftlich starken Auftraggebern und der Politik bessere Bedingungen abtrotzen«[13], lautet das Credo der ver.di-Selbstständigen, allerdings zeigt die Praxis, dass die Umsetzung stark von der Organisationskultur insgesamt wie in Teilbereichen abhängt – letztlich von der Bereitschaft, nicht nur die expliziten Bedürfnisse der aktuellen Mehrheit der Mitgliedschaft im Blick zu haben. Dazu muss sich die Organisation auch unbequeme Fragen stellen, etwa, warum der Mitgliederanteil unter Solo-Selbstständigen in den allermeisten Branchen sehr weit unter ihrem Anteil unter den Erwerbstätigen liegt. Zwar konnte in Teilbereichen ein überproportional hoher Organisationsgrad unter Selbstständigen erreicht werden, »dennoch bleibt das Problem, dass der gewerkschaftliche Organisationsgrad gerade bei flexiblen Arbeitsformen und in den Wachstumssektoren recht schwach ausgeprägt ist.«[14]

Das muss nicht so bleiben. Allerdings bleibt derzeit offen, ob es gelingen kann, im Verlauf der Umgestaltungen durch die Digitalisierung schon in einer

---

12  Vgl. Veronika Mirschel: Eine für alle: die Erwerbstätigenversicherung als Weg zur sozialen Sicherung von Solo-Selbstständigen, in: ver.di-Bereich Innovation und Gute Arbeit (2015): Gute Arbeit und Digitalisierung, Berlin, 62.

13  https://selbststaendige.verdi.de/ueber-uns – Abruf 20.8.2015.

14  Eichhorst u.a., a.a.O.

frühen Phase – also jetzt – eine gewerkschaftliche Hegemonie auch zu Fragen der entbetrieblichten Arbeit zu erringen. »Es wird mehr denn je darauf ankommen, die auf dem Vormarsch befindlichen flexiblen und kreativen Arbeitsformen aus gewerkschaftlicher Sicht aktiv mitzugestalten.«[15] Das bedingt aber für Mitgliederorganisationen jene, die in den neuen Formen arbeiten, mindestens als Verbündete, im Idealfall als Mitglieder zu gewinnen. Spürbare Vorbehalte dagegen gibt es auf beiden Seiten. Sie zu überwinden ist notwendig. Allerdings sind dazu einige strategische Entscheidungen zum gewerkschaftlichen Umgang mit nicht abhängiger Beschäftigung fällig.

Wie mühsam der Weg werden kann, zeigt nicht zuletzt das Beispiel der einzigen Gewerkschaft Europas, die in nennenswertem Umfang Solo-Selbstständige organisiert: Auch in ver.di ist es noch nicht gelungen, das Thema Solo-Selbstständigkeit zu einem Mainstream-Thema und die Arbeitsform zu einer breit akzeptierten zu machen. Mit der nun anstehenden beschleunigten digitalen Transformation der Arbeit ist das Thema faire Mindeststandards, soziale Absicherung etc. – kurz Gute Arbeit auch für Solo-Selbstständige bei ver.di wieder stärker in den Vordergrund gerückt.[16] Nichtsdestotrotz wurde der bedeutende erste Schritt gemacht: eine von solo-selbstständigen Mitgliedern selbst getragene gewerkschaftspolitische Arbeit etabliert[17] und diese strukturell wie finanziell abgesichert. Das erleichtert es, notwendige Diskussionen über die Zukunft der Gewerkschaften in der Zukunft der Arbeit breiter, realitäts- und basisnäher zu führen und zugleich notwendige Organisationsreformen und neue Haltungen zur Solo-Selbstständigkeit anzuregen.

So ist die Einstellung der regional wie in Berufsgruppen aktiven Protagonistinnen und Protagonisten der ver.di-Selbstständigen zu ihrer eigenen Arbeitsform grundsätzlich positiv, die Chancen und den emanzipatorischen Charakter betonend, ohne abhängige oder prekäre Selbstständigkeit zu ignorieren. Diese Haltung vertreten sie wo nötig auch streitig und gegen die Mehrheitskultur, die – auch das ist wichtig – sich auf Debatten einlässt und nicht als reine Dominanzkultur geriert. Auch dadurch wird ver.di nach innen wie außen als authentische Gewerkschaft für alle Solo-Selbstständigen sichtbar, die immerhin bereits sechs Prozent der Erwerbstätigen stellen: Für die Mehrheit jener, die in dieser Arbeitsform die (gewerkschaftlichen) Ideale von

---

15  Ebenda.

16  Vgl. den Beitrag von Welskop-Deffaa in diesem Band sowie Veronika Mirschel: Eine für alle: die Erwerbstätigenversicherung als Weg zur sozialen Sicherung von Solo-Selbstständigen, in: ver.di-Bereich Innovation und Gute Arbeit (2015): Gute Arbeit und Digitalisierung, Berlin.

17  Aktuell bearbeiten die ver.di-Selbstständigen auf zentraler Ebene gemeinsam mit dem Referat für Selbstständige insbesondere sozialpolitische Themen, die Transformation des Arbeitsmarktes, die eigene Öffentlichkeitsarbeit sowie Fragen der kollektiven Vertretung (etwa durch Tarifverträge arbeitnehmerähnlicher Personen).

Selbstbestimmung realisieren, wie für die Minderheit der Zwangs-Selbstständigen. Beide Gruppen sehen und wissen zu schätzen, dass ihre Lebenslage verstanden wird und sie entsprechend gewerkschaftlich aktiv sein können.[18] Die Grundsatzüberlegungen, die ver.di-Selbstständige in die Diskussion einbringen, lassen sich wie folgt zusammenfassen:

- Egal ob betrieblich oder überbetrieblich und unabhängig von der Erwerbsform geht die Flexibilisierung von Arbeit grundsätzlich zu Lasten aller Erwerbstätigen einer Branche, wenn sie allein aus Kostengründen geschieht. Cloud- und Crowdsourcing und generell die vom Modell der »Normalarbeit« abweichenden Arbeitsbeziehungen sind dabei nicht das Grundproblem, sondern ihr Potenzial einen »race to the bottom« zu beschleunigen oder zu initiieren.

- Über politische Ablehnung und gewerkschaftliche Ausgrenzung ist nicht zu verhindern, dass Kostendifferenziale zwischen sozialversicherungspflichtigen Vollzeitverhältnissen und konkurrierenden Erwerbsformen entstehen und sich ausbreiten.

- Gewerkschaftliche Aufgabe ist es auch, gesetzliche Regeln gegen negative Auswüchse auf dem Arbeitsmarkt anzuregen. Entsprechende Vorschläge müssen sich gegen Ausbeutung und Erosion des Sozialstaats richten und nicht generell gegen »neue« Arbeitsformen.

- Das Problem ist allerdings nur bedingt gesetzlich zu adressieren. Exemplarisch zeigen die Erfahrungen beim Thema Scheinselbstständigkeit, dass eine angemessene Kontrolle von formal in Vertragsfreiheit abgeschlossenen Vereinbarungen kaum möglich ist. Auf Gesetze, die negative Folgen für Arbeitsbeziehungen und Sozialsysteme eindämmen sollen, dürften unmittelbar neue Umgehungsstrategien folgen, sich weitere, schwer kontrollierbare Grauzonen eröffnen.[19] Verschärft zeigt sich das Regulierungsproblem unter den Bedingungen des Plattformkapitalismus.

---

18 Das gilt in der Matrixstruktur der ver.di vor allem für den Bereich der statusbezogenen Selbstständigenarbeit. Gleichzeitig berichten Aktive oft von starker emotionaler Ablehnung ihrer Arbeitsform, soweit sie in Berufsfachgruppen aktiv werden wollen, in denen sie sich unter den Mitgliedern in großer Unterzahl befinden. Dort wird regelmäßig auch angezweifelt, was in einer von ver.di selbst beauftragten Studie 2010 festgestellt wurde: »Unabhängig vom Bildungsstand oder der Gründung ›ohne Not‹ oder ›mit Not‹ äußern die Solo-Selbstständigen eine hohe Zufriedenheit mit der aktuellen Situation.« Quelle: Karin Schulze Buschoff: Neue Arbeitswelt und neue Selbstständigkeit; in: Gegenblende 14/2012 (23.3.2012); http://www.gegenblende.de/14-2012/++co++109c9716-74d5-11e1-422d-001ec9b03e44; Abruf 20.8.2015.

19 Genau so haben sich in der Vergangenheit in ganz Europa kaum noch kontrollierbare Formen der falschen und abhängigen Selbstständigkeit als Dumpingkonkurrenz etabliert (vgl. Zusammenfassung der »Perulli-Studie« unter www.europarl.europa.eu/hearings/20030619/empl/study_de.pdf und die Folgestudie »Social protection rights of economically dependent self-employed workers« unter http://www.europarl.europa.eu/RegData/etudes/etudes/join/2013/507449/IPOL-EMPL_ET(2013)507449_EN.pdf).

- Gewerkschaften können mehr als gesetzliche Regeln zu fordern. Ihre Kernaufgabe und Kernkompetenz ist es, selbstorganisiert eine Konkurrenz über den Preis der Ware Arbeitskraft einzudämmen. Die gewerkschaftliche Einkommenspolitik kann dabei nicht an den Erwerbsstatusgrenzen halt machen: Arbeit muss in allen Erwerbsformen strukturell gleich teuer gemacht werden und für alle Formen der Erwerbstätigkeit müssen Einkommens-Untergrenzen verteidigt werden.[20] Langfristig kann es übrigens sogar effektiver, leichter und vermittlungsfähiger sein, im Schwerpunkt in einer Branche für bessere Honorare als für Lohnerhöhungen zu streiten, soweit die Macht nicht reicht, beides gleichzeitig durchzusetzen.[21]

Gewerkschaftsaffine Selbstständige erwarten kurz gesagt, dass ihre Organisation Gestaltungswille und -macht in der gesamten Arbeitswelt zeigt und nicht nur im Ausschnitt der abhängigen Arbeit. Selbst das EU-Parlament hat die Gewerkschaften inzwischen deutlich gebeten, hier eine stärkere Rolle wahrzunehmen.[22] Diese auszufüllen wird unter den Bedingungen der Digitalisierung und von Arbeit 4.0 noch nötiger sein, denn: Wo Unternehmen über Out-/Crowdsourcing und Selbstständigkeit Kostenvorteile realisieren können, werden sie das tun, wenn die Gegenwehr zu gering ist. Deshalb müssen Selbsthilfeorganisationen der Erwerbstätigen alles dafür tun, dass die Arbeitskosten in allen Erwerbsformen weder unter das Niveau vergleichbarer Tarifeinkommen noch unter das Mindestlohn-Niveau sinken. Insbesondere dort, wo ein Missbrauch (ordnungs-)politisch nicht verhindert werden kann, aber auch dort, wo es sich um legale und legitime Formen der Selbstständigkeit handelt.

Geben Gewerkschaften das Ziel auf, das Einkommensniveau aller Erwerbstätigen in einzelnen Branchen und Berufen auf gleicher Höhe zu hal-

---

20  Dies wurde etwa im Bereich der abhängigen Niedrigeinkommen durchaus gesehen und mündete in eine erfolgreiche Mindestlohn-Kampagne. Bei diesem Thema, das laut IAB-Studie (IAB Kurzbericht 6/2015; http://doku.iab.de/kurzber/2015/kb0615.pdf) nur 4,4 Prozent der abhängig Beschäftigten direkt betrifft, haben die Gewerkschaften gezeigt, dass sie zu grundsätzlichen Erkenntnissen und dort, wo sie nicht mehr tarifmächtig sind, zur erfolgreichen Vermittlung von Grundfragen in Politik und Gesellschaft fähig sind.

21  Mindestens können Gewerkschaften diesen Grundsatz dort anwenden, wo sie gemäß § 12a Tarifvertragsgesetz die Bedingungen abhängig selbstständiger Arbeit regeln können.

22  Die EU-Parlaments-Entschließung »Sozialschutz für alle, einschließlich selbständig Erwerbstätiger« vom 14.1.2014 fordert, die Sozialpartner auf zu untersuchen, »ob und wie selbstständig Erwerbstätige in Tarifverhandlungen einbezogen werden können.« Zudem fordert das Parlament dazu auf, »den Erfahrungsaustausch zwischen Gewerkschaften und Berufsverbänden zu den Themen Dienstleistungen für Selbstständige, Bekämpfung der Scheinselbstständigkeit und Organisation der auf eigene Rechnung arbeitenden Selbstständigen zu fördern.« Quelle: http://www.europarl.europa.eu/sides/getDoc.do?pubRef=//EP//TEXT+TA+P7-TA-2014-0014+0+DOC+XML+V0//DE (Abruf 10.7.2015)

ten, bekommen sie ein Problem.[23] Blinde Flecken in der Wahrnehmung und der Organisationsfrage kann sich die Gewerkschaftsbewegung daher nicht leisten, sie erweckt – bei allen positiven Ausnahmen – aber noch zu oft den Eindruck, es trotzdem zu tun. Beispielsweise, wenn sich die Beiträge zur »Arbeit der Zukunft« (jenseits ihrer guten Gestaltungsvorschläge zur abhängigen Beschäftigung) auf die Bereiche Prekarität und Scheinselbstständigkeit, gesetzliche Regelung und Dialoge mit Regierenden konzentrieren.[24] Die gute Nachricht ist, dass angesichts der Diskussionen um die Digitalisierung offensichtlich stärker ins Bewusstsein rückt, dass die Durchsetzungsfähigkeit abhängig Beschäftigter zunehmend von den Bedingungen in anderen Erwerbsformen abhängt und Zonen einer selbstständigen digitalen Prekarität verhindert werden müssen.[25] Die schlechte Nachricht ist derweil noch, dass den meisten gewerkschaftlich ansprechbaren Solo-Selbstständigen, Crowd- und Cloudworker wohl ein deutliches Signal fehlt, dass sie als Mitstreiter willkommen sind, ihre Erwerbsbedingungen und Lebensentwürfe gleichberechtigt diskutiert werden. Viele dürften in Kontakt mit Gewerkschaften und deren Vertretern jene Aura wahrnehmen, die die Autoren einer aktuellen IZA-Analyse so zusammenfassen: »Neue Arbeitsformen (...) werden bis heute von den Gewerkschaften als Abweichung vom gewünschten unbefristeten, sozialversicherungspflichtigen Vollzeitarbeitsverhältnis (so genanntes Normalarbeitsverhältnis), als atypisch oder sogar prekär gebrandmarkt. Auch Werkverträge oder die Abwicklung von Dienstleistungen über Online-Plattformen (›crowdworking‹) werden als nicht wünschenswerte Abweichung von der Normalarbeitsform häufig reflexartig abgelehnt. Eine pauschale Disqualifikation dieser Arbeitsformen als neue Spielarten einer ›Prekarisierung‹

---

23 Zum Extrembeispiel: »Allein schon die Intensität der Konkurrenz in der globalen, um Aufträge bemühten Crowd übt Druck auf die Entgelte aus und macht entsprechende Arbitrage-Gewinne für die ausschreibenden Firmen wahrscheinlich, ... Stellt man darüber hinaus noch den Wegfall der Ausgaben für Urlaub, Krankheit, Sozialversicherung, Büroräume und weiterer, bei der Beschäftigung klassischer Arbeitnehmer anstehender Kosten in Rechnung, so werden die enormen Einsparungspotenziale deutlich, welche eine Verlagerung von Tätigkeiten in die Crowd erschließen kann.« (Vgl. Schröder/Schwemmle: Gute Arbeit in der Crowd? In: Schröder/Urban (Hg.): Jahrbuch Gute Arbeit 2014, 2014, S. 114f.)

24 Positive, entgegengesetzte Signale kommen durchaus aus den einzelnen Gewerkschaften, konterkariert wird das aber, wenn noch 2015 im durchaus programmatisch angelegten, gewerkschaftlichen Buch »Arbeit der Zukunft« niemand die Frage stellt, ob und welche Herausforderungen Solo-Selbstständige an die eigenen Organisationsstrukturen stellen. (Arbeit der Zukunft; Möglichkeiten nutzen – Grenzen setzen; Hg.: Reiner Hoffmann, Claudia Bogedan; Campus; Frankfurt a. M. 2015)

25 Beispielsweise hat der 20. Ordentliche DGB-Bundeskongress im Mai 2014 das Thema »Selbständige Arbeit besser absichern« im Leitantrag »Für eine Neue Ordnung der Arbeit« wie auch in den »Leitlinien für gute digitale Arbeit« aufgegriffen (vgl. http://bundeskongress.dgb.de/++co++87a877f6-6da9-11e4-a90d-52540023ef1a sowie ver.di-Bereich Innovation und Gute Arbeit (Hg.): Digitalisierung und Dienstleistungen – Perspektiven Guter Arbeit, Berlin, S. 22–25)

ist aber in der digitalen Welt noch weniger zielführend als sie es in der Vergangenheit war.«[26]

Um Reibungsverluste, falsche Erwartungen und Frustrationen auf beiden Seiten zu verhindern, sind Grundsatzentscheidungen, Konsequenzen und eine eindeutige Kommunikation in vielen Gewerkschaften, im DGB, aber auch in einzelnen Bereichen der ver.di gefragt. Letztere hat die Frage, ob Selbstständige Mitglied werden sollen, schon vor vielen Jahren positiv beantwortet und entsprechende Organisationserfolge erzielt. Die IG Metall folgte diesem Beispiel im Herbst 2015.[27] Für andere Gewerkschaften kann es plausibel sein, eine klare Abgrenzung entsprechend der eigenen Organisationkultur – mithin eine Konzentration auf abhängig Beschäftigte – vorzunehmen.

### Organisationskultur auf dem Prüfstand

Fällt die Entscheidung, Solo-Selbstständige in die Gewerkschaftsbewegung zu integrieren, fällt damit die Entscheidung für einen Kulturwandel. Für beides gibt es eigentlich keine Alternative für Gewerkschaften, in deren Organisationsbereich eine größere Zahl Selbstständiger arbeitet. Selbstverständlich haben sie die Autonomie, sich gegen neue Erwerbstätige abzugrenzen und sich nicht zu verändern, dann aber »besteht die Gefahr, der eigentlichen Aufgabe, der Gestaltung der Arbeitswelt, nicht mehr gerecht zu werden. Andere soziale Organisationen, die sich im digitalen Zeitalter unter Nutzung des Internets leicht bilden können, könnten angesichts dessen in Konkurrenz zu den Gewerkschaften treten, und so die effektive Interessenvertretung der Arbeitnehmer schwächen.«[28] Zusätzlich stellt sich die Frage, ob es klug ist, ausgerechnet in einer Umbruchsituation in der Arbeitswelt organisationsbereite Solo-Selbstständige strukturell gegnerischen Verbänden zu überlassen, statt sie für die eigenen Ziele zu gewinnen.[29] Nicht nur weil sie bereits sechs Prozent aller Erwerbstätigen stellen, sondern auch, weil die Hebelwirkung ihrer Erwerbsform auf den Arbeitsmarkt wesentlich größer ist.

---

26  Eichhorst u. a., a. a. O.

27  »Auf dem Gewerkschaftstag im Oktober solle die Satzung so geändert werden, dass künftig auch solche Solo-Selbstständigen in der IG Metall aufgenommen werden können«, wird Christine Thomas von der IG Metall zitiert in: »IG Metall will sich auch für Interessen von ›Crowdworkern‹ einsetzen«; Frankfurter Allgemeine Zeitung 23. 8. 2015, http://www.faz.net/agenturmeldungen/unternehmensnachrichten/igmetall-will-sich-auch-fuer-interessen-von-crowdworkern-einsetzen-13764773.html.

28  Eichhorst u. a., a. a. O.

29  Aktuell steigt die Zahl schnell wachsender Verbände stark, die ausschließlich Selbstständige organisieren. Die meisten eint, dass sie – von Berufs- oder Statusegoismus getrieben – andere Grundpositionen als die Gewerkschaften einnehmen. Sie organisieren beispielsweise Kampagnen gegen eine Bürgerversicherung oder eine gesetzliche Regelung der Scheinselbstständigkeit.

Das Wachstum berufsständischer, status- und themenorientierter Verbände für Selbstständige verweist darauf, dass tatsächlich bereits Legitimations- und Bedeutungsverlust der Gewerkschaften in einem wichtiger werdenden Segment der zukünftigen Arbeitswelt (und der Arbeitswelt insgesamt) eingesetzt hat. Offensichtlich fühlen sich viele Solo-Selbstständige, auch jene die sich engagieren wollen, von den führenden Vertretungen der Erwerbstätigen nicht vertreten. Sie bekommen deutlich zu spüren: »Insbesondere Solo-Selbstständige passen nicht in die traditionell korporatistischen Strukturen der Interessenvertretung.«[30] Fraglich ist, ob es immer eine gute Entscheidung ist, in dieser Situation die Strukturen unangetastet zu lassen, denn »für die etablierten kollektiven Interessenvertretungen selbst birgt diese Entwicklung zunächst die Gefahr einer weiteren Entmachtung.«[31] Auch um die zu verhindern, lag und liegt der Praxis der ver.di-Selbstständigenarbeit das Ziel zugrunde, »Gute Arbeit« nicht an den Grenzen einer abhängigen Erwerbsform enden zu lassen – ein Ziel, das unter den Bedingungen der Digitalisierung an Aktualität gewonnen hat.

---

30  Karin Schulze Buschoff: Neue Selbstständige im europäischen Vergleich (edition der Hans-Böckler-Stiftung 201); Düsseldorf 2007 [www.boeckler.de/pdf/p_edition_hbs_201.pdf], Seite 106. Die dieser Feststellung folgende Auswertung der Experteninterviews macht die kulturellen Probleme einer Integration deutlich.
31  Ebenda.

# Qualifizierungspolitik 4.0

Andrea Baukrowitz/Andreas Boes/Tobias Kämpf/Kira Marrs/Claus Zanker

# Qualifizieren für eine nachhaltige Globalisierung im digitalen Zeitalter

## Ein Handlungsfeld für Betriebsräte

Eine neue Phase der Globalisierung verändert derzeit die Dienstleistungswirtschaft grundlegend. Auf Basis neuer Informations- und Kommunikationstechnologien ist es möglich geworden, nicht nur Waren und Güter, sondern auch Dienstleistungen global zu vertreiben und zu erbringen (vgl. Castells 1996; Tapscott/Williams 2010). Möglich geworden ist dies durch einen qualitativen Sprung in der Informatisierung, der vor allem durch den Aufstieg des Internets seit den 1990er Jahren zu einem weltweit zugänglichen offenen Netzwerk ausgelöst wurde. Es ist ein globaler »Informationsraum« (Baukrowitz/Boes 1996) entstanden, in dem weltweit geistige Tätigkeiten in neuer Qualität aneinander anschlussfähig werden und neue Potenziale der Nutzung geistiger Produktivkraft entstehen (vgl. Boes 2005a).[1]

Die IT-Branche ist gleichermaßen Vorreiter und Enabler dieser Entwicklung.[2] Sie stellt nicht nur die technologische Basis dieser neuen Phase der Globalisierung bereit. Hier werden auch neue globale Geschäfts- und Produktionsmodelle mit besonderer Dynamik vorangetrieben. Für die Beschäftigten der IT-Branche ist dies mit einem grundlegenden Wandel von Arbeit und Qualifikation verbunden (Boes et al. 2012). Neue Formen globaler Arbeitsteilung sowie Off- und Nearshoring bringen Arbeitsplatzverluste und Verschiebungen im Personalbedarf der Unternehmen mit sich. Zudem verändern sich die Qualifikationsanforderungen an den Arbeitsplätzen durch das Arbeiten in globalen Bezügen erheblich.

Damit stellt die Globalisierung das Thema Qualifizierung neu auf die Tagesordnung von Betriebsräten in der IT-Branche. Sie müssen in den Betrieben die Personal- und Qualifikationsentwicklung verstärkt in den Blick nehmen, um Gute Arbeit und Beschäftigung zu sichern, berufliche Perspektiven zu schaffen und so die Globalisierung nachhaltig zu gestalten. Im Rahmen des Projekts »IWP-IT – Innovations- und Weiterbildungspartnerschaft zur Förderung der Qualifizierung von Beschäftigten in der IT-Branche«[3] der Vereinten

---

1 Siehe dazu auch den Beitrag von Boes/Bultemeier/Kämpf/Lühr in diesem Band.
2 Siehe dazu auch den Beitrag von Menez/Oestreicher/Pfeiffer/Suphan in diesem Band.
3 Das ver.di-Projekt wurde vom Bundesministerium für Arbeit und Soziales und vom Europäischen Sozialfonds im Rahmen des Programms »weiter bilden« (www.initiative-weiter-bilden.de) gefördert. Weitere Materialien und Informationen zum Projekt IWP-IT: www.iwp-it.de.

Dienstleistungsgewerkschaft (ver.di) wurden in Kooperation mit dem Institut für Sozialwissenschaftliche Forschung (ISF München) und der Input Consulting die Herausforderungen der Globalisierung im Handlungsfeld Qualifizierung untersucht und Handlungsempfehlungen entwickelt (Baukrowitz et al. 2014).

### 1. IT-Branche auf dem Weg in eine global vernetzte Ökonomie

Anders als viele andere Dienstleistungsbranchen kann die IT-Branche auf eine weit zurückreichende Internationalisierungstradition aufbauen (vgl. Boes 2005b; Aspray et al. 2006). Bereits seit ihrer Entstehung kann die Branche als ein hochgradig internationalisierter Wirtschaftssektor gelten – zunächst durch internationale Vertriebs- und Produktionsstrukturen der großen Hersteller wie etwa IBM, später dann durch internationale Aktivitäten von Software- und IT-Dienstleistungsunternehmen.

Doch seit einigen Jahren sehen sich Betriebsräte in der IT-Branche vor einem neuen Setting, denn die Globalisierung ist durch qualitative Sprünge geprägt (Boes et al. 2012), die für die Unternehmen neue strategische Herausforderungen und für die Beschäftigten Umbrüche in ihrer Arbeit mit sich bringen.

In den Anfängen erfolgte die Globalisierung weitgehend nach dem *Prinzip »Follow the customer«* (»dem Kunden ins Ausland folgen«) und betraf vor allem den Vertrieb. Beschäftigte in anderen Unternehmensbereichen waren kaum betroffen. Bis heute finden sich in der Branche Unternehmen, die diese Strategie verfolgen und sich von hier aus auf die Herausforderungen einer global vernetzten Ökonomie einstellen müssen. Gegen Ende der 1990er Jahren gingen IT-Unternehmen über dieses reaktive Strategiemuster hinaus und nahmen eine strategische *Ausdifferenzierung der Produktionskapazitäten und Offshoring* in Angriff. Es wurden zunehmend Produktionsstandorte in Off- und Nearshore-Regionen aufgebaut, um Kostenvorteile zu erzielen. Im Fokus stand dabei zunächst die Verlagerung so genannter »niederwertiger« Tätigkeiten mit dem Ziel, Lohnkostenunterschiede zu nutzen. Erstmals waren damit auch Beschäftigte in der Entwicklung und im Betrieb von Software- und IT-Systemen von der Globalisierung betroffen – durch Auslagerung von Routinetätigkeiten und durch den Wandel der verbliebenen Arbeit im Zuge der neuen globalen Arbeitsteilung und der Zusammenarbeit mit »verlängerten Werkbänken«. Mittlerweile zeichnen sich in vielen Unternehmen weitere Reifungsprozesse ab. In *global integrierten Unternehmen* ist der Aufbau von ausländischen Standorten nicht (mehr) eine singuläre Maßnahme zur unmittelbaren Kostensenkung, sondern Teil einer umfassenden Neuorganisation globaler Wertschöpfungsketten (vgl. Sahay et al. 2003; Flecker/Huws 2004).

Die Fähigkeit, global aus einem Guss zu agieren und sich dabei in global verteilten Wertschöpfungsketten zu bewegen, wird zu einem immer wichtigeren Wettbewerbsfaktor. Damit sind nicht mehr nur Routinetätigkeiten von Verlagerung betroffen, sondern auch »höherwertige« Aufgaben etwa in der Planung und im Design von IT-Systemen. Die globale Zusammenarbeit erfolgt hier häufiger auf Augenhöhe oder sogar unter der Bedingung, dass Projekte oder Prozesse von den Offshore- oder Nearshorestandorten aus gesteuert werden. In Vorreiterunternehmen werden darüber hinaus die Potenziale des Informationsraums für neue Formen der Integration der Beschäftigten in globale Arbeitsprozesse und die systematische Erschließung von globalen Arbeitskräfteressourcen entwickelt. Mit Konzepten wie *Cloud Working, Crowdsourcing und »Working in the open«* verflüssigen sich die Grenzen zwischen dem »Innen« und dem »Außen« des Unternehmens (Boes et al. 2014). Mit der Öffnung nach außen werden externe Arbeitskräfte und Anbieter systematisch über die Cloud eingebunden, und nach innen werden die Binnenstrukturen und darauf aufbauend das gesamte Produktionsmodell mit Anleihen an die Organisations- und Arbeitsformen der Open Source Community neu organisiert und anschlussfähig gemacht. Die Frage, ob Arbeiten intern oder extern erbracht werden sollen, kann so zum Gegenstand eines permanenten, ergebnisoffenen Entscheidungsprozesses gemacht werden.

Flankiert wird die Globalisierung in der IT-Branche von der fortschreitenden Standardisierung von Arbeitsprozessen. Während frühere Standards eher zu einer *Bürokratisierung* geführt hatten, die die Arbeitsprozesse selbst häufig nur wenig berührte, war mit Offshoring und der Ausdifferenzierung der Produktionskapazitäten ein immenser *Standardisierungsschub* verbunden, in dem sich der Umgang mit Standards veränderte. Nun werden gewachsene Arbeitsorganisationen in Bereichen und Teams systematisch auf den Prüfstand gestellt und neue Formen der Arbeitsteilung, neue Rollen und Aufgabenzuschnitte sowie neue Abläufe entlang von Prozessstandards (z. B. ITIL in den IT-Services) etabliert. Zunächst waren diese Maßnahmen noch an einem tayloristischen Industrialisierungsverständnis orientiert. Aktuell jedoch zeigen sich erste Ansätze eines »*neuen Typs der Industrialisierung*« (Boes 2004). Unternehmen suchen nach Wegen, um die individuelle »Genialität« und berufliche Erfahrung des einzelnen Entwicklers bzw. Servicemitarbeiters nicht auszuschalten, sondern in stabile Prozesse einzubinden (Boes/Kämpf 2011).

## 2. Globalisierung und Qualifikation:
### Triebfedern des Wandels in der Praxis erkennen

Globalisierung und Standardisierung sind in der IT-Branche zwei Seiten einer Medaille und mit einem tiefgreifenden Wandel von Arbeit und Qualifikation verbunden. Um diesen Wandel nachhaltig zu gestalten, greift der gewohnte Fokus auf technikgetriebene Qualifikationsanforderungen zu kurz. Wesentliche Triebfedern des Qualifikationswandels müssen zunächst in den Globalisierungs- und Standardisierungsstrategien des Unternehmens und im Wandel der Arbeit vor Ort erkannt und analysiert werden, damit neue Qualifikationsanforderungen systematisch erkannt und in sinnvolle Qualifizierung umgesetzt werden können.

*Produkte und Dienstleistungen im globalen Informationsraum*
Der Wandel von Produkten und Dienstleistungen im globalen Informationsraum ist eine der greifbarsten Folgen der Digitalisierung. Digitale Dienstleistungen, die mittlerweile das gesamte Leben durchziehen, oder Produkte wie das digitale Auto sind sichtbarer Ausdruck eines paradigmatischen Sprungs, der sich für die Menschen, die diese Produkte und Services erbringen, als grundlegender Wandel ihrer Arbeit darstellt. Für IT-Beschäftigte zeigt sich dieser Sprung auf den Ebenen von Basistechnologien, Hardware, Software und Services. Die Beschäftigten der Branche sind eine hohe Veränderungsdynamik vor allem in den Technologien und eine entsprechend lernintensive Arbeit gewohnt. Doch die mit dem Internet und der Entfaltung eines globalen Informationsraums verbundenen Innovationen vollziehen sich nicht in der gewohnten schrittweisen Form. Sie erfordern vielmehr von vielen Beschäftigten einen Sprung in ihren Qualifikationen, der nicht mehr durch eine einfache Anpassungsqualifizierung zu bewältigen ist, sondern eine grundlegende Neueinstellung auf eine neue IT-Welt und deren Aufgaben erfordert.

*Arbeiten in globalen Bezügen*
Softwareentwicklung und IT-Services im globalen Informationsraum bedeuten heute für viele Beschäftigte ein global verteiltes Arbeiten in globalen Kooperationsbeziehungen. Auf den ersten Blick scheint sich für sie der Qualifikationsbedarf vor allem auf Englischkenntnisse und ein Verständnis für kulturelle Unterschiede zu konzentrieren, doch bei genauerem Hinsehen wird deutlich, dass das Arbeiten in globalen Bezügen zur Triebfeder eines strukturellen Wandels von Arbeit und Qualifikation wird. Denn die Globalisierung ist mit neuer Arbeitsteilung und neuen Aufgabenzuschnitten in global verteilten Prozessen verbunden. Insgesamt kommt es – insbesondere in der Zusammenarbeit mit »verlängerten Werkbänken« – zu einer stärkeren Ge-

wichtung planender und steuernder Tätigkeiten. Gleichzeitig nimmt die Bedeutung ausführender Routinetätigkeiten tendenziell ab: durch Auslagerung
an Offshore-Standorte, durch Übergabe dieser Aufgaben an Fremdleister
oder auch durch Standardisierung und Automatisierung. Darüber hinaus stellen Kommunikation und Kooperation neue Anforderungen. Die Bewältigung
und Gestaltung sozialer Situationen in einem internationalen Umfeld stellt
tendenziell höhere Anforderungen nicht nur an soziale Kompetenzen, sondern an die gesamte berufliche Handlungskompetenz. Dabei sind in globalen
Bezügen sehr viel mehr soziale Situationen als früher medienvermittelt. Die
Kommunikation über E-Mail, soziale Dienste und Plattformen wird damit
auch in Situationen zur Pflicht, in denen bisher direkteren Kommunikations-
wegen (z. B. Meetings oder Telefonkonferenzen) der Vorzug gegeben wurde.
Die Fähigkeit, sich souverän in seinem Arbeitsumfeld zu bewegen, gerät so
doppelt unter Beschuss: Es müssen unbekannte und komplexe soziale Situationen auf ungewohnten digitalen Wegen bewältigt werden.

*Arbeiten in und mit Prozessen*
Die Globalisierung geht mit einem Schub in der Neuorganisation und Standardisierung der Prozesse einher. Die Folgen für die Beschäftigten sind viel-
schichtig: Aufgaben und Zuständigkeiten werden neu gefasst und bringen
neue Qualifikationsanforderungen mit sich. Der Prozess selbst wird zum Ge-
staltungsgegenstand und erfordert Prozesskompetenzen. Kooperationsbeziehungen in standardisierten Prozessen stellen neue Anforderungen im Bereich
der Sozial- und Selbstkompetenzen. Neben der Entwicklung dieser Handlungskompetenzen liegt für die Beschäftigten jedoch die eigentliche Krux
darin, sich von individuellen Arbeitstechniken und gewohnten Abläufen zu
lösen. In einem Arbeitsfeld, das sich durch eine hohe technische Komplexität
auszeichnet und bisher bei allen Standardisierungsbemühungen doch weitgehend auf der individuellen »Genialität« der Fachkräfte und ihren intuitiven
Problemlösungsstrategien beruhte, ist dies ein schwerwiegender Eingriff, der
Handlungskompetenz grundsätzlich in Frage stellen und Leistungsfähigkeit
unterminieren kann.

*Lernen und Wissensmanagement*
Globalisierung bedeutet in der IT-Branche auch, dass sich der Umgang mit
Lernen und Wissen verändert. Unternehmen verbessern in kontinuierlichen
Lernschleifen ihre Produkte und Prozesse für einen globalen Markt und betreiben ein systematisches Wissensmanagement. An die Beschäftigten wird
vermehrt die Anforderung gestellt, sich am »kollektiven Lernen« aktiv zu beteiligen, sich etwa in Foren oder Communities zu engagieren oder sich in

Scrum Meetings einzubringen. Sie sollen als Experten für Themen in der Organisation sichtbar sein und dafür ihre Kenntnisse und Erfahrungen aufbereiten und öffentlich kommunizieren. Abgesehen davon, dass dies für viele Beschäftigte, die sich nicht als »Digital Native« sehen, liegen die Herausforderungen in einem grundsätzlich neuen Umgang mit Wissen. Das erfordert, dass die Beschäftigten diese Aktivitäten in ihr Aufgabenverständnis einbauen. Wissen ist im IT-Bereich das zentrale »Kapital« des Einzelnen. Bisher war es eine sinnvolle Strategie, dieses Wissen zu hüten und möglichst wenig transparent zu machen, um sich berufliche Perspektiven zu eröffnen und die Gefahr von Austauschbarkeit zu reduzieren. Unternehmen haben lange Zeit diesen »Expertenmodus« unterstützt und auf das individuelle Wissen ihrer Beschäftigten gesetzt. Doch heute stehen die Beschäftigten vor der Herausforderung, ihren Umgang mit Wissen zu überdenken und Kompetenzen zu entwickeln, um sich an den Wissens- und Lernformen der Organisation beteiligen zu können.

*Personalumbau und berufliche Neuorientierung*
Die Globalisierung geht in vielen Fällen mit einer Verlagerung von Tätigkeiten einher, die für viele Beschäftigte den Verlust des Arbeitsplatzes bedeutet. In der Gesamtsicht auf die Branche oder auch auf große Unternehmen mündet diese Verlagerung in eine strukturelle Veränderung des Fachkräftebedarfs. In den Unternehmen verlieren umsetzende Job- bzw. Qualifikationsprofile z. B. in der Softwareentwicklung, beim Testen oder Administrationsaufgaben tendenziell an Bedeutung, planende und steuernde Profile (wie Design, Beratung, Projektmanagement) sowie Profile auf höherem Leistungsniveau (z. B. Senior Consultants, Senior Projektmanager) dagegen an Bedeutung zu. Beschäftigte stehen damit vor der Herausforderung, sich in einem strukturell veränderten Berufsfeld zu orientieren und hier – entweder akut aufgrund von Arbeitsplatzverlust oder aber vorausschauend – für sich berufliche Perspektiven zu erkennen und sich in neue Aufgabenfelder zu entwickeln. Im Berufsfeld IT, das bisher nur wenige einheitliche Berufsbilder, Aufgabenbeschreibungen oder Kompetenzprofile aufweist, die einen Rahmen für die berufliche Orientierung schaffen könnten, bestehen für die Beschäftigten und für alle anderen Akteure schon durch die mangelnde Transparenz erhebliche Hürden, berufliche Perspektiven vorausschauend zu gestalten. Neue Fachkarrieresysteme, das IT-Weiterbildungssystem und das European e-Competence Framework leisten hier zwar wichtige konzeptionelle Beiträge, die in den Unternehmen bisher aber nur wenig genutzt werden.

## 3. Qualifizierung neu denken:
### Konzepte und Prozesse für eine nachhaltige Globalisierung

Der Druck auf Unternehmen und Beschäftigte, Qualifikationen vorausschauend für die Strategien und Innovationen von morgen zu entwickeln, wirft die Frage auf, wie weit der Umgang mit Qualifikation und Qualifizierung in der IT-Branche auf diese Herausforderungen eingestellt ist. Hier sind verschiedene Zusammenhänge zu beleuchten: Einerseits unterliegt auch die Qualifizierung dem allgemeinen Kostendruck in der Branche sowie den Reorganisationsmaßnahmen seit den 1990er Jahren. Die Personalentwicklung hat dadurch insgesamt an Bedeutung und Gestaltungskraft in IT-Unternehmen eingebüßt (Baukrowitz/Boes 2002; vgl. auch Roth 2014) und der Individualisierung von Qualifizierung und der Verantwortung für die eigene »Employability« wurde Vorschub geleistet. Andererseits sind es die Leitbilder von IT-Qualifikation sowie daran orientierte Konzepte und Instrumente, die die Fähigkeit prägen, Qualifikationsanforderungen systematisch zu erkennen, zu analysieren und sinnvolle Qualifizierungsmaßnahmen zu entwickeln. Hier soll vor allem auf diesen zweiten Aspekt eingegangen werden. Denn die Globalisierung mit ihren Folgen für die Qualifikation stellt Anforderungen an die Konzepte und Prozesse in der Qualifizierung, die auch für Betriebsräte neu sind und von ihnen adressiert werden müssen, um ihre Qualifizierungspolitik an den Qualifizierungsinteressen der Beschäftigten orientieren zu können.[4]

*Orientierung auf ein ganzheitliches Leitbild beruflicher Handlungskompetenz*

Das Verständnis von IT-Qualifikation ist traditionell sehr eng auf technische Fachkompetenzen fokussiert. Veränderungen der Arbeit und damit verbundener Qualifizierungsbedarf werden durch diese Brille wahrgenommen. So wird die Frage nach neuen Qualifikationsanforderungen oft mit Verweisen auf neue Technikthemen (z.B. Big Data oder Cloud Computing) beantwortet. Und gleichzeitig werden – in Reaktion auf die Entwertung von Qualifikationen – ganze Qualifikationsprofile, die an veraltete Technologien gekoppelt sind, schnell als nicht mehr einsetzbar angesehen. Aus Sicht der Beschäftigten erweist sich diese Sicht auf den Wandel von Arbeit und Qualifikation als Sackgasse. Denn mit der Globalisierung finden wesentliche Veränderungen in anderen Dimensionen beruflicher Handlungskompetenz wie Methoden-, Sozial- und Selbstkompetenzen statt. Der bisher gewohnte Umgang mit IT-Qualifikation macht es aktuell allen Akteuren schwer, diese Veränderungen

---

4    Im Projekt IWP-IT wurden diese konzeptionellen Herausforderungen aus der Perspektive der Qualifizierungspolitik von Betriebsräten analysiert, und es wurden entsprechende Handlungsempfehlungen und Vorgehensweisen entwickelt (Baukrowitz et al. 2014).

in der Arbeit unter dem Gesichtspunkt neuer Qualifikationsanforderungen und Qualifizierung konzeptionell zu fassen. Die IT-Branche benötigt ein neues ganzheitliches Leitbild von IT-Qualifikation und entsprechende Konzepte für die Analyse von Qualifikationsbedarfen.

*Entwicklung einer neuen Fachlichkeit*
Auch die Fachkompetenz als eine tragende Säule der IT-Qualifikation wird mit der Globalisierung neu gefasst. War sie bisher auf technische Kompetenzen konzentriert, spiegelt sich hier nun die tendenziell abnehmende Bedeutung umsetzender, techniknaher Tätigkeiten wider. Stattdessen nehmen etwa planende und steuernde Tätigkeiten und Querschnittsaufgaben und damit auch andere Fachthemen (z.B. aus der Betriebswirtschaft, aus dem Vertrieb etc.) an Bedeutung zu. Um diese neuen Fachinhalte systematisch integrieren zu können, brauchen die IT-Beschäftigten ein neues Verständnis von IT-Fachlichkeit, das am gesamten Geschäftsprozess der IT orientiert ist.

*Wandel beruflicher Identität*
Für die Bewältigung von Veränderungen in der Arbeitswelt ist die berufliche Identität der Beschäftigten eine zentrale Instanz (Baukrowitz et al. 1994). Das Selbstbild als Berufsmensch, das Selbstkonzept eigener Fähigkeiten und die Selbstverortung in Gesellschaft und Arbeitswelt schaffen den Rahmen, um den Wandel zu reflektieren, sich z.B. für Qualifizierungsmaßnahmen zu entscheiden und neue Qualifikationen sinnvoll in das Qualifikationsprofil zu integrieren. Doch mit den Umbrüchen in der Globalisierung sehen viele IT-Beschäftigte ihre berufliche Identität untergraben. Die Entwertung umsetzender Tätigkeiten und damit verbundener (technischer) Kompetenzen sowie die Entwertung individueller Expertise und Problemlösungsstrategien stellen ihr Selbstbild als IT-Spezialist in Frage. Qualifizierungsstrategien für eine nachhaltige Globalisierung müssen das Thema »Wandel beruflicher Identität« adressieren und die Beschäftigten dabei unterstützen, sich als Berufsmenschen neu zu erfinden und so dem Qualifikationswandel Sinn zu geben.

*Professionalisierung und Standardisierung von Qualifikation*
Die IT ist ein Berufsfeld, in dem sich bisher nur wenige Qualifikationsstandards herausgebildet haben (Dostal 2006). Qualifikationsprofil und Ausbildungshintergrund von IT-Beschäftigten können selbst bei identischen Arbeitsplatzbeschreibungen sehr unterschiedlich sein, denn Qualifizierungs- und Karrierestrategien waren hochgradig individuell. Doch mit der Globalisierung und der Standardisierung von Prozessen ist auch ein massiver Schub in der Professionalisierung und Standardisierung von Qualifikationen ver-

bunden. Qualifizierungs- und Karrierestrategien bewegen sich in Zukunft in einem sehr viel stärker professionalisierten Berufsfeld im Spannungsfeld von Austauschbarkeit und Entwertung einerseits und Transparenz und exklusiver Abgrenzung von Zuständigkeit andererseits.

*Gestaltung des Qualifizierungsprozesses*
Die Globalisierung in der IT-Branche stellt hohe Anforderungen an die Fähigkeit aller Akteure im Unternehmen, den skizzierten Wandel von Arbeit und Qualifikation zu analysieren und vorausschauend Maßnahmen zur Qualifizierung abzuleiten. Wo früher Qualifizierungsentscheidungen häufig eher situativ gefällt wurden, sind heute ein strategisches Denken und funktionierende Prozesse in der Qualifizierung gefragt. Von der Strategieentwicklung über verschiedene Ebenen der Bedarfsanalyse und -planung bis hin zur Umsetzung von Maßnahmen und dem Einsatz neuer Qualifikationen am Arbeitsplatz sollten die Prozesse zeitlich und sachlich sinnvoll ineinandergreifen, um eine systematische und zeitnahe Kopplung von globalisierungsstrategischen Entscheidungen und Qualifizierungsmaßnahmen zu erreichen.

Sofern unternehmensseitig überhaupt von einer Planung und Umsetzung von Qualifizierung gesprochen werden kann, sind es in der aktuellen Unternehmenspraxis vor allem die Schnittstelle zwischen strategischer und operativer Ebene der Qualifizierung sowie die Schnittstelle zwischen Qualifikations- und Personalplanung des Unternehmens und der individuellen Qualifikations- und Karriereplanung der Beschäftigten, die sich als besonders kritisch erweisen. Sind operative Planungs- und Umsetzungsschritte nicht systematisch an die Globalisierungsstrategie des Unternehmens gekoppelt und ist die Ermittlung des Qualifikations- und Personalbedarfs des Unternehmens nicht mit Qualifizierungsgesprächen und individuellen Planungsprozessen verbunden, so werden individuelle und betriebliche Strategien für eine vorausschauende Qualifikationsentwicklung gleichermaßen unterminiert.

## 4. Strategische Neuorientierung in der Qualifizierungspolitik

Die zentrale Bedeutung einer vorausschauenden Qualifizierung für eine nachhaltige Globalisierung auf Basis von Innovationsfähigkeit, Beschäftigungssicherheit und Guter Arbeit erfordert das Engagement von Betriebsräten für mehr und bessere vorausschauende Qualifizierung.

In vielen Unternehmen der IT-Branche gibt es bereits eine lange und erfolgreiche Tradition, sich als Betriebsrat in Weiterbildungs- und Personalentwicklungsthemen zu engagieren. Doch mit der Globalisierung und den skizzierten neuen Anforderungen an Konzepte und Prozesse in der Qualifizierung müssen auch Betriebsräte ihr Vorgehen in der Qualifizierungspolitik auf den Prüfstand stellen. Zum Abschluss sollen deshalb die zentralen Ansatzpunkte für eine strategische Neuorientierung in der Qualifizierungspolitik von Betriebsräten skizziert werden.

*Sich strategisch auf eine neue Phase der Globalisierung einstellen*
Die zentrale strategische Frage ist die nach der Rolle der Qualifizierungspolitik in der neuen Phase der Globalisierung. Für Betriebsräte stand in der Phase rein kostengetriebener Offshore- und Nearshore-Strategien vor allem das Thema Personalabbau im Vordergrund. Aktivitäten zur Verhinderung der Abbaumaßnahmen und – wo diese fehlschlugen – die soziale Abfederung der Folgen über Interessenausgleich und Sozialplan prägten die strategische Orientierung des Betriebsrats. Doch diese Orientierung greift in der neuen Phase der Globalisierung zu kurz. Über die jeweils akuten Abbaumaßnahmen hinaus müssen Betriebsräte den Blick immer mehr auf die mit Globalisierung und Standardisierung einhergehenden Umbrüche richten. Für sie stellt sich die Frage, wie nachhaltig die Globalisierungsstrategie des Unternehmens ist, ob sie auch langfristig Beschäftigung sichern kann und mit welchen Maßnahmen der Betriebsrat auf Globalisierungsstrategien und ihre operative Umsetzung Einfluss nehmen kann. Qualifizierungspolitik wird zu einem wichtigen Baustein in einer auf eine nachhaltige Globalisierung gerichteten Interessenvertretung, so dass Stellenwert, Ziele und Vorgehensweisen dieses Handlungsfelds überdacht und neu gefasst werden müssen.

*Am Qualifikationswandel vor Ort ansetzen*
Die Qualifizierungspolitik von Betriebsräten ist bisher einerseits durch die Regelung der Rahmenbedingungen von Qualifizierung über Tarifverträge und Betriebsvereinbarungen und andererseits durch eine kritische, aber eher reaktive Begleitung von Personalentwicklungs- und Qualifizierungsmaßnahmen des Unternehmens geprägt. Doch in vielen Unternehmen zeigt sich: Regelungen kommen häufig bei den Beschäftigten nicht an und können dadurch kaum einen Beitrag für die Qualifikationsentwicklung leisten; in der betrieblichen Qualifizierungspraxis wiederum wird vor allem dort reagiert, wo das Unternehmen aktiv geworden ist. Beschäftigtengruppen außerhalb des Fokus der Personalentwicklung geraten auch bei Betriebsräten leicht aus dem Blickfeld.

Um diese Brandmauer zwischen unternehmens- oder konzernweiten Regelungen und ihrer Umsetzung zu überwinden und von einem reaktiven zu einem proaktiven Handeln in der Qualifizierungspolitik zu gelangen, ist es für Betriebsräte von zentraler Bedeutung, sich verstärkt in die Gestaltung des Qualifikationswandels vor Ort, in operativen Unternehmensbereichen, Abteilungen und Teams einzuschalten. Hier helfen allgemeingültige Diagnosen und Patentrezepte nicht weiter. Sie bergen für Betriebsräte sogar die Gefahr, Beschäftigtengruppen systematisch auszublenden oder in Widerspruch zu den Anforderungen vor Ort zu geraten. Vielmehr geht es darum, eine Brücke zu schlagen zwischen den Globalisierungsstrategien im Unternehmen einerseits (und dafür z. B. ihre Informationen aus Wirtschaftsausschuss und anderen Quellen systematisch zu nutzen) und dem Wandel von Arbeit und Qualifikation aus Beschäftigtensicht andererseits (und hier danach zu fragen, welche Triebfedern auf Arbeit und Qualifikation einwirken und wie die Beschäftigten – unter Berücksichtigung der skizzierten konzeptionellen Herausforderungen – systematisch durch Qualifizierung unterstützt werden können). Damit kann eine wesentliche Grundlage für ein aktives Handeln, ausgerichtet an den Qualifizierungsinteressen der Beschäftigten, geschaffen werden, in dem sich die Potenziale zentral getroffener Vereinbarungen und Regelungen entfalten können.

*Qualifizierung zu einem kollektiven Thema machen*
Das Thema Qualifizierung ist wie kaum ein anderes von einer zunehmenden Individualisierung geprägt. »Lebenslanges Lernen« und individuelle Verantwortung für die eigene »Employability« sind mittlerweile zu einem Mantra geworden, in das häufig nicht nur Führungskräfte und Personalentwickler einstimmen, sondern auch Beschäftigte und Betriebsräte.

Um die Qualifizierungspolitik als Baustein für eine nachhaltige Globalisierung anzulegen und dabei am Qualifikationswandel vor Ort und den Qualifizierungsinteressen der Beschäftigten ansetzen zu können, müssen Betriebsräte diesem Individualisierungstrend aktiv entgegentreten. Qualifikation muss zu einem kollektiven Thema werden, in dem sich gemeinsam getragene Qualifizierungsinteressen und individuelle Sichtweisen verbinden und so die Basis für ein kollektives Handeln geschaffen wird. Gelingt dies nicht, treffen Betriebsräte schnell auch bei den Beschäftigten auf Ablehnung und Misstrauen gegenüber Versuchen, in individuelle Strategien im Umgang mit Qualifikation einzugreifen.

Dreh- und Angelpunkt ist dabei die aktive Einbeziehung der Beschäftigten in die Qualifizierungspolitik – sowohl als Experten für den Wandel von Arbeit und Qualifikation als auch als wichtiger Akteur in der Formulierung und Durchsetzung von Qualifizierungsinteressen (etwa in Qualifizierungsgesprächen, in Abteilungs- und Projektsitzungen). Die Kommunikation des Themas Globalisierung und Qualifikation kann deshalb kein Monolog sein, in dem Informationen nur in eine Richtung, vom Betriebsrat zu den Beschäftigten, fließen. Vielmehr geht es darum, die Kommunikation als Dialog und als gemeinsamen Prozess der Analyse und Gestaltung des Qualifikationswandels in der globalen IT-Branche anzulegen.

## Literatur

Aspray, W./Mayadas, F./Vardi, M. (2006): Globalization and Offshoring of Software. A Report of the ACM Job Migration Task Force. Forschungsbericht der Association for Computing Machinery.

Baukrowitz, A./Boes, A. (1996): Arbeit in der »Informationsgesellschaft«. Einige grundsätzliche Überlegungen aus einer (fast schon) ungewohnten Perspektive. In: Schmiede, R. (Hg.): Virtuelle Arbeitswelten. Arbeit, Produktion und Subjekt in der »Informationsgesellschaft«. Berlin: edition sigma, S. 129–158.

Baukrowitz, A./Boes, A. (2002): Weiterbildung in der IT-Industrie. In: WSI-Mitteilungen 55 (1), S. 10–18.

Baukrowitz, A./Boes, A./Kämpf, T./Marrs, K. (2014): Qualifizieren für eine nachhaltige Globalisierung als Handlungsfeld für den Betriebsrat. Herausgegeben von ver.di.

Baukrowitz, A./Boes, A./Eckhardt, B./Hütten, U./Jung, U./Michelsen, K./Zetzmann, M. (1994): Software als Arbeit gestalten. Konzeptionelle Neuorientierung der Aus- und Weiterbildung von Computerspezialisten. Opladen: Westdeutscher Verlag.

Boes, A. (2004): Offshoring in der IT-Industrie. Strategien der Internationalisierung und Auslagerung im Bereich Software und IT-Dienstleistungen. In: Boes, A./Schwemmle, M. (Hg.): Herausforderung Offshoring. Internationalisierung und Auslagerung von IT-Dienstleistungen. Düsseldorf: edition der Hans-Böckler-Stiftung, S. 9–140.

Boes, A. (2005a): Informatisierung. In: SOFI/IAB/ISF München/INIFES (Hg.): Berichterstattung zur sozioökonomischen Entwicklung in Deutschland. Arbeits- und Lebensweisen. Erster Bericht. Wiesbaden: VS Verlag für Sozialwissenschaften, S. 211–244.

Boes, A. (2005b): Auf dem Weg in die Sackgasse? Internationalisierung im Feld Software und IT-Services. In: Boes, A./Schwemmle, M. (Hg.): Bangalore statt Böblingen? Offshoring und Internationalisierung im IT-Sektor. Hamburg: VSA, S. 13–65.

Boes, A./Baukrowitz, A./Kämpf, T./Marrs, K. (Hg.) (2012): Qualifizieren für eine global vernetzte Ökonomie. Vorreiter IT-Branche: Analysen, Erfolgsfaktoren, Best Practices. Wiesbaden: Springer Gabler.

Boes, A./Kämpf, T. (2011): Global verteilte Kopfarbeit. Offshoring und der Wandel der Arbeitsbeziehungen. Berlin: edition sigma.

Boes, A./Kämpf, T./Langes, B./Lühr, T./Steglich, S. (2014b): Cloudworking und die Zukunft der Arbeit. Herausgegeben von der Beratungsstelle für Technologiefolgen und Qualifizierung (BTQ) im Bildungswerk der Vereinten Dienstleistungsgewerkschaft (ver.di) im Lande Hessen e.V./Input Consulting GmbH Stuttgart, BTQ Kassel, Kassel/Stuttgart.

Castells, M. (1996): The Rise of the Network Society. Oxford: Blackwell.

Dostal, W. (2006): Berufsgenese – ein Forschungsfeld der Berufsforschung, erläutert am Beispiel der Computerberufe. Nürnberg: IAB.

Roth, I. (2014): Die Arbeitsbedingungen in der IT-Dienstleistungsbranche aus Sicht der Beschäftigten. Herausgegeben vom ver.di-Bereich Innovation und Gute Arbeit, Berlin. Online verfügbar unter: http://innovation-gute-arbeit.verdi.de/gute-arbeit/materialienundstudien.

Tapscott, D./Williams, A.D. (2010): Makrowikinomics. Rebooting Business and the World. London: Atlantic Books.

Bernd Kaßebaum/Thomas Ressel/Hanna Schrankel

# Berufsbildung 4.0
## Ein bildungspolitischer Kompass für die Gestaltung der digitalen Arbeitswelt

### Einleitung

In der durch Digitalisierung geprägten Arbeitswelt kommen Bildung und Qualifizierung eine Schlüsselrolle zu. Soweit besteht Einigkeit. Einigkeit besteht auch in Bezug auf die Bedeutung der Weiterbildung. Unklarheit besteht darin, ob neue Berufe entstehen, und wenn ja, welche, ob und wie vorhandene Berufe weiter entwickelt werden und zu guter Letzt, wie die Inhalte und Strukturen von Weiterbildung beschaffen sein müssen, um berufliche Handlungskompetenz zu fördern und bestehenden Belegschaften eine Beschäftigungsperspektive in der digitalisierten Arbeitswelt zu eröffnen.

Im Kern geht es um die Frage, welche Funktionen Facharbeit in der digitalen Arbeitswelt erhalten wird. Damit verbunden sind Probleme, wie das neue Verhältnis von Ingenieur- und Facharbeit bestimmt werden kann oder wie es gelingt, gering Qualifizierten eine Brücke in die neue Arbeitswelt zu bauen.

In diesem Beitrag wird die These vertreten, dass der Berufsbildung hierbei eine herausragende Rolle zukommt. Wir nennen diese neue Qualität von Berufsbildung in der Logik von Industrie 4.0 »Berufsbildung 4.0«, weil sie die inhaltlichen Anforderungen der digitalisierten Arbeitswelt aufnimmt und die notwendigen inhaltlichen und strukturellen Schlussfolgerungen zieht. Die Überlegungen bauen auf dem Leitbild der »erweiterten modernen Beruflichkeit« (IG Metall 2014) auf und präzisieren es in Bezug auf Digitalisierung. »Berufsbildung 4.0« ist in diesem Sinne noch mehr Programm als schon fertiges Konzept. Aber aufbauend und verbunden mit den Überlegungen zur »erweiterten modernen Beruflichkeit« kann es gleichsam als Kompass zur Beantwortung der durch die Digitalisierung aufgeworfenen Fragen dienen. Denn unter dem Konzept der Beruflichkeit verstehen wir

a) definierte Qualitätsansprüche an berufliches Lernen in Ausbildung und Studium,

b) die Beteiligung der Sozialparteien bei der curricularen Entwicklung von Berufsbildern und Studiengängen entlang dieser Qualitätsansprüche und

c) die Stärkung und Weiterentwicklung reflexiver beruflicher Handlungsfähigkeit.[1]

---

[1]  Zum Leitbild der IG Metall siehe: https://wap.igmetall.de/erweiterte-moderne-beruflichkeit.htm

Digitalisierung verstehen wir dabei nicht als technischen, sondern als »Prozess des sozio-ökonomischen Wandels« (Hirsch-Kreinsen 2015, S. 10), in dem berufliche Bildung im Verhältnis zu Technik nicht nur als abgeleitete Größe zu betrachten ist, sondern selbst auch umgekehrt Optionen für eine lernförderliche Gestaltung von Technik und Arbeitsorganisation beinhaltet. Gute Arbeit und gute Bildung bedingen sich gegenseitig.

### Arbeitsorganisation in der digitalisierten Arbeitswelt

Bezogen auf die möglichen Konsequenzen der Digitalisierung für Arbeit und Qualifikation werden unterschiedliche Szenarien diskutiert. So entwirft Dworschak einerseits das »Automatisierungsszenario«, das von einer weitgehend dezentralisierten und automatisierten Produktion ausgeht. In diesem Szenario treffen gleichsam die Maschinen die Entscheidung, die Produktionsarbeit wird zu großen Teilen dequalifiziertes Anhängsel und Handlanger autonom agierender Technik. Die verbleibenden dispositiven Inhalte konzentrieren sich in der von IngenieurInnen und InformatikerInnen dominierten Prozessüberwachung. Demgegenüber steht das »Spezialisierungsszenario«, in dem der Automatisierungsgrad in der Produktion zwar ebenfalls zunimmt, die Entscheidungs- und Prozesskompetenz zwischen Werkstatt und Produktionssteuerung aber aufgeteilt ist.[2]

Einen weiteren Ansatz diskutieren Ahrens und Spöttl. Sie sehen drei Szenarien an der Schnittstelle von Mensch und Maschine. Das von ihnen so genannte »Werkzeugszenario« zeichnet sich durch die Entwicklung von Expertensystemen mit Werkzeugcharakter für die FacharbeiterInnen aus; das auch von ihnen so genannte »Automatisierungsszenario« läuft auf die technisch-organisatorische Einschränkung dispositiver Arbeitsinhalte hinaus und führt zur Entwertung beruflicher Qualifikationen. Das »Hybridszenario« führt in der Mensch-Maschine-Interaktion zu neuen Anforderungen in Interaktion und Kooperation, aber auch zu neuen qualifikatorischen Anforderungen an die Arbeitskräfte.

Hirsch-Kreinsen fasst die möglichen Perspektiven mit den Begriffen des »Upgradings« und der »Polarisierung« von Qualifikationen. Das Upgrading könnte demnach auf zwei Wegen eintreten: *erstens* durch die massive Verdrängung von Einfachtätigkeiten aus der Produktion, was rechnerisch eine »Höherqualifizierung« für die verbleibenden Tätigkeiten zur Folge hätte, ohne dass sich für die Verbleibenden etwas ändern müsste; *zweitens* durch

---

2 Die beiden Begriffe »Automatisierungs-« und »Spezialisierungsszenario« sind einem Vortrag von Bernd Dworschak entnommen, den dieser am 17.6.2015 im Bildungsausschuss der IG Metall hielt.

eine alle Beschäftigtengruppen umfassende real durchgeführte Höherqualifizierung, die arbeitspolitisch zu breit angelegten Weiterbildungsaktivitäten führen müssten. Die »Polarisierung« von Qualifikationen dagegen ergäbe sich, wenn die mittlere, von Facharbeitern, Technikern, Meistern und kaufmännischen SachbearbeiterInnen gebildete Qualifikationsebene wegschmelzen und eine Restgruppe von verbleibenden, aus Kostengründen nicht zu automatisierenden Einfachtätigkeiten einer kleinen Gruppe von hoch qualifizierten Beschäftigten gegenüberstünde. Die Alternative zu beiden genannten Entwicklungen bestünde in der Einbettung digitalisierter Arbeitsprozesse in eine kooperative und lernförderliche Arbeitsorganisation (Hirsch-Kreinsen 2015).

Zusammenfassend folgen die entworfenen Szenarien mehrheitlich zwei Denkmustern: »eine Richtung, die auf Nach- und Weiterqualifizierung von Facharbeitern setzt, damit sie als Partner auch bei veränderten technologischen und arbeitsorganisatorischen Strukturen agieren können; eine andere Diskussionsrichtung versucht, der selbstständigen Steuerung durch Maschinen vorrangige Priorität einzuräumen, um auf das Know-how der Facharbeiter verzichten zu können.« (Ahrens/Spöttl 2015, S. 190) Welches Szenario letztendlich dominieren wird, ist nicht zuletzt eine Frage der Arbeits-, Bildungs- und Betriebspolitik. Die IG Metall hat hier einen Gestaltungsauftrag für eine Humanisierung der digitalisierten Arbeitswelt.

### Qualifikationsanforderungen in der digitalisierten Arbeitswelt

Fasst man die wenigen bisher vorliegenden Studien zu diesem Themenkomplex zusammen, so wird deutlich, dass die Bedeutung überfachlicher Kompetenzen zunehmen und Arbeitsinhalte wie aktive Problemlösung, IT-Kompetenzen, Arbeiten in vernetzten Systemen, Beherrschung komplexer Arbeitsinhalte, Steuerung der Kommunikation, die Koordination von Prozessen eine größere Rolle spielen werden. Aber hüten sollte man sich davor, die berufsfachlichen Qualifikationen von Facharbeit zu vernachlässigen. Auch wenn Szenarien mit hohen Automationsgraden denkbar sind, ist doch nach allen Erfahrungen nicht vorstellbar, dass die neuen Anlagen störungsfrei laufen. Wartungs- und Instandhaltungsarbeiten, Werkzeugwechsel oder Maschineneinstellungen werden daher auch in Zukunft notwendig sein. Bildungspolitisch ist der Versuchung zu widerstehen, aus der Digitalisierung auf den Bedeutungsverlust realer Produktionserfahrung zu schließen.

Nach Angaben des Fraunhofer-Instituts gehen mehr als 80 Prozent der von ihnen befragten 500 Personalverantwortlichen davon aus, dass die Beschäftigten weiter qualifiziert werden müssen (vgl. Wirtschaftswoche vom 13.10.2014). Sie sehen die zunehmend wichtigere IT-Kompetenz in Fertigung, Montage und Instandhaltung. Die Bedeutung der Prozesskompetenz nimmt ebenso zu wie die Notwendigkeit interdisziplinären Denkens und die Problemlösefähigkeit. Systemische Kompetenzen sowohl im Umgang mit Computeranwendungen wie in Bezug auf komplexe Arbeitsabläufe nehmen zu. Zugleich bedarf es auch in Zukunft hoher Produktionskompetenz, des Fachwissens über Bearbeitungsmethoden und die Erfahrungen mit realen Produktionsabläufen. Tendenziell – so Ittermann/Niehaus – »wachsen qualifizierte Wissensarbeit und traditionelle Produktionsarbeit immer weiter zusammen.« (Ittermann/Niehaus 2015)

Bezogen auf die für erforderlich gehaltenen überfachlichen Qualifikationen, beispielhaft Teamfähigkeit, Kooperationsbereitschaft, Zuverlässigkeit, Mobilität und Lernbereitschaft, lässt sich festhalten, dass sie bereits »heute fester Bestandteil von Metall- und Elektroberufen« (Ahrens/Spöttl 2015, S. 198) sind. Die für die Metall- und Elektroberufe geschaffenen Ausbildungsordnungen bilden demnach eine gute Basis. Im Grundsatz kann man davon ausgehen, dass sie weiter entwickelt werden können. Einzelne Berufe wie der Produktionstechnologe, der bisher von der Wirtschaft allerdings nur in geringer Zahl nachgefragt wird, enthalten bereits Beschreibungen, die in die digitalisierte Arbeitswelt verweisen. In der Verordnung zu diesem dreijährigen Beruf werden z. B. das Anfahren neuer Prozesse, das Durchführen und Dokumentieren von Testreihen, das Organisieren logistischer Prozesse für Produkte, Werkzeuge, das Simulieren von Prozessen, das Produzieren und Testen von Mustern und Prototypen sowie das Erkennen von Verbesserungspotenzialen in den Prozessabläufen als Ausbildungsinhalte zugrunde gelegt.

Zurzeit mehren sich auch die betrieblichen Initiativen zur Abschätzung der im Zuge der Digitalisierung veränderten Qualifikationsanforderungen (so beispielsweise das Siemens Professional Education Projekt Industrie 4.0@SPE). In einem zwischen dem Bundesinstitut für Berufsbildung und der Volkswagen Group Academy vereinbarten »Entwicklungsprojekt« (vgl. Zinke/Padur 2015), sollen beispielhaft die Veränderungen in der Komponenten- und Aggregatefertigung, im Karosseriebau und in der Lackiererei erforscht werden. Dabei sollen die Tätigkeitsprofile mit den Ausbildungsberufsprofilen von ElektronikerInnen (für Betriebstechnik und Automatisierungstechnik), MechatronikerInnen und FachinformatikerInnen (Fachrichtung Anwendungsentwicklung) verglichen werden. Auskünfte erhofft man sich bis Ende 2016 u. a. für die Novellierung der Berufe, für Kernqualifikationen und hinsichtlich der Frage, welche »Stufungen, Fachrichtungen oder Schwerpunkte« (Zinke/Padur 2015, S. 5) sinnvoll sein können und ob künftig neben einem »konventionellen« auch ein Bedarf an einem »Mechatroniker Industrie 4.0« besteht.

Ob jetzt die »Stunde der Informatiker« schlägt (vgl. Wirtschaftswoche vom 9.2.2015), sei dahingestellt. Aber klar ist, dass die Entwicklung von cyber-physischen Systemen auch im Bereich der Ingenieurausbildung und Ingenieurbeschäftigung die Integration von verschiedenen ingenieurwissenschaftlichen Disziplinen benötigt. Automationstechnik, Prozess- und Unternehmenssteuerung müssen ganzheitlich gelöst werden. Dafür müssen auch Wissensbestände aus Anlagen- und Maschinenbau, Elektro- und Automatisierungstechnik und Informatik zusammengeführt werden. Auch wenn nicht zwangsläufig neuen Studiengänge entstehen werden, so müssen doch »Maschinenbauer in Informatik und Informatiker in Maschinenbau« (vgl. VDI-Nachrichten vom 24.10.2014) qualifiziert werden.

IngenieurInnen und InformatikerInnen haben im Prozess der Digitalisierung eine Schlüsselrolle. Sie sind Entwickler und Anwender. In welcher Form sie Technikgestaltung prägen, hängt von ihrem Berufsbild und ihrer Ausbildung ab. Ingenieure neigen dazu, auch soziale Probleme mit technischen Mitteln lösen zu wollen. Und es gibt eine tradierte Tendenz, die Potenziale von Facharbeit systematisch unterschätzen zu wollen. Zudem sind sie selbst auch Anwender in Arbeitsverhältnissen, die horizontal wie vertikal die gleichen überfachlichen Anforderungen nach Kommunikationsfähigkeit und Kooperationsbereitschaft verlangen. Dazu gibt es konzeptionelle Vorschläge, z.B. bei den Gewerkschaften in den Konzepten der »innovativen Ingenieurausbildung« oder in dem Vorschlag, die Ingenieurausbildung nicht nur an die fachwissenschaftliche Systematik, sondern auch an die Entwicklung beruflicher Handlungskompetenz zu binden. Hinweisen muss man auch auf aktuelle Diskurse im VDI, auf die Entwicklung beruflich-fachlicher Standards in den internationalen Fachsiegeln der Ingenieurswissenschaften und ihre Verankerung im Akkreditierungssystem oder auf konkrete Ansätze wie die Lernfabrik im Rahmen des Ingenieurstudiums. Die digitale Arbeitswelt macht diese Diskurse notwendiger denn je. Kooperative Arbeitsmodelle, die auch auf eine verstärkte Zusammenarbeit von FacharbeiterInnen und IngenieurInnen hinauslaufen, machen sie unabdingbar.

Gehen die Erwartungen abhängig von den unterschiedlichen Szenarien unter dem Strich von Perspektiven für qualifizierte Beschäftigte aus, so ist es sehr wahrscheinlich, dass durch die fortschreitende Automatisierung Arbeitsplätze mit geringen Qualifikationsanforderungen in hohem Maße wegfallen werden. Den gering Qualifizierten droht ein weiterer Schub der Vertreibung aus dem geregelten Arbeitsmarkt, wenn ihnen nicht über die Weiterbildung der Weg geebnet wird. Das gleiche Schicksal droht auch älteren Beschäftigten zu widerfahren, wenn sie keine Unterstützung auf dem Weg in die veränderte Arbeitswelt erhalten. Eine der zentralen Fragen ist also auch, wie gering Qualifizierte auf dem Weg in die digitalisierte Arbeitswelt mitgenommen werden können.

### Berufsbildung 4.0: ein Kompass für ein zukunftsfähiges Bildungskonzept

Das Bildungskonzept von Berufsbildung 4.0 erweitert das Verständnis der IG Metall von Beruflichkeit auf Studium und wissenschaftliche Weiterbildung. Dabei werden auch zukünftig die Besonderheiten jeweiliger Bildungswege zu beachten, aber gleichzeitig die Anwendung gemeinsamer Prinzipien für die Gestaltung von Lernprozessen zu diskutieren sein. Gemeinsame Prinzipien des beruflichen Lernens für Ausbildung und Studium leisten einen Beitrag zur notwendigen Integration von Fachkräften und akademisch ausgebildeten Beschäftigten in der digitalisierten Arbeitswelt. Wir wollen vier Aspekte der erweiterten modernen Beruflichkeit betonen.[3]

*a) Das Verhältnis von Erfahrungs- und Wissenschaftsorientierung*
Durch die Digitalisierung ist das Verhältnis von Erfahrungs- und Wissenschaftsorientierung im beruflichen Handeln neu zu bestimmen. Wir unterstützen die These, dass auch in den künftigen Arbeitsstrukturen »Qualitäten eines dynamischen Erfahrungswissens eine besonders große Rolle« (Pfeiffer/ Suphan 2015, S. 212) spielen werden. Andererseits werden Anteile eines wissenschaftsorientierten Arbeitshandelns zunehmen. Dieses Verhältnis von Erfahrungs- und Wissenschaftsorientierung gilt nach unserer Auffassung im Prinzip, aber in unterschiedlichen Ausprägungen, für Ausbildung und Studium. In Richtung Studium ist zu argumentieren, dass ein rein kognitiver oder wissensbasierter Zugang nicht reicht. Benötigt werden wissenschaftliche und (!) berufliche Handlungskompetenzen. Duale Studiengänge sind dafür ein Beispiel ebenso wie an beruflichem Handeln orientierte Praxisphasen im Studium. Daraus lässt sich ein starker Impuls für eine neue Qualität – berufsbezogener – Praxis im Studium und für die Integration beruflichen Lernens entwickeln. Wissenschaftsorientierung im Studium heißt, dass wissenschaftliche Gegenstände und Methoden nicht nur erlernt, sondern in Bezug auf ihre Aussagen, Folgen und Vorgehensweisen auch reflektiert werden können. In Richtung Ausbildung ist festzustellen, dass eine in der Dualität von (praxisorientierter) Theorie und (reflektierter) Praxis beruhende berufliche Ausbildung den Anteil wissenschaftlicher Erkenntnisse bei der Bewältigung beruflicher Aufgaben erhöhen muss, um den kompetenten Umgang mit vernetzten Systemen und komplexen Arbeitsabläufen zu erlernen.

---

3   Das Leitbild enthält 15 Qualitätsdimensionen, die hier im Detail nicht diskutiert werden können. Siehe dazu: IG Metall 2014.

*b) Die Bedeutung von arbeits- und geschäftsprozessorientiertem Lernen*

Eine breite Fachlichkeit, ein hohes Maß an sozialen Kompetenzen und eine hohe Flexibilität im Umgang mit Arbeitsanforderungen, so könnten die Anforderungen an qualifizierte Arbeit in der digitalen Arbeitswelt umschrieben werden. Berufliches Lernen umfasst fachliches und soziales Wissen, den Erwerb von Handlungsfähigkeit und die im Lernprozess ermöglichten praktischen Erfahrungen. Es muss daher prozess- und problemorientiert sein. Es zielt auf Selbstständigkeit. Methodisch orientiert es sich an den Konzepten des »entdeckenden« und des »forschenden« Lernens.

Es geschieht am besten in der Bewältigung von berufstypischen Aufgaben und orientiert sich an realen und für den Beruf zentralen Arbeits- und Geschäftsprozessen. Vor- und nachgelagerte Bereiche sind dabei ebenso einzubeziehen wie die systemischen Prozesse einer – digitalisierten – Produktionssteuerung und der flexiblen Automatisierung. Berufliches Lernen zielt horizontal, d. h. in und zwischen den Arbeitsbereichen und in vor- und nachgelagerte Bereiche, und vertikal, d. h. z. B. im Verhältnis von Werkstatt und Produktionssteuerung, auf kooperatives Arbeitshandeln. Die für die digitale Arbeitswelt typischen Arbeitsaufgaben an den Schnittstellen von Mechanik, Elektrotechnik und Informatik sind sowohl für die Ausbildungsberufe wie für die Studiengänge noch zu identifizieren. Die bereits genannten Projekte werden dafür Hinweise geben. Ausbildungsordnungen und Studienprogramme sind entsprechend weiter zu entwickeln. Für das Studium ist der Bezug auf berufstypische Aufgaben zum Teil noch Neuland.

*c) Berufliches Lernen zielt auf die Reflexion und Gestaltung von Arbeit und Bildung*

Im Realprozess wird die Digitalisierung der Arbeitswelt in vielen kleinen und großen Schritten vor sich gehen. Es werden auf unterschiedlichen Ebenen arbeitspolitische Aushandlungsprozesse stattfinden. Beschäftigte sind Teil dieser Prozesse. Daher muss die Entwicklung ihrer Gestaltungskompetenz in verschiedenen Dimensionen Inhalt der beruflichen Lernprozesse sein. Im Kontext neuer Arbeits- und Beschäftigungsformen mit den Risiken und Möglichkeiten erzwungener und freiwilliger Arbeitswechsel gewinnt die Fähigkeit, Lern- und Berufswege und damit auch die biografische Entwicklung mitzugestalten, klar an Bedeutung. Bildungsbiografische und arbeitspolitische Interessen müssen erkannt und Wege der Umsetzung identifiziert werden. Berufliches Lernen zielt darauf, sich mit den eigenen und den sozialen Bedürfnissen und Interessen auseinander zu setzen, individuelle und kollektive Rechte kennen zu lernen, sich mit KollegInnen über Alternativen in Bezug auf Arbeitsorganisation, Technikeinsatz und Produktion zu verständigen und sich im Rahmen der betrieblichen und gewerkschaftlichen Interessenvertretung für sie einzusetzen.

*d) Berufliches Lernen ist Bildung*
Die Diskussion über mögliche und sinnvolle Arbeits- und Beschäftigungsformen in der digitalisierten Arbeitswelt wird überlagert von weitreichenden Prozessen der Ökonomisierung von Bildung, Arbeit und Gesellschaft. Berufliche Qualifikation wird vielfach auf Anpassqualifizierung reduziert. Im Konzept der Beruflichkeit ist immer auch Persönlichkeitsentwicklung enthalten. Berufliches Lernen ist soziales Lernen, es fördert und entwickelt berufliche und soziale Identität. Notwendig sind »ganzheitliche« Bildungsprozesse, die auch die Reflexion beruflicher, sozialer, ökonomischer und gesellschaftlicher Erfahrungen ermöglichen. In der Reflexion dieser Erfahrungen in den Spannungsfeldern und Widersprüchen zwischen subjektiven Bedürfnissen und sozialen Interessen, zwischen Ökonomie und Ökologie und zwischen Kapital und Arbeit formen sich Interessen und soziale Identität heraus. Beruflichkeit steht für ein flexibles, an den Anforderungen des Arbeitsmarktes wie an den Ansprüchen einer subjektbezogenen Berufsbildung ausgerichtetes emanzipatorisches Bildungskonzept. Es ist die Alternative zu Qualifizierungskonzepten, deren Reichweite durch das marktkonforme Konzept der Employability (»Beschäftigungsfähigkeit«) begrenzt wird.

## Berufsbildung 4.0: ein Kompass für Politikgestaltung

Das qualitative Verständnis von Beruflichkeit kann dazu beitragen, die digitale Arbeitswelt an Vorstellungen der Humanisierung von Arbeit auszurichten. Es wird darum gehen, die Erwerbs- und Bildungschancen der Individuen zu erweitern und zu verbessern und sinnvolle Arbeit zu erhalten. Berufsbildung 4.0 ist damit ein Kompass für Politikgestaltung. Zentrale berufsbildungspolitische Herausforderungen sind:

*a) Gleichwertigkeit von Bildungswegen verwirklichen und erfahrbar machen*
Statusunterschiede zwischen allgemeiner und beruflicher Bildung haben ihre Legitimation in einer digitalen Arbeitswelt nach unserer Auffassung endgültig verloren. In den Betrieben geht es um die Definition gemeinsamer und solidarischer Regeln für die Gestaltung und Besetzung von Arbeitsplätzen. Die berufliche Fortbildung muss als gleichwertige Alternative zum Erwerb von Hochschulabschlüssen weiterentwickelt werden. Es reicht nicht aus, die Gleichwertigkeit im Deutschen Qualifikationsrahmen transparent zu machen, sie muss in Betrieben und Gesellschaft handlungsleitend werden und für die Beschäftigten erfahrbar sein. Bekommen Fortbildungsabsolventen ge-

genüber hochschulisch Ausgebildeten den gleichen Zugang zu verantwortlichen Aufgaben und Positionen? Erhalten sie eine vergleichbare Eingrup-
pierung bei vergleichbaren Aufgaben? Bildungswege müssen betriebs- und
tarifpolitisch unterstützt werden. Berufsbildung braucht die Verzahnung mit
Betriebs-, Arbeits- und Tarifpolitik.

*b) Durchlässigkeit zwischen den Bildungswegen stärken*
Die digitale Arbeitswelt verlangt von den Beschäftigten mehr berufliche Mobilität. Dafür ist die soziale Durchlässigkeit zwischen Aus-, Fortbildung sowie
Studium und wissenschaftlicher Weiterbildung eine entscheidende Rahmenbedingung. Durchlässigkeit muss durch die gegenseitige Anerkennung und
Anrechnung von formal und informell erworbenen Kompetenzen, durch den
Abbau von vorhandenen Hürden beim Hochschulzugang, beim Eintritt in die
wissenschaftliche Weiterbildung und durch die Schaffung neuer Lernwege an
der Schnittstelle von Berufsbildung und Hochschulsystem gestärkt werden.

*c) Ausbildungsberufe kontinuierlich überprüfen und modernisieren*
Die bisherigen Erfahrungen mit der Weiterentwicklung von Berufen haben
die Flexibilität des Systems unter Beweis gestellt. Gerade die prozessorientierte, an der vollständigen beruflichen Handlung ausgerichtete Berufsausbildung bildet die Basis für zukünftige Anforderungen der Digitalisierung.
Ausbildungsberufe müssen entlang der Qualitätsansprüche an berufliches
Lernen im bewährten Kooperationsverfahren der Sozialparteien überprüft
und modernisiert werden. Erste Voruntersuchungen veränderter Kompetenzanforderungen in Berufen infolge der Digitalisierung finden bereits in den
Gremien des Bundesinstituts für Berufsbildung statt. Die Ordnungsarbeit
muss weiterentwickelt werden. Berufsfelder und Anschlussmöglichkeiten an
eine berufliche Erstausbildung sollten kontinuierlich beobachtet werden.
Hierzu schlagen die Gewerkschaften bereits seit geraumer Zeit die Einrichtung von Berufsfachkommissionen vor.

*d) Berufliche Fortbildung weiterentwickeln*
Um in der digitalen Arbeitswelt kooperative und durchlässige Arbeitsformen
zu realisieren, müssen für die Beschäftigten innerbetriebliche Aufstiegswege
erhalten und weiterentwickelt werden. Fortbildungsabschlüsse dürfen nicht
zu einer Sackgasse werden. Derzeitige berufliche Fortbildungsabschlüsse
(z. B. Meister, Fachwirte) qualifizieren überwiegend für Führungsaufgaben,
oft bekommen oder wollen AbsolventInnen dieser Fortbildungen keine solche Aufgabe. Zu prüfen ist die Möglichkeit, spezialisierte Fachkarrieren mit
dem Fokus der fachlichen Expertise zu entwickeln. Ein Beispiel ist der Ab-

schluss des Kfz-Servicetechnikers, der auf dem Weg zum Kfz-Meister absolviert werden kann und dessen Ausbildung für den Meisterabschluss komplett angerechnet wird. Dieses mit dem Kfz-Meister verzahnte Modell funktioniert in der Praxis, es bringt nennenswerte Teilnehmerzahlen und führt in der betrieblichen Praxis oft zu einem erweiterten Verantwortungs- und Aufgabenzuschnitt sowie verbesserter Bezahlung. Ein anderes Beispiel ist der Abschluss des Technischen Industriemanagers der IHK München, dessen AbsolventInnen als ExpertInnen für Technik und Unternehmensführung oberhalb des Industriemeisters arbeiten können. Dieser Abschluss wurde gemeinsam von IHK München und IG Metall auf den Weg gebracht.

*e) Studiengänge mitgestalten*
Berufliches Lernen im wissenschaftlichen Studium ist möglich und, wie eine Reihe von Studienreformprojekten zeigt, auch machbar. In Bezug auf die Digitalisierung kommt den technischen Berufen in den Ingenieurwissenschaften und in der Informatik sowohl in der Entwicklung als auch in den daraus folgenden Arbeitsprozessen eine Schlüsselrolle zu. Ob die digitalisierte Industriearbeit die Hierarchisierung und Polarisierung von Qualifikationsanforderungen vorantreibt oder sie zur Basis kooperativer Arbeit wird, hängt entscheidend schon in der Entwicklung davon ab, wie die Arbeitsorganisation und die Schnittstelle von Mensch und Maschinensystem gestaltet wird. Produktionsnaher Ingenieurarbeit eröffnen sich neue Chancen für attraktive Arbeit in kooperativen Arbeitsformen gemeinsam mit Facharbeitern, Technikern und Meistern. Die Möglichkeiten der Akkreditierung müssen genutzt und verstärkt werden. Dazu gibt es Vorschläge zur Berücksichtigung beruflicher und fachlicher Referenzsysteme. Zudem müssen die Mitwirkungsmöglichkeiten der Sozialpartner auch in der Phase der Studienganggestaltung verbessert werden.

*f) Hybride Bildungsformate weiterentwickeln*
Das duale Studium muss weiterentwickelt und neue Bildungswege zwischen Hochschule, dualer Ausbildung und beruflicher Fortbildung müssen gedacht werden. Für duale Studiengänge müssen Qualitätsstandards insbesondere für den betrieblichen Teil der Ausbildung entwickelt werden. Bisher gibt es hier lediglich die Qualitätsvorgaben im Rahmen der Akkreditierung von Studiengängen, die sind gerade für die betriebliche Praxisphase nicht hinreichend.

*g) Abschlussorientierte Nachqualifizierung breiter aufstellen*

Einer Studie des Wissenschaftszentrum Berlin (WZB) zufolge zählt auf dem deutschen Arbeitsmarkt vor allem der berufliche Abschluss. »Es reicht nicht aus, lediglich die Kompetenzen gering Qualifizierter zu schulen. Um deren Arbeitsmarktchancen nachhaltig zu verbessern, ist es wichtig, dass sie berufliche Abschlüsse nachholen können. Dazu muss es Angebote geben«, sagen Heisig und Solga vom WZB (Heisig/Solga 2015). Deshalb ist es wichtig, für gering Qualifizierte Wege zum Berufsabschluss zu gestalten. Dabei geht es um pädagogische Konzepte, die zum Berufsabschluss führen, um die Sicherung eines zeitlichen Rahmens für Weiterbildung sowie um die materielle Absicherung des Bildungsprozesses. Mit dem Tarifvertrag zur Bildungsteilzeit und der Weiterentwicklung des WeGebAU-Programms hat sich die IG Metall bereits erfolgreich für verbesserte Bedingungen eingesetzt (vgl. IG Metall 2015). Nun gilt es, die geschaffenen Möglichkeiten betrieblich zu nutzen und dabei das Ziel des Berufsabschlusses nicht aus dem Auge zu verlieren. Eine nachqualifizierende duale Berufsausbildung ist machbar: praktische Ausbildung im Betrieb als Arbeitszeit und theoretische Ausbildung bei einem Bildungsanbieter als Teilzeit. Die von der IG Metall durchgesetzte Bildungsteilzeit ermöglicht Beschäftigten eine ausreichende materielle Absicherung und gute Lernbedingungen.

**Fazit**

Das Verhältnis zwischen Mensch und Maschine wird sich in »hybriden« Systemen, in denen Technologie selbst in Bereichen zum »Akteur« wird, neu ausbilden. Ob die digitalisierte Industriearbeit die Hierarchisierung und Polarisierung von Qualifikationsanforderungen vorantreibt oder sie zur Basis kooperativer Arbeit wird, hängt entscheidend davon ab, wie die Arbeitsorganisation und die Schnittstelle von Mensch und Maschinensystem gestaltet wird. Produktionsnaher Ingenieurarbeit eröffnen sich neue Chancen für attraktive Arbeit in kooperativen Arbeitsformen gemeinsam mit Facharbeitern, Technikern und Meistern. IngenieurInnen müssen auf diese Arbeitsformen durch das Studium vorbereitet werden.

Gute Arbeit in einer digitalisierten Arbeitswelt kann nur heißen, dass Beschäftigte handlungsfähig als Planer und Entscheider digitaler Technologien agieren und nicht als deren Anhängsel. Die Veränderungen im Rahmen der fortschreitenden Digitalisierung der Arbeit machen eine an Beruflichkeit ausgerichtete Arbeit wichtiger denn je. Berufliche Handlungsfähigkeit in einer digitalisierten Arbeitswelt zu erhalten bzw. zu ermöglichen setzt eine breite, an den Prinzipien der Beruflichkeit ausgerichtete Bildung voraus. Ein breites, emanzipatorisches Fundament, das Lernen im Arbeitsprozess, interdisziplinäres und kritisches Denken werden im Zuge immer komplexerer Arbeitsanforderungen wichtiger denn je. Es bedeutet aber auch nicht zuletzt, gering Qualifizierten Zugang zu einer ebensolchen Berufsbildung zu ermöglichen. Ebenso verschärft sich die Notwendigkeit bestehender Forderungen nach gemeinsamen Prinzipien der Beruflichkeit in hochschulischer und beruflicher Bildung, um einer Polarisierung und Hierarchisierung von Qualifikation entgegen zu wirken. Die Antwort zum Erhalt beruflicher Handlungsfähigkeit in zunehmend abstrakten und komplexen Arbeitszusammenhängen und den wachsenden Anforderungen zur Selbstökonomisierung der Beschäftigten sowie der verstärkten Verdrängung gering Qualifizierter entgegen zu treten, muss eine breite berufliche Qualifikation, die sowohl Erfahrungs- als auch Wissenschaftsorientierung beinhaltet, verankert werden. Wir sind also gut beraten, die berufliche Organisation von Arbeit als Basis für gewerkschaftliche Berufsbildungspolitik beizubehalten und uns gleichzeitig verstärkt der Weiterentwicklung eines Konzepts zur Berufsbildung 4.0 zuzuwenden.

## Literatur

Ahrens, Daniela/Spöttl, Georg (2015): Industrie 4.0 und Herausforderungen für die Qualifizierung. In: Hirsch-Kreinsen, Hartmut/Ittermann, Peter/Niehaus, Jonathan (Hrsg.), Digitalisierung industrieller Arbeit, Baden-Baden, S. 183–202.

Dworschak, Bernd (2015): Digitalisierung der Arbeitswelt und Herausforderungen für die Qualifizierung, Vortrag vor dem Bildungsausschuss der IG Metall, Juni

Gewerkschaftliches Gutachternetzwerk (Hg., 2009): Studium als Wissenschaftliche Berufsausbildung. Gewerkschaftliches Argumentationspapier zur Gestaltung und Akkreditierung von Bachelor- und Masterstudiengängen in den Ingenieurwissenschaften. Berlin, Düsseldorf, Frankfurt am Main, Hannover – Oktober.

Heisig, Jan Paul/Solga, Heike (2015); WZBrief Arbeit, Januar, http://bibliothek.wzb.eu/wzbrief-arbeit/WZBriefArbeit192015_heisig_solga.pdf.

Hirsch-Kreinsen, Hartmut (2014): Wandel von Produktionsarbeit – Industrie 4.0. In: WSI-Mitteilungen Heft 6, S. 421–429.

Hirsch-Kreinsen, Hartmut (2015): Einleitung: Digitalisierung industrieller Arbeit, In: Hirsch-Kreinsen/Ittermann/Niehaus 2015 (s. o.), S. 7–30.

IG Metall Vorstand (2014): Ressort Bildungs- und Qualifizierungspolitik, Diskussionspapier. Erweiterte moderne Beruflichkeit. Ein gemeinsames Leitbild für die betrieblich-duale und die hochschulische Berufsbildung, November.

IG Metall Vorstand (2015): Themenheft Bildungsteilzeit umsetzen, Juni.

Ittermann, Peter/Niehaus, Jonathan (2015): Industrie 4.0 und Industriearbeit, in: Hirsch-Kreinsen/Ittermann/Niehaus 2015 (s. o.), S. 31–50.

Pfeiffer, Sabine (2014): Digitalisierung, Arbeit und Beschäftigung. Vortrag auf der 6. Engineering und IT-Tagung der IG Metall 2014. http://www.sabinepfeiffer.de/files/downloads/Pfeiffer-2014-EngineeringTagung.pdf (letzter Abruf: 27.3.2015).

Pfeiffer, Sabine/Suphan, Anne (2015): Industrie 4.0 – das Gestaltungspotenzial der Beschäftigten anerkennen und nutzen, in: Hirsch-Kreinsen/Ittermann/Niehaus 2015 (s. o.), S. 203–228.

Spath, Dieter (Hg., 2013): (Fraunhofer IAO), Produktionsarbeit der Zukunft – Industrie 4.0, Stuttgart.

Windelband, Lars/Dworschak, Bernd (2015): Arbeit und Kompetenzen in der Industrie 4.0, In: Hirsch-Kreinsen/Ittermann/Niehaus 2015 (s. o.), S. 69–84.

Zinke, Gert/Schenk, Harald (2014): Berufsfeldanalysen als Voruntersuchung zur Bildung einer möglichen Berufsgruppe (Abschlussbericht), Bonn.

Zinke, Gert/Padur, Torben (2015): Berufsbildung – Digitalisierung der Arbeit in produktionsunterstützenden Bereichen der Automobilindustrie am Beispiel Volkswagen und mögliche Konsequenzen für affine Ausbildungsberufe. Projektbeschreibung. Bonn, April.

# Anhang
## Die Arbeitswelt von heute:
## Daten, Schwerpunkte, Trends

Der folgende Anhang erläutert einige wichtige und aktuelle Trends im Arbeits- und Gesundheitsschutz und zur Gestaltung von Guter Arbeit und präsentiert ausgewählte Daten an Hand einiger Themenschwerpunkte. Ein Anspruch auf Vollständigkeit wird nicht erhoben. Verfasser dieses Anhangs sind André Leisewitz (Abschnitt 1), Jürgen Reusch (Abschnitte 2.1 bis 2.3, 4.2, 5.1 und 5.2), Joseph Kuhn und Benjamin Moritz (Abschnitte 3.1 bis 3.4) sowie Uwe Lenhardt (Abschnitt 4.1). Die Grafiken und Tabellen im Anhang hat Frank Walensky angefertigt.

# 1. Aktuelle Verbreitung und Nutzung digitaler Arbeitsmittel

Ein Indikator für die Digitalisierung der Arbeitswelt ist die Verbreitung digitaler Arbeitsmittel. Seit 1979 liegen hierzu aus den Erhebungen des BIBB/IAB bzw. BIBB/BAuA[1] Daten vor. Gefragt wurde in diesen nach Auskunft der Institute repräsentativen Erhebungen[2] u. a. nach der Verwendung von Arbeitsmitteln, wobei zwischen gelegentlicher Verwendung und »überwiegender Verwendung« (»Hauptarbeitsmittel«) unterschieden wurde. Wenn in den nachstehenden Tabellen von »Verbreitungsgrad« gesprochen wird, so ist die Summe beider Verwendungsformen gemeint. Dabei kann davon ausgegangen werden, dass »gelegentliche Verwendung« beschreibt, »welche Hilfsmittel bei fortschreitender Technik in traditionelle Berufs- und Tätigkeitsprofile integriert werden«, während bei »überwiegender Verwendung« anzunehmen ist, »dass [die] Arbeitsmittel die Strukturen der Tätigkeiten und damit der Anforderungen an den Arbeitsplätzen nachhaltiger prägen und dass der Arbeitsmitteleinsatz bei den jeweiligen Berufen zu nachhaltigen Strukturveränderungen geführt hat«.[3] Die Datenerhebung erfolgte alle sechs Jahre, zuletzt 2012; 2006 wurde die Arbeitsmittel-Verwendung nicht erhoben. Die Daten werden wegen unterschiedlicher Erhebungs- und Auswertungsmodi im Folgenden für die Jahre 1979-1999 und 2012 getrennt wiedergegeben. Die Daten für 2012 entstammen einer Sonderauswertung der BIBB/BAuA-Erwerbstätigenbefragung 2012.[4]

Abb. 1 gibt die Entwicklung der Arbeitsmittelverwendung in der Wirtschaft der alten Bundesrepublik in den achtziger und neunziger Jahren des letzten Jahrhunderts wieder. Auf den ersten Blick fällt als entscheidende Veränderung der Bedeutungszuwachs computergestützter Arbeitsmittel auf, deren Verbreitungsgrad (gelegentliche und überwiegende Verwendung) von 1979 bis 1999 auf das Vereinhalbfache steigt. Der Hauptschub erfolgt

---

1 BIBB: Bundesinstitut für Berufsbildung; IAB: Institut für Arbeitsmarkt- und Berufsforschung der Bundesanstalt für Arbeit; BAuA: Bundesanstalt für Arbeitsschutz und Arbeitsmedizin.
2 Die Erhebungsgröße lag bei den BIBB/IAB-Erhebungen bei ca. 30.000 erwerbstätigen Personen (1991/92: 34.343); Ziel war eine repräsentative Stichprobe von 0,1 Prozent der Erwerbstätigen. In der BIBB/BAuA-Erhebung 2012 wurden 20.036 Personen befragt (Telefoninterviews). Jeweils Erwerbstätige ab 15 Jahren mit einer Arbeitszeit von mindesten 10 Stunden/Woche; aus Sprachgründen wurden nur deutsche Erwerbstätige befragt. Vgl. Werner Dostal u. a. (Hrsg.), Wandel der Erwerbsarbeit: Arbeitssituation, Informatisierung, berufliche Mobilität und Weiterbildung. Beiträge zur Arbeitsmarkt- und Berufsforschung (BeitrAB) 231, Nürnberg 2000, S. 1ff, S. 131 und S. 133; Peter Wittig u.a., Grundauswertung der BIBB/BAuA-Erwerbstätigenbefragung 2012, Dortmund/Dresden 2013, S. 6ff.
3 Lothar Troll, Die Arbeitsmittellandschaft in Deutschland im Jahre 1999, in: Werner Dostal u.a. (Hrsg.), Wandel der Erwerbsarbeit: Arbeitssituation, Informatisierung, berufliche Mobilität und Weiterbildung, a. a. O., S. 127f.
4 Peter Wittig, BAuA, schriftl. Mitt. vom 02.06. und 09.09.2015.

| Abb. 1: Verbreitungsgrad von Arbeitsmitteln in der Bundesrepublik Deutschland 1979–1999 (Erwerbstätige, in Prozent; Mehrfachnennungen) | | | Gute Arbeit | |
|---|---|---|---|---|
| | **1979** | **1985** | **1992** | **1999** |
| Einfache Werkzeuge/Geräte | 30 | 32 | 33 | 31 |
| Instrumente (medizinische/chemische) | 7 | 7 | 8 | 11 |
| Feinmechanisches-, Mess-, Prüfgerät | 6 | 18 | 19 | 20 |
| Angetriebenes Handwerkszeug | 17 | 16 | 18 | 18 |
| Handgesteuerte Maschine | 10 | 9 | 11 | 14 |
| Automatische Maschinen | 9 | 9 | 10 | 10 |
| Schreibzeug | 47 | 51 | 63 | 67 |
| Schreibmaschine | 22 | 27 | 25 | 16 |
| Diktiergerät | 8 | 10 | 13 | 13 |
| Elektronische Kasse, Scannerkasse | 2 | 2 | 2 | 4 |
| Computergesteuerte Arbeitsmittel | 14 | 21 | 37 | 62 |

Verbreitungsgrad: gelegentliche plus überwiegende Verwendung; Computergesteuerte Arbeitsmittel: CNC-, NC-Maschinen, Computer, PC, Laptop, Notebook u. a.; 1979 und 1985: »alte Bundesländer«; 1992 und 1999: »alte« und »neue Bundesländer«.
Quelle: BIBB/IAB-Erhebungen 1979, 1985/86, 1991/92 und 1998/99, nach: Lothar Troll, Die Arbeitsmittellandschaft in Deutschland im Jahre 1999, in: Werner Dostal u. a. (Hrsg.), Wandel der Erwerbsarbeit: Arbeitssituation, Informatisierung, berufliche Mobilität und Weiterbildung. Beiträge zur Arbeitsmarkt- und Berufsforschung (BeitrAB) 231, Nürnberg 2000, S. 131.

seit Mitte der 1980er Jahre mit der breiten Einführung von Bürocomputern. Im gleichen Zeitraum erfahren andere wichtige Arbeitsmittelkategorien – einfache und angetriebene (Hand-)Werkzeuge und Geräte, handgesteuerte und automatische Maschinen –, die insbesondere für den »produktiven« Bereich der Arbeitswelt und die Tätigkeit von Arbeitern charakteristisch sind, keinen wesentlichen quantitativen Bedeutungswandel. Technische Veränderungen in diesem Bereich drücken sich hier in erster Linie aus in der wachsenden Verwendung von feinmechanischen-, Mess- und Prüfgeräten (Verdreifachung) sowie in (hier nicht erfassten) höheren Stufen der Mechanisierung und Automatisierung. Im Bürosektor geht mit dem wachsenden Einsatz von Personalcomputern ein Bedeutungsverlust traditioneller Schreibarbeit (Schreibmaschinen) einher. Die Veränderung in den zwanzig Jahren von 1979 bis 1999 drückt sich sinnfällig darin aus, dass 1979 computergestützte Arbeitsmittel noch halb so häufig als Arbeitsmittel genannt wurden wie einfache Werkzeuge und Geräte, 1999 aber doppelt so häufig. 1999 wird nur noch »einfaches Schreibgerät«, das fast jedermann bei der Arbeit braucht, etwas häufiger genannt (vgl. aber Abb. 4). Die Hauptveränderungen bei den Arbeitsmittelkategorien betreffen dabei die

| Abb. 2: Einsatz von computergesteuerten Arbeitsmitteln in der Bundesrepublik Deutschland 1969–1999 (Erwerbstätige, in Prozent) | | | | | Gute Arbeit |
|---|---|---|---|---|---|
| | 1969 | 1979 | 1985 | 1992 | 1999 |
| Verbreitungsgrad (gelegentliche plus überwiegende Verwendung) | - | 14 | 21 | 36 | 62 |
| Gelegentliche Verwendung | - | 8 | 14 | 22 | 26 |
| Überwiegende Verwendung (Hauptarbeitsmittel) | 0,4[1] | 6 | 7 | 14 | 36 |

Verbreitungsgrad: gelegentliche plus überwiegende Verwendung; Computergesteuerte Arbeitsmittel: CNC-, NC-Maschinen, Computer, PC, Laptop, Notebook u.a.; 1969 bis 1985: »alte Bundesländer«; 1992 und 1999: »alte« und »neue Bundesländer«.
– keine Angabe
1 »elektronische Datenverarbeitungsanlagen«
Quellen: Sondererhebung des Mikrozensus 1969; BIBB/IAB-Erhebungen 1979, 1985/86, 1991/92 und 1998/99, nach: Lothar Troll, Die Arbeitsmittellandschaft in Deutschland im Jahre 1999, in: Werner Dostal u.a. (Hrsg.), Wandel der Erwerbsarbeit: Arbeitssituation, Informatisierung, berufliche Mobilität und Weiterbildung. Beiträge zur Arbeitsmarkt- und Berufsforschung (BeitrAB) 231, Nürnberg 2000, S. 132f.

| Abb. 3: Verbreitung von Computern als Arbeitsmittel, BRD 2012 (Erwerbstätige, in Prozent) | Gute Arbeit |
|---|---|
| Mit Computern arbeiten manchmal oder häufig | 81,2 |
| Nie mit Computern arbeiten | 18,8 |
| Von den Erwerbstätigen, die manchmal oder häufig mit Computern arbeiten, sind | |
| – Arbeiter | 19,4 |
| – Angestellte | 60,0 |
| – Beamte | 6,9 |
| – Selbstständige | 9,8 |
| – Freiberuflich Tätige | 2,5 |
| – Freie Mitarbeiter | 0,7 |
| – andere (Mithelfende, nicht entscheidbar etc.) | 0,7 |

Quelle: BIBB/BAuA-Erwerbstätigenbefragung 2012, Sonderauswertung.

Arbeit von Angestellten und anderen nichtmanuellen Beschäftigtengruppen.

Da in den Erhebungen keine Zeitbudgets der Arbeitsmittelverwendung erfasst wurden, sind Angaben zur Intensität der Nutzung digitaler Arbeitsmittel allerdings nicht möglich. Abb. 2 ermöglicht aber die Unterscheidung zwischen gelegentlicher und überwiegender Verwendung von computergestützten Arbeitsmitteln, die Ende der 1960er Jahre quantitativ noch keine Rolle spielen und nur in Gestalt von Datenverarbeitungsanlagen in separaten Rechenzentren vorkommen. Die gelegentliche Verwendung, die als Integration von Computertechnologie in traditionelle Arbeitsverfahren interpretiert

| Abb. 4: Das wichtigste Arbeitsmittel, BRD 2012 (Erwerbstätige, in Prozent) | Gute Arbeit |
|---|---|
| **Werkzeug, Gerät,** | **20,2** |
| darunter: | |
| einfaches Handwerkszeug | 12,7 |
| angetriebenes Handwerkszeug | 2,7 |
| **Maschinen, Anlagen** | **4,4** |
| davon: | |
| handgesteuerte Maschinen | 1,0 |
| automatische Maschinen | 1,1 |
| computergesteuerte, vollautomatische Maschinen | 0,6 |
| verfahrenstechnische Anlagen, Fertigungsanlagen, Anlagen zur Energieerzeugung | 0,3 |
| sonstige Maschinen und Anlagen | 1,4 |
| **Messgeräte und Diagnosegeräte** | **4,3** |
| darunter: | |
| elektronische Messgeräte und Hilfsmittel, computergesteuerte Analysesysteme, Diagnosegeräte | 1,2 |
| **Computer, EDV-Geräte** | **45,2** |
| davon: | |
| Personal-/Bürocomputer | 42,6 |
| tragbarer Computer, Laptop, Notebook | 2,0 |
| Peripheriegeräte | 0,4 |
| Computer für die Steuerung von Maschinen, Anlagen, sonstige Computer, EDV-Geräte | 0,2 |
| **Büro- und Kommunikationsgeräte** | **7,7** |
| darunter: | |
| einfaches Schreibzeug | 3,8 |
| stationäres Telefon (analog oder ISDN) | 2,6 |
| Handy, Funkgerät, Personenrufgerät | 0,5 |
| Fahrzeuge und Transportmittel | 10,1 |
| **Andere Geräte, Hilfsmittel** | **8,2** |
| darunter: | |
| Mechanische oder elektrische Registrierkassen | 2,4 |
| Bücher, Arbeitsblätter, Literatur, Texte, Akten | 2,2 |
| Gesamt | 100 |

Quelle: BIBB/BAuA-Erwerbstätigenbefragung 2012, Sonderauswertung; eigene Berechnungen

werden kann, verdreifacht sich zwischen 1979 und 1999; die Verwendung als Hauptarbeitsmittel, das den Charakter der Arbeit deutlich prägt und strukturiert, versechsfacht sich dagegen. In den 1980er Jahren ist bei der Einführung von computergestützten Arbeitsmitteln die gelegentliche Verwendung noch der dominierende Prozess, in den 1990er Jahren dagegen ihre Verwendung als Hauptarbeitsmittel. Der eigentliche, die Arbeitswelt nachhaltig verändernde Umbruch fällt also in die 1990er Jahre.

Der Blick auf die Erhebung für 2012 – mehr als eine Dekade später – zeigt zuerst einen weiteren starken Schub bei der allgemeinen Verwendung von computergestützten Arbeitsmitteln. Der Verbreitungsgrad ist von 62% (1999) auf 81% (2012) gestiegen, schon nicht mehr ganz so stark wie im vorhergehenden Jahrzehnt, was auf eine allmähliche Sättigung verweist. Dass die Computer-Verwendung in erster Linie eine Sache der Angestelltenbeschäftigung ist, zeigt der Angestelltenanteil von 60%, während der Angestelltenanteil am Befragungssample (nach gleicher Quelle, in Abb. 3 nicht ausgewiesen) bei etwas über 56% liegt. Auch bei den Beamten ist der Anteil der Computerverwender überdurchschnittlich hoch, angesichts ihrer vorwiegenden Arbeitstätigkeit durchaus verständlich. Umgekehrt kommt gelegentliche oder häufige Computerverwendung bei Arbeitern unterdurchschnittlich häufig vor (19,4%-Anteil bei den Verwendern gegenüber 25,4%-Anteil bei den Befragten). Diese Angaben zeigen aber auch, dass die Arbeitswelt der Arbeiter heute ebenfalls stark durch Computernutzung geprägt wird.

2012 nach ihrem wichtigsten Arbeitsmittel gefragt (Abb. 4), nennen 45% aller Erwerbstätigen Computer und EDV-Geräte (bei der Befragung waren anders als in den früheren Erhebungen – siehe. Abb. 1 – keine Mehrfachnennungen möglich). Nach wie vor ist der Anteil einfacher Werkzeuge/Geräte mit 20% groß. Etwa 3% der Erwerbstätigen arbeiten an automatischen/vollautomatischen Maschinen und Anlagen; der quantitativ geringe Beschäftigtenanteil ist die Kehrseite der hohen Produktivität der Arbeit an diesen Anlagen. Hier wo es um das wichtigste Arbeitsmittel geht, spielt »einfaches Schreibzeug« eine völlig untergeordnete Rolle (anders als in Abb. 1, wo es auf Grund der Möglichkeit der Mehrfachnennung so häufig vorkam).

| Abb. 5: Einsatz von Computern in Unternehmen, BRD 2011-2014 | | Gute Arbeit |
|---|---|---|
| | **2011** | **2014** |
| Unternehmen mit | in Prozent aller Unternehmen | |
| – Computereinsatz | 85 | 91 |
| – Internetzugang | 82 | 89 |
| – Verkäufen über Internet | 13 | 17 |
| – Einkäufen über Internet | 44 | 36 |
| Tätige Personen im Unternehmen, die für geschäftliche Zwecke nutzen: | in Prozent aller im Unternehmen tätigen Personen | |
| – Computer mit Internetzugang | 54 | 54 |
| – Gerät mit mobilem Internetzugang | 25* | 21* |

Quelle: Stat. BA, Nutzung von Informations- und Kommunikationstechnologien in Unternehmen 2014, Wiesbaden 2014, S. 8, 10, 33.
* Aus methodischen Gründen nur bedingt vergleichbar.

In Ergänzung zu den Erhebungen von BIBB/BAuA für 2012 können Daten aus der letzten Erhebung des Statistischen Bundesamtes zu IuK-Technologien in den Unternehmen der Bundesrepublik für 2011 und 2014 herangezogen werden (Abb. 5). Sie ergeben: 90% der Unternehmen setzen heute Computer ein und verfügen über einen Internet-Zugang; deutlich über 50% der Beschäftigten in den Unternehmen (über alle Branchen und Größenklassen hinweg) nutzen bei ihrer beruflichen Tätigkeit Computer und Internetzugang, etwa ein Viertel der Beschäftigten Geräte mit mobilem Netzzugang. Diese Daten passen mit jenen der BIBB/BAuA-Erhebung hinsichtlich der Verbreitung betrieblicher Computernutzung gut zusammen.

# 2. Basisdaten zu Arbeitsbedingungen und Arbeitsverhältnissen

## 2.1 Prekarisierung – auf dem Weg zur prekären Vollerwerbsgesellschaft

Die aktuellen Daten zur Erwerbsbevölkerung zeigen, dass sich der im vergangenen Jahr skizzierte Trend zur »prekären Vollerwerbsgesellschaft« auf hohem Niveau stabilisiert hat. Soziale Unsicherheit ist dauerhaft in eine hochentwickelte, reiche und noch immer sozialstaatlich organisierte kapitalistische Gesellschaft wie die Bundesrepublik zurückgekehrt. »Längst besteht kein Zweifel mehr, dass sich in Deutschland ein prekärer Sektor herausgebildet hat, der sich durch große Lohnspreizung und geringe Aufwärtsmobilität auszeichnet. Dieser Sektor hängt wie ein Bleigewicht am Arbeitsmarkt. Dieses Bleigewicht zieht Löhne und Arbeitsstandards nach unten und sorgt so für eine Verwilderung des Arbeitsmarktes und der sozialen Konflikte«, heißt es im Beitrag von Klaus Dörre im Jahrbuch Gute Arbeit 2014 (S. 27).

Robert Castel und Klaus Dörre schreiben an anderer Stelle: »Als prekär kann ein Erwerbsverhältnis bezeichnet werden, wenn die Beschäftigten aufgrund ihrer Tätigkeit deutlich unter ein Einkommens-, Schutz- und soziales Integrationsniveau sinken, das in der Gegenwartsgesellschaft als Standard definiert und mehrheitlich anerkannt wird. Und prekär ist Erwerbsarbeit auch, insofern sie subjektiv mit Sinnverlusten, Anerkennungsdefiziten und Planungsunsicherheit in einem Ausmaß verbunden ist, das gesellschaftliche Standards deutlich zuungunsten der Beschäftigten korrigiert.« (Robert Castel/Klaus Dörre: Prekarität, Abstieg, Ausgrenzung. Die soziale Frage am Beginn des 21. Jahrhunderts, Frankfurt/Main 2009, S. 17)

»Prekarität« so Dörre weiter, »ist mehr als die Ausbreitung unsicherer Arbeits- und Lebensverhältnisse. Es handelt sich um die Etablierung eines Macht- und Kontrollsystems, das, einem Bumerangeffekt gleich, auch die Festangestellten diszipliniert.« Prekarität wird mehr und mehr zu einer »normalen« Organisationsform der Arbeitsverhältnisse. In dem Maß, wie das Prekäre normal wird, wird auch das bisher Normale prekär. Was sich heute abzeichnet, ist, um es noch einmal mit Dörre zu formulieren, der »Übergang zu einer prekären Vollerwerbsgesellschaft« (Jahrbuch Gute Arbeit 2014, S. 28, 33).

Die nun schon seit mehreren Jahren relativ gute Arbeitsmarktlage hat auch amtliche Rekordmeldungen ausgelöst. Besonders wird die Zunahme der sozialversicherungspflichtigen Beschäftigung hervorgehoben. Für die Jahre 2012 und 2013 hat das Statistische Bundesamt mitgeteilt, Normalarbeitsverhältnisse hätten zugenommen, atypische Beschäftigung sei zurückgegangen (Antwort der Bundesregierung auf eine Kleine Anfrage der Fraktion Die Linke, Bundestagsdrucksache 18/4638). Statistisch gesehen hat atypische Beschäftigung in diesem Zeitraum tatsächlich leicht abgenommen. Angesichts der guten Konjunktur hätte allerdings eine sehr viel deutlichere Stärkung des Normalarbeitsverhältnisses erwartet werden können. Tatsächlich fällt die amtlich vermeldete Abnahme atypischer Beschäftigung aber eher minimal aus. Zudem sind (typisches) Normalarbeitsverhältnis und atypische Beschäftigung keine ausreichenden Indikatoren, um den Trend der Prekarisierung zu erfassen (siehe Kasten). Und genau dieser Trend ist dauerhaft und langfristig.

So ist zwar die Zahl der Erwerbstätigen in den vergangenen Jahren ständig gestiegen und lag auch 2015, ähnlich wie schon 2014 bei etwa 43 Millionen. 1991 hatte sie knapp 39 Millionen betragen. Auch die Zahl der (abhängig) beschäftigten ArbeitnehmerInnen hat in diesem Zeitraum zugenommen. 1991 wies das Institut für Arbeitsmarkt- und Berufsforschung (IAB) der Bundesanstalt für Arbeit rund 35 Millionen Voll- und Teilzeitbeschäftigte aus. 2014 waren es gut 38 Millionen.

Bemerkenswert dabei allerdings: Das Arbeitsvolumen, also die Gesamtzahl der von diesen Beschäftigten geleisteten Arbeitsstunden, ist nicht etwa auch gestiegen, sondern sogar zurückgegangen. Es hatte 1991 bei rund 52.000 Millionen Stunden und betrug 2014 49.700 Millionen Stunden. Das bedeutet, dass das etwa gleiche Arbeitsvolumen auf mehr Personen verteilt worden ist. Wie das vor sich geht, zeigen die Daten des IAB teilweise selbst: Maßgeblich ist die Ausweitung von Teilzeitbeschäftigung zu Lasten von Vollzeitstellen. Deren Zahl betrug 1991 knapp 29 Millionen und ging bis 2014 auf 23,5 Millionen zurück. Die Anzahl der Teilzeitjobs stieg im gleichen Zeitraum von 6,3 Millionen auf 14,7 Millionen – sowohl durch die Zunahme von (teilweise erzwungener) Teilzeit als auch durch die Ausbreitung von Minijobs. Die Teil-

| Abb. 6 : Beschäftigung und Arbeitsvolumen 1991-2014 (in 1000) | | | | | | | Gute Arbeit |
|---|---|---|---|---|---|---|---|
| | 1991 | 2000 | 2010 | 2011 | 2012 | 2013 | 2014 |
| ArbeitnehmerInnen | 35.227 | 35.922 | 36.533 | 37.014 | 37.500 | 37.869 | 38.306 |
| Vollzeit | 28.911 | 25.309 | 22.825 | 22.918 | 23.230 | 23.288 | 23.534 |
| Teilzeit | 6.316 | 10.613 | 13.708 | 14.096 | 14.270 | 14.581 | 14.772 |
| Teilzeitquote | 17,9% | 29% | 37,5% | 38,1% | 38,1% | 38,5% | 38,6% |
| Arbeitsvolumen (in Mio. Stunden) | 52.089 | 48.837 | 47.845 | 48.665 | 48.785 | 48.871 | 49.726 |

Quelle: IAB 2015

zeitquote kletterte von 17,9% (1991) auf 38,6% (2014). Das bedeutet auch: In diesem Zeitraum gingen 5,5 Millionen Vollzeitstellen verloren. Der Beschäftigungs-boom ist zum größten Teil ein Ergebnis des Booms der Teilzeitstellen (Abb. 6).

Besonders auffällig: In den Jahren des Beschäftigungsbooms 2011 bis 2013 stieg zwar die Zahl der ArbeitnehmerInnen, das Arbeitsvolumen aber ging sogar leicht zurück. Es nahm erst 2014 mit dem weiteren Aufbau der Beschäftigung wieder zu, war aber immer noch deutlich niedriger als z. B. 1991.

Indikator für die anhaltende Erosion des Normalarbeitsverhältnisses ist auch die Entwicklung der Tarifbindung. Trotz relativ guter Konjunktur und Arbeitsmarktlage hat der seit Jahren vorherrschende Trend zu Tarifflucht von Betrieben und schwindender Tarifbindung nicht nachgelassen. Nach dem Tarifarchiv des WSI arbeiteten 2012 nur noch 58% der Beschäftigten in Betrieben mit Tarifbindung. 1998 waren es noch 76% gewesen. Für 50% der Beschäftigten gelten Branchentarifverträge, für 8% Firmentarifverträge. Dabei gibt es krasse Unterschiede zwischen West- und Ostdeutschland. 2012 galt für 60% der Beschäftigten in Westdeutschland ein Tarifvertrag (1998: 76%) und für ganze 48% der ostdeutschen Beschäftigten (1998 63%).

Anders ausgedrückt: Für 31% der Betriebe galt 2012 ein Tarifvertrag (West 33%, Ost 21%). Für Beschäftigte mit Tarifvertrag ist das Niedriglohnrisiko geringer als für diejenigen ohne.

Der Boom der Teilzeitbeschäftigung ist zugleich ein Boom atypischer Beschäftigung zu Lasten des Normalarbeitsverhältnisses. Das WSI gibt in seiner Datenbank »Atypische Beschäftigung« den Anteil der Teilzeitjobs an allen sozialversicherungspflichtigen Stellen mit 21,8% an, den Anteil der Minijobs (als Hauptverdienst) mit 15,1%. Den Anteil der atypischen Beschäftigung an allen abhängigen Beschäftigungsverhältnissen – im genannten weiteren Sinne – beziffert das WSI für 2014 auf 39,5% – eine leichte Zunahme gegenüber 2013. Gemeint sind hier vor allem Teilzeitarbeit, Minijobs und Leiharbeit.

Dieser Anteil liegt etwas höher als bei der Zählung des Statistischen Bundesamts, vor allem, weil das WSI auch Teilzeitstellen mit mehr als 20 Wochenstunden zur atypischen Beschäftigung zählt.

## Normalarbeitsverhältnis

Ein Normalarbeitsverhältnis wird vom Statistischen Bundesamt definiert als eine Vollzeit- oder Teilzeittätigkeit (über 21 Wochenstunden) mit geregeltem Einkommen, unbefristetem Vertrag, voller Integration in die sozialen Sicherungssysteme, Weisungsgebundenheit des Arbeitnehmers vom Arbeitgeber, geregelten Arbeitszeiten und der Identität von Arbeits- und Beschäftigungsverhältnis. Ob das Einkommen Existenz sichernd und Armut vermeidend ist, spielt hier keine Rolle. Da Teilzeitstellen auch mit 21 und mehr Wochenstunden kein Existenz sicherndes Einkommen erzielen, rechnet z. B. das WSI auch diese Teilzeit zu Recht nicht zum Normalarbeitsverhältnis, sondern definiert jede Teilzeitarbeit als atypische Beschäftigungsform. Aus gewerkschaftlicher Sicht wäre also unbedingt weiter zu ergänzen: Das geregelte Einkommen muss Existenz sichernd sein. Armutslöhne, auch wenn sie regelmäßig gezahlt werden, begründen kein Normalarbeitsverhältnis. In der amtlichen Definition spielt dieser Aspekt allerdings keine Rolle.

## Sozialversicherungspflichtige Beschäftigung

Sozialversicherungspflichtig Beschäftigte sind ArbeitnehmerInnen, die kranken-, renten-, pflegeversicherungspflichtig und/oder beitragspflichtig sind. Dazu gehören die Vollzeit beschäftigten ArbeitnehmerInnen, abhängig Beschäftigte in Altersteilzeit, Praktikanten und auch Menschen in befristeten oder Teilzeit-Beschäftigungsverhältnissen sowie Leiharbeit. Die häufig zu hörende positive Hervorhebung eines Beschäftigungsverhältnisses als sozialversicherungspflichtig schließt also nicht aus, dass es sich um atypische oder auch prekäre Beschäftigung handeln kann.

## Atypische Beschäftigung

Zur atypischen Beschäftigung zählt das Statistische Bundesamt jene sich ausbreitenden abhängigen Beschäftigungsverhältnisse, die dem von ihm definierten Normalarbeitsverhältnis nicht entsprechen: Teilzeit mit 20 oder weniger Wochenstunden, Befristung, geringfügige Beschäftigung, Leiharbeit – jedoch nicht Werkverträge. Diese werden aus amtlicher Sicht dem Normalarbeitsverhältnis zugerechnet. Dieser Definition folgen wir hier nicht, und in Anlehnung an das WSI wird hier auch jede Form der Teilzeitarbeit als atypisch betrachtet. Nach Niedriglohnbeschäftigung wird in der amtlichen Definition mit Blick auf atypische Beschäftigung nicht ausdrücklich gefragt. Das alles zeigt, dass Prekarität im Vergleich zu atypischer Beschäftigung ein sehr viel weitergehender Begriff ist.

## Prekäre Beschäftigung

Die Grenzen zwischen atypischer und prekärer Beschäftigung sind fließend. Es muss unterstrichen werden, dass Prekarität nicht allein durch die (arbeitsrechtliche) Beschäftigungsform zu definieren ist. Nicht jedes atypische Beschäftigungsverhältnis ist z. B. prekär. Allerdings sind auch so genannte Normalarbeitsverhältnisse oder sozialversicherungspflichtige Beschäftigung oftmals prekär. Auch Soloselbstständigkeit, die in keiner der hier genannten Beschäftigungsformen auftaucht, ist zumeist prekär. Beschäftigung ist dann als prekär zu betrachten, wenn sie unsicher und nicht dauerhaft ist, wenn sie gesetzlich und tariflich wenig oder gar nicht geregelt ist, wenn sie den Beschäftigten soziale Absicherung vorenthält oder ihnen nur einen nicht Existenz sichernden Niedriglohn erbringt und ein hohes Armutsrisiko (auch fürs Alter) enthält. Weiter werden geringe Entwicklungs- und Qualifizierungsmöglichkeiten, Ausschluss von sozialer Teilhabe, schlechte eigene Arbeitsplatzbewertung und der drohende Verlust der Beschäftigungsfähigkeit genannt. Nicht alle diese Kriterien müssen zusammenkommen, um Beschäftigung als prekär zu definieren.

Der Trend der Prekarisierung äußert sich besonders deutlich in der weit verbreiteten Niedriglohnbeschäftigung. Deutschland hat einen der größten Niedriglohnsektoren in Europa – maßgeblich geschaffen durch politische Entscheidungen der verschiedenen Bundesregierungen seit den 1990er Jahren. Nach Berechnungen des WSI arbeiteten 2013 24,4% aller abhängig Beschäftigten im Niedriglohnsektor – rund 8,1 Millionen Menschen, darunter auch viele Vollzeiterwerbstätige. Der Anstieg der Niedriglohnbeschäftigung seit den 1990er Jahren war in Westdeutschland am stärksten ausgeprägt.

Nach Untersuchungen des Instituts Arbeit und Qualifikation (IAQ) sind besonders vom Niedriglohn betroffene Beschäftigtengruppen Frauen (in Teilzeit und geringfügiger Beschäftigung), überhaupt Minijobber, junge Berufstätige unter 25 Jahren, Geringqualifizierte, befristet Beschäftigte, Beschäftigte mit Migrationshintergrund. Allerdings ist nicht zu übersehen: Niedriglohnbeschäftigung ist keineswegs eine Domäne gering qualifizierter Menschen. Rund drei Viertel aller Niedriglohnbeschäftigten haben eine abgeschlossene Berufsausbildung oder sogar einen akademischen Abschluss (Klaus Dörre, Jahrbuch 2009, S. 187).

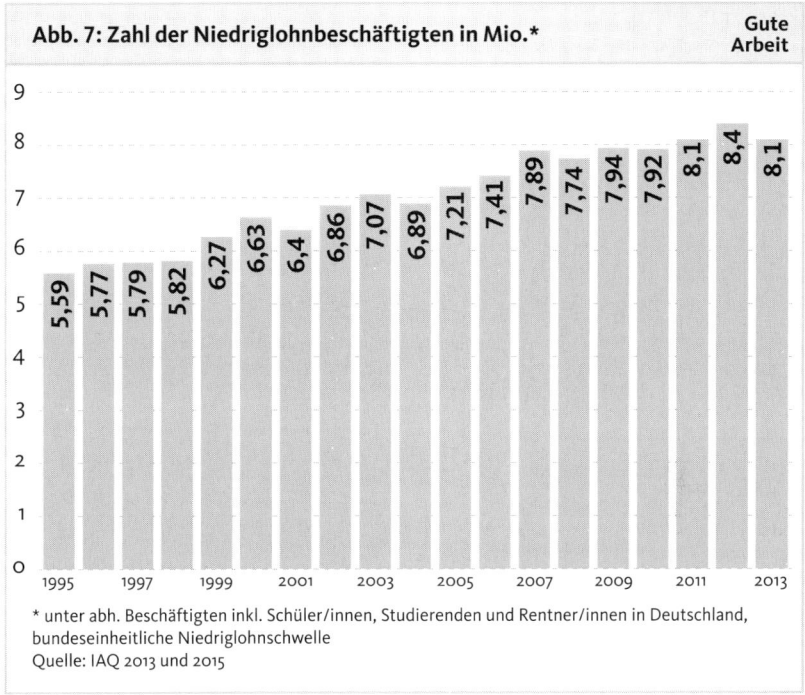

**Abb. 7: Zahl der Niedriglohnbeschäftigten in Mio.***

Gute Arbeit

* unter abh. Beschäftigten inkl. Schüler/innen, Studierenden und Rentner/innen in Deutschland, bundeseinheitliche Niedriglohnschwelle
Quelle: IAQ 2013 und 2015

Die Anfang 2015 begonnene Umsetzung eines gesetzlichen Mindestlohns von 8,50 Euro – mit Übergangsfristen bis 2016/2017 und zahlreichen Ausnahmen – beeinflusst diesen Niedriglohnsektor seither und wirkt positiv auf Bereiche mit besonders extremen Armutslöhnen. Er bringt Verbesserungen, vor allem für die rund 6,4 Millionen Beschäftigten, die 2013 noch für Stundenlöhne unter 8,50 arbeiteten. Aber auch ein Stundenlohn von 8,50 bedeutet noch keine Überwindung des Niedriglohns. Wer 8,50 pro Stunde erhält, ist Geringverdiener und erreicht bei einer normalen Wochenarbeitszeit von 35 Stunden oder mehr kein Existenz sicherndes Einkommen. Längst ist klar, dass 8,50 Mindestlohn nur der Anfang sein können und dass dieser Mindestlohn weiter angehoben werden muss. Nach Berechnungen der Hans-Böckler-Stiftung wäre ein Stundenlohn von 11 Euro das Minimum. Die bundesdeutsche Niedriglohnschwelle liegt derzeit bei 9,30 Euro pro Stunde. Das sind zwei Drittel des mittleren Brutto-Stundenlohns (Median). Nach den ersten Erfahrungen mit der Einführung des gesetzlichen Mindestlohns könnte man zusammenfassen: Der Niedriglohnsektor stagniert – auch mit dem gesetzlichen Mindestlohn – auf hohem Niveau.

Geringfügige Beschäftigung – eine andere, weit verbreitete Form atypischer Beschäftigung – ist durchgängig prekär. 2013 befanden sich rund 7,7 Millionen Menschen in einem geringfügigen Beschäftigungsverhältnis, rund 5,4 Millionen davon ausschließlich. Die Bundesanstalt für Arbeitsschutz und Arbeitsmedizin bezifferte (auf der Basis der BIBB/BAuA-Befragung 2012) die Anzahl derjenigen, die ihren Lebensunterhalt durch zwei Jobs erwirtschaften, mit rund 2 Millionen, das wären knapp 5% der Erwerbstätigen.

Von den rund 2,6 Millionen Menschen, die Anfang 2013 einen Minijob aufnahmen, führten nach Daten des WSI nur 621.000 oder 23,8% Beiträge an die Rentenkasse ab. Da Minijobber auch nicht in die Arbeitslosenversicherung einzahlen, drohen ihnen gravierende Nachteile beim Verlust des Arbeitsplatzes und im Alter. Das Risiko der Altersarmut ist bei Minijobs besonders hoch. Die Prekarität der geringfügigen Beschäftigung zeigt sich noch in mehrfacher Hinsicht: Minijobs ergeben keinen auskömmlichen Lohn, erbringen häufig nur Niedriglöhne, Urlaub, Lohnfortzahlung im Krankheitsfall usw. werden Minijobbern häufig vorenthalten und geregelte Arbeitszeiten sind oftmals nicht gegeben.

Zwei Drittel aller Minijobs werden von Frauen ausgeführt. Die meisten ausschließlich geringfügig Beschäftigten arbeiten (nach SuGA 2012) in den

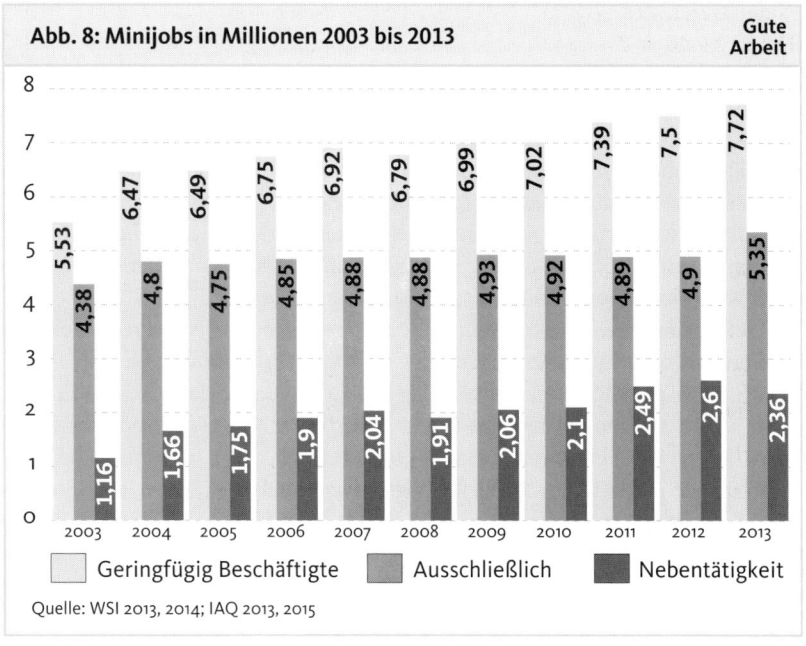

Abb. 8: Minijobs in Millionen 2003 bis 2013

Quelle: WSI 2013, 2014; IAQ 2013, 2015

Wirtschaftszweigen Handel und Instandhaltung (20%), Gesundheit und Sozialwesen (14%) und sonstige wirtschaftliche Dienstleistungen (12%). Im Gastgewerbe arbeiten 10% aller Minijobber, aber jeder Fünfte (19%) der dort Arbeitenden übt einen Minijob aus.

Deutlich erkennbar ist nach Berechnungen der Hans-Böckler-Stiftung der Zusammenhang von unfreiwilliger Teilzeitarbeit und Minijob: Wer statt einer Vollzeitstelle nur einen Teilzeitjob findet und davon seinen Lebensunterhalt nicht bestreiten kann, greift zum Neben-Minijob. Hier gehen etwa gleich viele Männer und Frauen einer geringfügigen Nebenbeschäftigung nach. Merkmale der Prekarität sind hier bei beiden Beschäftigungsformen gegeben.

Allerdings gibt es auch die Kombination von Vollzeitstelle und Nebenjob: Bei Frauen führt die Vollzeitstelle im Niedriglohnsektor häufig zur Annahme eines Minijobs. Bei Männern haben 23% der Minijobber eine auch besser bezahlte Vollzeitstelle (Abb. 9).

Befristete Beschäftigung ist nicht nur atypisch, sondern durchgängig auch in hohem Maße prekär. Mitteilungen des Statistischen Bundesamtes, die ein Nachlassen des Befristungswahns mit der konjunkturellen Erholung etwa seit 2011 anzeigen, müssen deswegen sorgfältig geprüft werden.

Der Aufschwung befristeter Beschäftigung setzte in den 1990er Jahren ein und verstärkte sich seit 2004 noch, vor allem dank politischer Deregulierung. Nach Daten des IAB auf der Basis des IAB-Betriebspanels waren 1996 in Deutschland 4,7% aller sozialversicherungspflichtig Beschäftigten befristet tätig (1,3 Millionen). 2006 waren es 6,2%, 2012 – wiederum mit tatkräftigen politischen Impulsen – 9,6% (2,7 Millionen). Dieser Anteil blieb 2013 etwa gleich. Der Anteil befristeter Beschäftigung an der betrieblichen Gesamtbeschäftigung stieg in dieser Zeit von 5% auf 7,6%.

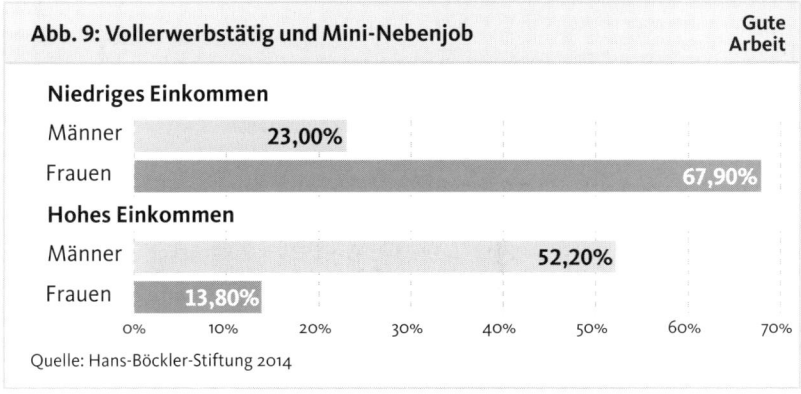

Abb. 9: Vollerwerbstätig und Mini-Nebenjob — Gute Arbeit

Niedriges Einkommen
Männer 23,00%
Frauen 67,90%
Hohes Einkommen
Männer 52,20%
Frauen 13,80%

Quelle: Hans-Böckler-Stiftung 2014

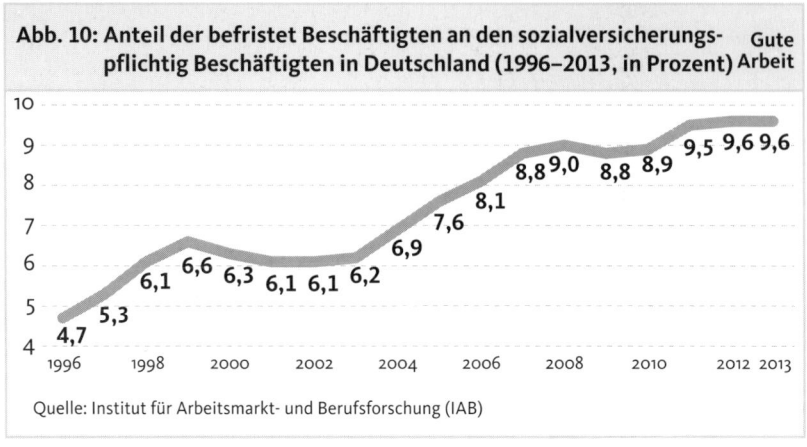

**Abb. 10: Anteil der befristet Beschäftigten an den sozialversicherungs-pflichtig Beschäftigten in Deutschland (1996–2013, in Prozent)** Gute Arbeit

Quelle: Institut für Arbeitsmarkt- und Berufsforschung (IAB)

Befristete Beschäftigungsverhältnisse machen gut ein Drittel aller atypischen Arbeitsverhältnisse aus. Die Befristungsquote pendelt seit 2005 um diesen Wert. Befristung verteilt sich auf Männer und Frauen etwa zu gleichen Teilen. Besonders viele junge Menschen arbeiten nur befristet. 52% der unter 35-Jährigen stehen in einem befristeten Beschäftigungsverhältnis.

Der Anteil befristeter Einstellungen an allen Neueinstellungen hat sich zwischen den Jahren 2001 und 2004 von 32% auf 45% erhöht und stagniert etwa seitdem. Das IAB schätzt, dass 2012/2013 die Bedeutung befristeter Neueinstellungen sogar leicht abgenommen habe. Im Jahr 2012 lag ihr Anteil bei 44%, 2013 bei 42%. 2013 hatten rund 400.000 der 1,74 Millionen 15- bis 24-Jährigen Beschäftigten nur eine befristete Anstellung.

Allerdings ist nach Daten des IAB-Betriebspanels die Anzahl sachgrundloser Befristungen zwischen 2001 und 2013 von etwa 550.000 auf 1,3 Millionen gestiegen. Damit hat sich der Anteil sachgrundloser Befristungen an allen im IAB-Betriebspanel erfassten Befristungen von 32% auf 48% erhöht.

Die genannten Meldungen des Statistischen Bundesamtes (Destatis) von einem Rückgang der Befristungen müssen kritisch gesehen werden. Das Amt verzeichnet einen leichten Rückgang der Befristungsquote zwischen 2011 und 2014 (von 8,9% auf 8,1%). Diese Zahlen klammern allerdings die Berufseinsteiger aus (18- bis 24-Jährige), als ob für diese Befristung eine nicht weiter erwähnenswerte Selbstverständlichkeit sei; sie stimmen deshalb auch nicht mit den oben genannten Zahlen überein. Destatis zählt nur die Befristungsverhältnisse der Beschäftigten, die 25 Jahre und älter sind. Damit wird gerade diejenige Altersgruppe nicht mitgezählt, die besonders stark von Befristungen betroffen ist.

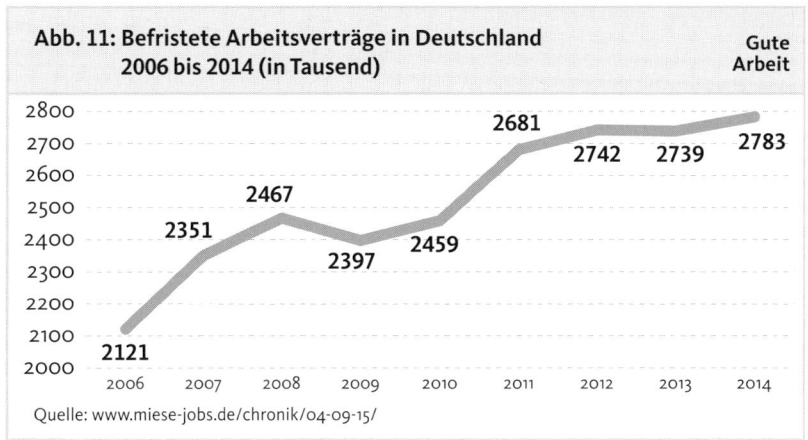

**Abb. 11: Befristete Arbeitsverträge in Deutschland 2006 bis 2014 (in Tausend)**

Gute Arbeit

Quelle: www.miese-jobs.de/chronik/04-09-15/

Tatsächlich hat befristete Beschäftigung wieder zugenommen. Das belegen Daten des IAB-Betriebspanels, auf die sich die Antwort der Bundesregierung auf eine Kleine Anfrage der Fraktion der Linken stützen (BT-Drucksache 18/5608, 21. 07. 2015). Demnach wurden 2012 2,742 Millionen Befristungen gezählt, 2013 2,739 – also ein leichter Rückgang um etwa 30.000 –, 2014 hingegen wieder 2,783. Das ist ein Anstieg um 44.000 gegenüber 2013 und außerdem ein neuer Höchststand. Von einem Abflauen des Befristungstrends kann also keine Rede sein. Zwar sank der Anteil der Befristungen an der betrieblichen Gesamtbeschäftigung zwischen 2013 und 2014 von 7,5% auf 7,4% – aber nur, weil die zeitweilig gute Arbeitsmarktlage auch mehr unbefristete Beschäftigungsverhältnisse erbrachte. Fazit: Die derzeit gute Konjunktur führt nicht im Selbstlauf zu einer Stärkung des Normalarbeitsverhältnisses. Der Prekarisierungstrend bleibt auf hohem Niveau bestehen.

Etwa seit dem Jahr 2012 scheint die Zahl der LeiharbeitnehmerInnen zu stagnieren oder leicht zurückzugehen, während das Beschäftigungsvolumen insgesamt weiter zugenommen hat. Das dürfte mit konjunkturellen Ursachen und auch mit der inzwischen durchgesetzten besseren Regulierung der Leiharbeit zusammenhängen. Für Arbeitgeber ist es seither etwas schwieriger geworden, Leiharbeiter an Stelle von Stammbeschäftigten als billige Arbeitskräfte einzusetzen.

2013 wies die Statistik der Arbeitnehmerüberlassung nach dem Arbeitnehmerüberlassungsgesetz 839.000 Leiharbeitskräfte aus. Gegenüber dem Höchststand von 2011 (knapp 882.000) war das ein leichter Rückgang, wie auch schon 2012. 2012 wies die Arbeitnehmerüberlassungsstatistik rund 880 000 Leiharbeitnehmer aus – rund 3% aller sozialversicherungspflichtig

Beschäftigten. Inzwischen bewegt sich der Anteil der Leiharbeit an der sozialversicherungspflichtigen Beschäftigung bei 2,5 bis 2,6%. Etwa jedes zweite Leiharbeitsverhältnis endet nach drei Monaten. Das Risiko, arbeitslos zu werden, ist für Leiharbeitende besonders hoch.

71% der Leiharbeitenden sind männlich – anders als bei Teilzeit- und Minijobs. Männer in Leiharbeit sind hauptsächlich im produzierenden Gewerbe tätig (Metallverarbeitung, Rohstoffgewinnung, Fertigung) sowie in Dienstleistungsbereichen wie Verkehr und Logistik. Leiharbeiternehmerinnen arbeiten überwiegend im Dienstleistungsbereich.

Leiharbeit trägt auch zur Verfestigung prekärer Beschäftigung bei: Von den vorher arbeitslos Gemeldeten, die 2006 eine Leiharbeit aufnahmen, schafften nur 7% den Weg in ein Arbeitsverhältnis jenseits der Verleihbranche. Waren 18% der untersuchten Erwerbspersonen 2006 bereits in der Leiharbeitsbranche tätig, erhöhte sich der Anteil binnen zwei Jahren auf 31% – wer hineingerät, bleibt also eher drinnen.

Weitaus weniger klar ist die Situation bei der Entwicklung von Werkverträgen – eine Form prekärer Beschäftigung, die in den letzten Jahren an Bedeutung gewonnen hat. Denn seit auch für Leiharbeit der Mindestlohn gilt

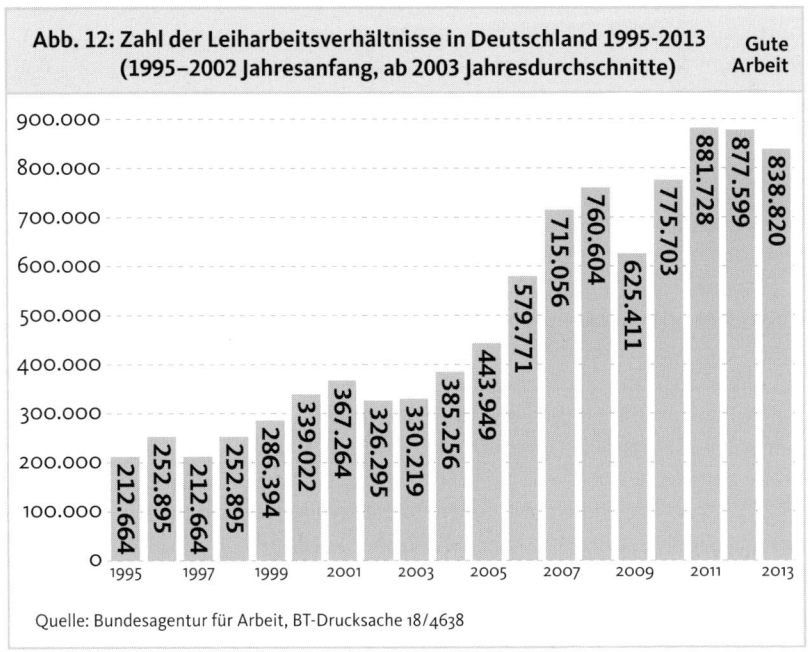

**Abb. 12: Zahl der Leiharbeitsverhältnisse in Deutschland 1995-2013** Gute
**(1995–2002 Jahresanfang, ab 2003 Jahresdurchschnitte)** Arbeit

| Jahr | Wert |
| --- | --- |
| 1995 | 212.664 |
| 1996 | 252.895 |
| 1997 | 212.664 |
| 1998 | 252.895 |
| 1999 | 286.394 |
| 2000 | 339.022 |
| 2001 | 367.264 |
| 2002 | 326.295 |
| 2003 | 330.219 |
| 2004 | 385.256 |
| 2005 | 443.949 |
| 2006 | 579.771 |
| 2007 | 715.056 |
| 2008 | 760.604 |
| 2009 | 625.411 |
| 2010 | 775.703 |
| 2011 | 881.728 |
| 2012 | 877.599 |
| 2013 | 838.820 |

Quelle: Bundesagentur für Arbeit, BT-Drucksache 18/4638

und die Gewerkschaften auch weitere tarifliche Verbesserungen durchgesetzt haben, weichen viele Arbeitgeber auf Werkverträge aus. Der ursprüngliche Sinn des Werkvertrags – nämlich dass zumeist freiberuflich tätige Spezialisten eine bestimmte, zeitlich begrenzte Aufgabe für ein vereinbartes Honorar erledigen – wird so völlig entstellt. Es entstehen teilweise große, professionell arbeitende Werkvertragsunternehmen – ähnlich wie die Verleihunternehmen der Leiharbeitsbranche –, die in großem Stil Menschen in Werkverträge vermitteln.

Nach (nicht mehr ganz neuen) Schätzungen des IAB und Studien des WSI waren 2011 600.000 Menschen über Werk- oder Dienstverträge beschäftigt – doppelt so viele wie 2002. Den Anteil der Betriebe, die Beschäftigte mit Werkverträgen haben, schätzen diese Quellen für 2002 auf 4%, 2011 auf 7%. Inzwischen dürften es mehr sein.

In ihrer Kleinen Anfrage wollte die Fraktion der Linken von der Bundesregierung wissen, welche Erkenntnisse ihr über die Zahl und den Anteil der Werkvertragsbeschäftigung vorlägen (BT-Drucksache 18/4638, April 2015). Die lakonische Antwort: »Hierzu liegen der Bundesregierung keine Erkenntnisse vor.« Das ist u. a. auch deswegen eine schlechte Antwort, weil doch die Bundesregierung angekündigt hat, einen Gesetzentwurf zur Regulierung von Werkverträgen vorzulegen. Tut sie das auf der Basis fundierten Nichtwissens?

Die Bundesregierung räumt zugleich ein, die oben genannten Zahlen des IAB zu kennen, schränkt aber ein: Diese Zahlen beziehen sich ausschließlich auf Personen, die über ein Werkvertragsunternehmen in einem bestimmten Betrieb tätig sind. Sie erfasst nicht die Freelancer und sie kann auch keine Auskunft geben, wie viele angebliche Werkverträge in Wirklichkeit Scheinwerkverträge und illegale Arbeitnehmerüberlassung sind.

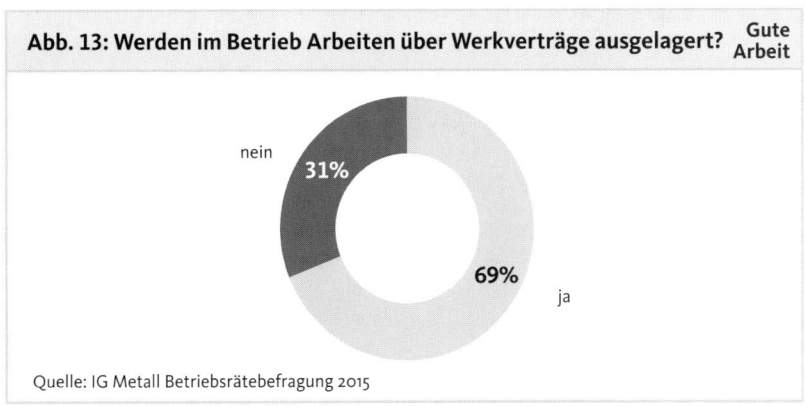

**Abb. 13: Werden im Betrieb Arbeiten über Werkverträge ausgelagert?** Gute Arbeit

nein 31%

69% ja

Quelle: IG Metall Betriebsrätebefragung 2015

Auskunft über die aktuellen Trends gibt eine Betriebsrätebefragung der IG Metall. Im April/Mai 2015 befragte sie 4.061 Betriebsratsvorsitzende aus ihrem Organisationsbereich nach der Entwicklung von Werkverträgen. Dabei ergab sich: Gut zwei Drittel der Betriebe der Metall- und Elektroindustrie lagern Arbeiten über Werkverträge aus (69%). Dieser Anteil hat in den letzten drei Jahren bei 22% der Betriebe zugenommen, bei 52% ist er etwa gleich geblieben. Am stärksten ist die Zunahme bei den größeren Betrieben mit mehr als 1.000 Beschäftigten (34% Zunahme). Besonders auffallend dabei: Inzwischen werden nicht mehr nur betriebsbezogene Dienstleistungen über Werkverträge erledigt, sondern auch Kernbereiche der Wertschöpfung – von Forschung und Entwicklung bis zur Produktion selbst.

Die Befragung der IG Metall hat auch gezeigt, dass in zunehmendem Maße Stammarbeitsplätze durch Werkverträge verdrängt werden. 2012 bejahten das noch 5% der Betriebsräte, 2015 schon 13%. Bei Großbetrieben mit mehr als 1.000 Beschäftigten ist das sogar in 20% der Fälle so. Diese Verdrängung hat den Zweck, Arbeit billiger zu machen, Tarifverträge und arbeitsrechtliche und Sozialstandards in großem Stil zu unterlaufen. Inzwischen verwies die IG Metall aber auch auf Betriebe, in denen nicht nur regulär Beschäftigte, sondern auch Leiharbeiter durch Werkverträge ersetzt wurden. Leiharbeit ist gegenüber regulärer Beschäftigung schon billiger und unsicherer, Werkverträge aber noch mehr.

Dass die Arbeits- und Entgeltbedingungen bei den beauftragten Werkvertragsunternehmen im Vergleich zum beauftragenden Betrieb schlechter sind, sahen 73% der Befragten so. 44% der Befragten gaben an, in den beauftragten Werkvertragsunternehmen seien keine Tarifverträge vorhanden. Beschäf-

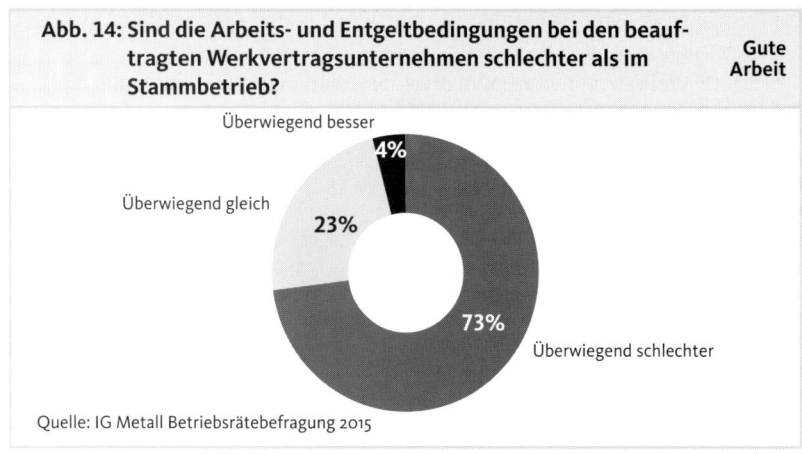

Abb. 14: Sind die Arbeits- und Entgeltbedingungen bei den beauftragten Werkvertragsunternehmen schlechter als im Stammbetrieb?

Gute Arbeit

Überwiegend besser — 4%
Überwiegend gleich — 23%
Überwiegend schlechter — 73%

Quelle: IG Metall Betriebsrätebefragung 2015

tigung über Werkverträge ist fast immer verbunden mit niedrigeren Löhnen, längeren Arbeitszeiten und kürzerem Urlaub und insgesamt schlechteren Arbeitsbedingungen im Vergleich zur Stammbelegschaft. Damit entsteht ein »Wettlauf nach unten« für beide Seiten.

Bedenklich ist auch, dass die befragten Betriebsräte über die konkrete Gestaltung der Werkvertragsvergabe in ihrem Betrieb wenig Bescheid wissen. Nur in 5% der Betriebe gab es eine Betriebsvereinbarung zur Vergabe von Werkverträgen. In 95% war das nicht der Fall. Es bestätigte sich: Betriebsräte haben kaum Handlungsmöglichkeiten, die Gestaltung der Werkvertragsvergabe zu beeinflussen.

Die in der Koalitionsvereinbarung angekündigten Regelungsentwürfe für Leiharbeit und Werkverträge lagen bei Redaktionsschluss dieses Bandes noch nicht vor. Die hier skizzierten Daten zeigen deutlich: Es gibt erheblichen Regelungsbedarf. Die gewerkschaftlichen Forderungen dazu liegen vor. Das aggressive Beharren der Arbeitgeber auf dem Missbrauch von Werkverträgen und die eher weichen Absichtserklärungen des Bundesarbeitsministeriums stimmen skeptisch. Mit der Fixierung unverbindlicher Informationspflichten der Arbeitgeber gegenüber den Betriebsräten wird es nicht getan sein. Hier ist echte Mitbestimmung gefragt.

Soloselbstständigkeit ist eine prekäre Beschäftigungsform, die in den letzten beiden Jahrzehnten stark zugenommen hat. Eine Studie des DIW Berlin hat gezeigt: Während die Zahl der abhängig Beschäftigten zwischen 2000 und 2012 um 5% zunahm, stieg die der Selbstständigen um 14% – das Gros davon ist auf die Zunahme der Soloselbstständigkeit zurückzuführen. Etwa 4,4 Millionen der rund 43 Millionen Erwerbstätigen in Deutschland sind Selbstständige. Das BMAS beziffert den Anteil der Soloselbstständigen an ihnen (nach den Untersuchungen des DIW) auf 56%. Das wären dann rund 2,13 Millionen Soloselbstständige (5-6% der Erwerbstätigen).

Soloselbstständige haben im Schnitt ein hohes Qualifikationsniveau, häufig einen Hochschulabschluss. Ein erheblicher Teil der Soloselbstständigen muss dennoch dem Niedriglohnsektor zugerechnet werden. Das DIW beziffert die Zahl der Geringverdiener unter den Soloselbstständigen auf rund 800.000.

Freelancer, die als Crowd- oder Clickworker tätig sind, gehören in die Gruppe der Soloselbstständigen. Ihre Arbeitsbedingungen sind durchgängig prekär. Sie sind in hohem Maße von dem Problem betroffen, dass die Erwerbsarbeit zur rechtsfreien Ware wird, wie etliche Beiträge in diesem Band zeigen.

Noch einmal zusammenfassend: Die relativ gute Konjunktur der vergangenen Jahre und die damit verbundene Ausweitung der Beschäftigung haben den Trend der Prekarisierung nicht gestoppt oder gar rückgängig gemacht. Die Gruppen der »Prekarier« sind nicht kleiner geworden. Gemeint sind jene »zahlenmäßig und trotz konjunktureller Belebung expandierenden Gruppen, die über längere Zeiträume hinweg auf Ausübung unsicherer, niedrig entlohnter und gesellschaftlich gering angesehener Arbeiten angewiesen sind.« (Klaus Dörre, Jahrbuch 2009, S. 186) Diese wieder überall spürbare soziale Unsicherheit strahlt weit über Randschichten hinaus in die Gesellschaft hinein. Daher ist es zu erklären, dass sichere, möglichst unbefristete Beschäftigung und ein ausreichendes Einkommen mit Abstand die wichtigsten Ansprüche sind, die Beschäftigten – oft vergeblich – an Gute Arbeit stellen – wie Jahr für Jahr die Befunde des DGB-Index Gute Arbeit belegen.

## 2.2 Psychische Belastungen weiter auf hohem Niveau

Psychische Belastungen bei der Arbeit haben sich auf hohem Niveau stabilisiert. Sie betreffen – in unterschiedlichem Maß – alle Berufsgruppen. Das hat der »Stressreport Deutschland 2012« belegt, der die Ergebnisse der BIBB-BAuA-Erwerbstätigenbefragung 2011/2012 zusammenfasst. Die Daten des DGB-Index Gute Arbeit 2013 haben das bestätigt. Der Zwang, mehrere

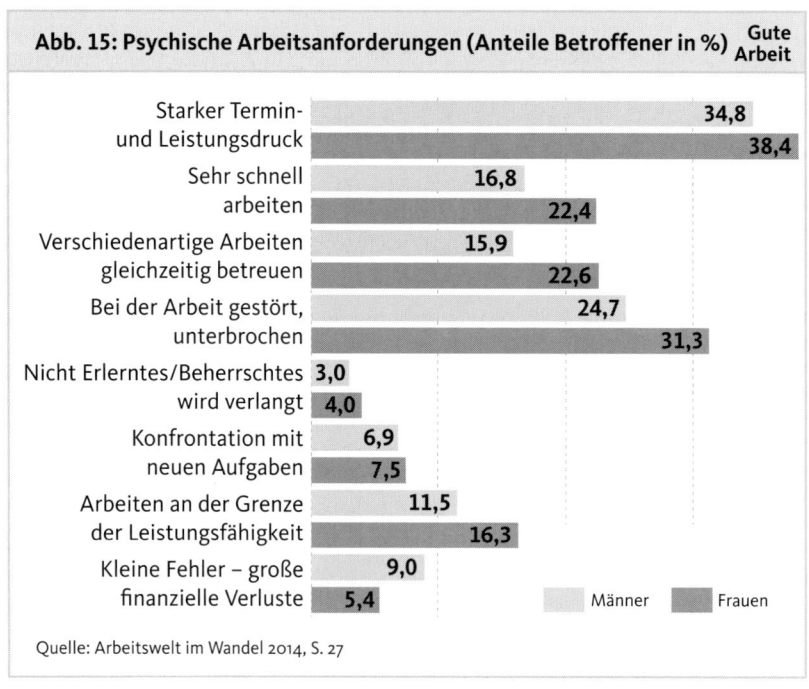

Abb. 15: Psychische Arbeitsanforderungen (Anteile Betroffener in %) Gute Arbeit

| | Männer | Frauen |
|---|---|---|
| Starker Termin- und Leistungsdruck | 34,8 | 38,4 |
| Sehr schnell arbeiten | 16,8 | 22,4 |
| Verschiedenartige Arbeiten gleichzeitig betreuen | 15,9 | 22,6 |
| Bei der Arbeit gestört, unterbrochen | 24,7 | 31,3 |
| Nicht Erlerntes/Beherrschtes wird verlangt | 3,0 | 4,0 |
| Konfrontation mit neuen Aufgaben | 6,9 | 7,5 |
| Arbeiten an der Grenze der Leistungsfähigkeit | 11,5 | 16,3 |
| Kleine Fehler – große finanzielle Verluste | 9,0 | 5,4 |

Quelle: Arbeitswelt im Wandel 2014, S. 27

Aufgaben gleichzeitig erledigen zu müssen und unter starkem Termin- und Leistungsdruck zu arbeiten, ist hoch und wird von den Beschäftigten überwiegend als belastend wahrgenommen (s. Datenanhang 2015, S. 316-318). Bei vielen Belastungsfaktoren sind Frauen stärker betroffen als Männer, so etwa bei Belastungsfaktoren wie starker Termin- und Leistungsdruck, Multitasking und häufige Unterbrechungen bei der Arbeit. Männer werden im Vergleich zu Frauen öfter mit neuen Aufgaben konfrontiert und geben häufiger an, dass bereits kleine Fehler große finanzielle Verluste nach sich ziehen können.

Die Daten des DGB-Index Gute Arbeit 2014 haben die genannten Befunde bestätigt und in einigen Aspekten weiter konkretisiert. Sie zeigen, dass die Arbeitsintensität von mehr als der Hälfte der Beschäftigten (56%) als hoch empfunden wird. Belastungsfaktoren, die die Arbeitsintensität verstärken,

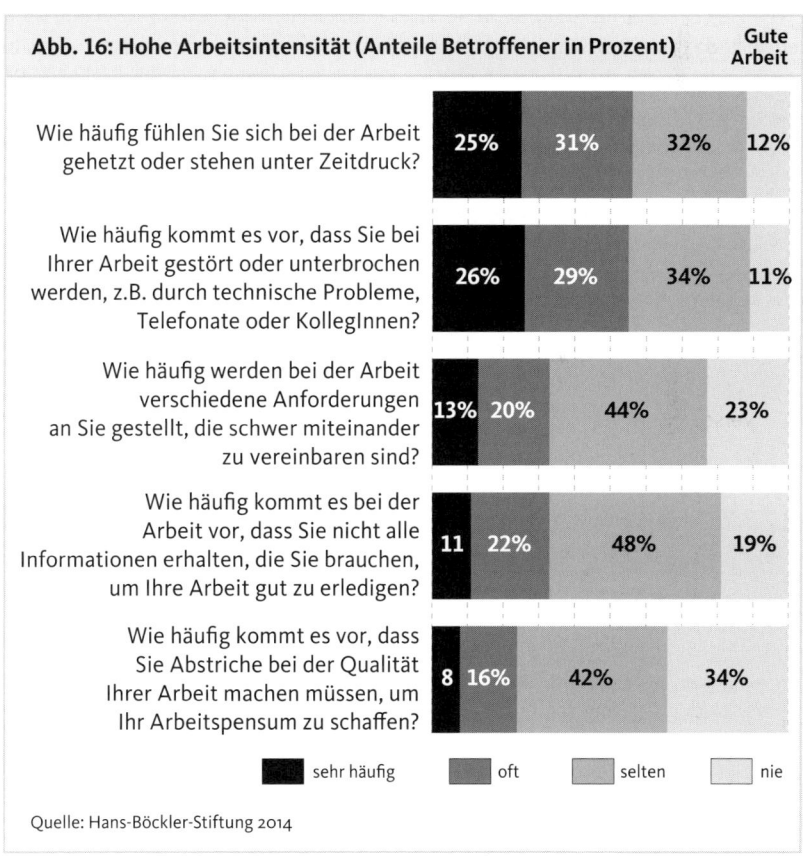

**Abb. 16: Hohe Arbeitsintensität (Anteile Betroffener in Prozent)**   Gute Arbeit

Wie häufig fühlen Sie sich bei der Arbeit gehetzt oder stehen unter Zeitdruck? — 25% | 31% | 32% | 12%

Wie häufig kommt es vor, dass Sie bei Ihrer Arbeit gestört oder unterbrochen werden, z.B. durch technische Probleme, Telefonate oder KollegInnen? — 26% | 29% | 34% | 11%

Wie häufig werden bei der Arbeit verschiedene Anforderungen an Sie gestellt, die schwer miteinander zu vereinbaren sind? — 13% | 20% | 44% | 23%

Wie häufig kommt es bei der Arbeit vor, dass Sie nicht alle Informationen erhalten, die Sie brauchen, um Ihre Arbeit gut zu erledigen? — 11 | 22% | 48% | 19%

Wie häufig kommt es vor, dass Sie Abstriche bei der Qualität Ihrer Arbeit machen müssen, um Ihr Arbeitspensum zu schaffen? — 8 | 16% | 42% | 34%

sehr häufig | oft | selten | nie

Quelle: Hans-Böckler-Stiftung 2014

sind Zeitdruck, häufige Unterbrechungen, unterschiedliche Anforderungen gleichzeitig, Kommunikationsmängel und der Zwang, Abstriche an der Qualität machen zu müssen, um das geforderte Arbeitspensum zu schaffen (Abb. 16).

Welche Faktoren die Beschäftigten in besonders hohem Maße (auch) psychisch belasten, zeigt auch eine Untersuchung der Techniker Krankenkasse. Auch hier stehen Arbeitsmenge und Arbeitsintensität an erster Stelle. Die Studie basiert auf einer Repräsentativbefragung von 1.000 Beschäftigten (2013).

Besonders stark ausgeprägt sind psychische Belastungen bei Arbeitsbedingungen, die durch indirekte Steuerung geprägt sind. Mehr Freiheit kann mehr Druck erzeugen – und zwar dann, wenn Beschäftigte ihre Arbeit zwar in hohem Maße selbstständig planen und einteilen können, aber andere notwendige Einflussmöglichkeiten nicht oder in zu geringem Maß haben – wenn ihre Handlungsspielräume also nicht ausreichen, das vorgegebene Ziel zu erreichen. In dieser Gruppe liegt der Anteil derjenigen, die gehetzt arbeiten, mit 64% über dem Durchschnitt von 56% (Abb. 18).

**Abb. 17: Belastungsfaktoren bei der Arbeit** **Gute Arbeit**
**(Anteile der Befragten in %, Mehrfachnennungen)**

Das belastet im Job

| | |
|---|---|
| zu viel Arbeit | 65% |
| Termindruck, Hetze | 62% |
| Störungen | 54% |
| Informationsflut | 41% |
| Lärm, Hitze, Kälte, etc. | 40% |
| ungenaue Vorgaben | 38% |
| ungerechte Bezahlung | 33% |
| mangelnde Anerkennung | 32% |
| Vereinbarkeit Beruf und Familie | 25% |
| ständige Erreichbarkeit | 23% |
| zu wenig Handlungsspielraum | 22% |
| Konflikte mit Kollegen/Chef | 21% |

Quelle: Techniker Krankenkassen, Studie zur Stresslage der Nation, 2013, S. 18

Dem Problem der indirekten Steuerung ist die Bertelsmann Stiftung im Auftrag der Barmer GEK in einer repräsentativen Befragung nachgegangen. Bei den inzwischen weit verbreiteten indirekten Steuerungsmethoden kommt es ausschließlich auf die Arbeitsergebnisse an, die bis zu einem bestimmten Termin zu erbringen sind. Es wird über Ziele geführt und gesteuert. Der Zeitaufwand dafür wird nicht festgelegt, sondern ist flexibel. Dem Autonomiegewinn für Beschäftigte stehen gravierende Nachteile gegenüber. Vor allem durch stetig höher geschraubte Zielvorgaben, die sich hauptsächlich am Marktwachstum und nicht an den Leistungspotenzialen der Beschäftigten und den ihnen zur Verfügung stehenden Ressourcen orientieren. Eine zu enge personelle Besetzung des Teams, das die Leistungsvorgabe erbringen soll, oder eine zu enge Terminvorgabe machen so aus mehr Freiheit mehr

| Abb. 18: Mehr Druck bei mehr Freiheit. »Fühlen Sie sich bei der Arbeit sehr häufig oder oft gehetzt?« | Gute Arbeit |
|---|---|
| | Ja |
| Durchschnitt der Befragten | 56% |
| Keine anderen Einflussmöglichkeiten auf die Gestaltung der Arbeit | 64% |
| Einfluss zumindest auf die Arbeitszeit | 55% |
| Einfluss auf Planung und Menge der Arbeit | 51% |
| Einfluss auf Arbeitszeit und Menge der Arbeit | 36% |
| Einfluss auf Planung und Menge der Arbeit und Arbeitszeit | 41% |

Quelle: DGB-Index Gute Arbeit 2014, Report 2014, S. 10

| Abb. 19: Wie oft ist es in den vergangenen drei Monaten vorgekommen, dass Sie ... (Angaben in %) | | | Gute Arbeit |
|---|---|---|---|
| | sehr oft/oft | gelegentlich | selten/nie |
| ... in Ihrer Freizeit weiter gearbeitet haben | 11 | 22 | 66 |
| ... Pausen durchgearbeitet haben | 22 | 29 | 49 |
| ... in einem Tempo gearbeitet, das Sie langfristig nicht durchhalten können | 22 | 32 | 46 |
| ... trotz Krankheit am Arbeitsplatz erschienen sind | 14 | 22 | 44 |
| ... bis an die Grenzen Ihrer Leistungsfähigkeit gearbeitet haben | 18 | 32 | 40 |
| ... Genussmittel/Medikamente konsumiert haben, um leistungsfähiger zu sein | 6 | 8 | 89 |

Quelle: bertelsmann-gesundheitsmonitor 01/2015

Druck. Die Folge: Beschäftigte arbeiten häufig am Limit und erleben ihre Arbeitsbedingungen überwiegend als belastend (Abb. 19).

Insofern verwundert es nicht, dass die Zahl der Beschäftigten, die verschreibungspflichtige Medikamente konsumieren, um dem Stress am Arbeitsplatz besser gewachsen zu sein, in den vergangenen Jahren zugenommen hat. Knapp drei Millionen Beschäftigte in Deutschland haben solche Medikamente schon genutzt. Das geht aus dem DAK-Gesundheitsreport 2015 »Update: Doping am Arbeitsplatz« hervor. Die DAK befragte für diese Studie im November 2014 rund 5.000 Erwerbstätige im Alter zwischen 20 und 50 Jahren. Der Vergleich mit einer früheren Befragung aus dem Jahr 2008 zeigt eindeutig: Medikamentenmissbrauch zum Erhalt und zur Steigerung der Leistungsfähigkeit am Arbeitsplatz, zur Steigerung des Wohlbefindens oder auch zum Abbau von Ängsten und Nervosität hat zugenommen. Die Anzahl der Arbeitnehmerinnen und Arbeitnehmer, die angibt, solche Substanzen schon einmal zum Doping im Beruf missbraucht zu haben, ist in den vergangenen sechs Jahren von 4,7% auf 6,7% gestiegen (Abb. 20).

Besonders auffallendes Ergebnis: Menschen mit befristeten Beschäftigungsverhältnissen und damit unsicheren Perspektiven nehmen überdurchschnittlich häufig Doping-Mittel ein. Das gleiche gilt für Beschäftigte, die zwar unbefristet arbeiten, sich ihres Arbeitsplatzes aber nicht sicher sind und auch für diejenigen, die lange Arbeitszeiten (über 45 Wochenstunden) haben.

Der Gebrauch von Medikamenten zur Leistungssteigerung oder zur Stimmungsaufhellung steigt mit dem Alter an. Bei den 40- bis 50-jährigen Frauen zeigt sich eine Gebrauchshäufigkeit von 8,4%, bei den Männern dieser

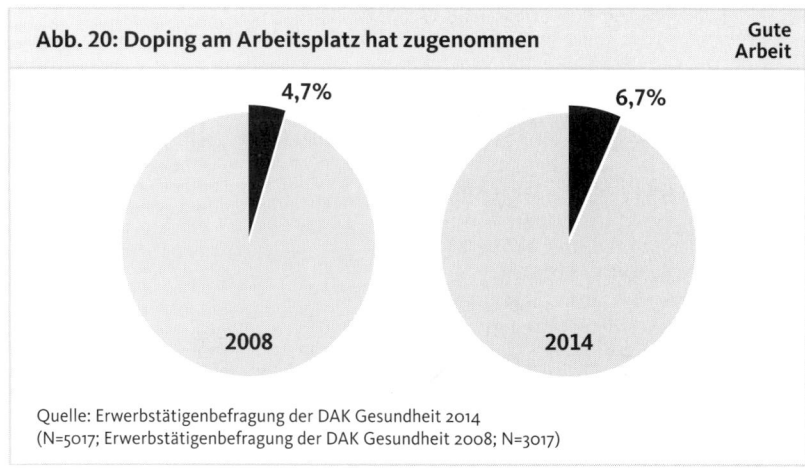

Abb. 20: Doping am Arbeitsplatz hat zugenommen

Gute Arbeit

4,7%          6,7%

2008          2014

Quelle: Erwerbstätigenbefragung der DAK Gesundheit 2014
(N=5017; Erwerbstätigenbefragung der DAK Gesundheit 2008; N=3017)

Altersgruppe sind es 6,9%. Bei den Männern ist der Anstieg mit dem Alter kontinuierlich, bei den Frauen gibt es bei der höchsten Altersgruppe einen Sprung nach oben (Frauen zwischen 30 und 39: 5,1%).

## 2.3 Arbeitszeiten sind zunehmend entgrenzt

Die Arbeitszeiten der Beschäftigten sind in den vergangenen beiden Jahrzehnten teils länger, teils kürzer, flexibler und heterogener geworden. Mit der Erosion des Normalarbeitsverhältnisses schwindet auch die Bedeutung des »nine-to-five«-Normalarbeitstages. Dieser frühere Standard wird nach und nach zum Auslaufmodell (WSI-Report 19, November 2014). Die Flexibilisierung und Heterogenisierung von Arbeitszeiten verstärkt den Trend zur Prekarisierung, erzeugt mehr Leistungsdruck und lässt die Grenzen zwischen Arbeit und Privatleben verschwimmen. Die früher dominierende einschichtige Normalarbeitszeit nimmt ab, stattdessen dringen die Arbeitszeitregime immer mehr ins Wochenende, den Abend und die Nacht vor (Abb. 21). Mehr als die Hälfte der Beschäftigten (57%) arbeitet inzwischen zu solchen atypischen Arbeitszeiten.

Die durchschnittliche tatsächliche Wochenarbeitszeit der Beschäftigten ist zwischen 1992 und 2012 kürzer geworden: Sie ging nach Daten des Statis-

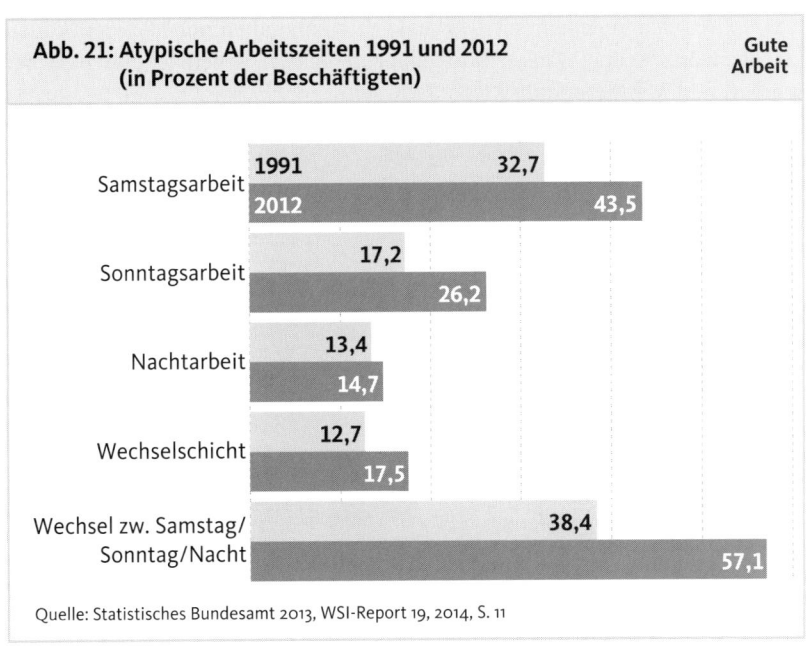

**Abb. 21: Atypische Arbeitszeiten 1991 und 2012 (in Prozent der Beschäftigten)** · Gute Arbeit

Samstagsarbeit — 1991: 32,7 · 2012: 43,5
Sonntagsarbeit — 17,2 · 26,2
Nachtarbeit — 13,4 · 14,7
Wechselschicht — 12,7 · 17,5
Wechsel zw. Samstag/Sonntag/Nacht — 38,4 · 57,1

Quelle: Statistisches Bundesamt 2013, WSI-Report 19, 2014, S. 11

tischen Bundesamts von 38,1 auf 35,5 Stunden zurück. Das ist zunächst die gute Nachricht. Es ist aber ein Durchschnittswert, der weder zwischen Vollzeit und Teilzeit noch zwischen den Arbeitszeiten von Frauen und Männern unterscheidet. Hier zeigen sich bei genauerem Hinsehen die Probleme (siehe WSI-Report 19).

In dieser Zeit reduzierte sich die tatsächlich geleistete Wochenarbeitszeit der weiblichen Beschäftigten von 34 auf 30,5 Stunden und die der männlichen Beschäftigten von 41 auf 39,8 Stunden. Die Arbeitszeitkluft zwischen Frauen und Männern vergrößerte sich damit von 7,8 auf 9,3 Stunden. Dieser Rückgang ist wesentlich auf die starke Zunahme der Teilzeit zurückzuführen (siehe auch Abschnitt 2.1). Dieser Gender Gap ist einer der größten in Europa.

Die durchschnittlich geleistete Arbeitszeit der Vollzeitbeschäftigten blieb dagegen konstant und betrug 2012 41,9 Stunden (gut vier Stunden über dem Durchschnitt der tariflichen Arbeitszeit von 37,7 Stunden). Sie ist damit nahezu so lang wie vor 20 Jahren. Betrachtet man die geleisteten Arbeitszeiten von Frauen und Männern getrennt, werden die Unterschiede sichtbar. 45,1% der Männer arbeiten normalerweise 40 bis 41 Stunden wöchentlich – aber nur rund ein Viertel der Frauen. Insgesamt haben 65,6% der Männer Wochenarbeitszeiten zwischen 40 und mehr als 45 Stunden. 45,8% der Frauen arbeiten dagegen normalerweise 31 oder weniger Stunden pro Woche (Abb. 22). Extrem lange Arbeitszeiten über 41 Stunden haben nur 7,6% der Frauen, dagegen 20,4% der Männer. Von einer gerechten Arbeitsteilung zwischen Frauen und Männern kann keine Rede sein.

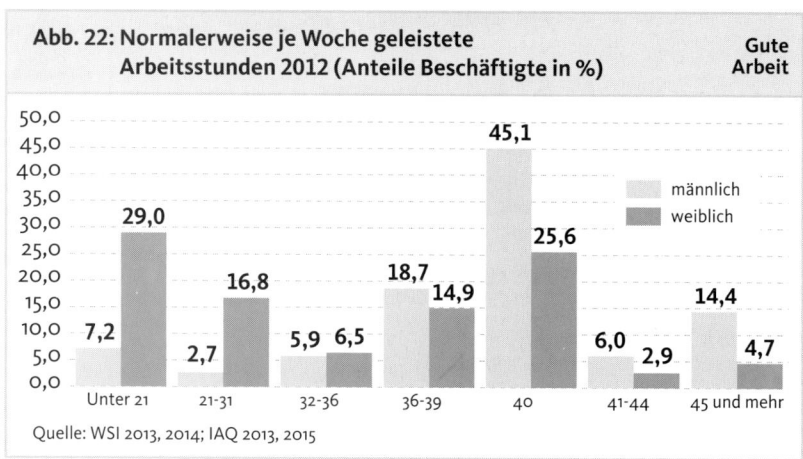

Abb. 22: Normalerweise je Woche geleistete Arbeitsstunden 2012 (Anteile Beschäftigte in %) — Gute Arbeit

Quelle: WSI 2013, 2014; IAQ 2013, 2015

Nicht nur die Länge und die Verteilung der Arbeitszeiten schaffen Probleme. Mit der Flexibilisierung und Heterogenisierung der Arbeitszeiten geht auch eine Intensivierung der Arbeit einher. Die Ergebnisse des DGB-Index Gute Arbeit 2013 haben das gezeigt. Auf die Frage: »Haben Sie den Eindruck, dass Sie in den letzten 12 Monaten mehr Arbeit in der gleichen Zeit als vorher schaffen müssen?« antworteten 61% der Befragten mit Ja. 10% von ihnen bejahten das »in sehr hohem Maß«, 27% »in hohem Maß« und 24% immerhin noch »in geringem Maß«. Damit setzt sich der Trend der letzten Jahre fort (Abb. 23).

Tatsächlich geleistete und von den Beschäftigten gewünschte Arbeitszeiten klaffen auseinander. Vollzeitbeschäftigte wünschen sich eher kürzere und Teilzeitbeschäftigte eher längere Arbeitszeiten. Vollzeitbeschäftigte Männer, die zumeist über 40 Wochenstunden arbeiten, würden 38 Stunden vorziehen. Teilzeit arbeitende Frauen würden lieber um die 30 Stunden arbeiten. Frauen mit Kindern bis zu sechs Jahren würden sehr viel kürzere Arbeitszeiten bevorzugen. Auch Beschäftigte, die häufig nachts arbeiten, wünschen sich kürzere Arbeitszeiten (Abb. 24).

Schichtarbeit inklusive Nachtschicht ist eine gesundheitlich und sozial besonders belastende Arbeitszeitform. Schichtarbeit hat insgesamt zugenommen, wie die obige Abbildung zeigt. Es ist arbeitswissenschaftlich belegt, dass vor allem Ältere über 50 aus gesundheitlichen Gründen wenig bis gar keine Schichtarbeit, vor allem keine Nachtschicht machen sollten. Tatsächlich geschieht das Gegenteil. Eine Studie des IAB hat gezeigt, dass die Zahl der über 50-jährigen in Schichtarbeit im vergangenen Jahrzehnt auf das Doppelte angestiegen ist. Mittlerweile sind 1,3 Millionen Beschäftigte davon betroffen.

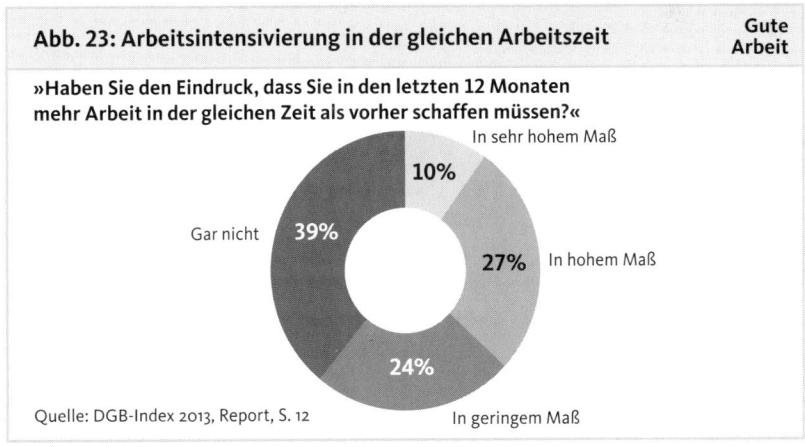

**Abb. 23: Arbeitsintensivierung in der gleichen Arbeitszeit**  Gute Arbeit

»Haben Sie den Eindruck, dass Sie in den letzten 12 Monaten mehr Arbeit in der gleichen Zeit als vorher schaffen müssen?«

In sehr hohem Maß

10%

Gar nicht 39%

27% In hohem Maß

24%

In geringem Maß

Quelle: DGB-Index 2013, Report, S. 12

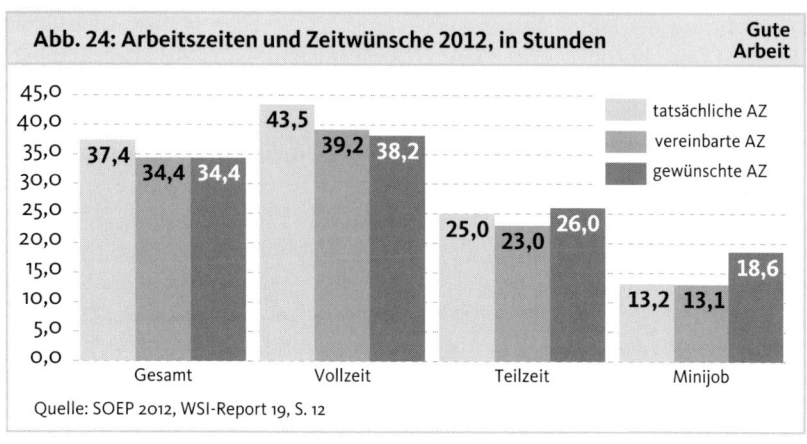

**Abb. 24: Arbeitszeiten und Zeitwünsche 2012, in Stunden** — Gute Arbeit

Quelle: SOEP 2012, WSI-Report 19, S. 12

**Abb. 25: Wechselschichtbeschäftigte und Erwerbstätige insgesamt, Altersgruppe der 50- bis unter 65-Jährigen, 1998–2011** — Gute Arbeit

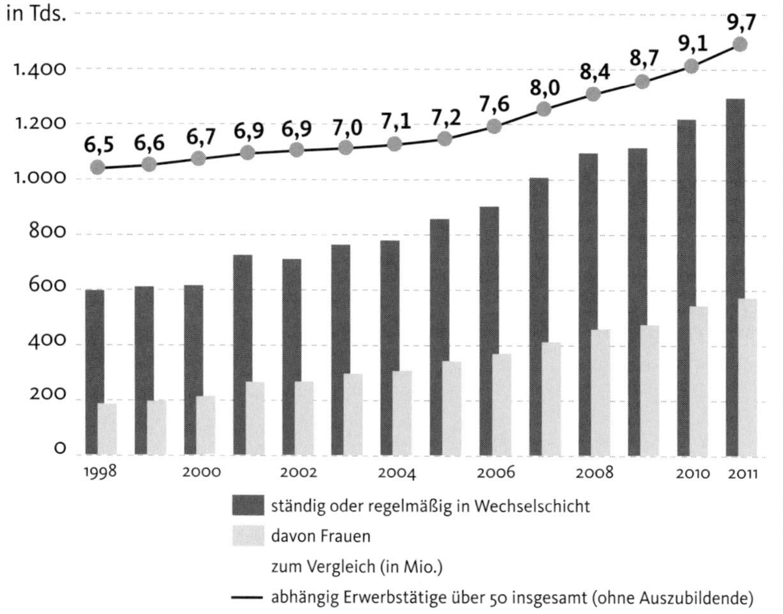

in Tds.

- ■ ständig oder regelmäßig in Wechselschicht
- ▨ davon Frauen
- zum Vergleich (in Mio.)
- — abhängig Erwerbstätige über 50 insgesamt (ohne Auszubildende)

Quelle: IAB-Kurzbericht 21/2013, S. 2

| Abb. 26: Bereitschaftsdienst und Arbeit auf Abruf (Anteile der abh. Beschäftigten in %) | | | | | Gute Arbeit |
|---|---|---|---|---|---|
| Erwerbs-umfang | Bereit-schaftsdienst | Rufbereit-schaft | Arbeit auf Abruf | Nichts davon | Summe |
| Vollzeit | 11,9 | 6,2 | 3,7 | 78,2 | 100 |
| Teilzeit | 0,9 | 6,6 | 7,5 | 84,9 | 100 |
| Geringfügig Beschäftigt | 0,0 | 4,3 | 13,0 | 82,6 | 100 |
| Gesamt | 8,1 | 6,2 | 5,4 | 80,4 | 100 |

Quelle: Schult/Tobsch: Freizeitstress. SOEPpapers 485/2012; WSI-Report 19

Eine wichtige Ursache ist die Ausweitung der Wechselschichten im expandierenden Dienstleistungssektor. Insgesamt sind 13% der über 50-jährigen Erwerbstätigen in Wechselschichten inklusive Nachtarbeit tätig. Schichtarbeitende klagen der IAB-Studie zufolge besonders häufig über großen Zeitdruck und hohe Arbeitsverdichtung.

Bereitschaftsdienst jeglicher Art ist weit verbreitet. Sicherlich sind Bereitschaftsdienst und Rufbereitschaft häufig nicht prekär, zumal wenn diese Arbeiten zu tariflich abgesicherten Bedingungen erfolgen. Sie bringen aber immer gesundheitliche und soziale Belastungen mit sich. Ein besonders problematischer – und eben doch vielfach prekärer – Auswuchs der Flexibilisierung von Arbeitszeiten ist die allerdings die Arbeit auf Abruf. Nach Untersuchungen des WSI wird sie inzwischen in 8% der Betriebe in Deutschland praktiziert. 5,4% der abhängig Beschäftigten sind davon betroffen – mehr als von Leiharbeit. Was für Arbeitgeber komfortabel ist, schafft für betroffene Beschäftigte eine prekäre Situation. Sie tragen das wirtschaftliche Risiko komplett, können Arbeit und Privatleben nicht sinnvoll planen und werden überdies häufig auch nicht Existenz sichernd bezahlt. Das gilt insbesondere für die zahlreichen Minijobber, die Arbeit auf Abruf leisten. Das trifft immerhin schon auf 13% der geringfügig Beschäftigten zu.

# 3. Arbeitsbedingte psychische Belastungen und die Folgen

## 3.1 Psychische Störungen in der Allgemeinbevölkerung

Psychische Störungen sind in der Allgemeinbevölkerung relativ weit verbreitet. Nach einer großen europäischen Studie ist etwa ein Drittel der Bevölkerung im erwerbsfähigen Alter im Laufe eines Jahres einmal von einer psychischen Störung betroffen. Dementsprechend häufig sind psychische Störungen auch unter den Beschäftigten. Nur ein Teil dieser Krankheitslast schlägt sich in den Arbeitsunfähigkeitsdaten nieder (Abb. 27).

Von der Größenordnung her werden diese Angaben durch Behandlungsdaten der Krankenkassen bestätigt. Demnach weist beispielsweise – nach den aktuell zugänglichen Daten – ziemlich genau ein Drittel der Versicherten

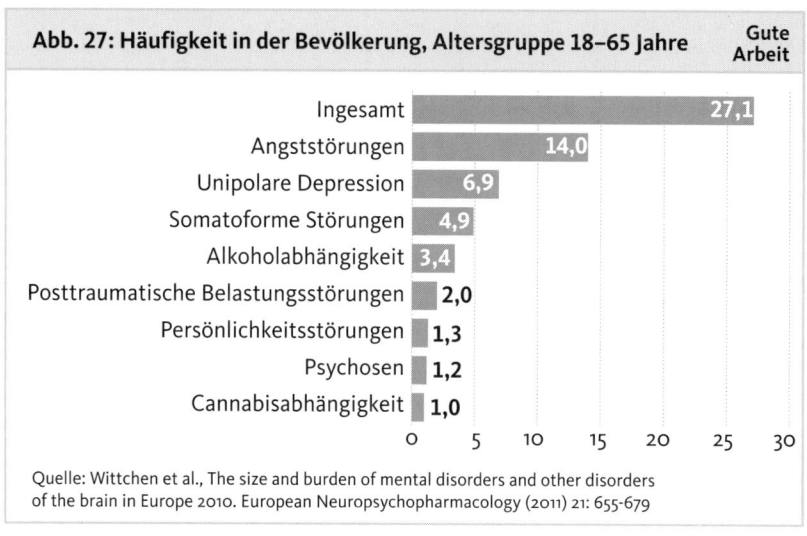

**Abb. 27: Häufigkeit in der Bevölkerung, Altersgruppe 18–65 Jahre** — Gute Arbeit

Ingesamt 27,1
Angststörungen 14,0
Unipolare Depression 6,9
Somatoforme Störungen 4,9
Alkoholabhängigkeit 3,4
Posttraumatische Belastungsstörungen 2,0
Persönlichkeitsstörungen 1,3
Psychosen 1,2
Cannabisabhängigkeit 1,0

Quelle: Wittchen et al., The size and burden of mental disorders and other disorders of the brain in Europe 2010. European Neuropsychopharmacology (2011) 21: 655-679

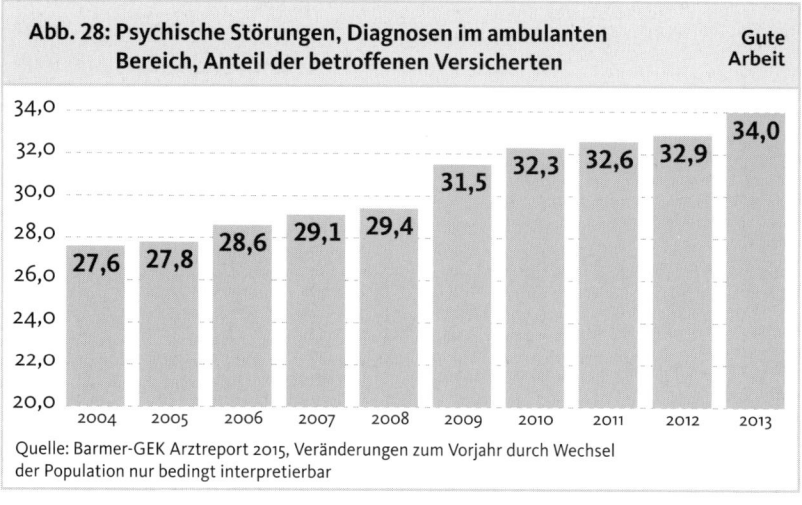

**Abb. 28: Psychische Störungen, Diagnosen im ambulanten Bereich, Anteil der betroffenen Versicherten** — Gute Arbeit

2004: 27,6
2005: 27,8
2006: 28,6
2007: 29,1
2008: 29,4
2009: 31,5
2010: 32,3
2011: 32,6
2012: 32,9
2013: 34,0

Quelle: Barmer-GEK Arztreport 2015, Veränderungen zum Vorjahr durch Wechsel der Population nur bedingt interpretierbar

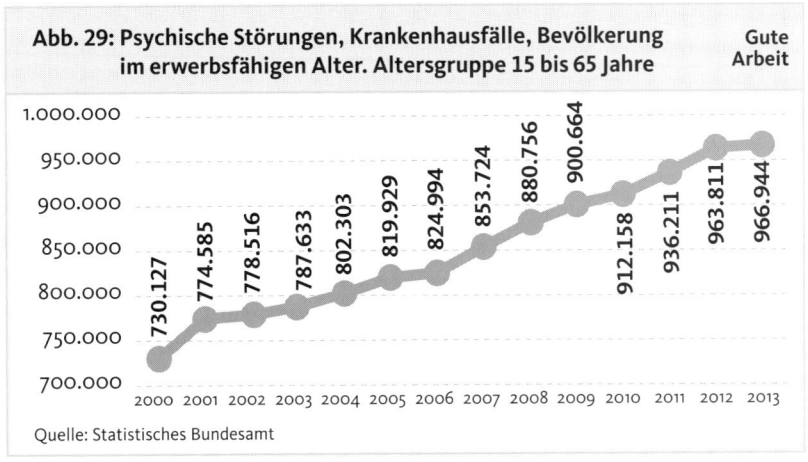

**Abb. 29: Psychische Störungen, Krankenhausfälle, Bevölkerung im erwerbsfähigen Alter. Altersgruppe 15 bis 65 Jahre** — Gute Arbeit

Quelle: Statistisches Bundesamt

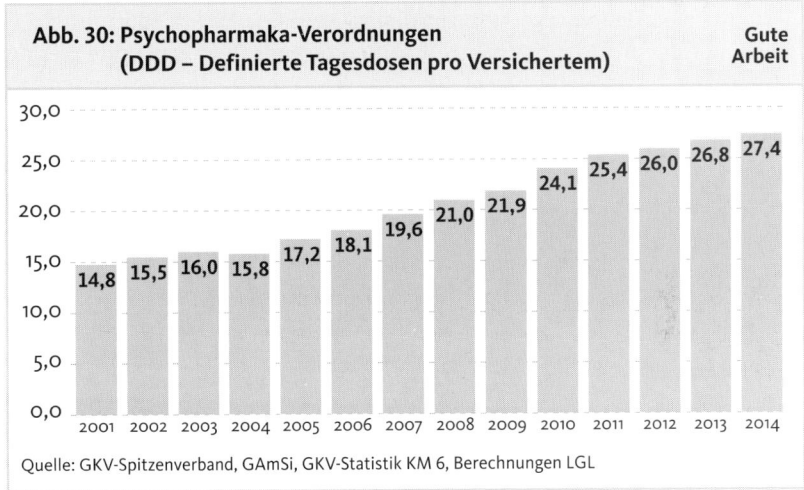

**Abb. 30: Psychopharmaka-Verordnungen (DDD – Definierte Tagesdosen pro Versichertem)** — Gute Arbeit

Quelle: GKV-Spitzenverband, GAmSi, GKV-Statistik KM 6, Berechnungen LGL

der Barmer-GEK im Jahr 2013 im ambulanten Bereich eine Diagnose aus dem Bereich der psychischen Störungen auf (Abb. 28).

Ob die psychischen Störungen insgesamt zunehmen, ist unter Fachleuten nach wie vor umstritten. Manche Experten sind der Auffassung, es komme nur zu einer stärkeren Offenlegung der vorhandenen Krankheitslast im Versorgungssystem, etwa bei den Behandlungen oder den Krankschreibungen. Allerdings sprechen solide wissenschaftliche Befunde dafür, dass es einen nachweisbaren Zusammenhang gibt zwischen zunehmenden psychischen Belastungen am Arbeitsplatz und psychischen Störungen, so dass grundsätzlich hier ein Kausalzusammenhang vorliegt (mehr dazu in Abschnitt 3.3).

Dass psychische Störungen immer häufiger Anlass für ärztliche und psychotherapeutische Behandlungen sowie für Arbeitsunfähigkeit und Frühberentung werden, ist dagegen unbestritten. Das zeigt sich u.a. auch in der Zunahme der Krankenhausfälle infolge von psychischen Störungen. In der Altersgruppe 15 bis 65 Jahre, also im erwerbsfähigen Alter, gab es nach neuesten Daten 2013 fast 1 Mio. stationäre Behandlungsfälle aus diesem Anlass, 32% mehr als vor 13 Jahren (Abb. 29).

Noch stärker zugenommen haben die Psychopharmaka-Verordnungen. Sie sind in den letzten 12 Jahren um ca. 70% gestiegen (Abb. 30).

## 3.2  Krankenstand: Trends und Ursachen der Arbeitsunfähigkeit

Der Krankenstand der Pflichtversicherten in der Gesetzlichen Krankenversicherung (GKV) ist, betrachtet man die Entwicklung seit 1960, in der Grundtendenz Jahrzehnte lang rückläufig gewesen. Er lag 1960 in der alten Bundesrepublik bei etwa 6%. 1970 wurden für die alten Bundesländer 5,6% verzeichnet, 1980 erreichte der Krankenstand noch einmal einen Höhepunkt mit 5,67%. Danach fiel er auf unter 5%, um nach der Vereinigung zeitweilig wieder auf 5,08% zu klettern (1995). Seitdem ging es abwärts. 2007 wurde mit 3,22% der niedrigste Stand seit Einführung der Statistik und der Einführung der Lohnfortzahlung im Jahr 1970 überhaupt gemessen.

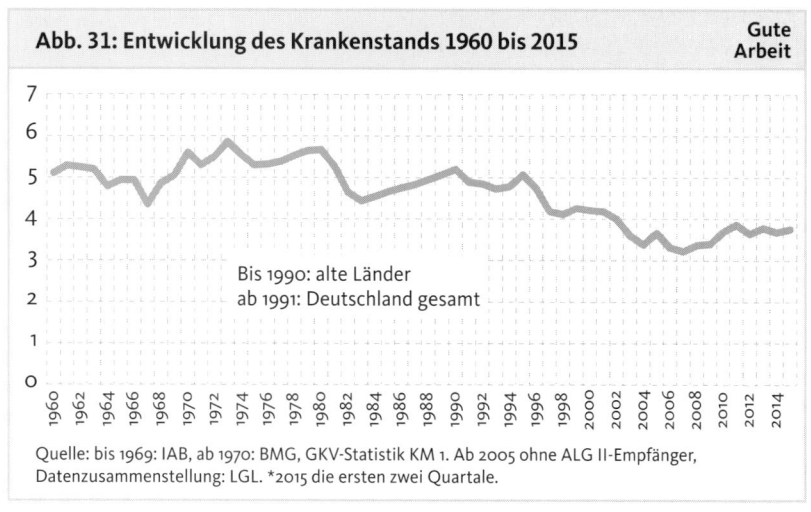

**Abb. 31: Entwicklung des Krankenstands 1960 bis 2015**

Gute Arbeit

Bis 1990: alte Länder
ab 1991: Deutschland gesamt

Quelle: bis 1969: IAB, ab 1970: BMG, GKV-Statistik KM 1. Ab 2005 ohne ALG II-Empfänger, Datenzusammenstellung: LGL. *2015 die ersten zwei Quartale.

Erst danach beginnt ein langsamer Wiederanstieg, der allerdings bislang moderat geblieben ist und weit unter den Niveaus früherer Jahrzehnte liegt. Für 2008 wurde – gegenüber 2007 – ein geringfügig höherer Wert von 3,34% verzeichnet, 2009 wurden 3,4% gemessen, 2010 betrug der Krankenstand 3,68%, 2011 stieg er auf 3,86%, 2012 ging er leicht zurück auf 3,64%, 2013 stieg er leicht an auf 3,78%. Im Jahr 2014 betrug der Krankenstand 3,68 % und für 2015 zeichnet sich, anhand der Ergebnisse der ersten zwei Quartale, mit 3,75 % ein ähnlicher Wert ab (Abb. 31). Diese Zahlen spiegeln eine allmähliche Normalisierung wider, die mit der Alterung der Erwerbsbevölkerung und mit der Zunahme von Arbeitsstress und den dadurch bedingten Gesundheitsstörungen und Erkrankungen zusammenhängt.

Betrachtet man den Krankenstand nach Altersgruppen, so zeigt sich, dass er nach der Zahl der AU-Fälle bei den Jüngeren bis 25 Jahre auffallend hoch ist, während hier die AU-Tage je Fall niedrig liegen. Dann setzt eine asynchrone Entwicklung ein: Die Zahl der AU-Fälle sinkt bis zur Altersgruppe 30 bis 35 Jahre, danach steigt sie, um erst bei den über 60-jährigen wieder abzufallen, hier hauptsächlich wohl durch den healthy-worker-Effekt (die kranken älteren Beschäftigten sind schon aus dem Erwerbsleben ausgeschieden). Die Krankheitsdauer je Fall steigt aber in den Altersgruppen kontinuierlich an und erreicht ihren Gipfel mit durchschnittlich 22 Tagen jährlich bei den über 60-jährigen (Abb. 32).

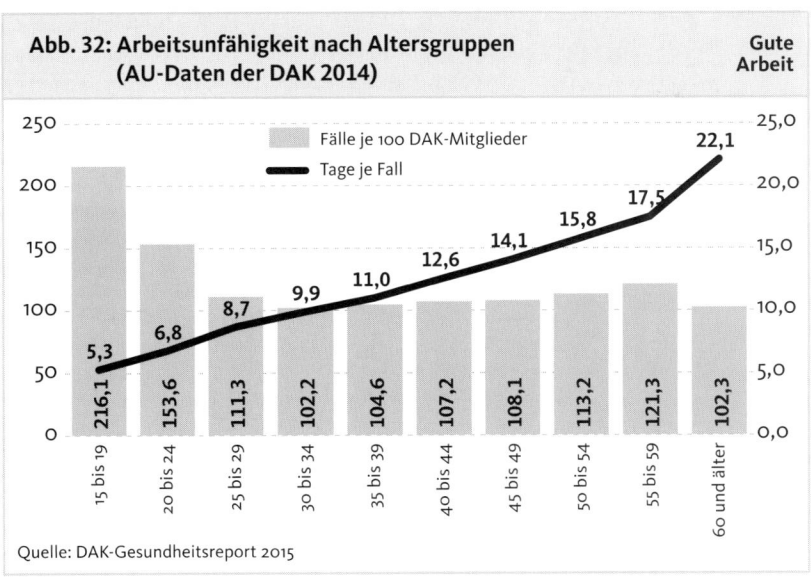

**Abb. 32: Arbeitsunfähigkeit nach Altersgruppen (AU-Daten der DAK 2014)**

Gute Arbeit

Fälle je 100 DAK-Mitglieder
Tage je Fall

| Altersgruppe | Fälle je 100 DAK-Mitglieder | Tage je Fall |
|---|---|---|
| 15 bis 19 | 216,1 | 5,3 |
| 20 bis 24 | 153,6 | 6,8 |
| 25 bis 29 | 111,3 | 8,7 |
| 30 bis 34 | 102,2 | 9,9 |
| 35 bis 39 | 104,6 | 11,0 |
| 40 bis 44 | 107,2 | 12,6 |
| 45 bis 49 | 108,1 | 14,1 |
| 50 bis 54 | 113,2 | 15,8 |
| 55 bis 59 | 121,3 | 17,5 |
| 60 und älter | 102,3 | 22,1 |

Quelle: DAK-Gesundheitsreport 2015

Bei den Diagnosegruppen, die den Krankenstand verursachen, liegen die Erkrankungen des Muskel-Skelett-Systems an erster Stelle. Nach den Daten der GKV folgen die Krankheiten des Atmungssystems – die eher für Kurzzeiterkranken verantwortlich sind. Gleich nach den Krankheiten des Atmungssystems folgen inzwischen die psychischen und Verhaltensstörungen. Als einzige Krankheitsart weisen sie eine kontinuierlich steigende Tendenz auf (siehe dazu Abschnitt 3.3) – entgegen dem Trend der Stagnation des Krankenstands.

## 3.3  Arbeitsunfähigkeit infolge psychischer Störungen

Alle Krankenkassen verzeichnen seit vielen Jahren einen starken und stetigen Anstieg der psychischen Störungen bei den Krankschreibungen. Auch in den Jahren, als der Krankenstand insgesamt rückläufig war, hat die Arbeitsunfähigkeit infolge psychischer Störungen weiter zugenommen.

Bei den DAK-Mitgliedern beispielsweise hat sich die Zahl der Krankheitstage infolge psychischer Störungen seit 1997 um das 3,1-fache erhöht, die Zahl der Fälle stieg um das 2,7-fache (Abb. 33). Der DAK-Report 2014 schreibt dazu:»Der Anstieg der Fehltage aufgrund psychischer Erkrankungen ist eine der auffälligsten Entwicklungen in Bezug auf die Krankenstandskennziffern in den letzten Jahren.« (S. 19) Andere Krankenkassen verzeichnen eine ähnliche Entwicklung.

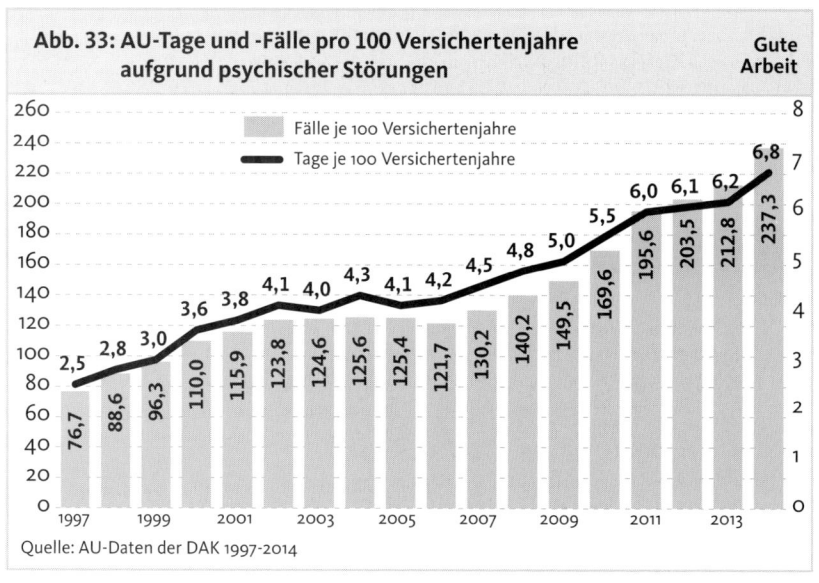

**Abb. 33: AU-Tage und -Fälle pro 100 Versichertenjahre aufgrund psychischer Störungen**

Gute Arbeit

Fälle je 100 Versichertenjahre
Tage je 100 Versichertenjahre

Quelle: AU-Daten der DAK 1997-2014

Nach den Daten der Gesetzlichen Krankenversicherung (SuGA, Daten für 2013) liegen die psychischen Störungen mit 13,9% an dritter Stelle der Krankheitsursachen, zahlenmäßig jedoch fast gleichauf mit Erkrankungen des Atmungssystems (14,7%).

Im Jahr 2014 verursachten psychische Erkrankungen bei den DAK-Mitgliedern nach den Krankheiten des Muskel-Skelett-Systems erstmals die zweitmeisten Arbeitsunfähigkeitstage. Im Vergleich zum Vorjahr ist 2014 mit 237,3 AU-Tagen je 100 Versicherte ein weiterer Anstieg der Fehltage wegen psychischer Störungen zu verzeichnen. Auch die Fallhäufigkeit ist weiter angestiegen (Abb. 35).

Die DAK selbst bezeichnet den Anstieg psychischer Erkrankungen als AU-Ursache als »rasant«. Das wird zum einen auf eine präzisere Diagnostik zurückgeführt – was ja auch positiv ist, weil nur eine zutreffende Diagnose eine wirksame Therapie ermöglicht. Die DAK wies aber auch auf die Bedeutung der Arbeitsbedingungen hin: »Da chronischer Stress ein Risikofaktor für psychische Erkrankungen ist, gehört die Prävention deshalb zunehmend in den Fokus des betrieblichen Gesundheitsmanagements.« (DAK-Report 2015)

Der Dachverband der Betriebskrankenkassen (BKK) registrierte für 2014, dass Muskel-Skelett-Erkrankungen rund ein Viertel aller Krankentage verursachen. Es folgen dann Atemwegserkrankungen (16%) und psychische Störungen mit 15%. Bundesweit erhielten rund 30% der BKK-Versicherten

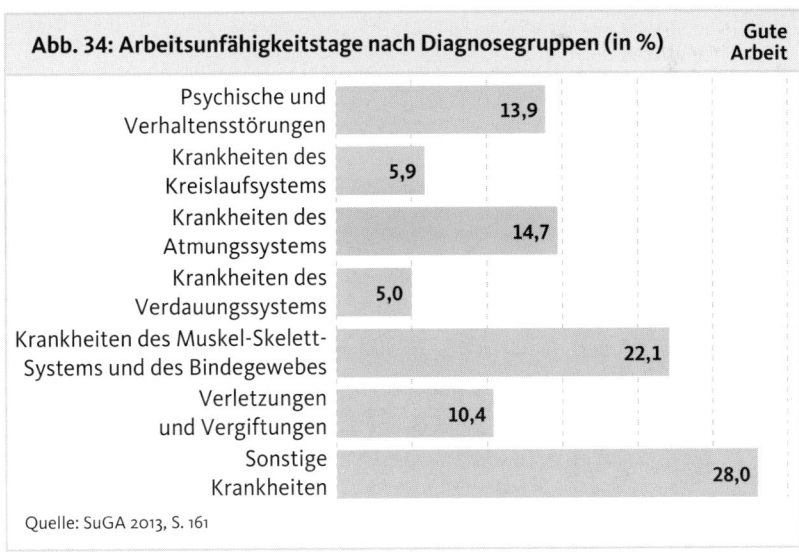

**Abb. 34: Arbeitsunfähigkeitstage nach Diagnosegruppen (in %)** — Gute Arbeit

- Psychische und Verhaltensstörungen: 13,9
- Krankheiten des Kreislaufsystems: 5,9
- Krankheiten des Atmungssystems: 14,7
- Krankheiten des Verdauungssystems: 5,0
- Krankheiten des Muskel-Skelett-Systems und des Bindegewebes: 22,1
- Verletzungen und Vergiftungen: 10,4
- Sonstige Krankheiten: 28,0

Quelle: SuGA 2013, S. 161

einmal eine Diagnose wegen eines psychischen Leidens. Knapp ein Drittel davon waren Depressionen.

In der längerfristigen Betrachtung zeigt sich die Dynamik der kontinuierlichen Steigerung bei psychischen Leiden: Als einzige Krankheitsart stiegen hier in nur einer Generation die Fehlzeiten um das Fünffache: Von knapp einem halben Tag je Pflichtmitglied im Jahr 1976 auf 2,6 Fehltage im Jahr 2013. Im Schnitt dauerte ein einzelner Arbeitsunfähigkeitsfall eines Beschäftigten 12,7 Tage (über alle Erkrankungsarten). Spitzenreiter bei der Falldauer sind psychische Diagnosen mit rund 38 Tagen je Fall – länger als Tumorerkrankungen (35 Tage).

Auch bei den Versicherten der Techniker Krankenkasse haben 2014 die Krankschreibungen wegen psychischer Störungen zugenommen. 2013 schien es noch so, dass sich die Tendenz auf – allerdings hohem Niveau – einpendele, 2014 gingt es aber wieder »aufwärts«. Ein Fünftel aller Krankheitstage geht inzwischen auf solche Erkrankungen zurück.

Krankschreibungen wegen psychischer Störungen dauern – mit Ausnahme von Tumorerkrankungen – im Schnitt deutlich länger als Krankschreibungen wegen anderer Diagnosen. Im Jahr 2014 waren es bei den DAK-Mitgliedern 35,1 Tage pro Fall, mehr als fünfmal so viel wie bei den Atmungserkrankungen und fast doppelt so viel wie bei den Muskelskeletterkrankungen (Abb. 36).

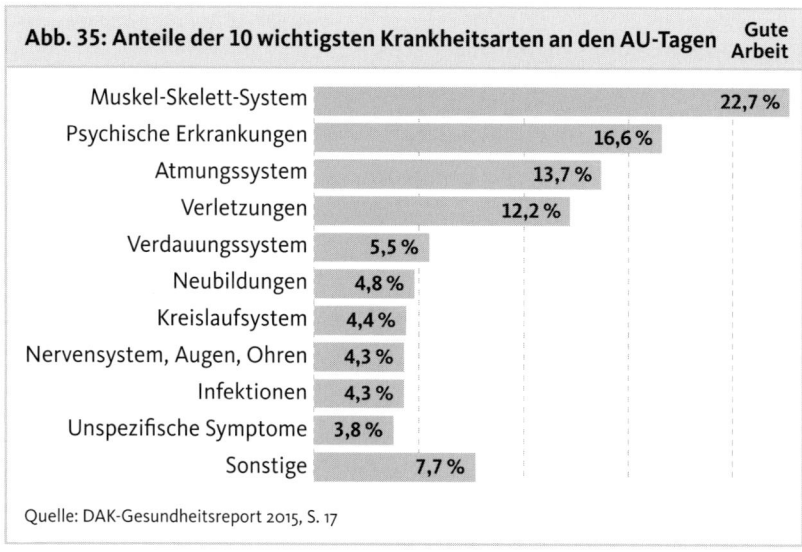

**Abb. 35: Anteile der 10 wichtigsten Krankheitsarten an den AU-Tagen** Gute Arbeit

| | |
|---|---|
| Muskel-Skelett-System | 22,7 % |
| Psychische Erkrankungen | 16,6 % |
| Atmungssystem | 13,7 % |
| Verletzungen | 12,2 % |
| Verdauungssystem | 5,5 % |
| Neubildungen | 4,8 % |
| Kreislaufsystem | 4,4 % |
| Nervensystem, Augen, Ohren | 4,3 % |
| Infektionen | 4,3 % |
| Unspezifische Symptome | 3,8 % |
| Sonstige | 7,7 % |

Quelle: DAK-Gesundheitsreport 2015, S. 17

| Abb. 36: Durchschnittliche Falldauer einer Krankschreibung in Tagen, DAK-Mitglieder 2014 | Gute Arbeit |
|---|---|
| in Tagen, DAK-Mitglieder 2014 | |
| Neubildungen | 38,4 |
| Psychische Erkrankungen | 35,1 |
| Krankheiten des Kreislaufsystems | 20,9 |
| Verletzungen und Vergiftungen | 19,0 |
| Krankheiten des Muskel-Skelett-Systems und des Bindegewebes | 18,0 |
| Krankheiten des Nervensystems, des Auges und des Ohres | 10,5 |
| Symptome und abnorme klinische und Laborbefunde | 7,5 |
| Krankheiten des Atmungssystems | 6,3 |
| Krankheiten des Verdauungssystems | 6,1 |
| Infektiöse und parasitäre Krankheiten | 5,3 |

Datenquelle: DAK-Gesundheitsreport 2015

| Abb. 37: AU-Tage je 100 Versichertenjahre für die fünf wichtigsten Einzeldiagnosen | Gute Arbeit |
|---|---|

Depressive Episode/Rezidivierende depressive Störung (F32+F33) — 111,5
Reaktionen auf schwere Belastungen und Anpassungsstörungen (F43) — 42,0
Andere neurotische Störungen (F48) — 21,0
Somatoforme Störungen (F45) — 15,9
Andere Angststörungen (F41) — 15,9

Quelle: DAK-Gesundheitsreport 2015, S. 20

Welche Einzeldiagnosen sich in welchem Umfang hinter den psychischen Erkrankungen (ICD 10 F00-F99) verbergen, zeigt Abb. 37. Dort sind die Fehltage je 100 Versichertenjahre für die fünf wichtigsten einschlägigen Einzeldiagnosen dargestellt. Die weitaus meisten Fehltage werden demnach durch Depressionen verursacht.

Dauer und Häufigkeit der Arbeitsunfähigkeit durch psychische Erkrankungen nehmen mit dem Alter zu. Bei den 55- bis 59-jährigen Männern ist die Betroffenheitsquote am höchsten. Bei den über 60-Jährigem nimmt sie wieder ab. Hier wirkt sich wieder der healthy-worker-Effekt aus.

**389**

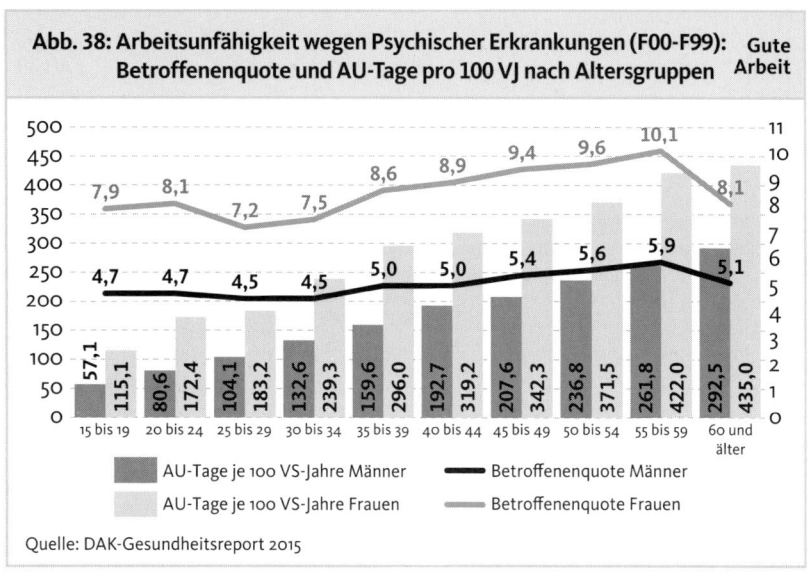

**Abb. 38: Arbeitsunfähigkeit wegen Psychischer Erkrankungen (F00-F99):** Gute
Betroffenenquote und AU-Tage pro 100 VJ nach Altersgruppen Arbeit

Quelle: DAK-Gesundheitsreport 2015

Bei den Frauen ist die Tendenz ähnlich, Betroffenheitsquote und AU-Volumen sind allerdings deutlich höher als bei den Männern (Abb. 38). Bei Männern ist es die älteste Gruppe (60 und älter), die die meisten AU-Tage wegen psychischer Erkrankungen verursacht.

Der DAK-Gesundheitsreport 2013 hat zudem gezeigt, dass gerade bei psychischen Erkrankungen das Phänomen des Präsentismus besonders weit verbreitet ist, auch weil die Stigmatisierung psychischer Erkrankungen weiter wirksam ist. Längst nicht alle diagnostizierten psychischen Erkrankungen führen auch zu einer Krankschreibung. Immerhin 31,7% der seinerzeit von der DAK befragten Versicherten gaben an, in den letzten 12 Monaten einmal oder mehrmals trotz psychischer Beschwerden zur Arbeit gegangen zu sein. Es leiden also mehr Beschäftigte an psychischen Störungen, als sich in der AU-Statistik niederschlägt.

Eine besonders auffällige Erscheinung im Zusammenhang von psychischen Belastungen und Krankschreibungen ist die enorme Zunahme von Burnout-Diagnosen in den vergangen zehn Jahren. Seit 2004, als der ICD-Code Z73 erstmals zur Verschlüsselung zur Verfügung stand, stieg die Zahl der AU-Tage durch Burnout im Bereich der BKK je 1.000 Mitglieder von 4,6 auf 87,5 im Jahr 2012 an. Das ist eine Steigerung um den Faktor 19. Im Jahr 2013 erfolgte zum ersten Mal ein Rückgang auf 77,6 AU-Tage je 1.000 BKK-Mitglieder, nachdem es seit 2004 jedes Jahr zu einem Anstieg der

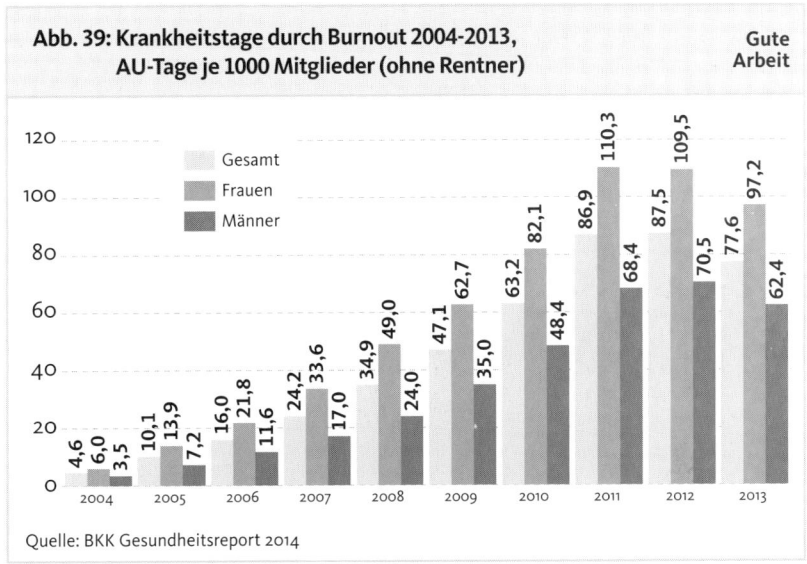

**Abb. 39: Krankheitstage durch Burnout 2004-2013, AU-Tage je 1000 Mitglieder (ohne Rentner)**

Gute Arbeit

Quelle: BKK Gesundheitsreport 2014

AU-Tage, im Vergleich zum Vorjahr, kam (Abb. 39). Weiterhin sind Frauen wesentlich häufiger betroffen als Männer (97,2 gegenüber 77,6 Tagen je 1.000 Mitglieder), jedoch ist auch bei den Männern die Zunahme bis zum Jahr 2012 beträchtlich.

Da jedoch Burnout als Krankheitsentität nicht eindeutig definiert ist und weiterhin keine eigene Kennzeichnung in der ICD zur Verfügung steht, beziehen sich die dargestellten Zahlen wie im Vorjahr auf den ICD-Schlüssel Z73 »Probleme mit Bezug auf Schwierigkeiten bei der Lebensbewältigung«. Nicht selten dürfte allerdings die entsprechende Symptomatik auch mit dem ICD-Code F43.0 »akute Belastungsreaktion«, dem ICD-Code F48.0 »Neurasthenie« (Ermüdungssyndrom) oder dem ICD-Code R53 »Unwohlsein und Ermüdung« verschlüsselt werden, so dass die realen Zahlen möglicherweise die hier angegebenen noch übersteigen.

## 3.4 Frühberentungen infolge psychischer Störungen

Im Jahr 2014 gingen in Deutschland 169.281 Menschen infolge einer Erwerbsminderung vorzeitig in die Rente, das war etwa jeder 6. Rentenzugang (2013: 175.135 Zugänge). Das durchschnittliche Rentenzugangsalter bei Erwerbsminderung lag im Jahr 2014 bei den Frauen bei 50,7 Jahren und bei den Männern bei 51,7 Jahren. Bei krankheitsbedingter Frühberentung infolge psychischer Störungen liegt es mit etwas über 49 Jahren noch darunter.

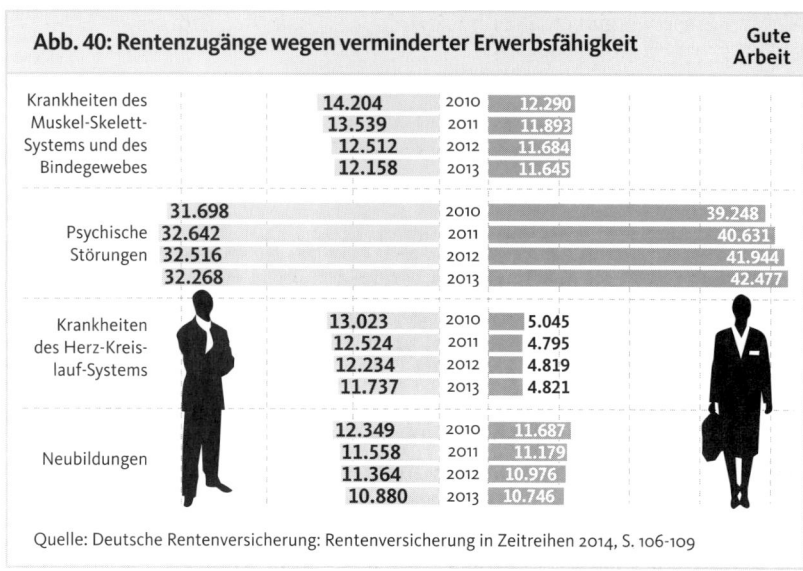

**Abb. 40: Rentenzugänge wegen verminderter Erwerbsfähigkeit**  Gute Arbeit

| Krankheiten des Muskel-Skelett-Systems und des Bindegewebes | | |
| --- | --- | --- |
| 14.204 | 2010 | 12.290 |
| 13.539 | 2011 | 11.893 |
| 12.512 | 2012 | 11.684 |
| 12.158 | 2013 | 11.645 |

| Psychische Störungen | | |
| --- | --- | --- |
| 31.698 | 2010 | 39.248 |
| 32.642 | 2011 | 40.631 |
| 32.516 | 2012 | 41.944 |
| 32.268 | 2013 | 42.477 |

| Krankheiten des Herz-Kreis-lauf-Systems | | |
| --- | --- | --- |
| 13.023 | 2010 | 5.045 |
| 12.524 | 2011 | 4.795 |
| 12.234 | 2012 | 4.819 |
| 11.737 | 2013 | 4.821 |

| Neubildungen | | |
| --- | --- | --- |
| 12.349 | 2010 | 11.687 |
| 11.558 | 2011 | 11.179 |
| 11.364 | 2012 | 10.976 |
| 10.880 | 2013 | 10.746 |

Quelle: Deutsche Rentenversicherung: Rentenversicherung in Zeitreihen 2014, S. 106-109

**Abb. 41: Frühberentungen infolge psychischer Störungen, Trend – Rate je 100.000 aktiv Versicherte**  Gute Arbeit

| | Insge-samt | Frauen | Männer |
| --- | --- | --- | --- |
| 2000 | 102,0 | 111,4 | 93,8 |
| 2001 | 137,2 | 150,6 | 125,1 |
| 2002 | 130,4 | 144,3 | 117,9 |
| 2003 | 134,3 | 147,3 | 122,6 |
| 2004 | 140,1 | 152,6 | 128,9 |
| 2005 | 137,4 | 150,5 | 125,3 |
| 2006 | 132,4 | 144,0 | 121,6 |
| 2007 | 138,2 | 151,6 | 125,5 |
| 2008 | 147,1 | 164,2 | 131,0 |
| 2009 | 165,4 | 187,0 | 145,0 |
| 2010 | 180,9 | 205,4 | 157,7 |
| 2011 | 186,9 | 212,6 | 162,4 |
| 2012 | 188,7 | 218,1 | 160,8 |
| 2013 | 206,5 | 242,2 | 173,0 |
| 2014 | 201,6 | 237,6 | 167,8 |

Quelle: Deutsche Rentenversicherung, Ratenberechnung 2014 LGL: Fälle 2014, Versicherte 2013

72.972 Menschen gingen 2014 infolge einer psychischen Störung vorzeitig in Rente (2013: 74.745) (Abb. 40). Das ist ein Anteil von inzwischen ca. 43% an allen Erwerbsminderungsrenten. Bereits seit 2005 ist das die größte Diagnosegruppe und auch die einzige, die in den letzten Jahren stets gewachsen ist. 2014 waren es erstmal geringfügig weniger als im Vorjahr. Der Anteil dieser Diagnosegruppe an allen neuen Erwerbsminderungsrenten ist allerdings unverändert hoch.

Wie bei den Krankschreibungen haben bis 2013 auch unter den krankheitsbedingten Rentenzugängen die psychischen Störungen zugenommen, gegen den lange Zeit anhaltenden Trend zum Rückgang der krankheitsbedingten Frühberentungen insgesamt. 2014 weisen die Daten ein Verharren auf hohem Niveau aus.

Seit nunmehr etlichen Jahren dominieren die psychischen Störungen das Frühberentungsgeschehen. Sie stehen an erster Stelle bei den Diagnosen der krankheitsbedingten Frühberentungen. Lange Zeit waren dies die Muskel-Skeletterkrankungen. Deren Anteil hat sich seit 1996 etwa halbiert. Wiederum sind Frauen stärker betroffen als Männer. Für das Jahr 2014 heißt das: Bei den Männern betrug der Anteil der psychischen Störungen bei den krankheitsbedingten Frühberentungen 36,8%, bei den Frauen hingegen 49,5%.

| Abb. 42: Rentenzugänge 2014 wegen verminderter Erwerbsfähigkeit nach Diagnosegruppen | | | | Gute Arbeit |
|---|---|---|---|---|
| Diagnosegruppen | Männer | | Frauen | |
| | Anzahl | Anteil in % | Anzahl | Anteil in % |
| Krankheiten von Skelett/Muskeln/Bindegewebe | 10.849 | 12,7 | 11.009 | 13,1 |
| Krankheiten des Kreislaufsystems | 11.509 | 13,5 | 4.607 | 5,5 |
| Krankheiten des Verdauungssystems/ Stoffwechselkrankheiten | 3.605 | 4,2 | 2.536 | 3,0 |
| Krankheiten der Atmungsorgane | 3.159 | 3,7 | 1.969 | 2,3 |
| Neubildungen | 10.555 | 12,4 | 10.497 | 12,5 |
| psychische Störungen | 31.301 | 36,8 | 41.671 | 49,5 |
| darunter: Sucht | 5.981 | 7,0 | 1.781 | 2,1 |
| Krankheiten des Nervensystems | 5.151 | 6,1 | 5.130 | 6,1 |
| sonstige Krankheiten | 9.008 | 10,6 | 6.725 | 8,0 |
| insgesamt | 85.137 | 100 | 84.144 | 100 |

Ohne Renten für Bergleute wegen Vollendung des 50. Lebensjahres und ohne Fälle mit nicht erfasster 1. Diagnose, Verschlüsselung nach ICD 10. Quelle: Quelle: Rentenversicherung in Zahlen 2015

| Abb. 43: Krankheitsbedingte Frühberentungen, 2014 | | | | | Gute Arbeit | |
|---|---|---|---|---|---|---|
| Diagnosen | Insgesamt | | Frauen | | Männer | |
| | Fälle | je 100.000 aktiv Versicherte | Fälle | je 100.000 aktiv Versicherte | Fälle | je 100.000 aktiv Versicherte |
| Psychische Störungen | 72.972 | 201,6 | 41.671 | 237,6 | 31.301 | 167,8 |
| Muskel-Skeletterkrankungen | 21.858 | 60,4 | 11.009 | 62,8 | 10.849 | 58,2 |
| Krebs | 21.052 | 58,2 | 10.497 | 59,9 | 10.555 | 56,6 |
| Krankheiten des Kreislaufsystems | 16.116 | 44,5 | 4.607 | 26,3 | 11.509 | 61,7 |
| Krankheiten des Nervensystems | 10.281 | 28,4 | 5.130 | 29,3 | 5.151 | 27,6 |
| Sonstige | 27.002 | 74,6 | 11.230 | 64,0 | 15.772 | 84,5 |
| Insgesamt | 169.281 | 467,7 | 84.144 | 479,8 | 85.137 | 456,3 |

Quelle: Deutsche Rentenversicherung, Ratenberechnung LGL: Fälle 2014, Versicherte 2013

# 4. Arbeit und Gesundheit: Aktuelle Trends

## 4.1 Arbeitsunfälle

Der langfristige technologische und sektorale Strukturwandel der Wirtschaft hat im Zusammenwirken mit Verbesserungen des Arbeitsschutzes dazu geführt, dass sich das Unfallrisiko am Arbeitsplatz über die Jahrzehnte deutlich vermindert hat. Im Zeitraum 1961-2014 ist die Zahl der meldepflichtigen Arbeitsunfälle je 1.000 Vollarbeiter in Deutschland um rund 80% zurückgegangen, allein von 1991 bis 2014 hat sie sich von 54,3 auf 23,7 mehr als halbiert (Abb. 44). Darüber hinaus erfolgte eine Verschiebung innerhalb des Unfallgeschehens in Richtung leichterer, nicht meldepflichtiger Unfälle, diese machen seit 1998 den überwiegenden Teil – in den letzten Jahren relativ konstant etwa 55 % – des gesamten Unfallvolumens der gewerblichen Wirtschaft aus.

Seit 2010 haben die Reduktionsraten der Arbeitsunfallziffern zwar von Jahr zu Jahr abgenommen, lagen jedoch immer zwischen -5% und -3%. Demgegenüber zeigt sich die Abwärtstendenz im Jahr 2014 deutlich verlangsamt, die Zahl der meldepflichtigen Arbeitsunfälle je 1.000 Vollarbeiter ist nurmehr geringfügig um 0,8% gesunken. Im Zuständigkeitsbereich der gewerblichen Berufsgenossenschaften fiel der Rückgang noch am stärksten aus (-1,1%), während bei den Unfallversicherungsträgern der öffentlichen Hand (-0,4%)

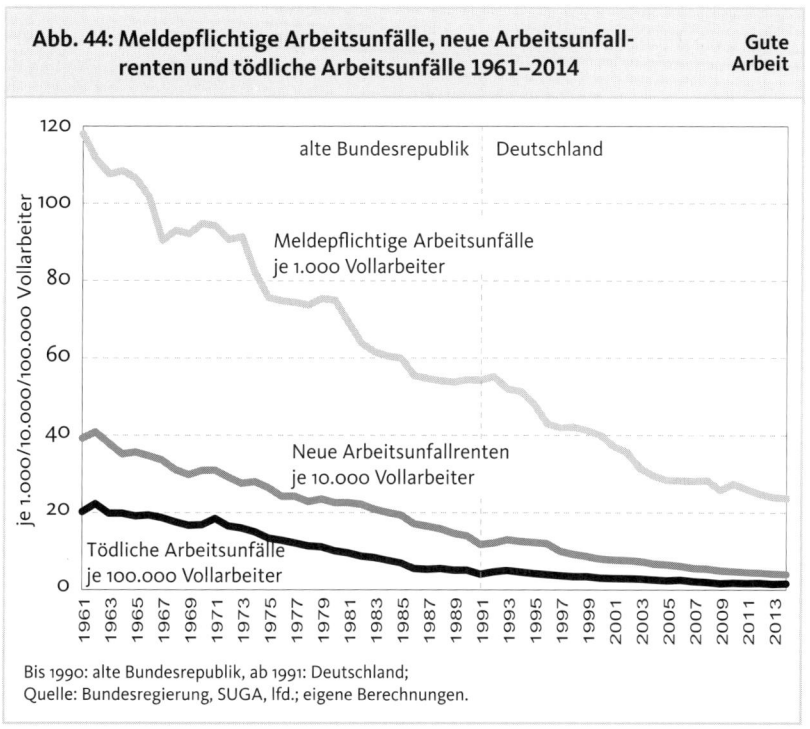

**Abb. 44: Meldepflichtige Arbeitsunfälle, neue Arbeitsunfall-renten und tödliche Arbeitsunfälle 1961–2014**

Gute Arbeit

Bis 1990: alte Bundesrepublik, ab 1991: Deutschland;
Quelle: Bundesregierung, SUGA, lfd.; eigene Berechnungen.

und der Landwirtschaft (-0,2%) durchaus schon von einer Stagnation ge-sprochen werden kann (Abb. 45).

Bei näherer Betrachtung stellt sich die Unfallentwicklung allerdings etwas differenzierter dar. Innerhalb der gewerblichen Wirtschaft hatten einige der statistisch ausgewiesenen Branchengruppen durchaus noch nennenswerte Rückgänge zu verzeichnen, insbesondere Handel/Warendistribution (wo sich die Unfallrate nach einem Stillstand in 2013 wieder deutlich – um 4,1% – verringerte), aber auch Energie/Textil/Elektro/Medienerzeugnisse (-2,7%), Bau (-2,5%), Transport/Verkehr (-2,5%) und Nahrungsmittel/Gastgewerbe (-2,3%). So gut wie keine Bewegung gab es in den Branchengruppen Rohstoffe/Chemie und Verwaltung/Bahnen/Glas/Keramik (-0,2% bzw. -0,1%), während es in den quantitativ stark ins Gewicht fallenden Bereichen Holz/Metall und Gesundheitsdienst/Wohlfahrtspflege erstmals seit einigen Jahren sogar wieder zu einem Anstieg der Unfallrate (um 3,0% bzw. 4,1%) kam (Abb. 45).

Die Gemeinsame Deutsche Arbeitsschutzstrategie (GDA) verfolgte ab dem Jahr 2008 das Ziel einer spürbaren Senkung der Unfallhäufigkeit. Betrach-

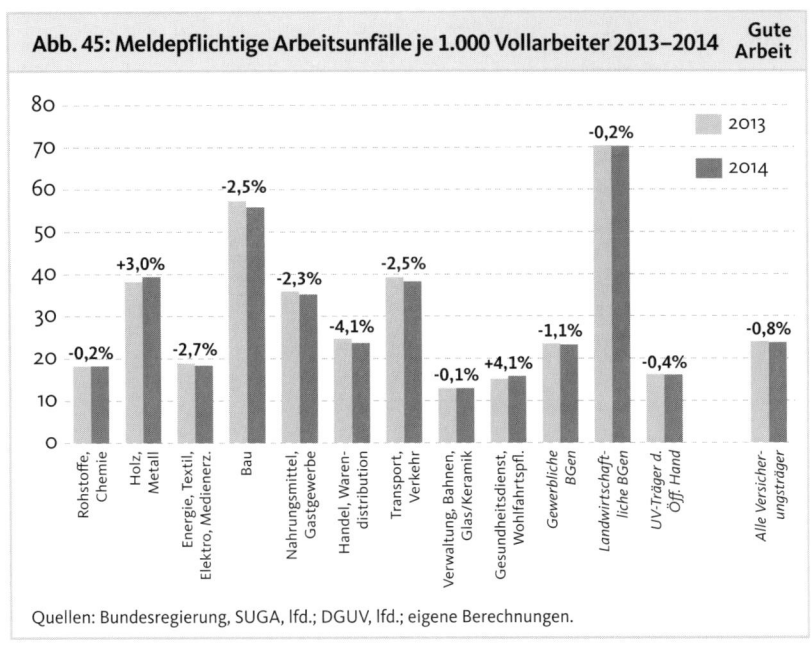

**Abb. 45: Meldepflichtige Arbeitsunfälle je 1.000 Vollarbeiter 2013–2014** — Gute Arbeit

Quellen: Bundesregierung, SUGA, lfd.; DGUV, lfd.; eigene Berechnungen.

tet man die seitherigen Veränderungen der Unfallzahlen (Abb. 46), scheint dieses Ziel mit einer rund 16-prozentigen Reduktion der »1000-Mann-Quote« in der Gesamtwirtschaft auch tatsächlich erreicht worden zu sein. Am günstigsten fiel die mittelfristige Entwicklung im Nahrungsmittel- und Gastgewerbe (-28,1%) sowie überraschenderweise im seit jeher relativ wenig unfallträchtigen Bereich Verwaltung/Bahnen/Glas/Keramik aus (-21,5%). (Die Deutlichkeit des Rückgangs bei den Unfallversicherungsträgern der öffentlichen Hand dürfte hingegen primär auf Statistikumstellungen im Jahr 2011 zurückzuführen sein.) In welchem Maße die GDA tatsächlich zur geschilderten Positivbilanz beigetragen hat, lässt sich allerdings kaum seriös beantworten.

Obwohl sich das Unfallrisiko auch im Baugewerbe günstig entwickelt hat, weist letzteres (neben dem Agrarsektor) unter allen Wirtschaftszweigen nach wie vor die mit Abstand höchste Zahl an Arbeitsunfällen je 1.000 Vollarbeiter auf; diese ist hier (mit zuletzt 55,9) fast zweieinhalb Mal so hoch wie im Durchschnitt der gewerblichen Wirtschaft. In der Hierarchie unfallträchtiger Sektoren rangiert danach Holz/Metall mit einer um 70% über dem gewerblichen Durchschnitt liegenden Unfallrate erstmals seit fünf Jahren wieder vor Transport/Verkehr (+65%), gefolgt von Nahrungsmittel/Gastgewerbe

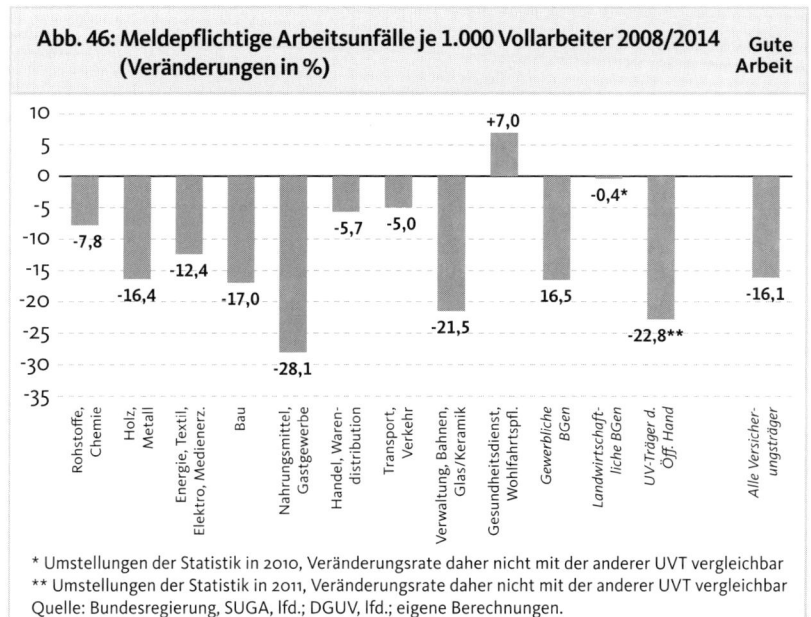

**Abb. 46: Meldepflichtige Arbeitsunfälle je 1.000 Vollarbeiter 2008/2014 (Veränderungen in %)**          Gute Arbeit

* Umstellungen der Statistik in 2010, Veränderungsrate daher nicht mit der anderer UVT vergleichbar
** Umstellungen der Statistik in 2011, Veränderungsrate daher nicht mit der anderer UVT vergleichbar
Quelle: Bundesregierung, SUGA, lfd.; DGUV, lfd.; eigene Berechnungen.

(+51%). Die niedrigsten Unfallziffern finden sich wie auch schon in den Vorjahren in den Bereichen Gesundheitsdienst/Wohlfahrtspflege und Verwaltung/Bahnen/Glas/Keramik, die vom Mittelwert der gewerblichen Wirtschaft um 32% bzw. 44% nach unten abweichen (Abb. 45).

Die DGUV-Unfallstatistik, aus der die vorgenannten Zahlen entnommen sind (bzw. berechnet wurden), orientiert sich bei der Darstellung sektorenspezifischer Unfallzahlen an den Zuständigkeitsbereichen der nach und nach über Branchengrenzen hinweg fusionierten Unfallversicherungsträger. Einige markante branchenbezogene Unterschiede der Unfallhäufigkeit sind in den entsprechenden Datenaggregaten nicht mehr erkennbar. Hier hilft der »Bericht Sicherheit und Gesundheit bei der Arbeit« der Bundesregierung (SuGA) zumindest teilweise weiter. Darin enthalten ist eine tiefer gegliederte Unfallstatistik, aus der z. B. hervorgeht, dass der Wirtschaftsabschnitt Wasserversorgung/Entsorgung/Umweltsanierung die nach dem Baugewerbe höchste Unfallrate innerhalb der gewerblichen Wirtschaft aufweist. Interessant ist u. a. auch der Hinweis auf die relativ hohe Unfallrate im Bereich Kunst/Unterhaltung/Erholung, die in dem niedrigen Gesamtwert der zuständigen Verwaltungs-BG, wie ihn die offizielle DGUV-Statistik berichtet, gleichsam »untergeht«. Auch die erwähnte SuGA-Statistik bleibt aber insofern unbe-

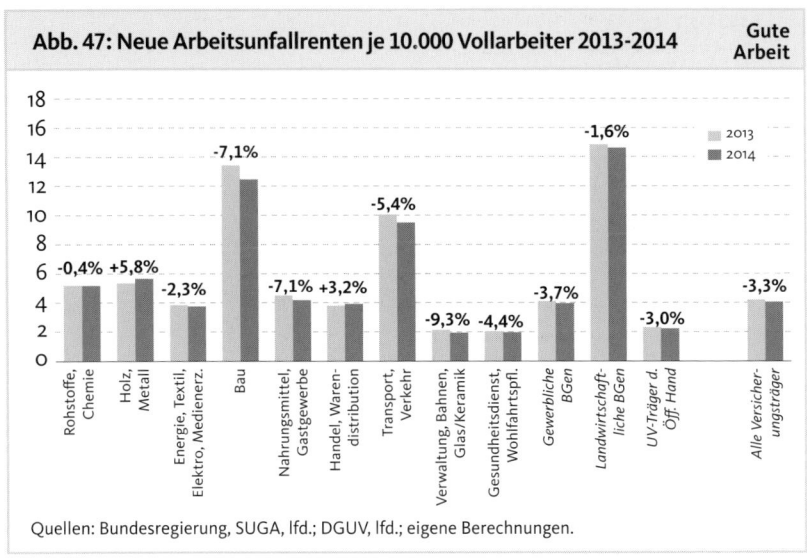

Abb. 47: Neue Arbeitsunfallrenten je 10.000 Vollarbeiter 2013-2014

Quellen: Bundesregierung, SUGA, lfd.; DGUV, lfd.; eigene Berechnungen.

friedigend, als sie auf eine Differenzierung des – in punkto Unfallhäufigkeit höchst heterogenen – verarbeitenden Gewerbes vollständig verzichtet.

Die langfristige Verbesserung der Arbeitssicherheit zeigt sich gerade auch bei den schweren, zur Invalidität oder zum Tod führenden Unfällen. Die Zahl der neu gewährten Arbeitsunfallrenten je 10.000 Vollarbeiter – die als Indikator für die Häufigkeit schwerer nichttödlicher Arbeitsunfälle betrachtet werden kann – sank in der Gesamtwirtschaft zwischen 1961 (39,22) und 2014 (4,05) um 90%, seit 1991 hat sie um 66% abgenommen (Abb. 44). Trotz des bereits erreichten niedrigen Niveaus kam es auch 2014 wieder zu einem – im Vergleich zum Vorjahr allerdings leicht gebremsten – Rückgang um 3,3%. Etwas schwächer ausgeprägt war diese Entwicklung im Bereich der landwirtschaftlichen Unfallversicherung (-1,6%), während die Veränderungsraten bei den Unfallversicherungsträgern der öffentlichen Hand (-3,0%) und den gewerblichen Berufsgenossenschaften (-3,7%) eher dem gesamtwirtschaftlichen Durchschnittstrend folgten. Gleichwohl hatten auch hier einige Branchengruppen wieder beachtliche Reduktionsraten zu verzeichnen, insbesondere Verwaltung/Bahnen/Glas/Keramik (wo die Rate der neuen Unfallrenten pro 10.000 Vollarbeiter ohnehin schon sehr niedrig war) (-9,3%), Nahrungsmittel/Gastgewerbe (-7,1%) und das Baugewerbe (ebenfalls -7,1%). Im Bereich Handel/Warendistribution, der 2013 noch den stärksten Rückgang von allen Branchengruppen aufgewiesen hatte, kam es dagegen zu einem Anstieg (+3,2%), ebenso wie im Bereich Holz/Metall (+ 5,8%) (Abb. 47).

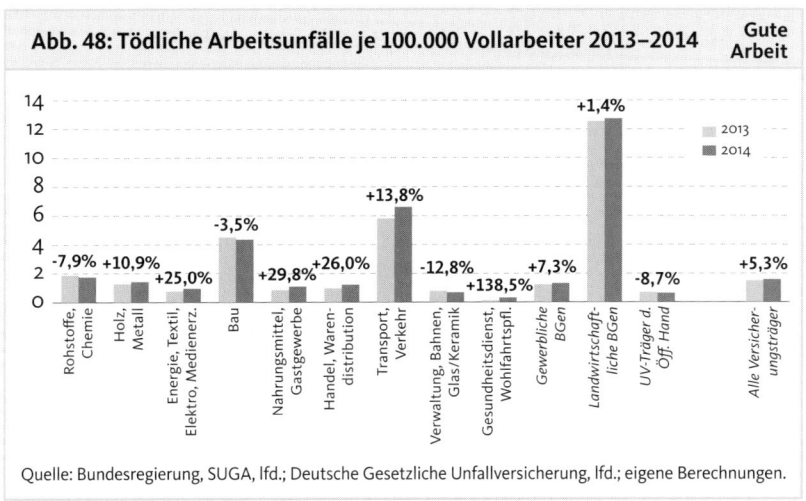

**Abb. 48: Tödliche Arbeitsunfälle je 100.000 Vollarbeiter 2013–2014** — Gute Arbeit

Quelle: Bundesregierung, SUGA, lfd.; Deutsche Gesetzliche Unfallversicherung, lfd.; eigene Berechnungen.

Tödliche Arbeitsunfälle sind hierzulande inzwischen sehr seltene Ereignisse. Verlor um 1960 herum rein rechnerisch etwa jeder fünftausendste Beschäftigte im Laufe eines Jahres unfallbedingt sein Leben, so traf es zuletzt ungefähr noch einen von 63.000. Allein im Zeitraum 1991-2013 hat sich die relative Häufigkeit tödlicher Arbeitsunfälle um 61% verringert (Abb. 44). Nachdem die Rate im Jahr 2013 mit 1,51 Fällen je 100.000 Vollarbeiter auf den niedrigsten Wert der Nachkriegsgeschichte gesunken war, stieg sie 2014 wieder um 5,3% auf 1,59 an. Ausgenommen von dieser Entwicklung waren lediglich die Bereiche Verwaltung/Bahnen/Glas/Keramik, Öffentliche Hand, Rohstoffe/Chemie und Bau. Immer noch mit Abstand am höchsten ist die Rate tödlicher Unfallereignisse in der Landwirtschaft (12,73 Fälle je 100.000 Vollarbeiter), gefolgt von Transport/Verkehr (6,61). Dagegen liegt das Risiko, bei der Arbeit unfallbedingt zu Tode zu kommen, im Gesundheits- und Sozialwesen nahe bei Null (Abb. 48).

## 4.2 Berufskrankheitengeschehen

Im Jahr 2015 wurden der Berufskrankheitenliste (BK-Liste) vier neue Berufskrankheiten hinzugefügt, die mit Wirkung vom 1. Januar an theoretisch anerkannt werden können, wenn Menschen in ihrem Beruf krank und arbeitsunfähig geworden sind. Die Liste umfasst jetzt 77 Krankheitsarten. Und ein Erfolg ist es in gewisser Weise auch, wenn man bedenkt, wie lange es z.B. bei der neuen Berufskrankheit Karpaltunnelsyndrom gedauert hat, bis sie amtlich als Berufskrankheit galt – nämlich mehr als zwei Jahrzehnte, nachdem ausreichende wissenschaftliche Erkenntnisse vorlagen. Neu in die BK-Liste aufgenommen wurden nun:

- Weißer Hautkrebs und dessen Vorstufen (BK-Nr. 5103)
- Karpaltunnel-Syndrom (BK-Nr. 2113)
- Hypothenar-Hammer-Syndrom und Thenar-Hammer-Snydrom (BK-Nr. 2114)
- Kehlkopfkrebs durch Schwefelsäuredämpfe (BK-Nr. 1319)

Die gravierenden Schwächen und Defizite des Berufskrankheitensystems sind dadurch aber nicht behoben. Sie bestehen weiter. Das Berufskrankheitenrecht in Deutschland ist vom Gesetzgeber so angelegt, dass nur ein kleiner Teil der beruflich verursachten Erkrankungen als »Berufskrankheit« anerkannt wird. Die restriktive Anerkennungspraxis der Berufsgenossenschaften verstärkt diesen Effekt noch.

Blicken wir auf die aktuellen BK-Zahlen (das sind die des Jahres 2013). In diesem Jahr wurden 74.680 BK-Verdachtsfälle gemeldet (alle Zahlen nach SuGA 2013; die in den DGUV-Geschäfts- und Rechnungsergebnissen für dieses Jahr aufgeführten Zahlen weichen teilweise davon ab; die DGUV-Daten für 2014 lagen bei Redaktionsschluss dieses Anhangs noch nicht vor). Gegenüber dem Vorjahr war das ein leichter Anstieg um rund 1.000 Fälle. Trotzdem muss davon ausgegangen werden, dass eine große Zahl berufsbedingter Erkrankungen als solche gar nicht erkannt und deswegen auch nicht gemeldet wird. Und natürlich muss davon ausgegangen werden, dass die Zahl der arbeitsbedingten Erkrankungen über das enge BK-Spektrum hinaus viel größer ist. Wir haben es hier also mit der Spitze eines Eisbergs zu tun.

Wie in den Jahren zuvor machen die Hauterkrankungen (32,7%) den Löwenanteil der Verdachtsfälle aus, gefolgt von der Lärmschwerhörigkeit

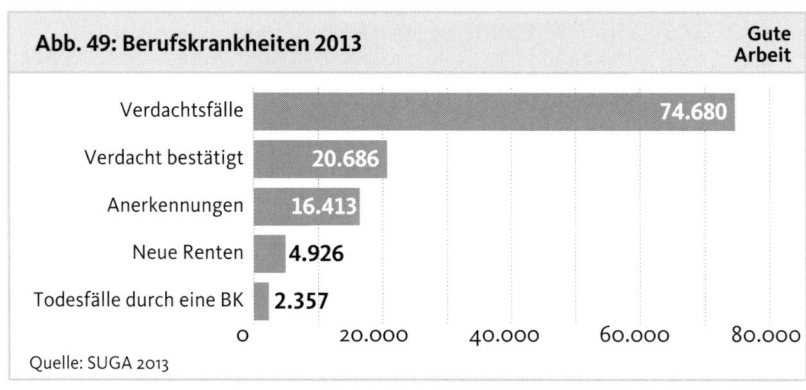

Abb. 49: Berufskrankheiten 2013 — Gute Arbeit

Verdachtsfälle: 74.680
Verdacht bestätigt: 20.686
Anerkennungen: 16.413
Neue Renten: 4.926
Todesfälle durch eine BK: 2.357

Quelle: SUGA 2013

(16,8%) und den bandscheibenbedingten Erkrankungen der Lendenwirbelsäule (6,5%). Hier werden die Mängel der Prävention offenkundig.

Schaut man aber, wie viele Verdachtsfälle denn anerkannt werden, sieht das Bild ganz anders aus. Ganze 16.413 Fälle der über 70.000 Anzeigen wurden anerkannt, das sind 22% – ähnlich wie in den Vorjahren. Anerkennung bedeutet aber noch nicht Entschädigung. Eine Rente erhielten 2013 nur 4.926 Personen – 6,6% aller Verdachtsanzeigen (Abb. 49).

Die am häufigsten anerkannte Berufskrankheit ist die Lärmschwerhörigkeit mit knapp 7.000 Fällen. Das entspricht einer Anerkennungsquote von 55%. Völlig anders sieht es aus beim Spitzenreiter der Verdachtsmeldungen, den Hauterkrankungen. Hier liegt die Anerkennungsquote bei ganzen 2,4%. Bei den Erkrankungen der Lendenwirbelsäule beträgt sie sogar nur 0,8%. Hier wird die Ablehnung oft damit begründet, es handele sich um eine Art »Volkskrankheit«, um normalen, altersbedingten Verschleiß; die berufliche Verursachung wird in Abrede gestellt (Abb. 50).

Große Unterschiede bestehen auch bei einzelnen Krankheitsarten zwischen Anerkennungen und neuen Renten Bei einigen Krankheiten, wie z. B. den Asbest-Berufskrankheiten 4104 (Lungen- und Kehlkopfkrebs) oder 4105 (Mesotheliom) ist die Zahl der Entschädigungen/Renten weitgehend gleich mit der Zahl der Anerkennungen. Bei anderen klafft hier eine große Divergenz. Am auffälligsten ist das bei der Lärmschwerhörigkeit (BK 2301). Hier kommen auf 6.935 Anerkennungen nur 299 Renten (Abb. 51).

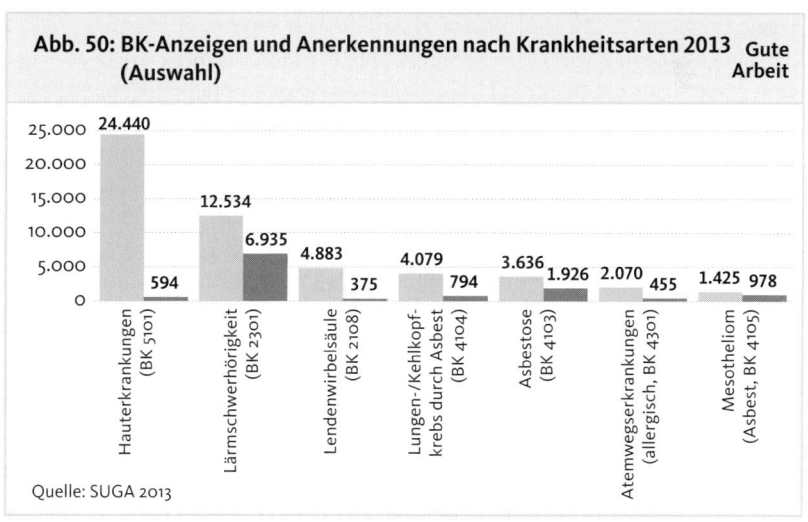

**Abb. 50: BK-Anzeigen und Anerkennungen nach Krankheitsarten 2013 (Auswahl)** — Gute Arbeit

Quelle: SUGA 2013

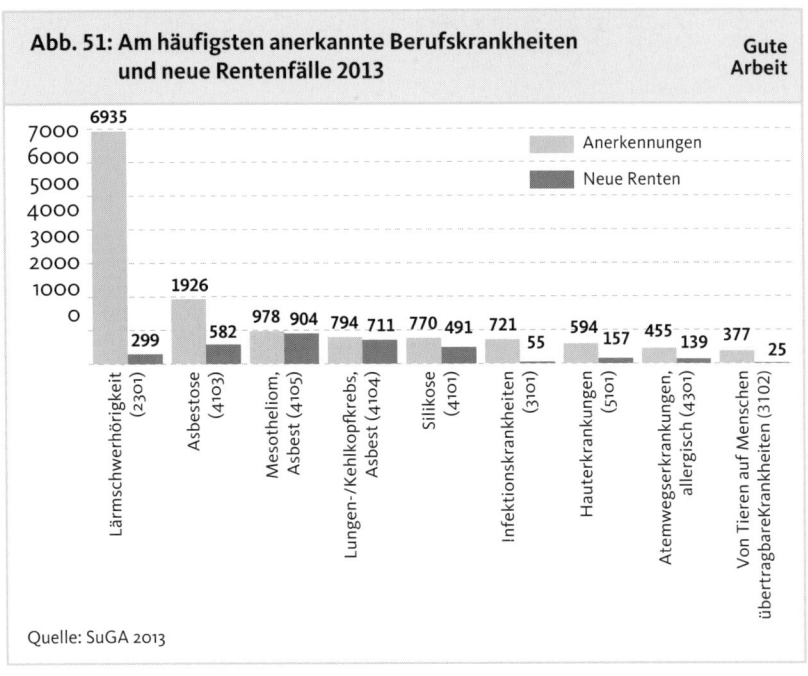

**Abb. 51: Am häufigsten anerkannte Berufskrankheiten und neue Rentenfälle 2013**

Gute Arbeit

Anerkennungen
Neue Renten

6935, 299 — Lärmschwerhörigkeit (2301)
1926, 582 — Asbestose (4103)
978, 904 — Mesotheliom, Asbest (4105)
794, 711 — Lungen-/Kehlkopfkrebs, Asbest (4104)
770, 491 — Silikose (4101)
721, 55 — Infektionskrankheiten (3101)
594, 157 — Hauterkrankungen (5101)
455, 139 — Atemwegserkrankungen, allergisch (4301)
377, 25 — Von Tieren auf Menschen übertragbare Krankheiten (3102)

Quelle: SuGA 2013

Auch nach der Erweiterung der BK-Liste hinkt das System der Berufskrankheiten hinter dem sich rasch verändernden Belastungsspektrum und der Beschäftigungsstruktur der heutigen Arbeitswelt hinterher. Berufskrankheiten im gesetzlichen Sinne (Sozialgesetzbuch VII) sind beschränkt auf einige wenige Erkrankungen, die hauptsächlich im gewerblichen Bereich durch chemische und physikalische Belastungen entstehen. Zudem ist das Berufskrankheitensystem zugeschnitten auf das Normalarbeitsverhältnis und den Achtstundentag: Leiharbeiter, Werkvertragsbeschäftigte, Solo-Selbständige und Menschen mit überlangen Arbeitszeiten sind noch stärker benachteiligt als regulär Beschäftigte.

Die Kluft zwischen dem sich weiter ändernden Belastungsspektrum in der Arbeitswelt und der amtlichen BK-Liste ist groß und ist – trotz der Erweiterungen – in den letzten Jahren noch größer geworden. Allein die Entschädigung von Altlasten – nämlich der drei großen Asbest-Berufskrankheiten (4103 Asbestose, 4104 Mesotheliom und 41045 Lungen-/Kehlkopfkrebs) – macht rund 23% aller BK-Anerkennungen aus.

Erneuerungsbedarf gibt es vor allem bei vielen Krebs erzeugenden Chemikalien, bei weit verbreiteten mechanischen Belastungen, bei neuen Belas-

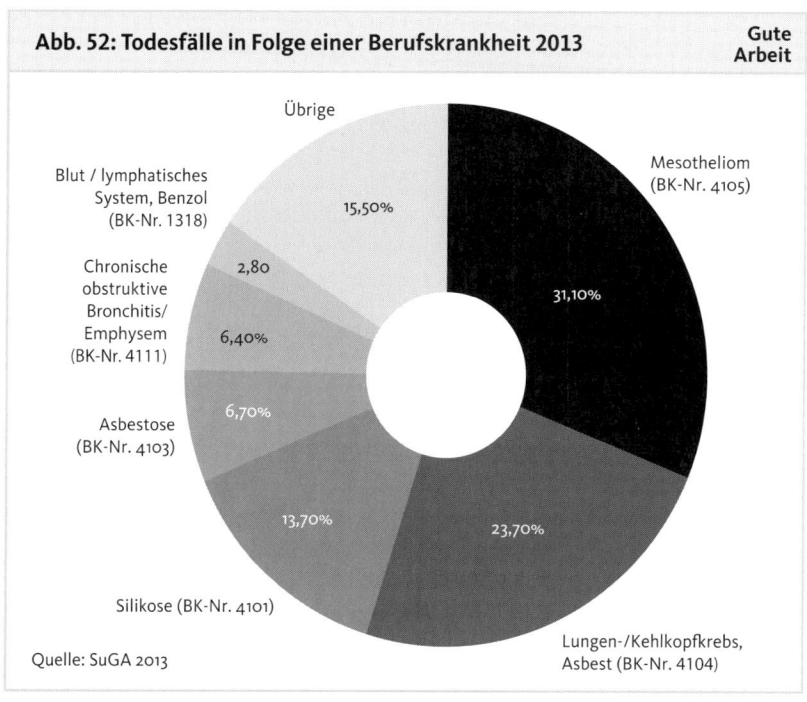

**Abb. 52: Todesfälle in Folge einer Berufskrankheit 2013**

Übrige

Blut / lymphatisches System, Benzol (BK-Nr. 1318)

15,50%

Chronische obstruktive Bronchitis/ Emphysem (BK-Nr. 4111)

2,80

6,40%

Asbestose (BK-Nr. 4103)

6,70%

13,70%

Silikose (BK-Nr. 4101)

Quelle: SuGA 2013

Mesotheliom (BK-Nr. 4105)

31,10%

23,70%

Lungen-/Kehlkopfkrebs, Asbest (BK-Nr. 4104)

tungen durch Zwangshaltungen und bewegungsarmen Tätigkeiten vor allem im Dienstleistungsbereich, so etwa durch langes Sitzen im Beruf. Das gilt erst recht für psychische Belastungen am Arbeitsplatz, die vielfältige Erkrankungen auslösen können.

2013 starben 2.357 Menschen an den Folgen einer Berufskrankheit – folgt man den amtlichen Daten. Da die Kluft zwischen Verdachtsmeldungen und Anerkennungen groß ist, muss von einer weiteren Dunkelziffer ausgegangen werden. Fast zwei Drittel dieser Todesfälle – 61,6% sind den drei großen Asbest-Berufskrankheiten zuzurechnen. Rechnet man noch die Silikose (BK 4101) mit 13,7% der BK-Todesfälle hinzu, so entfallen drei Viertel aller BK-Todesfälle der amtlichen Statistik auf Erkrankungen, die auf sehr lange zurückliegende Belastungen durch Krebs erzeugende Stäube zurückzuführen sind (Abb. 52).

Die vier Asbest-Berufskrankheiten nehmen im weiten Feld der Berufskrankheiten einen besonderen Stellenwert ein. Sie machen 3.683 Fälle von 16.413 (2013) der anerkannten Berufskrankheiten aus. Das ist keine Momentaufnahme: In diesem Ausmaß ist das etwa seit 20 Jahren der Fall.

Im Einzelnen wurden 2013 1.920 Asbestosen registriert sowie 793 Lungen- oder Kehlkopfkrebserkrankungen durch Asbest und 970 Fälle von Mesotheliom. Nach den etwa 6.800 Anerkennungen wegen Lärmschwerhörigkeit nehmen die anerkannten Asbest-Erkrankungen den zweiten Platz ein!

Von insgesamt 8.981 gestellten Verdachtsanzeigen wegen einer der drei genannten Asbest-Erkrankungen wurden demnach 41% anerkannt. In Anbetracht der Hürden, die vor einer solchen Anerkennung errichtet wurden, ist das eine relativ hohe Quote. Asbestschäden sind in der Regel sehr spezifisch, d. h. auch: durch eine präzise Diagnostik relativ gut von anderen Erkrankungen bzw. anderen Verursachungen zu unterscheiden. Trotzdem erleben auch Asbest-Erkrankte, dass der Weg zur Anerkennung ihres Leidens als Berufskrankheit und erst Recht zu einer Entschädigung – ähnlich wie bei anderen Berufskrankheiten – einem Hürdenlauf gleicht.

| **Abb. 53: Asbesttote in Deutschland** | **Gute Arbeit** |
|---|---|
| In Deutschland starben an einer asbestbedingten (anerkannten) Berufskrankheit (BK 4103, 04, 05) | |
| 1994 | 972 |
| 1995 | 1.150 |
| 1996 | 1.294 |
| 1997 | 1.275 |
| 1998 | 1.276 |
| 1999 | 1.374 |
| 2000 | 1.343 |
| 2001 | 1.438 |
| 2002 | 1.471 |
| 2003 | 1.483 |
| 2004 | 1.542 |
| 2005 | 1.597 |
| 2006 | 1.442 |
| 2007 | 1.425 |
| 2008 | 1.479 |
| 2009 | 1.372 |
| 2010 | 1.293 |
| 2011 | 1.471 |
| 2012 | 1.530 |
| 2013 | 1.445 |
| Gesamt | 27.698 |

Quelle: Nationales Asbest-Register für Deutschland, S. 35

2013 starben 159 Menschen an Asbestose, 556 an Asbest-Lungen- oder Kehlkopfkrebs und 730 an Mesotheliom. Das sind zusammen 1.445 anerkannte Asbest-Todesfälle in Deutschland – in einem Jahr. Die Zahlen sind in den vergangen 30 Jahren stetig gestiegen. Etwa 1980 wurden »erst« 74 Tote in Folge einer asbestverursachten (anerkannten) Berufskrankheit verzeichnet, 1995 waren es bereits 1.150. Etwa seit dem Jahr 2000 bewegen sich die Zahlen konstant um 1.400 bis 1.500 (Abb. 53). 2013 wurden insgesamt 2.343 Todesfälle wegen einer anerkannten Berufskrankheit registriert. Die durch Asbest verursachten BK-Todesfälle machten demnach 62% davon aus! Von 1994 bis 2013 sind nach den Zahlen der Berufsgenossenschaften insgesamt 27.698 Menschen an einer der drei »großen« Asbest-Berufskrankheiten gestorben – und ein Ende ist zumindest bis 2020 nicht absehbar. Da allerdings weitere Asbest-Erkrankungen entweder nicht erkannt oder nicht amtlich anerkannt werden, muss es eine weitere Dunkelziffer von Todesfällen und unbekannter Höhe geben.

# 5. Infrastrukturdaten

## 5.1 Personalstand und Tätigkeit der Aufsichtsbehörden

Der Personalstand der staatlichen Arbeitsschutzbehörden der Länder ist seit Jahren durch zwei gegenläufige Trends gekennzeichnet: Einerseits einen erheblichen Aufgabenzuwachs und andererseits einen ständigen und massiven Abbau an Personal und Ressourcen. Nach dem Unfallverhütungsbericht 2013 der Bundesregierung (SuGA 2013, S. 177) führt das zu einer ernsthaften »Beeinträchtigung« der Tätigkeit dieser Behörden. Die genannten zusätzlichen Aufgaben (Immissionsschutz,. Produktsicherheit, Marktüberwachung u.a.m.) machen SuGA zufolge zwischen 30 und 60% der Tätigkeit des Aufsichtspersonals aus! Daher müssen die in SuGA genannten Zahlen zum Aufsichtspersonal im Arbeitsschutz mit größter Vorsicht genommen werden: Tatsächlich steht viel weniger Personal für die Aufsicht im Arbeitsschutz zur Verfügung als es die amtlichen Zahlen vermuten lassen. Hier ist eine Bereinigung der Statistik (für 2014 in Aussicht gestellt) längst überfällig!

Für 2003 geben die jährlichen Berichte der Bundesregierung für Gesundheit und Sicherheit bei der Arbeit (SUGA) den gesamten Personalbestand der Gewerbeaufsichtsämter der Länder (Aufsichtspersonen) mit 4.116 (plus 147 Ärzte) an. Bis zum Jahr 2013 war dieser Bestand kontinuierlich zurückgegangen auf 2.935 Personen (plus 84 Ärzte) (Abb. 54). Das ist insgesamt ein Rückgang um 1181 Stellen oder rund 28%. Dieser Trend wird noch verstärkt durch die Tatsache, dass in zehn von 16 Ländern mehr als die Hälfte des Aufsichtspersonals über 50 Jahre alt ist (SuGA 2013, S. 178). Ohne eine starke Ausbildungsoffensive würde also noch nicht einmal der derzeitige schwache Stand gehalten werden können.

In den einzelnen Bundesländern fallen Personalausstattung und Personalentwicklung der Aufsichtsbehörden im Arbeitsschutz sehr unterschiedlich aus. Im Vergleich zwischen 2003 und 2013 hat es in den meisten Bundesländern einen deutlichen Personalabbau gegeben. Einen Zuwachs verzeichnen dagegen Niedersachsen und Rheinland-Pfalz. Besonders drastischen Personalrückgang gibt es in Mecklenburg-Vorpommern (-42,8%), Schleswig-Holstein (-35,4%) und Nordrhein-Westfalen (-36,3%) (Abb. 55).

Auch die Träger der gesetzlichen Unfallversicherung leiden unter Personalabbau, allerdings nicht im gleichen Maße wie die Länderbehörden. Für 2013 gibt der Bericht der Bundesregierung die Gesamtzahl der Aufsichtspersonen der gesetzlichen Unfallversicherungsträger mit 3.090 an. Gegenüber 2003 (3.132) ist das – verglichen mit den Ländern – immer noch ein moderater (wenngleich unangemessener) Rückgang um 42 Personen (-1,4%). Im Vergleich zu den Bestandszahlen für 2015 (Jahrbuch 2015, Seite 362, Abb. 78) ist das allerdings eine plötzlich sehr viel kleinere negative Differenz, die

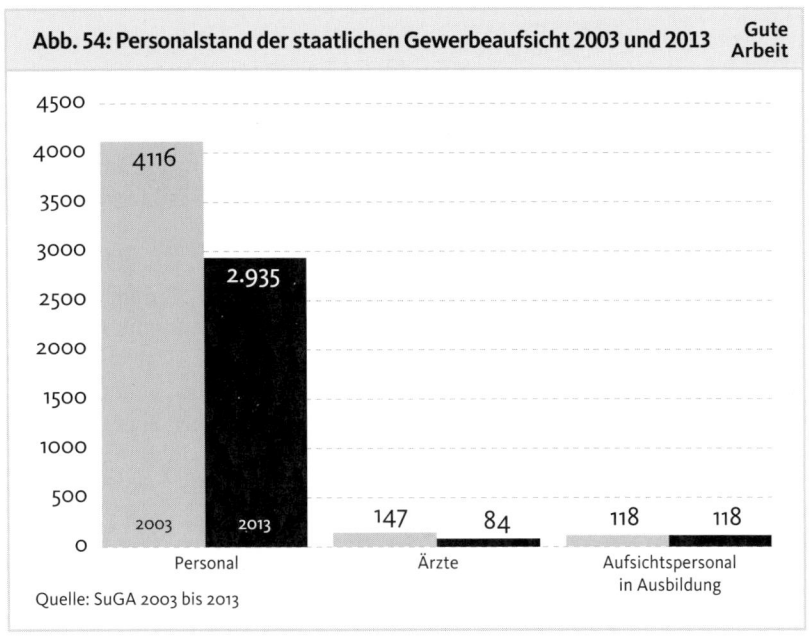

Abb. 54: Personalstand der staatlichen Gewerbeaufsicht 2003 und 2013   Gute Arbeit

Quelle: SuGA 2003 bis 2013

### Abb. 55: Personalabbau beim staatlichen Arbeitsschutz: Personalstand der Gewerbeaufsicht nach Ländern 2003 und 2013

Gute Arbeit

| Land | 2003 | 2013 | Differenz absolut | Differenz in % |
|---|---|---|---|---|
| Baden-Württemberg | 614 | 577 | -37 | -6,5% |
| Bayern | 533 | 356 | -177 | -33,4% |
| Berlin | 126 | 96 | -30 | -23% |
| Brandenburg | 162 | 111 | -51 | -31,9% |
| Bremen | 44 | 37 | -7 | -15,9% |
| Hamburg | 95 | 61 | -34 | -35,8% |
| Hessen | 161 (2002) | 150 | -11 | -6,9% |
| Mecklenburg-Vorpommern | 145 | 83 | -62 | -42,8% |
| Niedersachsen | 393 | 450 | +57 | +14,6% |
| Nordrhein-Westfalen | 652 | 416 | -236 | -36,3% |
| Rheinland-Pfalz | 156 | 184 | +28 | +17,5% |
| Saarland | 32 | 24 | -8 | -26,7% |
| Sachsen | 202 | 151 | -51 | -25,5% |
| Sachsen-Anhalt | 224 (2002) | 98 | -126 | -57,3% |
| Schleswig-Holstein | 48 | 31 | -17 | -35,4% |
| Thüringen | 122 | 110 | -12 | -10% |

Quelle: SuGA 2003, 2013

### Abb. 56: Personalstand (Aufsichtspersonen) der Unfallversicherungsträger 2003 und 2013

Gute Arbeit

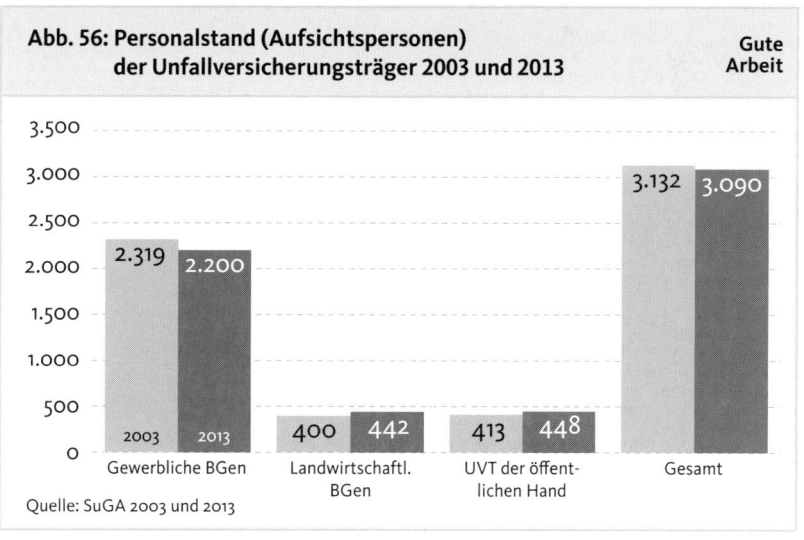

Quelle: SuGA 2003 und 2013

Fragen nach der Zählweise aufwirft und in SuGA nicht weiter erläutert wird. (Abb. 56).

Der Vergleich zwischen den Jahren 2013 und 2003 zeigt einen deutlichen Rückgang der Besichtigungtätigkeit der staatlichen Aufsichtsbehörden. Mehr als halbiert hat sich auch die Zahl der Beanstandungen. Gestiegen ist allerdings die Zahl der verschiedenen Durchsetzungsmaßnahmen insgesamt.

Auch bei der Beratungs- und Überwachungstätigkeit der Unfallversicherungsträger ist, verglichen mit dem Jahr 2003, weiterhin ein Rückgang zu verzeichnen (Abb. 58). Die Anzahl der Besichtigungen war auch 2013 weiter

**Abb. 57: Aktivitäten der Gewerbeaufsicht 2003 und 2013** — Gute Arbeit

Quelle: SuGA 2003 und 2013

**Abb. 58: Aktivitäten der gesetzlichen Unfallversiche-rungsträger 2003 und 2013** — Gute Arbeit

|  | Aktivität | 2003 | 2013 |
|---|---|---|---|
| Gewerbliche BGen | Besichtigungen | 671.055 | 490.130 |
| LW BGen | Besichtigungen | 182.997 | 98.384 |
| UVT der öfftl. Hand | Besichtigungen | 12.129 | 11.091 |
| Gesamt | Besichtigungen | 866.181 | |
| Gewerbl. BGen | Besichtigte Betriebe | 361.842 | 236.174 |
| LW BGen | Besichtigte Betriebe | 117.773 | 56.805 |
| UVT der öfftl. Hand | Besichtigte Betriebe | 5.121 | 4.962 |
| Gesamt | Besichtigte Betriebe | 484.736 | 297.941 |

Quelle: SuGA 2003 und 2013

rückläufig, ebenso die Zahl der besichtigten Betriebe. Bei den Unfallversicherungsträgern der öffentlichen Hand gab es allerdings eine Zunahme: 2011 wurden 4.893 Betriebe besichtigt, 2012 waren es 5.270.

## 5.2 Nützliche Links (Auswahl)

- Deutscher Gewerkschaftsbund → www.dgb.de (→ Themen von A-Z)
- DGB-Index Gute Arbeit → http://index-gute-arbeit.dgb.de
- IG Metall Gute Arbeit → www.igmetall.de/gesundheit-und-gute-arbeit-191.htm
- ver.di Gute Arbeit → www.verdi-gute-arbeit.de
- ver.di Sozialpolitik → www.sozialpolitik.verdi.de
- ver.di Wirtschaftspolitik → www.wipo.verdi.de
- ver.di Leitfaden Gefährdungsbeurteilung → www.verdi-gefaehrdungsbeurteilung.de
- IG BCE Gute Arbeit → www.igbce.de/portal/site/igbce/gute_arbeit
- Bundesanstalt für Arbeitsschutz und Arbeitsmedizin → www.baua.de
- Deutsche Gesetzliche Unfallversicherung → www.dguv.de
- Bundesministerium für Arbeit und Soziales → www.bmas.de (→ Unsere Themen → Arbeitsschutz)
- Gemeinsame Deutsche Arbeitsschutzstrategie → www.gda-portal.de
- Länderausschuss für Arbeitsschutz und Sicherheitstechnik (LASI) → http://lasi.osha.de/de/gfx/index.php
- Europäische Arbeitsschutzagentur http://osha.europa.eu/en
- Europäische Stiftung für die Verbesserung der Lebens- und Arbeitsbedingungen www.eurofound.europa.eu
- Informationssystem der Bundesgesundheitsberichterstattung → www.gbe-bund.de
- Bundesarbeitsgemeinschaft für Sicherheit und Gesundheit bei der Arbeit e.V. (BASI), mit umfangreicher Linksammlung → www.basi.de
- Deutsches Netzwerk für betriebliche Gesundheitsförderung → www.dnbgf.de
- Österreichisches Netzwerk für betriebliche Gesundheitsförderung → www.netzwerk-bgf.at
- Europäisches Netzwerk für betriebliche Gesundheitsförderung → www.enwhp.org
- Move Europe – Kampagne des Europäischen Netzwerks BGF → www.move-europe.de
- Zeitschrift Gute Arbeit → www.bund-verlag.de (→ Zeitschriften → Gute Arbeit) (der alte Link: www.gutearbeit-online.de/ kann noch genutzt werden)

- Website von Hans-Jürgen Urban → www.hans-juergen-urban.de
- Website von Klaus Pickshaus → www.klaus-pickshaus.de
- Institut Arbeit und Qualifikation → www.iaq.uni-due.de
- WSI in der Hans-Böckler-Stiftung > www.boeckler.de/index_wsi.htm
- Initiative Gesundheit und Arbeit → www.iga-info.de
- Internationales Institut für Empirische Sozialökonomie → www.inifes.de
- Initiative Neue Qualität der Arbeit → www.inqa.de
- Projekt PARGEMA → www.pargema.de
- Internetportal Prävention-online → www.praevention-online.de
- IG Metall-Kampagne Tatort Betrieb → www.tatort-betrieb.de
- ppm Forschung und Beratung (Beratung insbesondere auch für Betriebs- und Personalräte) → www.ppm.at
- Beratungsstelle für Arbeit und Gesundheit (Beratung insbesondere auch für Betriebs- und Personalräte) → www.arbeitundgesundheit.de
- Arbeitsgestaltung im Büro → www.ergo-online.de
- Technologieberatungsstellen beim DGB → www.tbs-netz.de
- Büro für Arbeitsschutz Hamburg → www.buero-fuer-arbeitsschutz.de
- Gefährdungsbeurteilung in der Praxis → www. gefaehrdungsbeurteilung-forschung.de
- Datenbank mit Handlungshilfen zur Gefährdungsbeurteilung → www.gefaehrdungsbeurteilung.de

# Kompetenz verbindet

Ralf Pieper

## Arbeitsschutzgesetz

Basiskommentar zum ArbSchG
6., überarbeitete Auflage
2014. 204 Seiten, kartoniert
€ 24,90
ISBN 978-3-7663-6237-7

Das Arbeitsschutzgesetz verpflichtet den Arbeitgeber, die Sicherheit und den Gesundheitsschutz der Beschäftigten zu gewährleisten und kontinuierlich zu verbessern. In der sechsten Auflage gibt der Basiskommentar eine kompakte und vollständige Darstellung der rechtlichen Basis eines zeitgemäßen Arbeitsschutzes unter Einbeziehung der neuesten Rechtsprechung.

Im Vordergrund steht die aktualisierte Kommentierung des Arbeitsschutzgesetzes mit den gesetzlichen Klarstellungen zum Thema »psychische Belastungen bei der Arbeit«. Die Gefährdungsbeurteilung bezieht sich nun ausdrücklich auch auf psychische Belastungen bei der Arbeit, und der Gesundheitsbegriff umfasst neben der physischen auch die psychische Gesundheit der Beschäftigten.

Hilfreich ist die ausführliche Einleitung zu den Grundlagen von Sicherheit und Gesundheitsschutz der Beschäftigten bei der Arbeit. Die auf den neuesten Stand gebrachten Kurzerläuterungen beschäftigen sich mit allen wesentlichen Arbeitsschutzverordnungen – darunter Arbeitsstätten-, Betriebssicherheits-, Gefahrstoff- sowie Lärm- und Vibrations-Arbeitsschutzverordnung – und mit dem Arbeitssicherheitsgesetz.

# Bund-Verlag

# Kompetenz verbindet

Rudolf Buschmann / Jürgen Ulber

## Arbeitszeitgesetz

Basiskommentar mit Nebengesetzen
und Europäischem Recht
8., überarbeitete Auflage
2015. 558 Seiten, kartoniert
€ 39,90
ISBN 978-3-7663-6307-7

Mit zunehmender Arbeitszeitflexibilisierung gewinnen die
Schutzbestimmungen des Arbeitszeitrechts verstärkt an
Bedeutung. Tarifliche und betriebliche Arbeitszeitregelungen
müssen sich ebenso wie Arbeitsverträge an ihnen ausrichten.
Die Kommentierung gibt einen zuverlässigen und aktuellen
Überblick über den gesetzlichen Rahmen zulässiger – auch
flexibler – Einsatzzeiten einschließlich Nacht- und
Wochenendarbeit, Schichtarbeit und Bereitschaft.

Immer mehr werden Regelungen der Arbeitszeit durch
Europarecht geprägt – ein Schwerpunkt diese Kommentars
von Anfang an. Deshalb kommentiert und dokumentiert er
besonders die Europäische Arbeitszeitrichtlinie und die
europäische Lenkzeitverordnung. Vor allem befasst sich die
vollständig überarbeitete Neuauflage intensiv mit der
aktuellen Rechtsprechung des Europäischen Gerichtshofs,
aber auch nationaler Gerichte.

Zu beziehen über den gut sortierten Fachbuchhandel oder
direkt beim Verlag unter E-Mail: kontakt@bund-verlag.de

# Bund-Verlag

# Kompetenz verbindet

Wolfgang Däubler

## Internet und Arbeitsrecht

Web 2.0, Social Media und Crowdwork
5., überarbeitete Auflage
2015. 538 Seiten, kartoniert
€ 29,90
ISBN 978-3.7663-6427-2

Die Digitalisierung revolutioniert die Arbeitswelt. Wir stecken mittendrin. Wir informieren uns weltweit – sind aber auch selbst zu jeder Tages- und Nachtzeit erreichbar und bisweilen rund um die Uhr gefordert. Unternehmen sind inzwischen dabei, Arbeit auch an Interessenten aus der Crowd zu vergeben – an die riesige Menge der Internet-Nutzer. Diese Crowdworker wetteifern um die Aufträge – aber sind sie überhaupt Arbeitnehmer?

Die sozialen Medien wie Facebook und Twitter haben uns privat und beruflich im Griff. Das schafft neue Rechtsfragen, die auch die Gerichte beschäftigen. Vieles ist streitig, vieles bleibt kontrovers. Etwa – darf ich während meiner Arbeit privat ins Internet? Darf der Arbeitgeber mein Foto ins Netz stellen? Und wie kann sich der Betriebsrat das Internet für seine Ziele und das Wohl der Beschäftigten zunutze machen?

Das Buch gibt Antworten auf alle diese Fragen.

Zu beziehen über den gut sortierten Fachbuchhandel oder direkt beim Verlag unter E-Mail: kontakt@bund-verlag.de

## Bund-Verlag